CHRISTOPH DANIEL
SCHENCK
1633–1691

CHRISTOPH DANIEL
SCHENCK

1633–1691

Herausgeber

Rosgartenmuseum Konstanz
Augustinermuseum Freiburg
Württembergisches Landesmuseum Stuttgart

Jan Thorbecke Verlag Sigmaringen

Danksagung

Nachstehenden Leihgebern, die unsere Ausstellungen unterstützen, gilt unser herzlicher Dank:

Augsburg, Benediktinerabtei St. Stephan; Berlin, Staatliche Museen–Preußischer Kulturbesitz, Skulpturen-sammlung; Donaueschingen, Fürstlich Fürstenbergische Sammlungen; Dijon, Musée des Beaux Arts; Ein-siedeln, Benediktinerabtei; Florenz, Museo degli Argenti, Palazzo Pitti; Frankfurt, Städtische Galerie Liebieghaus; Freiburg, Augustinermuseum; Friedrichshafen, Zeppelinmuseum; Garmisch-Partenkirchen, Privatbesitz; Hagnau/Bodensee, Katholische Kirchengemeinde; Ittendorf, Katholische Kirchengemeinde; Karlsruhe, Badisches Landesmuseum; Konstanz, Altenheim Marienhaus; Konstanz, Münster Unserer Lieben Frau; Konstanz, Rosgartenmuseum; Köln, Schnütgenmuseum; Kronburg, Privatbesitz; Mimmenhausen, Katholische Kirchengemeinde; München, Bayerisches Nationalmuseum; Neu-Ulm, Privatbesitz; Münster-lingen, Katholische Kirchengemeinde; Padua, Museo Civico; Seedorf/CH, Abtei St. Lazarus; St. Gallen, Stiftsbibliothek; Stuttgart, Württembergisches Landesmuseum; Tübingen, Universitätsbibliothek; Wien, Kunsthistorisches Museum; Wiesbaden, Sammlung Reiner Winkler

Danken möchten wir auch folgenden Personen und Institutionen, die uns durch vielfältige Unterstützung und Auskunftserteilung behilflich waren:

Kirsten Aschengreen-Piacenti, Florenz; Pater Konrad Barth, SAC, Hagnau; Silke Eberhardt, Köln; Norbert Fromm, Konstanz; Anja Grebe, Konstanz; Markus Heberle, Eigeltingen; Petra Hesse, Stuttgart; Markus Hoch-strasser, Solothurn; Hubert Hosch, Tübingen; Franz Hundsnurscher, Freiburg; Pater Gabriel Kleeb, OSB, Ein-siedeln; Friedrich Kobler, München; Katharina Krause, Freiburg; Michael Kuthe, Konstanz; Brigitte Lohse, Bad Salzuflen; Claudia Maué, Nürnberg; Heribert Meurer, Stuttgart; Barbara Steindl, Florenz; Hermann Stol-ler, Lindenberg; Stefanie Uhler, Frauenfeld.

Die Deutsche Bibliothek-CIP-Einheitsaufnahme

Christoph Daniel Schenck: 1633–1691 / Hrsg.: Rosgartenmuseum
Konstanz ... – Sigmaringen: Thorbecke, 1996
   Ausstellungskatalog
   ISBN 3-7995-3153-X
NE: Schenck, Christoph Daniel [Ill.]; Rosgartenmuseum <Konstanz>

© 1996 by Jan Thorbecke Verlag GmbH & Co., Sigmaringen

Dieses Buch ist aus säurefreiem Papier hergestellt und entspricht den Frankfurter Forderungen nach alterungsbeständigen Papieren für die Buchherstellung.

Gesamtherstellung: M. Liehners Hofbuchdruckerei GmbH & Co. Verlagsanstalt, Sigmaringen
Printed in Germany

ISBN 3-7995-3153-X

Inhaltsverzeichnis

Vorwort

Das Werk des Konstanzer Bildhauers Christoph Daniel Schenck hat in der Fachwelt bislang nicht die gebührende Beachtung gefunden. Mit vorliegender Monographie erfährt nun das Œuvre des Bildschnitzers eine neue Bewertung. Im Werkverzeichnis werden die bisherigen Ergebnisse zur Bildhauerkunst des Christoph Daniel Schenck vorgestellt und durch eine Fülle von Neuzuschreibungen, Datierungen und Entdeckungen ergänzt.

Mit einer Reihe von grundlegenden Aufsätzen werden die Zusammenhänge aufgezeigt, die die künstlerischen Wurzeln und die Stellung seines Werkes innerhalb der deutschen und schweizer Skulptur des 17. Jahrhunderts bestimmen.
Dabei wird das skulpturale Schaffen der älteren Mitglieder der im Bistum Konstanz tätigen Bildhauerfamilie Schenck ebenfalls beleuchtet. Dem in Wien als Hofkünstler tätigen Johann Caspar Schenck, der einen stilprägenden Einfluß auf Christoph Daniel ausübte, ist ein eigener Beitrag gewidmet wie auch dem Konstanzer Maler Christoph Storer.
Die Bedeutung des geistigen Umfeldes, wie es sich in den spezifischen Formen barocker Volksfrömmigkeit in der Bischofsstadt manifestiert, ist Gegenstand einer ausführlichen Untersuchung. Ein weiterer Aufsatz befaßt sich mit den bedeutenden Aufträgen, die Christoph Daniel Schenck für das Kloster Einsiedeln ausführte.

Grundlage für die Neubearbeitung waren die Forschungen von Brigitte Lohse, die 1955 mit einer Arbeit über Christoph Daniel Schenck promoviert wurde. Komprimiert erschien ihre Dissertation 1960 in Form einer Monographie. In den folgenden Jahrzehnten hat Brigitte Lohse zudem noch eine Reihe von Aufsätzen publiziert und neue Funde veröffentlicht.

Brigitte Lohse hat ihr gesamtes Material – Manuskripte, Archivexzerpte, Fotos – den Autoren in großzügigster Weise zur Verfügung gestellt. Darüber hinaus gaben die Ermunterung durch Brigitte Lohse und ihr warmes Interesse an einer neuen Monographie zu Schenck dem Unternehmen wichtige Impulse. Hierfür gebührt ihr unser herzlichster Dank.

Besondere Unterstützung haben wir auch durch das Kloster Einsiedeln erfahren. Hier sei vor allem Pater Gabriel Kleeb OSB und Pater Joachim Salzgeber OSB gedankt.

Danken möchten wir vor allem Fritz Fischer, der sich bereit fand, die Neubearbeitung vorzunehmen und Dieter Büchner, der den größten Teil des Werkverzeichnisses erstellte. Gemeinsam haben beide Bewertungs- und Zuschreibungsfragen bearbeitet. Auch den anderen Autoren sei herzlich gedankt, ebenso Ulrike Weiß, die die Redaktionsarbeit leistete.

Die Herausgabe der Monographie verbinden die drei Museen mit einer Ausstellung, die Gelegenheit bieten wird, durch vergleichendes Betrachten weitere Erkenntnisse zu Christoph Daniel Schenck zu gewinnen.

Elisabeth v. Gleichenstein	*Saskia Durian-Rees*	*Volker Himmelein*
Rosgartenmuseum Konstanz	Augustinermuseum Freiburg	Württ. Landesmuseum Stuttgart

Tafel 1

Tafel 2

Tafel 3

Tafel 4

Tafel 5

Tafel 6

MATERDOLO
ROSA

Tafel 7

Tafel 8

Fritz Fischer

Barockes Pathos im Dienst der Kirche

Christoph Daniel Schenck, der Bildhauer des Fürstbischofs von Konstanz und des Fürstabts von Einsiedeln

Christoph Daniel Schenck wurde bisher nicht zu den bedeutenden Bildhauern des 17. Jahrhunderts gezählt. Ohnehin erst spät entdeckt[1], kommt er in den übergreifenden Arbeiten zur deutschen Barockskulptur nicht vor[2]. In den Monographien zu zeitgleich tätigen Bildhauern findet sein Name kaum Erwähnung.

Schenck wird als provinzieller Bildhauer angesehen, der mit überregionalen Strömungen in der Kunst keinen Kontakt gehabt habe[3]. Er sei »ein verspäteter Manierist«,[4] ein »heimlicher Spätgotiker«[5] und »ein volkstümlicher Künstler«[6], urteilt Lohse in ihrer 1960 erschienenen Monographie. Immerhin gilt Schenck als der wichtigste Bildhauer der Bodenseeregion zwischen den Zürn und Feuchtmayer sowie als d e r Konstanzer Bildhauer des 17. Jahrhunderts[7].

Schenck, so das bisher gültige Bild, habe Bodenständiges aufgegriffen und zu neuem Glanz geführt. Seine Großplastik wird stilistisch von den Arbeiten seiner älteren Verwandten hergeleitet, die bereits in Konstanz und der Umgebung als Bildhauer tätig waren[8]. Woher er Anregungen für seine Kleinplastik bezog, ist indes noch recht ungewiß geblieben[9]. Für die schnitzerische Virtuosität, die sie auszeichnet, mußte bisher ebenfalls ein Hinweis auf die lokale Tradition genügen: Schenck habe an das handwerkliche Können der berühmten spätgotischen Bildhauer Schwabens angeknüpft[10]. Schließlich sei seine Herkunft aus dem katholischen Oberschwaben der Grund dafür, daß er ausschließlich religiöse Themen dargestellt habe[11].

Nach unserer Meinung kann man an diesem Bild, das man sich vor vierzig Jahren von Christoph Daniel Schenck gemacht hat, nicht mehr festhalten.

Uns scheint Schenck kein Eigenbrötler zu sein, der fernab der großen Entwicklungen gearbeitet hat. Wir behaupten das Gegenteil: Schenck war ein Bildhauer, der auf die aktuellen Strömungen seiner Zeit in seinen Werken reagierte, wie etwa auf die von der katholischen Kirche geförderten neuen Frömmigkeitsformen. Seine Auftraggeber waren keineswegs provinziell. Er belieferte vielmehr die nobelsten Einrichtungen des riesigen Bistums Konstanz (Abb. 1) sowie das Kloster Einsiedeln, das damals zu den wichtigsten Wallfahrtsorten Europas zählte[12].

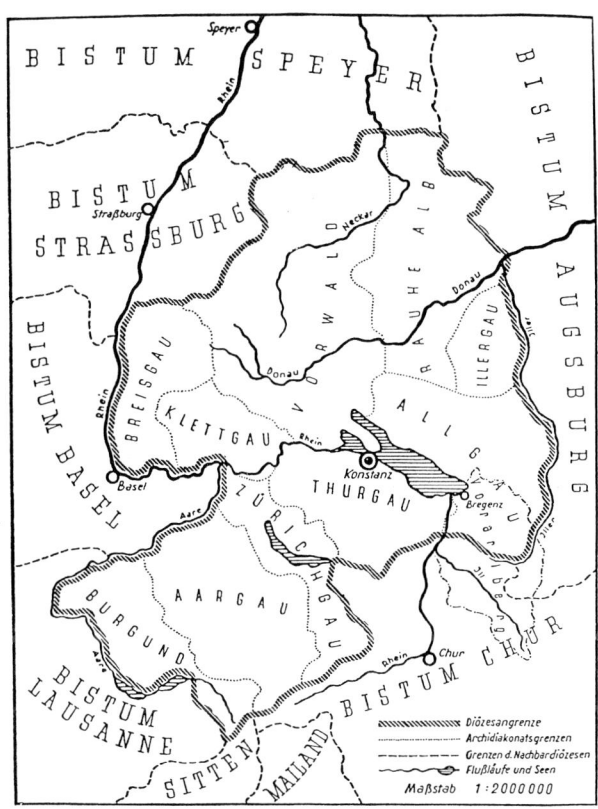

1 Ausdehnung des Bistums Konstanz bis zur Säkularisation

Schenck fertigte Retabelfiguren, »Kunstkammerstücke« und »Andachtsbilder«, aber auch Rosenkränze und Brustkreuze. Zwar variieren der Stil und die Ikonographie je nach der Funktion der Arbeiten. Doch trotz der Verschiedenartigkeit der Werke hat Schenck wie kaum ein zweiter Künster in seiner Zeit eine höchst eigenwillige ›maniera‹ ausgeprägt, so »daß man die Hand des Schnitzers nicht wieder vergißt, wenn man einmal auf sie aufmerksam wurde.[13]«

Die Bandbreite seines Œuvres, das im Format von der Miniaturschnitzerei (Kat.Nr. 46) bis zur Kolossalplastik (Kat.Nr. 51) reicht, die Ausprägung eines unverwechselbaren Stils und die souveräne Umsetzung von Hauptwerken römischer Kirchenkunst machen Schenck zu einem bedeutenden Bildhauer, von denen es in der Zeit nach dem 30jährigen Krieg im Bistum Konstanz nicht viele gab. Die große Zahl der Skulpturen, die in seiner Werkstatt entstanden, belegt, daß Schenck auch einer der erfolgreichsten süddeutschen Bildhauer seiner Zeit gewesen sein muß.

Biographie

Bis heute werden in der Literatur die durchaus einleuchtenden Hypothesen Lohses zum Lebensweg von Christoph Daniel wiederholt[14]: Mit Ausnahme seiner Wanderjahre habe der Bildhauer sein ganzes Leben in Konstanz verbracht. Zunächst sei er bei seinem Vater und seinem Großonkel[15] in die Lehre gegangen. Dann habe er in Konstanz eine große Werkstatt mit Gesellen und Lehrbuben geführt. Für die Annahme, Schenck sei ein Konstanzer Bildhauer, scheinen auch eine Reihe von Fakten und Quellen zu sprechen:
1675 signiert Schenck zwei Kleinplastiken (Kat.Nr. 1 u. 2) mit dem Zusatz *Constantiae.* 1680/81 wird er vom Domkapitel für ein Tabernakel im Münster (Kat.Nr. 17) bezahlt und in der Korrespondenz als *Bildhawer alhier*[16] bezeichnet. Zwischen 1679 und 1683 bessert er das große, von seinem Vater gefertigte Kruzifix im Chorbogen des Münsters aus[17] und liefert für dieselbe Kirche mehrere Großplastiken (Kat.Nr. 16 u. 58)[18]. 1681 wird er für ein Jahr zum Consultor (Rat) der Bürgerkongregation der Jesuiten gewählt[19]. 1684 läßt der Fürstabt von Einsiedeln Schenck mitteilen, er solle die Retabelfiguren für den geplanten Choraltar (Kat.Nr. 32) *alle in Constanz machen*[20]. 1683 wird seine ledige Tochter Franziska schwanger und wegen »Hurerei« inhaftiert. Schenck bittet um eine Interzession des Kapitels. Der Eheschluß mit dem Vaters des Kindes, einem Soldaten, wird abgelehnt, Franziska der Stadt verwiesen[21]. 1685 ist im Ratsbuch vermerkt, daß Schenck und sein Geselle (Name unleserlich) in einen Rechtsstreit mit dem Bildhauer Lauterer verwickelt seien[22].

Trotz aller dieser Nachrichten muß nach wie vor festgestellt werden: Die Annahme vom fest in Konstanz ansässigen Handwerksmeister und Bürger Schenck läßt sich nicht mit Quellen untermauern[23]. An dieser Situation haben eine Überprüfung der bisher bekannt gewordenen Quellen sowie die Auswertung neuer Funde grundsätzlich nichts ändern können. Aus den Quellen muß vielmehr der umgekehrte Schluß gezogen werden: Schenck kann vom Status her kein städtischer Bildhauer wie etwa Hans Morinck (ca. 1555–1616)[24] gewesen sein, denn die Nachrichten aus den Konstanzer Akten sind für einen langjährig Gewerbe treibenden Handwerker unangemessen spärlich.

2 Christoph Daniel Schenck, Pietà, 1684, Konstanz, Kirche des Dominikanerinnenklosters Zoffingen, (Kat.Nr. 31)

Schwer zu erklären ist, daß Schenck in den Steuerbüchern ohne Steuerquote geführt wurde, zudem nur als Insasse und das auch lediglich von 1680 bis 1689.[25] Warum hat Schenck keine Steuern gezahlt? Angesichts des immens großen Œuvres von Retabelfiguren[26] und auch angesichts der Kostbarkeit der bei der Kleinplastik verwendeten Materialien müßte Schenck ein hohes Einkommen gehabt haben, das er hätte versteuern müssen.

Warum wird der seinerzeit meistbeschäftigte Bildhauer in der Stadt nur als Insasse und nicht als Bürger geführt, obwohl er sogar einen Gesellen beschäftigte[27], also eine Werkstatt unterhielt, wie wir neuerdings wissen? Die Konstanzer Insassenordnung besagte: Insassen durften kein Gewerbe betreiben oder einem Handwerk nachgehen[28]. Von dieser Regel konnten Ausnahmen gemacht werden, wenn der Handwerker als besonders kunstfertig galt und ein

3 Johann Caspar Schenck, Pietà, um 1659 (?), Markdorf, St. Nikolaus, (Kat.Nr. 93)

Mangel an qualifizierten Kräften gerade dieses Handwerkszweiges bestand[29]. Doch wurden solche Ausnahmen nur kurzfristig gewährt und mußten per Ratsbeschluß bestätigt werden[30].

Warum konnte Schenck durch die engmaschigen Netze der städtischen Bürokratie schlüpfen? Zu bedenken ist der Umstand, daß Christoph Daniel zu einer weitverzweigten Bildhauerdynastie gehörte (siehe Stammbaum, S. 110, 111). Wahrscheinlich leitete stets nur ein Familienmitglied, eben der Meister, die Werkstatt. Die anderen arbeiteten als unselbständige Gesellen und zahlten deshalb keine Steuern. Demnach könnte ein älterer Verwandter Christoph Daniels Werkstattleiter gewesen sein. Dafür kämen mehrere Familienmitglieder in Betracht[31]:

Hans Schenck, der Großonkel[32] von Christoph Daniel, kommt als erster der Dynastie von Mindelheim

nach Konstanz. 1612 wird er *uf ir frstl gn. hrn. Bischofs furschreiben* Insasse in Konstanz[33]. Im selben Jahr wird Hans vom damaligen Fürstbischof Jakob Fugger von Kirchberg (1604–1626) an die Benediktinerreichsabtei Petershausen empfohlen[34]. Am 7.1.1613 bittet Hans um das Bürgerrecht, weil er Gesinde halten will[35]. 1616 wohnt er im Haus »zum Psittich«.[36] Mit seiner Frau Anna Schlechen aus Mindelheim meldet er sieben Kinder in Konstanz zur Taufe an. Bis 1645 wird er in den Steuerbüchern (im Hecht) geführt, ab 1640 ohne Steuerquote[37].

Bisher wurde Lohse folgend angenommen, daß Christoph Daniel bei seinem Großonkel in die Lehre gegangen sei. Doch inzwischen wissen wir, daß Hans Schenck schon 1648 starb[38]. Christoph Daniel war damals erst 15 Jahre alt. In diesem Alter wird er noch nicht in der Werkstatt seines Großonkels gearbeitet haben. Doch die Verbindungen, die sein Großonkel zu potenten Auftraggebern hergestellt

4 Johann Caspar Schenck, Christenverfolgung, 1665/75, Detail. Wien, Geistliche Schatzkammer

hatte, werden für seinen späteren Lebensweg von Bedeutung gewesen sein. Hans Schenck arbeitete für das zum bischöflichen Hochstift gehörende Kloster Öhningen (1619)[39], die Benediktinerabtei St. Gallen (1623 ff.)[40] und das Benediktinerkloster Neu St. Johann (1642–44)[41].

Am naheliegendsten ist es natürlich, anzunehmen, Christoph Daniel habe bei seinem Vater (siehe Stammbaum, S. 110, 111) gelernt. Am 26. August 1633, als Hans Christoph Schenck (geboren 1612 in Mindelheim)[42] und seine Frau Maria in der Pfarrkirche St. Johann ihren Sohn Christoph Daniel zur Taufe anmeldeten[43], wurden sie im Taufeintrag als

Fremde bezeichnet[44]. Zu diesem Zeitpunkt waren sie also keine Bürger von Konstanz. Auch später scheinen sie das Bürgerrecht nicht mehr erworben zu haben, denn in den Steuerbüchern der Stadt taucht Hans Christoph nicht auf.

1642 kündigte Christoph Daniels Vater an, er werde nach München übersiedeln[45]. Doch scheint er dort nicht dauerhaft ansässig geworden zu sein, denn bis in die 60er Jahre hinein blieb er im Konstanzer Bistum tätig. Er lieferte Skulpturen für die Benediktinerabtei St. Gallen (1645)[46], für die zu St. Gallen gehörende Pfarrkirche in Bütschwil (1646), für das Augustinerchorherrenstift Kreuzlingen (1653?)[47], für die Liebfrauenkapelle in Mindelheim (1656)[48] und vielleicht für die Benedikinerabtei St. Blasien (1664)[49].

Christoph Daniel hat wohl schon aus ökonomischen Gründen tatsächlich bei seinem Vater gelernt. Da dieser laut den Archivalien kein Bürger von Konstanz war, dürfte er auch keine eigene Werkstatt in der Stadt betrieben haben. Vermutlich erledigte er seine Aufträge also vor Ort und mit Hilfe seines Sohnes Christoph Daniel. Festzuhalten bleibt im übrigen noch, daß, wie bereits sein Onkel, auch Hans Christoph Schenck für den Fürstbischof von Konstanz und für bedeutende Klöster in dessen Bistum gearbeitet hat.

Das Todesjahr von Hans Christoph Schenck ist nicht überliefert[50]. Vielleicht ist er nicht lange nach 1664 gestorben, als er, wie wir glauben, seinen letzten Auftrag ausgeführt hatte[51]. Christoph Daniel wäre damals 31 Jahre alt gewesen. Zehn Jahre später signierte er seine ersten Arbeiten in Konstanz (Kat. Nr. 1 u. 2). Doch wo hat er zwischen 1664 und 1675 gearbeitet[52]?

Lohse nimmt an, Christoph Daniel habe in diesen Jahren seine ersten eigenständigen Arbeiten geschaffen. Sie konstruiert ein Frühwerk. Es besteht aus einer Reihe von Werken, die sie Christoph Daniel zuschreibt und zwischen 1660 und 1675 datiert. Bislang ist den Zuschreibungen und Datierungen Lohses nie widersprochen worden, doch halten sie einer kritischen Überprüfung nicht stand. Unserer Meinung nach stammen einige der Werke, die Lohse Christoph Daniel zuschreibt und vor 1675 datiert, erst aus späterer Zeit (z. B. Kat. Nr. 66 u. 69). Die übrigen dürften von anderen Mitgliedern der Bildhauerdynastie oder von Gesellen der Schenck-Werkstatt gefertigt worden sein (Kat. Nr. 87, 89–94 u. 96). Mehrere Arbeiten des »Frühwerks« wollen wir Christoph Daniels Verwandtem Johann Caspar Schenck zuschreiben, so etwa die Markdorfer Pietà (1672?, Kat. Nr. 93) und das Epitaph für Dr. Heyder in Lindau (1664, Kat. Nr. 94). Weil uns Johann Caspar als eine Schlüsselfigur erscheint für ein neues Verständnis der Biographie und des Werkes von Christoph Daniel, sei dies näher erläutert.

Stellt man die von Christoph Daniel 1684 datierte und signierte Konstanzer Pietà (Kat.Nr. 31) der Markdorfer Pietà (Kat.Nr. 93) gegenüber (Abb. 2, 3), werden grundsätzliche Unterschiede erkennbar, die nicht mit dem zeitlichen Abstand zwischen den beiden Gruppen erklärt werden können.

Die Figuren der Markdorfer Pietà wirken wie zwei Gliederpuppen, die sich nicht differenziert bewegen und sich nicht wirklich berühren können. Christoph Daniel vermag dagegen eine zärtliche Umarmung wiederzugeben. Hier berühren sich Mutter und Sohn nicht einmal tatsächlich, doch die Hand Marias schmiegt sich an den Arm und die Brust Christi. Unterschiedlich ist jeweils auch das Gewand gegeben. Johann Caspar bildet die Falten des Lendentuchs nicht anders als die des Kleides auf den Oberschenkeln. Er schnitzt eine Abfolge von Wülsten und Kerben. Er gibt weder die Qualität des Stoffes an, noch beschreibt er den Kontur des darunter befindlichen Körpers. Sein Gewand gleicht einem ungegenständlichen Ornament. Christoph Daniel dagegen charakterisiert das Lendentuch als Bahn aus dünnem Stoff. Mit der Faltenführung verdeutlicht er, daß das eine Ende unter dem anderen durchgezogen ist. Ganz unterschiedlich sind jeweils auch die Aktwiedergabe und die Haarbildung.

Dagegen hat die Markdorfer Pietà (Kat.Nr. 93) viel gemein mit dem von Johann Caspar Schenck monogrammierten Wiener Relief, das die Christenverfolgung darstellt (Abb. 4)[53]. Schon die Kompositionsprinzipien sind ähnlich. Jeweils werden komplexe Strukturen von einer simplen Grundform geordnet. Beim Relief faßt eine gerade aufsteigende Linie das Figurengewimmel zusammen und separiert es vom Hintergrund. Bei der Pietà gibt ein gleichschenkliges Dreieck, das mit dem Mantel der Maria und den Beinen Christi »gebaut« ist, dem Gewirr kleinteiliger Fältelungen einen zusammenfassenden Rahmen. Bei beiden Werken schichtet der Bildhauer Flächen hintereinander, um Räumlichkeit zu suggerieren. Mit prospektartig aufgetürmten Faltenstegen verdeutlicht Johann Caspar die Verkürzung des Oberschenkels des knienden Märtyrers. Auf dieselbe Weise ist der Bildhauer bei der Wiedergabe der Oberschenkel der Maria vorgegangen. Übereinstimmungen zeigen sich auch in der Aktwiedergabe. Die Unterschenkel sind jeweils stark gebogen. Die Unterarme sind muskulös und mit ungewöhnlich vielen und dünnen Muskelsträngen belegt. Die Ellenbogen sind überdeutlich herausgearbeitet. Parallelen lassen sich ebenso bei der Haarbildung feststellen. Das Haar ist jeweils in Strähnen zusammengefaßt, die zopfartig miteinander verflochten sind.

Trotz des ganz unterschiedlichen Formats läßt sich auch das Lindauer Epitaph für Dr. Heyder (Kat.-Nr. 94)[54] erstaunlich gut mit Johann Caspars Elfenbeinschnitzereien vergleichen, wie eine Gegenüberstellung mit dem wohl etwa gleichzeitig entstandenen Jahreszeiten-Relief in der Sammlung Winkler (Abb. 5, 6) zeigt[55]. Das Relief stellt die Ernte des Getreides unter dem Sternzeichen des Löwen dar[56]. Die Figuren des Mannes, der mit einer Forke ein Getreidebündel aufnimmt, und des Chronos vom Epitaph sind sich sehr ähnlich. Das gilt besonders für die Gesichter mit den hervortretenden Wangenknochen und die Frisuren mit dem in Strähnen aufgetürmten Haar. Bei der Aktwiedergabe sind jeweils die Falten oberhalb des Bauchnabels und die oben schon beschriebenen Unterarme vergleichbar. Hinsichtlich der Gewandbildung lassen sich die Figuren der Aeternitas und des Mannes, der mit einer Peitsche die Pferde antreibt, einander gegenüber stellen (Abb. 7, 8). Kennzeichnend ist jeweils ein eng anliegendes Hemd, dessen weite Ärmel wirken, als seien sie bis zum Ellenbogen hochgeschoben worden und schwebten jetzt, jede Schwerkraft leugnend, in konzentrischen Faltenringen um den Arm.

Vom Lebensweg Johann Caspar Schencks (siehe Stammbaum, S. 110, 111) wissen wir wenig[57]. Gesichert ist, daß seine Frau Maria Ganter im Februar 1664 in Konstanz *das Bürgerrecht aufzuhalten bevilligt* wird, weil sie *mit dem Hans Caspar Schenck Bildhauer verheiratet und nach Insprugg mit demselben gezogen ist*[58]. Etwa ein Jahr später, am 11. Februar 1665, wird Johann Caspar das Konstanzer Bürgerrecht verliehen[59]. In dem entsprechenden Bürgerbuch wird er als *erzfürstlicher Bainstecher*, also als Elfenbeinschnitzer am Innsbrucker Hof bezeichnet. Kurz darauf meldet er am 7. Mai 1665 in Innsbruck seinen Sohn Christian Joseph zur Taufe an[60]. Wenig später zieht er nach Wien[61], wo er am 28. 4. 1666 von Leopold I. zum kaiserlichen *Hof-Painstecher* mit 500 Gulden Jahresbesoldung ernannt wird[62]. 1670 erhält er vom Kaiser eine goldene Kette[63]. In den ersten Maitagen des Jahres 1674 stirbt er in Wien[64].

Sich aufgrund weiterer Archivalien ein noch genaueres Bild vom Leben Johann Caspars in Konstanz zu machen, ist nicht einfach. Vorauszuschicken ist, daß es in der fraglichen Zeit zwei große Familien mit dem Namen Schenck gegeben hat, eine Bildhauerfamilie und eine vornehmere Kaufmannsfamilie, die mehrfach Ratsmitglieder stellte. Beide Familien standen jedoch durchaus miteinander in Verbindung, was wechselseitige Patenschaften belegen[65]. Die Verbindungen zu der vornehmen Kaufmannsfamilie waren für die Bildhauerfamilie sicher von Nutzen. Johann Caspar werden sie bei den Bemühungen um eine Anstellung in Innsbruck und Wien hilfreich gewesen sein, Christoph Daniel bei der Ver-

6 Johann Caspar Schenck, Epitaph Dr. Valentin Heyder, 1664, Lindau, St. Stephan, (Kat.Nr. 94)

5 Johann Caspar Schenck, Der Sommer, um 1664, Wiesbaden, Sammlung Winkler

gabe des Auftrags für die Münsterlinger Retabelfiguren (Kat.Nr. 56), denn die damalige Äbtissin stammte aus der Konstanzer Kaufmannsfamilie Schenck.

Im 17. Jahrhundert lassen sich drei Schenck mit dem Vornamen Johann Caspar in Konstanz nachweisen. Ob einer davon mit unserem Bildhauer identisch ist?
Der älteste gehörte offenbar zur Kaufmannsfamilie, denn er saß im Kleinen Rat. Er starb bereits 1663, scheidet also aus. Sein dritter Sohn, der 1630 geboren wird, heiratet 1664 Anna Maria Contamina, eine noble Bürgerstochter. Auch er kann nicht mit unserem Bildhauer identisch sein, weil dieser, wie erwähnt, mit einer Ganter verheiratet war. Zudem wäre es ungewöhnlich gewesen, daß ein Sohn einer Kaufmannsfamilie Handwerker geworden wäre. Der dritte Johann Caspar ist ein jüngerer Bruder von Christoph Daniel, der 1640 geboren wird. Auch mit diesem scheint unser Johann Caspar nicht identisch zu sein. Denn dann wäre er schon mit 24 Jahren auf den angesehenen Posten eines fürstlichen Hofbildhauers gekommen, was wohl auszuschließen ist. Keiner der nachgewiesenen Johann Caspar Schenck kann also ohne Bedenken mit unserem Bildhauer identifiziert werden, zumal vermutlich alle Söhne von Konstanzer Bürgern waren, das Bürgerrecht also nicht erst erwerben mußten wie unser Bildhauer Johann Caspar

im Jahr 1665. Vielleicht gab es einen vierten Johann Caspar Schenck, der aus Mindelheim zugewandert war und in den Steuerbüchern etc. genauso wenig auftaucht wie Christoph Daniel und sein Vater?

Philippovich macht darauf aufmerksam, daß »ein merkwürdiger Zusammenhang besteht zwischen dem Tod des Johann Caspar Schenck 1674 und Christoph Daniel Schenck, dessen gesicherte, das heißt durch Monogramme erfaßbare Elfenbeintätigkeit erst mit dem Tod des Johann Caspar einsetzt« und fragt sich: »Sollte Christoph Daniel allenfalls eine Hinterfigur im Bereich des Johann Caspar gewesen sein?«[66] Wir glauben, daß Philippovich damit die richtige Fährte zur Klärung der Lebenswege von Johann Caspar und Christoph Daniel gelegt hat, denn folgende Hypothese bietet sich an, die den »merkwürdigen Zusammenhang« erklären könnte:
Nach dem Tod des Hans Schenck, also ab 1648, führt Johann Caspar die Schenck-Werkstatt und bildet Christoph Daniel aus. 1664 nimmt Johann Caspar seinen jüngeren Verwandten Christoph Daniel mit nach Innsbruck und später mit nach Wien[67].

8 *Johann Caspar Schenck, Epitaph Dr. Valentin Heyder, Aeternitas, 1664, Lindau, St. Stephan, Kat. Nr. 94)*

7 *Johann Caspar Schenck, Der Sommer, um 1664, Detail. Wiesbaden, Sammlung Winkler*

Nach dem Tod Johann Caspars, im Jahr 1674, kehrt Christoph Daniel, nun umfassend künstlerisch gebildet, nach Konstanz zurück. Dort kann er die Beziehungen seiner Verwandten nutzen, die diese zu wichtigen Auftraggebern wie dem Bischof und zu den umliegenden Klöstern bereits aufgebaut haben. Vom Jahr seiner Rückkehr aus Wien an arbeitet Christoph Daniel selbständig und signiert seine Arbeiten. Die ersten beiden, die er in Konstanz geschnitzt hat, den Stuttgarter Sebastian (Kat.Nr. 1) und ein seit 1949 verschollenes Relief mit der Darstellung des Erzengels Michael (Kat.Nr. 2) bezeichnet er mit *invenit et sculpsit Constantiae.* Damit weist er ausdrücklich auf das ihm als selbständig tätigem Meister zustehende Privileg hin zu erfinden, und macht auf seinen neuen Standort aufmerksam[68]. Mit dem Aufenthalt in Wien ließe sich gut erklären, daß aus der Zeit zwischen dem Abschluß seiner Lehre und dem Jahr 1675 keine Werke von seiner Hand am Bodensee existieren. Inwieweit sich die Zusammenarbeit mit Johann Caspar auch in den Werken Christoph Daniels widerspiegelt, wird zu prüfen sein.

Von 1675 an wissen wir wieder mehr über Christoph Daniels Lebensweg. Dies vor allem deshalb, weil er fast alle kleinplastischen Arbeiten signiert und datiert hat. Allein aus der großen Anzahl der Werke läßt sich schließen, daß Schenck schnell zu einem äußerst erfolgreichen Bildhauer avancierte. In den siebzehn Jahren zwischen 1675 und seinem Tod im Jahr 1691 hat er nach unserem heutigen Wissensstand 112 Arbeiten gefertigt: 21 Statuetten[69], 31 Reliefs[70] und – zusammen mit seiner Werkstatt[71] – 60 Großplastiken[72].

Die Auftraggeber

Schenck arbeitete ausschließlich für kirchliche Auftraggeber. Sein mit Abstand wichtigster Auftraggeber war das Kloster Einsiedeln, das zu den wichtigsten Wallfahrtsorten in Europa gehörte[73]. Noch heute finden sich nirgendwo sonst so viele Arbeiten unseres Bildhauers: 12 Kleinplastiken und 9 Großplastiken. Ursprünglich waren es sicher noch mehr. Hinzuzählen kann man vermutlich noch solche Stücke, die der Abt an befreundete Klöster schenkte (z. B. Kat.Nr. 29 u. 63)[74] oder die vom »Einsiedler« Bildhauer für befreundete Klöster gefertigt wurden. Hinzurechnen kann man ferner das eine oder andere Stück, das in Krisenzeiten, wie etwa in den Jahren nach der Französischen Revolution, aus dem Kloster entfernt wurde. Das Meinradsrelief (Kat.-Nr. 7), das kürzlich vom Württembergischen Landesmuseum Stuttgart erworben wurde, könnte ein solches sein. Aufgrund des Themas ist seine Herkunft aus Einsiedeln höchst wahrscheinlich. Dazu kommen ferner noch einige Werke, die fürstliche Pilger in Einsiedeln erwarben oder die sie in Anerkennung ihrer Wohltaten für das Kloster vom Abt geschenkt bekamen. Die beiden aus markgräflich badischem Besitz stammenden, kürzlich vom J. Paul Ghetty Museum ersteigerten Reliefs etwa könnten Maria Magdalena von Baden gehört haben (Kat.Nr. 36). Sie war viermal nach Einsiedeln gepilgert, zuletzt 1685[75], in dem Jahr, in dem Schenck die beiden Reliefs datierte.

Der zweite große, nicht minder bedeutende Auftraggeber Schencks war der Konstanzer Bischof Johann Franz Vogt von Altensummerau und Praßberg (1645–1689). Alle kirchlichen Einrichtungen, für die unser Bildhauer je gearbeitet hat, liegen innerhalb seiner Diözese.
Vom Bischof und seinem Domkapitel erhielten Schenck und seine Werkstatt die großen Aufträge zur Ausstattung der Kathedrale, des heutigen Münsters (Kat.Nr. 16–17 u. 58–59). Auch für das bronzene Epitaph des Bischofs lieferte Schenck wohl das Modell (Kat.Nr. 79). Schenck hat zudem für Kirchen in der näheren Umgebung von Konstanz gearbeitet, die zum bischöflichen Hochstift gehörten (Kat.Nr. 22 u. 77).
Die restlichen Auftraggeber sind die Dominikanerinnen in Konstanz (Kat.Nr. 31) und die Jesuiten in Solothurn (Kat.Nr. 78). Übrig bleiben dann nur noch drei Werke, die Mater Dolorosa im Überlinger Münster (vielleicht die Stiftung einer Bruderschaft) (Kat.Nr. 69), der Johannes aus der Pfarrkirche von Orsingen (Kat.Nr. 76) und die Elfenbeinmadonna im Museo degli Argenti in Florenz (Kat.Nr. 12), die seit 1776 im Besitz der Medici nachweisbar ist.

Macht man eine Statistik auf zur Provenienz der gesicherten Arbeiten Schencks,[76] so ergibt sich ein ganz eindeutiges Bild. Etwa die Hälfte aller Stücke sind im Auftrag des Klosters Einsiedeln enstanden. Nimmt man noch die Aufträge anderer Benediktinerklöster hinzu, kann man feststellen, daß drei Viertel der Arbeiten Schencks im Auftrag dieses Ordens entstanden.
Wie eindeutig konturiert das Profil der Auftraggeberschaft des Bildhauers ist, wird auch noch daraus ersichtlich, daß Schenck etwa im Unterschied zum Konstanzer Bildhauer Hans Morinck (ca . 1555–1616) weder für städtische Pfarrkirchen noch für das städtische Patriziat gearbeitet hat.

Aufgrund der Statistik drängt sich die Frage auf: Hat Schenck vielleicht nur für den Einsiedler Fürstabt und den Konstanzer Bischof gearbeitet? Die Menge der für das Kloster ausgeführten Aufträge läßt außerdem die Frage aufkommen, ob Schenck längere Zeit in Einsiedeln arbeitete. Hätte er tatsächlich eine Weile dort gelebt, dann machte auch der ausdrückliche Wunsch des Fürstabtes Sinn, Schenck solle die Figuren für den Choraltar der Magdalenenkapelle *alle in Constanz machen*. Wenn es keine andere Möglichkeit gegeben hätte, warum hätte er dann den Bildhauer anweisen sollen, er möge die Arbeiten in Konstanz durchführen?

Hat vielleicht der Bischof von Konstanz dem erfolgreichen Bildhauer Schenck einen Sonderstatus verliehen, der ihn von den Pflichten eines normalen Konstanzer Handwerkers entband? Wurde Schenck als Hofkünstler aus der Privatschatulle des Bischofs bezahlt und war er deshalb von den Steuerpflichten befreit?

Wir vermuten: ja. Doch bis jetzt ist es nicht gelungen, Archivalien zu finden, mit deren Hilfe man diese Fragen eindeutig beantworten könnte.[77]

Die ersten gesicherten Arbeiten

Bislang wurde stets davon ausgegangen, daß Christoph Daniel bei seinem Vater gelernt habe und sich von dessen Werken auch stilistisch habe beeinflussen lassen[78]. Zur Überprüfung dieser These soll ein gesichertes Werk des Vaters einem gesicherten Werk des Sohnes gegenübergestellt werden[79]. Dazu eignen sich vom Vater die beiden Figuren aus einer Kreuzigungsgruppe in Mimmenhausen (1633)[80] und das Kruzifix[81] (1637) im Konstanzer Münster (Abb. 9, 10, 16) und vom Sohn die Kreuzigungsgruppe (1675) in Sonderbuch (Kat.Nr. 3, Abb. 11, 12).

Hans Christoph stellt Maria und Johannes dar, wie sie unter dem Kreuz trauern. Maria trauert still, sie blickt in sich gekehrt zu Boden und weint. Johannes trauert lauter. Er hat die Hand auf die Brust gelegt, blickt zu Jesus auf und spricht ihn in seiner Verzweiflung an.
Den Schwerpunkt des Ausdrucks hat Hans Christoph auf die Mimik der Gesichter gelegt. Sie sind im Gegensatz zu den stilisierten Gewändern naturalistisch wiedergegeben.
Christoph Daniel dagegen gibt den End- und Höhepunkt der ganzen Passionsgeschichte wieder: Der Tod Jesu ist eingetreten[82]. Maria und Johannes unter dem Kreuz reagieren entsetzt. Sie reißen die Arme auseinander und blicken klagend und Mitleid suchend zur Gemeinde hinab ins Kirchenschiff.

9 Hans Christoph Schenck, Maria aus einer Kreuzigungs-
gruppe, 1633, Mimmenhausen, Pfarrkirche

10 Hans Christoph Schenck, Johannes aus einer Kreuzi-
gungsgruppe, 1633, Mimmenhausen, Pfarrkirche.

Christoph Daniels Protagonisten verhalten sich nicht unterschiedlich, sie sind vielmehr in Körperhaltung und Gebärden einander angeglichen. Das Bewegungsmotiv wird zweifach vorgetragen und mittels der Gewandführung zusätzlich unterstrichen. Es soll den Betrachter spontan beeindrucken und ihm den Gefühlsausbruch veranschaulichen, der sich in Maria und Johannes ereignet. Alles ist ausgeblendet, was nicht dazu dient, die dramatische Wirkung des transitorischen Moments zu steigern. Deshalb hat Christoph Daniel im Unterschied zu seinem Vater auf eine individuelle Charakterisierung der Gesichter weitgehend verzichtet.

Für die Komposition der Kreuzigungsgruppe bediente sich Hans Christoph Schenck eines Stiches nach einem Gemälde des jungen van Dyck[83]. Er setzte sich offenbar mit dem damals modernen flämischen Barock Rubensscher Prägung auseinander. Damit gehört er stilistisch zu einer größeren Gruppe von frühbarocken Bildhauern, die unter dem Eindruck der Werke des Augsburger Bildhauers Georg Petel (1601/2–1634) standen, der mit dem berühmten flämischen Maler befreundet war.
Ausdrucksstärke und Monumentalität machen die hohe Qualität der Arbeiten aus[84]. Die Skulpturen zeigen zugleich, auf welch hohem Niveau Chri-

13 Francesco Mochi, Hl. Veronika, 1629–40, Vatikan, St. Peter.

11 Christoph Daniel Schenck, Maria aus der Kreuzigungsgruppe, 1675, Sonderbuch, Leonhardskapelle, (Kat. Nr. 3)

stoph Daniel ausgebildet wurde. In der Aktbildung des Kruzifixes sind eine Reihe von Bezügen zu Werken Christoph Daniels festzustellen, die sich durch ein Schüler-Lehrer-Verhältnis erklären lassen. Doch eine stilistische Abhängigkeit Christoph Daniels vom Werk seines Vaters kann nicht konstatiert werden. Christoph Daniel hatte andere Vorbilder. Offenbar hat er sich an den wohl bekanntesten Skulpturen seiner Zeit orientiert, den Hauptwerken der barocken Kirchenkunst, den Statuen Berninis und Mochis in St. Peter in Rom (Abb. 13, 14)[85].

Natürlich hat Schenck nicht versucht, mit seiner Maria die Veronika Mochis[86] oder mit seinem Johannes den Longinus Berninis zu kopieren. Gewisse motivische Übernahmen scheint es zwar zu geben[87], sie sind aber nicht das Entscheidende. An den römischen Vorbildern geschult erscheint uns hingegen die Art, wie Schenck das Gewand als Ausdrucksträger einsetzt. Erst durch die Gewandbildung wirkt das Hervorstehen des gestreckten Armes bei der Figur des Johannes eindrucksvoll. Erst durch die Interpretation mit dem Gewand wirkt die Bewegung der Figur der Maria dramatisch.

Wie die Vermittlung der Charakteristika des römischen Hochbarocks an den Bodensee stattgefunden

haben könnte, ob über Stiche[88], über in Zwiefalten tätige oberitalienische Künstler[89] oder über den in Italien geschulten, in Konstanz tätigen Maler Christoph Storer (1611–1671)[90], ist schwer zu entscheiden angesichts der Prominenz der Werke und der Begeisterung, die die Fertigstellung der Ausstattung des Petersdomes durch Bernini beim Klerus auch nördlich der Alpen auslöste.

Bislang nahm man an, Hans Christoph Schenck habe keine Kleinplastiken geschaffen und habe deshalb seinen Sohn auf diesem Feld auch nicht unterrichten können. Eine von Bange als »Deutsch (oder niederländisch?), erste Hälfte des 17. Jahrhunderts«[91] eingeordnete Statuette eines Christus an der Geißelsäule in der Berliner Skulpturensammlung (Abb. 15) läßt sich jedoch dem Vater Christoph Daniels zuschreiben. Mit engen motivischen und stilistischen Analogien zu dem 1637 von Hans Schenck gefertigten Kruzifix im Konstanzer Münster (Abb. 16) läßt sich die Zuschreibung begründen. Ähnlich sind die Haar- und Barttracht, besonders die jeweils über die Stirn fallenden Strähnen sowie der Gesichtstypus mit den hervortretenden Augäpfeln und dem offenen Mund, wobei Zähne und Zunge gleichermaßen deutlich zu sehen sind. Bei der Körperwiedergabe fallen als Besonderheiten jeweils die Falten auf, mit denen die Knie überzogen sind.

12 Christoph Daniel Schenck, Johannes aus der Kreuzigungsgruppe, 1675, Sonderbuch, Leonhardskapelle, (Kat. Nr. 3)

14 Gianlorenzo Bernini, Hl. Longinus, 1629–38, Vatikan, St. Peter.

Wie beim großen Kruzifix im Konstanzer Münster, so lassen sich auch bei der Berliner Statuette Motive ausmachen, die sich im Werk des Schülers Christoph Daniels wiederfinden. Zu nennen sind hier etwa die parallel angeordneten Faltenstege (Vgl. Kat.-Nr. 70). Doch auch bei der Kleinplastik erweist sich Christoph Daniel trotz mancher Motivübernahmen stilistisch nicht von seinem Vater abhängig. Mit einem Vergleich zwischen der Berliner Statuette und der ersten für Christoph Daniel gesicherten Kleinplastik, dem Stuttgarter Sebastian von 1675 (Abb. 18), läßt sich dies belegen.

Die Statuette des Vaters entspricht in der Aktbildung dem klassischen Formenkanon, die des Sohnes spricht ihm Hohn. Bei der Stuttgarter Statuette ist der Bauch nicht flach, die Beine sind nicht gerade, die Hüften nicht schmal, die Zehen schief, die Knie faltig. Hinzu kommt eine stockend wirkende Bewegung, weil die Glieder etwas unvermittelt an den Rumpf anschließen.
Der krude Naturalismus, der Christoph Daniels Statuette kennzeichnet, findet sich ähnlich deutlich ausgeprägt in der Wiener Hofkunst um 1650, die in diesen Jahren einen herausragenden Ruf genoß[92]. Besonders berühmt waren die vielfach kopierten und nachgeahmten Werke des Meisters der Sebastiansmartyrien[93]. Mit seinen Reliefs in Wien

und Linz von 1655 und 1657 hat die Stuttgarter Statuette viel gemein (Abb. 17, 18). Gemeinsam ist den Elfenbeinwerken zunächst die perfekte Schnitztechnik. Sie ist es, die den fast fanatischen Naturalismus erst voll zur Wirkung bringt: die Zähne im offenen Mund, die Brustwarzen, die Zehennägel, die sich über den Muskeln spannende oder zu Falten zusammenschiebende Haut etc. Gemeinsam ist den Werken auch das Pathos, mit dem das Thema vorgeführt wird. Dieselben Formeln, die am Laokoon geschulte Leidensmiene und das wehende Haar, veranschaulichen hier wie dort das Leiden des Heiligen.

Der Vergleich macht deutlich, daß zwischen dem Werk Christoph Daniels und dem Werk des Meisters der Sebastiansmartyrien große stilistische Ähnlichkeiten bestehen[94]. Insofern findet unsere Hypothese, daß Christoph Daniel sich mit seinem Verwandten Johann Caspar in Wien aufgehalten habe, eine Bestätigung.

Den Meister der Sebastiansmartyrien identifizieren manche mit Johann Caspar Schenck[95], andere glauben, Johann Caspar habe in dessen Werkstatt gear-

**15 Hans Christoph Schenck zugeschrieben, Christus an der
Geißelsäule, um 1640, Berlin, Skulpturensammlung.**

**16 Hans Christoph Schenck, Kruzifix, 1637, Detail,
Kostanz, Münster**

beitet.[96] Wäre Johann Caspar mit dem Meister der
Sebastiansmartyrien identisch, wären die Reliefs in
Linz und Wien Frühwerke Johann Caspars[97]. Er hätte dann auch schon in den 50er Jahren, und nicht
erst in Wien als Schnitzer von Kleinplastiken gearbeitet. Das paßte gut zu unseren Überlegungen,
denn allein aufgrund seiner Großplastiken in Markdorf (Kat.Nr. 93), Lindau (Kat.Nr. 94) und im Konstanzer Münster (Kat.Nr. 96) wäre er kaum auf den
Posten des *Hofpainstechers* am Kaiserhof berufen
worden. Die beiden Reliefs in Linz und Wien wären
ein fulminanter Beweis seiner schnitzerischen
Fähigkeiten auch im kleinen Format.

Schon angesichts der ersten gesicherten Skulpturen,
die Christoph Daniel 1675 gefertigt hat, wird deutlich, worauf die Werke Christoph Daniel Schencks
abzielen: auf die Darstellung von Affekten, die den
Betrachter emotional bewegen sollen. Welche künstlerischen Mittel Schenck einsetzt, um den Betrachter zu rühren und in welchem Zusammenhang
Schencks Werke ursprünglich ihre Wirkung entfalte-
ten, läßt sich am besten anhand der Groß- und Kleinplastiken beschreiben, die Schenck für das Kloster
Einsiedeln gefertigt hat.

Die Werke für das Kloster Einsiedeln

Auch noch in den 70er und 80er Jahren des 17. Jahrhunderts gehörte Einsiedeln zu den bedeutendsten
Wallfahrtsorten Europas. Ziel der Pilgerströme war
das Gnadenbild einer Muttergottes, das in der Mein-
radszelle, dem Keim und Zentrum der Klosteranlage,
aufgestellt war. Zugleich war das Kloster eine
»Zuflucht der Sünder«[98], denn dank einer Bulle

17 Meister der Sebastiansmartyrien, Hl. Sebastian, 1655, Wien, Kunsthistorisches Museum.

18 Christoph Daniel Schenck, , Hl. Sebastian, 1675, Stuttgart, Württembergisches Landesmuseum, (Kat. Nr. 1)

Leos VIII. aus dem Jahr 964 hatten die Einsiedler Benediktiner das Privileg, den Pilgern nach der Beichte, dem Bekenntnis der Sünden und dem Bekunden tiefer Reue, einen umfassenden Ablaß zu gewähren und alle Sakramente zu spenden[99].

In den 80er Jahren des 17. Jahrhunderts kamen etwa 120 000 Pilger jährlich nach Einsiedeln[100], 20 000 (dreimal so viele wie die Stadt Konstanz in dieser Zeit Einwohner hatte) manchmal allein zu den Theateraufführungen vor der Kirche. Die wichtigste Attraktion für die Pilger war das »Große Engelweihfest«[101], das alle sieben Jahre stattfand und 14 Tage währte. Dabei konnten sie die berühmtesten Prediger hören[102], an Prozessionen teilnehmen[103], geistli-

che Spiele und ein gigantisches Feuerwerk sehen[104] und vom Engelweih-Ochsen essen[105].

Wegen der Notwendigkeit, Hunderte von Beichten an einem Tag abnehmen zu müssen, wurde 1676–78 eine »Beichtkirche« für die Pilger errichtet[106]. Die Beichtkirche ist ein niedriger, tonnengewölbter, dunkler Raum, in dem 30 Beichtstühle untergebracht waren. Der Stuck und die Gemälde in diesem *Refugium Peccatorum*[107] sollten den Pönitenten »zu herzlicher Reue bewegen«. Deshalb hatte man dort »nichts anderes als Hl. Büßer und zwar mit zu Herzen dringendem Ausdruck malen lassen«[108], wie es in der Beschreibung heißt, die der Einsiedler Conventuale Dietrich 1684 in sein Memoriale schrieb. Im Anschluß an die Beichtkirche, als deren Kopfbau, wurde 1680–84 eine Magdalenenkapelle errichtet[109]. In sie trat der Pilger nachdem er gebeichtet hatte. Im Gegensatz zur Beichtkirche war die Kapelle hoch, hell, steil und prachtvoll ausgestattet[110]. Der Choraltar war mit Marmor verkleidet, Teile wie die Kapitelle und Gesimse waren vergoldet[111], die Skulpturen wirkten, als seien sie aus Alabaster[112]. Die Kapelle wurde im 19. Jahrhundert stark verändert, das Altarretabel wurde abgetragen.[113] Für die Magdalenenkapelle hatte Schenck mehrere lebensgroße Figuren geliefert[114]. Einige davon haben sich im Depot des Klosters erhalten (Kat.Nr. 32). Sich eine gesicherte Vorstellung von der ursprünglichen Plazierung der Figuren zu machen, ist aufgrund der Quellenlage schwierig[115].

Vier der erhaltenen Figuren scheinen zusammenzugehören, denn sie sind gleich groß, weißlich gefaßt und als Paare komponiert. Dargestellt sind Büßerheilige, die Könige David und Manasse sowie zwei nicht identifizierbare vornehme Frauen, wahrscheinlich Königinnen[116]. Zur Ausstattung der Kapelle gehörten ferner eine vergoldete Figur des Guten Hirten und eine gleichfalls weiß gefaßte Skulptur der Maria Magdalena. Die Figuren des Hirten, der das verlorene Schaf (den heimgeholten Sünder) auf den Schultern trägt und die der populären Büßerheiligen mögen einzeln, aber ihrer Bedeutung entsprechend an zentraler Stelle der Ausstattung plaziert gewesen sein.

Nachdem der Pilger gebeichtet hatte, wurden ihm abschließend in pompöser Inszenierung Büßerheilige in Ekstase präsentiert. In einer zeitgenössischen Beschreibung klingt an, wie die Figuren – wohl nach Wunsch des Auftraggebers – auf den Betrachter wirken sollten. Zu den Königen David und Manasse dichtet Doyen 1701:

Deux Figures d'Albastre; une à chaque coté
Font voir la Penitence aprés l'Iniquité:
David en abaissant son Sceptre & sa Couronne
Pleure tant son Peché, que Dieu le luy pardonne;
Voyez d'autre coté l'orgueilleux Manaße
Aprés avoir commis toute sorte d'excés,
Le voila dans les Fers (veritable peinture
D'un mal-heureux Pecheur dont la chaine est si dure;)
Mais par son repentir & son humilité,
Il recouvre son Sceptre avec sa liberté.

Vorgestellt werden Heilige, die nach ihrer Läuterung den richtigen Weg eingeschlagen hatten und dank der Fürbitte Christi (Luk. 22,3) aus der Tiefe wieder hinaufgeführt wurden zur Höhe eines heiligen Lebens.

Die vier zusammengehörigen, weiß gefaßten Figuren hat Schenck stark vereinheitlicht: Die Heiligen wenden sich paarweise einander zu und blicken zusam-

19 *Guido Reni, Immaculata, 1627, New York, The Metropolitan Museum of Art.*

men selig lächelnd nach oben in den Himmel. Das In-den-Himmel-Schauen ist das zentrale Motiv, mit dem das Thema, die Wandlung vom Sünder zum Heiligen, gleich vierfach vorgetragen wird.

Die Skulpturen des David und des Manasse sind vermutlich Arbeiten aus der Werkstatt von Schenck. Die beiden Frauenfiguren hingegen hat er wohl selbst geschnitzt. An ihnen lassen sich die künstlerischen Mittel beschreiben, mit denen Schenck das Thema an der Einzelfigur veranschaulicht.

Besonders eindrucksvoll scheint uns die linke der beiden Skulpturen (Abb. 20). Die Figur ist von einer fließenden Bewegung durchzogen, die sich von unten nach oben durch die Figur zu schrauben scheint und in den aufwärts gerichteten Blick übergeht. Die Bewegung wird vor allem durch die Gewandführung vergegenwärtigt. Während das Untergewand die Kraft der Drehbewegung unterstreicht, gibt der in weitem Abstand um die Gestalt schwebende Mantel dem oberen Teil der Figur Leichtigkeit. Der Verlauf der Bewegung ist als dynamisch charakterisiert und bis ins Detail ablesbar: Während das

20 Christoph Daniel Schenck, Hl. Büßerin, 1684, ehemals Magdalenenkapelle, Einsiedeln, Benediktinerabtei, (Kat. Nr. 32a)

wie Simplizissimus, der von seiner Beichte in Einsiedeln berichtet:

Wiewol ich mich damals auff die Beicht nicht gefaßt gemacht / auch mein lebtag nie in Sinn genommen zu beichten / sondern mich jederzeit auß Scham darvor geförchtet / wie der Teuffel vorm H. Creutz / so empfande ich jedoch in selbigem Augenblick in mir eine solche Reu über meine Sünden / und ein solche Begierde zur Busse und mein Leben zu bessern / daß ich alsobalden einen Beichtvatter begehrte /.../ demnach bekannte ich mich öffentlich zu der Catholischen Kirchen / gieng zur Beicht / und communicirte nach empfangener Absolution. Worauff mir dann so leicht umbs Hertz wurde / daß ichs nicht aussprechen kan/...[117].

Bei der Gestaltung der Figur hat sich Schenck an Hauptwerken der Kirchenkunst orientiert, den Assunta- beziehungsweise Immaculata-Darstellungen von Tizian und Reni (Abb. 19). Von Tizians Assunta ist Schencks Figur nur motivisch abhängig. Von hier scheint der Bildhauer die Körperhaltung und manche Einzelheiten der Gewandführung übernommen zu haben. Von Renis Darstellung stammt dagegen der raffiniert kalkulierte Einklang von kräftiger Bewegung, zarter Gestik und gefühlsvollem Gesichtsausdruck. Schenck kopiert indes die Vorbilder nicht, sondern setzt sie souverän um, seine ›maniera‹ bleibt dominant.

Die Einsiedler Figuren einschließlich der Figur der Magdalena und des Guten Hirten gehören zu den eindrucksvollsten Werken, die Schenck geschaffen hat. Sie zeigen, daß die vermutlich eigenhändig ausgeführten Großplastiken qualitativ nicht hinter den kleinplastischen Arbeiten des Bildhauers zurückbleiben, wie stets behauptet wird[118].

Während die Aufgabe der Großplastiken, die Pilger in ihrem Glaubenseifer zu bekräftigen, leicht zu bestimmen ist, fällt es schwer, das Umfeld zu rekonstruieren, in dem die Kleinplastiken ursprünglich standen, und ihre Funktion zu ermitteln. Das hat seinen Grund vor allem darin, daß die Geschichte der Einsiedler Kunstsammlung, in der die Kleinplastiken Schencks aufbewahrt werden[119], bis heute gänzlich unerforscht geblieben ist.
Bisher ist nichts darüber bekannt geworden, daß es in Einsiedeln eine klösterliche Kunstkammer gegeben hätte, wie zum Beispiel in Kremsmünster[120]oder in St. Peter in Salzburg[121]. Waren die Kleinplastiken Schencks also keine Kunstkammerstücke, sondern Andachtsbilder[122], wie Lohse vermutet[123]?

Bei den meisten Kleinplastiken Christoph Daniel Schencks handelt es sich um virtuos geschnitzte Statuetten und kleinformatige Reliefs aus kostbarem

Schultertuch der Heiligen noch ruhig aufliegt, sind die Bodensäume des Kleides schon in Unruhe geraten und flattern in die Höhe. Dem entspricht die »Körpersprache« der Dargestellten. Die Geste der schräg nach oben gehaltenen Unterarme wirkt bereits wie eine freudige Reaktion auf das, was die Heilige oben im Himmel erblickt. Schenck geht es darum, den transitorischen Moment zu veranschaulichen, in dem die Büßerin himmlische Hilfe erfährt. Ihr soll der Pilger jetzt nacheifern: büßen und die Fürbitte Christi erflehen. Dann kann es ihm ergehen

Elfenbein und Buchsbaum. Sie werden heute in den Museen, gleichsam den Nachfolgeinstitutionen der fürstlichen Kunstkammern, neben den Werken von Leonhard Kern (1588–1662), Georg Petel (1601/02–1634) und Adam Lenckhardt (1610–1661) ausgestellt, weil sie technisch genauso bravourös gearbeitet sind wie diese. Zu ihrer Entstehungszeit standen die Werke der Bildhauer aber nicht nebeneinander, denn Schenck ging es nicht darum, den gebildeten Connaisseur und Sammler durch eine originelle ikonographische Erfindung zu verblüffen wie Kern[124], ihn durch das Umsetzen eines Gemäldes von Rubens ins Dreidimensionale zu beeindrucken wie Petel[125] oder ihn durch das Variieren einer weltberühmten Antike in Erstaunen zu versetzen wie Lenckhardt[126]. Schencks Werke waren keine Sammelobjekte weltlicher Fürsten[127]. Erst nach der Säkularisation sind sie zu solchen geworden[128].

Die erfolgreichste Erfindung Schencks auf dem Gebiet des kleinformatigen Virtuosenstücks ist die Darstellung des reuigen Petrus (Abb. 22). Allein drei signierte Exemplare sowie mehrere Nachahmungen anderer Bildhauer haben sich erhalten (Kat.Nr. 111 u. 139–141).[129] Zumindest eines der drei signierten Reliefs könnte aus Einsiedeln stammen (Kat.Nr. 45), wohin die Thematik des reuigen Sünders bestens paßte.

Für einen gewissen Erfolg der Darstellung Schencks sorgte bereits das Thema, das sich schon zur Zeit der Gegenreformation großer Beliebtheit erfreute, denn »der reuige Petrus galt als Vorbild für die vom katholischen Glauben Abgefallenen (Verleugnung des rechten Glaubens)«[130].
Vor allem aber wird Schencks gefühlvolle Inszenierung gefallen haben. Tränen in den Augen, ringt der reuige Sünder die Hände und fleht um Vergebung. Schenck holt den Betrachter ganz nah an das Geschehen heran, präsentiert den Heiligen nur als Halbfigur und wählt noch dazu einen sehr engen Bildausschnitt.
Schenck hat sich bei der effektvollen Dramatisierung des Themas an den »katholischen Sehnsuchtsfiguren«[131] Renis orientiert, die durch Nachstiche in ganz Europa populär geworden waren (Abb. 21). Vor allem das Motiv des sehnsuchtsvoll zum Himmel gerichteten Blicks und die Anlage als Halbfigurenbild hat er von diesen übernommen[132].

Beim Exemplar aus dem Jahr 1680 (Kat.Nr. 13)[133] haben sich um das eigentliche Relief einige Leisten erhalten, die es erlauben, sich eine Vorstellung davon zu machen, wie dieses ursprünglich aufbewahrt und gehandhabt wurde. Das Relief war in ein Kästchen montiert, das vorn mit einem Schiebebrettchen geöffnet werden konnte[134]. Es war also nicht ständig sichtbar wie ein Wandbild oder wie ein Stück in ei-

21 Guido Reni, Der reuige Petrus, 1633/34, Madrid, Museo del Prado, (Kat. Nr. 13)

nem einsehbaren Kunstkammerschrank, sondern wurde vielmehr zu bestimmten Gelegenheiten hervorgeholt und geöffnet. Das Relief lädt unten aus, ist dort schwerer und läßt sich deshalb gut vor den Betrachter hinstellen. Das Öffnen des Kästchens gleicht dem Wegziehen eines Vorhangs. Es erhöht die Wirksamkeit der Schenckschen Inszenierung.
Bei welcher Gelegenheit und in welchen Räumlichkeiten man es benutzte, ist nicht zu belegen. Auch wo die Kästchen aufbewahrt wurden, wenn sie nicht benötigt wurden, muß vorläufig offen bleiben[135]. Kein einziges der Kästchen ist vollständig erhalten. Sie wurden nach der Säkularisation vermutlich entfernt, als die Funktion der Reliefs nur noch die von Kunstkammerstücken war und sie den anderen Objekten in den Sammlungen angeglichen werden sollten.

Die Hauptmerkmale des Petrus–Reliefs sind die demonstrativ vorgetragene schnitzerische Kunstfertigkeit sowie die forcierte emotionale Inanspruchnahme des Betrachters . Insofern vereint es die üblicherweise von der Literatur für Kunstkammerstücke beziehungsweise für Andachtsbilder in Anspruch genommenen Charakteristika in sich. Eine Trennung der beiden Funktionen wird man angesichts des vermuteten Auftraggebers und des Umfeldes nicht erwarten können.

22 Christoph Daniel Schenck, Der reuige Petrus, 1680, München, Privatbesitz.

Selbst in den preziösesten Schnitzereien spiegeln sich die vom ›movere‹ der Gläubigen geprägte Frömmigkeit der Zeit nach dem 30jährigen Krieg und das besondere Interesse der Einsiedler Benediktiner, ihren Pilgern ein religiöses Erlebnis zu verschaffen. Die Kostbarkeit des Stücks deutet auf die hohe soziale Stellung seines Benutzers hin, der sich an ähnlichen Virtuosenstücken schon in fürstlichen Kunstkammern erfreut hatte, in Einsiedeln bei der Betrachtung solcher Stücke jedoch zusätzlich in seinen religiösen Empfindungen gerührt sein wollte.

Von ganz anderem Charakter und deshalb wohl auf eine andere Art von Betrachter ausgerichtet sind einige bis zu 36 x 26 cm große Reliefs im kleinplastischen Werk Schencks (Kat.Nr. 6, 29 u. 36). Sie sind aus teilweise bunt bemaltem Lindenholz geschnitzt, nicht sonderlich fein gearbeitet und zeichnen sich durch einfache Kompositionen von plakativer Wirkung aus. Als Beispiel aus dieser Gruppe sei hier das Relief in der Fürstlich Fürstenbergischen Sammlung besprochen, das aus Einsiedeln stammen könnte (Abb. 24, Kat.Nr. 6).
Über eine Brüstung hinweg blickt der Betrachter ins Fegefeuer: Aus einem lodernden Flammenmeer tauchen Kopf und Hände einer verzweifelten Frau auf,

die von einem Engelchen einen Hostienkelch vorgehalten bekommt. Das Symbol für die erlösende Kraft des Meßopfers fest im Blick, kreuzt sie die Hände demütig über der Brust und schreit tränenüberströmt O, Quando heraus. Die Bildunterschrift richtet sich direkt an den Betrachter: Miseremini mei, miseremini mei, Saltem Vos / amici mei (Erbarmt Euch meiner, wenigstens ihr, meine Freunde). Formal und ikonographisch hat das Relief viel mit populärer Graphik, mit Titelkupfern und Heiligenbildchen des 17. Jahrhunderts gemein. In der Graphischen Sammlung des Klosters Einsiedeln haben sich mehrere gut vergleichbare Stücke erhalten (Abb. 23). Das Relief dürfte sich an eine ähnliche Klientel gerichtet haben wie diese Graphiken. Möglicherweise war es sogar ein Gegenstand des täglichen Gebrauchs. Vielleicht war es ursprünglich über einem Opferstock angebracht, denn mit Meßopfern und Fürbitten konnte die Gläubigen die Zeit der Armen Seelen (Sünder) im Fegefeuer verkürzen.

Eine weitere Gruppe bilden die Elfenbeinmedaillons, die als Rosenkranzanhänger fungierten. Das kostbare Material und die dargestellten Themen – die Geißelung Christi (Kat.Nr. 60), die büßende Magdalena (Kat.Nr. 30), die Muttesgottes in Sorge um das auf die zukünftige Seitenwunde deutende Kind (Kat.Nr. 61), der hl. Rochus (Kat.Nr. 4) – weisen auf ihre Funktion als Andachtshilfen für vornehme Beter hin. Darstellungen von solchen zeigen, daß die Rosenkränze am Gürtel getragen wurden und neben Kreuzen, Geißeln, Ketten und Dornenkronen zur Kleidung von Personen gehörten, die an Bußprozessionen teilnahmen (Abb. 25)[136].

Ikonographie

Das zentrale Thema, mit dem sich Schenck fast ausschließlich befaßt hat, ist die Passion. Dabei kommen nur zweimal mehrfigurige Szenen mit erzählerischem Charakter zur Darstellung, die Geißelung (Kat.Nr. 41) und der Ölberg (Kat.Nr. 11). Meist hat Schenck, wie beim Andachtsbild, eine Figur oder eine kleine Figurengruppe aus der Passionsgeschichte isoliert und ohne Beiwerk dargestellt: die Kreuzigung (Kat.Nr. 51, 63 u. 70), die Pietà (Kat.Nr. 31 u. 66), die Mater dolorosa (Kat.Nr. 27 u. 69), Christus an der Geißelsäule (Kat.Nr. 8) oder Christus in der Rast (Kat.Nr. 72).
Auch dem scheinbar konventionellen Thema der »Madonna mit Kind« gibt Schenck einen auf die Passionsthematik bezogenen Akzent. Während Maria in der ersten Jahrhunderthälfte meist als hoheitsvolle Regina Coeli mit Szepter präsentiert wird[137], deren Kind und Mitregent den Weltapfel trägt, legt Schenck den Schwerpunkt auf die innere Verbin-

23 *Kupferstich, anonym 17. Jahrhundert, Einsiedeln,*
Graphische Sammlung des Klosters

24 *Christoph Daniel Schenck. Arme Seele, 1677,*
Donaueschingen, Fürstlich Fürstenbergische Sammlungen,
(Kat. Nr. 6)

dung von Mutter und Sohn, die beide betont an-
spruchslos auftreten.

Das Christuskind hält bei allen Darstellungen ein
Kreuz im Arm[138], das es als Zeichen seines bevorstehenden, aber von ihm gelassen, fast freudig erwarteten Todes zärtlich umfaßt[139]. Der Jesusknabe wird
seinerseits von Maria liebevoll umarmt. In der Parallelisierung von Mutter und Kind wird das Mitleiden
der Maria mit ihrem Sohn herausgestellt. Dies ermöglicht dem Betrachter die Identifikation mit Maria; ihren Schmerz kann er miterleben[140].

Auch bei Schencks Darstellung der Pietà liegt der
Akzent auf der Compassio und nicht auf dem
Schmerz der Mutter. Entgegen der gängigen Konven-
tion[141] führt er dem Betrachter zum Beispiel bei der
Zoffinger Pietà Maria und Jesus als leidendes Paar in
inniger Umarmung vor (Kat. Nr. 31).

Auch Schencks Darstellung des Gekreuzigten entspricht nicht der üblichen Ikonographie, denn der
Bildhauer verwendet den im süddeutschen Barock
eher ungebräuchlichen »Viernagel-Typus«[142]. Die
Darstellungsform scheint bewußt auf Andachten abgestimmt, bei denen sich der Gläubige mit den fünf
Wunden Christi beschäftigte (Abb. 26).

Neben der Passion ist das Thema der Buße von zentraler Bedeutung im Werk Schencks. Hier sind vor allem die mehrfach von Schenck dargestellten Büßerheiligen Petrus und Maria Magdalena zu nennen zu
nennen (Kat.Nr. 13, 26, 30 u. 43–45) ebenso David
und Manasse sowie der Gute Hirte (Kat.Nr. 32).

Die Themen von Schencks Werken und die Art, wie
der Bildhauer sie dargestellt hat, passen zur leiden-
schaftlichen Frömmigkeit in der zweiten Jahrhunderthälfte in Konstanz und im Bistum Konstanz. In
dieser Zeit erschien eine Flut von Predigtsammlungen, theologischer Literatur und von Erbauungstrak-
taten[143]. Die populären Bruderschaften organisierten

*Habito di penitenza delle Fanciulle d'ogni condizione sino al
numero di quindicimila nelle Missioni delli Padri della Com-
pagnia di Giesu nell'Eluezia l'anno 1705*

**25 Bußkleidung einer jungen Frau, 1705, Kupferstich aus
Segneri 1739**

*Foderunt Manus meas, et
Pedes meos. Ps. 21*
M. Küsell f. C. Storer d.

**26 Foderunt Manus meas, et Pedes meos, Kupferstich,
M. Küsell nach J. C. Storer, Buch der Bruderschaft zur Verherrlichung der fünf Wunden Christi**

zahllose Prozessionen und Wallfahrten. Wie schon
im Zeitalter der Gegenreformation wurden die Pas-
sionsmystik und die Kreuzverehrung als ältere Fröm-
migkeitsweisen zu neuem Leben erweckt[144]. Spezielle Gebetbücher mit Gebeten zur Verehrung des Gekreuzigten wurden veröffentlicht[145], 1665 wurde in
Konstanz eine Bruderschaft zur Verehrung der fünf
Wunden Christi gegründet[146] und auch das »Große
Gebet« von Einsiedeln, eine Pilgerandacht über »das
Leiden unseres Erlösers und das Mitleiden seiner
jungfräulichen Mutter«[147], enthielt eine Strophe, mit
der die fünf Wunden Christi verherrlicht wurden[148].

Stilentwicklung

Lohse hat in ihrer Monographie eine stilistische Entwicklung im Werk Christoph Daniels aufgezeigt. Zu
Beginn gehe es Schenck darum, seine Figuren möglichst naturnah wiederzugeben, was sich an der Aktwiedergabe am deutlichsten erkennen lasse[149]. Ab
1680 sei eine stetig zunehmende Stilisierung auszu-

machen. Außerdem sieht Lohse zugleich eine »Längung der Gestalten einsetzen, die mit einer immer
stärkeren Abstrahierung und linearen Verschärfung
der Gewandung einhergeht«[150].
Die Beobachtungen Lohses sind bislang nicht weiter
diskutiert worden. Lediglich Sandner hat sich,
wenn auch eher indirekt, mit ihnen auseinanderge-
setzt. Sandner wiederholt in seinem Abriß »Zur Geschichte der Barockplastik am Bodensee« zwar die
Analysen von Lohse, doch stellt er überrascht fest,
»daß nicht datierte Werke in die dichte Kette der
vom Meister datierten Stücke nur schwer einzuord-
nen sind«, denn »Gestaltungsweisen, die sich lediglich graduell unterscheiden, schieben sich ineinander«[151]. Zudem konstatiert er Widersprüche im Werk
von Schenck: Das Martyrium des Ernst von Zwiefal-

ten (Kat.Nr. 47) sei ein Beispiel für ein Werk von »Ausdrucksleere«, das kleine Andachtskreuz (Kat.-Nr. 46), das in demselben Jahr entstand, für »ein Werk tiefer Verinnerlichung«[152].

Die Beobachtungen Lohses zur stilistischen Entwicklung im Werk von Christoph Daniel scheinen uns insofern zutreffend, als sich die von ihr beschriebenen Unterschiede zwischen früheren und späteren Arbeiten in der Tat feststellen lassen. Stellt man neben die früheste gesicherte Kleinplastik, den Stuttgarter Sebastian aus dem Jahr 1675 (Kat.Nr. 1), die späteste, die Marter des Ernst von Zwiefalten von 1691 (Kat.Nr. 47), und neben die früheste Großplastik, die Kreuzigungsgruppe in Sonderbuch aus dem Jahre 1675 (Kat.Nr. 3), die späteste, die Kanzelfiguren in Solothurn von 1686 (Kat.Nr. 78), so kann

man sagen: Bei den früheren Figuren sind die Bewegung und die Gewandführung noch nicht so stark aufeinander abgestimmt. Die späteren Figuren erscheinen schlanker und eleganter, ihre Bewegungen fließender. Die Gewandgebung wirkt bei den späteren Figuren klarer und linearer.

Wie schon Sandner festgestellt hat, gibt es aber auch Belege dafür, daß die von Lohse beschriebene Stilentwicklung nicht absolut kontinuierlich verläuft. Die drei Petrus-Reliefs etwa sind 1680 (Kat.Nr. 13) beziehungsweise 1689 (Kat.Nr. 43 u. 45) entstanden, doch unterscheiden sie sich stilistisch kaum.

Christoph Daniel Schenck und die Skulptur des 17. Jahrhunderts im Voralpengebiet und in der Eidgenossenschaft

1691 starb Christoph Daniel Schenck[153]. Vier Jahre später sollte in Einsiedeln eine Prozessionsmadonna gefertigt werden. Den Auftrag für die ihrer Funktion nach so wichtige Statue, die den Massen zur Schau gestellt werden sollte, vergab man an den Bildhauer Jakob Hunger (1647–1712)[154]. Auf ausdrücklichen Wunsch des Fürstabtes sollte Hunger die Figur im Stil des verstorbenen Christoph Daniel Schenck schnitzen[155] (Abb. 27).

Die hier zum Ausdruck kommende, bewußte stilistische Orientierung an den Werken von Christoph Daniel Schenk war kein Einzelfall. Eine ganze Reihe von Bildhauern hat sich von Schenks Stil beeinflußen lassen. Dies belegen Arbeiten wie die des noch näher zu erforschenden Meisters ICL[156] sowie die zahlreichen Petrus- und Magdalenenreliefs (Kat.Nr. 13, 26, 30, 36 u. 43–45), die verschiedene Bildhauer in Anlehnung an die Bilderfindungen Schencks gefertigt haben. Besonders auf die Schweizer Bildhauerei hat Schenck großen Einfluß ausgeübt. Sein Werk »dürfte auf manche einheimische Bildhauer gleich einem Fanal gewirkt haben,« meint Felder[157]. Warum war die Wirkung der Werke Schencks so groß, warum wurde sein Stil nachgeahmt?

Bei den Figuren von Schenck zielte alles auf die Emotionalisierung des Betrachters ab. Ausdrucksträger waren – konsequent aufeinander abgestimmt – die Gestik, die Mimik sowie – und das war neu – die Bewegung des Gewandes.

Den Stil Schencks kann man nicht von der lokalen schwäbischen Skulptur herleiten[158], auch nicht von den Bildern des Konstanzer Malers Christoph Storer (1611–1671). Christoph Daniel mag einige Bilder Storers im Sinne von Vorlagen benutzt haben[159].

27 Jacob Hunger, Prozessionsmadonna, 1695, Einsiedeln Benediktinerabtei

Auch weisen manche Reliefs Schencks typologische Ähnlichkeiten mit den Halbfigurenbildern Storers auf[160]. Doch stilistisch ist Schenck von Storer nicht abhängig[161].

Bestimmend für den Stil Schencks scheint uns vielmehr der Naturalismus der Wiener Elfenbeinkunst um 1650 sowie die indirekte Kenntnis der Werke der italienischen Kirchenkunst des Hochbarock[162].

Bei der Vermittlung der römischen Vorbilder werden vermutlich Schencks Auftraggeber eine wichtige Rolle gespielt haben. Der Fürstbischof von Konstanz und der Fürstabt von Einsiedeln gehörten zu den ranghöchsten Kirchenfürsten, die bestens über die jeweiligen Absichten der ›propaganda fidei‹ des Hl. Stuhls infomiert waren. Dies gilt insbesondere für Abt Augustin II. Reding von Biberegg (1670–1670). Als tatkräftiger Bauherr, aber besonders als herausragender Theologe wird er zu den bedeutendsten Äbten Einsiedelns überhaupt gezählt. Papst Innocenz XI. nannte ihn den Augustin seiner Zeit[163].

Weil Schenck das Bistum Konstanz sicherlich nie verlassen hat, ist er als lokaler Künstler zu bezeichnen. Gleichwohl hatte er, so unsere These, von den internationalen Stilströmungen seiner Zeit Kenntnis. Deshalb kann er nicht als »heimlicher Spätgotiker«[164] oder als »verspäteter Manierist«[165] eingeordnet werden. Christoph Daniel Schenck ist vielmehr einer der ersten hochbarocken Bildhauer im Voralpengebiet.

Gegen Ende des 17. Jahrhunderts orientierte sich eine Reihe von Bildhauern am römischen Hochbarock und begann, die Kunst Berninis zu rezipieren[166]. Andreas Thamasch (1639–1697)[167], Michael Zürn (1654–1698)[168], Meinrad Guggenbichler (1649–1723)[169] und Johann Ehrgott Bendl (1660–1738)[170] sind hier zu nennen. Schenck gehört offenbar zu den frühesten Rezipienten des italienischen Hochbarock berninischer Prägung. Schon deshalb kommt ihm innerhalb der Entwicklung der Barockskulptur in Süddeutschland eine herausgehobene Bedeutung zu. Zugleich ist er aufgrund der hohen Qualität seiner Arbeiten zu den bedeutendsten Bildhauern der zweiten Hälfte des 17. Jahrhunderts in Süddeutschland und der Eidgenossenschaft zu zählen.

1 Ausgehend von den Einsiedler Stücken konnte Birchler das Monogramm in C.D.Schenck auflösen. Birchler 1927, S. 212. Feuchtmayr löste das Monogramm CDS mit Hilfe eines ihm bekannt gewordenen Reliefs in Ohlstädter Privatbesitz auf (Kat.Nr. 2), das mit *Schenck invenit et sculpsit Constantiae 1675* bezeichnet war, und identifizierte den Künstler mit Christoph Daniel Schenck. Feuchtmayr 1936, S. 26.
2 Als die ersten Überblickswerke zur deutschen Skulptur des 17. Jahrhunderts erschienen – Scherer 1903, Brinckmann 1917, Feulner 1926, Pinder 1933 – war Schenck noch ein Unbekannter, in den neueren – Hempel 1965, Wagner-Rieger 1970 – wird er nicht erwähnt. Lediglich in der neueren Spezialliteratur zur Elfenbeinskulptur taucht sein Name auf. Philippovich 1982, S. 168, 170, 172, Abb. 142, 147.
3 Zimmermann 1981, S. 226; Lohse 1982, S. 79.
4 Lohse 1960, S. 32. Ähnlich: Zimmermann 1981, S. 226.
5 Lohse 1960, S. 26. Ähnlich: Zimmermann 1981, S. 226.
6 Lohse 1960, S. 32.
7 Lohses Monographie trägt den bezeichnenden Untertitel »Ein Konstanzer Meister des Barock«. Lohse 1960.
8 Herzog 1956, S. 95; Lohse 1960, S. 7; Sandner 1964, S. XXX
9 Wo Christoph Daniel die Schnitzkunst gelernt habe, ließe sich nicht mehr feststellen. Lohse 1960, S. 13.
10 Lohse 1960, S. 32.
11 Lohse (Foerster) 1955, S. 38; Lohse 1960, S. 32.
12 Ringholz gibt die durchschnittliche Pilgerzahl in der Zeit zwischen 1683 und 1689 mit 116 142 an. Ringholz 1896, S. 81.
13 Herzog 1956, S. 91.
14 Lohse 1960, S. 7f.
15 Es handelt sich nicht wie bislang angenommen um den Onkel. Vergleiche hier Knapp, S. 71, 72. Siehe Stammbaum, S. 110, 111.
16 *item habe ich aus gn. befelch herren Schenckhen Bildhawern alhier vermög verdings wegen des geachten tabernaculs bezalt 55 fl.* Reiners-Ernst 1956, S. 119f.
17 Reiners-Ernst 1956, S. 120.
18 Reiners-Ernst 1956, S. 120.
19 Freundliche Mitteilung von Wolfgang Zimmermann, Stuttgart. Stadtarchiv Konstanz, Kirchensachen, Bd. 96. Protokollband der Marianischen Sodalität, 4. 5. 1681.
20 Zitiert aus dem Memoriale des P.Joseph Dietrich vom 6. 10. 1684. Freundliche Mitteilung von Pater Joachim Salzgeber und Pater Gabriel Kleeb, Kloster Einsiedeln.
21 Freundliche Mitteilung von Wolfgang Zimmermann, Stuttgart. Ratsbuch 1683, S. 198, 211, 213, 264, 282, 418 f. Domkapitelsprotokoll 1683, S. 47, zum 30. April.
22 Freundliche Mitteilung von Wolfgang Zimmermann. Stadtarchiv Konstanz, Ratsbuch 1685, S. 253f. zum 30. April.
23 Dies betonte schon Lohse. Lohse (Foerster) 1955, S. 3ff.
24 Die Archivalien zu Morinck ergeben ein typisches Bild von einem Konstanzer Handwerker. Siehe hierzu Ricke 1973, S. 22–38.
25 Lohse fand seinen Namen noch im Jahr 1692. Weil das Register ein Jahr im voraus angelegt wurde, schloß sie, daß Christoph Daniel 1691 starb.
26 Aus 17 Jahren haben sich 60 Werke erhalten. Dabei ist zu berücksichtigen, daß sich von der Großplastik nur sehr wenig erhalten hat.
27 1683 beschäftigte Christoph Daniel einen Gesellen. Freundlicher Hinweis von Wolfgang Zimmermann, Stuttgart.
28 Meisel 1957, S. 167f.
29 Meisel 1957, S. 74, 75; Ricke 1973, S. 23, Anm. 72.
30 Ricke 1973, S. 23, Anm. 72.
31 Eine Überprüfung der Akten in den Konstanzer Pfarrarchiven ergab, daß theoretisch noch mehr Mitglieder der Familie Bildhauer sein könnten. Doch ist es schwer, dies nachzuweisen.
32 Bisher galten Hans Schenck und Hans Christoph als Brüder. Nachweisbar ist das nicht. Ulrich Knapp kann belegen, daß der Vater Hans Christophs ein Christoph Schenck ist, der 1631 in Mindelheim starb. Demnach wäre Hans nicht der Onkel, sondern der Großonkel Christoph Daniels. Habel 1971, S. 20. Siehe hier Knapp, S. 71, 72.
33 Rott 1933, S. 95.

34 Bucelin 1667, S. 6; Rott 1933, S. 95; Sandner 1964, S. XXII.

35 Freundlicher Hinweis von Wolfgang Zimmermann, Stuttgart. Stadtarchiv Konstanz, B I 92, RB 1613, S. 19.

36 Beyerle/Maurer 1908, Nr. 14, S. 378f. Hans Schenck hat das Haus nie besessen. Auch Christoph Daniel hatte in Konstanz keinen Grundbesitz. Das Haus zur Togge, in dem Christoph Daniel starb, war nicht sein Eigentum. Beyerle/Maurer 1908, Nr. 22, S. 268f.

37 Rott 1933, S. 95.

38 Sein Begräbnis wird von der jesuitischen Bürgerkongregation durchgeführt, in der er wie fast alle Konstanzer Handwerker Mitglied war. Stadtarchiv Konstanz, Kirchensachen Bd. 96. Protokoll der jesuitischen Bürgerkongregation, 5. 1. 1648. Freundliche Mitteilung von Wolfgang Zimmermann, Stuttgart.

39 Feuchtmayr 1936 II, S. 27.

40 Lohse (Foerster) 1955, S. 84.

41 Lohse (Foerster) 1955, S. 94.

42 Freundliche Mitteilung von Ulrich Knapp, Tübingen.

43 Sie waren mit dem Konvent 1633 vor den Schweden aus dem Kloster Salem geflohen. Freundliche Mitteilung von Ulrich Knapp, Tübingen.

44 Dies betont schon Lohse. Lohse 1982, S. 73.

45 So läßt sich jedenfalls ein Schreiben an den Bischof deuten, in dem Hans Christoph dem Bischof anbietet, ihm noch vor seiner Abreise nach München zwei Figuren zu einem schon gelieferten Kruzifix anzufertigen. Reiners-Ernst 1956, S. 113.

46 Rott 1933, S. 95.

47 Der Altar wurde 1653 geweiht, die Chorausbauten wurden 1668 abgeschlossen. Die Datierung der Skulpturen ist also ungesichert.

48 Freundliche Mitteilung von Ulrich Knapp, Tübingen.

49 Vergleiche hier Appuhn-Radtke, S. 63 und hier Anm. 83.

50 Vergleiche hier Appuhn-Radtke, s. o.

51 Lohse vermutete, er sei kurz nach 1653 gestorben, nachdem er seinen letzten ihr bekannten Auftrag ausgeführt hatte. Lohse 1960, S. 7. In den Pfarrbüchern der Stadt Konstanz ist sein Tod nicht verzeichnet. Die Bücher der Pfarrei St. Johann konnten allerdings nicht eingesehen werden.

52 Lohse nimmt an, Christoph Daniel sei zu dem noch in Mindelheim tätigen Georg Schenck (gestorben 1665) und nach München zu Simon Schenck (dort 1637 Meister, 1665 gestorben) gezogen. Lohse 1960, S. 7. – Zu Georg Schenck : Habel 1971, S. 20. – Zu Simon Schenck: Schädler 1973, S. 158; Liedke 1980, S. 121ff.
Die Werke von Georg Schenck weisen allerdings keine Merkmale auf, die auf ein Lehrer-Schüler-Verhältnis hindeuten. Ob dies auch für die Werke von Simon gilt, läßt sich nicht überprüfen, weil bislang keine Werke von ihm bekannt geworden sind.
Auch von Philipp Schenck, der mit seinem Bruder Simon 1630 eine Sebastiansfigur in die Konstanzer Schottenkapelle gestiftet haben soll, sind keine Werke überliefert. Laut Bürgerbuch stirbt er 1631 in Konstanz. Freundliche Mitteilung von Anja Grebe, Konstanz. Zu Philipp Schenck: Feuchtmayr 1936 III, S. 29.

53 Zuletzt (mit älterer Literatur) Wien 1987, S. 308 mit Abb. (bearb. von Stefan Krenn).

54 Natürlich ist es problematisch, Groß- und Kleinplastiken miteinander zu vergleichen. Deutlich ist aber dennoch, daß die Wiedergabe der Falten, die das Gesicht des Chronos überziehen, von »kleinplastischer« Qualität ist.

55 Theuerkauff 1984, S. 121, Kat.Nr. 65, Abb. 65.

56 Das Relief gehört zu einer Serie. Nur das Relief mit der Darstellung des Winters trug das Monogramm ICS (als Fragment erhalten). Zu dieser Serie zuletzt Theuerkauff 1984, S. 121ff. und Theuerkauff 1994 S. 163, Anm. 1. Vgl. auch hier Haag, S. 95 und 102f.

57 Kleeb vermutet, daß es sich um den Onkel Christoph Daniels handele. Kleeb 1991, S. 40.

58 Konstanz, Stadtarchiv. Bürgerbuch A IV 19, S. 13, fol. 21,11. Zitiert nach Lohse (Foerster) 1955, S. 77.

59 Dies geschieht dank der Vermittlung des Freiherrn Johann Georg zu Koenigsegg-Aulendorf (1604–1675), Geh. Rat und Kämmerer, Geh. Rats-Präsident und Statthalter von Tirol.

60 Freundliche Mitteilung von Franz-Heinz Hye, Stadtarchiv der Stadt Innsbruck.

61 Dorthin war der Innsbrucker Hof nach dem Tod des Erzherzogs Sigmund Franz (gest. 1665) übersiedelt.

62 Philippovich 1982, S. 428.

63 Feuchtmayr 1936 III, S. 28.

64 Vergleiche hier Haag, S. 94.

65 Taufeinträge in den Kirchenbüchern. Anja Grebe, Konstanz verdanken wir umfangreiche Recherchen in den Konstanzer Archiven, insbesondere zu Taufeinträgen, Bürgerbüchern und Ratsprotokollen.

66 Philippovich 1982, S. 172.

67 Lieb konstatiert einen »breiten künstlergeschichtlichen Vorgang« in der Wanderung der Bildhauer vom Bodenseeland über Innsbruck bis Mähren. Neben den Bendl und den Zürn nennt er die Schenck als die wichtigsten Repräsentanten dieses Phänomens. Lieb 1973, S. 53.

68 Alle Kleinplastiken, die er danach geschnitzt hat, signierte Schenck nur mit seinem Monogramm »C.D.S.« oder »C.D.Schenck«.Eine Ausnahme stellt die Elfenbeinstatuette im Museo degli Argenti in Florenz dar, die ebenfalls mit invenit et sculpsit signiert ist. (Kat.Nr. 12). Von den wenigen zugeschriebenen Kleinplastiken, die Schenck nicht signiert hat, fehlen die Rahmen. Dort hätte die Signatur plaziert gewesen sein können.

69 Davon sind 12 gesichert, 9 zugeschrieben.

70 Davon sind 28 gesichert, 3 zugeschrieben.

71 Vergleiche zur Problematik der Werkstatt hier S. 113f

72 Nur eine Großplastik ist signiert (Kat.Nr. 31). Der Anteil der Werkstatt bei der Anzahl der Großplastik ist nur schwer festzulegen. Wir halten etwa ein Viertel für eingenhändige Arbeiten.

73 Dünninger 1981, S. 412; München 1984, S. 193–205.

74 Zum Beispiel jene Kapuziner- und Jesuitenklöster, die während der Engelweihfeste mit Beichtvätern oder Predigern aushalfen. Zu den Kapuzinern unterhielt das Kloster Einsiedeln besonders enge Bindungen. Ringholz 1896, S. 61, 142.

75 Ringholz 1896, S. 96.

76 Bei 32 Stücken läßt sich zur Provenienz nichts sagen.

77 Hosch stellt vielmehr ausdrücklich fest, Schenck »wird nie als offizieller Hofbildhauer angesprochen, obwohl er sowohl für das Münster und auch sonst für das Hochstift (z. B. Markdorf) tätig war«. Hosch 1988, S. 91.

78 Als Beispiele für Figuren, die den Einfluß der väterlichen Werke belegen, nennt Lohse z. B. die Retabelfiguren von Kreuzlingen (Kat.Nr. 88), die Figuren in der Sakristei des Konstanzer Münsters (Kat.Nr. 96), die weibliche Heilige in Kölner Privatbesitz (Kat.Nr. 89). Es handelt sich aber nicht um gesicherte Werke Christoph Daniels. Sie werden hier durchweg anderen Bildhauern zugeschrieben.

79 Gesichert heißt wie stets nur, daß es eine zeitgenössische Quelle gibt, in der der Name des Bildhauers im Zusammenhang mit der Skulptur genannt ist. Die Eigenhändigkeit ist dadurch letztlich nicht belegt.

80 Siehe hier Knapp, S. 82.

81 Das Kruzifix und die Assistenzfiguren gehören nicht zusammen. Für den Vergleich ist dies jedoch unerheblich. Zu diesen und anderen Werken der älteren Schenck siehe hier Knapp, S. 87, Abb. 24.

82 Die Seitenwunde ist insofern attributiv gemeint.

83 Fischer 1986, S. 149; Glück 1931, S. 19; Larsen 1980, S. 5, 150.

84 1664 galt dem Konstanzer Maler Storer ein Christoph Schenck als bester Bildhauer weit und breit im Römischen Reich. Sybille Appuhn-Radtke, der wir die Kenntnis der Archivalie verdanken, identifiziert diesen Christoph mit Christoph Daniel. In Frage käme aber auch der Vater Christoph Daniels, der 1664 52 Jahre alt war und viele bedeutende Aufträge ausgeführt hatte. In den Quellen zum Kruzifix im Konstanzer

Münster und zu den Kreuzlinger Hochaltarfiguren wird er jeweils »Christoph«, nicht Hans Christoph genannt. Sein Todesdatum ist nicht bekannt. Vergleiche hier Appuhn-Radtke, S. 63ff.

85 Herzog betont dagegen, Schencks Werke stünden in einem ausgesprochenen Gegensatz zu allem Italienischen. Herzog 1956, S. 95.

86 De Luca Savelli 1981, S 75f.

87 Die emphatische Gebärde der ausgebreiteten Arme ist bei dem sich unter dem Kreuz bekehrenden Longinus der anschauliche Ausdruck des Bekenntnisses: »Wahrhaftig, dieser ist Gottes Sohn gewesen«. Sie auf Maria und Johannes unter dem Kreuz zu übertragen, wäre auch inhaltlich nachvollziehbar. Zur Deutung des Longinus zuletzt Preimesberger 1989, S. 151.

88 Der begeisterte Klerus legte Stichsammlungen nach den Werken in St. Peter an. Oberwalder 1974, S. 79.

89 Tommaso Comacio aus Graubünden (gest. 1679). Pretsch 1989, S. 218.

90 Vergleiche hier Appuhn-Radtke, S. 68f.

91 26 cm hoch. Inv. Nr. M 95. Bange 1930, S. 100, Abb. S. 102.

92 »Es unterliegt keinem Zweifel, daß die kaiserliche Metropole Wien im 17. Jahrhundert eine Elfenbeinhauptstadt gewesen ist.« Philippovich 1982, S. 170.

93 Zuletzt Haag 1991.

94 Schon Herzog hebt hervor, daß die Arbeiten Johann Caspar Schencks »dem Stil nach Christoph Daniel sehr nahe kommen, aber etwas barocker-bewegter, üppiger, stofflicher, weniger abstrakt-linear im Ornament und in der Oberfläche sind.« Herzog 1956, S. 94.

95 Philippovich 1973; Birke 1974, S. 160.

96 Theuerkauff 1973, S. 250ff.; 1983, S. 195f.; 1986, S. 285, Draper 1984, S. 175; Hecht 1985, S. 100; 1987, S. 188; Fischer 1991, S. 88.

97 Der zeitliche Sprung von 20 Jahren zu den mit JCS signierten Werken mag die nicht zu leugnenden stilistischen Unterschiede erklären.

98 *Refugium peccatorum* stand an der Fassade der Beichtkirche und über dem Hochaltar der Beichtkirche geschrieben. Memoriale des P. Joseph Dietrich. Helbling 1913, S. 133.

99 Zu den in der Engelweihbulle verliehenen Freiheiten, Privilegien und Ablässen siehe Ringholz 1896, S. 7–9, 311–361.

100 Ringholz gibt die durchschnittliche Pilgerzahl in der Zeit zwischen 1683 und 1689 mit 116 142 an. Ringholz 1896, S. 81.

101 Ringholz 1896, S. 49–78.

102 Ringholz 1896, S. 59.

103 Ringholz 1896, S. 53f.

104 Ringholz 1896, S. 58.

105 Ringholz 1896, S. 64.

106 Sennhauser 1993, S. 106, 120.

107 Der Conventuale Dietrich schreibt in seinem Tagebuch im Jahr 1684: *In der eben neu erbauten Magdalenenkapelle hat er [Dekan Schönau] sowohl an der Außenseite das köstlich und kunstreich in Stein gehauene Bildnis der gebenedeiten Mutter Gottes als auch innerhalb auf dem obern Altarblatt sie in lieblichster Figur anbringen und an beiden Orten ihr Bild mit der Überschrift »Refugium peccatorum, Zuflucht der Sünder« zieren lassen.* Helbing 1913, S. 133.

108 Helbing 1913, S. 133.

109 Sennhauser 1993, S. 106.

110 Sennhauser 1993, S. 106. Henggeler 1913, S. 129.

111 Laut den Rechnungsbüchern des Klosters. Briefliche Mitteilung von Pater Gabriel Kleeb, Einsiedeln. Für die Übermittlung der Archivalien sei Pater Gabriel herzlich gedankt.

112 Die Figuren der beiden Könige waren alabasterfarben gefaßt. Doyen nennt sie *Figures d'Albastre*. Doyen 1701, S. 95. Dem entspricht der Befund laut einem Gutachten von Hermann Kühn, München.

113 Nicht nur das Altarretabel der Magdalenenkapelle ist verloren gegangen. Kein einziges Retabel, für das Christoph Daniel Schenck oder seine Werkstatt Figuren lieferte, hat sich erhalten. Nichts läßt sich also sagen über die für die Wirkung der

Skulpturen so entscheidende Inszenierung, in die Schencks Werke ursprünglich integriert waren. Eine weitere Einschränkung ist, daß keine einzige der Großplastiken noch ihre originale Fassung trägt.

114 Diese Vermutung stützt sich auf einen Eintrag im Memoriale des Einsiedler Conventualen Joseph Dietrich vom 6. Oktober 1684. *Herr Schenck von Constantz/ forderet für alle bilder auf dem Chor-/althar zumachen (in allem 10 Stük)/ 220. Kr. hab ihm paar geben 4. Kr./ soll alles in Constantz machen. Ist aber nichts accor-/diert. Und die 4 Kr. à Kron conto geben worden.* Zwei Jahre vorher, am 7. September 1682 hatte der Fürstabt bereits den »Choraltar« im neuen Chor der Klosterkirche geweiht. Der Eintrag Dietrichs muß sich also auf den Choraltar in der Magdalenenkapelle beziehen. Für die Übermittlung des Eintrages danken wir Pater Joachim Salzgeber und Pater Gabriel Kleeb, beide Einsiedeln, sehr herzlich.

115 Laut eines Eintrages vom 6. Oktober 1684 in Dietrichs Memoriale wurde mit Schenck über die Lieferung von 10 Figuren für den Choraltar verhandelt. Von der Weihe der Kapelle berichtet er Dietrich wie folgt: Am Michaelstag (29. September) sei die Ausstattung der Kapelle fertig gewesen *bis an einige Arbeiten, die der Maler noch mit dem Vergulden um die Fassung der 4 unten in der Mauer stehenden Bilder vorzunehmen hatte.* Helbling 1913, S. 129f. Kann man aus dieser Äußerung schließen, daß zum Beispiel die golden gefaßte Figur des guten Hirten in einer Mauernische und nicht auf dem Altar stand? 1701 beschreibt Doyen das Altarretabel. An jeder Seite stünden zwei Figuren aus Alabaster, die Könige David und Manasse. Das Zentrum des Retabels bildete ein Gemälde, das Maria Magdalena darstellte. Doyen 1701, S. 95. Hat Schenck also letztlich nicht zehn, sondern nur zwei Figuren für den Hochaltar geliefert? Wo waren die übrigen der erhaltenen Skulpturen aufgestellt? Wie ist es zu erklären, daß Dietrich einerseits am 6. Oktober 1694 von Verhandlungen mit Schenck berichtet, andererseits aber feststellt, die Kapelle sei am Michaelstag, also am 29. September geweiht worden?

Alle hier gestellten Fragen und dargestellten Unstimmigkeiten werden im Aufsatz von Anja Buschow Oechslin beantwortet und geklärt. Leider lag ihr Beitrag zu spät vor, um noch eingearbeitet werden zu können.

116 Das würde zum Königsprogramm passen, das der Ausstattung der Beichtkirche zugrunde zu liegen scheint.

117 Grimmelshausen 1669/1967, S. 379.

118 Lohse 1960, S. 8, 23. Rasmussen 1975, S. 12.

119 Nur ein kleiner Teil der Klein- und Großplastiken Schencks sind im Kloster ausgestellt. Die meisten Stücke sind deponiert.

120 Klauner 1977, S. 233–248.

121 Salzburg 1982.

122 Der Gebrauch des Begriffs Andachtsbild ist nicht unproblematisch wegen der letztlich noch nicht eindeutig geklärten Definition. Siehe hierzu Appuhn 1978.

123 Lohse 1982, S. 76.

124 Siehe etwa Kerns Interpretation des Themas der drei Grazien. Mertens 1994, S. 77ff., Abb. 16.

125 Siehe etwa dessen Ecce Homo im Augsburger Dom. Feuchtmayr/Schädler 1973, S. 119f, Kat.Nr. 30, Abb. 111, 113, IV.

126 Siehe etwa dessen »Apollo schindet Marsyas«. München 1995, S. 197ff., mit Abbn.

127 Keines seiner Werke stammt aus einer fürstlichen Sammlung des 17. Jahrhunderts.

128 Um die Mitte des 19. Jahrhunderts lassen sich erstmals Kleinplastiken Schencks in fürstlichen Sammlungen nachweisen (Kat.Nr. 36).

129 Für die Popularität der Erfindung spricht, daß andere Bildhauer die Erfindung Schencks wiederholt haben. Siehe Kat.Nr. 111, 126, 138, 139, 140, 141, 156, 161.

130 Hahn 1977, S. 150.

131 Schmidt-Linsenhoff 1973, S. 14.

132 Vergleiche hierzu auch Appuhn-Radtke, S. 68f.

133 Das Relief ist das einzige von vergleichbaren Stücken, bei dem sich zumindest Reste des Rahmens erhalten haben.

134 Gegen eine Glasplatte als Verschluß spricht die bewußt beweglich gehaltene Art des Verschlusses, die man bei zerbrechlichem Glas sicher vermieden hätte.

135 Keine der Kleinplastiken Schencks wird noch an ihrem ursprünglichen Aufstellungsort aufbewahrt.

136 Segneri 1739, nicht paginiert. Für den freundlichen Hinweis auf die Publikation danken wir Werner Oechslin, Einsiedeln.

137 Schnell 1962.

138 Bei einer Statuette in Einsiedeln fehlt das Attribut in der Hand des Kindes (Kat.Nr. 62). Zu ergänzen ist vielleicht ein Rosenkranz, der auch auf die enge Verknüpfung des Lebens Mariä mit dem ihres Sohnes anspielte. Müller 1981, S. 401f.

139 Auf das freudige Annehmen des Leidens beziehen sich das kleine Elfenbeinrelief in Einsiedeln (Kat.Nr. 33) und im Züricher Privatbesitz (Kat.Nr. 15).

140 Vergleiche hier Zimmermann, S. 42f.

141 Finke 1985, S. 53.

142 Male 1932, S. 270ff.

143 Zimmermann 1991, S. 298. Ebenso Zimmermann, S. 45f.

144 Zeeden 1965, S. 3.

145 Zeeden 1965, S. 13. Anm. 40

146 Die Bruderschaft wurde 1665 gegründet und verbreitete sich über die ganze Diözese. 1721 hatte sie 4320 Mitglieder. Zimmermann 1991, S. 294.

147 Ringholz 1896, S. 150.

148 Der Pilger betete drei Pater Noster und drei Ave Maria: »Den heiligen fünf Minnezeichen unseres lieben Herren Jesu Christi und seinem rosenfarbenen Blut und allem seinem Leiden, daß uns unser lieber Herr unsere fünf Sinne und unsere Seele an unserem Ende wolle verbergen in seine heiligen fünf Minnezeichen, daß unser Herr unser Licht und Weg weise und eine Speise sei zu dem ewigen Leben, auch allen Christenmenschen und allen gläubigen Seelen«. Ringholz 1896, S. 151.

149 Lohse 1960, S. 11.

150 Lohse 1960, S. 23.

151 Sandner 1964, S. XXX.

152 Sandner 1964, S. XXX.

153 Über das genau Todesdatum sind wir nicht unterrichtet. Das Jahr des Todes hat Lohse indirekt erschlossen aus dem letztmaligen Erscheinen des Namens Christoph Daniel Schenck in den Steuerbüchern im Jahre 1692. Lohse (Foerster) 1955, S. 4.

154 Anderes 1969, S. 202, Abb. 20. Anderes zitiert die Quelle vollständig in Anm. 15. Felder 1988, S. 32, Abb. 67.

155 Bernhard Anderes urteilt hart über das Bemühen Hungers, Schencks Stil nachzuempfinden: »Es fehlt die für Schenck typische Faltendynamik, die pathetische Gestik, der gefühlsbetonte Gesichtsausdruck. Es scheint eine künstlerische Symbiose stattgefunden zu haben: auf der einen Seite der hochdramatische, mit allen Ausdrucksmitteln der Barockskulptur vertraute Großmeister, auf der anderen Seite der stille, verhaltene, aber äußeren Einflüssen aufgeschlossene Kleinstadtbildhauer, der an seinem Vorbild über sich hinauswächst.« Anderes 1969, S. 206.

156 Zuletzt Appuhn 1996, S. 58.

157 Felder 1988, S. 32.

158 Vergleiche dagegen Herzog 1956, S. 95.

159 Vergleiche dagegen Appuhn 1996, S. 58. Appuhn nimmt an, daß Schecks Relief »Christus am Ölberg« (Kat.Nr. II) auf »Storers Malstil, wenn nicht sogar auf einen Entwurf Storers zurückgeht«.

160 Vergleiche hier Appuhn-Radtke, S. 68f.

161 Vergleiche dagegen Feuchtmayr 1936, S. 26. Storer und Schenck haben ähnliche Themen behandelt wie »Christus und die reuigen Sünder« (Scherp 1993 Kat.Nr. 2) und »Hl. Joseph« (Scherp 1993, Kat.Nr. 42). Für die Erlaubnis zur Einsichtnahme in das Manuskript ihrer Magisterarbeit danken wir Astrid Scherp, Stuttgart.

162 Eine Italienreise ist bei dem Bekanntheitsgrad der Werke, die durch Stiche und Zeichnungen auch im Norden populär waren, keineswegs Voraussetzung.

163 Ringholz 1896, S. 24.

164 Lohse 1960, S. 26.

165 Lohse 1960, S. 32.

166 Schwager setzt den Beginn der Berninirezeption in Schwaben gegen Ende des 17. Jahrhunderts an.

167 Vergleichbar wären die Kreuzigunngsgruppen in Kaisheim (1673–1676) und Stams (1681–1684). Gauss 1973, S. 33, Abb. 13f., 15, Abb. 53–56. Gauss vermutet, Thamasch habe indirekt Kenntnis von den Figuren Berninis gehabt. Gauss 1973, S. 29, 66.

168 Vergleichbar wäre Zürns Engel in Kremsmünster (1682) Ludig 1969, S. 113ff.

169 Vergleichbar wäre Guggenbichlers Hl. Rupert in Michaelbeuern (1690/91) und seine Maria unter dem Kreuz (1709). Decker 1949, S. 83, Abb. 32, S. 87, Abb. 99, 101.

170 Vergleichbar wären Bendls Engel aus St. Georg. Stahlknecht 1978, S. 91f.

Wolfgang Zimmermann

Städtische Frömmigkeit und barocke Konfessionskultur in Konstanz (1650–1700)

I.

Im Sommer des Jahres 1633 stand die Stadt Konstanz unter den Vorzeichen einer drohenden Belagerung durch die feindlichen Truppen des schwedischen Generalfeldmarschalls Gustav Horn. Die Stadt war zur Festung ausgebaut, über 1000 Mann waren zur Verteidigung in Konstanz zusammengezogen worden. Flüchtlinge aus dem gesamten Bodenseeraum und dem nahen Oberschwaben vertrauten auf die Sicherheit der österreichischen Bischofsstadt. Am 8. September standen die schwedischen Truppen vor der Stadt. Für Konstanz erreichte der Dreißigjährige Krieg seinen dramatischen Höhepunkt. Nach einem knappen Monat voller heftiger Kämpfe zogen die protestantischen Truppen erfolglos wieder ab. Die Verteidigung der Stadt war gelungen[1].

Inmitten dieser angespannten Lage war am 24. August Christoph Daniel Schenck von seinen Eltern in der Kirche St. Johann zur Taufe getragen worden. Die Familie war fremd in der Stadt, vermutlich war der Vater zusammen mit dem Konvent der Abtei Salem in das sichere Konstanz geflohen[2].

Genau fünfzig Jahre später prägte wiederum Krieg den städtischen Alltag – jetzt allerdings in ganz anderen politischen und regionalen Zusammenhängen. Nach einer Serie von Niederlagen für die kaiserlichen Truppen erreichte der Türkenkrieg mit der Belagerung von Wien, die vom 14. Juli bis zum 12. September 1683 dauerte, seinen dramatischen Höhepunkt. Zeitgleich bedrohten die militärischen Vorstöße Frankreichs unter Ludwig XIV. den österreichischen Breisgau und das gesamte Oberrheingebiet.

Die Jahre dieser militärischen Gefährdungen stellen zugleich die Periode dar, in denen die belegten Werke Christoph Daniel Schencks entstanden sind: Seit 1675 ist seine – vermutlich erneute – Anwesenheit in Konstanz belegt, 1691 brechen die Nachrichten über ihn ab.

Zunächst sind es chronologische Zufälligkeiten, die die Biographie Christoph Daniel Schencks mit den militärischen Ereignissen jener Jahrzehnte verbinden. Darüber hinaus verweisen jedoch diese zeitlichen Kongruenzen die Schaffensperiode Schencks in einen weiteren Interpretationskontext. Die politi-

schen Folgen der genannten Kriege und mehr noch deren religiöse Wahrnehmung, Deutung und Instrumentalisierung[3] förderten entscheidend die obrigkeitlich vorangetriebene Ausbildung politischer und konfessioneller Identitäten. Die Verbreitung spezifischer Frömmigkeitsformen intendierte ebenso wie die von den Gläubigen eingeforderte Verinnerlichung bestimmter Verhaltensmuster die Herstellung und Stabilisierung einer klar umrissenen Konfessionskirche. Verschiedene Medien – wie etwa Predigt und Schrifttum, Malerei und Architektur, Theater und Liturgie – kamen bei der Propagierung der entsprechenden Inhalte zum Einsatz[4].

Die Ausbildung einer barocken Konfessionskultur[5] war Teil und Resultat dieses Prozesses, der sich durch das ganze 17. Jahrhundert hinzog. Obwohl dieser Vorgang gesamtgesellschaftlich und universal-überregional zu verstehen ist,[6] führte die konkrete Umsetzung zu lokalen Ausprägungen: »Etablierte Konfessionskultur war im 17. Jahrhundert tendenziell seßhaft«, sie förderte und stiftete »lokale und regionale Identitäten«[7].

Wie Fritz Fischer in seiner Analyse des Werkes von Christoph Daniel Schenck zeigen kann, läßt sich das Schaffen des Bildhauers nahtlos in diesen allgemeinen Interpretationsrahmen einpassen. Als Künstler war Schenck zentral an der Etablierung einer regionalen Konfessionskultur beteiligt. Als Insasse und Handwerker war er darüber hinaus jedoch auch – zumindest partiell – Teil der bürgerlichen städtischen Gesellschaft, somit auch Rezipient der örtlichen Öffentlichkeit. Er hörte die Predigten, die in den städtischen Kirchen gehalten wurden, als Mitglied der jesuitischen Mariensodalität stand er unter dem direkten Einfluß dieses Reformordens, die uneheliche Geburt eines Kindes durch seine Tochter Franziska brachte die Familie in Konflikte mit der städtischen Moralpolitik.

II.

Die Entwicklung der politischen Verhältnisse in Konstanz in der zweiten Hälfte des 17. Jahrhunderts vollzog sich in den Bahnen, die durch die Folgen des Dreißigjährigen Krieges für die Stadt vorgezeichnet worden waren[8]. Die ehemalige Reichsstadt

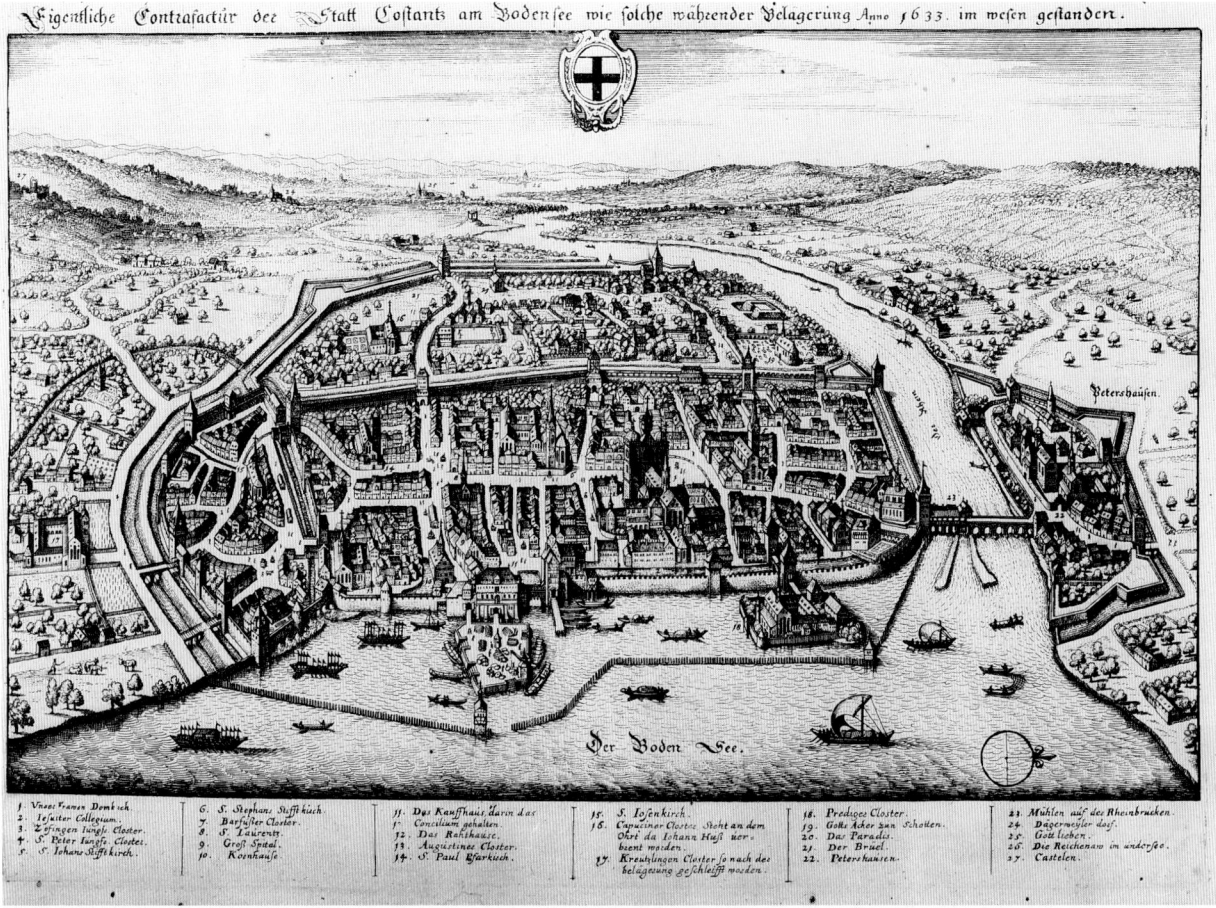

1 Ansicht der Stadt Konstanz, Kupferstich von Matthäus Merian, 1643

(Abb. 1) war fester Bestandteil des (früh-)absolutistischen Habsburger Territorialstaats geworden. Der behutsame Integrationsprozeß, in dem der neue Landesherr seit der Einnahme der Stadt im Herbst 1548 Konstanz immer enger an sich gebunden hatte, war zu einem erfolgreichen Abschluß gekommen. Ebenso konnte die Rekatholisierung der vormals reformierten Stadt in den Jahren um 1630 als abgeschlossen gelten. Das 1604 gegründete Jesuitenkolleg und das ein Jahr zuvor errichtete Kapuzinerkloster bildeten wichtige Zentren für die tridentinische Kirchenreform in Konstanz[9].

Die vom Konstanzer Rat bis in den Dreißigjährigen Krieg hinein beanspruchte Sonderrolle der Stadt innerhalb Vorderösterreichs – sowohl in politischer als auch in konfessioneller Hinsicht – ließ sich in den Jahren nach 1640 bei den österreichischen Zentralbehörden nicht mehr durchsetzen. Zwar blieben die in den landesherrlichen Stadtordnungen von 1549 und 1559 festgelegten Kompetenzen des Rats unangetastet bestehen[10]. Auch war die ehemalige Reichsstadt weiterhin von der Zahlung von Steuern

an den Landesherrn befreit[11]. Eine gesteigerte Einflußnahme durch Innsbruck etwa bei der Rechtsprechung oder bei der Besetzung wichtiger städtischer Ämter ist jedoch unverkennbar. Der Ausbau von Konstanz zur österreichischen Garnisonsstadt im Anschluß an den Dreißigjährigen Krieg erhöhte zudem die landesherrliche Präsenz vor Ort. Zugleich rückte der Landesherr für Konstanz jedoch auch in weitere Ferne. Mit dem Tod von Erzherzog Sigmund Franz im Jahr 1665 erlosch die Tiroler Nebenlinie, die knapp hundert Jahre lang (1564–1595, 1602–1665) von Innsbruck aus Tirol und Vorderösterreich regiert hatte[12]. Zwar blieben die landesherrlichen Behörden in Innsbruck mit eingeschränkten Kompetenzen bestehen[13], die Stadt am Inn verlor jedoch ihre Funktion als fürstliche Residenzstadt. Kaiser Leopold I. regierte Tirol und Vorderösterreich fortan direkt von Wien aus. Wie schon vor 1564 hatte Konstanz ab 1665 zwei Hauptstädte: Innsbruck als Sitz der landesherrlichen Zentralbehörden sowie Wien als Zentrum der Habsburgermonarchie und als Residenz des Landesherrn, der zugleich Kaiser war.

Innerhalb der städtischen Führungsschicht vollzogen sich in der zweiten Hälfte des 17. Jahrhunderts ebenfalls Entwicklungen, die spätestens im ersten Drittel des 17. Jahrhunderts ihren Anfang genommen hatten. Die politische Entmachtung und zum Teil erzwungene Emigration der wohlhabendsten protestantischen Konstanzer Kaufmannsdynastien in den Jahren um 1600 hinterließ im politischen Gefüge der Stadt ein Vakuum, das nur mühsam durch die Familien ausgefüllt werden konnte, die traditionell katholisch waren oder in den ersten Jahrzehnten des 17. Jahrhunderts zur alten Kirche konvertierten[14]. Regional tätige Kaufleute und wohlhabende Handwerker dominierten zusammen mit den städtischen Akademikern, dem Stadtschreiber und den übrigen Juristen sowie den jeweiligen Stadtärzten, den Konstanzer Kleinrat, das zentrale politische Gremium der Stadt[15]. Zu diesem Kreis zählten auch der Maler Johann Christoph Storer, der von 1658 bis zu seinem Tod 1671 im Kleinrat saß und zeitweise sogar das wichtige Amt des Stadtsäckelmeisters versah, sowie der Baumeister Peter Thumb, der wie sein Schwiegervater Franz Beer von Bleichten bald nach seiner Übersiedlung nach Konstanz in den Rat gewählt wurde[16]. Im Kern war es ein knappes Dutzend miteinander verschwägerter Familien, das die städtische Ratspolitik bestimmte. Mitglieder der Familien Leiner und Guldinast, Wech und Beutter, Labhart und Spengler wurden kontinuierlich in Klein- und Großrat gewählt. Die politischen Geschicke der Stadt lagen in den Händen einer schmalen Führungsschicht mit den charakteristischen Zügen einer Oligarchie. Die vorgeschriebenen jährlichen Neuwahlen von Bürgermeister und Stadtvogt sowie Klein- und Großrat lagen in der Kompetenz des Kleinrats. Sie dienten jedoch lediglich der Bestätigung der bestehenden Verhältnisse. Einzig bei Todesfällen kam es zur Aufnahme von neuen Mitgliedern in den Kleinrat; dabei war man bestrebt, Mitglieder der Familie des Verstorbenen bei der Neuwahl zu berücksichtigen. 1671 nahm Hans Caspar Wech den Platz des verstorbenen Hans Jakob Wech ein, 1681 wurde anstelle des verstorbenen Ignatius Guldinast Hans Konrad in den Kleinrat gewählt. Weitere Beispiele ließen sich anfügen. Entgegen der Praxis im späten 16. und frühen 17. Jahrhundert konnten nach 1650 auch gleichzeitig mehrere Mitglieder einer Familie im Rat vertreten sein. Es war in dieser Zeit üblich, daß zumindest zwei Angehörige der Familie Leiner im Kleinrat saßen, auch bei den Familien Guldinast und Wech sind solche Fälle belegt.

Das städtische Patriziat war nicht mehr in der Lage, die Dominanz der Vertreter der Gemeinde im Kleinrat nachhaltig in Frage zu stellen. Die Geschlechtergesellschaft der »Katze« befand sich in einem zunehmenden Prozeß der Auflösung[17]. Einzig Mitglie-

der der Familien Betz von Arenenberg, Precht von Hochwart, Tritt von Wildern und von Schwarzach sind noch kontinuierlich in der zweiten Hälfte des 17. Jahrhunderts im Kleinrat vertreten. Die Muntprat von Spiegelberg, die seit dem späten Mittelalter eine bedeutende Rolle in der städtischen Geschichte gespielt hatten, starben mit dem Tod des Kleinrats Hans Ludwig im Jahr 1653 aus. Ludwig Philipp von Schulthaiß, der 1690 aus dem Kleinrat ausschied, war der letzte Vertreter dieses Geschlechtes in einem städtischen Ratsgremium. Neuaufnahmen konnten diese Verluste kaum kompensieren. Wolf Albrecht Ehinger von Balzheim, ein Ulmer Patrizier, und Johann Franz Dietrich von Landsee, die beide 1669 in die Geschlechtergesellschaft aufgenommen wurden, sicherten den Patriziern nochmals für mehrere Jahre den Besitz wichtiger städtischer Ämter: Johann Franz Dietrich von Landsee war bereits vor seiner Aufnahme ins Patriziat vom Landesherren 1667 mit dem bedeutenden Amt des Verwalters der Hauptmannschaft, dem Vertreter des Stadthauptmanns, des landesherrlichen Repräsentaten vor Ort, betraut worden. Wolf Albrecht Ehinger von Balzheim wurde 1681 als Nachfolger des verstorbenen Anton Tritt von Wildern zum Bürgermeister gewählt, bereits 1684 übernahm er von Johann Dietrich von Landsee das Amt des Hauptmannschaftsverwalters. Zu weiteren Neuaufnahmen in die Patriziergesellschaft kam es jedoch nicht mehr[18], obwohl mehrere Konstanzer bürgerliche Familien wie etwa die Guldinast (1638) durch den Kaiser in den Adelsstand erhoben wurden. Mit dem zunehmenden Verlust der politischen Einflußmöglichkeiten der Patriziergesellschaft ging ein bedeutendes Element reichsstädtischer Tradition gegen Ende des 17. Jahrhunderts in Konstanz verloren. Es waren Handwerker und Kaufleute, Juristen und Ärzte, die die städtische Ratspolitik in der zweiten Hälfte des 17. Jahrhunderts prägten.

III.

Wie es sich bereits in den ersten beiden Jahrzehnten des 17. Jahrhunderts abgezeichnet hatte[19], versuchte die bürgerliche Führungsschicht der Stadt gezielt, die Möglichkeiten kirchlicher Karrieren für ihre Kinder zu nutzen. Im Stift St. Stephan finden sich unter den zwischen 1635 und 1700 neu aufgenommenen Chorherren zwölf Söhne aus ratsfähigen Konstanzer Familien. Zwischen 1672 und 1698 erlangten vier Mitglieder der Familie Leiner ein Kanonikat an St. Stephan, auch Angehörigen der Familien Beutter, Wech, Lecher und Harder gelang dieser Schritt[20]. Johann Albert von Guldinast, der Sohn des Konstanzer Bürgermeisters Ignaz von Guldinast, wurde sogar 1727 Propst des Stiftes[21]. Auch im Stift

St. Johann zählten mehrere Konstanzer zu den Chorherren: Mit Johann Georg und Johann Konrad von Bingen finden sich zwei Söhne des Stadtarztes und Ratsherren Dr. Johann von Bingen unter den Kanonikern, zudem ein Mitglied der Familie Leiner[22]. Dr. Franz Karl Storer, ein Sohn des Malers Johann Christoph Storer, seit 1688 Pfarrer von St. Johann, besaß nicht nur an diesem Stift ein Kanonikat, sondern wurde 1713 auch zum Domherrn ernannt[23].

Patrizier finden sich hingegen nicht mehr unter den Kanonikern von St. Stephan und St. Johann. Mit Franz Andreas Precht, der 1637 mit 16 Jahren unter die Chorherren von St. Stephan aufgenommen worden war[24], brach eine bis ins Mittelalter zurückreichende Tradition ab. Die allmähliche Auflösung der Geschlechtergesellschaft führte nicht nur zu Verschiebungen innerhalb des Machtgefüges des Kleinrats, sondern öffnete auch der beschriebenen bürgerlichen Führungsschicht neue kirchliche Karrierechancen, da die Konkurrenz aus dem städtischen Patriziat entfiel[25]. Das Domkapitel blieb für Konstanzer Bürgersöhne jedoch verschlossen; war vor dem Dreißigjährigen Krieg einzelnen Patriziern noch der Aufstieg unter die Domherren geglückt, so finden sich nach der Mitte des 17. Jahrhunderts keine Bürger mehr unter den Kanonikern. Einzig dem schon erwähnten Franz Karl Storer gelang dieser Sprung, er stieg sogar im frühen 18. Jahrhundert bis zum Vizegeneralvikar auf[26].

Die Kanonikate an den Stiften St. Stephan und St. Johann boten der politischen Führungsschicht der Stadt adäquate Versorgungsmöglichkeiten für ihre Söhne. Doch auch weniger vermögenden Bürgern stand nicht zuletzt durch die Konstanzer Studienstiftungen eine geistliche Laufbahn offen, der Aufstieg in den höheren Klerus, also etwa unter die Kanoniker von St. Stephan und St. Johann, blieb ihnen aufgrund ihrer sozialen Herkunft jedoch zumeist verwehrt[27]. Die Jesuiten[28] und Kapuziner wie auch die übrigen Bettelorden waren für alle gesellschaftlichen Schichten attraktiv, doch lassen sich unter bestimmten Familien Präferenzen für einzelne Orden erkennen, besonders Kapuziner und Jesuiten scheinen großen Anklang in der städtischen Oberschicht gefunden zu haben[29]. Die Beziehungen der Bürgerschaft zu den Benediktinerabteien des Bodenseegebiets fügen sich in dieses Bild ein[30].

Die Frauenkonvente der Stadt, die Dominikanerinnen von St. Peter an der Fahr und von Zoffingen, weisen auf ähnliche Entwicklungen hin. Mitglieder der Familie Leiner finden sich in beiden Konventen, so etwa zwei Töchter des Kleinrats Johannes Leiner unter den Nonnen von St. Peter. Die Abteien des Bodenseegebiets boten weitere Möglichkeiten. So stieg etwa Maria Gertrudis Schenk, Angehörige des Konstanzer Kaufmannsgeschlechts, bis zur Äbtissin der Thurgauer Benediktinerinnenabtei Münsterlingen auf[31].

Eine eng abgeschlossene, sozial relativ homogene Führungsschicht bestimmte die Konstanzer Ratspolitik nach 1650. Die Kompetenzen der städtischen Obrigkeit wurden durch den immer stärker nach absolutistischen Grundsätzen regierten Territorialstaat Österreich beschnitten. Die engen Beziehungen der politischen Führungsschicht zu den Stiften St. Stephan und St. Johann, ebenso aber auch zu den Reformorden der Jesuiten und Kapuziner, aber auch zu den Augustinereremiten zeigen, daß die politische Führungsschicht dem »frommen Bürgertum«[32] zuzurechnen ist.

Die beschriebenen konfessionellen und politischen Veränderungen im Konstanz des 17. Jahrhunderts schlugen sich nicht zuletzt in einer religiös begründeten Geschichtsdeutung nieder, die an im Dreißigjährigen Krieg geschaffene Traditionen anknüpfte und der Stadt ein neues, konfessionell eindeutig geschärftes Selbstverständnis gab.

IV.

Im Jahr 1698 erschien bei dem Konstanzer Buchdrucker Leonhard Parcus unter dem Titel »Schmertzhaffte Marianische Einöde« eine Schrift des Kapuzinerpaters Theobald von Konstanz (gest. 1723)[33]. Das Werk wurde durch den Drucker der Konstanzer Obrigkeit gewidmet. Parcus begründete diesen Schritt aus der städtischen Geschichte, nämlich mit den Verdiensten, die sich Maria um die Stadt Konstanz erworben habe. 1633, als die Schweden die Stadt belagerten, *hat sich die mildreichste Mutter selbste(n) sichtbarlicher auf die Wa(e)hl begeben / der ohne das fast (= sehr) heldenmu(e)thigen Burgerschafft mit ihrer denen Feinden erschro(e)ckenlichen Gegenwart noch mehrer Hertz gemacht / und zu sonderem Trost ihrer Lieb=betrangten Statt die von allen Seiten herstreiffende Kuglen der donnerenden Canonen in ihr Gnaden= volle Schooß aufgefangen.* Die Gottesmutter sprach den tapferen Verteidigern der Stadt Mut zu und griff selbst energisch in die Kämpfe ein, indem sie die Kugeln der gegnerischen Kanonen von der Stadt fern hielt.

Bedrohung und Schutz – das waren die beiden Kernbegriffe, um die dieses Geschichtsbild kreiste. Schutz gewährte im Moment der Bedrohung Maria. Sie stand als Sinnbild für die streitende Kirche, die ecclesia militans. Denn die der Kirche von Christus anvertrauten Zeichen des Heils, die Sakramente, waren Garant der Sicherheit, besondere Verehrung galt dem Altarsakrament als *dem ho(e)chsten von unserem Herrn und Heyland seiner streittenden Kirchen hinderlassenen Kleynod / und Gedenck=Zeichen gegen den ha(e)uffigen La(e)sterungen und Entunehrungen*[34].

Das Bild der Stadt unter dem Schutz Mariens geht auf die Belagerung von Konstanz im Herbst 1633 zurück[35]. Es findet sich auch in zahlreichen weiteren katholischen Städten Süddeutschlands[36]. Es hebt sich scharf von der Interpretation des Dreißigjährigen Krieges ab, die im Luthertum des 17. Jahrhunderts verbreitet wurde. In Ulm ebenso wie unter den Protestanten der paritätischen Reichsstadt Augsburg wurden die Ereignisse des Dreißigjährigen Krieges mit den Begriffen »Leiden« und »Gnade« gedeutet[37]. Das Leiden der wahren Kirche wurde als unumgänglich beschrieben, zugleich aber auch die Gnadentat Gottes, die Bewahrung des Protestantismus im Westfälischen Frieden 1648, betont. Nicht erfahrener Schutz – wie für die Konstanzer Bürgerschaft –, sondern erlittenes Leid war der Ausgangspunkt für die religiöse Deutung des Dreißigjährigen Krieges.

In Konstanz wurde die Erinnerung an die Schwedenbelagerung nicht nur in religiösen Schriften tradiert; viel wichtiger war die jährliche Prozession am Fest Mariae Heimsuchung (2. Juli) zur Loreto-Kapelle. Die kleine Kirche, vor der Stadt am Staader Berg auf einer Anhöhe gelegen, war 1637 vom Konstanzer Bischof und der Bürgerkongregation der Jesuiten, also nicht von der Stadt selbst, zur Erinnerung an die abgewehrte Belagerung errichtet worden[38]. Als Erfüllung eines 1633 abgelegten Gelübdes verstanden[39], hielt die jährliche Prozession, von den Jesuiten prächtig in Szene gesetzt[40], das Interpretament von der Stadt unter dem Schutz Mariens im Bewußtsein der Bürgerschaft wach und machte es sukzessive zum Teil des allgemeinen kommunalen Selbstverständnisses. Dessen Hauptaussage wurde auf der Prozession des Jahres 1662 auch plastisch in Szene gesetzt. Auf einem mitgeführten Tragegestell wurde Maria dargestellt, wie sie die belagerte Stadt Konstanz unter ihrem Mantel schützend barg[41].

Neue Bedrohungen ließen aus den »routinemäßigen« Dankprozessionen Bittgänge werden. Zunächst waren es grassierende Seuchen, die ab etwa 1665 zu einem gesteigerten Gefühl der Gefährdung innerhalb der Bürgerschaft führten. Am 2. Februar 1665, am Fest Mariae Lichtmeß, dem Titelfest der Konstanzer Bürgerkongregation, wurde durch die Jesuiten ein zehnstündiges Bittgebet eingerichtet, zur Abwehr verschiedener Übel, wie die Chronik vermerkt. Der Zuspruch durch die Bürgerschaft war hoch[42]. Das 10stündige Gebet wurde auch in den nächsten Jahren durchgeführt[43], doch verschob sich allmählich der inhaltliche Akzent. Die Bedrohung durch die Türken überlagerte alle anderen Themen. Ab den 70er Jahren gehörten Bittprozessionen und -gebete um die Abwendung der Türkengefahr zum städtischen Alltag. Stadt, Domkapitel und Klöster wechselten sich in der Ausrichtung der entsprechenden Gottesdienste ab. Zugleich wurden die Bezüge zur Schwedenbelagerung von 1633 und der Zuwendung Mariens zu »ihrer« Stadt Konstanz intensiv hervorgehoben. Das Rosenkranzfest, zur Erinnerung an den Sieg über die Türken in der Seeschlacht bei Lepanto 1571 ins Leben gerufen[44], wurde 1681 durch das Konstanzer Domkapitel in einer feierlichen Prozession unter ausdrücklicher Bezugnahme auf die abgewehrte Schwedenbelagerung von 1633 begangen[45]. Der Schutz der Gottesmutter galt der universalen Christenheit im Kampf gegen die Heiden ebenso wie einer einzelnen Stadt in den Bedrohungen durch den konfessionellen Gegner im Dreißigjährigen Krieg.

Seinen signifikanten Niederschlag fand dieser Zusammenhang in der Errichtung einer Mariensäule auf dem oberen Münsterhof durch Bischof und Domkapitel[46]. Der Bau einer Säule aus Marmor, *so auf dem Münsterhof gegen der bischöfflichen pfalz aufgericht und das ertzene Unser Frawen bildt darauf gesetzt werden solle*, war seit 1680 geplant[47]. Die Fertigstellung zog sich jedoch bis 1683 hin[48]. Der Entschluß, das Monument für Maria in der Form einer Säule zu gestalten, knüpfte an bedeutende Vorbilder und besonders an deren Entstehungskontext an[49]: In München war 1638 eine Mariensäule als Zeichen des Dankes des Kurfürsten für den Schutz Bayerns vor den Schweden errichtet worden. Auf die gleichen Zusammenhänge weisen die beiden Mariensäulen in Wien und Prag, die von Kaiser Ferdinand III. 1647 (Wien) und 1652 (Prag) errichtet worden waren.

Die Konstanzer Säule reiht sich in diese Traditionen ein, auch wenn ihre Ikonographie nicht in gleicher Weise wie in München, Prag oder Wien auf die streitende Kirche Bezug nimmt[50]. Die Inschriften am Sockel der Säule weisen die Gottesmutter als Patronin von Bistum, Kathedrale und Stadt aus[51]. Die ebenfalls als Patrone von Stadt und Bistum verehrten Pelagius und Konrad hatten keinen Platz auf diesem ganz auf die Verehrung Mariens hin ausgelegten Monument. Doch im Gegensatz zu den Mariensäulen in München, Wien und Prag war das Konstanzer Objekt mehr als eine Erinnerung an den Dreißigjährigen Krieg. Die feierliche Einweihung der Säule am Sonntag, dem 2. Mai 1683, stand schon ganz im Zeichen der Türkenkriege. Nach der Predigt im Dom erfolgte eine Prozession zusammen mit den Stiften St. Stephan und St. Johann zur Säule. An die Weihe schloß sich das Te Deum an. Der Bischof feierte auf einem eigens errichteten Altar ein Pontifikalamt vor der Säule. Nach der Vesper beschlossen eine Litanei und ein Rosenkranz *mit lauther stümm* den Tag. Soldaten feuerten zur Ehre der Gottesmutter die Kanonen ab[52]. Mit der Anordnung des Domkapitels, künftig bei allen Marienfesten an der Säule einen Rosenkranz und die Litanei Unserer Lieben Frau zu beten, war die Etablierung eines eigenen Kultes an der Säule von Anfang an geplant[53].

Der Gottesdienst vor der Mariensäule reihte sich in eine lange Folge von Fürbittgebeten und Prozessionen des Jahres 1683 ein. Im Februar war die Bürgerschaft durch den Rat angehalten worden, täglich mittags nach dem Läuten der Glocken den »Engel des Herrn« zur Errettung der Christenheit zu beten. In der Fastenzeit fand im Dom ein Vierzigstündiges Gebet vor dem ausgesetzten Altarsakrament statt. Im Juli war die gesamte Bürgerschaft angehalten, in der Kathedrale den Rosenkranz und die Litanei Unserer Lieben Frau zu beten. Die Nachricht von der Belagerung Wiens erreichte am 17. Juli die Stadt. Sofort begannen in den Kirchen zehnstündige Gebete *umb den Allerhöchsten zuerpitthen, das seine Göttliche Majestet gegen der lieben christenheit dero grundlose barmherzigkheith gnedigist erweisen ... wolle.* Die Türken wurden als Bluthunde bezeichnet[54].

Nach dem Ende der Belagerung Wiens und den ersten kaiserlichen Siegen über die Türken gingen die Fürbittgebete in Dankandachten über[55]. Maria war als Beschützerin der gesamten Christenheit wie auch der Stadt bestätigt worden. Dieses kommunale Selbstverständnis, seit 1633 massiv durch den Konstanzer Bischof und die Jesuiten propagiert, hatte sich in der Stadt durchgesetzt. Der Erfolg kam nicht nur der tridentinischen Kirche zugute, er stützte auch den Landesherrn. Denn die Siege über die Schweden vor der österreichischen Stadt Konstanz oder über die Türken vor der Hauptstadt der Habsburgermonarchie Wien flossen ein in die systematisch propagierte »pietas austriaca« als Teil der dynastischen Selbstdarstellung Habsburgs[56].

Plakativ demonstrierte die Stadt ihr Selbstverständnis auch nach außen: Am Kreuzlinger Tor, an dem 1633 die Angriffe der Schweden abgewehrt worden waren, befand sich ein Gemälde, dessen Farben und Inschrift der Rat 1698 erneuern ließ. Es zeigte die Jungfrau Maria mit dem Schriftzug: *Praesidium civibus, terror hostibus* (den Bürgern ein Schutz, den Feinden ein Schrecken)[57].

V.

Die Botschaft vom Kreuzlinger Turm hatte aber noch eine zweite, deutlich auf die eigene Bürgerschaft hin ausgelegte Stoßrichtung. Ein 1705 gedrucktes Bruderschaftsbuch der am Stift St. Stephan gegründeten Herz-Jesu-Bruderschaft griff in der Vorrede auf die Ereignisse des Dreißigjährigen Krieges zurück. Während der Schwedenbelagerung im September 1633 habe der Konstanzer Bischof veranlaßt, *daß zu Abwendung deß mit unseren vilfa(e)ltigen Su(e)nden und Lastern erweckten gerechten Zorns Gottes / beharrliche gemeine Gebet / und andere offentliche Andachten in= und ausser der Statt Constantz (...) angesehen / und vollzogen wurden.* Die Bedrohun-

gen des Dreißigjährigen Krieges – ebenso wie die des Türkenkriegs – entsprangen primär nicht politischen oder militärischen Konstellationen. Sie waren Strafen Gottes für das sündige Verhalten der Bürgerschaft. Es war das traditionelle Erklärungsmuster, das das Wohlergehen der gesamten Bürgerschaft vom Verhalten des einzelnen abhängig machte. In der kleinen Schrift von 1705 wurde diese Deutung ganz auf die Verbreitung der tridentinischen Frömmigkeitsformen hin instrumentalisiert[58]. Der Eintritt in Bruderschaften und die Befolgung der dort praktizierten Frömmigkeitsformen wurden als angemessene Antwort der Bürger auf die Bedrohungen der Zeit proklamiert. Das religiös begründete Selbstverständnis der Stadt und die individuelle Frömmigkeit der Einwohner wurden als aufeinander verweisende Kontexte gedeutet[59].

Tatsächlich wurde in Konstanz im Lauf des 17. Jahrhunderts eine Reihe neuer tridentinischer Bruderschaften[60], jeweils Teil zentraler römischer Erzbruderschaften, gegründet, die die alten, aus dem Spätmittelalter kommenden Vereinigungen – wie die Bruderschaft an der Pfarrkirche St. Paul oder die Nikolai-Bruderschaft in Petershausen – zurückdrängten[61]. Die Gründungen setzten am Vorabend des Dreißigjährigen Krieges ein und zogen sich durch das ganze 17. Jahrhundert hindurch: 1617 wurde durch den Prior des Konstanzer Augustinerkonvents eine Gürtelbruderschaft von Mariae Trost einge-

2 Gnadenbild Mariens über dem Konstanzer Augustinerkloster, im Vordergrund Nikolaus von Tolentino. Kupferstich 1749

führt, sie war Teil der gleichnamigen Erzbruderschaft, die 1575 durch Papst Gregor XIII. dem Orden der Augustinereremiten angeschlossen worden war[62]. Entsprechend der Ordenstradition bestand bei den Dominikanern eine Rosenkranzbruderschaft, ebenfalls Teil der gleichnamigen römischen Erzbruderschaft[63]. Auch an den beiden Kollegiatkirchen St. Johann und St. Stephan entstanden neue Bruderschaften als Teil römischer Erzbruderschaften: Die bei St. Johann gegründete Skapulierbruderschaft (Unserer Lieben Frau vom Berge Karmel) gehört in die Tradition des Karmeliten-Ordens, der jedoch keinen Konvent in Konstanz besaß. Der Eintritt in die ebenfalls an St. Johann angesiedelte Fünf-Wunden-Christi-Bruderschaft (gegründet 1665) war Geistlichen vorbehalten (Abb. 3). Bei St. Stephan bestand seit 1613 eine Sakramentsbruderschaft[65]. Von zentraler Bedeutung waren die marianischen Kongregationen, auch Sodalitäten genannt, die von den Jesuiten eingeführt wurden. Den pastoralen Prämissen des Ordens entsprechend waren sie nach Geschlecht und Status gegliedert: Es gab Kongregationen für Kleriker und Studenten (*congregatio maior* und *minor*). Handwerksgesellen stand ebenfalls eine eigene Sodalität offen. Von größter Bedeutung war jedoch die Bürgerkongregation (*congregatio civica*)[66].

Die Liste Konstanzer Bruderschaften wird komplettiert durch eine Engelsbruderschaft an der Benediktinerabtei Petershausen[67], die an der Bischofskirche begründete Nepomuksbruderschaft[68] sowie eine Herz-Jesu-Bruderschaft, 1705 am Stift St. Stephan ins Leben gerufen[69]. Am Franziskanerkloster bestanden drei Bruderschaften, die den beiden Ordensheiligen Franziskus und Antonius sowie dem Pestpatron Sebastian geweiht waren[70]. Auch in den im weiteren Umkreis der Stadt gelegenen Klöstern wurden Bruderschaften eingerichtet, so etwa im Augustiner-Chorherrenstift Kreuzlingen eine Todesangst-Christi-Bruderschaft (1694)[71] und in der Benediktinerinnenabtei Münsterlingen eine Rosenkranzbruderschaft[72]. Die Gründung einer »Bruderschaft der schmerzhaften Mutter Jesu« in dem Dorf Allmansdorf, nahe bei Konstanz gelegen, belegt, daß die Bruderschaften zum Ende des 17. Jahrhunderts auch den ländlichen Raum erreichten[73].

Die zahlreichen Neugründungen des 17. Jahrhunderts waren Ergebnis eines systematisch von Orden und Reformkräften vorangetriebenen Prozesses zur Verbreitung typischer Frömmigkeitsformen der nachtridentinischen Epoche[74]: Dazu gehören das Rosenkranzgebet ebenso wie die eucharistische Frömmigkeit. Die einzelnen Bruderschaften hatten sich gegeneinander zu behaupten. Die Corpus-Christi-Bruderschaft an St. Stephan hatte offensichtlich nicht den erhofften Zuspruch in der Bevölkerung gefunden, sie wurde zu Beginn des 18. Jahrhunderts durch die Herz-Jesu-Bruderschaft abgelöst[75].

Besonderer Wert wurde auf die Ausgestaltung der Bruderschaftskapellen und -altäre gelegt. Mittelpunkt des Altars der Skapulierbruderschaft in der Kirche St. Johann war das Gnadenbild Unserer Lieben Frau vom Berg Karmel[76]. Sie trug eine Kette aus roten Korallen, die ihr sechs Mal um den Hals geschlungen war. Sechs Engel umgaben sie. Geschnitzte Bilder der Heiligen Joachim und Joseph standen

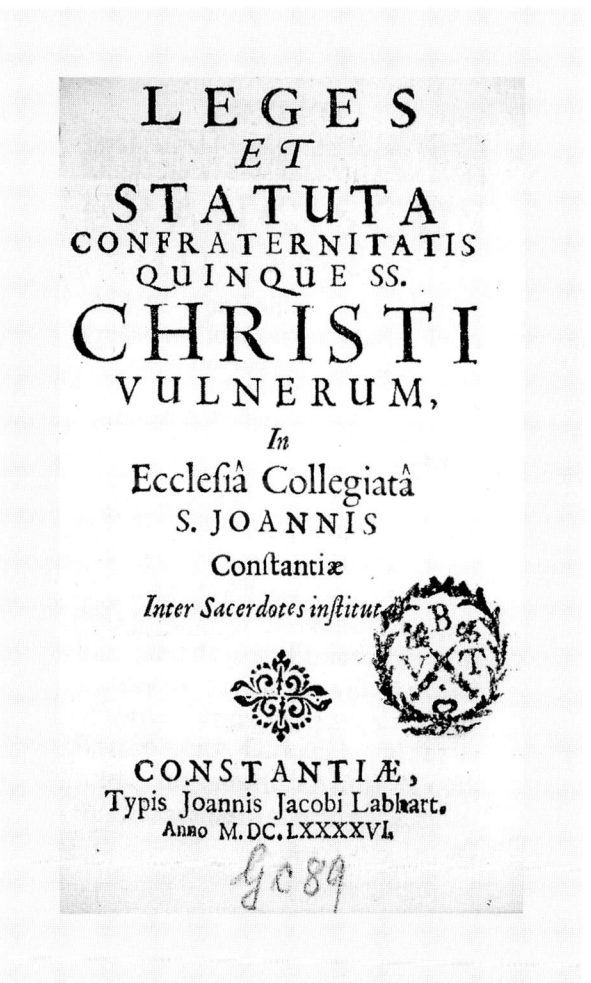

3 Statuten der Fünf-Wunden-Christi-Bruderschaft, 1696

um die Gottesmutter, allen war ein Pater Noster, ein Rosenkranz, *umb ziehrung undt devotionß halber* in die Hand gegeben. An Festtagen wurde ihr ein mit Gold besticktes Skapulier, das wichtige Zeichen der Bruderschaft, angelegt. Zur Bekleidung des Gnadenbildes standen zumindest sechs verschiedene Bekleidungen zur Verfügung. Für den Altarraum wurden 1676 drei Antipendien angeschafft, Rauchmantel und Baldachin waren ebenfalls vorhanden. Das Meßbuch wurde über einen Ulmer Buchhändler aus Antwerpen bezogen und dann vom Konstanzer Goldschmied Johann Georg Wehrle mit Silber beschlagen[77]. Die Monstranz war mit knapp einem Dutzend Ringen und Ketten behangen, die von Bruderschaftsmitgliedern gestiftet worden waren. Die Kapelle der Fünf-Wunden-Bruderschaft an St. Johann wurde schon zehn Jahre nach ihrer Gründung für knapp 500 fl umgebaut[78]. Durch Stiftungen von Mitgliedern kam die Bruderschaft in den Besitz zahlreicher Bilder[79]. Auch der jesuitischen Bürgerkongregation wurden Bilder gestiftet[80].

Besondere Bedeutung besaß die Gürtelbruderschaft im Augustinerkloster. Im Kloster wurde seit 1505 ein Gnadenbild, eine geschnitzte Muttergottesstatue, verehrt. Da die schon mehrfach erwähnte Bewahrung der Stadt während der Schwedenbelagerung der örtlichen Tradition gemäß durch die Erscheinung Mariens über dem Augustinerkloster angekündigt worden war, erfuhr das Gnadenbild nach dem Krieg besondere Verehrung[81]. Individuelle Frömmigkeit und religiöses kommunales Selbstverständis setzten an den gleichen Punkten der Traditionsbildung an. Weiteren Aufschwung erfuhr die Verehrung der Gnadenbildes durch den Bau einer eigenen Muttergotteskapelle in den Jahren 1686/87[82] (vgl. Abb. 2).

Im Kirchenjahr hatten die feierlichen Gottesdienste und Prozessionen der Bruderschaften ihren festen Platz. So zelebrierte etwa die Skapulierbruderschaft am eigentlichen Titelfest sowie am Tag der hl. Theresia und des hl. Joseph, den beiden Mitpatronen der Bruderschaft, ihre Hauptgottesdienste[83]. Das ganze Kirchenjahr war von entsprechenden Gottesdiensten durchzogen. Die Gestaltung der Festtage glich sich: Der Hauptgottesdienst wurde von Musik umrahmt. Die Festprediger entstammten entweder dem höheren Klerus des Domstifts und der beiden Stiftskirchen oder kamen aus dem Jesuitenkolleg oder aus dem Kapuzinerkloster. Die Mitglieder der Bruderschaft waren zur Ablegung der Beichte und zum anschließenden Empfang der Kommunion an diesem Tag verpflichtet. Der organisatorische Rahmen der Feierlichkeiten deutet darauf hin, daß man auch tatsächlich seinen Verpflichtungen nachkam[84].

An der großen Prozession der Sakramentsbruderschaft am Sonntag in der Oktav von Corporis Christi (Fronleichnam) nahmen auch die anderen städtischen Bruderschaften teil[85]. Traditionell war die Prozession der jesuitischen Kongregationen zu den in den Kirchen der Stadt bestehenden heiligen Gräbern. 1687 begann sie am Dom, zog über die Augustinerkirche ins Kapuzinerkloster in Stadelhofen, von dort nach St. Paul. Über St. Stephan und St. Johann ging es weiter zum Predigerkloster auf der Insel vor der Stadt. Der Abschluß fand in der nahen Jesuitenkirche

4 *Die fünf Wunden Christi. Kupferstich von Melchior Küsell nach Johann Christoph Storer*

neben dem Dom statt[86]. Der Prozessionsweg umzog in einem großen Bogen die gesamte Stadt.

Diese Routenführung demonstrierte den Anspruch der jesuitischen Bürgerkongregation, die Stadt in ihrer Gesamtheit zu erreichen. Auch die Organisationsstruktur der Sodalität spiegelte diesen Gedanken wider: Die Sodalen, so wurden die Mitglieder genannt, wählten jährlich einen Rat und als Vorsitzenden einen Präfekten. Die ganze Stadt war in Quartiere eingeteilt, für die jeweils bestimmte Räte zuständig waren. Die Bürgerkongregation legte somit eine eigene »Verwaltungsstruktur« über die Stadt, die der der politischen Gemeinde nachgebildet war[87].

Der Zusammenhalt innerhalb der einzelnen Bruderschaften wurde durch Symbole und spezifisches Gruppenverhalten hergestellt. Die Mitglieder der Skapulierbruderschaft erhielten als Zeichen Skapuliere, lange schmale Tücher, die der Gürtelbruderschaft schwarze Ledergürtel. Kleine Andachtsbilder

5 Weckuhr zum Sterbstündlein. Kupferstich von W. Kilian aus dem Bruderschaftsbuch der Konstanzer Rosenkranz-bruderschaft, 1649

Als Gruppe trat eine Bruderschaft außer zu den Festtagen zumeist bei der Beerdigung eines verstorbenen Mitglieds in Erscheinung. Die eigenen Fahnen wurden mitgetragen, auf dem Bahrtuch war ebenfalls das Bruderschaftszeichen angebracht. Lange, weit ausufernde Auseinandersetzungen zwischen der jesuitischen Bürgerkongregation und der Rosenkranzbruderschaft demonstrieren, daß die Ordnung beim Leichenzug wichtige symbolische Bedeutung für die Hierarchie der einzelnen Bruderschaften untereinander hatte[90]. Der Brauch der Bürgerkongregation, zum Zeichen der Trauer und Buße in Säcke gekleidet an den Begräbnissen teilzunehmen, wurde gegen den massiven Protest der Mitglieder durch den Orden durchgesetzt[91]. Nicht nur durch dieses spektakuläre Aussehen traten die Mitglieder als Gruppe in der Öffentlichkeit in Erscheinung. Die Identifizierung mit der Kongregation wurde von den einzelnen Mitgliedern jährlich am Titelfest, an Mariae Lichtmeß, eingefordert. Öffentlich mußte jeder Sodale sein Gelöbnis an Maria, seine »Aufopferung«, in schriftlicher Form am Altar niederlegen, nachdem die Formel zuvor laut gesprochen worden worden war[92].

So stark die Konkurrenz zwischen den einzelnen Bruderschaften auch sein mochte, in ihrer inhaltlichen Ausrichtung unterschieden sie sich kaum. Das Ziel der Rosenkranzbruderschaft findet sich plastisch auf einem Kupferstich wiedergegeben, auf dem die einzelnen Mitglieder ihre Gebetsverpflichtungen von Hand eintragen konnten (vgl. Abb. 5). Die Darstellung zeigt einen Menschen im Moment seines Todes. Seine Seele – als kleine Person wiedergegeben – entweicht seinem Mund. Ein Engel weist ihr den Weg nach oben, von wo die Gottesmutter, auf einer Wolke sitzend, das segnende Jesuskind mit ihrer Rechten haltend, ihr die Linke entgegenstreckt. Maria hält der Seele, vom Engel unterstützt, einen Rosenkranz entgegen. Er ist die Brücke von der Erde zum Himmel, über ihn gelangt die Seele zum ersehnten Ziel. Begleitet wird die Sterbeszene von jeweils zwei Personen. Dem Sterbenden stehen zwei Dominikanermönche bei, sie verdeutlichen die Notwendigkeit der kirchlichen Heilsmittel zur Erlangung der Seligkeit. Im Vordergrund betet ein Ehepaar, vor einem Hausaltar kniend, den Rosenkranz. Sie weisen auf die Solidarität der Gebetsgemeinschaft der Bruderschaft hin, die durch das ganze Jahr hindurch unablässig den Rosenkranz betete.

Ziel und Nutzen der jesuitischen Bürgerkongregation legt eine 1668 in Konstanz gedruckte kleine Schrift dar, die allen Mitgliedern zum Jahresbeginn überreicht wurde[93]. Der Inhalt des kleinen Traktats ist in hundert Punkte gegliedert. Der erste und letzte Satz geben die Kernaussage wider: Maria ist für den Sodalen Beschützerin in aller Not, jedes neue Mitglied *nimbt vnser Liebe Fraw auch zugleich auff vn-*

wurden an die Mitglieder verteilt, zu ihrem Eintritt erhielten die Kandidaten gedruckte Formulare mit Satzung und Gebetsverpflichtung, in die ihr Namen eingetragen wurde (vgl. Abb. 5). Andachtsbildchen und Bruderschaftszettel waren Massenprodukte. Das Gnadenbild Unserer Lieben Frau vom Berge Karmel wurde durch die Konstanzer Skapulierbruderschaft verbreitet; sie hatte 900 kleine Bildchen vorrätig, zudem 400 Bruderschaftszettel[88]. Die kleinen Schriften der Fünf-Wunden-Christi-Bruderschaft waren mit Kupferstichen ausgestattet. Sie wurden von führenden Augsburger Kupferstechern hergestellt, die Entwürfe lieferte Johann Christoph Storer, der bedeutendste Konstanzer Maler des 17. Jahrhunderts (vgl. Abb. 3–4, 6–7). Jedes Mitglied der Fünf-Wunden-Bruderschaft erhielt ein auf Pergament gedrucktes illuminiertes Bruderschaftssymbol[89].

der ihren hilffreichen Schutzmantel (Satz 1). Das Bild der Madonna, die ihren Mantel über die gesamte Stadt legt – so auf der Prozession von 1662 mitgetragen (vgl. S. 35) – wird hier auf den einzelnen Gläubigen übertragen. Was dieser Schutz für jedes Individuum bedeutet, wird im letzten Satz der Schrift ausgeführt: *Entlich / welcher sich in die Bruderschafft Vnser Lieben Frawen laßt einschreiben vnd in der selbe(n) besta(e)ndig biß an sein Ende Verharret / der stirbt sicher / vnd mit freüden vnder den Shutz (sic!) vnd Schirm Vnser Lieben Frawen / vnd gewint in seinem lesten Sterbstundlein Vollkomnen Ablaß / vnd Verzeihung aller seiner Su(e)nd / eben darumb / weil er ein Mitbruder ist; vnd erlangt also ... ohne zweifel durch die Hilff / vnd Beystand Mariae der Him(m)el Ko(e)nigin / daß Ewige Leben vnd gro(e)ssere Glory* (Satz 100).

Dem Kupferschmied Caspar Arzet war dieser Schritt gelungen: Er trat am 11. Dezember 1650 schwerkrank in die Bürgerkongregation ein. Er legte die Beichte ab und empfing die letzte Ölung. Im Beisein des Präfekten und dreier Sodalen kommunizierte er. Am nächsten Tag starb er. Am 13. Dezember wurde er zur Grabe getragen, unter großer Anteilnahme der Sodalen[94]. Die Vorbereitung auf den guten Tod, der den Übergang zum ewigen Leben bedeutete, und die Memoria, das liturgische Gebetsgedenken für die Verstorbenen, bedurften der Solidarität der Mitbrüder und -schwestern. Die bürgerliche Einheit, eine Zentralnorm städtischen Selbstbewußtseins in der frühen Neuzeit, wurde auf die einzelnen Bruderschaften übertragen, so etwa in der Schrift der Konstanzer Bürgerkongregation von 1668, der zwei Bibelzitate vorgestellt sind: *Sihe / wie gut / vnd wie lieblich ists / das Bru(o)der mit einander eintrechtig wohnen!* (Psalm 132,1) und *Ein Bruder / der Hilff hat vom Bruder / ist wie eine feste Statt* (Proverbia 18,19)[95].

Die Gebetsgemeinschaft für einen Sterbenden konnte auf die ganze Stadt ausgedehnt werden: 1681 wurde von einer Unbekannten *zu ehren Gottes, dann zu hilf und trost aller in alhisiger statt christglaubig absterbenden* eine dem hl. Franz Xaver, dem Patron für eine gute Sterbestunde, geweihte Glocke für die Kapelle St. Lorenz gestiftet, die unter dem Bild des Heiligen die Inschrift tragen sollte: *Beati qui in Domino moriuntur* (Selig, die im Herrn sterben.) Die Glocke war immer zu läuten, wenn ein Bürger der Stadt im Sterben lag, *da selbe würcklich mit dem tod streitten*[96].

Reue und Buße als wichtigste Aufgabe des Gläubigen waren das zentrale Anliegen der zahlreichen Schriften, die von den Konstanzer Bruderschaften herausgebracht wurden. In einer Katechismuspredigt faßte der Kapuziner Lukian vom Montafon die Situation im Bild eines Seebrüchigen kurz vor dem Ertrinken zusammen[97]. Lukian beschreibt die Lage der Gläubigen: *so grausamb ist kein Schiff-Bruch / daß nicht vil grausamer seye der Untergang so vil*

unzahlbarer Menschen. Die Wind seynd so vil starcke Versuchungen deß Teuffels / der Welt / deß Fleisches. Die Wa(e)llen seynd die Wollu(e)st / welche dem su(e)ndigen Menschen sein Hertz einnemmen. Es wa(e)hret ein Zeit lang / wann aber der letste Sturmb deß Go(e)ttlichen Zorns einbricht / wird das Schiff zerscheittert / und die Menschen leyder in den Abgrund der Ho(e)llen versencket.* Die einzige Rettung für den Menschen sind Reue und Buße. Das Vorbild der reuigen Sünderin ist Maria Magdalena. Ihr sind nicht nur in den Predigten des Lukian weite Passagen gewidmet, auch die Gebete in den Bruderschaftsbüchern wenden sich an sie[98].

Neben das Moment der Reue, der Contritio, tritt der Gedanke der Compassio, des Mit-Leidens. Maria in der Gestalt der Mater dolorosa wird zum Inbegriff des Mitleides: Was Jesus körperlich erlitt, hatte

6 Pietà. Kupferstich von Matthäus Küsell nach Johann Christoph Storer

Maria in der Seele zu erdulden[99]. Der Moment, als Maria den Leichnam Jesu nach der Kreuzabnahme in den Armen hielt, wird zum Höhepunkt der Qualen Mariens, zugleich aber auch zum tiefsten Moment der inneren Beziehung der Mutter Gottes zu ihrem Sohn[100] (Abb. 6). Neben die Verehrung Mariens tritt in den Traktaten der Konstanzer Bruderschaften das Leiden Christi als zweiter religiöser Themenkomplex. Bereits die Mitglieder der Sakramentsbruderschaft an St. Stephan waren verpflichtet, täglich das Fünf-Wunden-Gebet zu sprechen[101]. Die Priesterbruderschaft an St. Johann machte die fünf Wunden Christi zum zentralen Motiv ihrer Verehrung. Betrachtungen über die Wunden und den Körper des Gekreuzigten finden sich in zahlreichen Schriften[102]. Meditationen vor entsprechenden Bildern, Formen der Bildandacht[103], wurden nicht nur den Klerikern in der Fünf-Wunden-Bruderschaft vorgeschrieben[104], auch den Laien wurden entsprechende Übungen empfohlen[105]. Das Verhältnis des Gläubigen zu Christus wird in Bildern beschrieben, die der mystischen Tradition des späten Mittelalters entnommen sind. In Anlehnung an die Mystikerin Gertrud von Helfta und an Bernhard von Clairvaux vergleicht der Konstanzer Dominikaner Reginald Bader den Rosenkranz mit einem Kuß: *Was ist doch lieblichers? Wann ein einziges Ave Maria so vil ist / als ein lieblicher Kuß / so thut der jenige / welcher in seiner verordneten Stund den H. Psalter bettet / anderst nichts / als auff die Jungfrewliche Lefftzen vnnd reinen Mund Mariae hundert vn(d) fu(e)nfftzig Kuß geben / vnd so vil von ihr entgegen empfangen*[106]. Es finden sich auch direkte Zitate aus den Schriften Heinrich Susos[107]. Nachdrucke einzelner Textauszüge aus dem Werk des Thomas von Kempen belegen zudem den deutlichen Rückgriff auf mittelalterliche Frömmigkeitsformen[108].

Reue und Buße waren auch das zentrale Anliegen des italienischen Bußpredigers Markus von Aviano, eines Kapuzinermönchs. Dessen Auftritt in der Stadt wurde zum öffentlichen Großereignis. Auf Vermittlung des Konstanzer Bischofs und des Kapuzinerkonvents wurde die Ankunft des Predigers im Spätsommer 1681 in Konstanz erwartet[109]. Der Rat richtete sich auf einen Massenandrang innerhalb der Stadtmauern ein. Der Zustrom Kranker, die auf eine Heilung hofften, setzte früh ein – ein Hinweis darauf, daß der Prediger schon überregional bekannt war, aber auch darauf, daß die Kapuziner das Ereignis entsprechend in der Öffentlichkeit ankündigten. Nach seiner mit den üblichen Feierlichkeiten umgebenen Ankunft hielt der Kapuziner am 4. und 5. September drei Predigten in der Stadt. Wegen des großen Andrangs waren die bischöfliche Pfalz und der dortige Platz sowie die Marktstätte Ort des Ereignisses. Die Ansprachen an die Menge, *populum*

multum commotum et multum complorantem[110], waren – wie bei ihm üblich – in italienischer Sprache. Durch die entsprechende Gestik unterstützt, waren sie ein einziger Aufruf zur Buße. Sie schlossen jeweils mit einer Segnung, auf die besonders die Kranken ihre Hoffnung setzten[111]. Der Erfolg wurde durch die Kapuziner präzise protokolliert: Auf der bischöflichen Pfalz wurden nach der Abreise des Predigers als Zeichen der Heilung unter anderem abgegeben: 106 Krücken, 131 Stöcke, 9 Bruchbänder und 2 Tragsessel[112]. Die Kraft der Benediktionen des Kapuziners blieb in der Stadt noch einige Wochen präsent: Das Domkapitel war berechtigt, am Fest des hl. Erzengels Michaels sowie am Franziskusfest den Segen erneut zu spenden[113].

Reue und Buße als öffentliches Massenereignis führen an den Anfang des Abschnittes zurück: Die Stadt als Gesamtheit lag unter dem Schutz Mariens, dies war die Aussage des großen Marienbildes am Kreuzlinger Turm, dem einzelnen Bürger als Individuum war nach dem Willen der tridentinischen Kirche das gleiche Ziel gegeben. Reue und Buße aber bildeten die Voraussetzung. Kommunales Selbstverständnis und individuelle Frömmigkeit waren eng aufeinander bezogen.

Zum Beginn des Jahres 1675, eines päpstlichen Jubeljahrs, erhielten die Mitglieder der Bürgerkongregation ein mit einem Gebet versehenes Andachtsbild der Gottesmutter, die die Seelen der Gestorbenen in ihren Schoß nimmt. Die Thematik der Pietà-Darstellungen wurde vom toten Christus auf die Gesamtheit der Gläubigen übertragen. Dem gleichen Thema war auch ein von Musik umrahmtes Drama gewidmet, das am 2. Februar, dem Fest der Bruderschaft, aufgeführt wurde – *placuit omnibus*, es gefiel allen[114].

VI.

Die Bruderschaften und deren propagierte Frömmigkeitsformen konnten mit einer hohen Resonanz innerhalb der Bürgerschaft rechnen. In der Bürgerkongregation erneuerten 1683 455 Mitglieder ihr Gelübde, ein Großteil der Konstanzer Handwerker war somit in der Sodalität erfaßt[115]. Die kirchlichen Heilsmittel – Beichte und Ablässe – erfreuten sich einer beträchtlichen Nachfrage. Im Konstanzer Kapuzinerkloster wurden jährlich über 30 000 Beichten abgelegt[116]. Den Bruderschaften verliehene Ablässe waren wichtige Werbemittel für die einzelnen Kongregationen. Vor den entsprechenden Festtagen wurden durch die Bürgerkongregation an den Portalen aller Pfarrkirchen die bevorstehende Ablaßerteilung und deren Bedingungen auf Plakaten angekündigt[117]. Auch die Skapulierbruderschaft ließ ihre päpstlichen Ablaßprivilegien gedruckt verbreiten. Die päpstliche Bulle wurde gerahmt und öffentlich in der Bruderschaftskapelle ausgestellt[118].

Der sprunghafte Anstieg von Stiftungen von Jahrtagen und Seelmessen ist ein weiterer Indikator für die auf das Sterben und das Seelenheil hin orientierte Frömmigkeit breiter Teile der Bevölkerung. Von den 77 zwischen 1670 und 1679 ausgefertigten Testamenten Konstanzer Bürger und Einwohner enthalten 44, also etwa 57 Prozent, genaue Bestimmungen über den Ort des Begräbnisses und die Form des Requiems und der Seelmessen[119]. In den Konstanzer Vermächtnissen vor 1650 hatten noch deutlich die freien, also nicht an Meßverpflichtungen gebundenen Stiftungen an Kirchen und Konvente überwogen[120], zwischen 1670 und 1679 gab es ein Drittel mehr Meßstiftungen als freie Legate. Stiftungen an das Spital und andere kommunale Fürsorgeeinrichtungen finden sich nur noch in vier Testamenten, also in etwa fünf Prozent der Vermächtnisse des entsprechenden Zeitraums. Vor 1640 hatte der Anteil von Testamenten mit wohltätigen Stiftungen noch bei etwa einem Drittel gelegen[121]. Das Ziel der Stiftungen war das deutliche Verlangen nach einer Versicherung des Heils nach dem Tod. Zudem weisen die präzisen Bestimmungen der Vermächtnisse nach, daß die Stifter sehr genaue Vorstellungen davon hatten, an welchem Altar in welcher Kirche für das Seelenheil des Verstorbenen gebetet werden sollte. Der Einwohner Georg Settelin bedachte 1671 insgesamt elf Klöster und Kirchen mit Schenkungen. Vierzig Gulden waren für das Konstanzer Augustinerkloster und die dort verehrten Ordensheiligen Augustinus, Nikolaus von Tolentino, Patron der armen Seelen, Thomas von Villanova, erst 1658 heiliggesprochen, und Monika, die Mutter des Augustinus, bestimmt[122]. Die aus Wil stammende Ursula Keller legte in ihrem Testament fest, daß eine Person nach ihrem Tod zu Unserer Lieben Frau nach St. Gallen wallfahren solle mit der Verpflichtung, dort Messen am Muttergottesaltar und an den Altären der Heiligen Gallus, Othmar, Notker und Trudpert lesen zu lassen[123]. In der Gesamtzahl wurden die meisten Seelmessen bei den Dominikanern bestellt (21 Prozent), es folgen die Franziskaner und die Kapuziner (je 15 Prozent), dann die Augustiner (10 Prozent). Die beiden Pfarr- und Stiftskirchen St. Stephan (8 Prozent) und St. Johann (7 Prozent) weisen schon einen deutlichen Abstand zu den Bettelorden auf[124]. Als Ort der letzten Ruhe wählten die Konstanzer am häufigsten in den Jahren zwischen 1670 und 1679 den Friedhof bei St. Stephan (8 Testamente), die Klöster der Dominikaner und Franziskaner folgen (6 bzw. 5 Testamente), viele Vermächtnisse enthalten noch weitere präzise Anweisungen über die Wahl des Begräbnisplatzes.

Der gesamte städtische Raum war mit einem engen Beziehungsgefüge sakraler Orte und Räume überzogen: Friedhöfe und Kirchen, Kapellen und Gnadenbilder. Prozessionen verbanden die einzelnen Orte miteinander. Durch Stiftungen wurde diese »sakrale Topographie« immer weiter verdichtet: 1654 erhielt das Dominikanerinnenkloster Zoffingen von Abraham Megerle, Domkapellmeister und Kanoniker zu Altötting, eine Kopie des dort verehrten Gnadenbildes[125]. Johann Konrad Erlenholz, Kanoniker an St. Johann und Domherr[126], bestimmte in seinem Testament 500 Gulden für die Errichtung von fünf Bildsäulen an dem Weg zur Loreto-Kapelle, die die Geheimnisse des Rosenkranzes in einer *zu der christglaubigen andacht antreibende(n) formb* darstellen sollten. Johann Konrad Lauterer, ein Konstanzer Bildhauer, fertigte drei Reliefs für die Säulen an[127].

Die sakrale Ausgestaltung der städtischen Öffentlichkeit machte nicht vor den Bürgerhäusern halt. Konstanzer Vermögensinventare, leider nur in Einzelstücken überliefert, belegen, daß die Bürgerschaft ihre Wohnräume beinahe ausschließlich mit Gemälden mit religiösen Motiven ausstatteten[128]. Von 128 Bildern hatten 91 ein religiöses Thema, das entspricht 71 Prozent. Die übrigen Bilder waren Porträts von Angehörigen[129] und Landschaftsansichten. Johann Konrad Guldinast, der Kleinrat, und Maria von Eichenlaub, die Adelige, besaßen auch Bildnisse österreichischer Regenten. Ärmere Bürger hatten nur religiöse Bilder. Das Inventar des Wilhelm Jäger listet vier Bilder auf: ein Bild der Gottesmutter, einen geschnitzten Judas Thaddäus, einen hl. Nepomuk und ein Ecce-Homo-Bild. In den Häusern der städtischen Oberschicht nahmen religiöse Gemälde einen exponierten Platz in den repräsentativen Räumen ein: Die »Stube gegen den Gang« im Haus der Christina Fels, der Witwe des Stadtarztes Dr. Hieronymus Sandholzer, war durch die Möblierung, zu der ein großer Tisch aus Nußbaum mit dem Familienwappen der Familie Fels sowie lederne Sessel gehörten, als Ort gesellschaftlicher Begegnung und Selbstdarstellung ausgewiesen. An den Wänden hingen neben einem großen Spiegel und Hirschköpfen neun Bilder mit ausschließlich religiösen Motiven. In der Schlafkammer befand sich für die private Andacht ein Hausaltar, der durch einen Vorhang verdeckt werden konnte. Eine ebenfalls in diesem Raum aufbewahrte Darstellung des Gekreuzigten und des hl. Hieronymus weist auf eine Auftragsarbeit für den verstorbenen Ehemann Hieronymus Sandholzer hin. Eine Kopie des Einsiedler Gnadenbildes im Besitz der Elisabeth von Eichenlaub und eine Nachbildung des Passauer Gnadenbildes[130] im Besitz des Sebastian Steigentesch belegen das Bemühen der Bürger, öffentliche Kultbilder in den privaten Bereich des Hauses zu

überführen[131]. Themen aus dem Bereich des Leidens und des Todes Christi sowie Bilder Mariens (Abb. 7) machen den größten Teil religiöser Gemälde aus, zudem Darstellungen einzelner Heiliger (Antonius, Joseph, Maria Magdalena)[132].
Der Besitz von Rosenkränzen[133] war nach Ausweis der Inventare und Testamente sehr weit verbreitet. Die künstlerische Gestaltung war hingegen eine Frage des sozialen Status. Die Präsentation von Gegenständen, die in Zusammenhang mit der eigenen Frömmigkeitspraxis standen, war Teil der bürgerlichen Selbstdarstellung und der konfessionellen Abgrenzung. Der bereits genannte Kleinrat Johann Konrad Guldinast besaß 27 Rosenkränze, zum Teil aus Korallen, zum Teil vergoldet. Dazu kam eine bedeutende Anzahl von Wallfahrtsmedaillen und

Gnadenpfennigen. Mehrere Bücher waren aufwendig mit Silber beschlagen, darunter zwei Gebetsbücher.
Eine Analyse des Konstanzer Buchangebotes in den Jahren zwischen 1650 und 1700 belegt, daß der Markt für Druckschriften dem für Bilder erstaunlich glich. Einen ersten Einblick in die Produktion einer Konstanzer Druckerei im ausgehenden 17. Jahrhundert vermittelt die Auflistung des Lagerbestandes des Buchdruckers David Hautt jun., dessen Offizin 1696 bankrott ging[134]. Der Drucker und Buchhändler hatte zu diesem Zeitpunkt 178 Titel am Lager, 172 davon konnten anhand der notierten Titel grob thematisch klassifiziert werden. Die überwältigende Mehrheit der Bände, nämlich 151 Stück, das entspricht knapp 88 Prozent, hatte religiöse Themen zum Inhalt. Es waren zumeist religiöse Kleinschriften, jeweils nur auf wenige Kreuzer Wert taxiert: kleine Traktate, Andachts- und Gebetsliteratur. Johann Glener, der in der Nähe von St. Stephan ein Buchhandlung betrieb, hatte im Jahre seines Todes 1636 ein ähnliches Sortiment im Angebot[135]: Von 44 klassifizierbaren Titeln sind 29, also knapp zwei Drittel, der religiösen Literatur zuzuordnen.
Das religiöse Schrifttum, das in Konstanz gedruckt und vertrieben wurde, war auf verschiedene regionale Einzugsbereiche und soziale Leserschichten ausgerichtet[136]. Die großen Predigtsammlungen der Franziskanerkonventualen Irenäus Schwendimann[137] und Wilhelm Geyss[138] waren ebenso wie die mehrbändige Sammlung der Katechismuspredigten, die von dem Kapuziner Lukian vom Montafon[139] verfaßt wurde, auf eine überregionale Verbreitung hin ausgelegt. Die zahlreichen Nachdrucke der Werke des Laurentius von Schnifis[140] und – mit Abstrichen – des Theobald von Konstanz[141], beide Kapuzinermönche, belegen den Erfolg dieser Autoren. Theologische Fachliteratur, wie etwa die Werke des Konstanzer Jesuiten George Gobat[142], blieben im Angebot der Konstanzer Druckereien eine Ausnahme. Die überwältigende Mehrheit der in Konstanz gedruckten Titel ist dem Feld der Erbauungsliteratur zuzurechnen: Neben einer Vielzahl von Titeln, die hauptsächlich Geistliche und Ordensfrauen ansprechen sollten – so etwa die Schriften des Augustinereremiten Bartholomäus Faber[143] – treten spätestens seit der Übernahme der städtischen Druckerei durch David Hautt sen. im Jahr 1657 zahlenmäßig solche Schriften in den Vordergrund, die den städtischen Bürger als Leser im Blick hatten. Die kleinen Bändchen, oft nur wenige Seiten stark, waren auf einen regional beschränkten Vertriebsradius ausgelegt. Deren Produktion war nicht nur durch eine Nachfrage von Seiten der Leser stimuliert. Zahlreiche Schriften wurden von den Druckereien als reine Auftragsarbeiten ausgeführt, hinter ihnen standen die Konstanzer Ordensgemeinschaften und

7 Sieben Wunden Mariens. Kupferstich von Michael Kaufer nach Johann Christoph Storer

Bruderschaften, die den Druck finanzierten. Die Jesuiten verteilten regelmäßig an die Mitglieder der Bürgerkongregation zu Neujahr kleine Bücher als Geschenk[144], dies gilt auch für die Fünf-Wunden-Bruderschaft (vgl. S. 39). Der gezielten Verbreitung *haylsamer catholischer büechlein* diente die Stiftung »Güldenes Almosen«, die von den Münchner Jesuiten ins Leben gerufen wurde. Sie bot ihre Titel auch in Konstanz an[145]. Die Versorgung der Konstanzer Bevölkerung mit religiösen Schriften, die inhaltlich relativ homogen gestaltet waren, war gewährleistet.

Die Konformität von religiöser Literatur und Kunst mit den Zielen und Inhalten der tridentinischen Kirche war jedoch nicht nur – wie bei den Bruderschaftsbüchlein angedeutet – durch die enge Abhängigkeit vom Auftraggeber und die bischöfliche Zensur gesichert[146]. Alle Konstanzer Buchdrucker und die überwiegende Mehrheit der Konstanzer Maler und Bildhauer waren Mitglieder der jesuitischen Bürgerkongregation, zum Teil bekleideten sie führende Ämter[147]. Unter den Gründungsmitgliedern des Jahres 1615 finden sich der Bildhauer Hans Morinck und der Maler Hans Asper, 1629 traten Hans und Othmar Hohensinn, ebenfalls Maler, der Bürgerkongregation bei, ebenso stehen mehrere Angehörige der Glasmalerfamilie Spengler in den Listen. Daß der Maler Johann Christoph Storer 1659 in die Kongregation eintrat – ebenso wie sein Vater Bartholome bereits im Jahr 1615 – überrascht bei den engen Beziehungen, die dieser Künstler zu den Jesuiten besaß, nicht. Die Familie Schenck unterschied sich nicht von den anderen Konstanzer Kunsthandwerkern, sowohl Hans Schenck, bereits Gründungsmitglied 1615, als auch Christoph Daniel, für das Jahr 1681 sogar zum Rat gewählt, finden sich unter den Konstanzer Sodalen. Konfessionelle Konformität war eine Voraussetzung für beruflichen Erfolg. Der Traktat, den die Mitglieder der Bürgerkongregation 1668 als Geschenk erhielten, umschrieb dies ziemlich unverhohlen: *Man pflegt ihm (= dem Sodalen) / vnd allen anderen Mitbru(e)deren / bilich mehr zu trauwen / alß anderen in allen Aempteren vnd anderen sachen / weil ihre Tugent bekant ist / vnd sie von jedermann fu(e)r auffrechte / redliche / vnnd gewissenhafte Leuth gehalten werden.*[148]

VII.

Die Beobachtungen zu den Beziehungen von städtischer Frömmigkeit und barocker Konfessionskultur stellen abschließend die Frage nach dem Platz, den Christoph Daniel Schenck in diesem Beziehungsgefüge einnahm. Das Bild wird von zwei widersprüchlichen Auffälligkeiten geprägt. Wie von Fritz Fischer dargelegt, blieben die Bezüge Schenks zur städtischen Gesellschaft locker: Der Bildhauer besaß keinen direkten Anschluß an die politische Führungsschicht der Stadt, Aufträge von Bürgern sind nicht belegt. Andererseits bestand innerhalb der Stadt durchaus ein Markt für Arbeiten, wie sie von Christoph Daniel Schenk und seiner Werkstatt gefertigt wurden. Die von Fischer aufgezeigten künstlerischen Eigenheiten Schencks, wie etwa die »forcierte emotionale Inanspruchnahme des Betrachters«, fügen sich nahtlos in die Grundgedanken der am Ort publizierten Erbauungsliteratur ein. Das zentrale Thema seiner Werke, nämlich die Darstellung der Passion, war auch das zentrale Motiv städtischer Frömmigkeit jener Jahrzehnte, die Inventare Konstanzer Bürger weisen zudem entsprechende Bilder in beträchtlicher Zahl in Privatbesitz nach. Nicht zuletzt durch seine Mitgliedschaft in der jesuitischen Bürgerkongregation demonstrierte Schenck seine konfessionelle Verläßlichkeit. Ansatzpunkte zu einer engen Symbiose von Künstler und städtischer Gesellschaft – von Schenck und Konstanz – waren gegeben, wurden aber nach Ausweis der Quellen nicht genutzt. Den lokalen Markt für Kleinplastiken und ähnliche Kunstwerke überließ Schenck seinen örtlichen Konkurrenten, über die bisher noch keine genaueren Angaben vorliegen. In diesem Kontext wäre – wie neuerdings von Sibylle Appuhn-Radtke vorgeschlagen – der bisher nicht identifizierte Monogrammist ICL zu nennen[149]. Vielleicht könnte er mit der Konstanzer Bildhauerfamilie Lauterer in Verbindung gebracht werden. Johann Konrad Lauterer fertigte 1684 drei Reliefs für die Bildsäulen nach Loreto an, ein weiteres Mitglied der Familie, Johann Jakob, ebenfalls Bildhauer, starb 1694[150]. Die regionale Vielfalt barocker Konfessionskultur läßt noch manche Fragen offen.

Anhang: Druckschriften des 17./18. Jahrhunderts
(in alphabetischer Ordnung der Kurztitel)

Antwort des Geliebten 1668:
Antwort | | Deß Geliebten | | Vber die Klag | | Der
Liebenden Seel / | | Wegen seiner Abwesenheit. | |
Auß dem | | Soliloquio Animae, Thomae de Kem-
pis, cap. 17. | | (...)
Konstanz: Johann Jakob Straub 1668.
    Kloster Zoffingen, Konstanz, Bibliothek: Ac 85.

Reginald Bader OP, Unverwelkliche Rosen 1649:
Vnverwelckliche Rosen. | | Das ist: / | | Wunderbar-
liche vnd | | Hailsame Andacht deß | | H. Ewigen
Rosenkrantz. | | Fu(e)r die Sterbende vnnd in | |
Todsno(e)then ligende Menschen / | | Gepflantzet /
| | In dem H. Prediger Orden / durch | | eingebung
der Gebenedeyten Junck= | | frawen Mariae. | | An-
fa(e)nglich beschriben durch den | | Ehrwu(e)rdigen
P. F. Reginaldum Ba- | | derum Prediger Ordens. | |
Anietzo aber durch eine(n) Prie= | | ster gemelten
Ordens / mit etlichen | | nutzbarlichen exercitiis
vnd Hailsam= | | men u(e)bungen vermehrt / in Ge-
genwertiger | | Form gestelt vnd nachgetruckt wor-
den. (...)
Konstanz: Johann Geng 1649.
    Kloster Zoffingen, Konstanz, Bibliothek: Ac 11.

Corona spinea 1696:
CORONA | | SPINEA | | BEATISSIMAE | | VIRGI-
NIS | | MARIAE. | | E praecipuis | | DOLORUM
SPINIS | | CONTEXTA | | Quibus ejus anima in
Passione Filij | | sui fuit transfixa. | | (...)
Konstanz: Johann Jakob Labhart 1696.
    UB Tübingen: Gc 89 oct.

Erzbruderschaft der schmerzhaften Mutter Jesu
1684:
Ertz=Bruderschafft | | Der Schmertzhafften | |
MVTTER JESV | | Under dem Titul der | | Siben
Schmertzen | | Eingesetzt in der Pfarr | | Allmans-
dorff | | Anno 1684. den 29. Junii. (...)
Konstanz: Johann Jakob Straub Witwe 1684.
    Kloster Zoffingen, Konstanz, Bibliothek: Ag 21.

Bartholomaeus Faber OESA, Leben Christi 1723:
Neu=Beschriebenes | | Leben=Christi: | | Das ist: | |
Außführliche und warhhaffte Be= | | schreibung
deß gantzen Lebens und Leydens | | Unsres HErrn
und Heylands | | JEsu Christi / | | Deß lebendigen
Sohns GOttes / Erlo(e)sers der | | Welt / und einge-
bohrnen Sohns der allerheiligsten | | Unbefleckten
Jungfrauen | | MARIAE, | | Mitzugesetzten sittli-
chen / geistlichen Lehren / nutzlichen Be | | trach-
tungen / und Anmerckungen: zum Nutz und Trost
aller so | | wohl geistlichen als weltlichen
anda(e)chtigen Christlichen Seelen | | Gezogen auß

den 4 HH. Evangelisten. | | Vorgestellt | | Durch (...)
Konstanz: Leonhard Parcus 1723.
    Wessenberg-Bibliothek, Konstanz: K 192.

Fasciculus septem florum 1696:
FASCICULUS | | SEPTEM | | FLORUM, | | SIVE | |
SEPTEM PIETATIS | | EXERCITIA, | | EX TOTI-
DEM TITU- | | LIS ENASCENTIA, | | Quibus SS. V.
Vulnera | | Christi parvo Officio Venerationi | | pro-
posita condecorantur. | | (...)
Konstanz: Johann Jakob Labhart 1696.
    UB Tübingen: Gc 89 oct.

Gehaime Verbündnuß 1671:
Gehaime Verbündnuß | | Der | | CONGREGATION
| | Oder | | Bruderschafft JEsu | | Christi deß
Gecreutzigten / | | Vnd | | Seiner Allerheiligsten V.
| | Wunden / welche billich die erste / vr= | | alte /
Hochlo(e)bl. Ertz=Bruderschafft zu= | | nennen /
weiln dieselbe auff dem Berg Calva= | | riae von der
Allerseeligsten GOttes Geba(e)re= | | rin vnd
schmertzhafften Jungfrawen Maria / | | dem H. Jo-
hanne Evangelista / als geliebsten | | Ju(e)ngern /
der H. Maria Magdalena / vnd | | andern Gottseeli-
ger beedes Geschlecht | | Gesellschaft vnterm
Hochheili= | | gen Creutz fundirt / vnd den vr= | |
spru(e)nglichen Anfang genommen. | | (...)
Konstanz: Johann Jakob Straub 1671.
    Kloster Zoffingen, Konstanz, Bibliothek: Ac 85.

Heylsames Amuleth 1703:
Heylsames | | Amuleth | | Das ist: | | Geistl. Seelen
Arrtzney / | | Jn | | Dem Lobl. Reichs=Gottshauß | |
Petershausen Ordinis | | S. BENEDICTI | | Durch
Einsetzung | | Der Englischen Bruderschaft / | | Un-
ter dem Titul | | Anruffung der HH. Englen / | |
Fu(e)r | | Bekehrung der Su(e)nder zubereitet auß
| | drey heilsamen Artzneyen. | | Nemlichen: | |
Gnaden=Ablaß / nutzlichen | | Reglen / und eiferi-
gen Gebetten. | | (...)
Konstanz: Johann Jakob Labhart 1703.
    Kloster Zoffingen, Konstanz, Bibliothek: Ag 2.

Himmlischer Rubin o.J.:
Himmlischer Rubin | | Das ist / | | Hertzliche An-
muettungen zu | | Christi dem gecreutzigten und | |
seinen H. H. Glidmassen. | |
Konstanz: Johann Jakob Straub o.J.
    Kloster Zoffingen, Konstanz, Bibliothek: Ac 85.

Leges et Statuta 1696:
LEGES | | ET | | STATUTA | | CONFRATERNITA-
TIS | | QUINQUE SS. | | CHRISTI | | VULNERUM,
| | In | | Ecclesia Collegiata | | S. JOANNIS | | Con-
stantiae | | Inter Sacerdotes institutae. (...)
Konstanz: Johann Jakob Labhart 1696.
    UB Tübingen: Gc 89 oct.

Der Liebe und Gnaden Gottes Quell-Aderen 1705:
Der Liebe / | | Und Gnaden GOttes | | Quell=Ade-
ren. | | Das ist: Kurtzer Begriff | | Der vom Himmel
selbsten ge= | | sandten Andacht gegen dem Go(e)tt-
li= | | chen Hertzen JEsu Christi im Allerhoch= | |
wu(e)rdigsten Sacrament deß Altars / sambt | | bey-
gefu(e)gten underschidlichen | | Gebetteren. | |
Ero(e)ffnet / vorgestelt / und dediciert | | Denen un-
ter dem Titul deß Al= | | lerheiligisten Fronleich-
nambs / und | | respective deß Liebreichisten Hert-
zens JEsu | | eingesetzten Bruderschafften in der
Lo(e)bl. Stu(e)fft= | | und Pfarr Kirchen Ss. Stephani
und | | Nicolai zu Costantz (...)
Konstanz: Leonhard Parcus 1705.
   Kloster Zoffingen, Konstanz, Bibliothek: Ag 15

Lukian vom Montafon OFMCap, Geistliches Kinder-
Spill 1707:
Geistliches Kinder=Spill / | | Das ist: | | Drey hun-
dert Sechs und zwaintzig Neue | | Predigen | | Vber
den kleinen Catechismum | | R. P. PETRI CANISII
S. J. | | in viert Theil abgetheilt. | | Ersten Theils | |
Drey und achtzig Predigen u(o)ber das erste | | und
andere Hauptstuck deß Catechismi von dem | |
Glauben und siben H.H. Sacramenten. | | Allen See-
lsorgeren zu verlangendem Gebrauch / jungen | |
und alten Zuho(e)reren zu sonderem Underricht ge-
stellt | | Durch | | (...)
Konstanz: Leonhard Parcus 1707.
   Wilhelmsstift, Tübingen, Bibliothek: Gi 802. oct.

Marianisches Centuplum 1668:
Marianisches | | CENTVPLVM | | Oder | | Hunder-
feltige | | Frucht / vnnd Nutzbarkeiten | | der Bru-
derschafft vnser Lieben | | Frawen / | | Deren | | Al-
le Sodales, vnd Mit=Bru(e)der thail= | | hafftig wer-
den / vnd geniessen | | ko(e)nnen. | | (...)
Konstanz: Johann Jakob Straub 1668.
   Kloster Zoffingen, Konstanz, Bibliothek: Ac 85.

Nachfolgung Christi 1668:
Nachfolgung | | Deß | | Allerheyligsten Lebens / | |
vnd Leydens vnsers HErrn | | JESU CHRISTI. | | Ge-
nommen | | Auß dem Hortulo Rosarum, | | Thomae
de Kempis cap. 17. | | (...)
Konstanz: Johann Jakob Straub 1668.
   Kloster Zoffingen, Konstanz, Bibliothek: Ac 97.

Nepomucenischer Bund 1758:
NEPOMUCENIscher | | Bundt / | | Unter dem
Schutz | | Des Heil. Creutzes | | Christi JESU, | |
Und Vorbitt | | Des Heil. Martyrers | | JOANNIS
Nep. | | Vor Geist= und Weltliche | | beyderley Ge-
schlechts eingesetzt, | | Von Hoher Geistl. Obrig-
keits | | Gewalt bekra(e)fftiget / und mit | | mehrern
Gnaden und Ablaß begnadiget. | | In der | | Hohen
Domstiffts=Kirchen | | zu Costantz. | | (...)
Konstanz: Johann Ignaz Neyer 1758.
   Kloster Zoffingen, Konstanz, Bibliothek: Ag 25/2.

Officium de animabus 1706:
OFFICIUM | | DE | | ANIMABUS | | PURGANTI-
BUS | | IN PIUM USUM | | DD. Confratrum Confra-
| | ternitatis SS. V. Vulnerum | | Christi, Utpote sin-
gularium Amato- | | rum Fidelium Defunctorum.
(...)
Konstanz: Johann Adam Köberle 1706.
   UB Tübingen: Gc 90 oct.

Officium parvum 1696:
OFFICIUM | | PARVUM | | SACRATSSIMORUM
| | QUINQUE | | VULNERUM | | SALVATORIS | |
NOSTRI | | JESU CHRISTI | | (...)
Konstanz: Johann Jakob Labhart 1696.
   UB Tübingen: Gc 89 oct.

Theobald von Konstanz OFMCap, Schmertzhaffte
Marianische Einöde 1698:
Schmertzhaffte | | Marianische | | Eino(e)de / | |
Alwo | | Die Irrende Polymnia (die | | Menschliche
Seel) durch den Echo oder | | Widerhall eingelocket
/ die zwey liebrei= | | cheste zumahlen ho(e)chst-
betrangte und zu- | | gleich leidende Hertzen. | |
Als | | Den leydenden JEsum / und dessen mit= | |
leydende liebste Mutter Mariam | | singend be-
trachtet. | | Mit scho(e)nen Sin(n)bilderen auch
neu=aufgesetz= | | ten Arien und Ritornellen à 2.
Violinis geziert. | | Allen so wol Geist= als weltli-
chen sehr nutz= | | lich zu lesen herauß gegeben | |
Durch (...)
Konstanz: Verlag Leonhard Parcus 1698.
   Württembergische Landesbibliothek: theol. oct.
   17924. – UB Tübingen: Gi 1993 oct.

1 Zur Geschichte der Stadt im Dreißigjährigen Krieg: Beyerle 1900; Zimmermann 1991, S. 219–241 (mit älterer Lit.).

2 Vgl. dazu Fischer, S. 12 u. Anm. 43 in diesem Band, sowie Beyerle 1900, S. 9f. (Aufenthalt des Konvents von Salem in Konstanz).

3 Im breiteren Kontext von Lehmann als »Krise des 17. Jahrhunderts« in die Erforschung der Religiosität des 17. Jahrhunderts eingeführt. Lehmann 1980 und 1992.

4 Reinhard 1983, bes. S. 263: These 2: Methodische Herstellung neuer Großgruppen. Exemplarisch für die paritätische Reichsstadt Augsburg: François 1991.

5 Zum allgemeinen Kontext Lehmann 1995.

6 Vgl. dazu Schilling 1988, S. 4f.

7 Lehmann 1995, S. 21. Exemplarisch: Forster 1992 für das Bistum Speyer sowie dessen in Vorbereitung befindliche Studie zum katholischen deutschen Südwesten.

8 Zimmermann 1994, bes. S. 209–214.

9 Vgl. dazu ausführlich: Zimmermann 1994, S. 133–154.

10 Zimmermann 1996, Graphik S. 20.

11 Zimmermann 1994, S. 92–94.

12 Press 1989, S. 33f.

13 Dörrer 1989, S. 371.

14 Zimmermann 1994, S. 174–177.

15 Grundlage für die folgenden Ausführungen zur politischen Elite in den Jahren 1650–1700 bilden die entsprechenden Jahrgänge der Konstanzer Ämterbücher (Stadtarchiv Konstanz, im folgenden abgekürzt: StadtA Ko, B V), die jeweils die vollständigen Listen aller städtischen Amtsträger enthalten. Für die Jahre vor 1650: Zimmermann 1994, S. 67–80; Leiner 1898.

16 Zimmermann 1991, S. 304–308. Franz Beer von Bleichten war von 1718 bis 1721 Großrat, von 1722 bis 1726 saß er im kleinen Rat. Peter Thumb zählte von 1737 bis 1766 zu den städtischen Ratsherren.

17 Zur Geschichte der Konstanzer Geschlechtergesellschaft »Zur Katze« vgl. die in Vorbereitung befindliche Dissertation von Christoph Heiermann, Konstanz.

18 Freundliche Mitteilung von Christoph Heiermann, Konstanz.

19 Zimmermann 1994, S. 177–180.

20 Einzelnachweise bei Maurer 1981, S. 383–394 (darunter auch Franz Schenk, Mitglied der Konstanzer Kaufmannsfamilie, von 1639 bis 1678 Kanoniker an St. Stephan).

21 Maurer 1981, S. 272f.

22 Einzelnachweise: Beyerle 1908, S. 432–435.

23 Beyerle 1908, S. 409.

24 Maurer 1981, S. 384. – Eine weitere Angehörige der Familie, Maria Regina, die Schwester des Hans Georg Precht von Hochwart, wurde in der zweiten Hälfte des 17. Jahrhunderts Priorin des Konstanzer Dominikanerinnenklosters St. Peter an der Fahr. StadtA Ko, J I 1484 (1677).

25 Im ausgehenden 16. und frühen 17. Jahrhundert entstammten die von Konstanz gebürtigen Kanoniker an St. Stephan und St. Johann noch beinahe ausschließlich dem Patriziat. Zimmermann 1994, S. 177.

26 Zu Storer als Vizegeneralvikar: Ottnad 1993, S. 575f.

27 Zimmermann 1995.

28 Catalogus 1968 weist u. a. Mitglieder folgender Konstanzer Familien als Jesuiten nach: Arzet (S. 14), Beutter (S. 34), Dietrich (S. 81), Dornsperger (S. 81, 84), Fels (S. 108), Gall (S. 127), Rassler (S. 332), Spengler (S. 382), Storer (S. 432), Wech (S. 481).

29 Zu den Augustiner-Eremiten: Gesterkamp 1972 weist vier Mitglieder der Familie Labhart als Ordensangehörige zwischen 1650 und 1720 nach (Nrr. 771–774). Für den Kapuzinerorden liegen keine gedruckten Personalkataloge vor. Enge Beziehungen zwischen dem Orden und der Familie Leiner sind jedoch belegt: Zwei Söhne des Ratsherrn Johann Leiner traten in diesen Orden ein. Kindler von Knobloch Bd. 2, 1905, S. 483. Zu den Jesuiten vgl. vorige Anmerkung.

30 Vgl. die edierten Profeßbücher zu Petershausen, Mehrerau, Zwiefalten und Weingarten. Lindner 1902 und 1910.

31 Maria Gertrudis Schenck: 1643 Profeß, 1676–1688 Äbtissin. Meyer-Marthaler 1986, S. 1879.

32 Vgl. zum Begriff (für das Luthertum): Lehmann 1984, bes. S. 37 (zur sozialen Einordnung).

33 Theobald von Konstanz OFMCap, Schmertzhaffte Marianische Einöde 1698 (vgl. Anhang). Zum Autor und dessen Werk: Menze 1953, S. 82–90 (mit Werkverzeichnis). Eine zweite Auflage der »Schmertzhafften Marianischen Einöde« erschien 1699 ebenfalls in Konstanz (Menze 1953, Anhang 1, S. 11, Nr. 1).

34 Der Liebe und Gnaden Gottes Quell-Aderen 1705 (vgl. Anhang), Vorrede.

35 Vgl. Literatur wie Anm. 1.

36 Nach Ringholz 1896, S. 130–133, führten u. a. die Reichsstädte Überlingen und Lindau sowie die vorderösterreichischen Städte Freiburg im Breisgau und Radolfzell Wallfahrten nach Einsiedeln als Dank für die Bewahrung im Dreißigjährigen Krieg durch. – Vgl. auch die »Augenwende« des Gnadenbildes der schmerzhaften Mutter Gottes in der vorderösterreichischen Stadt Mengen am 18. Mai 1632. Bicheler 1957, S. 140f. – Zur Verehrung des Mengener Kultbildes in der Benediktinerabtei Petershausen, vgl. das Andachtsbild von Simon Thaddäus Sondermayer sowie Ansicht des Altars (Kloster Zoffingen, Bibliothek). Zum Augsburger Kupferstecher Sondermayer (2. Viertel des 18. Jh.): Thieme-Becker 31, 1937, S. 275f.; zum Phänomen der »Augenwende«: Pötzl 1988.

37 Zu Ulm: Haag 1992, S. 44–47.; zu Augsburg: François 1991, S. 153–167.

38 Zimmermann 1991, S. 239f.

39 Formelhaft verzeichnet die Chronik der jesuitischen Bürgerkongregation die Erfüllung des Gelübdes von 1633, z. B. zu 1652 *supplicavimus Lauretum explentes obligationem nostram annuam secundum tenorem litterarum fundationis sacelli Lauretani.* StadtA Ko, G I Bd. 96, S. 319.

40 Vgl. dazu etwa die Prozessionsordnungen von 1652 und 1653 in der Chronik der Bürgerkongregation. StadtA Ko, G I Bd. 96, S. 319f., 334f.

41 StadtA Ko, G I Bd. 96 (9. Juli 1662) *ferculum ... quod repraesentabat Beatam Virginem Lauretanam sub pallio custodientem urbem Constantiensem obsessam coloribus repraesentatam.*

42 StadtA Ko, G I Bd. 96 (2. 2. 1665): ... *comprecatio 10 horarum instituta a dominis sodalibus pro avertendis variis malis; fuit tantus confluxus hominum, qualis, ut ipsi testati sunt, nunquam in nostro templo fuit.*

43 StadtA Ko, G I Bd. 96 jeweils sub dato, so etwa zum 2. 2. 1666 (*comprecatio avertenda mala lue et aliis morbis*).

44 Pius V. hatte zunächst zur Erinnerung an den Sieg bei Lepanto das Fest der Mutter Gottes vom Siege eingeführt, das dann durch Papst Gregor XIII. in das Rosenkranzfest umgewidmet wurde. Zum allgemeinen Kontext: Delumeau 1985, Bd. 2, S. 406f.

45 Generallandesarchiv Karlsruhe (im folgenden abgekürzt: GLAK) 61/7268, S. 551 (26. 9. 1681).

46 Zur Mariensäule: Reiners 1955, S. 561–563.

47 GLAK 61/7268, S. 253 (9. 8. 1680).

48 GLAK 61/7268, S. 321f. (29. 11. 1680); S. 344 (20. 12. 1680); S. 410f. (14. 3. 1681); S. 415f. (21. 3. 1681); S. 419f. (26. 3. 1681); S. 433 (11. 4. 1681); S. 434 (12. 4. 1681); S. 456 (16. 5. 1681). – GLAK 61/7269, S. 42 (9. 4. 1683).

49 Vgl. zum folgenden Tipton 1995.

50 Den Säulen in München, Wien und Prag waren am Sockel vier Engel als Kämpfer gegen die Häresien beigegeben. Das Marienbild in Wien und Prag zeigt Maria mit dem Sternenkranz, unter ihren Füßen den Drachen. Ihr Blick ist zum Himmel gerichtet, die Hände sind gefaltet. Tipton 1995. – Die Konstanzer Madonna, vom am Ort ansässigen Bronzegießer Valentin Allgeier nach einem Modell des Innsbrucker Bildhauers Caspar Gras (1630/31) gegossen, zeigt die Gottesmutter, in der gesenkten Rechten das Szepter haltend. Auf ihrem linken Arm sitzt das unbekleidete segnende Kind mit vom Kreuz bekrönter Kugel. Maria trägt eine Krone mit Sternen auf den zwölf Zacken, sie steht auf einem Halbmond. Reiners 1955, S. 561f.

51 Reiners 1955, S. 561: westlich: *MARIAE MATRI TER ADMIRABILI DIOECESIS CONSTANTIENSIS PATRONAE AVGVSTISSIMAE.* – nördlich: *MARIAE VIRGINVM VIRGINI ECCLESIAE CATHEDRALIS DOMINAE CLEMENTISSIMAE.* – östlich: *MARIAE MATRI MISERICORDIAE VRBIS CONSTANTIENSIS PROTECTRICI POTENTISSIMAE.*

52 GLAK 61/7269, S. 44f. (24. 4./30. 4.). StadtA Ko, RB 1683, S. 209 (28. 4.).

53 GLAK 61/7269, S. 44 (24. 4. 1683).

54 GLAK 61/7269, S. 44 (24. 4. 1683). StadtA Ko, RB 1683, S. 80 (13. 2.); S. 105 (6. 3.); S. 344 (5. 7.); S. 375 (17. 7.).

55 Z. B. StadtA Ko, RB 1683, S. 554 (9. 11.): Einnahme der Festung Gran.

56 Vgl. dazu: Coreth 1982. Bezogen auf den Hof Kaiser Leopolds I.: Eybl 1992, S. 44–49. Diesen Zusammenhang betont auch Theobald von Konstanz OFMCap in seiner Vorrede zur »Schmertzhafften marianischen Einöde« (vgl. Anhang): Er bittet um den Schutz Mariens für Kaiser Leopold, für Österreich, für *alle dessen recht=teutsch gesinnte Gemüther*, für das Heilige Römische Reich und schließlich *nicht minder mein liebes Vatterland* (= Konstanz).

57 StadtA Ko, RB 1698, S. 189 (21. 7.).

58 Zum variablen Einsatz von der Formel des »Zornes Gottes« im protestantischen Kontext: Haag 1992, S. 46–51. Zu Konstanz: Zimmermann 1994, S. 58f.

59 Vgl. zu diesem Zusammenhang auch: Benedict 1981, S. 190–208 (Kap. »Penitents as well as militants«) für die Stadt Rouen in den Religionskriegen.

60 Vgl. zum Bruderschaftswesen im konfessionellen Zeitalter den Forschungsüberblick von Schneider 1995 (mit umfangreicher Literatur).

61 Zimmermann 1991, S. 291.

62 Lexikon für Theologie und Kirche 4, 1960, Sp. 1281 (K. Hofmann). Zu der Konstanzer Bruderschaft: Beyerle 1905, S. 38.

63 Reginald Bader OP, Unverwelkliche Rosen 1649 (vgl. Anhang).

64 Beyerle 1908, S. 367–369.

65 Maurer 1981, S. 210–213.

66 Gröber 1904, S. 203–211; Zimmermann 1991, S. 294.

67 Heylsames Amuleth 1703 (vgl. Anhang). – Privilegierung mit Ablässen durch Papst Clemens X. am 15. Okt. 1671.

68 Bruderschaftsbüchlein: Nepomucenischer Bund 1758 (vgl. Anhang) mit Kupferstich nach Entwurf von Jacob Carl Stauder (fehlt bei Onken 1972). Frühere Ausgabe: Konstanz: Johann Ignaz Neyer 1737 (Kloster Zoffingen, Konstanz, Bibliothek: Ag 25/1). Weitere Auflage: Confoederatio Nepomucentana. Konstanz: Martin Wagner 1801 (Kloster Zoffingen, Konstanz, Bibliothek: Ag 25/3).

69 Maurer 1981, S. 213–215. Der Liebe und Gnaden Gottes Quell-Aderen 1705 (vgl. Anhang).

70 Erwähnt im Testament des Georg Settelin von 1671 (StadtA Ko, J I 1426).

71 Knobloch 1974, S. 119f., mit bibliographischen Angaben zu dem aus diesem Anlaß publizierten Bruderschaftsbüchlein.

72 StadtA Ko, J I 1426 (Testament des Georg Settelin von 1671).

73 Erzbruderschaft der schmerzhaften Mutter Jesu 1684 (vgl. Anhang).

74 Vgl. dazu Schneider 1995, S. 70f.

75 Maurer 1981, S. 210–213. Der Liebe und Gnaden Gottes Quell-Aderen 1705 (Anhang), Vorrede.

76 Die folgenden Angaben nach den Rechnungen der Bruderschaft 1661–1690 sowie dem Inventar des Bruderschaftsvermögens von 1708 (GLAK 209/890). Außerdem: Beyerle 1908, S. 367–369 (mit Photo des Altar-Freskos).

77 Zu Wehrle: Gold und Silber 1985, S. 193.

78 GLAK 65/297, S. 38.

79 GLAK 65/297 (Chronik der Bruderschaft): 1671 stiftete der Biberacher Kooperator Heinrich Füsslin *effigiem Christi crucifixi ex ebore sculpti, cuius crucis extremitates ornatae sunt argenteo cum titulo et calvaria argentea.* Im selben Jahr ließ ein Konstanzer Bischof ein Kreuzigungsbild für die Bruderschaftskapelle malen, *pingi curavit Confraternitati tabulam illam maiorem extra capellam supra fornicem pendentem, quae Christi affixionem in cruce repraesentat* (ebda.). Weitere Beispiele sind in der Chronik verzeichnet. Leuchter der Bruderschaft von 1695 heute im Konstanzer Münster: Reiners 1955, S. 545.

80 StadtA Ko, G I Bd. 96, S. 343: *obvenit congregationi imago picta Christi in crucem erigendi, dono Sebastiani Eberhardt pictoris* (8. 12. 1653). Zu Eberhardt: Thieme-Becker 10, 1914, S. 298.

81 Beyerle 1905, S. 40f.

82 Beyerle 1905, S. 51.

83 GLAK 209/890. Beyerle 1908, S. 368.

84 Z. B. Direktorium des Pfarrers von St. Johann, zitiert bei Beyerle 1908, S. 368.

85 Maurer 1981, S. 211. Teilnahme der jesuitischen Bürgerkongregation: StadtA Ko, G I Bd. 96 passim (sub dato).

86 StadtA Ko, G I Bd. 96 (16. 4. 1687). 1693 wurde auch Petershausen in den Umgang mit eingeschlossen (ebda., sub dato).

87 StadtA Ko, G I Bd. 96 (passim). Zum allgemeinen Kontext: Chattelier 1987, S. 73f. (L'adaption à la structure urbaine).

88 GLAK 209/890. Vgl. auch die Abrechnung des Augsburger Kupferstechers Michael Kauffer vom 21. April 1690 über 57 fl 10 x (ebda.). Zu Kauffer: Thieme-Becker 19, 1926, S. 600.

89 GLAK 62/4911 (Bruderschaftsrechnung 1701): u. a. Ausgaben an den Augsburger Stephan Maystetter für den Druck von 800 Bruderschaftsbildern auf Pergament und Kolorierung (23 fl 32 x). Zu Maystetter (»um 1700«): Thieme-Becker 24, 1930, S. 298.

90 StadtA Ko, G I Bd. 96, S. 300: Vergleich zwischen der Rosenkranzbruderschaft und der Bürgerkongregation unter Vermittlung durch den Konstanzer Generalvikar; S. 315 (erneute Konflikte mit der Rosenkranzbruderschaft); S. 318 Streit wegen des Auflegens des Bahrtuchs der Nikolai-Bruderschaft, Petershausen.

91 StadtA Ko, G I Bd. 96, S. 321f., 329, 341.

92 Für das Jahr 1652 (StadtA Ko, G I Bd. 96, S. 325): *Conventus inchoabit ... in quo nomine totius congregationis formulam clare et distincte ante aram recitabit dominus Praefectus, dicto suo nomine interquiescet et omnes simul domini sodales sua etiam nomina clare edicent, tum perget, ubi formula fuerit finita, assurget et nomen suum scriptum arae imponet, subsequenter reliqui domini sodales ordine per medium ingredientes nominaque sua arae imponent et per laterales egressus regredientur ad sua scamna.*

93 Marianisches Centuplum 1668 (vgl. Anhang). StadtA Ko, G I Bd. 96 (8. 1. 1668).

94 StadtA Ko, G I Bd. 96, S. 290.

95 Marianisches Centuplum 1668 (vgl. Anhang).

96 GLAK 61/11284 (vor S. 211).

97 Lukian vom Montafon OFMCap, Geistliches Kinder-Spill 1707 (vgl. Anhang), Predigt Nr. LIX, S. 868–879, hier: 873f. – Zum Autor: eigentlich Luzian Marenth, geb. ca. 1632, gest. 1716. 1693–1696 Provinzial der vorderösterreichischen Kapuzinerprovinz. Zum Kinder-Spill: Moser-Rath 1964, S. 93–107. Titelkupfer abgebildet: Zimmermann 1991, S. 302.

98 Z. B. Heylsames Amuleth 1703 (vgl. Anhang), S. 97f.: *Den Bu(e)ssenden du ein Spiegel bist / Wer solt dich nicht umfangen? Erhalt uns Gnad vom ho(e)chste(n) GOtt, Die Su(e)nden zu bereuen. Damit wir uns gleich nach dem Tod / In Ewigkeit erfreuen. Ihr seyn vergeben worden der Su(e)nden vil, Dieweil sie vil geliebt hat.*

99 Leges et Statuta 1696 (vgl. Anhang), Statut III: Maria trug im Herzen die Stigmata Jesu; sie war *iisdem clavis & lancea vulnerata ... nisi quod ille in corpore, haec in corde.*

100 Corona spinea 1705 (vgl. Anhang), S. 13–15.

101 Maurer 1991, S. 211.

102 Himmlischer Rubin (vgl. Anhang): Gebet zu den Gliedmassen Jesu: Haupt, Augen, Schultern, Seiten, Hände, Mund, Ohren, Ärme, Herz, Knie, Füße, Fersen. Leges et Statuta 1696

(vgl. Anhang), S. 30–36: Virtutes exercendae circa V. SS. Vulnera. – Gehaime Verbündnuß 1671 (vgl. Anhang).
103 Dazu Belting 1991, S. 459f.
104 Leges et Statuta 1696 (vgl. Anhang), Statut III: Die Priester bekamen beim Eintritt in die Bruderschaft ein *symbolum*, ein Bild der fünf Wunden Christi.
105 Gehaime Verbündnuß 1671 (vgl. Anhang), S. 8f.: *Gottseelige wu(e)rckliche Ubung, JEsum Christum den Gecreutzigten vnd seine allerheiligiste fu(e)nff Wunden anda(e)chtig zu verehren.*
106 Reginald Bader OP, Unverwelkliche Rosen 1649 (vgl. Anhang), S. 105.
107 Leges et Statuta 1696 (vgl. Anhang), S. 36.
108 Antwort des Geliebten 1668 (vgl. Anhang). Nachfolgung Christi 1668 (vgl. Anhang). – Zu Thomas von Kempen jetzt: P. van Geest/E. Bauer/B. Wachinger: Art. »Thomas von Kempen«, in: Verfasserlexikon 9, 1995, Sp. 862–882.; zur Rezeption mittelalterlicher Quellen in der Frömmigkeitsliteratur des konfessionellen Zeitalters: Gemert 1984.
109 Quellen: Bericht in der Chronik des Kapuzinerklosters: GLAK, Nachlaß Mone 140, S. 56f. Domkapitel: GLAK 61/7268, S. 533 (26. 8.); S. 535 (2. 9.). Vorbereitungen der Stadt: StadtA Ko, RB 1681, S. 360–362 (12. 8.); S. 387 (30. 8.), S. 390 (30. 8.). – Marco d'Aviano 1986, Nr. 307f. – Schilderung des Besuches: Héyret 1931, S. 247f. – Zu den Predigten Markus' von Aviano: Eybl 1992, S. 96–103.
110 GLAK, Nachlaß Mone 140, S. 57.
111 Dazu Héyret 1940, bes. S. 31f.
112 Erzbischöfliches Konsistorialarchiv Salzburg, 22/77 (Freundliche Auskunft von Frau Elisabeth Engelmann, Erzbischöfliches Konsistorialarchiv Salzburg).
113 GLAK 61/7268, S. 549f. (26. 9. 1681); S. 552 (29. 9.).
114 StadtA Ko, G I Bd. 96, zum 6. 1. 1675 *pro xenio distributa imago Beatae Virginis animam in gremium suscipientis cum adiuncta oratione*; zum 2. 2. 1675: *exhibitum drama musicum de anima conjiciente se in gremium Beatae Virginis prout imago xenii retulit; placuit omnibus.*
115 StadtA Ko, G I Bd. 96 (1683 Febr. 2), 1687 (Febr. 2) waren es 487.
116 GLAK, Nachlaß Mone 140, S. 39 zu 1650; 1673/74: 35.672 Beichten (S. 52).
117 StadtA Ko, G I Bd. 96, S. 324 (1651) und öfters. Das Marianische Centuplum 1668 (vgl. Anhang) widmet die letzten zwanzig Punkte ausschließlich den verschiedenen Ablässen, an denen die Sodalen partizipieren konnten.
118 GLAK 209/890 für 1673/74: Abrechnung mit dem Buchdrucker David Hautt über Druck des Ablasses und der entsprechenden Verkündzettel; dort auch Fassung der Ablaßbulle.
119 Testamente: StadtA Ko, J I 1418–1499. Allgemein zur Überlieferung Konstanzer Testamente und deren Auswertungsmöglichkeiten: Zimmermann 1994, S. 195–208 (mit älterer Lit.) sowie Pammer 1994: Regionalstudie zu Oberösterreich.
120 Zimmermann 1994, S. 202 Anm. 283: Verhältnis 2:1 zugunsten freier Stiftungen.
121 Zimmermann 1994, S. 294, Tabelle 10. Ein dramatischer Rückgang von 34 % auf 14 % war bereits zwischen 1630/39 und 1640/49 eingetreten.
122 StadtA Ko, J I 1426 (1671).

123 StadtA Ko, J I 1450 (1671).
124 Die Jesuiten fehlen in dieser Zusammenstellung, da ihnen die Übernahme von Meßverpflichtungen verboten war.
125 Hilberling 1957, S. 67.
126 Zu ihm: Beyerle 1908, S. 430f.
127 Vgl. zu dem Vorgang: GLAK 209/627; Humpert o.J., S. 42–46.
128 Folgende Inventare Konstanzer Bürger und Einwohner aus der zweiten Hälfte des 17. Jahrhunderts enthalten Hinweise auf bürgerlichen Bildbesitz: Christina Fels, Witwe des Dr. Hieronymus Sandholzer, 1658 (StadtA Ko, J III 1406); Marx Caspar Hamel, Maler, 1678 (StadtA Ko, J III 1315); Hans Caspar Labhart, Kleinrat, 1690 (StadtA Ko, J III 1183); Johann Konrad Guldinast, Kleinrat, 1692 (StadtA Ko, J III 1226); Sebastian Steigentesch, 1698 (StadtA Ko, J III 1211); Wilhelm Jager, ca. 1700 (StadtA Ko, J III 1163); Bartholome Kuentz, 1701 (StadtA Ko, J III 1180); Maria Elisabeth von Eichenlaub, 1701 (StadtA Ko, J III 1156).
129 Beispiel eines Konstaner Bürgerporträts: Zimmermann 1991, S. 245 (Bildnis der Barbara Geßwein, der Frau des Stadtarztes Alexius Wech).
130 Zum Passauer Gnadenbild: Walter Hartinger: Art. Mariahilf. In: Marienlexikon 4, S. 301. Zur Bedeutung der in München verehrten Kopie während der Türkenkriege: Tobler 1991, S. 263f.
131 Zur Kopie von Gnadenbildern: Tobler 1991. Zum Phänomen der Überführung des Kultbildes in ein Privatbild durch den Vorgang der Kopie: Belting 1990, S. 458f.
132 Vgl. Benedict 1985 mit vergleichbaren Ergebnissen zu Metz im 17. Jh.
133 Zum Rosenkranz: Rzepkowski 1993.
134 Fiebing 1974, S. 26f. – Inventar: StadtA Ko, H X 383.
135 StadtA Ko, J III 1401 (1636).
136 Die folgenden Darlegungen basieren auf einer vorläufigen, vom Verfasser erstellten Bibliographie Konstanzer Drucke des 17. Jahrhunderts. Zur oberdeutschen Literatur im 17. Jh.: Breuer 1979; Eybl 1992, bes. S. 384–401.
137 Welzig 1984, Nr. 131f.
138 Welzig 1984, Nr. 115.
139 Welzig 1984, Nr. 246. Lukian vom Montafon OFMCap, Geistliches Kinder-Spill 1707 (vgl. Anhang).
140 Zu ihm: Menze 1953; Breuer 1969.
141 Zu ihm: Menze 1953.
142 Zu ihm: Zimmermann 1991, S. 298f.
143 Biographische Angaben: Zimmermann 1991, S. 302 mit Anm. 436.
144 Z.B. StadtA Ko, G I Bd. 96, S. 291 (1651); 1668 (Marianisches Centuplum 1668, vgl. Anhang); 1677 Jan. 3; 1681 Nov. 23; 1682 Jan. 25; 1683 Febr. 2; 1684 Jan. 2.
145 Breuer 1979, S. 110–114.
146 Vgl. etwa für Storer und dessen Beziehungen zum Jesuitenorden: Appuhn-Radtke 1996, S. 51f.
147 StadtA Ko, G I Bd. 96, passim.
148 Marianisches Centuplum 1668 (vgl. Anhang), Satz 75.
149 Appuhn-Radtke 1996, S. 52.
150 StadtA Ko, G I Bd. 96 (1694 Jan. 2). Nach Reiners 1955, S. 408, fertigte ein Hans Georg Lauterer 1679/83 etliche Bilder für das Konstanzer Münster. Vgl. auch den Rechtsstreit zwischen Lauterer und Schenck, siehe Fischer S. 10.

Anja Buschow Oechslin

Christoph Daniel Schencks Werke für die Ausschmückung der Einsiedler Neubauten 1674–1684

Am 6. Oktober des Jahres 1684 hielt P. Joseph Dietrich, Statthalter, *Curator aedificium* und Chronist des Klosters Einsiedeln, in seinem »Memoriale pro Oeconomia« fest: *Herr Schenk von Constanz fordert für alle Bilder auf den Choralthar zumachen (in allem 10 Stük.) 220 Kronen. Hab ihm dran geben 4 Kronen. Soll alles in Constanz machen. Ist aber nicht accordiert, und die 4 Kronen à Chor conto geben worden*[1]. Dies ist der einzige eindeutige schriftliche Hinweis auf die Tätigkeit Christoph Daniel Schencks in oder für Einsiedeln. Ein solcher Mangel an archivalischen Belegen ist aus verschiedenen Gründen erstaunlich. Einerseits berichtet P. Joseph Dietrich in seinen ab 1670 verfaßten Tagebüchern allgemein recht ausführlich über die Bautätigkeit im Kloster und nennt in diesem Zusammenhang immer wieder auch einzelne Künstler und Handwerker. So werden, um nur auf die Bildhauer zu verweisen, in den Jahren 1679 bis 1684 Thietland Zing, Michael Guggenbuel, *der viele Jahre hier gewesen* ist, Carl Schell aus Zug und Michael Hartmann aus Luzern zum Teil mehrfach genannt. Gleichzeitig vermitteln die verschiedenen Rechnungsbücher ganz allgemein ein aufschlußreiches Bild der damaligen künstlerischen Aktivitäten. Das Fehlen schriftlicher Belege zu Schenck steht insbesondere im Widerspruch zu den zahlreichen Werken des Bildhauers – 9 Großplastiken und 12 Kleinplastiken –, die sich im Kloster bis heute erhalten haben.

Die oben zitierte Eintragung hat immer wieder Verwirrung gestiftet[2]. Aufgrund der Erwähnung »Choraltar« wurden die in Einsiedeln vorhandenen Großplastiken – die Büßerheiligen König David und Menasse, zwei entsprechende weibliche Büßerinnen, die Magdalenenbüste, der Gute Hirte und die schwebenden Engel – entweder dem von Johannes Kuen errichteten, am 11. November 1684 geweihten Hochaltar der Stiftskirche zugeordnet oder aber, was aus ikonographischen Gründen sinnvoll schien, auf den Altar der 1680–1684 errichteten Magdalenenkapelle bezogen. Dazu ist zu bemerken, daß in den Quellen deutlich zwischen Choraltar, d. i. der Altar im ab 1673 neu errichteten Chor der Stiftskirche einerseits und der Beichtkirche mit anschließender Magdalenenkapelle andererseits unterschieden wird. Die Bezeichnung Chor wird im Zusammenhang mit der Beichtkirche nicht benutzt. Eine Verbindung zwischen dem eingangs zitierten Akkord und der

Magdalenenkapelle muß jedoch insbesonders aus einem weiteren Grund abgelehnt werden. Am 29. September 1684 wurde die Magdalenenkapelle geweiht. Am 25. Oktober 1684 hält P. Joseph Dietrich in seinem Tagebuch im Zusammenhang mit einem Nekrolog auf den Erbauer der Magdalenenkapelle, Dekan Pater Christophorus Schönau, und einer Beschreibung des Gebäudes fest, daß sich zu diesem Zeitpunkt bereits Statuen in der Kapelle befanden, was bedeutet, daß sich der Akkord auf diese Werke der Ausstattung der Magdalenenkapelle auf keinen Fall beziehen kann. Am Vorabend des Michaelstages, dem Tag der Weihe, war, so heißt es, *alles völlig ausgemacht worden, bis an etwas weniges Arbeit, so die Mahler mit dem Vergulden umb die Fassung der underen in der Maur stehenden Bilder zu verrichten hatten*[3]. Am 29. September 1684, eine Woche vor dem »Vertragsabschluß« mit Schenck, befanden sich gemäß dieser Beschreibung von P. Joseph Dietrich also bereits Figuren, die offensichtlich in Wandnischen (in der Maur) aufgestellt waren, in der Magdalenenkapelle. In der 1701 publizierten »L'Histoire de Notre Dame des Eremites divisée en deux parties et composée en vers françois« von Claude François Doyen wird die Magdalenenkapelle kurz beschrieben und in diesem Zusammenhang erwähnt der Autor auch zwei Figuren: *Deux Figures d'Alabaste; une à chaque côté / Font voir la Penitence après l'Iniguité: / David en abaissant son sceptre & la Couronne / Pleure tant son Peché, que Dieu le luy pardonné; / Voyez d'autre côté l'orgueilleux Manasses, / Après avoir commis tout sorte d'excès, /*[4]. Unter den erhaltenen Figuren Schencks lassen sich die beiden Könige David und Menasse identifizieren. Ihnen sind aufgrund von Übereinstimmungen in der Größe und der Fassung die Figuren zweier weiblicher Heiliger zuzuordnen, die von C. F. Doyen nicht genannt sind. Die Magdalenenkapelle wurde während der Regierungszeit von Abt Heinrich IV. Schmid (1846–1874) ein erstes Mal umgebaut und dann 1902/03 vollständig verändert. Im Archiv des Klosters Einsiedeln haben sich zwei Zeichnungen erhalten, die im Zusammenhang mit diesem Umbau entweder von Abt Heinrich Schmid oder aber vom damaligen Klosterbaumeister und Zeichner Johann Jacob Huttle aus Schnepfau angefertigt wurden. Die eine Zeichnung zeigt den ursprünglichen Grundriß der Kapelle sowie eine Ansicht des Altars und der nörd-

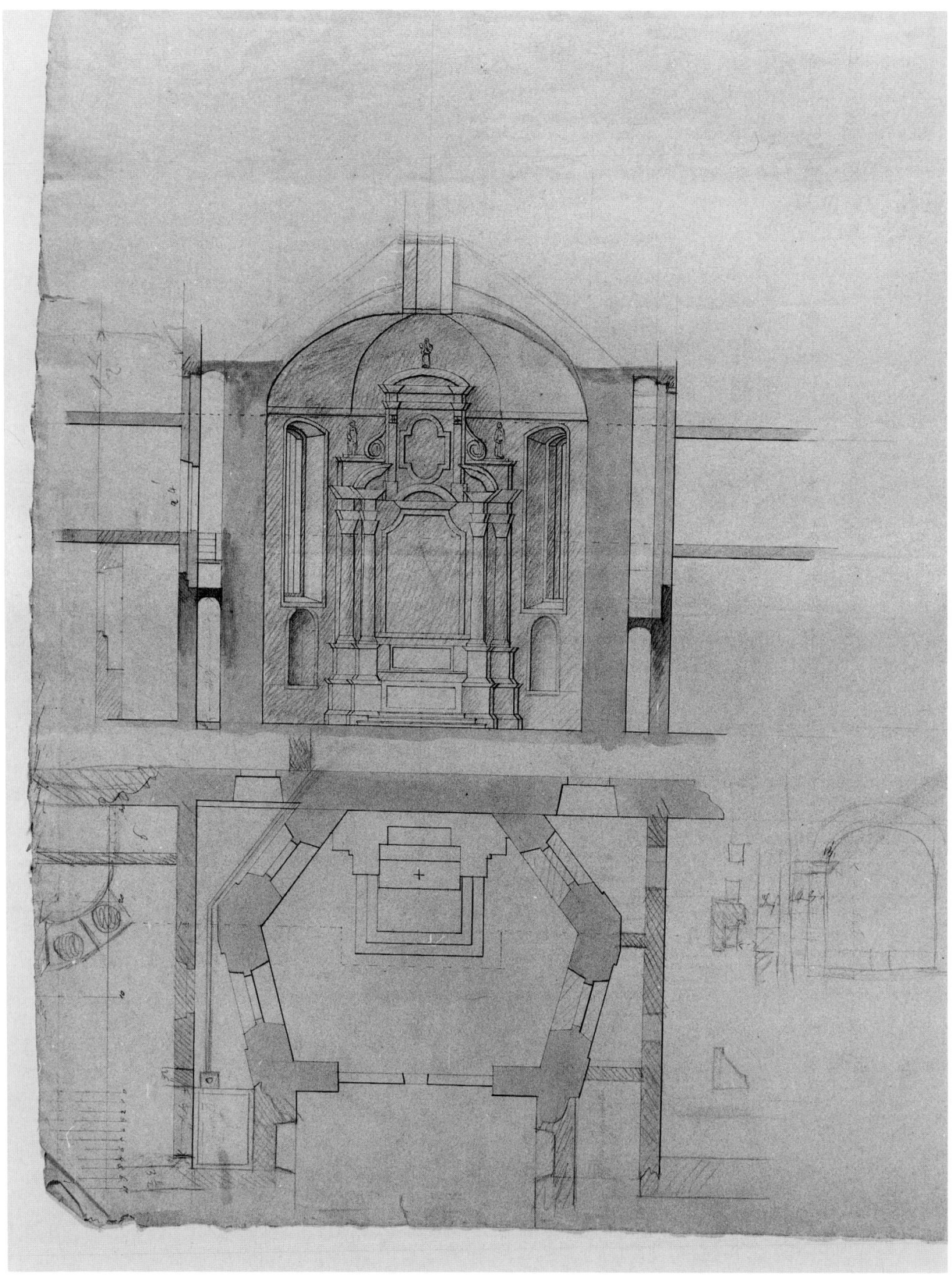

1 *Ansicht und Grundriß der Magdalenenkapelle vor dem ersten Umbau in den vierziger Jahren des 19. Jahrhunderts.*
53,7 x 44 cm, Tusche, gelb und rosa laviert, Bleistift

Vermutlich von Johann Jacob Huttle, Stiftsarchiv Einsiedeln

lichen Seitenwände[5] (Abb. 1). Unterhalb der Fenster sind in der Ansicht etwa 220 cm hohe Wandnischen angegeben. In eben diesen Nischen müssen – vermutlich auf Sockeln – die vier genannten 160 bis 170 cm messenden Figuren Schencks gestanden haben. Möglicherweise war der Chor der Kapelle schon von Anbeginn durch ein Gitter oder einen Lettner abgeschlossen, wie es auf der Zeichnung angedeutet ist, und vielleicht befand sich zwischen der Beichtkirche und der Magdalenenkapelle noch eine zweite Trennung. Dies würde bedeuten, daß ein fremder Betrachter, wie etwa Claude François Doyen oder der Verfasser der seiner Schrift zugrundeliegenden Quelle, nur die beiden Figuren neben dem Altar, die Hl. David und Menasse sehen konnte, ihm jedoch der Blick auf die beiden weiblichen Heiligen an der Südwand versperrt blieb.

Die Figuren in der Magdalenakapelle standen also gemäß der Angaben im Tagebuch von P. Joseph Dietrich schon vor Abschluß des bekannten Vertrages an Ort und Stelle. Der Kontrakt vom 6. Oktober muß sich also tatsächlich auf den Choraltar beziehen. Dieser wurde aber bereits am 11. November 1684 geweiht. Es wäre möglich, daß Schenck, dessen kurz zuvor in der Magdalenenkapelle aufgestellte Figuren vermutlich auf allgemeinen Beifall gestossen sind, kurz vor der endgültigen Fertigstellung des großen Marmoraltars den Auftrag für dessen weiteren Skulpturenschmuck erhielt. Dementsprechend handelt der Akkord von einer »Anzahlung« und läßt den Abschluß der Arbeiten offen.

– – –

Die Quellenlage erlaubt zwar eine recht genaue Darstellung der Baugeschichte des Chores und der Errichtung des Choraltars, sie ermöglicht jedoch keine weiteren Aussagen zum plastischen Schmuck des Altars. Am 14. April 1674 wurde Johann Georg Kuen der Chorbau verdingt. Am 7. September 1681 erfolgte die Weihe des Chors *mitsambt dem ausseren Choraltar, und zwei Nebenaltärlin*[6]. Dieser *aussere* Choraltar, der in der Mitte des Chores stand, war zu Ehren der Jungfrau Maria und der Hl. Meinrad und Mauritius, *der andere Althar zur linken* zu Ehren des Hl. Placidus und der *dritte Althar zu rechten* zu Ehren der Hl. Adelrich und Wolfgang geweiht. Erst zweieinhalb Jahre nach der Weihe, am 28. Februar 1684, wurde mit Johannes Brandenberg ein Vertrag geschlossen, in dem der Maler mit der Erstellung der Gemälde *beider Althärli St. Placidi und St. Adelheit* beauftragt wurde[7]. In den Jahren 1682 bis 1684 erfolgte gemäß den Mitteilungen in den Rechnungsbüchern und den Tagebüchern von P. Joseph Dietrich die weitere Ausstattung des Chors mit Stukkatur und Malerei durch Pietro Neurone und Johannes Brandenberg sowie – zuletzt – die Errichtung des marmornen Choraltars durch Johannes Kuen in der Apsis. Erst am 11. November 1684 erfolgte diese

zweite Altarweihe , wörtlich des *hindere(n) Chor(s) sampt dem Marmelsteinernen Chor-Altar*[8]. Auf zwei Grundrißentwürfen des Chors und des oberen Münsters, die Br. Caspar Moosbrugger 1691 zeichnete, sind entsprechend dieser Abfolge von Bauereignissen in der Apsis und in der Mitte des Chors je ein Altar angegeben[9]. Offensichtlich befand sich der große Marmoraltar in der Apsis, während in der Mitte des Chores eine Art Kreuz- Gemeindealtar aufgerichtet war. Die beiden kleineren Altäre standen vermutlich vor den seitlichen Wandpfeilern. In der 1712 edierten Schrift »La Cella Di S. Meinrado« findet sich eine kurze Beschreibung des Chores, die diese Anordnung bestätigt: ... *Agostino II. fabricò di nuovo il maestoso Coro lungo 100 piedi, adorno di stucco e quadri di nobilissima pittura. Nella parte deretana stà inalzata la vasta machina dell'Altare maggiore tutta di marmo nero, rosso, e bianco: l'altezza di cui monta a 62. piedi, la larghezza a 36. I capitelli, e piedestalli di rame indorato delle sei colonne alte 17. piedi, tutte d'un solo pezo, com'anche la nicchia fanno leggiadra apparenza. L'ancona di strana grandezza, qual parto d'ingegnoso penello rappresenta la Vergine Assonta, a cui si sottopose una nicchia capace del Maestoso Tabernacolo, a cui per passato diede decoroso alloggio, cendendolo hora all'Altare posto in mezzo del Coro, dove ordinatiamente si fanno le solenni funzioni*[10]. Ein Hinweis auf Skulpturen an einem der Altäre erfolgt hier leider nicht, findet sich aber in der oben schon genannten Beschreibung von C.F. Doyen von 1701. Dort heißt es nach einem überschwenglichen Lob für die Architektur des Chores, (*un beau combat de l'Art, & la Nature*) über den Altar: *Six Colonnes de Marbre avec leur chapiteu / D'une hauteur extrême entourent le Tableau; / l'Autel est au milieu d'une riche structure, / Et tout de Marbre; on voit à côté la figure / Du martir Saint Maurice, à laquelle répond / le portrait d'autre part du Saint Roi Sigismond*[11]. Genannt werden hier die Bildnisse der Hl. Mauritius und Sigismund, Patrone des 1684 geweihten großen Choraltars. Unter den Arbeiten aus der Werkstatt von C. D. Schenck, die sich in Einsiedeln erhalten haben, befindet sich diejenige eines »Heiligen Kriegers«, bei der es sich möglicherweise – wenn man sich diese Tatsachen vor Augen hält – um den Hl. Mauritius handeln könnte[12]. Auch zwei weitere Figuren weiblicher Heiliger aus der Werkstatt entsprechen in der Größe ungefähr dem »Heiligen Krieger«[13]. Letzterer besitzt eine stark beschädigte Fassung in Grün, Schwarz und Gold, die weiblichen Heiligen hingegen weisen eine Lüsterfassung auf. Neben Sigismund und Mauritius waren Katharina und Agatha Patrone des Hauptaltars. Diese sind vielleicht in den beiden Figuren aus der Werkstatt Schencks dargestellt. Es wäre also möglich, daß es sich bei den drei genannten und nicht mehr eindeutig identifizierbaren Figuren um jene Bildwerke handelt, die zusammen mit einem heute verlorenen Bildnis des Hl. Sigismund auf den beiden Seiten des vielleicht fünffachsigen Choraltars aufgestellt waren. Sie wurden, wie es im Kontrakt vorgesehen war, in Konstanz und in der Werkstatt von C.D. Schenck erstellt. Diesen vier Figuren könnte man – im Vertrag werden ja 10 Figuren genannt – ursprünglich sechs schwebende oder andersgestaltete Engel zuordnen, von denen sich heute nur noch drei Engel und ein Engelkopf aus der Hand von Schenck erhalten haben. Diese Engel, die in der Größe den drei erhaltenen Bildnissen entsprechen, bildeten vermutlich den Schmuck des oberen Abschlusses des großen und sehr hohen Altars. Vorsichtshalber muß beigefügt werden, daß es aber ebenso denkbar ist, daß Schenck 1684 zwar den Auftrag erhielt, 10 Figuren für den Choraltar zu erstellen, diese aber schließlich doch nicht ausgeführt hat. Auf alle Fälle fehlen Zahlungen oder andere Dokumente, die mit Sicherheit auf einen Abschluß der Arbeiten schließen lassen könnten.

Abt Augustin II. Reding (1670–1692) gilt neben dem Bischof von Konstanz als der größte Auftraggeber von Christoph Daniel Schenck. Die Angaben, die sich in den Quellen im Zusammenhang mit dem Bau der Magdalenenkapelle finden, deuten jedoch auf ein anderes Mitglied des Einsiedler Konventes, das sehr viel dichter mit der Tätigkeit Schencks in Einsiedeln verknüpft ist: Pater Christophorus Schönau, der am 28. März 1678 nach längerer Abwesenheit nach Einsiedeln zurückkehrte[14]. Im Dezember des Jahres 1664 hatte P. Christophorus auf eindringliches Bitten des Bischofs von Konstanz und der schwäbischen Ritterschaft die Stelle des Subpriors im Stift Kempten übernommen. 1671 wurde er zwar von Abt Augustin II. zum Dekan des Klosters Einsiedeln ernannt, blieb aber offensichtlich aufgrund des Drängens des Bischofs von Konstanz noch weitere sieben Jahre in Kempten[15]. Es ist anzunehmen, daß Pater Christophorus Schönau während seiner langen Anwesenheit in Kempten nicht nur generell in engerem Kontakt mit dem Konstanzer Bischof stand, sondern auch dessen künstlerische Interessen teilte. So ist es nicht auszuschließen, daß P. Christophorus über die Vermittlung des Bischofs mit Werken von C. D. Schenck bekannt gemacht wurde. Zudem befand sich P. Christophorus Schönau in Kempten in der zu damaliger Zeit im Umkreis wohl »modernsten« – wenn auch nicht vollständig vollendeten – Stiftsanlage. 1651 hatte Michael Beer, der ebenso wie die in Einsiedeln tätigen Baumeister Michael, Johann Georg, Johannes Kuen und Br. Caspar Moosbrugger aus Vorarlberg stammte, den Auftrag für den Wiederaufbau des im Dreißigjährigen Krieg zerstörten Klosters erhalten[16]. Beers Entwurf für die Anlage blieb bestimmend, ob-

wohl er zwei Jahre später seine Arbeit dem Graubündner Johann Serro überlassen mußte. Der von Abt Roman Giel von Gielsberg (1639–1673) initiierte Neubau zog sich bis in die siebziger Jahre hin. Es ist nicht bekannt, wieweit P. Christophorus Schönau als Subprior mit Aufgaben betraut war, die das damalige Baugeschehen in Kempten betrafen. Die Tatsache, daß er ein Jahr nach seiner Rückkehr nach Einsiedeln den Bau der Magdalenenkapelle und die spätere Ausstattung dieser und des Beichthauses auf sich genommen hat, läßt dies jedoch durchaus vermuten. Es wird zu zeigen sein, daß auch typologische Verwandtschaften die Magdalenenkapelle an Kempten heranrücken lassen.

In dem von P. Joseph Dietrich verfaßten Nekrolog für den am 25. Oktober 1684 verstorbenen P. Christophorus Schönau sind dessen Bemühungen um den Bau der Magdalenenkapelle ausführlich wiedergegeben: *Nachdem jetzmahliger Hochwürdige Fürst und Herr der Hl. Maria Magd. resolviert eine neue Capell zu bauen, weilen die alte wegen des Neuen Chorgebäues nothwendige mußte nidgeworfen werden, hatt er – (P. Christophorus) – deren Erbauung über sich genommen, und gleichwohl under vilen Widerständen, bösen Zufällen, schwären Ungelegenheiten dise so weit gebracht, das sie mit aller Zierd, Althar, Gemäld und was nur darzu erfordert möchte aufgerüst werden, vergangenen S. Michaelii Archangelis können von Ihr Fürstl Gnaden eingeweihet werden. Und war dise Cappell so schön von Structur selbsten, von Malerey, von Stukator, und Bildhauer Arbeit, daß männiglich bekennt, in gantz Europa eine so saubere Kirch nit gefunden worden. Sihe aber, wie es auf der Welt unbeständig! Es hatte unser Herr Decan das einige verlangt, das dise Cappell endtlich möchte sein Vollkommenheit erhalten*[17]. Die Beschreibung verweist auf die enormen Mühen, die der Dekan im Zusammenhang mit dem Bau der Magdalenenkapelle hatte. Über diese Bemühungen berichten auch die weiteren Quellen.

Am 9. Oktober 1675 heißt es im Tagebuch von P. Joseph Dietrich, *man gedenkte, auch fernere Bau Praeparatoria zu machen, für eine neue Sacristia, und gienge man allerhand Modele, Riß, hierfür zu suchen*[18]. Eine endgültige Entscheidung, so heißt es weiter, sei aber vorerst nicht gefallen. Diese fiel am 22. August 1676, als das Generalkapitel dem Baubeginn für die neue Sakristei zustimmte. Ganz problemlos war dieser Beschluß allerdings nicht, forderten doch einige Konventsmitglieder angesichts des damals nicht zu aller Zufriedenheit ausfallenden Chorneubaus, man solle vorgängig eines Baubeginns der geplanten Neubauten – Sakristei und ein Teil des Konventes – weitere Bausachverständige herbeiziehen. Dieses Anliegen, das angesichts der Probleme, die später beim Bau von Sakristei

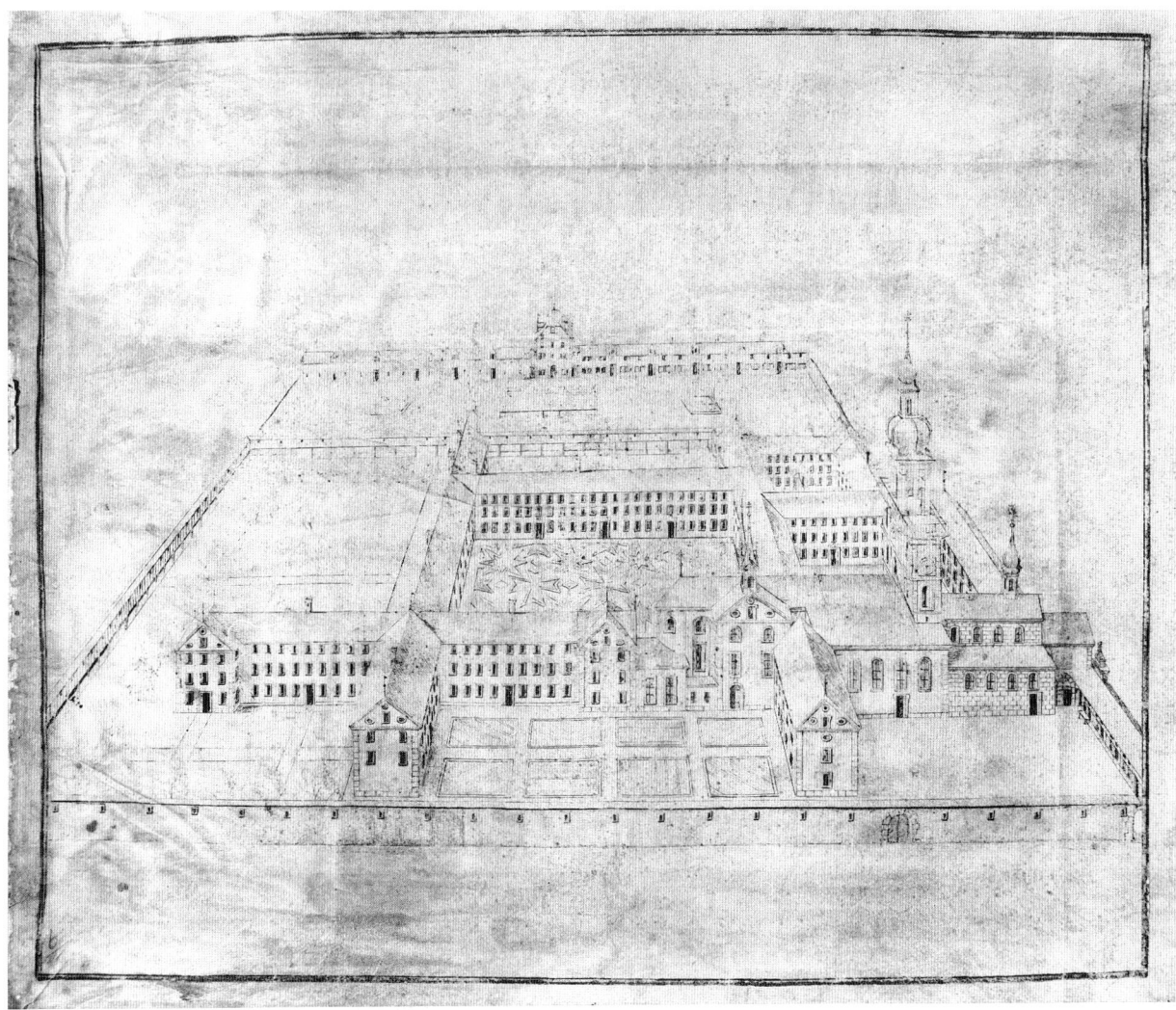

2 Perspektivische Ansicht der Einsiedler Klosteranlage von Norden nach einem Projekt von Michael oder Johann Georg Kuen, ca. 1671–78. 70,5 x 60 cm, Pergament, braune Feder. Stiftsarchiv Einsiedeln

und Beichtkirche auftreten sollen, durchaus gerechtfertigt war, wurde von Abt Augustin abgelehnt: *Es waren zwar ettlich der Meinung gewesen, man solle auch fromde verstendige Bauherren zu solchen Consiliis rufen; Sie verneinten aber, sei solches nit tunlich, vil wenig Nutzlich; wollen aber für die Sacristy P.Senioribus ein Model weisen und mit Ihro Decan reden*[19]. Schon am 12. September des gleichen Jahres wurde mit Johann Georg Kuen *ein abred und verding geschehen und getroffen die Sacristy nach dem Nr. 1 bezeichneten Model von Grund aus dem Fundament bis an das Tach zu erbauen wie zu des gebäus perfection und Vollkommenheit erfordere*[20]. Es haben sich weder das genannte Modell noch detaillierte Zeichnungen des

Baumeisters für die Sakristei erhalten. Eine vermutlich vor dem Chorneubau angefertigte Zeichnung gibt aber doch einige Anhaltspunkte für die damalige Planunung. Sie zeigt eine Ansicht von Chor, Beichtkirche und der schon damals projektierten Erweiterung des Konventes[21] (Abb. 2). Die Magdalenenkapelle ist zu diesem Zeitpunkt noch nicht vorgesehen. Der Sakristei und Beichtkirche umfassende Bau weist nach Norden eine zweigeschossige Fassade mit Giebeldach auf. Die Tatsache, daß in Einsiedeln nicht dem damals verbreiteten und etwa auch in Kempten verwirklichten typologischen Schema einer direkt an den Chor anschliessenden Sakristei gefolgt und dieses Gebäude stattdessen auf der Nordseite der Kirche an der Nahtstelle zwischen Chor und Schiff situiert wurde, läßt sich auch so lesen, daß von Anfang an geplant war, unterhalb der Sakristei eine von den Pilgern bequem vom Kirchenschiff aus zu erreichende Beichtkirche anzulegen. Grundsätzlich entsprach ein derartiges Gebäude den Bedürfnissen in Einsiedeln, wo den überaus zahlreichen Pilgern die Beichte aus Platzmangel zum Teil außerhalb des Klosters auf der Brüelwiese abgenommen werden mußte. Mögliches Vorbild für ein solches recht ungewöhnliches Gebäude mag die Capilla Santa María de la Corticella in Santiago de Compostela gewesen sein. Auch sie stellt eine eigenständige kleine Kirche auf der Nordseite des Chores dar, die als Pfarr- oder Beichtkirche der fremden Pilger diente.

Am 28. August 1679, knapp drei Jahre nach Abschluß des Vertrages mit Johann Georg Kuen, wurde die Sakristei ein erstes Mal genutzt. Erst danach, am 14. November 1679, ein Jahr nach der Rückkehr von P.Christophorus Schönau, erfährt man anläßlich eines Berichtes über das Generalkapitel erstmals von der Magdalenenkapelle. Zur Debatte stand damals, ob man diesen Bau weiterführen oder ihn zugunsten des dringend notwendigen neuen Konventgebäudes erst einmal ruhen lassen solle. Die Entscheidung fiel, bedingt durch das Votum von Abt Augustin II., zu Ungunsten der Magdalenenkapelle aus, da eine Weiterführung dieses Gebäudes jeden anderen Bau verunmöglichen würde[22]. So erstaunt es, daß der Abt am 19. April 1680 dem Kapitel den Vorschlag unterbreitete, mit Pietro Neurone einen Vertrag betreffs *Auszierhung des neuen Chors, Sacristia, und S. Maria Magdalena Capell (die zwar noch nit erbauen)* abzuschließen. Ihm wurde zugestimmt und noch am gleichen Tag der Vertrag mit Pietro Neurone abgeschloßen[23]. Erstaunlicherweise wird in diesem Zusammenhang nicht die Beichtkirche genannt, deren Stukkatur ja ebenfalls von Pietro Neurone stammt. Der Entschluß, die Arbeiten an der Magdalenenkapelle aufzuschieben, wurde am 20. Dezember des gleichen Jahres jedoch aus einem anderen Grund noch einmal bestätigt. Am 16. Dezember 1680 war der obere Teil des Dorfes Einsiedeln durch einen heftigen Brand zerstört worden. Abt Augustin II. versprach Hilfe jeder Art beim Wiederaufbau der Wohnhäuser, vor allem der Wirtshäuser, die die zahlreich erwarteten Pilgerscharen anläßlich der im Jahr 1681 anstehenden großen Engelweihfeier aufnehmen sollten. Aus diesem Grund wurde unter anderem der zuvor gefaßte Beschluß einer Einstellung des Baues der Maria Magdalenakapelle bekräftigt und darüber hinaus entschieden, die für dieses Gebäude bereitliegenden Baumaterialien für den Wiederaufbau der Wirtshäuser zu verwenden[24]. Doch wenig später, am 1. Januar 1681, gelang es

P.Christophorus Schönau *und anderen, die die Hl. Maria Magdalena liebten*, den Abt mit Hilfe einer besonderen musikalischen Vorführung doch zur Fortsetzung der Bauarbeiten zu überreden[25]. P.Christophorus Schönau wurde in diesem Zusammenhang anbefohlen, die Ausführung der Magdalenenkapelle allein in seine Hände zu nehmen[26]. 1682 wurde das Gebäude bereits aufgemauert. Am 2. April des gleichen Jahres berichtet P.Joseph Dietrich zum ersten Mal überhaupt von der der Magdalenenkapelle vorgelagerten Beichtkirche. Damals hatten sich offensichtlich die die Statik der Gewölbe der Beichtkirche betreffenden Probleme ergeben, die die oben zitierten Vorbehalte einiger Konventsmitglieder an dem Projekt Johann Georg Kuens im Jahr 1676 im Nachhinein zu rechtfertigen schienen. Der Chronist vermeldet: *Hatt mann in unserem Gottshaus angefangen das Gewölb im Neüen Beichthaus zu undersetzen mit Stützen, damit es nit größeren Schaden könnte zufügen: denn es ziemlicher Massen auch ein ruin bräechte. Also das das Übel in langer in mehr sich erzeigte, das bald mann nit konnte sicher dahin spatzieren. So erzeigte sich, wie einer, was er auch ist, und wie geschikt, und erfahren, doch ander Leüten guten Rath niemahls verachten solle, und allerzeit ein gueten wohlgemeinten, obwohlen auch mithin ungegründten Rath anzuhören, sich nit soll räuen lassen: denn es haben dem Baumeisteren dermahlen nit allein verständige Bau Leut, und auch ex nostro Conventu (darf es von mir selbsten wohl bekennen) gleich von Anfang eingeraten, es werde dis Gewölb wegen gar zu ungeschikt aussgetheilten Gewölb nit gut thun; und wann selbiges nit damahls gleich, doch nach kurtzem, und zwar mit weit grösserem Schaden, und des Baumeisters Verschimpfung eingerissen müssen werden, sollte hiermit ein geringeres nit ansehen, und im Namen des Herren, selbiges wird schleissen, und ein Gewölb machen, mit welchen er könnte versichert seyn. Es möchte aber dieser gute und nit allein best gemeinte, und ach heiter wohl gegründte Rath nit allein nichts verfangen, und es müsste darbei bleiben, es möchte darin gleichwohl ergehen wie es wolte. Anietzo nun, nach denen unsäglich grosse Unkösten darüb gangen, und alles sollte in völliger Richtigkeit stehen, muß man das ganze Gewölb mit unaussprechlicher Unkomblichkeit wied nieder reissen, die darin stehenden Beichtstühle mit gröster Arbeit hinausschleipfen, und verwahren, wo man nur ein Winkel fand: ... Und denn das Gewölb mit höchster Laibs und Lebens Gefahr, und mit nit geringer Gefährlichkeit die schönen Marmelsteinernen Säul zu zerbrechen, abwerfen. Ungeacht des Hons und Spotts, so man darbei haben und hören müssen*[27]. Im April 1682 standen also bereits Beichtstühle in der Beichtkirche und der Raum wurde vermutlich schon seit einiger Zeit benutzt. Der von P. Joseph Dietrich beschworene Schaden an den Gewölben erwies sich allerdings als weitaus übertrieben. Schon am 27. Oktober 1682 war die Beichtkirche wieder sicher eingewölbt und offensichtlich hatte Pietro Neurone zu diesem Zeitpunkt bereits die Stukkatur fertiggestellt[28]. Benutzt wurde das Beichthaus erstmals wieder am 10. April 1683[29].

Unter dem Datum des 27. Oktobers 1682 vermerkt P. Joseph Dietrich zudem, daß auch der Magdalenenaltar in der Beichtkirche wieder aufgerichtet worden sei. Dort befand sich also bereits vor der Fertigstellung der Magdalenenkapelle ein der Heiligen geweihter Altar. Es handelte sich offensichtlich um den Altar aus der 1674 im Zusammenhang mit dem Chorneubau zerstörten alten Magdalenenkapelle, die sich nordöstlich des alten Chors befand[30]. Dieser Altar wurde am 27. Dezember 1684, also nach Fertigstellung und Weihe der neuen Magdalenenkapelle, zusammen mit Kirchenzierrat und einer kleinen Glocke aus der alten Magdalenenkapelle dem Frauenkloster Au bei Einsiedeln verehrt[31]. Man darf somit annehmen, daß bei der Planung 1675 zunächst vorgesehen war, diesen bestehenden Altar in der projektierten Beichtkirche aufzustellen, um den in Einsiedeln wichtigen Magdalenenkult an einem angemessenen Ort weiterzuführen. Der Wiederaufbau resp. Neubau einer ursprünglich eigenständigen Magdalenenkapelle als Annex des Beichthauses, von dem erstmals 1679 in den Quellen berichtet wird, verweist letztlich auf eine spätere Initiative jener Personen um P. Christophorus Schönau, denen der Kult der heiligen Maria Magdalena besonders am Herzen lag.

Am 15. Juli 1684 erhielt Johannes Brandenberg, der schon im November 1682 für Arbeiten in der Beichtkirche bezahlt worden war, den Auftrag für die *21 stuk* Malerei und für die Fassung der Schriften unterhalb der einzelnen Fresken in der Beichtkirche[32]. Die endgültige Ausstattung der Gewölbe der Beichtkirche ging also einher mit jener der Magdalenenkapelle und beiden lag offensichtlich ein gemeinsames ikonographisches Programm – in der Beichtkirche Büßerszenen aus der Bibel und aus Heiligenlegenden, im Schiff der Magdalenenkapelle Szenen aus dem Leben der Hl. Magdalena, Heilige Büßerinnen und Allegorien und im Hexagon Heilige Büßer – zugrunde[33]. Ihren Höhepunkt fand dieses Büßerprogramm im Chor der Madalenenkapelle mit der auf dem Altarbild von Caspar Sing dargestellten Maria Magdalena und den vier in den Wandnischen stehenden fast lebensgroßen Figuren von Christoph Daniel Schenck, den Königen David und Menasse und den beiden nicht identifizierten weiblichen Heiligen, Exempla für Buße, Läuterung und späterer Führung eines heiligmäßigen Lebens.

Bis heute ist nicht bekannt, wer der Urheber dieses Programmes war, noch hat sich ein derartiges im Stiftsarchiv erhalten oder auffinden lassen. Angesichts der Rolle, die P. Christophorus Schönau im Zusammenhang mit dem Bau der Magdalenenkapelle eingenommen hat, könnte er durchaus als Urheber in Frage kommen. Dementsprechend heißt es ja im Tagebuch P. Joseph Dietrichs über die Verdienste, die sich der Decan erworben hat: *... besonders aber auch in der neu erbaueten seiner S. Mariae Magd. Capell, wo er anders nichts als büessende Heylige, und zwar mit herzdringenden Affect mahlen lassen, die Sünder zu herzlicher Reüw zu bewegen*[34].

Der Entschluß, dem Beichtkirche und Sakristei umfassenden Gebäude eine eigenständige Magdalenenkapelle anzuschließen, war, wie oben bereits dargelegt, gemäß den Quellen erst nach der Rückkehr des Dekans aus Kempten gefallen. Im Stiftsarchiv befindet sich eine Zeichnung, die einen Teilgrundriß der Beichtkirche und einen Grundrißentwurf zur Magdalenenkapelle zeigt[35]. Vorgesehen ist eine Dreikonchenanlage, die direkt an die Beichtkirche anschließt. Vermutlich handelt es sich hier um einen ersten Entwurf, der weiterbearbeitet wurde und schließlich in der Form eines saalartigen, an die Beichtkirche anschließenden Längsbaus und eines sechseckigen Chorbaus seine Realisierung fand. Der Schritt von der Dreikonchenanlage bis hin zum endgültigen Projekt ist mehr als überraschend, und es ist anzunehmen, daß dem in den Quellen nicht genannten Baumeister – bei dem es sich aber wohl um Johann Georg Kuen handeln dürfte – ein weiterer »Bauverständiger« aus dem Kloster mit eigenen Ideen und Vorstellungen zur Seite stand. Bei Betrachtung der erhaltenen Grundrisse der Magdalenenkapelle vor den Umbauten im 19. und zu Beginn des 20. Jahrhunderts drängt sich – abgesehen von den unterschiedlichen Dimensionen – ein Vergleich mit der Stiftskirche Kempten auf, die wohl niemanden besser vertraut war als P. Christophorus Schönau. In Kempten ist mit Schiff und daran anschließendem überkuppelten achteckigen Zentralbau ein Modell für die Magdalenenkapelle deutlich vorgegeben. Auch die Figurennischen in den geschlossenen Seitenwänden sind in Kempten vorgebildet. Es ist anzunehmen, daß P. Christophorus Schönau dieses ihm gut bekannte Modell in den Entwurfsprozeß der Magdalenenkapelle eingebracht hat. Als Resultat dieses Prozesses wurde eine Kapelle errichtet, in der mit der kirchenschiffähnlichen Vorhalle und dem daran anschließenden überkuppelten Hexagon das bekannte Muster äußerst geschickt ins Kleine übertragen ist.

Eine Auseinandersetzung mit dem Bau der Stiftskirche Kempten wird aber auch dadurch bestätigt, daß weitere Teile der Ausstattung der Magdalenenkapelle auch in Kempten vorhanden sind. Das sich dort befindende, 1684 datierte Altarblatt mit der Darstellung der Verherrlichung des Hl. Benedikts stammt aus der Hand des Münchner Malers Kaspar Sing, der auch das Altarbild der Magdalenkapelle gemalt hat[36]. Zuvor, am 25. Oktober 1682 wurde Bruder Adelrich Reinhard, ein Schreiner, von Einsiedeln nach Kempten geschickt, *die Stukator Arbeit zu erlehren*[37]. Ein Muster dieser *edlen Kunst, dem Marmel nit allein ähnlich, sondern auch schöner und glänzender*, hatte, so erfährt man im Tagebuch von P. Joseph Dietrich an gleicher Stelle, der Dekan bei seiner Rückkehr aus Kempten mitgebracht. Am 8. Mai 1683 kehrte Bruder Adelrich aus Kempten zurück. Drei Jahre später begleitete er den Abt auf seiner Reise nach Engelberg und Sachseln, *um einen Althar in der sel. Bruder Clausen Kirche zu Stans auf Papier zu reissen*. Am Ende der achtziger und zu Beginn der neunziger Jahre richtete er zusammen mit Bruder Caspar Moosbrugger im Kloster Fischingen und in Galgenen Altäre auf[38]. Wahrscheinlich wurde Bruder Adelrich bereits nach seiner Rückkehr aus Kempten von P. Christophorus Schönau mit der Errichtung des Altars der Magdalenenkapelle beauftragt. Dafür spricht einerseits, daß sich in der vom Dekan eigenhändig zusammengestellten Baurechnung der Magdalenenkapelle keine den Altar betreffenden Eintragungen finden, was angesichts der Auftragserteilung an ein Konventmitglied nicht unüblich ist. Zudem verrät neben der oben genannten Zeichnung eine weitere Quelle aus dem 19. Jahrhundert, daß die Nordwand der Magdalenenkapelle ursprünglich mit einem großen Retabelaltar aus rötlichem Stuckmarmor geschmückt war. Dieser Altar wurde am Ende der vierziger Jahre des 19. Jahrhunderts abgerissen, als im Zusammenhang mit der Erweiterung des Stiftgymnasiums im hinteren Teil der Magdalenenkapelle ein erster Verbindungsgang geschaffen wurde. In der Autobiographie des Abtes Basilius Oberholzer (1875–1895) wird dieser Umbau kurz erwähnt, und es findet sich dort eine Beschreibung: *Deswegen wurde auch der schöne röthliche gypsmarmorne Altar in der Beichtkirche Chor, von Form und Gattung wie St. Meinrad und St. Benedikt Altar, zerstört*[39]. Rötlichbraune Stuckmarmoraltäre wie derjenige in der Magdalenenkapelle befinden sich auch in der Kemptener Stiftskirche. Es sind dies der Benediktaltar mit dem Altarbild von Kaspar Sing im südlichen Ausbau des Zentralbaus und der ursprünglich ebenfalls mit einem Altarbild von Kaspar Sing geschmückte Hauptaltar. Die beiden Altäre wurden möglicherweise in jener Zeit erstellt und aufgerichtet, in der sich Br. Adelrich Reinhard in Kempten aufhielt. Sie konnten so im Hinblick auf Material und Gestaltung ein direktes Modell für den Magdalenenaltar gewesen sein[40].

Im Stiftsarchiv hat sich eine *Specifizierliche Rechnung dessen, was Decanus ex Comissione ausgeben wegen der Capell S. Maria Magdalena* bezeichnete Baurechnung der Magdalenenkapelle aus der Hand von P. Christophorus Schönau erhalten[41]. In dieser Rechnung werden zwar die Ausgaben für Bau und Ausstattung der Kapelle exakt wiedergegeben, die Namen von Handwerkern und Künstlern finden sich jedoch dort nicht. Unter der Ziffer 9 ist die *Mahlerarbeit, was würklich gemacht* mit 265 Kronen verrechnet. Die Nummern 24 bis 27 betreffen die sechs Fresken in der Laterne der Kapelle, weitere sechs *Gemähl* und die Gemälde am Lettner, bei dem es sich möglicherweise um die oben erwähnte Abtrennung zwischen Chor und Schiff der Magdalenenkapelle handelt. Die Ausgaben für die Stukkateure sind unter der Ziffer 12 genannt. Unter 16 findet sich die Angabe *Bildhauerarbeit sowohl in stein als Holz in der Capell : 318 Kronen*. Aufgrund der bis dahin gemachten Beobachtungen ist die Annahme zulässig, daß es sich bei diesem Eintrag zumindestens bei der *Bildhauerarbeit in Holz* um eine Zahlung an Christoph Daniel Schenck handelte.

Die aufgrund dieser im Vergleich sehr summarischen Baurechnung einmal mehr erwiesene Unabhängigkeit, über die P. Christophorus Schönau beim Bau der Magdalenenkapelle, bei deren weiterer Ausstattung und wohl auch bei der Wahl der Künstler verfügte, mag die Vermutung, Christoph Daniel Schenck habe von ihm den Auftrag für die Erstellung der vier großen Figuren in der Magdalenenkapelle erhalten, rechtfertigen. Es ist ohnehin anzunehmen, daß Schenck von P. Christophorus Schönau protegiert und Abt Augustin II. empfohlen wurde[42]. Dafür spricht die Tatsache, daß die meisten kleineren Werke, die Schenck für das Klosters geschaffen hat, in die Jahre 1679 bis 1685 datieren, also mit Rückkehr und Tod des Dekans zusammenfallen. Man kann auch nicht ausschließen, daß sich Schenck während dieser Periode anläßlich der Erstellung der Werke für die Magdalenenkapelle für längere Zeit im Kloster aufgehalten hat. Möglicherweise wurde Abt Augustin II. durch das allgemeine Lob, mit dem die Kapelle und ihre Ausstattung bedacht wurden, dazu veranlaßt, Schenck den bedeutenden Auftrag für den Einsiedler Hochaltar zu übertragen. Es muß offen bleiben, ob die 10 Figuren, deren Identifizierung zu Anfang dieses Textes versucht worden ist, realisiert wurden. Die Tatsache, daß Schenck selber und Mitglieder seiner Werkstatt noch bis 1691 für das Kloster tätig waren, bestärkt diese These jedoch.

Auch zwei weitere Werke Schencks, die Büste der Hl. Maria Magdalena und der »Gute Hirte«, die aus ikonographischen Gründen der Magdalenenkapelle zuzuordnen sind, werden in den Quellen nicht direkt genannt. Unter dem Datum des 16. Dezembers 1698 findet sich eine merkwürdige und zudem nur schwer lesbare Eintragung im Tagebuch von P. Joseph Dietrich, in der eine von P. Christophorus

Schönau geplante Grotte im Altar der Magdalenenkapelle erwähnt wird: *In gleichen hatten etliche Gedanken in S. Maria Magdalena Capell, die von Decano Christophoro à Schönau .... meditierte Grotte hinder dem Althar Blatt machen zulassen, massen der Althar expresse dahin gerichtet ist, und dann das Blatt mit .... und Wellenwerck hinund gelassen werden, und also die Grott an statt dessen darin, und steuerte so gar einer 100 Kronen daran*[43]. Dem Text folgend hatte P. Christophorus ursprünglich anstelle des Altarblattes eine große Altarnische, in der eine – oder mehrere – Figuren aufgestellt werden sollten, geplant. Offensichtlich war der Altar selber so gebaut worden, daß man nach Entfernung des Altarbildes, des Rahmens und des zusätzlichen

Schmuckes in Form von Wellenwerk eine solche Grotte auch später noch realisieren konnte. Die 51 cm große Magdalenenbüste, die möglicherweise Teil einer ganzen – und dann überlebensgroßen – Figur war, weist, anders als der gute Hirte, die gleiche Fassung wie die vier anderen der Magdalenenkapelle zuzuordnenden Figuren auf. Vielleicht sollte diese auch in der heutigen Form erstaunlich expressive Figur anstele des Gemäldes mit der Darstellung der Heiligen in der Grotte oder Nische des Altars der Magdalenenkapelle aufgestellt werden. Offensichtlich wurde das Projekt aber doch nicht realisiert und die große Figur der Hl. Magdalena irgendwann zerteilt, so wie es die heutige Fixierung der Büste am Chorbogen der Beichtkirche demonstriert.

Da die benutzen Quellen ausnahmslos aus dem Stiftsarchiv Einsiedeln stammen, wird bei den einzelnen Anmerkungen auf die Bezeichnung StiAE verzichtet.

1 A.WP.5, Memoriale Pro Oeconomia Anno 1684, S. 51.

2 Die folgenden Bemerkungen stehen letztlich auch im Widerspruch zu den Thesen, die Fritz Fischer in seinem Aufsatz, den er der Autorin freundlicherweise zur Verfügung gestellt hat, entwickelt hat. Der vorliegende Text konnte leider erst »nach Redaktionschluß« fertiggestellt werden, so daß Beobachtungen, die sich bei der erneuten Lektüre des Archivmaterials ergaben und die den gemeinsam in Einsiedeln entwickelten Thesen und Vermutungen widersprechen, leider nicht mehr rechtzeitig weitergegeben werden konnten.

3 A.HB. 3, Diarium P. Josephi Dietrich, S. 799r.

4 Doyen 1701, S. 95. Der Hinweis »Alabaster« bei der Charakterisierung der Figuren mag sich durch deren weiße Fassung erklären.

5 Auf anderen Zeichnungen der gesamten Klosteranlage sind die Nischen auch in den beiden südlichen Wänden der Kapelle eingezeichnet.

6 A.HB 3, S. 77v.

7 A.WP 5, S. 6. Vgl. auch Carlen 1977, S. 179.

8 Dietrich, A.HB 4, nicht paginiert. Zur Baugeschichte vgl. Kuhn 1883, S. 25–39; Birchler 1927, S. 22 f.; Sandner 1962, S. 38–43; Einsiedeln 1973. Die in der Sekundärliteratur aufgezeigte Baugeschichte ist zum Teil zu revidieren. Dies wird die Aufgabe der für das Jahr 2000 vorgesehenen Neuauflage des Kunstdenkmälerbandes Einsiedeln sein, für die Werner Oechslin und die Verfasserin des vorliegenden Textes als Autoren verantwortlich zeichnen.

9 Vgl. Einsiedeln 1973, Abb. 172.

10 Gilgen 1712, S. 98f.

11 Doyen, 1701, S. 93f.

12 Vgl. Euw 1969, S. 197, Abb. 19.

13 Euw 1969, S. 196, Abb. 17 und S. 197, Abb. 18.

14 Zu P. C. Schönau vgl. Henggeler 1933, S. 308f.

15 Die oft gegen eigenen Wunsch erfolgte »Verschickung« besonders herausragender Mitglieder des Einsiedler Konventes war am Ende des 17. Jahrhunderts keine Seltenheit. Neben P. Christophorus Schönau mußte sich auch P. Bonifaz Tschupp, seit 1673 in Vertretung von P. Christophorus Schönau Dekan von Einsiedeln, dem Willen des Einsiedler Abtes fügen und 1677 die Abtswürde im Kloster Pfäfers übernehmen. P. Bonifaz Tschupp war 1673 die Betreuung des Chorneubaus übertragen worden, eine Aufgabe, die 1678 dann P. Christophorus Schönau zu übernehmen hatte. Vgl. Henggeler 1933, S. 305f.

16 Vgl. zur Baugeschichte des Stiftes und der Stiftskirche St. Lorenz in Kempten Roediger 1938, S. 1–13.

17 A.HB 3, S. 799r,v.

18 A.HB 1, S. 245r.

19 A.HB.1, S. 258v und A.CC.5, S. 318f.

20 A.HB.2, S. 5r

21 Es handelt sich um eine perspektivische Ansicht der Klosteranlage aus der Vogelschau nach einem Projekt von Michael oder Johann Georg Kuen, die in die Jahre 1671–1680 datiert wird. Vgl. Einsiedeln 1973, S. 190, Abb. 174; Sandner 1962, S. 38 datiert die Zeichnung in die Jahre 1671–1674, Abb. 10.

22 A.HB.2, S. 90r.

23 A.HB.2, S. 113r,v.

24 Der überaus interessante Wiederaufbau der Dorfes Einsiedeln nach dem Brand im Dezember 1680 wurde von P. Joseph Dietrich im Anhang seines Tagebuches – A.HB.2 – ausführlich beschrieben. Ein Aufsatz zu diesem Thema ist geplant.

25 Zum Kult um die Hl. Maria Magdalena, der in der 1597 in Konstanz erstmals edierten Schrift »Speculum Poenitentiae. Das ist das Leben Mariae Magdalenae« aus der Hand des 1600 zum Abt gewählten Augustin Hofmann einen eindrucksvollen schriftstellerischen Höhepunkt fand, vgl. Ringholz 1910, S. 119–132. Dieser Text enthält zahlreiche Hinweise zu den späteren Umbauten der Magdalenenkapelle und auf die oben genannte Schrift.

26 A.HB.2, S. 217r–218r.

27 A.HB.3, S. 140v, 141r. Angesichts der Tatsache, daß dieser Text nicht in dem von P. Magnus Helbling in Auszügen herausgegeben Tagebuch von P. Joseph Dietrich zu finden ist (Helbling 1911), und diese Angelegenheit auch in der Sekundärliteratur zur Baugeschichte Einsiedelns fehlt, scheint es angebracht, die Bemerkungen P. Joseph Dietrichs, die viel über Baupraxis und Baugeschehen aussagen, an dieser Stelle fast im ganzen Umfang wiederzugeben.

28 A.HB.3, S. 257r. Am 28. Oktober 1682 vermeldet das Rechnungsbuch von Abt Augustin II.: *die Stukatorer bezahlt wegen geziertem Gewölb im Beichthaus*, A.TP.12, Rechenbuch des Hochwürdigen Fürsten und Herren H. Augustini erwälten Abten des Gottshaus Einsiedeln, S. 380.

29 A.HB.4, S. 73.

30 Vgl. zur alten Magdalenenkapelle Ringholz 1910, S. 119f.

31 A.HB.4, S. 860.

32 Vgl. Carlen 1977, S. S. 94–101, 178–180 (Edition der Quellentexte). Bereits zuvor, vermutlich vor der »Katastrophe im Jahr 1682«, war die Beichtkirche mit 16 Tafelbildern

aus der Hand des Einsiedler Konventmitgliedes P. Athanasius Beutler geschmückt. Diese mußte Johannes Brandenberg als Anzahlung für seine zu leistende Arbeit in der Beichtkirche nehmen.

33 Carlen 1977, S. 94 f. Es haben sich wiederum für die Ausstattung der Magdalenenkapelle keine Verträge oder Abrechnungen mit Johannes Brandenberg oder Pietro Neurone erhalten. Carlen schreibt aber einige der Fresken, die alle späterer Übermalungen aufweisen, aus stilistischen Gründen Brandenberg zu.

34 A.HB.4, S. 805.

35 Die Zeichnung wird Johann Georg Kuen zugeschrieben und in die Jahre 1676–78 oder 1680–84 datiert. Vgl. Einsiedeln 1973, S. 111 f und Abb. 97.

36 M. Roediger 1938, S. 79.

37 A.HB.3, S. 356.

38 vgl. Henggeler 1933, S. 268.

39 A.HB.106, Beilagen zum Diarium des Abtes Basilius Oberholzer, S. 77.

40 Beide Altäre wurde unter der Regierung von Fürstabt Rupert von Bodman (1678–1728) errichtet. Vgl. Roediger 1938, S. 81 f.

41 A.CD , Baslicae Einsidlensi annessa Sacella Oratoria intra Monasterium, Nr. 3. Der Baurechnung ist eine Auflistung mit den Angaben all jener finanziellen Hilfen für den Bau von Seiten des Abtes und anderer Wohltäter beigelegt.

42 Vielleicht war auch der Umstand förderlich, daß schon der Onkel von Christoph Daniel Schenck, Hans Schenck, für das Kloster Einsiedeln gearbeitet hat. Unter dem Datum 1638 ist im Rechnungsbuch von Abt Placidus Reimann vermerkt: *Item dem Bildhauer M. Hans Schenk von Constanz den altar für und zu Eschenz verdingt* A.TP.11a, Rechenbuch Abb. Placidi Ab Anno 1629, S. 813 f.

43 A.HB.11, S. 16r, v.

Sibylle Appuhn-Radtke

»*Der beste Bildhauer weit und breit*«
Zu Christoph Daniel Schenck und Johann Christoph Storer

Nach etwa fünfzehnjähriger Tätigkeit in Mailand etablierte sich Johann Christoph Storer (1620–1671) ab 1655 als führender Maler in seiner Heimatstadt Konstanz[1].

Aus dem ganzen katholischen Süddeutschland, der Schweiz und Österreich trafen Aufträge für Altarbilder in der Konstanzer Werkstatt ein; auch Entwürfe für Kupferstiche und Skulpturen wurden hier gefertigt.

Über den Ablauf von Auftragsverhandlungen mit Storer ist man nur in wenigen Fällen orientiert. So muß es als Glücksfall gelten, daß eine Gruppe von Dokumenten aus dem Benediktinerkloster St. Blasien im Schwarzwald nicht nur einen Auftrag an Storer erhellt, sondern zugleich ein Schlaglicht auf die Zusammenarbeit des Malers mit dem jungen Christoph Daniel Schenck wirft[2]. Die Quellen geben Einblick in den nicht unkomplizierten Herstellungsprozeß barocker Silberplastik, während dessen drei verschiedene Künstler tätig werden konnten: ein Maler oder Zeichner, der den Entwurf lieferte, ein Bildhauer, der den Entwurf in ein dreidimensionales Holzmodell überführte, und ein Silberschmied, der das Endprodukt schuf[3].

1664, unmittelbar nach seinem Amtsantritt, beschloß Abt Otto III. Chübler von St. Blasien (1664–1672), vier Silberfiguren – eine Madonna mit Kind, einen hl. Joseph mit Kind, einen hl. Blasius und einen hl. Benedikt – anfertigen zu lassen. Vorsichtig ließ der Abt bei einem (ungenannten) Basler Bildhauer, der die Holzmodelle zu den Figuren ausführen sollte, anfragen, *ob er bei Herrn Storer wolte soviel vermögen, d(aß) selbiger die Posturen (...) inventieren wolte*[4]. Diese Anfrage wirft ein bezeichnendes Licht auf den Ruf und die Überbeschäftigung des Malers: Tatsächlich hatte Storer 1664 diverse Aufträge parallel zu bewältigen, darunter auch Entwürfe für zwei Silberfiguren der hll. Petrus und Paulus, die in Augsburg gearbeitet wurden und den Hochaltar des Konstanzer Münsters schmückten[5].

Die Vorgaben des Abtes für seinen Auftrag waren folgende: Die Sockel der Figuren sollten Laden enthalten, die geeignet wären, Reliquien aufzunehmen; die Gesamthöhe der Figuren sollte (einschließlich der Sockel) zweieinhalb Schuh betragen. Als Silberschmied sollte ein in St. Blasien ansässiger, ungenannter Meister, *der allhiesige goldschmid*, tätig werden[6].

Um nähere Absprachen mit Storer zu treffen, wurde am 17. August 1664 P. Benedikt Gebel (Rottweil 1625–1676), Subprior von St. Blasien[7], nach Konstanz geschickt. Eine ›Relation‹ des Benediktiners enthält ein Protokoll dieses Besuches: *Ich verfüegte mich (...) zu H(errn) Storer, Mahlern, und ersuchte Ihne umb d(en) Riss d(er) 4 bildere(n), die er in 3 od(er) 4 tagen zu expedieren und bey d(er) post zu übersend(en) versprochen. Mit St. Blasio hat er d(as) maiste bedenkh(en) wegen d(er) p(ro)portion des hirschen, dan solte er klain sein, künde er kaine gewicht hab(en), solte er aber gross sein, so würde er sich zu dem bild nit schickhen. Sagte doch endtlich, weilen Ich vermaint, er künde nit ausgelassen werd(en), er wolle sehen, wie er Ihnen umb etwaß p(ro)portionierte. B(eatissi)ma(m) Virg(inem) will er auf ein Schlangen stellen*[8].

Neben diesen ikonographischen Erwägungen, in denen Storer sich als selbstbewußter und gebildeter Gesprächspartner seiner geistlichen Auftraggeber zeigte, teilte der Maler mit, welchen Bildhauer er (im Gegensatz zu Abt Otto) für geeignet halte, die Holzmodelle für die Figuren zu schnitzen: *(Storer) gibt Christoph Schenkh für d(en) besten bildhawer ahn, d(er) weit und brait in dem Röm(ischen) Reich möge gefund(en) werd(en)*[9]. Der hier gelobte *Christoph Schenkh* dürfte kein anderer sein als Christoph Daniel Schenck[10].

Wie ein Brief des Konstanzer »Procurators« Hans Caspar Reutlinger an den Abt von St. Blasien vom 8. September 1664 aussagt[11], schickte Storer nach diesem Gespräch seinen Sohn (wohl seinen Lehrling und früh verstorbenen Nachfolger Johann Lukas) nach St. Blasien, um dem Abt drei *verpetschierte Abris* und Sockelentwürfe zur Auswahl vorlegen zu lassen. Als diese Zeichnungen akzeptiert worden waren, schlug Reutlinger am 15. September, wohl auf nochmaliges Anraten Storers, vor, (...) *es solte zue den Bildern zue schnitzlen, der Christoph Schenkh alhir, so ein fürtrefflicher Künstler ist, gebraucht werd(en)*[12]. Zumindest 1664 scheint sich Schenck also in Konstanz (oder der unmittelbaren Umgebung) aufgehalten zu haben; daß er bis zum Tod Storers (1671) mit dessen Werkstatt Kontakt hatte, legt, wie unten erläutert wird, sein Figurenstil nahe. Obwohl Rechnungsbelege fehlen, kann man relativ sicher sein, daß die – heute verschollenen oder zerstörten – Figuren ausgeführt wurden, denn das handschriftliche Schatzverzeichnis des P. Philipp Glücker von 1720[13] nennt ebenso wie die sechs Jahre

später verfaßte Abtsgeschichte des P. Stanislaus Wülberz[14] Silberfiguren, deren Beschreibung den Auftragsbedingungen in etwa entspricht. Die als Reliquiar dienende Blasius-Figur erreichte danach – möglicherweise aufgrund des problematischen Hirsch-Attributes – eine Höhe von 4,5 Fuß, während die übrigen Silberfiguren nur als mittelgroß beschrieben werden. Die Ausführung der Figuren, zog sich, wenn Wülberz' Angabe korrekt ist, bis 1670 hin.

Daß man die Konstanzer Künstler Storer und Schenck in St. Blasien auch weiterhin schätzte, zeigt deren Beauftragung mit weiteren Arbeiten: Storer schuf 1669 die beiden großen Gemälde für den Hochaltar der unter Abt Otto barockisierten Klosterkirche[15], Schenck lieferte (zumindest) die in St. Paul erhaltene Buchsholzstatuette eines hl. Sebastian (Kat. Nr. 95)[16]. Möglicherweise wurde der Bildhauer auch mit der Anfertigung der den Hochaltar von

1669 schmückenden Heiligenfiguren, den hll. Blasius, Vinzenz, Benedikt und Scholastika[17], beauftragt. Weitere Arbeiten von der Hand oder aus dem Umkreis des Christoph Daniel Schenck im Südschwarzwald[18] sprechen dafür, daß der Bildhauer seinen Ruf durch den Kontakt mit St. Blasien in diesen Raum ausdehnen konnte.

Während die St. Blasianer Figuren nicht erhalten zu sein scheinen, ergab sich wenig später eine gemeinsame Aufgabe für die Werkstätten Storer und Schenck, deren Produkt überlebt hat: Am 28. November 1664 starb der Lindauer Jurist Dr. Valentin Heider, der als Gesandter der evangelischen Reichsstädte bei den Friedensverhandlungen am Ende des Dreißigjährigen Krieges Berühmtheit erlangt hatte[19]. Seine Witwe Elisabeth Gloxinus (Lübeck 1629–1671 Augsburg) ließ ihrem verstorbenen Gemahl im Chor von St. Stephan in Lindau ein Epitaph (Abb. 1) setzen[20].

Das Epitaph besteht aus einem skulpierten, dreigeschossigen Holzrahmen, in den zwei Gemälde einbezogen sind. Über einer Kartusche mit der Memorialinschrift[21] ist eine auf Metall gemalte Himmelfahrt Christi dargestellt, beiderseits gerahmt von Hermen auf Volutenkonsolen mit den Wappenschilden der Familien Heider und Gloxinus. Das stark bewegte Hermenpaar, wohl »Tempus« und »Aeternitas«[22], trägt einen Sprenggiebel, aus dem der Auszug mit einem Porträt des Verstorbenen[23] aufwächst.

Der auferstehende Christus im Hauptbild ist ebenso expressiv bewegt wie die Hermenfiguren: Mit weit ausholender Geste entschwebt Christus dem Sarkophag; in seiner Rechten hält er die riesige Salvator-Fahne. Vor dem Grab Christi liegen zu Boden gestreckte Wächter, andere reagieren mit Gebärden des Schreckens auf das wunderbare Geschehen. Farblich zeigt das Gemälde eine bräunliche Palette, von der sich nur der hellbeleuchtete Körper Christi und die rote Siegesfahne abheben. Der Farbkontrast verstärkt die Gestik des Salvators.

Archivquellen über die Stiftung dieses Epitaphs scheinen nicht mehr zu existieren[24], so daß man nur über stilistische Kriterien zu einer Zuschreibung an bestimmte Künstler gelangen kann.

Brigitte Lohse schrieb die Hermenfiguren Christoph Daniel Schenck zu und nahm auch den Gesamtentwurf für den Bildhauer in Anspruch[25]. Ein Malername wurde bisher nicht diskutiert. Das Gemälde ordnet sich jedoch durch die ausdrucksstarke, anatomische Verzeichnungen nicht scheuende Darstellung Christi und seine Farbigkeit in das Œuvre des Johann Christoph Storer ein[26], so daß diesem Maler der Entwurf des Bildes zugeschrieben werden kann; die Ausführung dürfte dagegen zum größten Teil eine Werkstattarbeit sein[27].

Ein zusätzliches Argument für die Entstehung des Gemäldes in der Storer-Werkstatt bildet eine bisher unbekannte Nachzeichnung des Lindauer Epitaphbildes (Abb. 2)[28] von Matthäus Zehender (Mergentheim 1641–1697? Bregenz). Der ab 1674 in Bregenz niedergelassene Maler gehörte zeitweise zum Kreis von Storers Mitarbeitern und kopierte mehrfach dessen Entwürfe[29]. Die Kreidezeichnung gibt allein die »Auferstehung« wieder, nicht das gesamte Epitaph; die Farbwerte des Bildes sind mit Hilfe von Buchstaben notiert. Dies spricht dafür, daß Zehender nicht das fertige Epitaph in Lindau gesehen hat, sondern daß er das Hauptbild in der Konstanzer Werkstatt nachzeichnete, während er (möglicherweise) an dessen Entstehung beteiligt war.

Brigitte Lohse bemerkte sicher richtig, daß die plastischen und die gemalten Teile des Epitaphs in Anbetracht der vergleichbaren Figurenbildung auf einen gemeinsamen Urheber zurückgehen. Es ist jedoch unwahrscheinlich, daß der vierundvierzigjährige, arrivierte Maler Storer sich dem Entwurf eines sehr viel jüngeren und noch am Beginn seiner Laufbahn stehenden Künstlers untergeordnet hätte, so daß der zugrundeliegende Entwurf sicher Johann Christoph Storer zuzuschreiben ist. Daß Schenck

2 Nachzeichnung der ›Himmelfahrt‹ aus dem Heider-Epitaph von Matthäus Zehender
St. Paul im Lavanttal, Graphische Sammlung des Stiftes

3 Madonna, Detail eines Altarentwurfs von Johann
Christoph Storer, um 1650
Mailand, Biblioteca Ambrosiana

4 Madonna mit Kind, Detail eines Leinwandbildes von
Johann Christoph Storer, 1660
Dillingen, Studienkirche

auch in anderen Fällen nach Storers Entwürfen arbeitete, belegt das oben zitierte St. Blasianer Beispiel. Lohses Zuschreibung des Gesamtentwurfs an Schenck beruhte darauf, daß sie zu Recht eine stilistische Kontinuität der Lindauer Rahmenfiguren innerhalb des sonstigen Werks von Schenck sah. Dieses Phänomen erklärt sich m. E. daraus, daß Schenck in seiner ersten Arbeitsphase häufig auf Storer-Entwürfe zurückgegriffen hat – sei es aus dem Grund, daß die jeweiligen Aufträge beide Künstler betrafen (wie in St. Blasien), sei es, daß der junge Schenck Storers Figurenstil als den in Konstanz vorherrschenden adaptierte[30].

Der herbe, hieratische Kopftypus, den Schenck vielfach für seine Marien- und Johannesfiguren[31], auch für Engel (Abb. 6)[32], verwandte, scheint jedenfalls von einem Frauentyp Storers geprägt zu sein. So ist die Schmerzensmutter der Zoffinger Pietà (Abb. 5)[33] mit ihrer geraden, scharfen Nase, zurückweichenden Wagenknochen und dem kleinen, aber markant vorspringendem Kinn direkt vergleichbar mit dem

entsprechenden Madonnentypus Storers. Schon in einem Altarbildentwurf aus Storers Mailänder Zeit (Kat. Nr. 11)[34] und noch in einem Dillinger Wandbild von 1660 (Kat. Nr. 26) kommt dieser Typus, der das klassische Ideal in charakteristischer Weise umbildet, bei Storer vor.

Durch ihre Technik stehen die Flachreliefs von Schenck, z. B. ›Christus am Ölberg‹ in Ittendorf (Kat.Nr. 11)[35] und der ›Hl. Benno‹ in Einsiedeln (Abb. 10)[36] von 1679 oder die ›Hl. Magdalena‹ von 1682 (Kat.Nr. 26)[37], Gemälden besonders nahe. Obwohl alle drei Arbeiten erst nach Storers Tod entstanden sind, zeigen sie den tiefgreifenden Einfluß, den Storers Ausdrucksmittel in Schencks Gestaltungsweise hinterlassen haben.

Storer hatte sich als junger Maler in Mailand an den Werken des Mailänder Manierismus geschult[38] und übernahm deren Charakteristika: Wiederkehrende Grundzüge seiner Kompositionsweise, die im ersten Drittel des 17. Jhs. das Werk des Cerano, der Brüder Procaccini und des Morazzone in Mailand bestimmt

5 Pietà (Detail)
Christoph Daniel Schenck, 1684
Konstanz, Kloster Zoffingen

6 Engel vom Thomasaltar
Christoph Daniel Schenck
Konstanz, Münster

7 Verzückung des Hl. Franziskus
Pier Francesco Mazzucchelli (Il Morazzone)
Mailand, Brera

hatten[39], waren die Nahsichtigkeit der dargestellten Figuren und ihre enge kompositionelle Einspannung in den Bildrahmen; auf die Darstellung von Räumlichkeit wurde nahezu immer verzichtet.

Ein zweites Merkmal, das vor allem die Bewegung der Figuren und deren Beleuchtung prägte, war das Interesse an der Darstellung und der Erregung von Affekten. Es gehorchte, vor allem in der religiösen Malerei, den Forderungen der nachtridentinischen Bildkatechese, für deren Durchführung gerade im Bistum Mailand durch die Borromei nachdrücklich gesorgt worden war[40].

Diese inhaltlich bedingte Stillage ließ u. a. die vielen Halbfigurenporträts entrückter Heiliger förderungswürdig erscheinen, die in der ersten Jahrhunderthälfte den Mailänder Gläubigen die Objekte ihrer Verehrung vor Augen stellten. Beispiele für diesen Bildtyp sind u. a. der ›Hl. Franziskus in Verzückung‹

des Morazzone (Abb. 7)[41] und Francesco Cairos Herodias-Bilder (Abb. 8)[42], die trotz der Sündhaftigkeit der dargestellten Person ebenso den Zweck affektiver Überwältigung erfüllen konnten.

Die expressive Haltung von Cairos Figuren und deren mystische Beleuchtung scheinen Storer in den vierziger Jahren besonders beeindruckt zu haben, wie – neben seinen Fresken in der Certosa von Pavia – eine ›Laurentius-Marter‹ von 1642 (Abb. 9)[43] erkennen läßt. Die verkrampften Hände und die starke Abwinkelung des gequälten Antlitzes, die das grausame Martyrium des Heiligen betonen, wollen offenbar das Mitleiden des Betrachters erregen und damit dessen Devotion fördern. Der gleichzeitig faßbare Verzicht auf Räumlichkeit, der das Geschehen so nah wie möglich an den Betrachter heranrückt, führte in dieser und anderen szenischen Darstellungen Storers fast zwangsläufig zu einer reliefhaften Schichtung der Figuren.

Von hier aus war es nur ein kleiner Schritt zu den Flachreliefs des Christoph Daniel Schenck. Der ›Hl. Benno‹ wirkt wie die plastische Antwort auf den ›Hl. Franziskus‹ des Morazzone (wenn auch der Typus des Heiligenbildes in Halb- oder Dreiviertelfigur in Süddeutschland bereits Tradition hatte[44]). Die affektive Übersteigerung, die Schencks Reliefs und Figuren zeigen, gehorcht ebenso den Forderungen der Katholischen Reform, wie die Gemälde Storers es tun, und Schenck bediente sich zu diesem Zweck der gleichen formalen Mittel wie Storer. Schenck übernahm nicht nur Bildmotive (z. B. den Kopf des

8 Herodias
Francesco Cairo, vor 1633
Vicenza, Pinacoteca

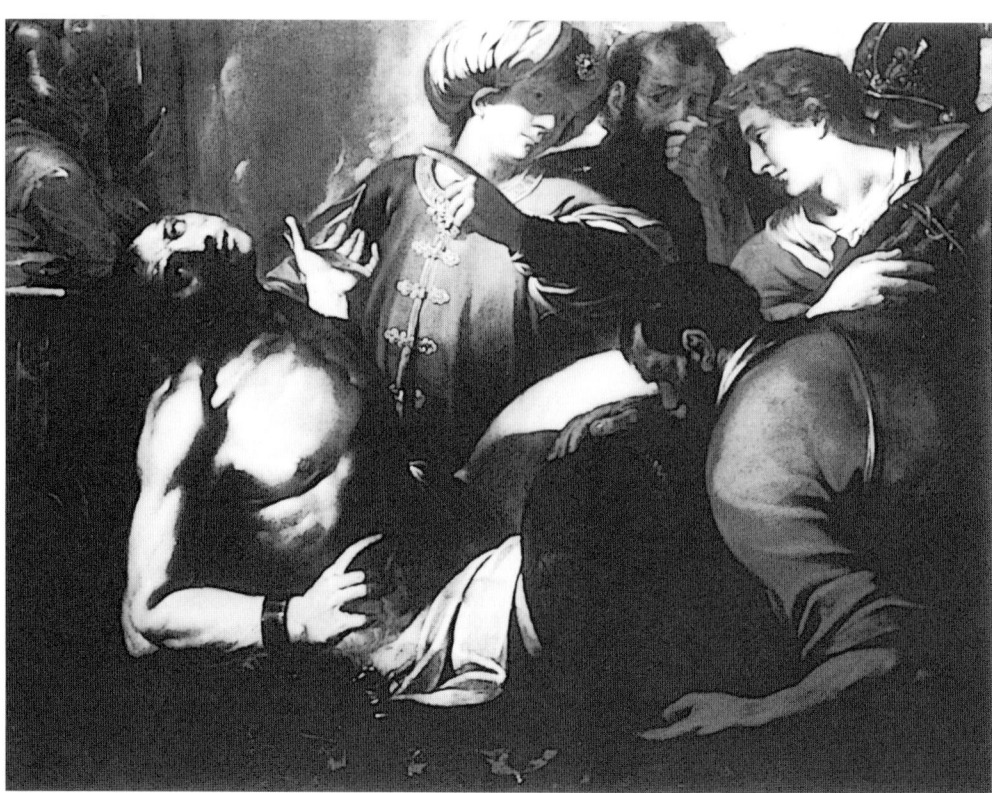

9 Marter des
Hl. Laurentius
(Detail)
Johann Christoph
Storer, 1642
Florenz, Kunst-
handel

10 Hl. Benno
Christoph Daniel Schenck, 1679
Einsiedeln, Benediktinerstift

knienden Christus am Ölberg im Ittendorfer Relief aus Storers Einsiedler Ölberg-Gemälde)[45], sondern vor allem das stilistische Bestreben, die Figuren spannungsreich in ihren Rahmen einzubinden und durch Diagonalen zu beleben. Eine vielfach maneriert wirkende, aber inhaltlich sinnvolle Gestik erhöht bei beiden Künstlern die intendierte Aussage.

Die Beeinflussung eines Bildhauers durch Entwürfe Storers, wie sie bei Schenck deutlich wird, war kein Einzelfall. Sie zeigt sich noch deutlicher im Werk eines Meisters, der künstlerisch weniger bedeutend als Schenck, aber etwa zur gleichen Zeit am Bodensee (wohl in Konstanz) tätig gewesen ist, des Monogrammisten ICL. Alle bekannten Reliefs dieses bisher nicht identifizierten[46] Bildschnitzers gehen direkt auf Bildvorlagen Storers zurück. Neben dem Relief in Budapest, das András Szilágyi als Umsetzung eines Entwurfs von Storer für den Hochaltar der Stadtpfarrkirche in Dillingen erkannt hat[47], kopiert eine Kreuzigungsdarstellung in Braunschweig das ehemalige Hochaltarbild der Klosterkirche von Petershausen[48]. In welchem Verhältnis der Meister ICL zu Christoph Daniel Schenck stand, dessen Parallelfaltenstil er offensichtlich zu perfektionieren suchte, ist unbekannt.

Deutlich wird jedoch, wie eng die Konstanzer Künstler des 17. Jhs. zusammenarbeiteten und welche Rolle Johann Christoph Storer in diesem Kreis als Vermittler lombardischer Gestaltungsprinzipien und als stilprägender Entwerfer einnahm.

1 Zu Biographie und Werkkatalog des Künstlers vgl. Appuhn-Radtke 1992.
2 St. Paul im Lavanttal, Stiftsarchiv (ehem. Archiv St. Blasien). Alle im folgenden genannten Quellen stammen aus diesem Archiv. Den ersten Hinweis auf den Bestand erhielt ich durch Notizen aus dem Nachlaß von Paul Booz, die mir 1991 Frau Marianne Booz, Freiburg, zugänglich machte. Ihr sei herzlich dafür gedankt.
3 Für den hier behandelten Raum vgl. Hering-Mitgau 1973, S. 29–39.
4 Hs. 130/2, fol. 174v (Memoriale vom 17. 8. 1664).
5 Reiners-Ernst 1956, S. 115 (Protokolle des Domkapitels Konstanz, 14. 11. 1664).
6 Hs. 130/2, fol. 174r+v. Hering-Mitgau 1973 nennt keinen St. Blasianer Goldschmied; es gab jedoch eine Goldschmiedewerkstatt im sog. »Rondell« (Schmieder 1929, S. 94, Abb. 13).
7 Zu diesem siehe Volk 1960, S. 228–61.
8 Hs. 130/2, fol. 183 ff.– Wie Storer sich einen Hl. Blasius mit dem Hirsch-Attribut vorstellte, zeigt ein kleines Frontispiz, gestochen von Melchior Küsell, das sicher ebenfalls in St. Blasianer Auftrag entstanden ist (St. Paul, Graphische Sammlung; Appuhn-Radtke 1992, Bd. II, S. 379, Kat.Nr. D 36). Diese Darstellung wäre in der Tat schwer in eine Statue umzuwandeln gewesen.
9 Hs. 230/2, fol. 183v. Storer stützte seine Empfehlung Schencks, die eine Ablehnung des Basler Bildhauers voraussetzte, mit einem konfessionellen Argument, dessen Überzeugungskraft bei seinen geistlichen Auftraggebern er wohl richtig einschätzte: *die Calvinisten machen niemahlen etwaß guetes in gaistl(ichen) bilderen, sond(er)lich in Unser lieben Frawen.* Anschließend ist keine Rede mehr von dem ›Basler Bildhauer‹.
10 Zwar wird auch Christoph Daniels Vater, Hans Christoph Schenck, in den Konstanzer Domkapitelsprotokollen 1642 *Christoff Schenck* genannt (Reiners-Ernst 1956, S. 113), aber der zeitliche Schwerpunkt von Hans Christophs Tätigkeit in Konstanz lag in den Dreißiger- und Vierzigerjahren (Feuchtmayr 1936 V, S. 26; weitere Werke und Quellen siehe hier, Knapp, S. 81–86, Fischer, S. 12, 13); schon sein Anteil an den um 1650/53 entstandenen Kreuzlinger Figuren ist unklar (vgl. Lohse 1960, S. 87), und aus den Sechzigerjahren ist kein einziges Werk mehr nachweisbar. Der Bildhauer, mit dem Storer 1664/65 am Heiderschen Epitaph (siehe unten, S. 65) zusammenarbeitete, ist sicher nicht mit Hans Christoph Schenck identisch.– Überdies belegen Nachfolgearbeiten des Christoph Daniel im südlichen Schwarzwald dessen Bekanntheit in diesem Raum (vgl. hier, Anm. 18); entsprechende Arbeiten des Hans Christoph scheint es nicht zu geben.
11 Hs. 130/2, fol. 225v.
12 Ibid., fol. 229v.
13 Hs. 1976/2 (Collectanea ad historiam II, fol. 257 ff.: Custoria San-Blasiana sive Ecclesia demonstrata in diademate suo quo coronaverunt eam patres sui rev(erendissi)mi ac ampl(issi)mi praesulis [...] anno 1720 28. Aug., a R. P. Philippo Glücker), fol. 274r (Silber im Kirchenschatz): *Statuas medioximas B(eatae) V(irginis) Mariae et Josephi, tripalmatis (!) ac venustae staturae;* fol. 283 (bedeutendste Stücke des Kirchen-

schatzes): *5. Statua argentea S. Blasij 4 et semi pedib(us) alta, cui inditae sunt brachiu(m), ac aliae de S. Blasio Reliquiae. Duae statuae medioximae B(eatae) V(irginis) et S. Josephi ab Oddone Abbate conditae.*

14 Hs. 142/2 (Res domi forisque praeclarae gestae sub Abbatibus S. Blasij Francisco, Oddone, Romano et Augustino, ab anno MDCXXXVIII usque MDCCXX. Collectae jussu Rev(erendissi)mi et Excellent(issi)mi D(omini) D(omini) Blasij III. Congregationis San-Blasiano Abbatis a P. Stanislao Wülberz ejusdem loci monacho, anno MDCCXXVI, Cal. Nov.), fol. 29v (Taten Abt Ottos III.): *Sacra suppellex (...) A(nn)o 1670 imagines Beatissimae Virginis Mariae et Jesu Nutritij S. Josephi, quae hodie supersunt, ex argento fieri curavit (...).*

15 Diese Altarbilder verdarben wenige Jahre nach ihrer Anfertigung, als der Abt sie ausbauen und nach Klingnau (Aargau) transportieren ließ, um einer möglichen Beschädigung durch französische Soldaten vorzubeugen. Hier wurden die Gemälde offenbar so ungünstig gelagert, daß sie in kurzer Zeit durch Feuchtigkeit und Wurmbefall zerstört wurden (Hs. 186 b/2, Epitome des P. Stanislaus Wülberz, pag. 898). Die 1701 angefertigten Kopien von der Hand des Storer-Schülers Johann Georg Glückher fanden nicht den Beifall ihres Auftraggebers, Abt Augustin Fink, so daß er sie von einem ortsansässigen Maler überfassen ließ (Hs. 161/2, Diarium Augustini, sub anno 1713, pag. 36); diese Kopien dürften im Zuge des Kirchenneubaus vernichtet worden sein. Einen Eindruck vom Bildinhalt beider Gemälde gibt heute nur noch die Aufnahme eines 1944 verbrannten Nachstiches, ehem. in der Staatlichen Graphischen Sammlung, München, im Nachlaß von Friedrich Thöne, Zürich (Appuhn-Radtke 1992, Bd. I, S. 88 ff.; Bd. II, S. 393, Kat.Nr. D 51).

16 Lohse 1968, S. 127 f., Abb. 16 (hier nur dem Kreis von Schenck zugewiesen); als eigenhändige Arbeit geführt in St. Blasien 1983, Bd. I, S. 336 f., Nr. 291. Vgl. hier, Kat.Nr. 95.

17 Hs. 186 b/2, pag. 898. Das Schicksal dieser Figuren ist unbekannt.

18 Vgl. z. B. den großen Kruzifixus und weitere Arbeiten im nahen St. Trudpert, den Kanzelträger aus Neukirch im Augustinermuseum Freiburg (Noack-Heuck 1970, S. 28 ff.) und die Kreuzigungsgruppe in der kleinen, im 17. Jh. unter dem Patronat von St. Blasien stehenden Pfarrkirche St. Margaretha in Birkenfeld (Thöne 1975, S. 103 f.)

19 Kiefer 1911, Bd. I, S. 72 ff.

20 Horn/Meyer 1954, S. 34 f.; Spuler/Dobras 1984, S. 57; Puchta 1994, S. 10 f.

21 D.O.M.S./ RARAE ERVDITIONIS, VITAEQ(UE) PROBITATE MAXIME CONSPICVO VIRO, D(OMI)N(O) VALENTINO HEIDERO, IVRIS CONSVLTO CELEBERRIMO, REIP(UBLI)CAE) PATRIAE LINDAVIENSIS CONSILIARIO ET SYNDICO FIDELISSIMO, EIVSDEMQ(UE) NEC NON ALIORVM EVANGELICORVM STATVVM ET RERVM PVBLICARVM VNIVERSALIS GERMANIAE PACIS TRACTATIBVS LEGATO, DE SINGVLIS OPTIME MERITO, PATERNARVM VIRTVTVM, FIDEI ET AMORIS IN PATRIAM MAXIME AEMVLO, PRO SINGVLARI CONSTANTIQ(UE) IN PIE DEFVNCTVM ADFECTIONE CONTESTANDA, MONVMENTVM HOCCE PONI CVRAVIT EIVSDEM VIDVA MARGARETA ELISABETHA REIP(UBLICAE) LVBECENSIS P(RO) T(EMPORE) CONSVLIS DOCT(ORIS) DAVIDIS GLOXINI FILIA.

22 Die linke Herme in Form eines alten Mannes mit einer Sense wurde in der Literatur übereinstimmend Chronos genannt. Die rechte Herme ist als Frau gebildet; sie hält eine fragmentarisch erhaltene Schlange in der Hand. Lohse verstand sie als »Veritas« (Lohse 1960, S. 10 f., 87, Nr. 35). Wahrscheinlich trifft diese Deutung nicht zu, denn die beiden Rahmenfiguren dürften sich inhaltlich ergänzen. Wenn das Schlangenfragment das Relikt eines Ouroboros ist, wäre die Figur als »Aeternitas« (Ewigkeit) zu bezeichnen (vgl. Reallexikon zur deutschen Kunstgeschichte Bd. VI. München 1973, Sp. 617–639). Sie stellte dann die Antithese zu

Chronos als Personifikation der vergänglichen Zeit (»Tempus«) dar.

23 Kopie nach einem der Porträts von Heider (u. a. im Lindauer Rathaus und in der evangelischen Pfarrkirche in Kempten). Zu dem Lindauer Bild siehe Pfaff-Stöhr 1980, S. 12.

24 Entsprechende Recherchen im Lindauer Stadtarchiv blieben ergebnislos.

25 Lohse 1960. Laut brieflicher Mitteilung vom 22. 5. 96 zieht Fritz Fischer, Stuttgart, diese Zuschreibung in Zweifel und erwägt den bisher nur als Elfenbeinschnitzer bekannten Johann Caspar Schenck als Autor. Eine Stellungnahme zu dieser Ansicht ist derzeit nicht möglich.

26 Der Komposition steht Annibale Caraccis Auferstehung (Paris, Louvre) am nächsten. Das Bild befand sich während Storers Mailänder Arbeitsphase noch in Bologna, so daß er es dort gesehen haben könnte (Rom 1986, 52 f. Die hier aufgeführten Nachstiche kommen als Vorlagen noch nicht in Frage).

27 Appuhn-Radtke 1992, Bd. II, S. 275 ff., Kat.Nr. G 31. Zu Storers niederländischer Prägung, die in einem Vorbild der ›Auferstehung‹ greifbar ist, vgl. Appuhn-Radtke 1996, S. 58, Anm. 51.

28 ZS 8065, fol. 37. Rötel, 275 x 194 mm.

29 Eger 1932, H. 3/4. Über die bisher unbekannte Beziehung Zehenders zu Storer: Appuhn-Radtke 1992, Bd. I, S. 178–185.

30 Eine stilistische Abhängigkeit Schencks von Storer konstatierte bereits Feuchtmayr 1936 I, S. 26. Ihm folgte Boeck 1953, S. 69 f. Da das Werk Storers bisher zu wenig bekannt war, um einen Überblick über dessen Stilistik zu ermöglichen, blieben diese Hinweise aber wenig nachvollziehbar.

31 Vgl. u. a. Johannes von der Kreuzigungsgruppe in Sonderbuch bei Zwiefalten (Lohse 1960, S. 92 f., Nr. 46, Abb. 14).

32 Vgl. die bekrönenden Engel auf dem Thomasaltar im Konstanzer Münster (Reiners 1955, S. 312–316; Lohse 1960, S. 83 f., Abb. 15) und die Michaelsfigur im Rosgartenmuseum (Lohse 1968, S. 122).

33 Lohse 1960, S. 85 f., Nr. 32.

34 Mailand, Biblioteca Ambrosiana: 54. INF. 1410.

35 Lohse 1960, S. 80, Nr. 16; Dobras 1989, S. 8, 13. Siehe auch hier, Kat.Nr. 11.

36 Euw 1969, S. 200, Nr. 24; Felder 1988, S. 120, Abb. 65. Siehe auch hier, Kat.Nr. 9.

37 Lohse 1960, Abb. 27. Zu diesem und weiteren Flachreliefs von Schenck: Kobler 1986, S. 328–333. Siehe auch hier, Kat.Nr. 26.

38 Wie Giulio Bora entdeckt hat, kopierte Storer die Reliefs des Cerano an der Mailänder Domfassade; zwei der Zeichnungen haben sich in römischem Privatbesitz erhalten (Bora 1991, S. 29 f., Abb. 2).

39 Vgl. Mailand 1973, Bd. I, III.

40 Klare Richtlinien für die Diözese Mailand enthalten: Borromeo 1577 und Borromeo 1624. Vgl. zu den Auswirkungen Mailand 1982; Mayer-Himmelheber 1984; Jones 1993.

41 Pier Francesco Mazzucchelli gen. Il Morazzone (1572–1626), Mailand, Brera, 99 x 75 cm (Coppa 1989, S. 139).

42 Zum Typus dieser Bilder vgl. Cattaneo 1983, S. 33–38.

43 Bora 1991, S. 29 f., Abb. 1; Appuhn-Radtke 1992, Bd. I, S. 34 f., Abb. 21.

44 Frdl. Hinweis von Friedrich Kobler, München (vgl. Müller 1965, S. 257–262).

45 Appuhn-Radtke 1992, Bd. II, S. 300, Kat.Nr. G 49. Das Bild wurde zwar im 19. Jh. übermalt, so daß der Kopf Christi heute gänzlich nazarenisch wirkt, aber eine Nachzeichnung des Storer-Schülers Johann Achert gibt den ursprünglichen Bestand, der noch unter der Übermalung liegen dürfte, wieder. Eine restauratorische Untersuchung des Bildes wäre außerordentlich wünschenswert.

46 Zu dem diesbezüglichen Vorschlag von Christian Theuerkauff siehe Appuhn-Radtke 1996, S. 58, Anm. 52. Zu einer neuen Identifikationsmöglichkeit vgl. hier, Zimermann, S. 46

47 Szilágyi 1982, S. 81 ff.

48 Appuhn-Radtke 1996, S. 52, Abb. 6.

Ulrich Knapp

Hans, Christoph und Hans Christoph Schenck

Eine Skizze zum Werk der älteren Schenck-Generationen

Eine Würdigung des Werkes von Christoph Daniel Schenck, die das Schaffen der älteren Familienmitglieder nicht mitberücksichtigt, würde sich leicht dem Vorwurf der Voreingenommenheit oder des mangelnden historischen Bewußtseins aussetzen. Liegt es doch nahe, daß Christoph Daniel prägende Eindrücke in der väterlichen Werkstatt gewonnen und hier auch seine erste handwerklich-künstlerische Ausbildung erhalten hat[1]. Leider besitzen wir bis heute noch kein griffiges Bild von dieser Werkstatt und den Werken, die aus ihr hervorgegangen sind. Zwar sind Einzelstücke bekannt, meist befinden sie sich aber nicht mehr am ursprünglichen Ort und sind in der Zuschreibung umstritten. Die weitaus meisten Arbeiten gelten indes als verschollen. Es fehlte damit schon an einer sicheren Vergleichsbasis, um das Verhältnis Christoph Daniels zu seinen Vorgänger-Generationen richtig zu beurteilen. Die nachfolgenden Ausführungen können hier nicht mehr als einen schlaglichtartigen Ausblick auf das Werk dieser Generation vermitteln, das einer weiteren Aufarbeitung bedarf. Vor der Klärung von Werkzusammenhängen und Werkgruppen sind allerdings einige biographische Daten zu diesen Bildhauern vorauszuschicken.

Leben und Werk der Bildhauer Hans, Christoph und Hans Christoph Schenck waren bislang in ein seltsames Dunkel gehüllt. Zwar kannte man aus den Quellen Einzelaufträge an diese Bildhauer, doch blieben die verwandtschaftlichen und werkstattmäßigen Zusammenhänge ungeklärt. Das bereits von Heinrich Habel 1971 erwähnte Todesdatum Christoph Schencks[2] blieb von der Schenck-Forschung ebenso unbeachtet wie die von Obser 1916 veröffentlichte zeitgenössische Beschreibung der Salemer Schenck-Altäre durch Crassus[3]. Bis heute werden Christoph und Hans Christoph Schenck als eine Person betrachtet, als Vater des Christoph Daniel Schenck[4]. Keiner von den dreien fand bislang Berücksichtigung in einem der kunsthistorischen Überblickswerke oder einer regionalen Kunstgeschichte.

Das Werk der drei Bildhauer gilt auch heute noch weitgehend als verschollen oder untergegangen und ihre biographischen Daten waren nur zu einem geringen Maße bekannt. So ging die bisherige Forschung davon aus, daß es sich hier nur um zwei Bildhauer, zwei Brüder mit den Namen Hans und Christoph, handelte, von denen Christoph der Vater Christoph Daniel Schencks gewesen sei. Nachdem Hans Rott erstmals archivalische Nachrichten zu Hans Schenck publiziert hatte[5], konnte Brigitte Lohse 1955 das Wissen um Hans und Christoph (Hans Christoph) Schenck um einige neue Werke erweitern[6].

Die schweizerischen Arbeiten der Schenck und der in deren Umkreis tätigen Schreiner und Maler unterzog erstmals Adolf Fäh einer ausführlicheren Würdigung[7]. Er prägte für die Altargruppe, an denen die Schenck mitbeteiligt waren, den Begriff der »Salemer Altarbauschule«. Fäh stützte sich dabei vor allem auf die Tatsache, daß alle diese Altäre unter maßgeblicher Beteiligung der Salemer Konversen Georg Buck, Leonhard Willemann, Desiderius Nußbom und Aegidius Rebsomer entstanden waren. Die Salemer Altarausstattung, durch eine von Karl Obser veröffentlichte zeitgenössische Beschreibung überliefert, ist ebenso untergegangen, wie die Altäre aus den St. Gallener Kirchen.

Zur Biographie von Hans, Christoph und Hans Christoph Schenck

Unsere Kenntnis um das Werk der älteren Schenck-Generation wird durch eine wichtige Korrektur wesentlich verändert. Christoph und Hans Christoph Schenck sind nicht, wie bislang angenommen, ein und dieselbe Person, sondern Vater und Sohn. Es handelt sich also um drei Bildhauer aus zwei Generationen, die die im folgenden näher zu untersuchende Werkgruppe geschaffen haben. Vieles aus dem persönlichen Leben der drei Bildhauer bleibt jedoch auch heute noch ungewiß.

Hans Schenck, vermutlich um 1580/90 in Mindelheim geboren, wurde auf seinen Antrag hin und nach Fürsprache von Bischof Jakob Fugger (1604–1626)[8] im Jahre 1612 als Insasse in Konstanz aufgenommen[9]. Am 7. Januar 1613 bat er um das Bürgerrecht, das ihm auch gewährt wurde[10]. Als Hans Schenck nach Konstanz kam, hatte er bereits eine eigene Familie gegründet. Am 3. Oktober 1611 hatte er in Mindelheim Anna Schlechen von Rauna geehelicht[11], und am 30. Juli des darauffolgenden

Jahre wurde das erste Kind des Paares, die Tochter Maria Barbara, in Mindelheim getauft[12]. Nach der Übersiedlung nach Konstanz wurden die Kinder Johann Christoph (17. 10. 1613), Anna Maria (21. 10. 1614), Katharina (2. 6. 1616), Johann (27. 11. 1618), Christophorus (19. 1. 1620), Johann Christoph (9. 2. 1621) und Ursula (13. 3. 1627) geboren[13]. Im Jahre 1616 lieh Hans Schenck das Haus zum Sittich von dem Maler Hans Asper († vor 1655)[14]. Hans Asper und Hans Schenck scheinen auch gemeinsame Aufträge abgewickelt zu haben, wie beispielsweise den Barbara-Altar im Konstanzer Münster aus dem Jahre 1628, dessen Gemälde von Hans Asper geschaffen wurde, während die Bildhauerarbeiten der Werkstatt von Hans Schenck zuzuschreiben sind. Zwar haben sich Quellen zu seinen Werken erhalten, aus denen unter anderem hervorgeht, daß bei der Ausführung der Altarfiguren für den Hochaltar der Klosterkirche Neu-St. Johann dessen Sohn (Johann oder Christophorus) mitgearbeitet hat, doch besitzen wir keine weiteren persönlichen Daten von ihm. Am 5. Januar 1648 wurde Hans Schenck, der wie die meisten katholischen Künstler in Konstanz Mitglied der marianischen Kongregation war[15], zu Grabe getragen[16].

Christoph Schenck, vielleicht ein Bruder von Hans Schenck, blieb in Mindelheim ansässig. Er ist dort erstmals 1610 nachweisbar, besitzt 1616/19 ein Halbhaus im Spitalviertel[17] und erhält 1619 als »Pogner« eine jährliche Vergütung in Höhe von 4 fl von der Stadt Mindelheim[18]. Am 9. Februar 1612 meldeten Christoph Schenck und seine Frau Katharina in Mindelheim einen Sohn Johann Christoph zur Taufe an[19]. Dieser Sohn ist identisch mit dem 1633 in Salem tätigen Bildhauer Johann Christoph Schenck aus Mindelheim. Christoph Schenck starb am 5. Januar 1631 in Mindelheim[20]. Vermutlich erlag er einer längeren Krankheit, da man ihn 1630 in Salem vermißte und die von ihm begonnenen Arbeiten einem Dritten, dem Bildhauer Zacharias Binder, überlassen werden mußten.

Hans Christoph Schenck, 1633 erstmals in Salem tätig, scheint sich in Konstanz niedergelassen zu haben. Ein Johann Christoph Schenck, bei dem es sich wohl kaum um einen Sohn des Hans Schenck gehandelt hat, da der 1613 geborene Sohn dieses Namens vor 1621 starb, und der 1621 getaufte zweite Sohn mit diesem Namen 1633 noch nicht in heiratsfähigem Alter war, meldet zusammen mit seiner Frau Maria Schweigart ab 1633 insgesamt vier Kinder in der Konstanzer Pfarrei St. Stephan zur Taufe an: Christoph Daniel (26. 8. 1633), Magdalena (2. 8. 1636), Nikolaus (21. 3. 1638) und Johann Kaspar (6. 3. 1640). Johann Christoph Schenk war nachweislich bis mindestens 1656 tätig[21]. Wann und an welchem Ort er starb, konnte noch nicht geklärt werden. Aus den Protokollen des Konstanzer Domkapitels ergibt sich, daß er sich 1642 nach München begeben wollte[22]. Im selben Jahr ist er jedoch auch in St. Gallen nachweisbar und möglicherweise hatte er sich nach 1642 in St. Fiden bei St. Gallen, der zum Stift gehörenden Handwerkersiedlung, niedergelassen, denn ein aus St. Fiden stammender Maler Dominikus Schenck ließ sich 1664 wieder in Mindelheim nieder[23], wo er am 1. Januar 1685 starb[24].

In welchem Verhältnis die weiteren Bildhauer Schenck zu diesen drei Bildhauern standen, war nicht abschließend zu klären. Philipp Schenck heiratete am 8. Mai 1628 Barbara Widemann von Eifnen in Mindelheim[25]. Am 24. Januar 1629 wurde die erste Tochter des Paares auf den Namen Maria getauft[26]. Nach der Übersiedlung nach Konstanz wurden noch die Kinder Ignatius (30. 11. 1629) und Johann Christoph (28. 6. 1631) geboren[27].

Der in Mindelheim ansässige Bildhauer Georg Schenck († 7. 11. 1672) heiratete am 7. November 1623 Margarete Huberin. Das Paar meldete drei Kinder in Mindelheim zur Taufe an, Maria (23. 1. 1627), Barbara (6. 9. 1629) und Elisabeth (1. 1. 1632). Unklar bleibt, ob Georg ein Bruder der Bildhauer Hans und Christoph Schenck, oder vielleicht auch ein früh geborener Sohn des Christoph Schenck war.

Auch die verwandtschaftlichen Beziehungen zwischen den genannten Bildhauern und dem Elfenbeinschnitzer Johann Caspar Schenck sind noch nicht zufriedenstellend geklärt[28].

Hans Schenck

Von den Arbeiten Hans Schencks waren bislang nur die Skulpturen des 1619 geschaffenen Hochaltares in der Konstanzer Propstei Öhningen[29] und des 1642–44 errichteten Hochaltares in der Klosterkirche Neu-St. Johann[30] in die Forschung eingeführt. Die übrigen archivalisch gesicherten Arbeiten, wie die Altäre der St. Gallener Klosterkirchen St. Otmar und St. Gallus galten als verschollen[31]. Erste Funde werden hier den Forschungen Josef Grünenfelders verdankt[32]. Erhaltene Arbeiten in Konstanz scheinen vollkommen unbekannt. Zwar werden in den Quellen vereinzelt Arbeiten für das Konstanzer Münster erwähnt, die mit Hans Schenck in Verbindung gebracht werden können, wie die 1626 bis 1629 geschaffenen, aus dem Vermächtnis des Bischofs Jacob Fugger finanzierten Bildhauerarbeiten für den Hochaltar[33], doch gelten diese als verloren. Andererseits wäre es sehr verwunderlich, wenn gerade dieser Bildhauer, für den sich Bischof Jakob

*1 Apostel Petrus, Öhningen, Pfarrkirche. Hans Schenck
1619 (?)*

gar auf Franz Johann I. von Praßberg (1645–1689)
hin. Die beiden Skulpturen des Altares, die Apostel
Petrus (Abb. 1) und Paulus, befanden sich ursprünglich vermutlich auf der Innenseite der Altarädikula,
neben dem Tabernakel. Heute stehen sie auf Konsolen seitlich des Altarretabels. Vermutlich aus derselben Zeit stammen die Mutter Gottes (Abb. 2) am
nördlichen Seitenaltar, der die Maria vom südlichen
Seitenaltar in der Pfarrkirche Engen zur Seite gestellt werden kann, und der hl. Sebastian (Abb. 3) am
südlichen Seitenaltar in Öhningen. Die beiden Marienfiguren in Engen und in Öhningen entstammen
offensichtlich derselben Werkstatt, die man im Vergleich mit den Apostelfürsten aus Öhningen als die
Werkstatt von Hans Schenck identifizieren kann.
Die Figur des hl. Sebastian ist in Details den beiden
Marienfiguren, vor allem aber den Assistenzfiguren
der Radolfzeller Kreuzigungsgruppe vergleichbar.
Am 9. Mai 1622 hatte der Rat der Stadt Konstanz
dem Bildhauer ein an den Rat der Stadt Radolfzell
gerichtetes Empfehlungsschreiben ausgestellt[35]. Dieser Empfehlung folgte auch tatsächlich ein Auftrag
für die Radolfzeller Stadtpfarrkirche. Aus Schencks
Werkstatt stammt die heute an der südlichen Hoch-
schiffwand angebrachte, gut lebensgroße Kreuzigungsgruppe (Abb. 4)[36]. Ob Schenck auch an dem

Fugger (1604–1626) beim Rat der Stadt Konstanz
verwendet hatte, keine bischöflichen Aufträge erhalten hätte. Zu diesen Aufträgen gehören die Bildhauerarbeiten am Hochaltar der unter Jakob Fugger neu
errichteten Kirche der Propstei Öhningen. Zwar
weist eine Beschwerde des Malers Bartholomäus
Storer darauf hin, daß der Altar 1619 in Arbeit war[34],
das Praßberg-Wappen über dem Hauptbild des Altares weist aber bereits auf seinen Nachfolger, Bischof
Sixt Werner von Praßberg (1626–1627), vielleicht so-

*2 Mutter Gottes mit Jesusknaben, Öhningen, Pfarrkirche.
Hans Schenck zugeschrieben*

*3 Hl. Sebastian, Öhningen, Pfarrkirche. Hans Schenck zu-
geschrieben*

St. Gallener Auftrag muß für Schenck sehr wichtig gewesen sein, denn im weiteren wird im Vertrag ausgeführt: *Es hat sich beineben er maister Hans Schenck anerbotten, das, ob ein oder mer stuckh Ihr fürstlich gnaden, oder dero nachgesetzten nit gefielen, er dasselbige oder dieselbigen wider zu sich nemen, und an dero statt andere und bessere machen wolle.* Hans Schenck hat demnach in Konstanz eine Werkstatt von entsprechender Größe unterhalten, während man in St. Gallen aus Kosten- oder Kapazitätsgründen keine eigene Werkstatt hatte, wie dies bei anderen Klöstern durchaus üblich war[40]. Bereits

*4 Maria aus der Radolfzeller Kreuzigungsgruppe, Radolf-
zell, Stadtpfarrkirche. Hans Schenck 1622 (?)*

1629–32 entstandenen Rosenkranzaltar beteiligt war, wie gelegentlich vermutet wird[37], bedarf einer weiteren Untersuchung.

Unmittelbar auf den Radolfzeller Auftrag folgten die ersten Arbeiten für die Fürstabtei St. Gallen. Am 8. Juni 1623 werden ihm die Bildhauerarbeiten am Hochaltar der von Grund auf neu errichteten St. Otmar-Kirche übertragen. Der Auftrag umfaßte zwei 5 Schuh hohe Figuren der hll. Gallus und Otmar, zwei 4 Schuh hohe Figuren der hll. Karl und Bernhard, sowie mehrere Engel unterschiedlicher Größe[38]. Die Arbeiten waren bis Dezember 1623 fertiggestellt und am 13. Dezember quittierte Schenck den Erhalt der vertragsmäßigen Summe von 150 Gulden[39]. Der mit Schenck geschlossene Vertrag ist insofern aufschlußreich, als er unter anderem die Bestimmung enthält: *Diß alles* (die Bildhauerarbeiten) *soll er In seinem Hauß, Speiß, und auß seinem Holz machen, In seinen Costen alher zue Sanct Gallen lifern, und letztlich an das Gottshauß Preis auf sezen, Jedoch soll er des Gottshauß den furlohn von Rorschach biß gen Sanct Gallen zu bezalen schuldig sein.* Der

am 9. Februar 1624 wird mit Schenck ein neuer Vertrag über die Bildhauerarbeiten an zwei Altären für das Gallus-Münster und das Portal zum Chorgestühl geschlossen[41]. Die Skulpturen sollen *weiß gerauch*(t), *die angesichter lebhaft gefaßt werden*[42]. Dem Schreiber war dabei ein bezeichnender Fehler unterlaufen – er hatte statt *lebhaft* zunächst *lebendig* geschrieben. Am 2. Juni des darauffolgenden Jahres erhielt Schenck schließlich noch den Auftrag für die Bildhauerarbeiten am Orgelprospekt[43].

Die genannten Altäre fielen alle dem Neubau der Stiftskirche ab 1756 zum Opfer. Ihr Verbleib bzw. der Verbleib der Skulpturen ist noch nicht in allen Teilen geklärt. Zahlreiche der alten Altäre aus der Stiftskirche wurden bei deren Neubau an Landkirchen im Gebiet der Fürstabtei abgegeben, haben hier aber vielfach Veränderungen erlebt oder sind inzwischen ganz verloren.

Brigitte Lohse hat 1955 erstmals versucht, die Reste dieser Altäre wieder zusammenzutragen. Der aus Stuckmarmor bestehende Otmar-Altar war in die katholische Pfarrkirche von Berneck gekommen[44]. Entgegen der Ansicht von Lohse[45] befindet sich der Aufbau dieses Altares noch immer dort[46]. Allerdings weist der heute in der Bernecker Kirche befindliche Altar nicht das Wappen des Abtes Bernhard Müller (1594–1630), sondern dasjenige des Abtes Coelestin Sfondrati (1687–1696) auf. Auch das heutige Figurenprogramm mit den Apostelfürsten Petrus und Paulus stimmt mit dem archivalisch bezeugten Programm des Altares nicht überein[47]. Offensichtlich waren 1761, als die Altäre aus der alten Stiftskirche auf die Landkirchen verteilt worden sind, Altaraufbauten und Skulpturen getrennt und für den neuen Aufstellungsort jeweils wieder neu zusammengestellt worden. So handelt es sich bei dem, allerdings veränderten, zweigeschossigen Altaraufbau des Bernecker Hochaltares zwar um den Hochaltar aus St. Otmar, die Hauptfiguren stammen jedoch von einem anderen Altar. Die Suche nach den originalen Hochaltarskulpturen ist schwierig. Zwar gibt es in den St. Gallener Landkirchen zahlreiche Statuen dieser beiden Heiligen, meist läßt sich jedoch keine Verbindung zu Hans Schenck herstellen. Auch in der St. Gallener Stiftskirche selbst befinden sich noch einzelne Skulpturen der früheren Ausstattungen. Am augenfälligsten sind die beiden Statuen des hl. Gallus (Abb. 7) und des hl. Otmar (Abb. 8), die heute über dem Chorgestühl Josef Anton Feuchtmayers zu sehen sind. Ein Vergeich mit dem hl. Sebastian in Öhningen und dem hl. Laurentius in Grub unterstreicht die Autorschaft Hans Schencks an den beiden Figuren. Bei ihnen kann es sich möglicherweise um jene verschollenen Hauptfiguren des Altares aus St. Otmar handeln. Noch zum Altbestand dieses Altars zählen die beiden sitzenden Engel über dem Hauptgesims und die Engel im Auszug[48].

Allerdings sind sie durch eine entstellende Ganzvergoldung in ihrer Wirkung stark beeinträchtigt.

Der Kreuzaltar aus der Stiftskirche St. Gallen kam 1761 nach Grub, wurde jedoch 1843/45 weitgehend durch Brand zerstört, als er zur Restaurierung in eine Werkstatt nach Götzis gebracht worden war[49]. Heute sind in der katholischen Pfarrkirche von Grub noch zwei, nicht zusammengehörige Figuren vorhanden, ein unterlebensgroßer hl. Mauritius (Höhe 125 cm oder etwa 4 Schuh) (Abb. 22) und ein etwa lebensgroßer Laurentius (Höhe 160 cm oder etwa 5 Schuh) (Abb. 5), zudem mehrere Putti unterschiedlicher Größe. Die beiden Heiligen scheinen nicht von derselben Hand zu stammen. Während sich der eher spröde Stil des hl. Laurentius gut mit den bereits genannten Arbeiten von Hans Schenck vergleichen läßt, zeigt der hl. Mauritius doch eine gänzlich andere, weichere Figurenauffassung, die sich vor allem an dem plastisch durchmodellierten, muskulösen Körper des Heiligen ablesen läßt. Hier-

5 Hl. Laurentius, Grub, kath. Pfarrkirche. Hans Schenck zugeschrieben

in unterscheidet sie sich grundlegend von entsprechenden Arbeiten des Hans Schenck, wie etwa dem hl. Sebastian in der Öhninger Kirche. Aus diesem Grunde muß diese Figur aus seinem Œuvre ausgegliedert werden.

Bei den archivalisch gesicherten Arbeiten Schencks ist nun eine beachtliche Lücke zwischen 1626 und 1642 zu verzeichnen. Zwar stellt der Rat der Stadt Konstanz ihm am 17. Juni 1626 ein Empfehlungsschreiben an den Abt von Salem aus[50], doch muß offen bleiben, ob er tatsächlich an der ersten barocken Ausstattung des Salemer Münsters mitgewirkt hat. In den Salemer Rechnungen ist er für das Rechnungsjahr 1629/30 ausschließlich mit einer Zahlung für die Lieferung von *6 blöckh Lindenholz undt umb ain Khunstbuch* für insgesamt 20 fl 30 x nachzuweisen[51].

Am 14. September des Jahres 1642 schloß Fürstabt Pius Reher (1630–54) mit Hans Schenck den Vertrag über die Bildhauerarbeit am Hochaltar der Klosterkirche Neu St. Johann im Thurtal[52]. Das St. Gallener Priorat Neu St. Johann war ab 1626 nach einem Idealplan von Pietro Andreota errichtet worden[53]. Die Entwürfe für die ab 1641 errichtete Klosterkirche hatte Abt Pius Reher am 5. April 1641 mit dem Weingartener Konventualen und Architekturdilletanten Gabriel Bucelin durchgearbeitet[54], und im Mai desselben Jahres wurde mit den Fundamentierungsarbeiten begonnen[55]. Die Bauleitung hatte Alberto Barbieri aus Roveredo. Bis 1642 war der Bau unter Dach, doch bereits 1644 mußte er wegen finanzieller Engpässe eingestellt werden[56]. Abt Gallus Alt (1654–1687) schließlich ließ die Kirche vollenden, die am 17. Mai 1680 geweiht wurde[57].

Wiederholt wird berichtet, der Altar sei der Konstanzer Werkstatt der Brüder Hans und Christoph Schenck in Auftrag gegeben worden[58]. Tatsächlich wird in dem Vertrag jedoch nur der Bildhauer Hans Schenck genannt, so daß man davon ausgehen muß, daß er auch der alleinige Auftragnehmer war. Wieviele Gesellen er bei der Ausführung des Auftrages beschäftigte und ob sein Neffe Johann Christoph dabei mitwirkte, kann nur durch eine stilkritische Untersuchung der Altarskulpturen ermittelt werden. Bemerkenswert sind die enormen plastischen Unterschiede zwischen den Figuren der beiden Apostel Petrus und Paulus und den anderen Skulpturen des Altares. Zeichnet sich etwa der Apostel Paulus (Abb. 18), dessen über dem Spielbein hochgeschlagenes Obergewand dem linken Seitenkontur parallel läuft und der Figur so ein dominantes Form-Motiv verleiht, durch eine körperbetonte, Volumen füllende, beinahe weiche Modellierung aus, die mit großen Bewegungsmotiven kombiniert ist, so erscheinen die Engel mit den Leidenswerkzeugen, aber auch das Pendant, der Apostel Petrus (Abb. 6),

eher statuarisch streng; eine Wirkung, die durch eine härtere Faltengebung, bei der plane Flächen aufeinanderstoßen und sich in scharfen Kanten und Brüchen verwerfen, unterstrichen wird. Diese Figuren heben sich mit ihren ebenmäßigen, beinahe idealtypischen Köpfen von jenen tiefgefurchten Angesichtern des Apostel Paulus und der beiden Ordensheiligen Benedikt und Gallus ab. Die beiden hier manifest werdenden künstlerischen Temperamente sind so unterschiedlich, daß man nicht davon ausgehen kann, die Figuren stammten aus einer Hand oder einer Werkstatt. Ein Vergleich mit den älteren, für Hans Schenck und seine Werkstatt gesicherten Arbeiten zeigt, daß die der strengeren, in gewisser Weise auch härteren Auffassung folgenden Skulpturen seiner Werkstatt zuzuweisen sind, während der Apostel Paulus und die hll. Benedikt und Gallus bereits eine modernere Figurenauffassung vertreten.

6 Apostel Petrus, Neu St. Johann, Pfarrkirche. Hans Schenck 1643/44

Mit den Arbeiten in Öhningen und in Neu St. Johann sind die Eckpunkte für die Rekonstruktion des plastischen Œuvres von Hans Schenck und seiner Werkstatt gegeben. Auf die vermutlich ebenfalls um 1620 entstandene Marienstatue am rechter Seitenaltar in der Pfarrkirche Engen wurde bereits hingewiesen. Bei dem Altar handelt es sich um den im Jahre 1900 aus dem Konstanzer Münster entfernten und teilweise veränderten Altar der Margarethenkapelle, der von Fürstbischof Jakob Fugger (1604–1626), also dem Förderer von Hans Schenck, gestiftet worden war[59]. 1628 entstand der Barbara-Altar im Konstanzer Münster, dessen Bildhauerarbeit, insbesondere die Sitzfigur der hl. Barbara der Werkstatt von Hans Schenck entstammen[60]. Die sitzende Mutter Gottes im Auszug des vermutlich 1634 errichteten Altares der Magdalenkapelle hingegen verweist mit ihrer weicheren Ausformung eher auf das Werk von Hans Christoph Schenck[61].

Vermutlich dürften noch weit mehr der für das Konstanzer Münster geschaffenen Bildhauerarbeiten der Jahre zwischen 1612 und 1648 aus der Werkstatt von Hans Schenck gekommen sein. So stiftete etwa im August 1621 der »Undercustos« Johann Christoph Keller 12 aus Holz geschnitzte Apostel mit der Bitte, sie im Chor oberhalb des Kaffgesimses aufzustellen[62]. Dieser Bitte wurde jedoch nicht nachgekommen und nach Errichtung eines neuen Hochaltares aus dem Vermächtnis des Fürstbischofs Jacob Fugger wurden die zwölf Apostel den Erben Kellers im Jahre 1628 zurückgegeben[63]. Unter den Ausgaben für diesen Altar werden auch 650 fl für 2 Bildhauer verbucht. Man geht sicher nicht fehl in der Annahme, es handele sich dabei um Hans Schenck und einen weiteren Bildhauer, möglicherweise den archivalisch bezeugten Philipp Schenck, dessen Werk bislang vollkommen im Dunkeln liegt. Auch bei der 1628 für den Guß der neue Ave-Maria-Glocke des Münsters von einem namentlich nicht genannten Bildhauer geschaffenen Model einer Marienfigur ist an Hans Schenck zu denken[64]. Die 1628 bereits vorliegenden Model für die Figuren der hll. Konrad und Pelagius können ebenfals auf Hans Schenck zurückgehen[65]. Der Wirkungskreis von Hans Schenck dürfte den gesamten westlichen Bodenseeraum umfaßt haben. Wie ein Beispiel aus Immenstaad zeigt, ist hier sicher noch mit manchem Fund zu rechnen. 1628/29 erhielt die dortige Pfarrkirche einen neuen Altar, die Skulpturen wurden von dem Bildhauer von Konstanz geliefert[66]. Ein heute noch in der dortigen Kirche befindlicher hl. Sebastian (Abb. 7) kann von diesem Altar stammen. Stilistisch steht er jedoch eher dem Werk Hans Christoph Schencks nahe.

Betrachtet man nun das ansatzweise erschlossene Werk von Hans Schenck, so zeigt sich eine gewisse

7 *Hl. Sebastian, Immenstaad, Kath. Pfarrkirche*

Konstanz in der Figurenauffassung, eine bisweilen spröde, harte Ausbildung der Gewandung kombiniert mit idealtypischen Körperformen. Parallelen lassen sich dabei durchaus zum Werk von Jörg Zürn dem Älteren aufweisen, doch muß hier ausdrücklich auf den unterschiedlichen konzeptionellen Ansatz des Figurenaufbaues hingewiesen werden. Die Gemeinsamkeiten sind eher allgemeiner Naur, vielleicht kennzeichnen sie allgemein das Schaffen dieser »Umbruchsgeneration«. In den idealtypischen Köpfen findet die »nordische Renaissance« ihre Reminiszenz, in der Figurenauffassung und der Durchbildung der Gewänder zeigen sich jedoch deutliche Temperamentsunterschiede. Bleibt Zürn mit seinen plastisch durchgearbeiteten Brokatgewändern und schweren Stoffen letztlich der Spätgotik verhaftet, so zeigt sich bei Hans Schenck der Einfluß italienisch geprägter Plastik Oberösterreichs und Augsburgs. Die künstlerische Wurzel Schencks liegt also nicht in der Plastik des Bodenseeraumes, sondern in Augsburg und Bayerisch-Schwaben. Als dominierende Künstlerpersönlichkeit ist hier der Niederländer Hubert Gerhard (um 1150–1622/23) zu nennen, der gemeinsam mit Carlo Pallago († 1604) um 1580/90 für Hans Fugger einen Zyklus von Terracotta-Figuren für den Saal in Schloß Kirchheim an der Mindel geschaffen hatte[67]. Ungefähr gleichzeitig waren die Terracotta-Figuren für St. Ulrich und Afra in Augsburg entstanden[68]. Vieles spricht dafür, in Gerhard das künstlerische Vorbild, wenn nicht gar einen Lehrmeister von Hans Schenck zu sehen. Neben Gerhard darf hier aber auch Hans Degler nicht ganz aus der Betrachtung ausgeblendet werden. Gerade bei der Ausbildung der Extremitäten und der Gewandgestaltung sind Parallelen zwischen beiden Bildhauern festzustellen.

Schencks Erscheinen im Bodenseeraum kommt damit einem krassen Bruch mit dem Stil Hans Morincks (†1616), dessen Arbeiten in Konstanz omnipräsent waren, einerseits und dem Schaffen der Zürn andererseits gleich. Seine den großen Wurf, die große Geste thematisierenden Figuren können als erstes Aufleuchten barocker Plastik am Bodensee interpretiert werden.

Christoph Schenck

Das Wissen um Christoph Schenck, von dem vermutet wurde, er sei der Bruder des Hans Schenck, ist wesentlich geringer als das über jenen. Er hatte seinen Wohnsitz und seine Werkstatt in Mindelheim, nutzte aber, wie beispielsweise im Falle Salem, durchaus fremde Werkstätten, die man ihm zur Verfügung stellte, um seine Arbeiten auszuführen. Die frühesten archivalisch gesicherten Werke befinden sich in der Wallfahrtskirche Maria Rain bei Nesselwang. 1619 wurde die Kirche renoviert und bei Christoph Schenck ein neuer Tabernakelaltar in Auftrag gegeben. Die Altäre des 17. Jahrhunderts fielen zwar einer Erneuerung im 18. Jahrhundert zum Opfer, doch haben sich die Skulpturen Schencks am heutigen Tabernakelaltar erhalten[69]. Die Skulpturen von Moses und Aaron, Melchisedech und Abraham sowie von Anna und Joachim stehen mit ihren weichen, buschigen Formen den Arbeiten von Hans Reichle (um 1570–1642) nahe. Man vergleiche etwa Schencks Moses aus Maria Rain (1618) mit Reichles Erzengel Michael von der Fassade des Augsburger Zeughauses (1607) oder den Reichle zugeschriebenen Terracotta-Büsten aus St. Ulrich und Afra, heute in den Städt. Kunstsammlungen in Augsburg[70].

Am bemerkenswertesten ist jedoch die bühnenhaft inszenierte Darstellung des Abendmahls für den Tabernakel. 1627 schuf Christoph Schenck für die Pfarrkirche Eppishausen einen Kruzifix und im folgenden Jahr zwei Statuen, den hl. Dominikus und die hl. Katharina von Siena, die alle drei als verschollen gelten[71].

Im Jahre 1627 wird der Bildhauer erstmals in den Salemer Rechnungen genannt. Er fertigte die Skulpturen zu dem dortigen Hochaltar und die an dem Hochaltartabernakel angebrachten zwölf Reliefs[72].

Der Altar selbst entstand arbeitsteilig; die auf unterschiedlichste Schnitzarbeiten spezialisierten Bildhauer arbeiteten daran seit 1626[73]. Der Altar, von Crassus beschrieben[74], wurde spätestens 1750 abge-

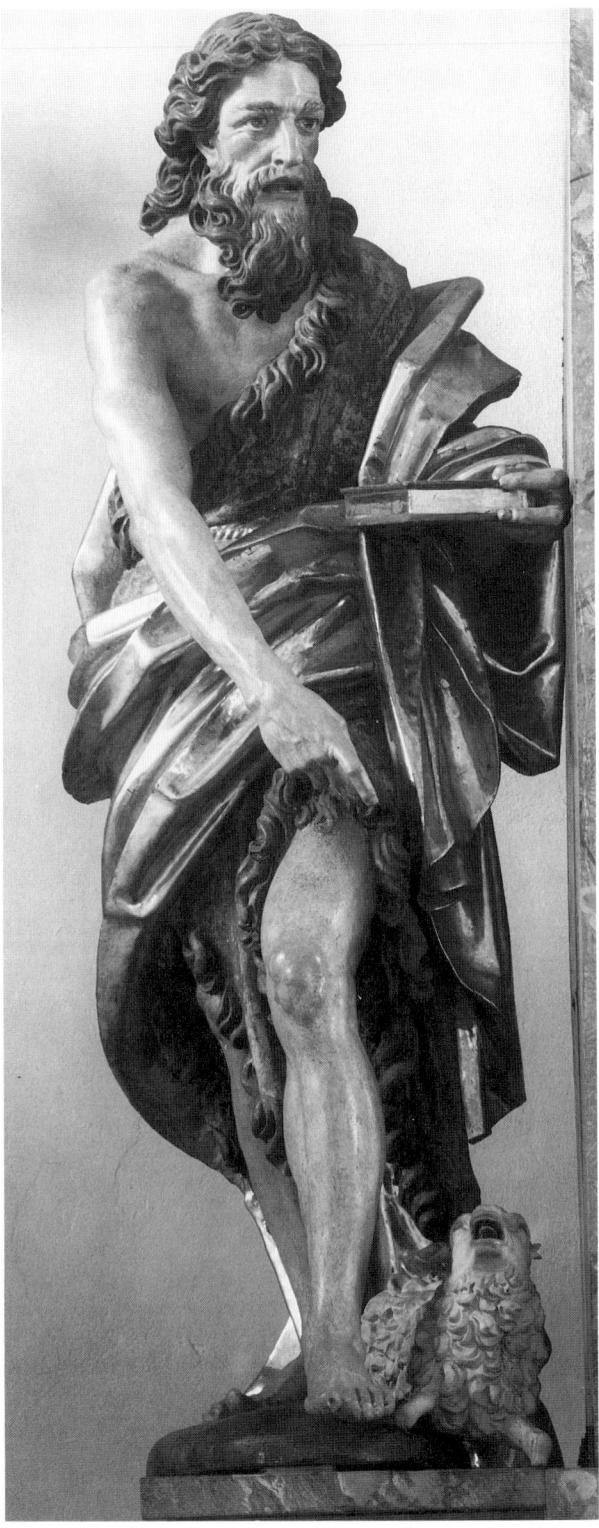

8 Johannes der Täufer, Sauldorf, Pfarrkirche. Christoph Schenck 1628/30

baut und die Skulpturen wurden auf unterschiedliche Standorte verteilt. Im Jahre 1765 scheinen die 8 Schuh hohen Figuren der hll. Benedikt und Bernhard noch in Salem vorhanden gewesen zu sein, wie

9 Johannes der Evangelist, Sauldorf, Pfarrkirche.
Christoph Schenck 1628/30

eine Entwurfsskizze von Fr. Humbert zur Neugestaltung des Salemer Münsterchores aus diesem Jahr nahelegt.

Die Bildhauerarbeiten Schencks umfaßten die jeweils 5 Schuh 8 Zoll hohen Figuren von Johannes dem Täufer und Johannes dem Evangelisten, die 8 Schuh hohen Standbilder der hll. Bernhard und Benedikt, die jeweils 4 Schuh hohen Erzengel Gabriel und Raphael, die hll. Katharina und Agatha, jeweils 5 Schuh 3 Zoll hoch, und eine Michaelsgruppe von 5 Schuh Höhe[75]. Die beidseits des Tabernakels stehenden Johannesskulpturen waren *ad vivum exculptus* und polychrom gefaßt, die übrigen Figuren vermutlich weiß wie die erhaltenen Skulpturen des Salvator und der Maria, oder, wie sich Crassus in Bezug auf die zwölf Apostel ausdrückte, *omnes quasi gypsato opere factae*[76].

Von diesen Skulpturen konnten bislang nur diejenigen Johannes des Täufers (Abb. 8) und Johannes des Evangelisten (Abb. 9) wiedergefunden werden. Sie waren in die Kapelle des Salemer Schlosses Kirchberg bei Hagnau gelangt. Nach dem Abbruch dieser Kapelle im Jahre 1829/30 wurden sie zusammen mit den von Johann Georg Wieland geschaffenen Seitenaltären der Kapelle nach Sauldorf verkauft, wo sie sich noch heute befinden[77].

Nach Vollendung des Hochaltares sollte Christoph Schenck einen Apostelzyklus für das Salemer Münster schaffen. Von seiner Hand stammen noch die 8 Schuh hohen Skulpturen des Salvator (Abb. 11) und der Maria (Abb. 12) im ersten Chorjoch, die Ausführung der zwölf Apostel konnte er jedoch nicht mehr vollenden. Die teilweise begonnenen Figuren wurden daher am 8. März 1630 Zacharias Binder in Auftrag gegeben[78], der sie bis zum 7. September 1630 vollendet hatte[79]. Die Arbeiten mußten den Salemer Konversen Georg Buck und Leonhardt Willemann zur Begutachtung vorgelegt werden. Aus dem Vertrag ergibt sich auch, daß *schon etwas von Hawer Arbaith durch Christoph Schenckh außgehawen geweßen*. Vermutlich handelte es sich dabei um die Figur des Johannes (Abb. 15), deren Kopfform derjenigen Mariens auffallend nahe steht.

Die Salemer Arbeiten Schencks, insbesondere die beiden Johannesstatuen, zeigen deutlich den Einfluß von Hubert Gerhard und Hans Krumper; hier ist vor allem auf die Portalskulpturen der Münchener Residenz zu verweisen. Prägendes Vorbild dürfte jedoch Hubert Gerhard gewesen sein, dessen Terrakotten, vor allem aber dessen Bronzebildwerke an den öffentlichen Gebäuden und auf den Plätzen Augsburgs, Schenck sicher aus eigener Anschuung bekannt waren. Möglicherweise kannte er auch die 1593 von Hubert Gerhard für das Grabmal Wilhelms V. geschaffene Mutter Gottes mit Jesusknaben (Abb. 13), die später auf dem Münchener

Marienplatz aufgestellt wurde. So sind Analogien zwischen der Salemer Mutter Gottes und der Plastik Gerhards nicht zu übersehen. Geradezu verblüffend sind aber auch die Parallelen zum Werk Georg Petels. Gerade der Kopf Johannes des Täufers (Abb. 10), vor 1629 entstanden, weist eine erstaunliche Verwandtschaft zu dem Petel zugeschriebenen sog. Pálffy-Kruzifix in der Christkönig-Kirche in Marchegg auf, der um 1629/30 angesetzt wird[80], und dem etwa gleichzeitig entstandenen Aislinger Sebastian[81]. Mit diesen wenigen Vergleichen soll keineswegs ein Abhängigkeitsverhältnis zwischen Christoph Schenck und Georg Petel konstruiert werden, vielmehr sollen sie zeigen, wie aktuell das Werk Christoph Schencks war, das in vielem dasjenige von Hans Schenck übertrifft. Christoph Schenck scheint dabei aus ähnlichen Quellen geschöpft zu haben wie Petel, doch vermögen wir heute über die künstlerische Ausbildung des Mindelheimer Meisters nur zu spekulieren. Hier ist vor allem auf den ausgeprägten Detailrealismus hinzuweisen, der beispielsweise bei der Ausbildung der buschigen Augenbrauen an der Skulptur Johannes des Täufers gut beobachtet werden kann. Die Art der Ausarbeitung ist dabei merkwürdigerweise derjenigen bei der Arbeit mit plastischem Material üblichen ähnlich. Vielleicht ein Hinweis darauf, daß Christoph Schenck und vielleicht auch Georg Petel, einen prägenden Teil ihrer Ausbildung bei einem Plastiker – Hubert Gerhard, vielleicht aber auch Hans Reichle – erhalten haben.

Hans Christoph Schenck

Hans Christoph Schenck wird als Bildhauer erstmals 1633 faßbar, als er die fünf gut lebensgroßen Skulpturen des Salemer Kreuzaltares schuf. Der Altar umfaßte das Kruzifix, Johannes und die drei Marien unter dem Kreuz. Die Figuren waren so angebracht, daß sie frei im Raum standen[82]. Beim Umbau des Salemer Münsters 1750/51 wurde dieser Altar abgebaut. Die Figuren und die Altarsäulen verwen-

11 Salvator. Salem, Münster. Christoph Schenck, 1629 (?)   *12 Mutter Gottes. Salem, Münster. Christoph Schenck, 1629 (?)*

die Pfarrkirche Sauldorf[85]. Die Skulpturen waren polimentvergoldet bzw. polimentversilbert, das Inkarnat warmtonig grau-rosa gefaßt[86].

1633 hatte sich Hans Christoph Schenck in Konstanz niedergelassen, doch lassen sich keine Arbeiten von ihm in den nächsten Jahren nachweisen. Erst 1637 wird er aktenkundig, als er den Auftrag erhält, für das Münster ein großes Kruzifix zu schaffen, der unter dem Chorbogen aufgehängt wurde[87] (Abb. S. 18). Schenck erhielt für diese Arbeit die erstaunlich hohe Summe von 120 fl[88]. Das Kruzifix wurde vermutlich 1777/78 anläßlich der Renovierung und Umgestaltung des Chores abgehängt und gegen seine Wiederanbringung äußerte der Architekt Johann Ferdinand Bickel erhebliche Bedenken. Es wurde schließlich in den zu einem Thomasaltar uminterpretierten und vollkommen neu gestalteten *Altar der Abhöbung Christi* integriert[89]. Bereits 1683

13 Hubert Gerhard, Mutter Gottes. München, Mariensäule. 1593/1638

14 Mutter Gottes. Mörschwil, Pfarrkirche. Hans Christoph Schenck 1645

dete man zu einem neuen Hochaltar im Münster, der jedoch bereits nach wenigen Jahren neuen Projekten weichen mußte. Sie gelangten daraufhin in verschiedene zum Kloster Salem gehörende Kirchen: Johannes und Maria in die Pfarrkirche Mimmenhausen (Abb. 16,17)[83], die beiden anderen Marien in die Pfarrkirche Leutkirch bei Salem[84] und das Kruzifix in die Kapelle auf Schloß Kirchberg und von dort in

hatte Christoph Daniel Schenck Reparaturen an diesem Kruzifix vorgenommen[90].

1642 sind für Hans Christoph zudem noch die Aufträge zu zwei Nebenbildern zum neuen Kruzifix, vermutlich Maria und Johannes, und Bildhauerarbeiten an einer Orgel bezeugt[91]. Unter dem 12. April 1642 wird in den Domkapitelsprotokollen berichtet, daß Schenck sich nach München begeben wolle. Ob es hierzu kam, erscheint zunächst eher unwahrscheinlich, da er kurz darauf umfangreiche Aufräge von der Fürstabtei St. Gallen erhielt, und die Schweizer Territorien weniger unter den unmittelbaren Folgen des Dreißigjährigen Krieges litten als die süddeutschen Länder. Allerdings gibt es auch ein gewichtiges Argument für die These, daß er sich nach 1638 zumindest zeitweise in München aufgehalten hat.

Bereits am 12. September 1639 hatte Schenck den Vertrag über die Erstellung der Hauptskulpturen am Bischofszeller Hochaltar unterzeichnet. In dem Vertrag ist der Passus enthalten, daß er, Schenck, seine Arbeiten *auf lengst 3 wochen Vor dem Fest des S. Pelagii Mart.* 1640 nach Bischofszell liefern und aufrichten solle[92]. Der Altar selbst wurde nach dem Entwurf eines nicht genannten Verfassers errichtet, alle Arbeiten waren an unterschiedliche, selbstständig tätige Handwerker und Künstler vergeben worden. Der Auftrag Schencks umfaßte nur die vier Hauptfiguren (Abb. 20) sowie zwei Engel neben dem Tabernakel und einen Salvator. Erst als es zum Zerwürfnis zwischen dem Auftraggeber und dem Bildhauer Jakob Rehm kam, dem die übrigen Bildhauerarbeiten übertragen waren, wurde der Auftrag Schencks auf alle ganzen Figuren, d. h. den bekrönenden Erzengel Michael und die Engel, erweitert[93].

Bereits 1642 war Hans Christoph Schenck mit den Bildhauerarbeiten für den Hochaltar des Gallus-Münsters in St. Gallen betraut. Er hatte hier insgesamt 15 Hauptbilder und 22 *Kindlein* zu liefern, für die er 600 fl erhielt[94]. Der Altar war 1645 vollendet; bis 1646 waren auch die das Chorgestühl nach Westen abschließenden Altäre nochmals verändert worden[95].

Wenn auch der Aufbau des St. Gallener Hochaltares in groben Zügen rekonstruiert werden kann[96], so schienen die Skulpturen Hans Christoph Schencks doch verloren zu sein[97].

Allerdings finden sich in den St. Gallener Landkirchen, die ab 1761 Ausstattungsstücke aus der Stiftskirche erhielten, zahlreiche Skulpturen des 17. Jahrhunderts, die als mögliche Fragmente dieser Altarbauten angesprochen werden können. An erster Stelle ist hierbei eine leicht überlebensgroße Figur der Immaculata zu nennen, die sich heute am nördlichen Seitenaltar der Pfarrkirche von Mörschwil befindet (Abb. 14). Ein Vergleich mit den gut

10 Jahre älteren Marien vom Salemer Kreuzaltar legt die Autorschaft Hans Christoph Schencks an der Mörschwiler Immaculata nahe. Der Vergleich offenbart, daß, selbst bei Berücksichtigung der unterschiedlichen Bildaufgaben, eine merkliche Beruhigung der Form eingetreten ist, die sich bereits bei den Bischofszeller Altarfiguren, wie der hl. Pudentiana, andeutete. Die Mutter Gottes aus St. Gallen ist noch unter einem zweiten Gesichtspunkt äußerst bemerkenswert. In ihrer Haltung, wie in der Ausbil-

15 Johannes Evangelist, Salem, Münster. Von Christoph Schenck begonnen und von Zacharias Binder vollendet, 1630

dung des Kopftypes, in Details der Gewandung und in der Charakterisierung des Jesusknaben zitiert sie die von Hubert Gerhard 1593 für das Grabmal Wilhelm V. geschaffene Bronzeplastik der Mutter Gottes mit Kind[98] (Abb. 13). Diese Figur hat ein wechselvolles Schicksal hinter sich, von 1603 bis 1620 stand sie auf dem Hochaltar der Münchener Frauenkirche[99]. 1638 schließlich wurde sie auf einer eigens errichteten Säule auf dem Schrannenplatz – dem heutigen Marienplatz – in München aufgestellt[100]. Vier

16 Trauernde Maria, Mimmenhausen, Pfarrkirche. Hans Christoph Schenck, 1633

17 Johannes unter dem Kreuz. Mimmenhausen, Pfarrkirche. Hans Christoph Schenck, 1633

Jahre später, 1642, wollte sich Schenck von Konstanz nach München begeben[101]. Sehr wahrscheinlich hatte er schon zuvor Kontakte nach München, und wenn er tatsächlich nach München gereist ist, bevor er sich nach St. Gallen begab, dann liegt nahe, daß er die Gerhardsche Maria auf der Mariensäule auch gesehen und sich prägende Merkmale der Figur in seinem Gedächtnis behalten hat. Insofern kann die aus St. Gallen stammende Mutter Gottes

durchaus als Schencksche Interpretation der Gerhardschen Bilderfindung verstanden werden.

Auch die heute über dem Hauptgesims des Mörschwiler Hochaltares aufgestellten Skulpturen Johannes des Täufers und Johannes des Evangelisten verweisen auf Hans Christoph Schenck.

Schließlich bleibt noch zu untersuchen, ob Hans Christoph Schenck auch an den Skulpturen des

19 Apostel Paulus, Neu St. Johann, Pfarrkirche.
Detail Kopf

18 Apostel Paulus, Neu St. Johann, Pfarrkirche.
Hans Christoph Schenck zugeschrieben, 1642/44

Hochaltares von Neu St. Johann, dem mächtigsten der erhaltenen Altarbauten aus dem zweiten Viertel des 17. Jahrhunderts in der Nordschweiz und dem Bodenseeraum, beteiligt war. Bereits oben wurde auf stilistische Unterschiede innerhalb der St. Johanner Skulpturen, die gleichzeitig mit denjenigen für den St. Gallener Hochaltar ausgeführt worden,[102] hingewiesen. Vor allem der Apostel Paulus und die beiden Ordensheiligen heben sich deutlich von den anderen Skulpturen des Altares ab. Die monumentale Figurenauffassung, unterstrichen durch eine klar strukturierte Grundfigur, zeichnet vor allem die Skulptur des Apostels Paulus (Abb. 18/19) aus. Ein bildkünstlerischer Entwurf, der im Johannes vom

Salemer Kreuzaltar eine erste Ausformung gefunden hatte, liegt hier in ausgereifter, vollendeter Form vor. Beim Apostel Petrus lassen sich derartige Tendenzen zwar auch beobachten, sind aber wesentlich weniger ausgeprägt. Ganz im Gegensatz dazu sind beispielsweise die Engel seitlich des Tabernakels eher spannungslos komponiert. Die Bewegungsmotive sind nicht von jener Energie getragen, die vor allem den Apostel Paulus auszeichnet, und die Durchbildung des Gewandes ist von einer im unmittelbaren Vergleich besonders auffallenden Monotonie. Deutlich sind hier also grundverschiedene künstlerische Temperamente zu spüren.

Die Ausstattung der Klosterkirche Neu St. Johann mußte 1645 wegen Geldmangels zunächst eingestellt werden und wurde erst unter Fürstabt Gallus Alt fortgeführt. Zu der bis 1680 fertiggestellten Skulpturenausstattung zählen ein Salvator von Christoph Daniel Schenck[103] und eine demselben Künstler zugeschriebene Mutter Gottes mit dem Jesusknaben[104]. Im Vergleich mit signierten Arbeiten Christoph Daniel Schencks zeigen sich jedoch beträchtliche Unterschiede zu der Mutter Gottes aus Neu St. Johann. Auch die aus dem Umkreis von

20 Hl. Theodor, Bischofszell, Pfarrkirche.
Hans Christoph Schenck 1639/40

21 Hl. Othmar, Mörschwil, Pfarrkirche.
Hans Christoph Schenck zugeschrieben

Christoph Daniel stammende Mutter Gottes in der Pfarrkirche Mimmenhausen weist bereits eine wesentlich andere künstlerische Handschrift auf. Vor allem die enorme stoffliche Differenzierung der Figur aus Neu St. Johann ist einer gleichmäßigeren, beinahe dekorativ zu nennenden Durchbildung der Figur, insbesondere jedoch des Gewandes, gewichen. Betrachtet man nun die Gesichter der beiden Marien, so erweist sich jene von Neu St. Johann als durchaus einem Idealtyp folgend, während die Mimmenhausener Figur mit ihren ansatzweise vorhandenen Pausbacken, dem leichten Doppelkinn und den Grübchen und Falten vor allem naturalistische Tendenzen aufweist. Gerade ein Vergleich mit der Immaculata in Mörschwil legt nahe, auch in der

Madonna aus Neu St. Johann ein Werk von Hans Christoph Schenck zu sehen – ein Werk, das jedoch eher am Ende seiner künstlerischen Entwicklung stehen dürfte. Bei der derzeitigen Forschungslage dürfte es sich dabei auch um das jüngste bislang bekannt gewordene Werk von Hans Christoph Schenck handeln. Zwar sind Arbeiten noch bis zum Jahr 1656 archivalisch bezeugt, doch gelten diese meist als verschollen. Die Skulpturen vom Kreuzlinger Hochaltar (1653) sind in der Zuschreibung umstritten. Lohse sieht sie als Frühwerke Christoph Daniel Schencks[105]. Der Vergleich mit dem Apostel Paulus aus Neu St. Johann läßt aber die Autorschaft Hans Christoph Schencks an den Kreuzlinger Figuren als nicht unwahrscheinlich erscheinen.

22 Hl. Mauritius, Grub, Pfarrkirche.
Hans Christoph Schenck zugeschrieben

Für das Verhältnis zwischen Hans Christoph und Christoph Daniel Schenck sind zwei Skulpturen der Apostel Petrus und Paulus in der Pfarrkirche Konstanz-Wollmatingen sehr aufschlußreich, die sich stilistisch durchaus an das Werk von Hans Schenck, vor allem die späteren Arbeiten, anschließen lassen[106]. Bereits bei dem Konstanzer Kruzifix aus dem Jahre 1637 fallen die engen Falten des Lendentuches auf, die durch querliegende Stauchungen des Tuches immer wieder unterbrochen werden. Die Wollmatinger Figuren, auch schon Christoph Daniel Schenck zugeschrieben[107], zeichnen sich durch eine ähnliche Ausbildung des Obergewandes aus. In der naturalistischen Ausarbeitung des Gesichtes und der Hände zeigt sich aber deutlich die Handschrift Hans Christoph Schencks.

Die »Salemer Altarbauschule«

Bemerkenswerterweise waren die Bildhauer Hans, Christoph und Hans Christoph Schenck bei allen Altären, die unter dem von Adolf Fäh geprägten Begriff der »Salemer Altarbauschule« erfaßt werden, maßgeblich beteiligt. Es gilt daher zu fragen, ob sie auch entsprechenden Einfluß auf Konzeption und Gestaltung dieser Retabel hatten, oder ob sie nur als ausführende Handwerker an diesen Objekten beteiligt waren. Den Ausgangspunkt für die Beantwortung dieser Frage muß der seit der Mitte des 18. Jahrhunderts zerstörte Hochaltar im Salemer Münster bilden, der in den Jahren 1626 bis 1629 errichtet worden war.

Zunächst soll aber kurz der Hochaltar in Öhningen (Abb. 23), für den Hans Schenck die Bildhauerarbeit schuf, vorgestellt werden. Das Retabel besteht aus einer kolossalen Ädikula über einem außergewöhnlich hohen Sockelgeschoß. Je zwei gewundene Säulen tragen des Hauptgesims, das sich über dem inneren Säulenpaar verkröpft. Sprenggiebel rahmen das von einer kleineren Pilaserädikula gerahmte Auszugsbild. Die Seitenbretter des Altares zeigen bereits das für die Kunst in der Jahrhundertmitte charakteristische Muschel- und Knorpelwerk. Die Altarskulpturen stehen heute isoliert auf Konsolen neben dem Altar. Inwieweit Hans Schenck an der Planung und an den ornamentalen Teilen des Altares beteiligt war, ist nicht bekannt. Aus der zitierten Quelle über die Beschwerde von Bartholomäus Storer gegen Hans Schenck geht hervor, daß Schenck einem Meersburger Maler einen Teil dieses Auftrages in Aussicht gestellt hatte. Es hat also den Anschein, als ob Schenck hier als Generalunternehmer aufgetreten wäre. Doch selbst in diesem Falle darf man nicht stillschweigend davon ausgehen, er habe auch den Gesamtentwurf für den Altar verfaßt. Wahrscheinlicher ist, daß sich sein Anteil allein auf die Hauptfiguren beschränkte. Das Praßberg-Wappen über dem Altar läßt zudem Zweifel daran aufkommen, ob dieser tatsächlich bereits 1619/20 dieselbe Gestalt hatte wie heute.

Die zeitlich nächstfolgenden Altäre waren diejenigen im Salemer Münster, der Klosterkirche der reichsunmittelbaren Zisterzienserabtei, deren Gebäude seit 1615 nahezu vollständig erneuert wurden[108]. Die Kirche wurde damals ihrer ersten umfassenden Barockisierung unterzogen: die buntfarbigen Wände erhielten einen einheitlichen grauen Anstrich mit weißer Fugenmalerei, die Buntglasfenster wurden durch eine Klarverglasung ersetzt, die verblendeten Fenster mit einer illusionistischen Bemalung den realen Fenstern angeglichen und die Altäre der Spätgotik und der Renaissance wurden durch

mächtige Barockaltäre ersetzt. Der Hochaltar nahm dabei die gesamte Kirchenhöhe ein. Bildhafte Darstellungen dieses bis dahin vermutlich größten Retabels im Bodenseeraum sind nicht bekannt geworden, doch erlauben die Einträge in den Klosterrechnungen und eine Aufstellung der erforderlichen Schreinerarbeiten eine relativ genaue Rekonstruktion dieses dreigeschossigen Aufbaues (Abb. 24), der eine Höhe von 66 Schuh 1 Zoll und eine maximale Breite von 31 Schuh 4 Zoll erreichte[109]. Crassus beschreibt die Wirkung dieses Retabels mit folgenden Worten: *Corpus autem altaris reliquum totum opere statuario completum est impletque totum spatium medii fornicis a summo usque deorsum, ita ut prima*

statim facie templum ingredientibus horrorem incutiat. Der Altar sollte also durchaus eine einschüchternde Wirkung auf den Kirchenbesucher haben. Der Aufbau war insgesamt vierzonig: Über der Mensa erhob sich ein 8 Schuh hoher und 6 Schuh breiter Tabernakel in Form eines Rundtempels, der mit vergoldeten Säulen geschmückt war. Die Mensa ihererseits wurde von seitlichen Postamenten eingefaßt, die mit der Predella einen geschlossenen Altarunterbau von 11 Schuh 11 Zoll Höhe bildeten. An den Postamenten befanden sich an der Vorderseite Muschelnischen, in denen sich die 5 Schuh 8 Zoll hohen Statuen der hll. Johannes Evangelist und Johannes Baptist befanden.

24 *Salem, Münster. Rekonstruktion des Hochaltares von 1626/30*

Über diesem Sockel erhob sich das von zwei kolossalen Säulen gerahmte Retabel, dessen Höhe 26 Schuh 1 Zoll betrug. Die Säulen waren mit kostbaren Schnitzereien verziert. Unter diesen Säulen, vermutlich an den sie tragenden Konsolen, waren die Wappen der beiden Stifter angebracht: dasjenige von Guntram von Adelsreute und vermutlich dasjenige von Bischof Eberhard II. von Salzburg, der traditionell als zweiter Stifter des Klosters galt. An den Außenseiten

der Ädikula, vermutlich auf Einzelkonsolen, standen die 8 Schuh hohen Statuen der hll. Benedikt und Bernhard. Auf den Giebelstücken über der Ädikula lagerten die auf die Heiligen herabblickenden, 4 Schuh hohen Figuren der Erzengel Gabriel und Raphael. In dem 13 Schuh 10 Zoll hohen Auszug befand sich eine von einem älteren Altar übernommene Tafel mit der Krönung Mariens. Möglicherweise handelte es sich dabei um eine 1584/85 in Ulm von Meister Philipp Renlin gekaufte Tafel[110]. Die Altarädikula umschloß einen oben vermutlich halbrund abgeschlossenen Bildrahmen in den Maßen 22 Schuh 9 Zoll auf 12 Schuh und 9 Zoll. Insgesamt standen vier auf Leinwand gemalte Altarblätter von Bartholomäus Storer zur Verfügung, die im Wechsel des Kirchenjahres ausgetauscht werden konnten.

Mit den Arbeiten zu dem Altar war ab 1626 begonnen worden. Die Bildhauerarbeiten an den Säulen stammten von den Brüdern Gadinger[111]; am Altar waren zudem die Bildhauer Ludwig Celin und Hans Nußbomer tätig[112]. Von Christoph Schenck stammten ausschließlich die figürlichen Bildwerke des Altares[113].

Den architektonischen Aufbau des Salemer Hochaltares wird man sich ähnlich dem Hochaltar von Neu St. Johann (1641–44)[114] vorstellen müssen (Abb. 25). Eng verwandt sind die unter Beteiligung des Salemer Konversen Georg Buck[115] entstandenen Altäre in der Pfarrkirche Bischofszell 1639/40 und in der Stiftskirche St. Gallen von 1642/44. Bei allen diesen, sich durch ihre moderne Ornamentik im Knorpelwerkstil auszeichnenden Altarwerken waren die Salemer Konversen Georg Buck, ein Maler und Architekt, sowie die Bildhauer Desiderius Nußbomer und Leonhard Willemann maßgeblich beteiligt. Die Schenck kamen jeweils erst zu seinem relativ späten Zeitpunkt hinzu. Aus den Quellen ergeben sich keine Anhaltspunkte dafür, daß sie maßgeblichen Einfluß auf die Planung und Gestaltung der Altäre hatten. Ihnen waren zwar die Hauptfiguren der Altäre übertragen, in keinem der durch Quellen dokumentierten Aufträge waren sie jedoch mit der Ornamentik betraut. Nur in Öhningen liegen Anhaltspunkte für eine weiterreichende planerische Tätigkeit von Hans Schenck vor. In St. Gallen notierte Abt Benedikt Müller in seinem Tagebuch minutiös die unterschiedlichen Verabredungen mit dem Bildhauer Hans Schenck und dem die Schreinerarbeit ausführenden Schreiner aus Wil. So zog der Abt zunächst den Maler und den Schreiner hinzu und erst am folgenden Tag den Bildhauer[116]. Offensichtlich hatten Maler und Schreiner einen größeren Einfluß auf die Gesamtgestalt des Altarwerkes als die Bildhauer.

Hans und Christoph kamen zwar die prominentesten Teile der Altarausstattung zu, eine maßgebliche Beteiligung an der aktiven Verbreitung des modernen Stiles dürfte ihnen jedoch nicht zuzuweisen sein.

Damit können sie auch nicht in Bezug auf die Ornamentik als die innovativen Kräfte in dieser zwischen
etwa 1630 und 1642/45 entstandenen Altargruppe
bezeichnet werden. Die jeweilige Ausarbeitung der
Skulpturen muß daher als individueller Vorgang betrachtet werden. Den Bildhauern der Familie
Schenck kommt hier also keine tragende Rolle in der
Verbreitung des neues Stiles zu. Insofern zeichnet
sich hier dasselbe Bild ab, das bereits die Analyse
der Entstehungsgeschichte eines solchen Altares gezeigt hat. Nach dem Entwurf eines Dritten wurden
die Aufträge an die einzelnen Künstler oder Handwerker vergeben. Der Planungsprozeß bei den Altären dieser Gruppe scheint dabei immer derselbe zu
sein: Regelmäßig beteiligt ist der Konverse Georg
Buck, die Bildhauer-Konversen erscheinen in der Regel nur, wenn ihr Sachverstand gefragt wird.

Man darf daher mit einiger Berechtigung sagen, daß
diese sogenannte »Salemer Altarbauschule« das Er-
gebnis eine intensiven Zusammenarbeit unter der
Leitung von Georg Buck ist. Eine tragende Rolle der
Schenck bei der Verbreitung dieses frühen barocken
Stiles kann dabei nicht nachgewiesen werden.

Schlußbetrachtung

Zieht man nun ein Resümee, so stellt man vielleicht
überrascht fest, daß die Brüder Hans und Christoph
Schenck ein überaus unterschiedliches Verhältnis
zur Altararchitektur haben. Das plastische Werk der
drei Bildhauer besitzt eine jeweils sehr charakteristische Prägung. Hans Schenck, der älteste von den
dreien, zeigt sich dabei deutlich von der süddeut-

schen Plastik um 1600 geprägt. Sein von Hubert Gerhard und Hans Degler beeinflußtes Werk muß dabei als eher konservativ bezeichnet werden. Im Gegensatz dazu war Christoph Schenck ungewöhnlich stark von Hubert Gerhard geprägt und manche seiner Arbeiten können jenem zur Seite gestellt werden.

Die Modernität seiner Figuren, die zeitgleich mit den bekanntesten Arbeiten Georg Petels entstanden sind und ähnliche naturalistische Details aufweisen, dürfen zu den qualitätvollsten ihrer Zeit gezählt werden. Vor diesem Hintergrund wird auch verständlich, warum der Auftrag für die Salemer Altarausstattung an Christoph Schenck und nicht an Hans Schenck vergeben wurde. Die beiden Bildhauer verkörpern die beiden Pole im Spannungsfeld der frühbarocken Plastik Süddeutschlands: Hans Schenck vertritt eine eher konservativ traditionelle Stilrichtung, die sich jedoch deutlich von derart retrospektiven Arbeiten wie jenen von Jörg Zürn in Überlingen absetzt, und Christoph Schenck ist jener Gruppe zuzurechnen, die ausgesprochen naturalistisch arbeitete.

Ein deutlicher Bruch wird im Werk von Hans Christoph Schenck spürbar. Auch wenn er teilweise auf dieselben Vorbilder zurückgreift wie Christoph Schenck, so bildet sein persönlicher Stil doch etwas originär Neues. Bereits bei dem Konstanzer Kruzifix zeichnete sich eine Tendenz zu einer abstrahierenden Ausbildung der Gewandteile ab, kombiniert mit einem ausgesprochenen Naturalismus der Körperdarstellung. Diese Kombination von naturalistischen Elementen und in gewissem Grade abstrakter Gestaltung der Gewandungen, die ansatzweise schon bei den frühesten bekannten Figuren, den Skulpturen vom Salemer Kreuzaltar, zu sehen ist, wird zu einem prägenden Element im Schaffen von Hans Christoph Schenck. Hier ist etwa auf die aus St. Gallen stammenden Skulpturen Johannes des Täufers und Johannes des Evangelisten zu verweisen, die sich heute in der Pfarrkirche Mörschwil befinden. An sie lassen sich die Apostel Petrus und Paulus in Wollmatingen und die Hochaltarfiguren in Kreuzlingen anschließen. Für die letzteren wird eine Mitarbeit von Christoph Daniel Schenck vermutet. Der Blick auf die in der Nachfolge des Konstanzer Kruzifixes entstandenen Arbeiten von Hans Christoph Schenck zeigt, daß zahlreiche der stilistischen Charakteristika im großplastischen Werk von Christoph Daniel Schenck in den Arbeiten seines Vaters vorgeprägt sind. Für einen Einfluß von Hans Schenck oder gar von Arbeiten Christoph Schencks auf den jungen Christoph Daniel liegen hingegen keinerlei Anhaltspunkte vor.

---

1 In diesem Sinne kann durchaus die Einlassung bei Lohse (Foerster) 1955, S. 3 f., 70 ff.; Lohse 1960, S. 4, verstanden werden, Christoph Daniel habe an dem Kreuzlinger Auftrag seines Vaters mitgearbeitet. Zuletzt zusammenfassend: Eva Zimmermann in: Kat. Bruchsal 1981, S. 226, Einführung vor Kat. Nr. B 65.
2 Habel 1971, S. 20.
3 Obser 1916, S. 72 ff.
4 S. Eva Zimmermann in: Kat. Bruchsal 1981, S. 226, Einführung vor Kat. Nr. B 65.; Felder 1988, S. 290.
5 Rott 1933, Quellenband, S. 95; Textband, S. 112.
6 Lohse (Foerster) 1955. S. 57 ff.; Lohse 1960, S. 79; Lohse 1968. S. 117; vgl. Kat. Bregenz 1964, Kat. Nr. 140, 141.
7 Fäh 1928. S. 42.
8 StdtA Konstanz B II 66, Die Erhebungen im StdtA Konstanz waren von Brigitte Lohse vorgenommen worden, die ihr Material dem Verfasser zur Bearbeitung überlassen hat, wofür ihr an dieser Stelle nochmals gedankt sei.
9 StdtA Konstanz, Bürgerbuch A IV 16, S. 196, Eintrag zum 13.6.1612.
10 StdtA Konstanz B I 92, S. 19.
11 PfA St. Stephan in Mindelheim, Trauungsregister. Alle Archivalienauszüge aus den Mindelheimer Archiven werden Erwin Holzbauer/Mindelheim verdankt.
12 PfA St. Stephan in Mindelheim, Taufregister.
13 StdtA Konstanz, Taufregister St. Stephan. Die Nacherhebungen und die Überprüfung der Archivalien im StdtA Konstanz werden Anja Grebe/Konstanz verdankt.
14 StdtA Konstanz, Ratsbuch 1616, Eintrag zum 8.4.1616.
15 Freundlicher Hinweis von Wolfgang Zimmermann.
16 S. Beitrag Fischer, S. 11.
17 StdtA Mindelheim, Steuerbuch 1619, II E 5.
18 Zoepfl 1948, S. 214.
19 PfA St. Stephan in Mindelheim, Taufregister.

20 PfA St. Stephan in Mindelheim, Sterberegister.
21 StdtA Mindelheim, Rechnungen der Liebfrauenkirche.
22 Reiners-Ernst 1956, Reg. 734.
23 StdtA Mindelheim, Bürgerbuch 1664 II C 3; Steuerbuch 1664 II E 8. Die Nachforschungen im StA St. Gallen waren leider erfolglos. Dominicus Schenck läßt sich in den Kirchenbüchern von St. Gallen nicht nachweisen (Taufregister St. Gallen/Dom; in St. Gallen wurde nur ein Tauf- und Trauungsregister geführt, daher sind auch alle zur Pfarrei St. Fiden zählenden Personen in diesen Kirchenbüchern der Stiftskirche erfaßt, frdl. Auskunft von Herrn Kaiser, StA St. Gallen). Auch die Sterberegister von St. Fiden erhalten keinen Hinweis auf die Bildhauerfamilie Schenck.
24 PfA St. Stephan in Mindelheim, Sterberegister.
25 PfA St. Stephan in Mindelheim, Trauungsregister.
26 PfA St. Stephan in Mindelheim, Taufregister.
27 PfA St. Stephan in Konstanz.
28 S. dazu den Beitrag Fischer, S. 13.
29 Feuchtmayr 1936 III, S. 28; Hosch 1988, S. 91.
30 Lohse (Foerster) 1955, S. 66, 191, 192; Lohse 1960, S. 96 f., Anderes 1985, S. 131.
31 Lohse (Foerster) 1955, S. 193; Lohse 1960, S. 96.
32 Grünenfelder 1967, S. 34.
33 Reiners 1955, S. 303 ff; Reiners-Ernst 1956, Reg. Nr. 654, 660, 689; vgl. auch Gröber, S. 152.
34 Rott 1933, Quellenband, S. 61.
35 StdtA Konstanz, B II 76, unter dem 9. Mai 1622. Die Mitteilung dieser Quelle wird Wolfgang Zimmermann verdankt.
36 S. Lohse (Foerster) 1955. S. 130, als Arbeiten aus dem Umkreis von Christoph Daniel Schenck.
37 Führungsblatt kath. Pfarrkirche Radolfzell, S. 2; vgl. Manteuffel 1969, S. 477 ff, Kat. Nr. WU 94.
38 StftA St. Gallen B 312, S. 525; B 261, Tagebuch des Abtes Bernhard Müller, S. 421.

39 StftA St. Gallen B 312, S. 525.
40 S. dazu unten, S. 87.
41 StftA St. Gallen B 261, S. 449, 450.
42 StftA St. Gallen B 312, S. 559 f.
43 StftA St. Gallen B 312, S. 603.
44 Grünenfelder 1967, S. 34 ff.
45 Lohse (Foerster) 1955, S. 254.
46 S. Grünenfelder 1969, S. 34 unter Bezug auf StftA St. Gallen B 396, S. 658.
47 Die heute am Altar befindlichen Skulpturen der Apostel Petrus und Paulus stammen nicht aus der Werkstatt von Hans Schenck und gehören auch nicht zum ursprünglichen Figurenprogramm dieses Altares.
48 Nur die Putti stammen teilweise aus dem 18. Jahrhundert.
49 Lohse (Foerster) 1955, S. 250.
50 StdtA Konstanz, B II 80, Bl. 93.
51 GLA 62/8788, Bursamtsrechnung 1629/30, S. 310.
52 StftA St. Gallen T 296, publ. bei Rothenhäusler 1900, S. 274.
53 Anderes 1988, S. 3.
54 StftA St. Gallen B 1932, S. 398.
55 StftA St. Gallen B 1932, S. 401.
56 Anderes 1988, S. 6.
57 Anderes 1988, S. 6.
58 So zuletzt Anderes 1988, S. 12.
59 Greindl-Wagner 1992, S. 16 f.; vgl. dazu Beschreibung bei Reiners 1955, S. 341.
60 Zu diesem Altar s. Reiners 1955, S. 322 ff, jedoch ohne Erwähnung von Hans Schenckh; s. auch Reiners-Ernst 1956, Reg. 638. Herr Bez berichtet darin im August 1624, daß seine Kapelle noch im Laufe dieses Jahres fertig werden und bittet daum, ihm die Transferierung des Barbara-Altares in diese Kapelle zu gestatten, die er mit den notwendigen Zieraten versehen wolle. Manteuffel 1969, Kat. Nr. WU 72 weist die Figur einer Werkstatt aus dem Einflußbereich Hans Ulrich Glöcklers und der Zürn-Werkstatt zu.
61 Vgl. Reiners 1955, S. 338 f., nach Reiners sollen die Vorgänger der von J. Eberle/Überlingen geschaffenen seitlichen Figuren der hll. Veronika und Martha von den »Gebr. Schenck« geschaffen worden sein. Ihr Verbleib ist ungeklärt. Vgl. Manteuffel 1969, Kat. Nr. WU 71 als im Stil von Hans Ulrich Glöckler und Zürn.
62 Reiners-Ernst 1956, Reg. 622.
63 Reiners-Ernst 1956, Reg. 676. Vielleicht handelt es sich dabei um den heute im Chor der Konstanzer Pfarrkirche St. Stephan aufgestellten Apostelzyklus.
64 Reiners-Ernst 1956, Reg. 667.
65 Das Relief des hl. Pelagius abgebildet in: Deutscher Glockenatlas, Baden, Abb. 127, s. auch Kommentar zu Nr. 982.
66 GLA Karlsruhe 229/49092.
67 S. Kat. Augsburg 1980, Bd. II, S. 174 unter Kat. Nr. 535.
68 S. Kat. Augsburg 1980, Bd. II, S. 180, Kat. Nr. 536.
69 Wagner 1938, S. XLIX f.; Petzet 1959, S. 114 ff.
70 Kat. Augsburg 1980, Bd. II, Kat. Nr. 575, 576.
71 Habel 1971, S. 109.
72 GLA 62/8786, Bursamt 1627/28, fol. 452; 62/8787, Bursamt 1628/29, fol. 369; 62/8788, Bursamt 1629/30, fol. 329.
73 Zur Rekonstruktion dieses Altares s. S. 87 ff.
74 Publ. bei Obser 1916, S. 72.
75 Zur Rekonstruktion des Altares und der Bestimmung der Maße s. Knapp 1993, S. 196–199.
76 Crassus, publ. bei Obser 1916, S. 72.
77 Den Hinweis auf die Sauldorfer Altäre verdankt der Verfasser Herbert Vogel/Markdorf; die Auskünfte über die Herkunft der Altäre verdanke ich dem Pfarramt Sauldorf.
78 GLA 4/7670.
79 Die Quittierungen Binders beginnen am 24. 3. 1630 und enden am 7. 9. 1630 mit der vollständigen Auszahlung der akkordmäßigen Summe.
80 Schädler 1973, Kat. Nr. 26.
81 Schädler 1973, Kat. Nr. 25.

82 Zur Rekonstruktion des Altares s. Knapp 1993, S. 483–485.
83 S. Lohse (Foerster) 1955, S. 67 ff, 190; Lohse 1960, S. 96; Kat. Bregenz 1964, Kat. Nr. 140; Himmelein 1983, S. 125. Die Angabe bei Lohse (Foerster) 1955, S. 67, 190, die Figuren stammten aus dem Kloster Petershausen und seien 1830 vom damaligen Markgrafen von Baden der Pfarrei Mimmenhausen geschenkt worden, ist wenig glaubhaft. Die Figuren waren bis zum Abbruch der alten Mimmenhausener Pfarrkirche in einem 1928 von der Kunstwerkstätte Mezger in Überlingen aus unterschiedlichen barocken Teilen zusammengefügten Altar integriert. Kernstück dieses Altares bildete ein Retabel aus Petershausen, der Tabernakel stammte aus der Salemer Abtskapelle. Letzterer befindet sich noch heute in der Pfarrkirche Mimmenhausen. Nach Kraus 1887, S. 546 f. kam der damalige Hochaltar der Pfarrkirche – das Retabel aus Petershausen – im Jahre 1807 als Geschenk Markgraf Ludwigs von Baden aus der Prälatur Petershausen nach Mimmenhausen. Die Figuren von Hans Christoph Schenck befanden sich damals in der Gottesackerkapelle, doch erwähnt Kraus, daß sie ursprünglich aus der Mimmenhausener Pfarrkirche stammten. Gleiches berichtet Franz Xaver Staiger in seiner 1863 erschienenen Beschreibung von Salem.
84 Lohse (Foerster) 1955, S. 67 ff., 190; Lohse 1960, S. 96; Kat. Bregenz 1964, Kat. Nr. 140, 141.
85 Knapp 1993, S. 485.
86 Dokumentation zu der 1991–93 von Lorenzer & Heberle/Rorgenwies durchgeführten Restaurierung.
87 Reiners-Ernst 1956, Reg. 718, 720.
88 Reiners-Ernst 1956, Reg. 718.
89 Zur Identifikation dieses Kruzifixes mit demjenigen von Hans Christoph Schenck s. Lohse (Foerster) 1955, S. 60; Lohse 1960, S. 57. Reiners 1955, S. 408 führt ihn noch unter den verschollenen Arbeiten im Münster auf. Zur Rekonstruktion des Thomasaltares s. S. 107 f.
90 Reiners-Ernst 1956, Reg. 770.
91 Reiners-Ernst 1956, Reg. 734.
92 StA Frauenfeld 7.30.14/VIII,1.
93 Knoepfli 1962. S. 186 f.
94 Hardegger 1922, S. 146.
95 Hardegger 1922, S. 148.
96 S. unten Kap. VI; vgl. Hardegger 1922, S. 146 ff.
97 Vgl. Lohse (Foerster) 1955, S. 193.
98 Diemer 1980, S. 22.
99 Diemer 1980, S. 22.
100 Diemer 1980, S. 22.
101 S. oben, S. 83.
102 StftA St. Gallen, B 880, fol. 12 r.
103 Anderes 1988, S. 15.
104 Anderes 1988, S. 16.
105 Lohse (Foerster) 1955, S. 167.
106 Ein ebenfalls in der Wollmatinger Pfarrkirche befindlicher Engel mit Posaune dürfte ebenfalls eine Arbeit von Hans Christoph Schenck sein.
107 Vgl. Kat. Nr. 84.
108 S. dazu im einzelnen Knapp 1993, S. 442–499.
109 Zur Rekonstruktion dieses Altares s. Knapp 1993, S. 477–483.
110 Knapp 1993, S. 479.
111 GLA 62/8786, Bursamt 1627/28, fol. 359; die Schreibweise des Namens wechselt: es sind auch die Formen Godinger und Gödinger möglich.
112 GLA 62/8786, Bursamt 1627/28, fol. 359; 452. Hans Nußbomer erscheint in den 1630er Jahren wiederholt als Taufpate in den Kirchenbüchern der Stiftskirche St. Gallen (Taufbuch).
113 GLA 62/8786, Bursamt 1627/28, fol. 452; 62/8787, Bursamt 1628/29; 62/8788, Bursamt 1629/30.
114 Lohse 1960, S. 96; Felder 1988, S. 290.
115 Buck leitete insbesondere die Wiederherstellungsarbeiten an den Salemer Klostergebäuden nach 1648.
116 StftA St. Gallen B 261, S. 421, Einträge unter dem 8. und 9. Juni 1623.

Sabine Haag

Johann Caspar Schenck (um 1620–1674)

Cammerdrechsler von Ynsprug« und »Cammerpainstecher« am Hof Kaiser Leopolds I. in Wien

Die näheren Lebensumstände des Johann Caspar Schenck, aus einer aus Mindelheim stammenden und später in Konstanz ansässigen Bildhauerdynastie gebürtig, liegen bis auf die letzten 10 Jahre seines Lebens noch im Dunkeln. Das fast gänzliche Fehlen schriftlicher Quellen zur Frühzeit betrifft nicht nur die genaue Herkunft und die Familienverhältnisse Johann Caspars, sondern auch alle weiteren Fragen seiner künstlerischen Ausbildung. Bis heute wurden keine Nachrichten darüber gefunden, ob er (Studien-)Reisen außerhalb von Konstanz unternommen hat, wo und bei wem er eine Ausbildung zum Bildhauer genossen hat. Wie aus späteren Angaben zu seiner Person hervorgeht, muß Schenck jedenfalls sowohl die Bildhauerei als auch das Drechseln beherrscht haben. In diesem Zusammenhang muß berücksichtigt werden, daß die im 17. und 18. Jahrhundert allgemein übliche Berufsbezeichung »Bildhauer« überhaupt keinen Hinweis auf eine eventuelle Spezialisierung, etwa als Holzschnitzer, Marmormeißler, Elfenbeinstecher oder Steinbockhornschnitzer gibt. Während seiner ganzen Lehrlings- und Gesellenzeit wurde ein Bildhauer vom 15. bis in das frühe 19. Jahrhundert grundsätzlich in der künstlerischen Gestaltung aller bearbeitbaren Materialien ausgebildet, so daß die generelle oder auch temporäre Präferenz für einen bestimmten Werkstoff individuellen Kriterien überlassen war[1].

Das genaue Geburtsdatum von Johann Caspar ist noch immer unbekannt. Aus der 1664 in Konstanz geschlossenen Ehe mit Maria Ganter[2] stammt zumindest ein Sohn, Christian Joseph, der am 7. Mai 1665 in der Dompfarre St. Jakob in Innsbruck getauft wird[3] und am 31. August 1667 in Wien stirbt[4]. Durch die Protektion des Statthalters von Tirol erhält Schenck am 11. April 1665 das Bürgerrecht in Konstanz[5], bezahlt aber, wie die übrigen Mitglieder der Bildhauersippe, keine Steuern. Dies weist möglicherweise auf eine nicht zunft- und steuerpflichtige Tätigkeit, etwa im Dienste des Fürstbischofs von Konstanz, hin.

Die Bodenseestadt Konstanz – im späten 16. Jh. durch Hans Morinck (um 1555–1616) zu einem Zentrum der Bildhauerei geworden – war im 17. Jahrhundert für einen Elfenbeinschnitzer jedenfalls keine einladende Stadt, sie hatte nach dem Schmalkaldischen Krieg ihre Stellung als Freie Reichsstadt verloren und war wirtschaftlich verarmt. Es gab also kein reiches Bürgertum, das als Auftraggeber von kleinplastischen Kunstkammerstücken in Frage kam, sondern dies war vielmehr der geistliche Stand, allen voran der Fürstbischof von Konstanz, der, wie seine Vorgänger im Amt seit 1526, wahrhaft fürstlich in Meersburg residierte. Alten Quellen zufolge soll schon Jakob Fugger von Kirchberg Hans Schenck maßgebliche Aufträge verschafft haben. Das ausgedehnte Territorium des Bistums Konstanz gehörte von 1548 bis 1805 zu den österreichischen Vorlanden, dessen weltliche Landesherren, die habsburgischen Erzherzöge, in Innsbruck residierten. Diese vom übrigen Habsburgerreich isolierte Lage mag wohl die Abwanderung einiger ambitionierter Künstler aus dem Bodenseegebiet begünstigt haben[6]. Die Gründe für Johann Caspar Schencks Entschluß, seine bisherige Wirkungsstätte und die Familienwerkstatt in Konstanz zu verlassen, sind noch unklar. Er folgt somit jener Bildhauerwanderung vom Bodenseeland und Oberschwaben nach Ostschwaben und Altbayern, über Innsbruck bis nach Wien, ähnlich den aus dem Seeschwäbischen stammenden Zürn und Mathias Rauchmiller.

Johann Caspar war vermutlich 1664 von Konstanz nach Innsbruck gekommen, wo er am erzherzoglichen Hofe als Beinstecher und Drechsler arbeitete[7]. Die Drechselkunst scheint auf Schloß Ambras zu den besonders geschätzten Kunstausübungen gehört zu haben, und die Erzherzöge Ferdinand Karl (1646–1662) sowie sein Bruder und Nachfolger Sigismund Franz (1662–1665) waren als drechselnde Souveräne[8] dieses fürstlichen Handwerks selbst mächtig[9].

Als nach dem Tod des Erzherzogs Sigismund Franz die Tiroler Nebenlinie der Habsburger ausstarb und es zur Auflösung des Habsburger Hofes mit seiner Residenz auf Schloß Ambras kam, reisten Kaiser Leopold I. (1658–1705) und sein Bibliothekar Dr. Petrus Lambeck unverzüglich nach Innsbruck, um gleichsam zur Klärung der Besitzverhältnisse Teile der Ambraser Sammlung – die Bibliothek – mitzunehmen[10]. Allem Anschein nach übernahm Leopold auch den offensichtlich zufriedenstellend arbeitenden Kammerdrechsler Johann Caspar Schenck an den Wiener Hof. Der Hof sah seine Aufgabe nicht im fördernden Mäzenatentum, wie oft fälschlich angenommen wird; beschäftigt wurden nur jene Künstler, deren kunsthandwerkliche Fähigkeiten gut genug waren, um dem Ausdruck imperialer Selbstdarstellung in adäquater Weise dienlich sein zu können[11]. Das Streben nach der Darstellung von Macht und Würde, von Kunstsinn und breitem Wissen wurde begleitet von einer immensen Sammellust, die ihre großartigste Ausprägung in der Kunstkammer, jener seit der Mitte des 16. Jahrhunderts typischen Sammlungsform nördlich der Alpen, fand. In den Kunstzentren Europas konnte jeder Fürst und wohlhabende Bürger kaufen. Exklusivität hingegen war nur durch eigene Hofkünstler gesichert, die zuweilen genau nach den Wünschen der höfischen Auftraggeber arbeiteten[12].

Johann Caspar Schenck hat auch als kaiserlicher Kammerbeinstecher in Wien noch gedrechselte Kunststücke aus Elfenbein geschaffen: Nicht nur wird er im Schatzkammerinventar von 1750 als *Cammerdrechsler von Ynsprug*[13] bezeichnet, in seinem Nachlaß findet sich auch *ein kunststückhl aus helfenbain*[14]. Wahrscheinlich befinden sich weitere, noch nicht mit ihm in Verbindung gebrachte Drechselarbeiten in der Wiener Kunstkammer[15]. Philippovich publizierte ein anonymes Lobgedicht, in welchem die Kunstfertigkeit Schencks im Drechseln überschwenglich gelobt wird.

Von wesentlich größerer Wertschätzung müssen dennoch des Künstlers Fähigkeiten als Elfenbeinschnitzer gewesen sein. In den Hofzahlamtsbüchern wird er zwischen 1666 und 1674 stets als einziger *Painstecher* unter den *Khay. Hoff Officier und cammer personen* geführt[16]. Seine Besoldung wird am 28. 4. 1666 mit 500 fl pro Jahr festgesetzt[17]. Bedenkt man, daß einem Hofkünstler zu seinem fixen Einkommen in der Regel zusätzlich Quartier, Tafel und Hofkleid zustehen, so darf eine jährliche Abgeltung in dieser Höhe doch als reichlich angesehen werden, umso mehr, da ihm auch das Material gestellt wird[18]. Der Wiener Kaiserhof rangierte in der Hierarchie der Besteller des teuren und exotischen Elfenbeins, das von Handelsagenturen über Antwerpen und Rotterdam in die Zentren der Elfenbeinkunst weitergeleitet wurde, wohl ganz oben. War seitens der Hofkammer eine Barzahlung gewährleistet, konnten auch größere Mengen von Zähnen eingelagert werden, die bei Bedarf zugeteilt wurden.

Zwar konnte bis jetzt noch immer kein Beleg für das genaue Todesdatum Johann Caspar Schencks gefunden werden, doch kann mit Hilfe des jüngst aufgefundenen Nachlaßinventars vom 12. 5. 1674[19] der Zeitraum erheblich eingeschränkt werden. In der Regel wurde der Nachlaß von einem Schätzmeister derselben Profession wie jener des Verstorbenen meist eine Woche nach dem Todesfall aufgenommen. Dies deckt sich mit den Angaben aus dem Hofzahlamtsbuch von 1674, wo für *Johann Casparn Schenckh, biß letzten April diß 1674isten Jahrs ge-*

lofne Besoldung...zway hundert ain und neunzig Gulden 40 Kr[20] angegeben wird, so daß ein Todestag für Schenck in den ersten Maitagen des Jahres 1674 angenommen werden muß.

Nach dem Ableben unseres Meisters verschwindet der Posten des »Painstechers« aus den Büchern der Hofzahlamtsrechnungen. Schencks Nachfolge als kaiserlicher Kammerbeinstecher tritt vermutlich am 1. März 1688 Matthias Steinl an[21].

Die Kammerhandwerker, die weitgehend ohne interne Konkurrenz ausschließlich für den Hof arbeiteten, nahmen unter den Hofhandwerkern als ausgewählte Personen mit besonderer Nähe zum Herrscher – sie hatten unmittelbaren Zutritt zu den Privatgemächern des Kaisers und standen dessen privaten Ansprüchen uneingeschränkt zur Verfügung, wofür sie auch aus der Privatschatulle des Regenten bezahlt wurden – ohnehin eine begünstigte, ja gehobene soziale Stellung ein. Die Anstellung eines eigenen Beinstechers oder Bildhauers, eines fix besoldeten Hofkünstlers also, wie er in den Hofstaatsverzeichnissen Leopolds I. im Oberstkämmererstab von 1666–74 bis in die Zeit um 1700 aufscheint, beweist die allgemeine Beliebtheit des Elfenbeins im höfischen Bereich, aber auch die persönliche Affinität des Kaisers zu dem Material, der die seit Maximilian I. bestehende Tradition der drechselnden Habsburger fortgeführt hat. In den Archivalien tauchen Namen von Beinstechern und -drechslern im ganzen 17. Jahrhundert auf, mit denen aber in den seltensten Fällen Realien verbunden werden können.

Wien war im 17. Jahrhundert offensichtlich ein Zentrum der Elfenbeinkunst, wie aus einer Aufzählung der hier tätigen bekannten Meister dieses Fachs hervorgeht. Der Umstand, daß sie anscheinend ausschließlich in Elfenbein gearbeitet haben, mag die Bedeutung und das hohe Niveau der Elfenbeinschnitzerei im barocken Wien zusätzlich untermauern. Unter Kaiser Ferdinand III. (1637–1657) ist von einem fix bestallten Elfenbeinspezialisten bei Hof nichts bekannt. Karl Eusebius von Liechtenstein war anscheinend der einzige Fürst, der seit dem 28. September 1642 dauernd einen Elfenbeinschnitzer beschäftigte, den Würzburger Meister Adam Lenckhardt (1610–1661)[22]. Kurz nach der Jahrhundertmitte entstanden auch die beiden eindrucksvollen Reliefs mit dem Martyrium des heiligen Sebastian[23], deren extremer Naturalismus und dichte Erzählstruktur, akribisch und eindringlich in virtuoser Schnitztechnik ausgeführt, von großer Strahlkraft waren. Das kleinplastische Œuvre des Wasserburgers Balthasar Grießmann (um 1620–1706), der 1660 nach Wien gekommen und ab 1664 wieder für die Salzburger Erzbischöfe tätig war[24], zeigt trotz seines insgesamt kleinmeisterlichen Zuges deutlich eine Auseinandersetzung mit dem noch immer unter seinem Notnamen bekannten Meister der Sebastiansmartyrien. Mit Schencks Ankunft in Wien im Jahre 1666 trifft fünf Jahre nach dem Tod Lenckhardts wieder ein namhafter Elfenbeinvirtuose in der kaiserlichen Residenzstadt ein. Daß Johann Caspar den Sebastiansmeister gekannt hat, scheint aufgrund der unleugbar großen Ähnlichkeiten und Abhängigkeiten im Schaffen der beiden Beinstecher evident. Im übrigen hatte Schenck als allseits geachteter Kammerkünstler bei Hof sicherlich Zugang zu den Werken seiner Vorgänger, die entweder bei den Liechtensteins oder in den kaiserlichen Sammlungen aufbewahrt wurden.

Johann Caspar Schenck ist in der Forschung bisher lediglich als Schöpfer von kleinplastischen Arbeiten in Elfenbein bekannt, wobei seit einer ersten Bearbeitung durch Boeheim 1887[25] besonders durch die Arbeiten von Ilg[26], List[27], Philippovich[28] und Theuerkauff[29] das Œuvre Schencks beträchtlich erweitert wurde.

Wo mag er sein Handwerk gelernt haben? Im frühen 17. Jahrhundert ist in Konstanz zunächst Hans Schenck – der angeblich hervorragende Arbeiten in Elfenbein geschnitten hat[30] – als Elfenbeinkünstler nachgewiesen, der ihn in diese spezielle, ja höfische Spielart der Schnitzkunst hätte einführen können. Ob er als Lehrmeister für Johann Caspar in Frage kommt? Die für Schenck typische lineare Betonung der Formen sowie eine von technisch schwierigen Unterschneidungen charakterisierte Schnitztechnik weisen auf einen Bildhauer als Lehrer hin, dem auch Holz ein vertrauter Werkstoff war. Über das

Verhältnis von *Albrecht Mollet aus Costniz* und *Gumbrecht Maller, painträxlern von Costinz am Bodensee*, die in den Hofzahlamtsbüchern genannt sind[31], zu Johann Caspar Schenck kann mangels weiterer Nachrichten und gesicherter Werke gar nichts gesagt werden.

Sicherlich hat Johann Caspar anfänglich, wie in anderen Bildhauersippen üblich, in der Familienwerkstatt gelernt und mitgeholfen und vor 1664 vielleicht den einen oder anderen großplastischen Auftrag auch mit dem jüngeren Christoph Daniel Schenck gemeinsam ausgeführt. Erinnert nicht der markante Kopf des Chronos vom Epitaph des Dr. Heyder in Lindau[32] an Köpfe von kleinplastischen Arbeiten unseres Meisters? Die betont expressive Mimik, aus dem angestrengten Mienenspiel des knöchernen Charakterkopfs resultierend, sowie die zopfartig miteinander verflochtenen Haupthaare finden in manchen Elfenbeinarbeiten des älteren Schenck ihre Umsetzung ins kleine Format, wie etwa der eindringlich charakterisierte Mann mit der Getreidegabel im Relief des Sommers (Abb. 1) belegt.

Wahrscheinlich muß die lange Zeit gültige Einteilung, nach der Johann Caspar ausschließlich Kleinplastik mit weltlicher und geistlicher Thematik, Christoph Daniel hingegen hauptsächlich religiöse Großplastik geschaffen hat, revidiert werden.

Anhand des zugegebenermaßen kleinen und überschaubaren kleinplastischen Œuvres von Johann Caspar Schenck lassen sich folgende Beobachtungen machen: Mit seinem Eintreten in den höfischen Einflußbereich erfolgt die Zuwendung zum kleinen Format, bevorzugt zum Relief, weniger zur Statuette aus

1 Johann Caspar Schenck, Sommer, Wiesbaden

Elfenbein, kurzum zum nahansichtigen Kunstkammerstück, das von vornherein zur Aufnahme in die fürstliche Kunstkammer oder eine geistliche Schatzkammer gedacht war. Dies gilt auch für die beiden delikat geschnittenen Wiener Pulverflaschen (Abb. 2 und 3), die das mit immensem Aufwand betriebene Jagdwesen der Barockzeit als Teil des adeligen Selbstverständnisses besonders prachtvoll vor Augen führen. Auch in anderen Stücken, etwa dem verschollenen Relief mit Kaiser Leopold I.[33], dem Wiener Deckelhumpen (Abb. 4) oder der Winterdarstellung aus der Jahreszeitenfolge in Liechtenstein (Abb. 5)[34], erweist Schenck mit imperialen Versatzstücken (Doppeladler, Collane des Ordens vom Gol-

denen Vlies) dem kaiserlichen Auftraggeber und Sammler seine Reverenz.

Obwohl lediglich die Kreuztragung (Abb. 6) nachweisbar auf einem graphischen Vorbild, einer Radierung von Jacques Callot[35] (Abb. 7), basiert, mag wohl der überreiche, von einem horror vacui erfüllte Charakter vieler Reliefs auf die Verwendung von druckgraphischen Vorlagen, auch in der Kombination verschiedener Blätter, hinweisen. Die selbstverständliche Verwendung solcher Blätter führte zu einer gewissen Internationalisierung von Kompositionsschemata, wobei sich dem Bildhauer bei der Umsetzung des zweidimensionalen Vorbilds in ein körper-

haftes Gebilde verschiedene Möglichkeiten eröffne-
ten. Die Bilderfindung, die *inventio*, konnte sowohl
durch das Kürzen der Vorlage, die Änderung der Dimensionen und des Formates als auch durch das
Einschieben dekorativer oder teilender Elemente auf
individuelle Art, der *maniera*, verwertet werden,
wobei aufgrund motivischer Übereinstimmungen
keineswegs eine Analogie im Künstlerischen erwartet wurde[36]. Bei der Kreuztragung übernimmt
Schenck die Vorlage von Callot seitenverkehrt, wandelt die souverän in den Raum gestellte, sich im
weitläufigen Hintergrund verlierende Menschen-
masse der Radierung aber in eine streng in die Flä-

che geklappte Komposition, deren Hauptszene ganz
an den unteren Bildrand herangezogen wird. Räumlichkeit, bei Callot durch das geschickte Spiel mit
leeren Flächen spannungsvoll inszeniert, wird bei
Schenck durch unterschiedliche Proportionen sug-
geriert.
Johann Caspar Schenck bediente sich zuweilen auch
offenbar desselben Vorlagenkreises˙ wie der zwischen 1660 und 1664 in Wien, dann in Salzburg tätige Balthasar Grießmann (um 1620–1706), wenn man
etwa die beiden Pulverflaschen mit Diana und Aktäon im Mittelmedaillon und den Jagdszenen innerhalb der durch einzelne Bäume abgetrennten Felder

**3 Johann Caspar
Schenck, Pulver-
flasche mit Diana
und Aktäon, Wien,
HJRK, Inv. Nr. D 148**

4 Johann Caspar Schenck, Deckelhumpen mit Pentheus und Dionysos, Wien, Kunstkammer, Inv. Nr. 4467

mit in Thematik und Aufbau entsprechenden, sehr ähnlichen Arbeiten Grießmanns in Wien[37] und Oxford[38] vergleicht. Für die dramatischen Jagdszenen, die in technisch brillanter Manier die fürstlichen Disziplinen der Löwen-, Bären-, Hirsch- und Wildschweinjagd schildern, inspirierten den Elfenbeinkünstler wohl graphische Blätter in der Art des Philipp Galle nach Johannes Stradanus (»Venationes Ferarum« 1578)[39]. Obgleich die beiden Stücke den Anfang von Schencks Laufbahn als *Cammer-Painstecher* markieren, zeigen sie bereits sämtliche Merkmale seines auf Nahansichtigkeit berechneten, Raffinesse und technische Virtuosität vollendet demonstrierenden höfischen Stiles. Mit verblüffender Leichtigkeit führt er sämtliche ihm zu Gebote stehenden Möglichkeiten bei der Bearbeitung der leicht gebogenen Elfenbeinplatte vor: Köpfe, Arme, Jagdspieße und Messer sind teilweise vollrund gearbeitet, während die übrigen Partien in feinsten Reliefabstufungen zu einer optisch stimmigen Einheit gebildet werden. Schon in diesen frühen Wiener Werken demonstriert er die Fähigkeit, die in seinem Werk häufig auftretenden, heftig bewegten und teils stark überdrehten Körper selbst in kleinsten Dimensionen äußerst lebendig und überzeugend zu schildern. Die kräftigen Männer, insbesondere die vollbärtigen Jäger hoch zu Roß, geben sich unschwer als charakteristische Schöpfungen unseres Meisters zu erkennen.

Auf der Suche nach möglichen Quellen für Johann Caspar Schencks Arbeiten stößt man unweigerlich auf die Werke des sogenannten Meisters der Sebastiansmartyrien[40] (Abb. 8). Dessen Figurenstil, die Hypertrophie der sehnigen Körper, die in ihrer pulsierenden Vitalität zuweilen an die Grenzen zur Häßlichkeit stoßen, sowie die Überbetonung des Expressiven, oft verstärkt durch ein Stakkato von scharfkantigen Faltenstegen in den Gewandteilen, war offensichtlich typenprägend für Schenck. Er mildert diesen Typus aber in der Form, modelliert ihn flüssiger und weicher. In der Bildung von männlichen Körpern, deren derb-untersetzte Formen in unbestimmt fließenden Bewegungen manchmal etwas unsicher über das Terrain schreiten, nähert sich Schenck niemals auch nur annähernd der harten Präzision des Sebastiansmeisters. Der Vergleich zweier martialischer Szenen vermag dies vor Augen zu führen: Der nur mit einem Lendenschurz bekleidete Bogenschütze am linken Rand der Wiener Sebastiansmarter (Abb. 8) exemplifiziert des Meisters antiklassische Figurenbildung mit akzentuierenden, überzeichneten Details wie dem Aderngeflecht an Armen und Beinen, den knöchernen Knien sowie den markanten Füßen mit den langen Zehen und den spitzen Fersen. Das knappe Lendentuch ist in engen Faltenbahnen um den Unterleib gezogen, ohne diesen nachzuzeichnen. Bei der Christenverfol-

5 Johann Caspar Schenck, Winter, Vaduz, Inv. Nr. 552

gung (Abb. 9) von Johann Caspar Schenck kehren diese Details wieder, etwas weniger derb, jedoch genauso leidenschaftlich im Vortrag[41]. Johann Caspars weitaus weniger signifikant charakterisierte weibliche Figuren mit ihren oftmals substanzlosen Körpern erinnern hingegen insbesondere in den breitflächigen ovalen Gesichtern an jene des Christoph Daniel[42].

In Aufbau und Komposition von elfenbeinernen Prunkgefäßen schuf der vermutlich in Wien zur Jahrhundertmitte tätige anonyme Meister der Sebastiansmartyrien offensichtlich auch Prototypen, an denen sich andere Kleinplastiker der Residenzstadt orientierten: Sowohl der jüngst erstmalig publizierte Deckelhumpen mit Szenen aus der Herkulesgeschichte in Karlsruhe (Abb. 10)[43] als auch der Wiener Antiochuspokal[44], die beide dem Œuvre des Meisters zugewiesen werden, haben von Knorpelwerk und Masken kartuschenartig gerahmte kleinfigurige Szenen, die Deckel und Fuß gleichsam krustenartig überziehen. Gemeinsam mit der Deckelbekrönung vertiefen sie auch inhaltlich das Thema des Gefäßes, welches an der Wandung des Zylinders in größerem Maßstab aufgerollt wird. Der Deckelhumpen von Johann Caspar Schenck (Abb. 4) variiert im wesentlichen dasselbe Konzept: Der gänzlich aus Elfenbein gearbeitete, aus mehreren Teilen zusammengesetzte Deckelhumpen schildert die Begegnung von Pentheus, des Königs von Theben, und Dionysos, dessen orgiastischen Kult der Herrscher vergeblich zu unterbinden suchte. Dieses wilde Treiben wird durch die ekstatisch bewegten Mänaden in der Deckelzone und auch dem Puttenfries des Sockels in von Masken und Fruchtbündeln kartuschenartig

gerahmten Szenen anschaulich vor Augen geführt. Der bekrönende Amorknabe auf der Weltkugel ist Ausdruck der weltbeherrschenden Macht der Liebe[45]. Die dicht versetzten Figurenfriese von Deckel und Sockelwulst bilden einen bewußt eingesetzten Kontrast zu dem seichten, plastisch nicht besonders ausgeformten Relief der zylindrischen Wandung. Die beiden Protagonisten mitsamt ihrem Gefolge sind sehr kompakt neben- und hintereinander gestaffelt, so daß der Eindruck von Räumlichkeit oft nur durch die stark der Fläche verhafteten Köpfe entsteht. Dennoch resultieren aus der Figurenverschränkung keine zusammenschließenden und raumschaffenden Bewegungen. Birke[46] bemerkte die Scheu der Figuren, mit festem Schritt das Terrain zu betreten. Trotz dieses Mangels fällt die fein geschliffene und differenzierte Schnitzerei ins Auge, die sich durch die besondere Charakterisierung der Köpfe mit den tiefen Stirnrunzeln, den tiefliegenden Augen mit gebohrten Pupillen, Stupsnasen und strähnig gelocktem Haar als typisch für Johann Caspar auszeichnet. Die Körper von an sich schon geringer Plastizität scheinen manchmal etwas ungelenk in die Fläche gedrückt, wie etwa die Rückenfigur hinter Dionysos mit ihrem detailliert wiedergegebenen Rückgrat. Auf Schencks gelegentliche Unbekümmertheit gegenüber der Korrektheit der Anatomie und der Perspektive wurde schon mehrfach hingewiesen.

Durch einen differenzierten Körperbau polarisiert Schenck auch die beiden gegnerischen Gruppen: König Pentheus wird als feingliedriger, wohlgekleideter älterer Mann (er trägt eine Collane des Ordens vom Goldenen Vlies!) charakterisiert, während

6 Johann Caspar Schenck, Kreuztragung, Wien, Geistliche Schatzkammer, Inv. Nr. D 200

Dionysos als übergewichtiger, unproportionierter Fettwanst wiedergegeben wird, im Typus dem schwächeren Bacchus des Reliefs in Liechtenstein (Abb. 13) vergleichbar.

Insbesondere die Figurengruppe um den König von Theben mit den wie naß an den Körper geklatschten Gewändern führt in der Weichheit der Einzelformen eine geschliffene höfische Eleganz vor, während die Gefolgschaft Dionysos' durch ungezügelte Nacktheit charakterisiert wird. Der überreiche Dekor an Deckel und Sockel, der sich auch an den dichten vegetabilen Formen des Henkels fortsetzt, die an die Umrandung des Mittelmedaillons der beiden Pulverflaschen erinnert, unterstreicht die Üppigkeit des Vor-

7 Jaques Callot, Kreuztragung, Wien, Graphische Sammlung Albertina, Inv. Nr. 1933/06669

8 Meister der Sebastiansmartyrien, Das Martyrium des heiligen Sebastian (Detail), Wien, Kunstkammer, Inv. Nr. 3654

trags. Die naturnahe Schilderung der Anatomie mit der besonderen Betonung der Sinnlichkeit des Fleischlichen rückt Schenck ab von der stilisierten, naturfernen Gestaltungsweise der spätmanieristischen Richtung und betont vielmehr seine offensichtliche Vertrautheit mit der »Moderna«, also dem flämischen Barock, der durch Georg Petel (1601/02–1634) durch seine Verbindung mit Peter Paul Rubens (1577–1640) in Süddeutschland verbreitet worden war[47].

Der sehr bewegte Puttenfries von hoher schnitzerischer Qualität ebenso wie der gerade abschließende Knauf als Basis für die Bekrönungsfigur des Deckels und das Palmettenornament am Fuß des Pentheushumpens finden ihre Entsprechung am zweiten Wiener Deckelpokal mit der Antiochusgeschichte[48] und verweisen somit neuerlich auf die Abhängigkeit Schencks vom Meister der Sebastiansmartyrien.

Im Gegensatz zu Christoph Daniel, der beinahe alle Kleinplastiken signiert und datiert hat, ist eine Chronologie im Schaffen des Johann Caspar Schenck wesentlich schwerer zu erstellen. Lediglich das verschollene Relief mit Leopold I. ist 1668 datiert, eine der beiden Pulverflaschen (1666) sowie das als Fragment erhaltene Postament in Klosterneuburg (1667) (Abb. 11) sind zumindest archivalisch mit einer Jah-

reszahl verbunden. Das Münchner Altärchen[49] mit der Muttergottes mit Kind im Zentrum steht mit seiner unausgewogenen Komposition wohl am Anfang des künstlerischen Schaffens unseres Meisters. Zu einer Mißachtung der Proportionsregeln kommt es allerdings immer wieder, auch im verfeinerten Stil der letzten Jahre (Abb. 4). Die unglaublich dicht und virtuos geschnittenen Pulverflaschen, anscheinend als Einstandswerke für den kaiserlichen Dienstgeber in Wien entstanden, tragen hingegen schon alle Kennzeichen erlesener Hofkunst, detailreich gearbeitet für das genießende Auge des Connaisseurs.

Die anderen drei Stücke in Wien, der Deckelhumpen mit Pentheus und Dionysos (Abb. 4) sowie die beiden kleinformatigen Reliefs mit der Kreuztragung (Abb. 6) und der Christenverfolgung (Abb. 9), allesamt in den ältesten erhaltenen Schatzkammerinventaren aus der Mitte des 18. Jahrhunderts beschrieben, gehören aufgrund ihrer Zartheit, des genau berechneten Nuancenreichtums in der Reliefstufung und ihrer technischen Brillanz eindeutig zu den ausgeprägt höfischen Werken der Spätzeit.

Die bislang unbeachtete Kreuztragung im Palazzo Pitti in Florenz[50], von K. Aschengreen Piacenti als Werk aus dem Umkreis von Christoph Daniel Schenck bestimmt[51], ist höchst wahrscheinlich auch ein Werk des Johann Caspar und datiert aus dersel-

9 Johann Caspar Schenck, Christenverfolgung, Wien, Geistliche Schatzkammer, Inv. Nr. D 199

10 Meister der Sebastiansmartyrien, Herkuleshumpen, Karlsruhe, Badisches Landesmuseum, Inv. Nr. 95/910

ben Zeit. Die figurenreiche, dramatisch bewegte Komposition, die sich völlig losgelöst vom flach reliefierten Stadtprospekt des Hintergrundes ausbreitet, erscheint wie ein vergrößerter Ausschnitt aus dem Wiener Relief nach der Radierung von Callot. Typen wie der berittene Soldat mit dem federgeschmückten Helm, der die Darstellung seitlich beschließt, sowie die schmerzerfüllt zusammengesunkene hl. Veronika zählen zum fixen Personenrepertoire des Kammerbeinstechers. Neben der Kompaktheit der nach einfachen Strukturen zusammengefaßten Figurengruppe gibt sich die Hand Johann Caspars auch in der ornamental-linearen Gewandgestaltung zu erkennen.

Das zweite Relief in Florenz mit der Kreuzigung[52], noch konzentrierter in der Dichte der Schilderung, ist hingegen wohl eher in der Werkstatt des Sebastiansmeisters entstanden.

Interessant sind die vier Reliefs einer Serie der Jahreszeiten von unterschiedlicher Qualität, von denen sich heute eines (Sommer) in Wiesbaden und drei in Vaduz befinden[53]. Der Bewegungszug der mit jahreszeitlich spezifischen Tätigkeiten beschäftigten Menschen entwickelt sich streng bildparallel, wobei die willkürliche Proportionierung einzelner Figuren die hohe schnitztechnische Qualität in den Darstellungen des Frühlings (Abb. 12)[54] und besonders derjenigen des Sommers (Abb. 1)[55] keineswegs mindert. Als qualitätvollstes Stück der von mehreren Händen ausgeführten Serie[56] ist sicherlich das letztere, vielfigurige Relief in Wiesbadener Privatbesitz zu bezeichnen. In der Behandlung der Oberfläche nutzt Johann Caspar Schenck sämtliche Möglichkeiten des Elfenbeins, um ein möglichst differenziertes und ästhetisch reizvolles Bild zu erzeugen: die effektvolle Kombination von schraffierten, gravierten, punzierten und glatt polierten Partien innerhalb der plastisch und räumlich konsequent abgestuften Reliefebenen ergibt ein in der Erzählfreude gesteigertes und optisch dichtes Täfelchen, eine Gestaltungsform, die auch für den Sebastiansmeister kennzeichnend ist. Die die Ernte einbringenden Männer mit den spitzen Nasen in den knöchernen Gesichtern, den dicht ineinander verwobenen Haarsträhnen und den gedrungenen Körpern mit dem unterhalb des Nabels leicht vorgewölbten Bauch, den sehnig-muskulösen Armen und gebogenen Beinen repräsentieren jeder für sich den Schenckschen Figurentypus schlechthin. Die

Darstellung des Herbstes (Abb. 13)[57], obwohl deutlich schwächer und in den Dimensionen abweichend, zeigt hingegen die qualitative Bandbreite einer Werkstattarbeit auf.

Johann Caspar Schenck ist trotz vieler Ähnlichkeiten und Abhängigkeiten weder identisch mit dem Meister der Sebastiansmartyrien, wie noch von Philippovich[58] und Birke[59] und neuerdings Fischer[60] angenommen, noch ist sein Werk mit den massigen, naturnah gestalteten Charakteren des von 1642 bis 1661 in Wien für die Liechtenstein tätigen Adam Lenckhardt zu verwechseln, wie Born[61] glaubte.

Das insgesamt etwas uneinheitliche Werk des kaiserlichen Kammerbeinstechers Schenck hat seine Wurzeln in der seeschwäbischen Tradition der Heimat, die er angeregt durch die übersteigernd expressiven, ja brutal naturalistischen Arbeiten des Meisters der Sebastiansmartyrien selbständig interpretiert und barockisiert. Sein künstlerisches Schaffen zeigt sowohl retardierende, spätmanieristisch anmutende Momente, wie etwa eine gewisse stilisierte Bezugslosigkeit zwischen Körper und Gewand, die zuweilen jegliche Gesetze der Schwerkraft negiert, als auch uneinheitliche Bewegungsansätze, sowie barocke Elemente, z. B. eine gefühlsbetonte Atmosphäre und lebendige Wirkung, welche dem Einfluß der barocken Formenwelt des Peter Paul Rubens entspringt. Die Emotionalisierung, die den Andachtsbildern (Christenverfolgung, Kreuztragung) eigen ist und die im Betrachter ausgelöst wird, ist vom gegenreformatorischen Geist der barocken Frömmigkeit getragen.

In der Frage, welchen Einfluß Johann Caspar Schenck auf nachfolgende Elfenbeinschnitzer gehabt haben mag, tauchen in der Literatur die Namen zweier bedeutender Virtuosen auf. Birke[62] nimmt wegen der gemeinsamen Tendenz zum zierlichen Format sowie der starken Ähnlichkeit des 1676 entstandenen Deckelhumpens Rauchmillers, einem Höhepunkt der barocken Elfenbeinkunst schlechthin, mit dem kurz zuvor geschaffenen Pentheushumpen Schencks eine Schulung von Mathias Rauchmiller in der Konstanzer Schenck-Werkstatt an. Asche[63] vermutet, daß auch Balthasar Permoser

11 Johann Caspar Schenck, Postament, Klosterneuburg, Stiftssamlungen, Inv. Nr. KG 122

12 Johann Caspar Schenck, Frühling, Vaduz, Inv. Nr. 521

seine Anfangskenntnisse in der technisch schwierigen Elfenbeinschnitzerei bei dem kaiserlichen Kammerbeinstecher in Wien erworben hat. Obgleich darüber keine Nachrichten existieren, hat Johann Caspar vermutlich auch Christoph Daniel Schenck in die hohe Schule der Elfenbeinkunst eingewiesen. Interessanterweise ist über das Schaffen Christoph Daniels vor 1675 bis jetzt nichts bekannt[64]. Auffällig sind hingegen die Abhängigkeiten seiner kleinplastischen Arbeiten von jenen des Johann Caspar, der nachgewiesenermaßen Anfang Mai 1674 in Wien stirbt[65]. In diesem Zusammenhang wird das Nachlaßinventar des älteren Schenck nochmals interessant. Nebst besserem Gewand – *mit spiz verbrämt* – und dem üblichen Hausrat besaß er noch einige Kunstgegenstände sowie eine *guldene kötten*, also jene goldene Gnadenkette, die ihm vielleicht als An-

erkennung für den Deckelhumpen aus Elfenbein am 17. Juni 1670 überreicht wurde[66]. Angeführt werden auch *4 Pettstätt*, was auf einen Vierpersonenhaushalt schließen läßt. Gehörte eine der Schlafstätten dem Christoph Daniel, der bei seinem Verwandten in Wien eine umfassende Ausbildung zum Kleinplastiker erfuhr?

So lösen neue Funde nicht nur Freude aus, sondern werfen im gleichen Atemzug neue Fragen auf, deren Klärung an dieser Stelle nicht versucht werden kann. Es ist zu erwarten, daß eine breit angelegte Präsentation des Œuvres von Christoph Daniel in der Gegenüberstellung mit einigen Werken von Johann Caspar einige Neuentdeckungen bzw. Neuzuschreibungen ergeben wird, die das bisher tradierte Bild der beiden Bildhauer entscheidend korrigieren könnte.

13 Johann Caspar Schenck, Herbst, Vaduz, Inv. Nr. 576

1 Wagner 1990, S. 58.

2 Vgl. auch hier Fischer, S. 13, der die von Feuchtmayr 1936 IV, S. 28, angenommene Ehe mit der angesehenen Bürgerstochter Maria Contamina begründet ausschließt.

3 Briefliche Mitteilung von Franz-Heinz Hye, Innsbruck.

4 Gugitz, S. 127 Totenprotokolle. Zit. bei Theuerkauff 1962, S. 42.

5 Freundliche Mitteilung von Fritz Fischer, Stuttgart. Vgl. auch hier Fischer, S. 13

6 Vgl. Sandner 1964, S. XX ff. und Lieb 1973, S. 53.

7 Auch die Karriere von Christoph Angermair hatte im frühen 17. Jh. ihren Anfang am Innsbrucker Hof genommen. Vgl. Grünwald 1975, S. 7ff.

8 Vgl. Maurice 1985.

9 So hebt etwa Bormastino in seiner Relazione Storica della Città Imperiale di Vienna auf S. 182ff. »...künstlich gedrächslete Geschirr ...« der Erzherzöge hervor.

10 Lhotsky 1941–45, S. 373f.

11 Zur Stellung der Hof- und Kammerhandwerker am Wiener Hof vgl. Haupt 1989/90, S. 89–93. Für wichtige Anregungen und Hinweise zur Beschaffung von Archivalien danke ich Herbert Haupt sehr.

12 Haag 1994, S. 22.

13 Inventarium Thesauri Imperialis Viennensis, 1750. Wien, KHM, Archiv der Schatzkammer, Inv. Nr.IIa/b, fol. 289, Nr. 64. Publ. v. Zimerman 1889, Reg. Nr. 6253, S. CCLXXXIX, Nr. 64.

14 Wien, HHStA, OMaA, Karton 648, Abh. 1666–1677, Abh. Nr. 406.

15 Vgl. dazu auch Philippovich 1962, S. 195; Wien, HKA, HZB 1667/1668, fol. 225v; HZB 1669, fol. 146v; HZB 1670, fol. 176v und fol. 326; HZB 1673, fol. 167; HZB 1674, fol. 180.– Ein von Schenck 1667 signiertes Stück, das sich heute in Klosterneuburg befindet, nennt als Autor *Joanes Casparus Senckh/dero R:K:M: Feyerwercher/ Khunststäbler und Cammerbildt/hauer...* Die beiden ersten Bezeichnungen sind Synonyme für den Kanonier. Durch diese militärische Benennung bot sich auch für Handwerker, die außerhalb einer Zunft standen, die Möglichkeit zur Ausübung ihres Gewerbes. Dies galt besonders für jene, die direkt für einen höfischen Auftraggeber arbeiteten. Aus demselben Grund nennt sich auch der in Coburg und Weimar für die sächsischen Herzöge tätige Kunstdrechsler Marcus Heiden *Feuerwerker*. Vgl. dazu Wagner 1994 (Kunsthandwerk), S. 378.

16 Wien, HKA, HZB 1665/1666, fol. 299v, Nr. 394: *Johann Caspar Schenckh sein besoldung vor diß ganze 666iste jahr 500 fl.* Publ. v. Haupt 1983, S.LXX, Reg. 2235.

18 Eine der beiden Wiener Pulverflaschen war vermutlich Anlaß für jenes Ansuchen, in welchem *Johann Caspar Schenckh Bildhauer umb Ordinanz der Besoldung, und Bezahlung eines p. 100 Rth. gelifferten Pulverfläschls,* das am 28.4.1666 abgeschlagen wird mit der Bemerkung, daß er 500 fl Jahresbesoldung erhält, *seine Arbeit darunter verstanden und ihme für den Werth weiter nichts bezalt, die materialia aber darzue gegeben werden sollen.* Wien, HHStA, Protocolle in Hofsachen De annis 1637 et 1638 ferners De ao. 1665 usque 1676 incl. No. 2, fol. 30a.

19 Vgl. Anm. 14.

20 Wien, HKA, HZB 1674, fol. 180r, Nr. 534. Zuerst publiziert von Boeheim 1887, S. 101, übernahmen bis heute alle Autoren ausnahmslos diese falsche Lesart, einzig Pühringer-Zwanowetz 1966, S. 197, Anm. 41, zitiert richtig!

21 Pühringer-Zwanowetz 1966, S. 20.

22 Theuerkauff 1965, Urkundenanhang, S. 68, Nr. 22.

23 Vgl. zuletzt Haag 1991, S. 125–139, Abb. 104–108.

24 Zur Klärung der Identität des als Monogrammisten BG in die Literatur eingeführten Balthasar Grießmann sowie seiner Biographie vgl. Wagner 1994 (Grießmann), S. 334–341.

25 Boeheim 1887, S. 100 ff.

26 Ilg 1897, S. 111.

27 List 1902, S. 1f.

28 Philippovich 1962; ders.: 1973, S. 47ff.; ders. 1982, S. 170ff.

29 Theuerkauff 1962, S. 41ff., Nrn. 11f.; ders. 1973, S. 250ff.; ders. 1984, S. 121f., Nr. 65.

30 Bucelin 1667, S. 6.

31 Haupt 1983, Reg. 2902 und 2049.

32 Lohse 1960, Abb. 8.

33 ehem. Berlin, Deutsches Museum, Inv. Nr. K 8766. Abb. bei Volbach 1923, S. 76, Tafel 78.

34 Vaduz, Sammlungen des regierenden Fürsten von Liechtenstein, Inv. Nr. 552.

35 Jacques Callot, Kreuztragung, Kleine Passion, B 28 I.

36 Zur Frage der Verwendung von druckgraphischen Vorlagen in der Kleinplastik ist immer noch grundlegend der Aufsatz von Tietze-Conrat 1920/21, S. 105ff., für die Kreuztragung bes. S. 153.

37 Wien, Kunsthistorisches Museum, HJRK, Inv. Nr. D 149.

38 Oxford, Ashmolean Museum. Penny, II, S. 129f., Nr. 350.

39 Auch Johann Michael Maucher bediente sich für seine Jagdgarnituren aus Hirschhorn und Elfenbein derselben Vorlagen. Vgl. dazu Ehmer 1992, S. 195–199.

40 Theuerkauff 1962, S. 251. Vgl. zuletzt Haag 1991, S. 125–139.

41 In denselben Stilkreis gehört das Birnbaumrelief mit der Pietà im Grünen Gewölbe in Dresden, Inv. Nr. VII 27 – das Monogramm ICL ist mit Sicherheit nicht als J.C.L. Lücke und vor 1730 aufzulösen, wie Theuerkauff glaubte.– Schädler (1973, S. 176, Kat. Nr. 126) verweist auf die Verwandtschaft der Schergenfiguren einer Geißelungsgruppe in Nürnberg mit dem Wiener Deckelhumpen des Johann Caspar Schenck.

42 Vgl. dazu die Mater Dolorosa in Einsiedeln, Inv. Nr. H 109.

43 Karlsruhe, Badisches Landesmuseum, Inv. Nr. 95/910.Ausstellungskatalog: Für Baden gerettet, Karlsruhe 1996, S. 104, Nr. 71 (B. Herrbach-Schmidt).

44 Wien, Kunsthistorisches Museum, Kunstkammer, Inv. Nr. 4530.

45 Dieselbe Verwendung findet der geflügelte Amorknabe bei dem Marcus Heiden 1631 gedrechselten Deckelpokal in Malibu, Inv. Nr.91. DH.75, dessen figürliche Teile aus der Werkstatt des Meisters der Sebastiansmartyrien stammen, als auch bei dem Deckelhumpen des Balthasar Grießmann in Wien, Inv. Nr. KK 4499, der sich in Aufbau und Komposition eindeutig am Herkuleshumpen orientiert.

46 Birke 1981, S. 25.

47 Zur Frage der barocken Strömung in der süddeutschen Skulptur der ersten Hälfte des 17. Jahrhunderts vgl. Fischer 1988, S. 148ff.

48 Wien, Kunsthistorisches Museum, Kunstkammer, Inv. Nr. KK 4531.

49 München, Bayerisches Nationalmuseum, Inv. Nr. R 2106. Berliner 1926, S. 60, Nr. 218, Taf. 218.

50 Inv. Bargello 1879 No. 7. Fritz Fischer hat mich liebenswürdigerweise auf das Stück, das mir nur in einer schlechten Ablichtung zugänglich war, aufmerksam gemacht, wofür ich ihm sehr zu Dank verpflichtet bin.

51 Aschengreen Piacenti 1967, S. 150, Nr. 382.

52 Inv. Bargello 1879 No. 6. Aschengreen Piacenti 1967, S. 150, Nr. 382.

53 Bis 1945 waren alle Teile in den Sammlungen des regierenden Fürsten von Liechtenstein gemeinsam aufbewahrt.

54 Liechtenstein, Sammlungen des regierenden Fürsten von Liechtenstein, Inv. Nr. 521.

55 Wiesbaden, Sammlung Reiner Winkler, Inv. Nr. W. 165.

56 Philippovich 1982, S. 172. Weniger konkret Theuerkauff 1984, S. 122.

57 Liechtenstein, Sammlungen des regierenden Fürsten von Liechtenstein, Inv. Nr. 576.

58 Philippovich 1973, S. 50.

59 Birke 1981, S. 26f.

60 Fischer, hier S. 20

61 Born 1936, S. 41ff.

62 Birke 1981, S. 18.

63 Asche 1978, S. 12.

64 Philippovich 1982, S. 172 betont als erster den »merkwürdigen Zusammenhang zwischen dem Tod des J. C. Schenck 1674 und Christoph Daniel Schenck, dessen gesicherte, das heißt durch Monogramme erfaßbare Elfenbeintätigkeit erst mit dem Tod des J. C. Schenck einsetzt.« Vgl. auch hier Fischer, S. 14

65 Schon E. Herzog wies auf diesen Zusammenhang hin. Herzog 1956, S. 94.

66 HZB. 1670/I p. 175–176: *Inhalt geschäfft...vier guldene kötten..., warvon...die viertte Casparn Schenckh kay. painstechern alhier, zuegestelt worden.* Publ. v. Haupt 1983, Reg. 2880.

Ulrich Knapp

Zur Rekonstruktion des »Thomas«-Altares im Konstanzer Münster

Im Zuge der großen Münsterrenovation der Jahre 1679 bis 1683[1], bei der das Langhaus sein barockes Gewölbe erhielt, die Obergadenfenster neu gestaltet wurden und der Chor eine Klarverglasung erhielt, wurde auch ein neuer *Marmorstainen Altar* errichtet. Dieser im Thomas-Chor, dem nördlichen Querhausarm des Konstanzer Münsters, befindliche Altar ist mit dem heutigen Thomas-Altar identisch. Er steht an der Stelle zweier älterer Altäre, deren Altarnischen 1680 abgebrochen wurden. In der nördlichen Nische befand sich der Ulrichs-Altar, 1279 erstmals erwähnt, in der südlichen der Pelagius-Hl.-Kreuz-Altar[2]. In den von Reiners-Ernst edierten Quellen wird im Zuge der Erneuerungsarbeiten im Münster nur ein Altar ausdrücklich genannt, der Altar der *Abhöbung Christi*[3]. Ein Altar der Verklärung Christi war 1497 ins Münster gestiftet worden und stand bis in die Zeit um 1600 an der Westwand des nördlichen Seitenschiffes[4], später ist er dort nicht mehr nachweisbar. Es kann damit nicht ausgeschlossen werden, daß es einen Zusammenhang zwischen dem *Marmorstainen Altar* und dem Altar der *Abhöbung Christi* gibt.

Der heutige Thomas-Altar war 1779 umgestaltet worden[5]. Zu dem ursprünglichen Bestand gehört die Retabelarchitektur aus schwarzem Marmor und schwarzgrauem Kunststein. Gestufte doppelte Säulenstellungen rahmen die breitgelagerte zentrale Rundbogennische. Die von einem Sprenggiebel bekrönte Altarädikula wird von seitlichen, in die Ostwand des Querhausarmes eingelassenen Muschelnischen flankiert. Die Ädikula war im ursprünglichen Zustand äußerst schlicht gehalten. Die anstukkierten Puttenköpfe über der Hauptnische sind ebenso Zutaten der Veränderung von 1779 wie die Festons seitlich dieser Nische mit den Leidenswerkzeugen und jenen an der Predella des Altares mit den Zeichen der Eucharistie (Kelch) und der Erlösung (?) (Zange, Kreuzesnägel[6] und Dornenkrone). Nur die Puttenköpfe an den Friesstücken der inneren Säulenstellung der Altarädikula und an den Lisenen seitlich der Tabernaktüre gehören zum Bestand des 17. Jahrhunderts.

Betrachtet man nun die erhaltenen Skulpturen von Christoph Daniel Schenck genauer, so gibt es eine Reihe auffallender Besonderheiten. Die Skulpturen der hll. Heinrich (Kat. Nr. 16 c), Konrad (Kat. Nr. 16 d) und Helena (Kat. Nr. 16 b) sind zwar alle als Stand-

figuren mit ausgeprägter Plinthe in Form einer »Gras«platte gearbeitet, doch unterscheiden sich diese merkwürdigerweise. Die hll. Heinrich und Konrad besitzen äußerst flache Standplatten. Die Figuren scheinen über diese Platte hinauszuschreiten, das Spielbein der Figuren ist jeweils deutlich nach vorne gestreckt und nur die Ferse sitzt gerade noch am äußersten Rand der Plinthe auf. Offensichtlich sind die Skulpturen für einen Standort von geringer Tiefe geschaffen. Vollkommen anders ist hingegen die auf Frontalansicht gearbeitete Statue der Kaiserin Helena (Kat. Nr. 16 b), der Auffinderin des wah-

1 Rekonstruktion des Thomas-Altars

ren Kreuzes, konzipiert. Sie steht mit beiden Füßen auf der nun auch deutlich höheren Standplatte. Für ihren heutigen Anbringungsort ist sie erkennbar nicht geschaffen. Ihre Plinthe steht um mehrere Zentimeter über den Rand der Muschelnische vor, in die sie schräg hineingestellt werden mußte, wollte man nicht ihre ausgestreckte Linke mit dem Kreuz umarbeiten. Dies sind deutliche Anzeichen dafür, daß die Figur nicht für diesen Standort geschaffen worden war. Auch die Skulptur des Christus paßt kaum zu der heute sichtbaren Figurenkomposition. Sein Blick ist gesenkt, doch richtet er sich nicht auf den Apostel Thomas, sondern reicht tiefer, in der heutigen Anordnung würde er etwa die Füße des Apostels treffen (Kat. Nr. 16 a). Auch scheint die Hauptansichtsseite der Figur nicht jene heute sichtbare Frontalansicht zu sein, sondern eine leichte Seitenansicht, etwa in Blickrichtung Christi. Im Zusammenhang mit der heutigen Komposition befremdet auch seine Körperhaltung, da er dem ungläubigen Apostel weniger die Wunde präsentiert als vielmehr ihm gegenüber als Salvator erscheint. Diese Beobachtungen nähren Zweifel, ob der Christus von Christoph Daniel Schenck tatsächlich für eine Thomasgruppe geschaffen wurde[7]. Zusammenfassend bleibt damit zunächst festzuhalten, daß weder die Figuren der hl. Helena noch die Chrisutus-Statue für ihren heutigen Anbringunsort geschaffen wurden. Hinzu kommt die bereits 1779 translozierte Figur des hl. Konrad. Letzterer kann aufgrund seiner Gestaltungsmerkmale als Pendant zu der Skulptur des hl. Heinrich interpretiert werden. Mit seiner flachen Standplatte und dem weit nach vorne ausgreifenden Schrittmotiv paßt er auch

gut in die südliche Muschelnische des Altares, in der heute die hl. Helena eingezwängt ist. Letztere bedarf eigentlich eines relativ tiefen, aber auch eines breiten Standortes. Wie geschaffen hierfür ist die zentrale Rundbogennische, in der sich heute die Thomasgruppe befindet. Die Skulptur Christi kann damit nur noch auf dem Giebelaufsatz des Altares zu stehen kommen, und zwar als freistehende Figur des Salvator, der, über den Kreuzestod triumphierend, dem Gläubigen die Wundmale präsentiert. Gerade das stark geneigte Haupt Christi scheint auf einen derart hohen Anbringungsort hin konzipiert zu sein. Sein Blick fällt nun genau in den Kirchenraum vor dem Altar, etwa auf jenen Bereich, in dem die Kirchenstühle aufgestellt waren.

Akzeptiert man diese Rekonstruktion (Abb. 1), so erhält man ein vollkommen verändertes Altarprogramm. Thema sind Kreuzestod und Erlösung, vor allem aber die Legitimation der Herrschaft Christi. Zentrale Figur ist die Kaiserin Helena, die Mutter Konstantins des Großen, die das wahre Kreuz Christi aufgefunden hat. Ihr zu seiten stehen der hl. Kaiser Heinrich, Gründer des Bistums Bamberg und in gewisser Weise ein zweiter Konstantin, und der hl. Konrad, der erste Bischof von Konstanz. Alle drei Figuren stehen als Zeugen für die legitime Herrschaft Christi, der als Salvator über allem triumphierend im Auszug dargestellt ist. In dieser auf das Bistum Konstanz zugeschnittenen Zusammenstellung von Heiligen beinhaltet das Altarpogramm letztendlich aber auch nichts anderes als die Legitimation der Herrschaft des Konstanzer Bischofes.

1 Siehe Reiners 1955, S. 70 ff.
2 Reiners 1955, S. 294 f., 299.
3 Reiners-Ernst 1956, Reg. 757, 773.
4 Reiners 1955, S. 299.
5 Siehe Kat. Nr. 16.
6 Die Kreuzesnägel werden zweimal dargestellt, zum einen bei den Leidenswerkzeugen im Feston rechts der Hauptnische und zum anderen hier an der Predella. In Verbindung mit der

Zange sind sie damit wohl in Zusammenhang mit der Kreuzabnahme und nicht mit der Kreuzannagelung zu interpretieren.
7 Bei der von Reiners-Ernst 1956, Reg. 772, mitgeteilten Quelle handelt es sich um eine indirekte überlieferte Nachricht, die eher den Eindruck einer Beschreibung des heutigen Zustandes, vermischt mit archivalisch überlieferten Mitteilungen zu den beteiligen Künstlern vermittelt.

Bildnachweis der Aufsätze

Fritz Fischer

1 Rosgartenmuseum, Konstanz
2 Le Brun, Konstanz
3 Le Brun, Konstanz
4 Kunsthistorisches Museum, Wien
5 Braunmüller, Baldham
6 Müller, Konstanz
7 Braunmüller, Baldham
8 Scherbaum, Lindau
9 Le Brun, Konstanz
10 Le Brun, Konstanz
11 Frankenstein, Württembergisches Landesmuseum Stuttgart
12 Frankenstein, Württembergisches Landesmuseum Stuttgart
13 Nach Rigamonti, Rom
14 Nach Rigamonti, Rom
15 Skulpturensammlung, Berlin
16 Le Brun, Konstanz
17 Kunsthistorisches Museum, Wien
18 Württembergisches Landesmuseum Stuttgart
19 Nach Museo del Prado
20 Marthaler, Einsiedeln
21 Nach The Metropolitan Museum
22 Zentralinstitut für Kunstgeschichte, München
23 Württembergisches Landesmuseum, Stuttgart
24 Georg Goerlipp, Donaueschingen
25 Württembergisches Landesmuseum, Stuttgart
26 Universitätsbibliothek Tübingen
27 Brigitte Lohse, Bad Salzuflen

Wolfgang Zimmermann

1 Rosgartenmuseum, Konstanz
2 Rosgartenmuseum, Konstanz
3 Universitätsbibliothek Tübingen
4 Universitätsbibliothek Tübingen
5 Kloster Zoffingen, Konstanz, Bibliothek
6 Universitätsbibliothek Tübingen
7 Universitätsbibliothek Tübingen

Anja Buschow Oechslin

1 Stiftsarchiv Einsiedeln
2 Stiftsarchiv Einsiedeln

Sibylle Appuhn-Radtke

1 Verfasserin
2 Verfasserin
3 Biblioteca Ambrosiana, Mailand
4 Bayerisches Landesamt für Denkmalpflege
5 Rettich
6 Repro nach Lohse 1960
7 Repro nach Coppa 1989
8 Repro nach Cattaneo 1983
9 Neri, Florenz
10 Repro nach Felder 1988

Ulrich Knapp

1–19 und 21–24 Ulrich Knapp, Leonberg
20 + 25 Thurg. Denkmalpflege, Frauenfeld

Sabine Haag

1 Braunmüller, Baldham
2 Kunsthistorisches Museum, Wien
3 Kunsthistorisches Museum, Wien
4 Kunsthistorisches Museum, Wien
5 Sammlungen des regierenden Fürsten von Liechtenstein
6 Kunsthistorisches Museum, Wien
7 Graphische Sammlung Albertina, Wien
8 Kunsthistorisches Museum, Wien
9 Kunsthistorisches Museum, Wien
10 Badisches Landesmuseum, Karlsruhe
11 Inge Kitlitschka-Strempel, Klosterneuburg
12 Sammlungen des regierenden Fürsten von Liechtenstein
13 Sammlungen des regierenden Fürsten von Liechtenstein

Farbtafeln

Kat.Nr. 1 Frankenstein, Zwietasch. Württembergisches Landesmuseum Stuttgart.
Kat.Nr. 33 Frankenstein, Zwietasch. Württembergisches Landesmuseum Stuttgart.
Kat.Nr. 3 Frankenstein, Zwietasch. Württembergisches Landesmuseum Stuttgart.
Kat.Nr. 62 Frankenstein, Zwietasch. Württembergisches Landesmuseum Stuttgart.
Kat.Nr. 7 Frankenstein, Zwietasch. Württembergisches Landesmuseum Stuttgart.
Kat.Nr. 27 Frankenstein, Zwietasch. Württembergisches Landesmuseum Stuttgart.
Kat.Nr. 19 Frankenstein, Zwietasch. Württembergisches Landesmuseum Stuttgart.
Kat.Nr. 23 Frankenstein, Zwietasch. Württembergisches Landesmuseum Stuttgart.
Kat.Nr. 24 Kiemer, Hamburg
Kat.Nr. 28 Neumeister, München
Kat.Nr. 29 Büchner, Stuttgart
Kat.Nr. 37 Württembergisches Landesmuseum
Kat.Nr. 99 Braunmüller, Baldham
Kat.Nr. 36 Sotheby's, München
Kat.Nr. 94 Appuhn-Radtke, München

Stammtafel der Künstlerfamilie Schenck

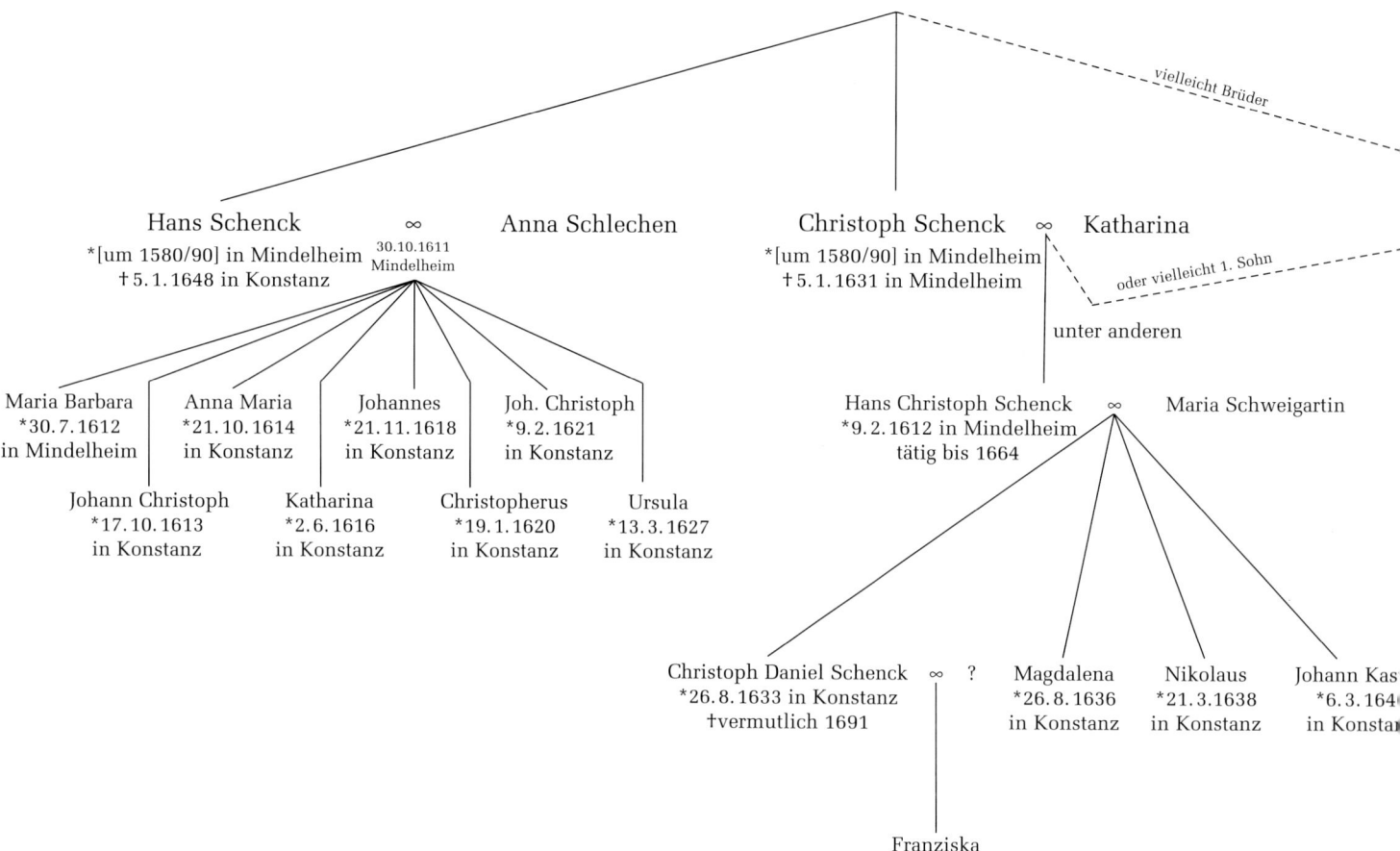

vielleicht Brüder

Hans Schenck   ∞   Anna Schlechen
*[um 1580/90] in Mindelheim
†5.1.1648 in Konstanz

30.10.1611
Mindelheim

Christoph Schenck   ∞   Katharina
*[um 1580/90] in Mindelheim
†5.1.1631 in Mindelheim

oder vielleicht 1. Sohn

unter anderen

Maria Barbara
*30.7.1612
in Mindelheim

Anna Maria
*21.10.1614
in Konstanz

Johannes
*21.11.1618
in Konstanz

Joh. Christoph
*9.2.1621
in Konstanz

Johann Christoph
*17.10.1613
in Konstanz

Katharina
*2.6.1616
in Konstanz

Christopherus
*19.1.1620
in Konstanz

Ursula
*13.3.1627
in Konstanz

Hans Christoph Schenck   ∞   Maria Schweigartin
*9.2.1612 in Mindelheim
tätig bis 1664

Christoph Daniel Schenck   ∞   ?
*26.8.1633 in Konstanz
†vermutlich 1691

Magdalena
*26.8.1636
in Konstanz

Nikolaus
*21.3.1638
in Konstanz

Johann Kas
*6.3.164
in Konsta

Franziska

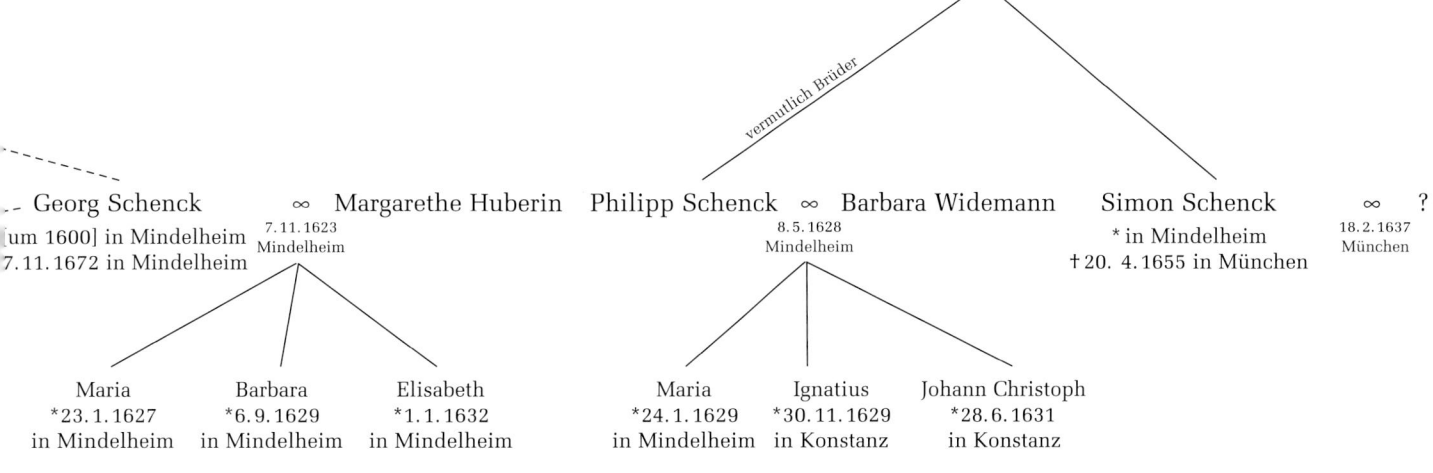

Georg Schenck ∞ Margarethe Huberin   Philipp Schenck ∞ Barbara Widemann   Simon Schenck ∞ ?
[um 1600] in Mindelheim   7.11.1623   8.5.1628   * in Mindelheim   18.2.1637
7.11.1672 in Mindelheim   Mindelheim   Mindelheim   † 20. 4.1655 in München   München

vermutlich Brüder

Maria   Barbara   Elisabeth   Maria   Ignatius   Johann Christoph
*23.1.1627   *6.9.1629   *1.1.1632   *24.1.1629   *30.11.1629   *28.6.1631
in Mindelheim   in Mindelheim   in Mindelheim   in Mindelheim   in Konstanz   in Konstanz

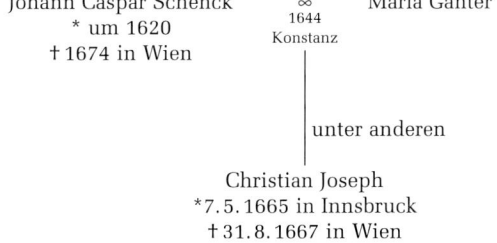

Johann Caspar Schenck   ∞   Maria Ganter
* um 1620   1644
† 1674 in Wien   Konstanz

unter anderen

Christian Joseph
*7.5.1665 in Innsbruck
† 31.8.1667 in Wien

Tafel 9

Tafel 10

Tafel 11

Tafel 12

Tafel 13

Tafel 14

D. O. M. S.

RARÆ ERVDITIONIS, VITÆ. Q. PROBITATE MAXIME CONSPICVO VIRO, DN. VALEN-
TINO HEIDERO, IVRIS CONSVLTO CELEBERRIMO, REIP. PATRIÆ LINDAVIENSIS
CONSILIARIO ET SYNDICO FIDELISSIMO, EIVSDEMQ̃, NEC NON ALIORVM EVANGELICORV
STATVVM ET RERVM PVBLICARVM IN VNIVERSALIS GERMANIÆ PACIS TRACTATIBVS LEGA-
TO, DE SINGVLIS OPTIME MERITO, PATERNARVM VIRTVTVM, FIDEI ET AMORIS IN
PATRIAM MAXIMÈ ÆMVLO, PRO SINGVLARI CONSTANTIQ̃, IN PIÈ DEFVNCTVM AD-
FECTIONE CONTESTANDÃ, MONVMENTVM HOCCE PONI CVRAVIT EIVSDEM
VIDVA MARGARETA ELISABETHA REIP. LVBECENSIS P. T. CONSVLIS DOCT:
DAVIDIS GLOXINI FILIA.

Tafel 15

Tafel 16

Dieter Büchner

Werkverzeichnis Christoph Daniel Schenck

(mit Beiträgen von Fritz Fischer und Andrea Tietze)

Vorbemerkung zum Werkverzeichnis

Der Werkkatalog strebt keine Würdigung jedes einzelnen Stückes im Sinne einer kurzen Werkmonographie an. Auch eine Einordnung in übergeordnete Zusammenhänge, etwa die Entwicklung der Barockskulptur in Deutschland, wird hier nicht geleistet. Das vornehmliche Ziel ist vielmehr, vierzig Jahre nach dem Werkverzeichnis von Brigitte Lohse erneut das Œuvre Christoph Daniel Schencks zusammenzutragen und zu ordnen.

Eine Reihe von Werken, die im Laufe der letzten Jahrzehnte in verschiedenen kleineren Forschungsbeiträgen und an teils entlegener Stelle publiziert worden waren, erweitert so den Werkkatalog von 1955 bzw. 1960 um etliche Stücke. Auch gelang es, das Werk Schencks um einige bislang unbekannte Arbeiten zu ergänzen. Auf der anderen Seite wurde die Vielzahl von Zuschreibungen, die im Laufe der Zeit vorgenommen wurden, kritisch gesichtet und erheblich reduziert. Auf diese Weise soll einer zunehmenden Verunklärung des Œuvres Christoph Daniel Schencks durch ungerechtfertigt mit ihm in Zusammenhang gebrachte Stücke entgegengewirkt werden. So wurde auch eine Reihe von Arbeiten, die bereits seit den Anfängen der Schenck-Forschung als frühe Werke Christoph Daniel Schencks galten, aus seinem Œuvre ausgesondert und anderen Mitgliedern der Bildhauerfamilie Schenck zugeschrieben. Dies geschah nicht in der Absicht, diese Werke aus dem Gesichtskreis der künftigen Forschung zu Christoph Daniel Schenck zu verbannen. Vielmehr soll durch die rigorose Beschränkung seines Œuvres auf gesicherte und sicher zuzuschreibende Arbeiten ermöglicht werden, daß von seinem charakteristischen Stil ein klareres Bild entsteht, das als Ausgangspunkt für künftige Zuschreibungen dienen kann. Die Zuweisung einzelner Werke an andere Familienmitglieder lenkt den Blick außerdem auf ein Desiderat der Forschung, das an dieser Stelle nicht erfüllt werden konnte: die weitere Aufklärung von Verbindungen innerhalb der Bildhauerfamilie und der Organisation der »Schenck-Werkstatt« bzw. möglicher mehrerer Werkstätten. In Zukunft wird man sich wohl nicht mehr auf einzelne Familienmitglieder der Schenck konzentrieren können, sondern stets die Gesamtheit ihrer Arbeiten zu berücksichtigen haben.

Weitere Ziele des Werkverzeichnisses sind eine stellenweise Korrektur bisheriger Datierungen, vor allem mit Hilfe neuer Quellenfunde. Diese gesicherte Umdatierung einzelner Werke zog weitere neue zeitliche Einordnungen verwandter Stücke nach sich, so daß bei den zugeschriebenen Arbeiten schließlich eine ganze Reihe neuer Datierungsvorschläge vorgenommen werden konnte.

Neben den vorrangigen Zuschreibungs- und Datierungsfragen legt der Katalog außerdem besonderes Augenmerk auf die ursprüngliche Funktion der Werke, auf die Provenienz und fallweise auf ikonographische Merkmale, die für Schenck charakteristisch sind. Auch dies geschah nicht im Sinne einer Einordnung in übergreifende Zusammenhänge, sondern mit dem Ziel, das Werk Christoph Daniel Schencks kritisch zusammenzustellen und damit eine Grundlage für die notwendige weitere Forschung zu legen.

Der Katalogteil ist in fünf, jeweils chronologisch geordnete Abschnitte gegliedert:
– Gesicherte Werke Christoph Daniel Schencks und seiner Werkstatt
– Christoph Daniel Schenck und seiner Werkstatt zugeschriebene Werke
– Dem Umkreis Christoph Daniel Schencks zugeschriebene Werke
– Anderen Mitgliedern der Bildhauerfamilie Schenck zugeschriebene Werke
– Abgeschriebene Werke

Bei den *gesicherten Werken* handelt es sich um solche, die für Christoph Daniel Schenck und dessen Werkstatt inschriftlich oder archivalisch verbürgt sind, wobei die Kleinplastik als durchgehend eigenhändig angesehen wird, während bei der Großplastik in den meisten Fällen mit einer Beteiligung der Werkstatt zu rechnen sein wird. Der folgende Abschnitt mit den *zugeschriebenen Arbeiten* enthält entsprechend Werke, die im Falle der Kleinplastik dem Meister selbst und im Falle der Großplastik ebenfalls dem Meister, jedoch unter mehr oder weniger intensiver Beteiligung von dessen Werkstatt, zugeschrieben werden. In manchen, besonders gekennzeichneten Fällen ist dabei davon auszugehen, daß die Werke zwar unter Kontrolle oder Anleitung Christoph Daniel Schencks, teils wohl auch nach dessen Entwurf entstanden sein dürften, jedoch von Gesellen weitgehend selbständig ausgeführt wurden. In dem einen oder anderen Fall soll auch eine Fertigung außerhalb der Werkstatt, jedoch durch ein ehemaliges Werkstattmitglied, nicht ausgeschlossen werden. *Werke aus dem Umkreis* sind nach unserer Meinung dagegen keinesfalls in der Werkstatt entstanden. Sie könnten vielmehr auf ehemalige, am spezifischen Werkstattstil Schencks geschulte Gesellen zurückgehen oder auf fremde Meister, die sich am Stil Schencks orientierten. Der Abschnitt über die *anderen Mitgliedern der Bildhauerfamilie Schenck zugeschriebenen Arbeiten* enthält nicht alle bekannten Werke Hans Christoph Schencks und Johann Caspar Schencks, sondern nur solche, die bisher Christoph Daniel Schenck zugeschrieben waren. Der Abschnitt mit den *abgeschriebenen Arbeiten* enthält Werke, die unseres Erachtens keine nähere Verwandtschaft mit dem Stil Christoph Daniel Schencks zeigen.

Jede Katalognummer enthält außer den technischen und faktischen Angaben eine Beschreibung, die weniger auf Stil und Komposition eingeht als auf die inhaltlichen, das heißt ikonographischen Anforderungen und deren Umsetzung in charakteristische Motive. Anschließend erfolgt ein Forschungsbericht, der sich auf die Wiedergabe der jeweils ersten relevanten Aussage der bisherigen Literatur beschränkt und spätere Wiederholungen von Meinungen wegläßt. Die Begründungen der bisherigen Literatur für Zuschreibungen und Datierungen werden dabei in aller Regel möglichst vollständig zitiert, um Verfälschungen zu vermeiden und die Kriterien nachvollziehbar zu machen. Ein eigener Kommentar zum Werk oder zum Forschungsstand erfolgt dabei nur in den Fällen, in denen unsere Meinung von der bisherigen abweicht, wobei uns nicht die Argumente, sondern das Resultat entscheidend erschienen. Nahm die bisherige Forschung beispielsweise eine Datierung unserer Ansicht nach zwar mit zweifelhaften Argumenten, jedoch im Ergebnis korrekt vor, erfolgt schon aus Platzgründen kein eigener Kommentar. Aus demselben Grund wurde bei abgeschriebenen Werken, die unserer Ansicht nach keinerlei Verwandtschaft mit Arbeiten von Christoph Daniel Schenck zeigen, sowohl auf eine Beschreibung als auch auf eine Begründung der Abschreibung verzichtet. Eine Begründung erfolgt dagegen bei Werken, die gleichfalls abgeschrieben werden, jedoch in der maßgeblichen Literatur ausführlich behandelt wurden oder wenigstens durch Zeit- bzw. Regionalstil mit Arbeiten Christoph Daniel Schencks verbunden sind.

Die von Dieter Büchner verfassten Katalognummern tragen keine Kennzeichnung, diejenigen von Fritz Fischer und Andrea Tietze sind mit deren Initialen signiert.

GESICHERTE WERKE CHRISTOPH DANIEL SCHENCKS UND SEINER WERKSTATT

1
Hl. Sebastian

Christoph Daniel Schenck
1675

Stuttgart, Württembergisches Landesmuseum,
Inv.Nr. 1954–366

Auf dem Stein zu Füßen des Heiligen in geschwärzter Gravur bezeichnet *C.D Schenck / inv. et sculp. / 19. Nov. Anno 1675 / Constantiae.*

Elfenbein
H. 25,5 cm

Pfeile aus vergoldetem Silber. Der linke Arm angestückt. Drei Pfeile ergänzt. Zahlreiche Vertikalrisse. Beide Beine oberhalb der Fußgelenke und unterhalb der Knie durchgebrochen. An den Brüchen zwei Reparaturen in Elfenbein, die fehlende Nase in Wachs ergänzt.

1954 aus dem Kunsthandel erworben.

Die Soldaten des Diocletian haben Sebastian bis auf den Lendenschurz ausgezogen, mit einem Arm an einen Baum gebunden und mit Pfeilen beschossen. Nun dreht und wendet er sich unter Schmerzen. An dem hochgebundenen Arm hängend und sich mit der Rechten in der Hüfte abstützend, beugt er Oberkörper und Kopf nach hinten über und blickt flehentlich zum Himmel. Zu Füßen des Märtyrers lugt ein Salamander unter einem Blattbüschel hervor.

Die Stuttgarter Sebastiansstatuette spielt in der Literatur zu Christoph Daniel Schenck eine große Rolle. Durchweg wird ihre hohe Qualität hervorgehoben. Für Lohse (1960) ist sie »ohne Zweifel ein Meisterwerk«, Philippovich (1982) zählt sie »zu den schönsten Arbeiten« Schencks.

Einigkeit herrscht in der Literatur auch darüber, daß die Signatur wegen ihrer Ausführlichkeit von besonderer Bedeutung sei. Schenck gibt in der Signatur nicht nur das Entstehungsjahr, sondern auch – und das ist in seinem Œuvre einmalig – den Tag an, an dem er die Arbeit vollendet hat[1]. Darüber hinaus nennt er, auch dies eine Ausnahme, noch den Entstehungsort. Schenck präsentiert sich zudem anders als sonst nicht nur als ausführender Schnitzer, sondern auch als Erfinder der Komposition, wenn er angibt *sculp(sit) et inv(enit)*[2].

1 a+b (s. auch Farbtafel 1)

Über Sinn und Zweck der Signatur werden in der Literatur mehrere, sich aber nicht widersprechende Thesen vertreten. Braun (1950) und Lohse (1960) erklären die Ausführlichkeit mit der lapidaren Feststellung, die Statuette sei dem Bildhauer besonders wichtig gewesen, oder, so Lohse (1955), die Figur sei von Schenck für einen auswärtigen Auftraggeber gefertigt worden. Braun glaubt darüber hinaus, Schenck habe mit Nachdruck auf seine Ansässigkeit in Konstanz aufmerksam machen wollen.

Philippovich (1982) kommt zu einer noch weiter reichenden Hypothese. Er weist darauf hin, daß der Sebastian die erste der zahlreichen signierten Kleinplastiken Schencks sei, und überlegt, ob ein Zusammenhang bestehe zwischen dem Einsetzen der signierten Werke Christoph Daniel Schencks im Jahr 1675 und dem Tod des Johann Caspar Schenck im Jahr zuvor, eines zwischen 1665 und 1674 in Wien nachweisbaren Verwandten Christoph Daniels[3]. »Sollte Christoph Daniel allenfalls eine Hinterfigur im Bereich

des Johann Caspar gewesen sein?« War, so ist Philippovich wohl zu verstehen, Christoph Daniel in der Werkstatt des Johann Caspar Schenck in Wien tätig? Philippovichs rhetorische Frage führt zum Problem der in der Literatur kontrovers diskutierten Frage nach der kunsthistorischen Einordnung der Figur.

Braun (1950), der die Statuette erstmals publizierte, nachdem sie in der Sammlung des Kunsthändlers Delmàr in New York aufgetaucht war, sieht in ihr das Werk eines vom Manierismus geprägten Bildhauers. Für Braun bilden »Kopf, Leib und Beine« eine »reizvolle, in der Silhouette feingeschwungene Kurve, die deutlich stark manieristische Züge aufweist.« Walzer (1967) kommt zu einer ganz anderen Einordnung. Er hält das Hochhalten des linken Armes nicht für kompositionell bedingt, sondern erklärt es aus dem Bewegungsmotiv heraus. Die Körperhaltung sei ein Suchen nach Gleichgewicht, das sich durch das Hängen an dem hochgebundenen Arm ergebe. Sie sei wie die realistische Aktwiedergabe

Ausdruck der Qualen, die der Märtyrer erleide. Deshalb hält Walzer die Statuette für »ein eindrucksvolles Beispiel hochbarocker Plastik«.

Zu einer im Ergebnis ähnlichen Einordnung kommt Noack-Heuck (1970). Weil die Figur »mit der Rücklehnung des Körpers den Raum erobert« und so »über die Frontalbildung hinausgeht«, hält sie den Stuttgarter Sebastian für die »barockeste Schöpfung« Schencks. Die Statuette ist offensichtlich das Werk eines reifen Künstlers, der zu eigenen Erfindungen fähig ist und eine ausgeprägte, unverwechselbare maniera besitzt. Gäbe es nur diese eine signierte Kleinplastik Schencks, mühelos ließen sich dank ihrer Kenntnis dem Bildhauer die übrigen Kleinplastiken zuschreiben.

Stilistisch verwandte Skulpturen finden sich am ehesten in der Wiener Elfenbeinplastik um 1650. Vergleichbar sind insbesondere die berühmten, vielfach kopierten und nachgeahmten Werke des Meisters der Sebastiansmartyrien[4]. Mit dessen Reliefs in Wien (1655) und Linz (1657) hat die Stuttgarter Statuette vor allem den kruden Naturalismus in der Körperwiedergabe gemein. Die Körperbildung spricht jeweils dem klassischen Formenkanon Hohn: Der Bauch ist nicht flach, die Beine sind nicht gerade, die Hüften nicht schmal, die Zehen schief, die Knie faltig. Hinzu kommt eine stockend wirkende Bewegung, weil die Glieder etwas unvermittelt an den Rumpf anschließen. Von höchster Virtuosität ist jeweils die Wiedergabe der sich über den Muskeln spannenden oder an den Gelenken zu Falten zusammenschiebenden Haut. Die Parallelen zwischen Schencks Statuette und den Reliefs des Meisters der Sebastiansmartyrien beschränken sich nicht auf das Stilistische. Sie betreffen auch ein ungewöhnliches ikonographisches Detail. Wie beim Stuttgarter Sebastian kriecht auch beim Linzer Relief zu Füßen des Heiligen ein Salamander über das Terrain. Das Tier paßt ikonographisch zum standhaften Christen Sebastian, der trotz aller Qualen nicht von seinem Glauben ablassen will, denn traditionell steht der Salamander, der bekanntlich auch im Feuer überleben soll, für den Gerechten, der inmitten von Peinigungen das Vertrauen auf Gott nicht verliert. Formal entspricht die Befrachtung des Geländesockels bei der Stuttgarter Statuette dem horror vacui, der die Anlage des Linzer und auch des Wiener Reliefs kennzeichnet.

Gemeinsam ist den Reliefs und dem Stuttgarter Sebastian nicht zuletzt auch das Pathos, mit dem das Thema vorgeführt wird. Dieselben Formeln, die am Laokoon geschulte Leidensmiene und das wehende Haar, veranschaulichen hier wie dort das Leiden des Heiligen. Der fromme Betrachter soll angesichts des gequälten Märtyrers, dessen Ziel und Hoffnung die imitatio Christi ist, erschüttert werden.

Die Parallelen zwischen dem Stuttgarter Sebastian und dem Werk des Meisters der Sebastiansmartyrien gehen deutlich über einen gemeinsamen Zeitstil hin-

aus. Dies führt zu der Überlegung, ob Christoph Daniel Schenck eine zeitlang bei diesem Meister in Wien gearbeitet haben könnte (vgl. hier Fischer, S. 13f.).

Manche identifizieren den Meister der Sebastiansmartyrien mit Johann Caspar Schenck[5], manche glauben, Johann Caspar habe in dessen Werkstatt gearbeitet[6].

1 Die Ortsangabe *Constantiae* enthielt auch die Signatur des im gleichen Jahr datierten, verschollenen Reliefs mit der Darstellung »Michael überwindet den Satan« (Kat.Nr. 2).
2 *Sculp. et inv.* hat Schenck noch zwei weitere Werke signiert, die Madonna mit Kind im Museo degli Argenti (Kat.Nr. 12) und die Zoffinger Pietà (Kat.Nr. 31).
3 Zu Johann Caspar Schenck siehe Philippovich 1962 und 1973 sowie Theuerkauff 1984, S. 121f.
4 Zuletzt Haag 1991.
5 Philippovich 1973, Birke 1974, S. 160.
6 Theuerkauff 1973, S. 250ff., 1983, S. 195f., 1986, S. 285, Draper 1984, S. 175, Hecht 1985, S. 100, 1987, S. 188, Fischer 1991, S. 88.

Literatur:
Braun 1950, S. 227ff. (mit Abb. 1 u. 6); Boeck 1953, S. 66, Anm. 1; Lohse 1960, S. 13f., Nr. 47 (mit Abb. 16); Konstanz 1960, Kat.Nr. 10 (mit Abb.); Philippovich 1962, S. 195f. (mit Abb. 37); Theuerkauff 1962, S. 43; Bregenz 1964, S. 40, Nr. 131; Walzer 1967, S. 22 (mit Abb. 34); Lohse 1968, S. 127; Noack-Heuck 1970, S. 32ff. (mit Abb. 17); Mesenzeva/Lohse 1982, S. 212 (mit Abb. 6); Lohse 1982, S. 73ff.; von Philippovich 1982, S. 168; St. Blasien 1991, Bd. 1, S. 338 (bearb. von Detlef Zinke u. Hans H. Hofstätter).

F.F.

2
Der Erzengel Michael überwindet den Satan

Christoph Daniel Schenck
1675

Standort unbekannt

Bezeichnet *Schenck invenit et sculpsit constantiae 1675*

Relief, Buchsbaum

Ehemals im Besitz von Staatssekretär Dr. R. von Kühlmann in Ohlstadt. Seit dessen Tod im Jahre 1949 verschollen.

Anhand der Ortsangabe in der Signatur konnte Feuchtmayr (1936) Christoph Daniel Schenck, der bis dahin nur als Monogrammist C.D.S. oder als C.D. Schenck unbekannter Herkunft und Vornamens geführt wurde, erstmals mit seinem vollen Namen identifizieren und in Konstanzer Archivalien als Mitglied der Bildhauerfamilie Schenck nachweisen.

Literatur:
Feuchtmayr 1936 I, S. 26; Braun 1950, S. 229; Boeck 1953, S. 66; Lohse 1960, S. 91–92, Nr. 43; Mesenzeva/Lohse 1982, S. 216–217; Lohse 1982, S. 75; Vasseur 1992, S. 501.

3
Kreuzigungsgruppe

Christoph Daniel Schenck
1675

Sonderbuch bei Zwiefalten, Leonhardskapelle

Linden(?)holz
Christus: H. 100 cm, Maria: H. 90 cm, Johannes: H. 90 cm.

Rückseitig vereinfacht. Fassung und Vergoldung modern.
Der rechte große Zeh von Christus fehlt, der linke Zeigefinger
des Johannes ist ergänzt, der rechte große Zeh von Christus
fehlt, ebenso Sockel, Kreuz, Nägel und die Dornenkrone

Die Füße nebeneinander und die Arme schräg nach
oben geführt, ist Christus mit vier Nägeln ans Kreuz
geschlagen worden. Der erschlaffte Körper ist in der
Hüfte leicht nach rechts gefallen, der Kopf zur rechten Schulter gesunken, der Kiefer herabgefallen, der
Blick gebrochen. Der Tod scheint gerade eingetreten
zu sein.

Maria und Johannes, die zu Füßen des Kreuzes stehen, reagieren entsetzt. Klagend reißen sie die Arme
auseinander und blicken Mitleid suchend zur Gemeinde ins Kirchenschiff herab.

Die Sonderbucher Kreuzigung spielt in der Schenck-
Forschung eine wichtige Rolle, denn die Gruppe ist
das erste von mehreren Werken, die Schenck im
Auftrag des Klosters Zwiefalten gearbeitet hat. Vor
allem gehört die Gruppe zu den wenigen archivalisch gesicherten Werken des Bildhauers.

Holzherr (1887) hat erstmals darauf aufmerksam gemacht, daß die Kreuzigungsgruppe in den 1668 verfaßten Annalen des Klosters Zwiefalten erwähnt
und als Werk des Konstanzer Bildhauers Schenck
bezeichnet wird. Dank dieser Erwähnung wissen
wir auch, daß die Gruppe ursprünglich zur Ausstat-

3
(s. auch Farbtafel 2)

tung der Lorettokapelle in Sonderbuch gehörte. Der Bau geht auf eine 1671 erfolgte Stiftung des Zwiefaltener Abtes Christoph Raßler (1658–1675) zurück. 1675 hat der Konstanzer Bischof Praßberg die Wallfahrtskapelle geweiht. 1807 wurde die Kapelle profaniert und Schencks Figuren wurden in die Leonhardskapelle gebracht.

Wie der Konstanzer Bildhauer an den Auftrag gekommen ist, darüber gibt es nur Spekulationen. Weil der Konstanzer Bischof die Kirche in Sonderbuch geweiht habe, so vermutet Braun (1953), könnte Praßberg den Bildhauer auch dem Zwiefaltener Abt empfohlen haben. Noack-Heuck (1970) hingegen geht davon aus, der St. Trudperter Abt, Roman Edel,

der Conventuale von Zwiefalten war, habe Schenck dorthin weiterempfohlen, nachdem er die Arbeiten für St. Trudpert erledigt hatte.

Mit Ausnahme von Noack-Heuck (1970), die sie »vor 1675« entstanden wissen will, wird die Gruppe ausnahmslos in das Jahr der Kirchweihe, 1675, datiert. Umstritten ist die Einordnung in das Œuvre Schencks. Braun (1953) sieht in der klagenden Maria bereits alle ikonographischen und stilistischen Charakteristika ausgeprägt, die auch die späteren Figuren gleichen Themas kennzeichnen. Dagegen sieht Lohse (1960) eher eine Wiederholung von bereits in früheren Werken Formuliertem. So sei die Maria eine »wenig abgewandelte Wiederholung«

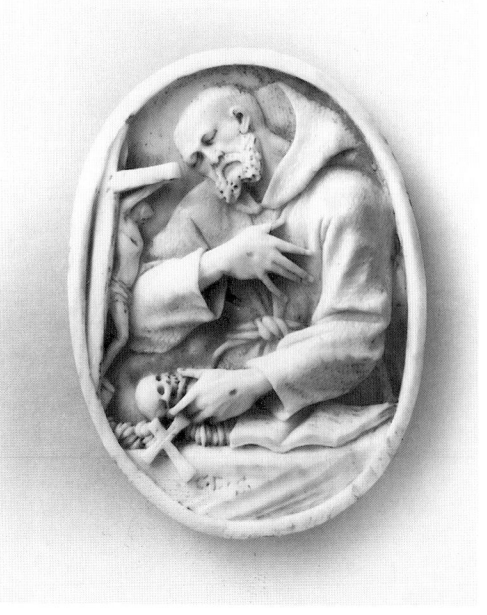

4 a+b

der Schmerzensmutter im Überlinger Münster, die sich Lohse um 1665 enstanden denkt (Kat.Nr. 69).

Folgt man der hier vertretenen These, daß Christoph Daniel von 1665 an bis 1674 mit seinem Verwandten Johann Caspar Schenck in Innsbruck und Wien arbeitete (s. hier Fischer, S. 15), so liegt es nahe, sich der These von Braun anzuschließen. Dann wäre die Sonderbucher Kreuzigung die erste Großplastik nach der Rückkehr Schencks aus Wien, wie entsprechend der Stuttgarter Sebastian (Kat.Nr. 1) die früheste gesicherte Kleinplastik darstellt.

Literatur:
Sulger 1698, II., S. 300, 310; Holzherr 1887, S. 132; Schurr 1910, S. 29f; Gradmann 1912, S. 881; Nägele 1917, S. 10. Fiechter/Baum 1926, S. 128; Boeck 1953, S. 66, 68; Lohse (Foerster) 1955, S. 41–46; Lohse 1960, S. 12, 92f., Nr. 46 (mit Abb. 14); Konstanz 1960, Kat.Nr. 8 (Johannes); Lohse 1968, S. 121; Noack-Heuck 1970, S. 28f. (mit Abb. 3); Lohse 1982, S. 73; Kolb 1989, S. 385.

F.F.

4

a) Hl. Sebastian und Hl. Rochus
b) Hl. Johannes Evangelist und
Hl. Franziskus

Christoph Daniel Schenck
um 1675/80

Stuttgart, Württembergisches Landesmuseum, Inv.Nr. 1980–206a+b

Unter dem Hl. Franziskus bezeichnet *C. D. S.*

Elfenbein

a) H. 4,6 cm, B. 3,7 cm
b) H. 4,5 cm, B. 3,5 cm

Beiseitig beschnitzt. An mehreren sehr dünn ausgeschnittzen Stellen kleine Durchbrüche. Am Rand grünliche Verfärbungen.

Am 18.11.1980 aus dem Münchner Kunsthandel (H. J. Hampel) erworben.

a) Der Hl. Sebastian ist mit dem linken, weit über den Kopf gebeugten Arm an einen Baum gebunden. In der gleichen Weise scheint man auch mit dem rechten Arm verfahren zu sein, der jedoch von einem zwischen Arm und Kopf nach vorne ragenden Ast weitgehend verdeckt wird. Die Armstellung zwingt den nur als Halbfigur sichtbaren Heiligen zu einer Zurückbiegung des nackten Oberkörpers, die in der Haltung des weit zurückgefallenen Kopfes ihre Fortsetzung findet. Zwei Pfeile haben Sebastian in die Brust getroffen. Der leidvolle Gesichtsausdruck und die geschlossenen Augen zeugen von seinen

nen Qualen. Die Dramatik wird noch gesteigert durch die wehenden Haare und die auffliegenden Gewandteile des Lendenschurzes.

Die andere Seite des Medaillons zeigt den Hl. Rochus als Dreiviertelfigur in Pilgerkleidung mit Pelerine, Pilgerhut mit Jakobsmuschel und einer Pilgerflasche an der Hüfte. Mit der Linken stützt er sich auf einen Pilgerstab, die Rechte hält ein aufgeschlagenes Buch. Wohl durch das soeben Gelesene scheint der Heilige in innerem Aufruhr zu sein. Mit geöffnetem Mund und bebendem Gesichtsausdruck hat er sich abrupt dem Betrachter zugewendet. Die Heftigkeit der Bewegung unterstreichen auch der vom Kopf gerutschte Hut, die vom Körper wegschwingende Pilgerflasche und der auffliegende Rock, der eine Pestbeule am rechten Oberschenkel des Heiligen freigibt.

b) Der Hl. Franziskus, der in Ordenstracht – eine mit einem Strick gegürtete Kutte mit Kapuze – gewandet ist, verneigt in tiefer Demut sein Haupt vor dem Kruzifix am linken Rand des Medaillons. Das Kruzifix scheint auf einem Tisch zu stehen, auf dem außerdem ein aufgeschlagenes Buch und ein Rosenkranz mit Kreuz liegen. Der als Halbfigur sichtbare Heilige hält die Rechte im Demutsgestus vor der Brust, die Linke greift einen Totenkopf als Symbol der Vergänglichkeit alles Irdischen. Die zum Betrachter gewendeten Handflächen mit den Stigmata und die geschlossenen Augen des geneigten Kopfes zeugen von seinem tiefen Nachempfinden der erlittenen Qualen Christi.

Die andere Seite des Medaillons zeigt den Evangelisten Johannes, ebenfalls als Halbfigur. In der Linken hält er ein aufgeschlagenes Buch, in der Rechten eine Schreibfeder. Darunter sind noch der Kopf und ein Flügel des Adlers zu sehen. Der nach links gewendete Johannes hat im Schreiben innegehalten und den Kopf zum Betrachter gedreht. Der himmelwärts gerichtete Blick, die wehenden Haare und das aufgebauschte Gewand demonstrieren die innere Bewegtheit durch die Gedanken, die er bald zu Papier bringen wird.

Zoege von Manteuffel (1981) verglich mit der Hamburger Hl. Magdalena von 1682 (Kat.Nr. 26) und stellte fest, daß die beiden Stuttgarter Medaillons »den Stil C. D. Schencks in seiner besten Zeit um 1675/80« zeigen. Mesenzewa und Lohse (1982) setzen die Medaillons »in die Zeitspanne zwischen den Stuttgarter Sebastian von 1675 [Kat.Nr. 1] und die Konstanzer Christus-Statuette von 1679« (Kat.Nr. 8). Vor allem stellen sie Übereinstimmungen des Kopfes von Rochus mit demjenigen des Ulmer Christophorus von 1679 (Kat.Nr. 10) fest. Auch »die natürliche Konzeption der Figuren, ihre auch im Kleinformat noch wirksame Körperhaftigkeit und die klar faßbaren Linien der Komposition« lassen sie zu einer Datierung zwischen 1675 und 1680 kommen.

Bei dem Medaillon mit den Hll. Rochus und Sebastian gelang Schenck auf winzigem Raum nicht nur eine überzeugende Komposition, sondern darüber hinaus eine Abstimmung der beiden Seiten aufeinander. Hält man das Medaillon gegen das Licht, so stellt man anhand einiger sehr dünn ausgeschnitzter und damit transluzider Stellen fest, daß die beiden Seiten entgegen dem ersten Eindruck in weiten Teilen nahezu spiegelbildlich angelegt sind. Das Relief wirkt im Gegenlicht auf diese Weise wie eine Lithophanie.

Die grünlichen Verfärbungen an den Rändern deuten laut Mesenzewa und Lohse (1982) auf eine frühere Metallfassung mit einer kupferhaltigen Silberlegierung. Ursprünglich könnten die Medaillons daher als Anhänger gedient haben, vielleicht für einen Rosenkranz. Als Vergleichsstück dafür ist ein Rosenkranz mit einem wahrscheinlich ursprünglich zugehörigen, 1683 datierten Medaillon zu nennen (Kat.Nr. 30). Mesenzewa und Lohse glauben, auch im Relief mit dem Hl. Franziskus ein Indiz für eine solche Funktion erkennen zu können, da das Kreuz des auf dem Tisch liegenden Rosenkranzes genau auf die Signatur Schencks weist.

Eine ursprüngliche Zusammengehörigkeit der beiden Medaillons ist nicht gesichert. Die mögliche Verwendung als Rosenkranzanhänger und die – allerdings geringen – Maßunterschiede sprechen eher

dagegen. Auch ikonographisch gehören die Stücke nicht unbedingt zusammen. Laut Zoege von Manteuffel (1981) lassen sich lediglich zwischen den Vorder- und Rückseiten Bezüge herstellen. So wurden der Hl. Sebastian und der Hl. Rochus »in Süddeutschland in der Barockzeit zum Schutze gegen die grassierende Pest angerufen und häufig nebeneinander in Altären dargestellt. Der Märtyrer Sebastian überlebte den ersten Hinrichtungsversuch, die Beschießung mit Pfeilen, die als Symbole der Krankheit galten. Der Rom-Pilger Rochus infizierte sich beim Pflegen von Pestkranken und wurde von einem Engel geheilt«. Zoege von Manteuffel vermutet auch beim anderen Medaillon ein übergreifendes Thema, wenngleich auch »weniger typisch«, da der Hl. Johannes in der Regel nur mit den anderen Evangelisten, mit Johannes dem Täufer oder unter dem Kreuz dargestellt werde. Den Hl. Franziskus sieht Zoege von Manteuffel hier in seiner Eigenschaft als Prediger dargestellt, zumal die Predigt eine der Hauptaufgaben des Franziskanerordens gewesen sei. Beide Seiten des Medaillons ließen sich so auf die Verkündigung des Evangeliums beziehen.

Literatur:
Zoege von Manteuffel 1981, S. 196; Mesenzewa/Lohse 1982, S. 214 (mit Abb. 9a–10b); Philippovich 1982, S. 174.

5

5
Der Jesusknabe als Guter Hirte

Christoph Daniel Schenck
1677

Standort unbekannt

Auf der Steinplatte vor dem linken Fuß des Jesuskindes geschwärzte Bezeichnung *C. D. Schenck inv. et sculp. A. 1677*

Elfenbein
H. 11,3 cm

Linker Hinterfuß des Lammes fehlt.

Aus der Sammlung Traumann, Madrid. Zuletzt Sammlung Torelló, Barcelona. Seit dem Tod des letzten Besitzers verschollen

Mit vor Anstrengung zur Seite geneigtem Kopf und himmelwärts gerichtetem Blick hat der Jesusknabe das Lamm geschultert. Während er in der Vorderansicht unter der Last in den Knien einzuknicken scheint, vermittelt die Rückenansicht den Eindruck, als ob er rüstig voranschreite. So flattert seine lange Tunika und selbst der kleine Beutel, den er sich an einem langen, um Kopf und Schulter geführten Riemen umgehängt hat, scheint aufgrund des schnellen Ausschreitens vom Körper wegzustreben.

Seit der Zeit der Gegenreformation spielte der Themenkreis der Caritas Christi, zu dem auch die Darstellung Christi als Guter Hirte gehört, eine große Rolle[1]. Im 17. Jahrhundert wurden nach dem Vorbild der 1615 in Rom konstituierten Kongregation der Schwestern des Conservatorio del buon Pastore eine ganze Reihe von Büßerinnen-Kommunitäten gegründet, deren Anliegen die Rückführung der ›verlorenen Schäflein‹ in den Schoß der Kirche war. Gleichzeitig erfuhr das Thema auch eine Aufwertung im Zusammenhang mit der eucharistischen Bewegung und der Herz-Jesu-Frömmigkeit, etwa in Darstellungen des Guten Hirten, aus dessen Herz das Blut in den Meßkelch strömt. Im Barock entstanden auch neue Bildtypen dieses Themas, so neben dem Guten Hirten als Schmerzensmann, wie er auch von Schenck in mehreren Fällen bekannt ist (Vgl. Kat.Nr. 14 u. 42), vor allem das Bild des Guten Hirten in Gestalt des Christuskindes. Für diesen Typus gibt es auch Belege in der barocken Schriftpredigt. So werden etwa Christoph Todtfellers Fastenexhortationen über das verlorene Schaf eingeleitet mit einer Parabel über den Guten Hirten als Christuskind[2].

Die Elfenbeinstatuette, die aufgrund ihres gefälligen Motives auf den ersten Blick als lediglich volkstümliches Stück angesehen werden könnte und so das Urteil über Schenck als »volkstüm-lichen Künstler«[3] zunächst zu bestätigen scheint, steht daher im Kontext zentraler Anliegen des katholischen Glaubens seit der Zeit der Gegenreformation. Wichtig sind hier vor allem die engen Bezüge zu den spezifisch katholischen Themen der Reue und Beichte, die auch im übrigen Werk Christoph Daniel Schencks eine große Rolle spielen, vor allem in seinen Arbeiten für das Benediktinerkloster Einsiedeln.

1 Zur Ikonographie des Guten Hirten s. Legner 1959.
2 Brischar 1867, Bd. 2, S. 493ff.
3 Lohse 1960, S. 32.

Literatur:
Estella 1973, S. 33–34; Mesenzewa/Lohse 1982, S. 212–213 (mit Abb. 4–5); Lohse 1994, S. 463.

6
Arme Seele im Fegefeuer

Christoph Daniel Schenck
1677

Donaueschingen, Sammlungen und Fürstlich Fürstenbergisches Schloßmuseum (ohne Inv.Nr.)

Unten links auf der Brüstung bezeichnet *C. D. Schenck: Anno 1677.*

Linden(?)holz
H. 18 cm, B. 11,7 cm, T. 0,1–1 cm

Braun lasiert, mit Resten roter Fassung auf den Flammen. Am oberen Rand kleinere Ausbrüche. Kleinere Bestoßungen. Rückseite in zwei Schichten mit Papier beklebt, das zum größten Teil abgerissen ist; dabei auch Reste eines aufgeleimten Zettels. Rückseitig und an den Rändern Spuren schwarzer Farbe. Am oberen Rand mehrere Ausbrüche.

Über eine Brüstung hinweg blickt der Betrachter ins Fegefeuer: Aus einem lodernden Flammenmeer tauchen Kopf und Hände einer verzweifelten Frau auf, die von einem Engelchen einen Hostienkelch vorgehalten bekommt. Den Kelch, der die Hoffnung auf Auferstehung symbolisiert, fest im Blick, kreuzt sie die Hände demütig über der Brust und schreit tränenüberströmt *O, Quando* (Oh, wann) heraus. Auf einer Brüstung, die die Szene nach vorne abschließt, steht geschrieben: *Miseremini mei, miseremini mei, Saltem Vos / amici mei.* (Erbarmt euch meiner, erbarmt euch meiner, wenigstens ihr, meine Freunde). Knapp unterhalb des oberen Randes ist eine, wie Lohse (1982) vermutet, neuere Inschrift eingeschnitzt, von der sich nur das erste Wort *Nil* (Nichts) entziffern läßt.

Zimmermann (1981) hat das Relief veröffentlicht und als Andachtsbild charakterisiert, das »den Be-

6

schauer unmittelbar zu packen versucht«, sein Mitleid erheischt, und ihn »aufruft zur Fürbitte, aber auch zur Buße und Umkehr«.

Die plakative Wirkung des Reliefs, zu der seine ehemals grelle Farbigkeit und der leicht erfaßbare Bildaufbau beitragen, erinnert an populäre Druckgraphik (s. hier Fischer, S. 25f.; Abb. 23, S. 26). Sie läßt die Überlegung aufkommen, ob das Relief ursprünglich über einem Opferstock angebracht gewesen sein könnte.

Literatur:
Karlsruhe 1981, S. 226, Kat.Nr. B 65 (mit Abb.); Mesenzeva/Lohse 1982, S. 212 (mit Abb. 3); Lohse 1982, S. 73ff. (mit Abb. 1).

F.F.

7
Martyrium des hl. Meinrad

Christoph Daniel Schenck
1678

Stuttgart, Württembergisches Landesmuseum,
Inv.Nr. L 1996–7

Auf dem Stein unter dem Knie des Heiligen bezeichnet *C. D. Schenck / Anno / 1678*. Rückseitig ein alter Zettel mit Aufschrift in brauner Tinte: *St. Menrad fondateur de / ábaye de notre Dames / e(...) a Einsiedeln en 167(.) C D Schenck*

Buchsbaum
H. 16,2 cm, B. 12,2 cm (ohne Rahmen); H. 23,5 cm, B. 19 cm (mit Rahmen).

Reparatur an der Rahmenleiste oberhalb des linken Vogels. Ausgespanter Riß. Die Vergoldung des Rahmens teilweise übergangen.

Vermutlich ehemals im Benediktinerkloster Einsiedeln.

Zwei schlampig gekleidete Kerle mit breitkrempigen Schlapphüten und langen Bärten, offenbar Räuber, schlagen mit Keulen auf den Einsiedler ein, der sie kurz zuvor mit Brot und Wein bewirtet hatte. Offenbar wollen sie dem Mönch das Brot und den Wein stehlen. Der Kerl rechts hat den Heiligen vor seiner Hütte mit einem Tritt in die Knie gezwungen und drückt ihm auch noch die Gurgel zu. Gegen soviel brutale Gewalt werden die zwei Raben machtlos sein, die dem Mönch zu Hilfe kommen wollen und mit aufgerissenen Schnäbeln auf die Räuber losgehen. Der Einsiedler hatte die Tiere aufgezogen. Später werden sie die Mörder verfolgen und dadurch verraten.
Schenck benutzt das gängige Repertoire der Meinrads-Ikonographie[1]: Die Hütte im Hintergrund, der Mönch zwischen seinen Mördern, die mit Keulen auf ihn einschlagen, darüber die Vögel. Gleichwohl setzt er eigene Akzente. Schenck dramatisiert die Wirkung des Geschehens und appelliert so stärker an die Betroffenheit und das Mitleid des Betrachters. Neu sind der Griff an die Gurgel und das Auseinanderbreiten der Arme sowie der flehende Blick in den Himmel.
Schon aufgrund des Themas – um die Zelle des Hl. Meinrad entstand das Kloster Einsiedeln – und wegen der Bezeichnung auf der Rückseite kann vermutet werden, daß das Relief ursprünglich aus Einsiedeln stammt und auch für das Kloster geschaffen wurde. Darauf deutet auch hin, daß in den Sammlungen des Klosters zwei Reliefs (Kat.Nr. 134 u. 135) und ein Gemälde aufbewahrt werden, die Schencks Komposition wiederholen[2].

1 Als Beispiele für ganz ähnliche Meinradsdarstellungen seien die Wallfahrtsmedaille von Johann Adolf Gaap sowie die Darstellung in Heinrich Murers »Helvetica Sancta« genannt. Berliner 1952/53, S. 234, Abb. 1; Früh 1988, S. 193, Abb. 28.

2 Das Gemälde stammt laut Signatur von Johann Melchior Zingg. Über ihn weiß man bislang wenig. Er sei in Einsiedeln geboren worden und habe Anfang des 18. Jhs. einige Mitglieder der Familie Besenval in Solothurn portraitiert. Thieme-Becker 1947, Bd. 36.

Literatur:
Auktionskatalog Sotheby's (New York), 12.1.1996, Nr. 1149 (mit Abb.).

F.F.

7   **(s. auch Farbtafel 3)**

8
Christus an der Geißelsäule

Christoph Daniel Schenck
1679

Konstanz, Rosgartenmuseum, Inv.Nr. S 1975/8 (Leihgabe des Landes Baden-Württemberg)

Auf dem Sockel unter der Geißelsäule in geschwärzter Gravur bezeichnet *C. D. Schenck 1679*

Elfenbein
H. 22 cm

In der Standfläche mittig zwischen den Füßen Christi eine Bohrung, in die ein Zapfen des Sockels eingreift. Vom Bohrloch ausgehend mehrere Risse. Schwarz lackierter Sockel aus Linden(?)holz.

1975 mit Mitteln des Landes Baden-Württemberg aus dem Wiener Kunsthandel (Hofgalerie Wolfgang Hofstätter) erworben.

Die Hände Christi sind mit einem Strick gefesselt, der an eine Öse auf der Oberseite der Geißelsäule gebunden ist. Schon die geringe Höhe der Säule zwingt Christus zu einer qualvollen Haltung mit eingeknickten Knien und gebogenen Armen. Die enge Fesselung beider Hände bewirkt außerdem eine schmerzliche Drehung des Körpers. Angesichts dieser Qualen richtet Christus wie um Erlösung bittend den Kopf mit leidvoll geöffnetem Mund, auffliegenden Haaren und flehendem Blick gen Himmel.
Mesenzewa/Lohse (1982), die die Figur als erste wissenschaftlich publizierten, verglichen sie in der Konzeption und in der differenzierten Aktdarstellung mit der vier Jahre früher entstandenen Sebastiansstatuette in Stuttgart (Kat.Nr. 1). Theuerkauff (1984) sieht in der »bewußten Expressivität und in manchen Einzelheiten wie z. B. den gratig scharfen Falten vorn, der gezielten Verwendung von Gravierungen (...) und der etwas hölzernen Bewegung der Glieder« Charakteristika, aufgrund derer die Konstanzer Figur mit dem »Christus an der Geißelsäule« der Sammlung Winkler in Wiesbaden (Kat.Nr. 100) vergleichbar sei, besonders hinsichtlich des Rückenakts.

Literatur:
Südkurier vom 9.10.1976, S. 13, Mesenzewa/Lohse 1982, S. 213 (mit Abb. 7–8); Philippovich 1982, S. 172, Abb. 147; Theuerkauff 1984, S. 123; Rosgartenmuseum 1988, S. 42–43; Lohse 1994, S. 463 (mit Abb.).

 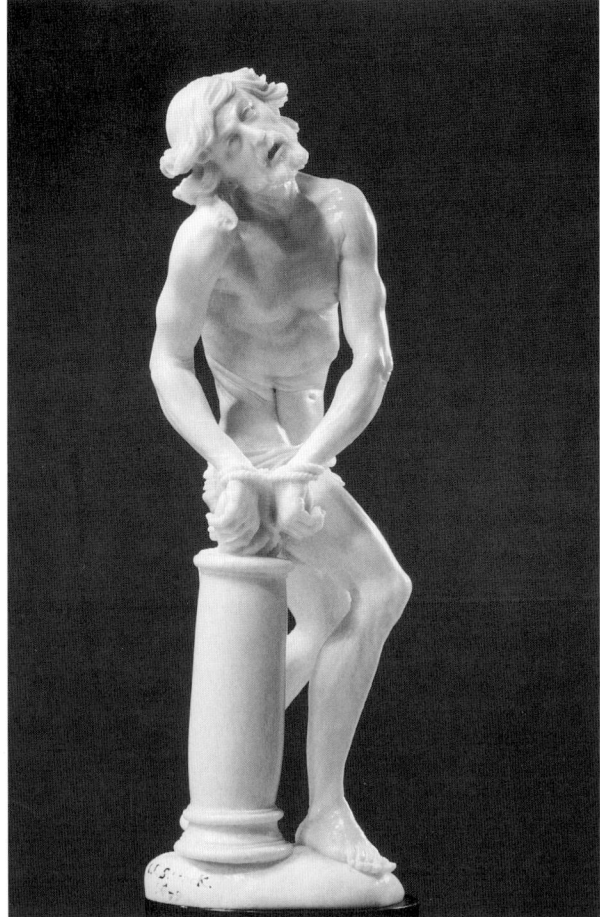

8

9
Hl. Benno

Christoph Daniel Schenck
1679

Einsiedeln, Kunstsammlungen des Klosters, Inv.Nr. X 115

Auf der Brüstung bezeichnet *C. D. S. i679*

Buchsbaum
H. 12,7, B. 8,8 cm

Vollflächig auf Pappmachée aufgeklebt, das rundum
ca. 0,5 cm übersteht. Die untere Kante in neuerer Zeit
abgearbeitet. Zwei Vertikalrisse.

Hinter einer Brüstung erscheint die in eine Kukulle
mit Kapuze gekleidete Halbfigur des Heiligen mit
vor der Brust gekreuzten Armen. In der rechten
Hand hält Benno, der seit 927 Bischof von Metz war,
den Krummstab. Die Linke umfaßt den nach oben
gerichteten Dolch, mit dem er kurz nach seiner Ernennung zum Bischof geblendet wurde. Die aus-
gestochenen Augen sind an die Spitze des Dolches
geheftet. Der auf die Schulter geneigte Kopf ist en
face gegeben, so daß der Betrachter direkt in die leeren Augenhöhlen des Heiligen blicken kann, der
trotz seiner Qualen in Verzückung scheint.
Zu dem von Birchler (1927) erstmals publizierten
Relief bemerkte Boeck (1953), daß es »den hier beinahe abstoßend wirkenden Naturalismus der Frühzeit mit der räumlichen Auffassung des gleichzeitigen Ittendorfer Reliefs« (Kat.Nr. 11) verbinde. Laut
Lohse (1960) ist das Relief durch seine »naturalistische Wiedergabe und die markante schnitzerische
Formgebung des Ganzen« mit der Einsiedler Hl. Anna Selbdritt (Kat.Nr. 71) verbunden. Noack-Heuck
(1970) bemerkte am Gewand des Heiligen zahlreiche
Kerben, wie sie bei vielen Werken Schencks vor-
kämen, hier jedoch am ausgeprägtesten seien. Me-
senzewa/Lohse (1982) stellten eine große Ähnlichkeit Bennos mit den Figuren Petri und Magdalenas
auf den beiden Petersburger Reliefs (Kat.Nr. 139)
fest.

Das Relief ist sicherlich für das Kloster Einsiedeln gearbeitet worden. Aus schwäbischem Geschlecht stammend, ließ sich der Hl. Benno um 906 in Meinradszell, dem späteren Einsiedeln, nieder. Nach seiner Blendung in Metz kehrte er im Jahre 929 nach Meinradszell zurück, wo er im Jahre 934 mit Eberhard von Straßburg das Kloster Einsiedeln gründete und 940 starb.

Literatur:
Birchler 1927, Bd. 1, S. 212; Feuchtmayr 1936 I, S. 27; Boeck 1953, S. 74; Lohse (Foerster) 1955, S. 127–128; Lohse 1960, S. 16 u. 75, Nr. 3 (mit Abb. 12); Konstanz 1960, Nr. 15 (mit Abb.); Euw 1969, S. 200, Nr. 23 (mit Abb.); Noack-Heuck 1970, S. 32; Mesenzeva/Lohse 1982, S. 210; Felder 1988, S. 32 (mit Abb. 65); Kleeb 1991, S. 41, Kat.Nr. 48 (mit Abb.).

9

10
Hl. Christophorus
Christoph Daniel Schenck
1679

Ehemals Ulm, Städtisches Museum, Inv.Nr. 2268

Auf dem leicht vorgewölbten Standsockel des Heiligen datiert *1679*, am Fuße des Kreuzesschaftes signiert *C. D. S.*

Buchsbaum
H. 12,1 cm, B. 6,6 cm, T. 0,7 cm

Ungefaßt

Laut Museumsinventar aus dem Kloster Zwiefalten stammend. Seit dem letzten Krieg verschollen.

Umgeben von je einem geflügelten Puttenkopf in den drei oberen Kreuzesenden steht im Zentrum der Hl. Christophorus. Mit der Rechten auf einen gewaltigen Ast gestützt, hat er das Christuskind geschultert. Während er es mit der Linken am Fuß faßt, stützt sich Christus mit seiner Rechten auf dem Kopf des Christophorus ab. In einem hochrechteckigen Feld unter der Standfläche des Heiligen sind hinter einem Helm ein Rutenbündel, ein Schwert und ein Pfeil miteinander verkreuzt.

Das bereits von Berliner (1926) erwähnte Anhängekreuz wurde von Lohse (1955) zusammen mit dem Einsiedler Relief des Hl. Benno von 1679 (Kat.Nr. 9) und dem Ittendorfer Ölbergrelief aus dem gleichen Jahr (Kat.Nr. 11) zu einer »im Ausdruck größtenteils noch naturalistischen Gruppe« gerechnet, »die in der Gewandung noch nicht jene Manieriertheit der Werke nach 1680« aufwiese.

Falls die überlieferte Angabe zutrifft, daß das Kreuz aus dem Kloster Zwiefalten stammt, wäre es dort zur Regierungszeit des Abtes Johann Martin Gleuz (1675–1692) entstanden. Vielleicht gehörte es sogar zum persönlichen Besitz des Abtes. Darauf könnte das Motiv des Hl. Christophorus deuten, der der Namenspatron des Vorgängers von Gleuz war. Der Abt Christophorus Raßler (1658–1675) hatte im Jahre 1671 die Loretokapelle bei Sonderbuch erbauen lassen, und zwar aufgrund eines Gelübdes für die Genesung seines schwer erkrankten Priors, eben des späteren Abtes Johann Martin Gleuz. Möglicherweise hat Gleuz also das Anhängekreuz aus Dankbarkeit gegenüber seinem Vorgänger anfertigen lassen. Daß er mit Christoph Daniel Schenck dafür denselben Bildhauer wählte, den sein Vorgänger mit der Anfertigung der Sonderbucher Kreuzigungsgruppe (Kat.Nr. 3) beauftragt hatte, gibt dieser These weitere Nahrung.

Gleuz ist später nochmals als Auftraggeber Christoph Daniel Schencks belegt, der für ihn im Jahre 1691 die Elfenbeingruppe mit dem Martyrium des Hl. Ernst von Zwiefalten schuf (Kat.Nr. 47).

10

diese schweren Zeiten ein glückliches Ende: zunächst war es Gleuz in diesem Jahr gelungen, mit Obergiersberg und Untercastell im Thurgau bei Konstanz zwei Zufluchtsorte in der Schweiz für das Kloster zu erwerben; dann bereitete der Nimweger Frieden von 1679 dem Krieg und den damit verbundenen Schäden für das Kloster ein Ende. 1679 konnte dann auch der durch den Krieg unterbrochene Neubau des Klosters wiederaufgenommen werden. Die Trophäen Helm, Schwert, Rute und Pfeil könnten daher auf das glückliche Ende des Krieges und den Sieg über die Franzosen Bezug nehmen.

Literatur:
Berliner 1926, S. 66, Nr. 231; Feuchtmayr 1936 I, S. 26; Boeck 1953, S. 67, 71 u. 73; Lohse (Foerster) 1955, S. 125–126; Lohse 1960, S. 94, Nr. 50; Mesenzewa/Lohse 1982, S. 214; Vasseur 1992, S. 501.

11
Christus am Ölberg

Christoph Daniel Schenck
1679

Ittendorf, kath. Pfarrkirche St. Martin

Unter den Knien Christi im Boden bezeichnet *C. D. S. / 1679*

Lindenholz auf Tanne
H. 68 cm, B. 63 cm

Der ursprüngliche, hochrechteckige Rahmen mit abgeschrägten oberen Ecken wurde 1950 durch einen Tannenholzrahmen mit stichbogenförmigem oberen Abschluß ersetzt. Der Hintergrund sowie die flacheren Partien des Reliefs sind aus Tanne, die freier ausgearbeiteten Teile aus Linde. Ursprünglich waren die Lindenholzteile mit Holzdübeln auf dem Grund befestigt; bei der Restaurierung von 1950 wurden sie von hinten festgeschraubt und die Dübellöcher ausgekittet. Ergänzt wurden dabei auch die Hände Christi sowie zwei Astzweige und einige der Blumen. Der linke Zeigefinger des Engels fehlt neuerdings ab dem zweiten Glied; ebenso einige der Blütenblätter der Blumen und einige der Strahlen vom Strahlenkranz Christi. 1949 wurde das Relief, das vermutlich im 18. oder 19. Jh. vollständig grau überfaßt worden war, abgelaugt. Bei allen Figuren einschließlich des Mondgesichtes sind die Pupillen geschwärzt, bei Christus, dem Engel und dem Mond außerdem die Augenbrauen. Risse in den Lindenholzteilen.

In der Mitte des Vordergrundes kniet Christus mit zum Gebet gefalteten Händen. Zu seiner Rechten sind Petrus, Johannes und Jakobus d. Ä. in den Schlaf gesunken. Es ist der Augenblick dargestellt, in dem Christus in seiner Todesangst Gottvater bittet, den Kelch des Leidens an ihm vorübergehen zulassen. So blickt Christus zu dem von links auf einer Wolke heranschwebenden Engel, der seine Linke im Redegestus erhoben hat, während er Christus in

Die im unteren Teil des Kreuzes hinter einem Helm miteinander verkreuzten Rutenbündel, Schwert und Pfeil könnten sich – zumindest teilweise – auf die Vita des Hl. Christophorus beziehen, der im Laufe seines Martyriums zunächst mit Pfeilen beschossen und dann mit einem Schwert enthauptet wurde. Denkbar wären aber auch Bezüge zu historischen Ereignissen der Entstehungszeit im Jahre 1679. So übernahm der vermutliche Auftraggeber Johann Martin Gleuz sein Amt zu Kriegszeiten, die auch das Kloster Zwiefalten schwer in Mitleidenschaft zogen. Kaiserliche Truppen und holsteinische Kürassiere quartierten sich im französisch-holländischen Krieg während des Winters 1675/76 in das Kloster ein und auch im folgenden Jahr richteten kaiserliche Truppen wieder großen Schaden im Klostergebiet an. Außerdem verlangten die Franzosen Kontributionen und nicht zuletzt mußte das Kloster Zwiefalten auch noch flüchtige Mönche aus den umliegenden Benediktinerklöstern beherbergen. Gerade 1679 fanden

11

seiner Rechten den Kelch entgegenhält. Der unter dem Flügel des Engels hervorblickende Mond zeigt an, daß das Geschehen in der Nacht stattfindet. Am holzüberdeckten Eingang zum Garten Gethsemane erscheinen bereits die Häscher Christi, angeführt von einer Gestalt – wohl Malchus – mit einer brennenden Laterne und einer Fackel in den Händen. An seiner Seite betritt auch Judas den Garten, mit der Rechten auf Christus weisend und in der Linken den Beutel mit den Silberlingen haltend. Hinter ihnen sind etliche Soldaten erkennbar, die Christus bald gefangennehmen werden.

Das Relief wurde zuerst von Eschweiler (Konstanz 1952) als Arbeit Christoph Daniel Schencks erwähnt. Die erste eingehende Würdigung erfuhr es durch Boeck (1953). Er fand die bereits von Feuchtmayr[1]

postulierte Abhängigkeit des Reliefstils Schencks von den Arbeiten des Malers Johann Christoph Storer, der bis 1671 in Konstanz tätig gewesen war, ganz besonders im Ittendorfer Relief bestätigt, das man »durchaus als ein übersetztes Gemälde bezeichnen« könne. »Gerade hier machen sich aber im Figürlichen die manieristischen Neigungen verhältnismäßig wenig bemerkbar. Eher sind es die Requisiten wie Wolken, Flügel, Palmbaum, deren sich die Abstraktion bemächtigt«, wobei Boeck bezüglich Raumillusion und Wolkenbildung mit dem 1681 datierten Stuttgarter Kreuzigungsrelief (Kat.Nr. 21) verglich. Hinsichtlich der räumlichen Auffassung des Ittendorfer Reliefs sah Boeck auch Verbindungen mit den Reliefs mit den Hll. Benno (Kat.Nr. 9) und Antonius (Kat.Nr. 19) in Einsiedeln, die ebenfalls in einem »illusionstischen Reliefstil« gehalten seien. Verwandtschaft zeige sich außerdem mit dem Einsiedler Relief der Mater dolorosa (Kat.Nr. 27), nämlich in »dem schlafenden Jünger Johannes, seiner Kopfhaltung und der Linienkomposition der zwischen dem betenden Christus und dem Felsen eingebetteten Gruppe«. Laut Appuhn-Radtke (1996) geht das Relief auf den Malstil Johann Christoph Storers, »wenn nicht sogar auf einen Entwurf Storers« zurück.

Das Relief befand sich ursprünglich wohl nicht im Inneren der Kirche. Erst 1948 wurde es auf dem Speicher der Kirche entdeckt und im Jahre 1950 in einer segmentbogigen Nische an der Nordwand des Kircheninneren montiert, wozu man den ehemaligen Rahmen mit abgeschrägten oberen Ecken gegen einen segmentbogig abgeschlossenen austauschte. Das Thema »Christus am Ölberg«, wie es seit dem 15. Jahrhundert vor allem in Süddeutschland oftmals in steinernen, großplastischen Gruppen an Außenwänden von Kirchen begegnet und dort in den Zusammenhang der angrenzenden Friedhöfe gehört, läßt für das Ittendorfer Relief einen vergleichbaren Kontext vermuten. Ehemals könnte es sich daher – vielleicht von einem Wetterschutz überfangen – an der dem Friedhof zugewandten Nordseite der Kirche befunden haben. Aufgrund des relativ guten Erhaltungszustandes, wie er bei einer Aufstellung im Freien kaum anzutreffen wäre, ist es jedoch wahrscheinlicher, daß das Relief ursprünglich im Beinhaus nordwestlich der Kirche angebracht war.

Die ehemalige, wohl aus dem 18. oder 19. Jahrhundert stammende, einheitlich graue Übermalung und deren 1950 vorgenommene Entfernung durch Ablaugen erschweren eine Beurteilung der ursprünglichen Oberfläche des Reliefs. Die verschiedenen Hölzer von Reliefgrund und Applikationen sowie deren ehemalige Befestigung mit sichtbaren Holzdübeln lassen zwar vermuten, daß das Relief ursprünglich zumindest im Bereich der erhabenen Schnitzereien gefaßt war, um die Montage zu kaschieren; gerade auf den Lindenholzapplikationen sind heute jedoch noch Spuren einer wohl originalen Schwärzung von Pupillen und Augenbrauen zu erkennen, wie sie bei einer ursprünglichen vollständigen Fassung dieser Teile später wohl verlorengegangen wären, da sie als zuletzt aufgetragene Feinheiten sicher auf dem Grundton des Inkarnats gelegen hätten und mit diesem bei dem Ablaugen hätten entfernt werden müssen. Analog zu anderen Arbeiten Schencks muß daher für den ursprünglichen Zustand eine sparsame Teilfassung von Augen, Augenbrauen und ehemals eventuell auch der Lippen angenommen werden (z. B. Kat.Nr. 14 u. 62).

Durch die im Werk Schencks sonst nicht anzutreffende Größe, die mit der Höhe von 68 cm noch deutlich über den beiden 36 cm messenden Reliefs aus

dem Besitz der Markgrafen von Baden (Kat.Nr. 36) liegt, sowie durch die Fertigungstechnik mit Lindenholzapplikationen auf Tannenholzgrund nimmt das Ittendorfer Relief eine singuläre Stellung unter den Reliefs Schencks ein, die sonst nur aus kleinformatigen Stücken in Buchsbaum und wenigen, etwas größeren Arbeiten in Linde bestehen. Das Ittendorfer Relief bleibt in der Feinheit der schnitzerischen Ausführung hinter den kleinformatigen Arbeiten zurück, ist diesen aber dennoch verbunden durch technische Merkmale wie den separat geschnitzten Details, etwa die Blumen im Vordergrund oder die Strahlen des Nimbus.

Die Herrschaft Ittendorf, die seit 1434 zur Reichsstadt Überlingen gehört hatte, war in den Jahren von 1650 bis 1693 im Besitz der Benediktinerabtei Einsiedeln[2]. In dieser Zeit sorgte Einsiedeln auch für die Vergrößerung bzw. den Wiederaufbau der Ittendorfer Kirche, die im 30jährigen Krieg teilweise zerstört worden war. Das 1679 datierte Ittendorfer Relief ist letztlich also im Auftrag der Benediktinerabtei Einsiedeln, des wohl bedeutendsten Auftraggebers Schencks, entstanden.

1 Feuchtmayr 1936 I, S. 26.
2 Staiger 1861, S. 331.

Literatur:
Konstanz 1952, S. 36, Nr. 133; Boeck 1953, S. 70 u. 74 (mit Abb. 6); Lohse (Foerster) 1955, S. 128–131; Schahl 1959, S. 116; Lohse 1960, S. 17 u. 80, Nr. 16 (mit Abb. 9); Konstanz 1960, Nr. 16; Dehio 1964, S. 234; Lohse 1968, S. 123; Noack-Heuck 1970, S. 38–39; Krins 1980 (Topographie), S. 203; Mesenzewa/Lohse 1982, S. 210; Barth 1986, o.P; Dobras 1989, S. 8 (mit Abb.); Glanz der Kathedrale 1989, S. 200 (bearb. von Elisabeth von Gleichenstein und Björn R. Kommer); Appuhn–Radtke 1996, S. 58, Anm. 57.

12
Maria mit Kind

Christoph Daniel Schenck
1680

Florenz, Palazzo Pitti, Museo degli Argenti, Inv.Nr. 97

Auf der Rückseite des Wolkensockels bezeichnet
C. D. Schenck: inv: et sculp. Constantiae 16.80

Elfenbein
H. 14 cm

Vergoldeter Standsockel, wohl aus dem 18. Jh.

Aus der Kunstkammer der Medici. Seit 1776 in Florenz nachweisbar.

Maria steht auf einem Wolkensockel und hat den rechten Fuß auf eine Mondsichel gestellt. Mit beiden Händen hält sie zu ihrer Rechten ein Kreuz. Der schlafende Jesusknabe sitzt auf ihrem linken Unterarm und hat den Kopf gegen den Querbalken des

12   (s. auch Farbtafel 4)

Kreuzes gelehnt. Sein rechter Arm ist kraftlos hinter dem Kreuzesstamm hinabgesunken, so als ob er diesen im Schlaf losgelassen hätte. In der Rechten hält er einen Apfel als Symbol für die Erlösung von den Sünden durch seinen Kreuzestod. Maria hat den Kopf zwar leicht dem Jesuskind zugeneigt, doch blickt sie in Richtung des Betrachters. Auch der vom Körper wegstrebende Mantel mit seinen flatternden Gewandzipfeln trägt zu dem Eindruck bei, die Figur sei jeder irdischen Schwere enthoben.

Herzog, der die Statuette zuerst (1955) publizierte, verglich sie später (1956) mit der 1681 datierten Madonnenstatuette in Einsiedeln (Kat.Nr. 18) und der ebenfalls dort befindlichen Elfenbeinstatuette gleichen Themas aus dem Jahr 1682 (Kat.Nr. 23), wobei er das Florentiner Stück als reicher, phantasievoller und üppiger charakterisierte. Lohse (1960) sah die Figur als Beispiel für Schencks »Entwicklung zu einer mehr idealistischen Auffassung und Gestaltung, die ohne die Vergeistigung des Christus vom Thomas–Altar [Kat.Nr. 16] nicht zu denken« sei.

Durch die Hinzufügung des Kreuzes vereint die Figur zwei ikonographische Motive, zum einen den älteren Typus der aus dem apokalyptischen Weib entwickelten Mondsichelmadonna und zum anderen das Thema des auf dem Kreuz schlafenden Jesusknaben, das seit dem 16. Jahrhundert in selbständigen Darstellungen auftritt. Dieses wohl auf eine Passage des Hohenliedes, *Ego dormio, et cor meum vigilat* (Hoheslied 5,2), zurückzuführende Thema bedeutet die Überwindung des Todes durch den Todesschlaf Jesu. Wie bereits Herzog (1955) bemerkte, vereint die Statuette somit die drei wichtigsten Ereignisse der Heilsgeschichte: die Menschwerdung Christi, dessen Erlösungstod am Kreuz und das Endgericht.

Literatur:
Herzog 1955; Herzog 1956, S. 92 (mit Abb. 4); Lohse 1960, S. 21 u. 78–79, Nr. 13 (mit Abb. 1); Philippovich 1962, S. 199; Bregenz 1964, S. 40, Nr. 132; Aschengreen-Piacenti 1968, S. 150, Nr. 380; Lohse 1968, S. 123; Estella 1973, S. 34; Philippovich 1982, S. 168–170.

13
Der reuige Petrus

Christoph Daniel Schenck
1680

Privatbesitz

In der rechten unteren Ecke bezeichnet *C. D. S. 1680.*

Buchsbaum
H. 10,5 cm, B. 7,7 cm, T. ca. 2 cm

Späterer Firnis, stellenweise abgeplatzt. Relief vollflächig aufkaschiert auf dünne Trägerplatte (mit Pech?). Reste des originalen Rahmens (Weißbuche?); ummantelt mit späterem Rahmen (wohl frühes 19. Jh.).

Mit gefalteten Händen ist der Hl. Petrus ins Gebet versunken. Sein zur Seite gefallener Kopf mit den von großer Verzweiflung geprägten Gesichtszügen zeugt von der Tiefe der Reue, die ihn nach der Verleugnung seiner Jüngerschaft Christi vor den Mägden des Hohepriesters befallen hat. Auf einer Brüstung vor ihm liegt ein aufgeschlagenes Buch mit den Worten *FLEVIT AMARE*, die sich auf die von Matthäus und Lukas (Mt 26,75; Lc 22,62) geschilderte Szene beziehen, in der Petrus bitterlich weinte, nachdem ihn der krähende Hahn an Christi Vorhersage seiner Verleugnung erinnert hatte. Im Hintergrund zur Rechten Petri ist auch der Hahn selbst zu sehen. Zu seiner Linken schauen drei betrübt blickende, geflügelte Putti aus den Wolken auf die Szene herab.

Das Relief wurde erst in jüngerer Zeit von Kobler (1986) publiziert. Er wies darauf hin, daß im Vergleich mit der Wiedergabe des Apostels auf dem Augsburger Petrusrelief von 1689 (Kat.Nr. 45) der Kopf um 90 Grad gekippt sei, »ein Variationsverfahren, das für die Arbeitsökonomie des Bildhauers kennzeichnend ist«. Weitere Unterschiede lägen vor allem im Hintergrund, der bestimmt sei durch sein ganz flaches Relief: »Er wirkt wie angestückt, ist nicht von einer alles erfassenden strudelnden Bewegung und Ornamentfülle einebnend eingebunden«, wie sie das Augsburger Relief auszeichnet. Vielmehr sei »eine klare Ausgewogenheit verwirklicht sowohl in der Form wie im seelischen Ausdruck«. Als Funktion nimmt Kobler diejenige eines »kleinen Andachtsbildes« an, wie es im frühen 17. Jahrhundert in Augsburg begegnet in Gestalt kleiner Reliefs, die in mit Glasscheiben abgedeckte Rahmenkassetten aus Ebenholz eingelassen waren[1].

Während die »Reue Petri« in der Kunst vor dem 17. Jahrhundert nur relativ selten anzutreffen ist, wurde sie nun zu einer der häufigsten Sünderdarstellungen[2]. Ausgangspunkt war der im 16. Jahrhundert entfachte Streit um die sakramentale Beichtpflicht, die auf dem Konzil von Trient vehement

gegen Reformbestrebungen verteidigt wurde. Die »Reue Petri« wurde in der folgenden Zeit der Gegenreformation dann geradezu zu einem Symbol des Beichtsakraments. Seit den 1585 veröffentlichten »Lacrimae di San Pietro« Luigi Tansillos wurden die Tränen Petri auch Thema einer großen Zahl religiöser Gedichte. Aufgrund seiner engen Verbindungen zu den Themenkreisen Reue, Buße und Beichte ist die »Reue Petri«, die Schenck später auch noch mehrfach darstellte (Kat.Nr. 30, 36, 43 u. 45), daher ein besonders charakteristisches Thema für sein Werk. Im Bereich der Kleinplastik umfaßt dieses zum überwiegenden Teil Andachtsbilder, die zur Reue, Buße und letztlich damit auch zur Beichte anregen sollten.

Das Münchner Relief ist vor allem auch wegen seines Rahmens für das Werk Christoph Daniel Schencks aufschlußreich, denn in dem heutigen Rahmen, der wohl aus der Zeit des Biedermeier stammt, verbergen sich Reste des originalen. So war das Relief offenbar in einen kastenartigen Rahmen eingelassen, der aus einer Grundplatte bestand, welche von vier schmalen hochrechteckigen Leisten umfangen wurde. Drei der vier Leisten waren an ihrer oberen Kante mit einer heute teilweise abgearbeiteten Nut versehen; lediglich die etwas weniger hohe obere Rahmenleiste besaß offenbar keine. Auf diese Weise konnte wohl ein Schiebedeckel in die Nut eingeführt werden, ähnlich denjenigen von Tafelbildern des 15. und 16. Jahrhunderts[3]. Das normalerweise verschlossene Kästchen konnte so zur Andacht geöffnet und vor dem Beter aufgestellt werden, wobei die größere Reliefstärke und damit größere Masse im unteren Teil des Reliefs dem Kästchen einen sicheren Stand verlieh.

Heute sind bei dem Münchner Relief jedoch nur noch die hochrechteckigen Rahmenleisten sowie die mit einem späteren Papier kaschierte Trägerplatte vorhanden. Im frühen 19. Jahrhundert, als das Relief – vielleicht im Zuge der Säkularisation – seine ursprüngliche Funktion als Andachtsbild verloren haben und zum Sammlungsobjekt geworden sein dürfte, scheint der Kastenrahmen mit Schiebedeckel schon aus ästhetischen Gründen nicht mehr erwünscht gewesen und so durch den heutigen, einem Kunstobjekt angemessenen Bilderrahmen ersetzt worden zu sein.

1 S. Müller 1965, S. 257–262.
2 Zur Ikonographie s. Hahn 1977.
3 Vgl. Dülberg 1990, bes. S. 35–40 u. 89–93.

Literatur:
Kobler 1986, S. 330–332 (mit Abb. 4).

13

14
Der Gute Hirte

Christoph Daniel Schenck
1680?

St. Gallen, Stift St. Gallus und St. Otmar, Stiftsbibliothek

Links am unteren Rand bezeichnet *C. D. S 168*[.]

Buchsbaum
H. 20 cm, B. 12,5 cm, T. 2,2 cm

Die Augen Christi sind geschwärzt; die Wundmale und Lippen gerötet; ebenso die Lippen des Schafes. Die Brustwarzen Christi sind aus Metall eingesetzt. Das ganze Relief ist mit einer späteren, dünn aufgetragenen braunen Fassung überzogen. An abgeriebenen Stellen ist die darunterliegende, wohl ursprüng-

liche Vergoldung des Lendentuches Christi sichtbar. Die Rückseite ist vollflächig mit einem späteren Marmorpapier überklebt. Oben in der Mitte steht in Tusche eine Inschrift: *Original von dem / vortrefl: bildhauer / Schenkh von Costanz.*. Das linke Hinterbein des Lammes ist abgebrochen, ebenso das rechte Ohr. Auf der rechten Seite der Platte ein klaffender Riß; am unteren Rand Aussplitterungen. Am oberen Rand zwei Bohrlöcher zur Befestigung einer Aufhängeschnur. Das Marmorpapier ist stellenweise berieben und wasserfleckig.

Rüstig voranschreitend hat der als Schmerzensmann gezeigte Christus das wiedergefundene Schaf geschultert, das er mit beiden Händen an den Beinen festhält. Sein auffliegendes Lendentuch und seine weite Schrittstellung scheinen anzuzeigen, daß er trotz der schweren Last mit großer Eile voranschreitet. Dabei dreht er den Oberkörper in die Bildfläche

14

nenrelief von 1682 (Kat.Nr. 26) zieht sie zum Vergleich heran, was für Noack-Heuck eine Bestätigung
ihrer Datierung in die frühen achtziger Jahre darstellt; Noack-Heuck zufolge sei die fehlende Zahl
daher »wahrscheinlich eine Null«, sie schließt aber
auch nicht aus, »daß sie der Oberteil einer 2, 6, 8
oder 9« sei. Mehringer (1980) erwähnte das St. Gallener Relief als Vergleichsstück zum Frankfurter
Guten Hirten von 1689 (Kat.Nr. 42).

Insbesondere ein Vergleich mit diesem läßt die Datierung Noack-Heucks als glaubhaft erscheinen.
Während Schenck es beim Frankfurter Guten Hirten
von 1689 verstand, den inneren Aufruhr des
Schmerzensmannes durch das Einknicken in den
Knien, den erstaunt nach oben gewandten Kopf, das
trotz des Innehaltens im Voranschreiten auffliegende Lendentuch sowie die bewegte Vegetation anschaulich zu machen, scheint er beim St. Gallener
Stück noch nicht in diesem Maße über ein solches
Repertoire subtilster Mittel zur Emotionalisierung
des Betrachters verfügt zu haben. Zwar diente sicherlich auch dieses Relief als Andachtsbild, das
den Betenden zur gefühlsmäßigen Versenkung in
das Leiden und Erlösungswerk Christi anleiten sollte, doch versuchte er dies noch mit vergleichsweise
vordergründigen Mitteln zu erreichen, beispielsweise mit der offensichtlichen Schwere des sehr großen
Schafes und vor allem mit dem von der Anstrengung
gezeichneten Gesichtsausdruck Christi. Der mehr
durch äußere Dramatik als durch innere Bewegtheit
gekennzeichnete St. Gallener Gute Hirte ist demnach
wohl eher noch den früheren Werken Schencks zuzurechnen. Eine Identifizierung der letzten Zahl der
Datierung mit einer »0«, wie sie von Noack-Heuck
für wahrscheinlich gehalten wurde, dürfte daher
richtig sein.

Wie die meisten kleinformatigen Reliefs Schencks
wurde auch das St. Gallener Stück seines originalen
Rahmens beraubt. Aufgrund der rückseitigen Inschrift, die ihrem Duktus nach zu schließen wohl
aus dem späten 18. oder frühen 19. Jahrhundert
stammt, sowie aufgrund des wohl gleichzeitigen
oder geringfügig älteren Marmorpapiers kann angenommen werden, daß der Rahmen eben in dieser
Zeit entfernt wurde. Wie auch bei anderen Werken
Schencks (z.B. Kat.Nr. 13) zu vermuten ist, scheint
das Relief also in der Zeit um 1800 seine ursprüngliche Funktion als Andachtsbild verloren zu haben
und zum Sammlungsobjekt geworden zu sein. Ein
solcher Funktionswandel wird auch vom Wortlaut
der rückseitigen Inschrift *Original von dem / vortrefl: bildhauer / Schenkh von Costanz.* nahegelegt.

und präsentiert so sein leidvolles Gesicht und das
Lamm dem Betrachter. Im Hintergrund ist in fla-
chem Relief eine bergige Landschaft mit einem Haus
und einem Zaun davor angedeutet.

Poeschel (1961) vermutete, daß die »vorzügliche,
noch aus dem Formempfinden der Renaissance ge-
staltete Schnitzerei« von Johann Schenck stamme,
der am 9. Februar 1624 vom Kloster für die Ausführung von Altären verdingt worden war. Als
Funktion des Reliefs erwog Poeschel die Füllung eines Tabernakeltürchens. Auch von Euw (1969), der
das Relief als Vergleichsstück für den Einsiedler
Guten Hirten (Kat.Nr. 32c) heranzog, ging noch
davon aus, daß es vielleicht von Hans Schenck
geschnitzt worden sei. Erst Noack-Heuck (1970) erkannte das St. Gallener Relief als Arbeit Christoph
Daniel Schencks. Aufgrund des gedrungenen Wuch-
ses Christi vermutete sie, daß die »verstümmelte
Jahreszahl als 1680 zu deuten« sei, »denn in den
späteren 80er Jahren bevorzugte der Künstler eine
Streckung der Figuren«. Am nächsten stehe das
St. Gallener Werk dem Ittendorfer Ölbergrelief von
1679 (Kat.Nr. 11), das im Bildaufbau »große Verwandtschaft« zeige. Auch das Hamburger Magdale-

Literatur:
Poeschel 1961, S. 348 (mit Abb. 294); Bregenz 1964, S. 40, Nr.
128; Euw 1969, S. 192; Noack-Heuck 1970, S. 36–37 (mit Abb.
21–22); Mehringer 1980, S. 58.

15
Schlafendes Jesuskind

Christoph Daniel Schenck
1680?

Schweizer Privatbesitz

Rechts am unteren Rand bezeichnet *C. D. S. 168*[.]

Buchsbaum
H. 10,2 cm, B. 15 cm

Brustwarzen aus Metall eingesetzt. In der linken Hand zwischen Daumen und Fingern eine Bohrung, in der ehemals ein Gegenstand gesteckt haben dürfte. In Vertiefungen sind Leimspuren und Reste einer wohl späteren Fassung sichtbar; das Lendentuch und der Kreuzesbalken waren vermutlich gelb, das Tuch in der linken Hand rot, der Körper Christi und die Inschrift INRI weiß, ebenso die Puttenköpfe. Zeigefinger und Daumen der linken Hand Christi sind bestoßen, ebenso Teile der Haarlocken. Unten links zwei kleine Durchbrüche. Oben links ein kreisrundes, ausgekittetes Loch sowie in der Mitte ein weiteres kreisrundes Loch zum Aufhängen des Reliefs. Ringsum ein später angestoßener, ca. drei Millimeter tiefer Falz; aufgrunddessen fehlt die letzte Zahl der Datierung ganz, die vorletzte ist nur zur Hälfte erhalten; ebenso fehlt ein Teil des Schwanzes der Schlange. Die untere Kante des Reliefs ist abgehobelt. Die sehr rauhe Oberfläche ist wohl auf die Entfernung der Fassung zurückzuführen. Rückseitig zahlreiche Leimreste sowie eine alte Inschrift, von der nur noch ein »W« lesbar ist.

Auf dem Kreuz als Zeichen seines zukünftigen Leidens und seines Todes liegend ist der Jesusknabe eingeschlafen. Den Kopf hat er in die rechte Hand gestützt, um die Linke windet sich ein Gewandzipfel seines Lendenschurzes. Hinter seinem Kopf ist der Kreuzesquerbalken und der an das Kreuz geheftete Titulus mit der Aufschrift INRI zu erkennen. Unter dem rechten Arm Christi liegt ein Totenkopf, der Schädel Adams vom Hügel Golgatha. Darunter windet sich die Paradieses-Schlange mit dem Apfel des Sündenfalls im Maul. In der gegenüberliegenden Ecke des Reliefs sehen drei geflügelte Puttenköpfe aus den Wolken herab.

Laut Philippovich (1962) steht das Stück wohl dem von 1681 datierenden Antoniusrelief in Einsiedeln (Kat.Nr. 19) am nächsten. Auch das Jesuskind der 1680 datierten Florentiner Madonna (Kat.Nr. 12) sei nahestehend, allerdings differiere die Haarbehandlung. Philippovich nimmt daher an, daß das Relief mit dem schlafenden Jesuskind am Anfang der achtziger Jahre entstanden sei. Auch Lohse (1968) verglich das Jesuskind mit dem schlafenden Knaben der Pitti-Madonna sowie außerdem mit dem sitzenden der beiden Einsiedler Figuren von Maria und Joseph (Kat.Nr. 62). »Die für Schenck typische erzählende Behandlung des Themas« fand Lohse

15

außerdem wieder in dem 1682 datierten Hamburger Elfenbeinrelief der büßenden Magdalena (Kat.Nr. 26), denn »auch hier begegnen wir in der unteren Ecke dem Totenkopf, in der oberen den hinter Wolken versteckten Engeln«.

Ikonographisch sind bei dem kleinen Relief zwei sonst selbständig auftretende Bildtypen miteinander kombiniert: das auf dem Totenkopf schlafende Jesuskind und das auf dem Kreuz schlafende. Während jenes typenmäßig mit den Vanitasdarstellungen des Putto mit dem Totenkopf und des schlafenden Eros zusammenhängt, erklärt sich dieses aus der Passage des Hohenliedes *Ego dormio, et cor meum vigilat* (Hoheslied 5,2). Beide Bildtypen bedeuten die Überwindung des Todes durch den Todesschlaf Jesu. In diesen Zusammenhang gehört wohl auch die Schlange, über der bei Kreuzigungsdarstellungen seit dem frühen Mittelalter oft das Kreuz errichtet ist als Zeichen des Sieges über Sünde und Tod.

Literatur:
Philippovich 1962, S.199 (mit Abb. 41); Lohse 1968, S.123 (mit Abb. 10).

16
Thomas-Altar
a) Christus
b) Hl. Helena
c) Hl. Heinrich
d) Hl. Konrad
e) Zwei Engel

Christoph Daniel Schenck und Werkstatt
1680/81

Konstanz, Münster Unserer Lieben Frau, nördliches Querhaus

Linden(?)holz

Fassungen neu. Kreuz der Helena ergänzt, ebenso der metallene Kelch des Hl. Konrad und die Leidenswerkzeuge der Engel.

Der Thomas-Altar wurde 1680/81 neu errichtet, jedoch sind von diesem Aufbau nur noch Teile der ursprünglichen Architektur und Gestaltung erhalten. Durch im 18. Jahrhundert vorgenommene Veränderungen ergibt sich beim heutigen Zustand ein stilistisch uneinheitliches Bild. Die aus dem 17. Jahrhundert stammende Altararchitektur, die von dem St. Gallener Steinmetzen Balthasar Zehrlaut stammt, umfaßte im wesentlichen nur den schwarzen Marmoraufbau. Der obere Teil mit dem Kruzifix, dem

Vorhang und den beiden seitlichen Konsolen mit den Figuren wurden erst 1779 bei der Umgestaltung des Chores und des Querschiffes hinzugefügt.

Von den vorhandenen Figuren stammen Christus, die Hll. Heinrich, Helena und Konrad sowie zwei Engel von Christoph Daniel Schenck. Die Christusfigur steht in der rundbogigen Mittelnische des Retabels. In den seitlichen Muschelnischen befinden sich diejenigen des Hl. Heinrich und der Hl. Helena. Die Figur des Hl. Konrad steht auf der rechten Konsole. Die beiden Engel sitzen auf den Schenkeln des gesprengten Segmentgiebels. Die Figur des Hl. Thomas wurde erst 1779 von Carlo Pozzi angefertigt. Von ihm stammt auch die Figur des Hl. Pelagius, die als Pendant zu derjenigen des Hl. Konrad auf der gegenüberliegenden Konsole steht. Das große Kruzifix, eine 1637/38 vom Vater Hans Christoph Schenck angefertigte Arbeit, hing bis 1779 im mittleren Chorbogen des Münsters und wurde dann als Bekrönung des Thomas-Altars übernommen. Wahrscheinlich erhielten damals auch die Engel ihre Leidenswerkzeuge.

a) Die Figur des Christus steht mit weit nach vorn gesetztem linken Bein in der rechten Nischenhälfte. Der linke Fuß ist lediglich mit der Ferse aufgesetzt und ragt weit über die Kante der Nische hinaus. Um die Hüften trägt er ein vorne geknotetes goldenes Lendentuch. Die sehnig muskulös modellierten, weit ausgebreiteten Arme füllen die gesamte Nischenbreite aus. Die linke Armbeuge wird von einem reich gefälteten Tuch bedeckt, das die Figur im Rücken hinterfängt und dort bis auf den Boden reicht. Die Handinnenflächen zeigen nach oben, so daß die in Form großer Löcher angedeuteten Wundmale deutlich sichtbar sind. Das leicht nach rechts unten geneigte Gesicht wird von breitsträhnigen, gedrehten Locken gerahmt, die in langen Haarsträhnen bis auf den Rücken herabfallen. Über dem Kopf befindet sich ein aus dünnen Strahlen bestehender Nimbus.

b) Die Hl. Helena ist in vornehme Kleidung gewandet. Den Oberkörper der Figur bedeckt ein enges Mieder mit langen, bis an die Handgelenke reichenden engen Ärmeln. Von dem am Körper anliegenden Mieder, das in der Taille mit einer Zierbordüre besetzt ist, fällt ein langer Rock bis auf die Füße hinunter. Das Standbein ist weitgehend von dem langen Gewand verdeckt und zeichnet sich nur im Kniebereich leicht unter der Gewandfaltung ab. Um die Schultern liegt ein Mantelumhang, der im Bogen um den Unterkörper drapiert ist. Der Kopf ist nach rechts gewandt und der Blick leicht nach oben gerichtet. Das Gesicht der Heiligen wird durch einen Kopfschleier gerahmt. In der linken Hand hält sie ein großes, auf dem Boden stehendes Kreuz, das zu ihren Attributen zählt. In der vorgestreckten Rechten hält sie ein Szepter, das sie ebenso wie ihre Krone als Kaiserin ausweist.

c) Die Figur des Hl. Heinrich ist in Frontalansicht dargestellt. Er trägt einen Harnisch, Rüstung und einen Umhang. Als Attribute, die ihn als Kaiser kenntlich machen, trägt er eine Krone und hält in der ausgestreckten Rechten ein Szepter.

d) Der Hl. Konrad ist in pontifikale Meßkleidung gewandet. Er trägt ein Pluviale, das über der Brust mit einer reich verzierten Schließe zusammengehalten wird, und eine bis zu den Füßen reichende Albe als Untergewand. Als Kopfbedeckung trägt er die Mitra, die mit zwei Infulae versehen ist, die auf den Rücken herabfallen. Als generelles Attribut und Zeichen seiner bischöflichen Amtsgewalt hält er in der Rechten den Bischofsstab. Auf der nach vorn ausgestreckten linken Handfläche hält er ein Buch, auf

dem der Kelch mit der Spinne steht, sein individuelles Attribut. Die in Falten gelegte Stirn, der flehentlich nach oben gerichtete Blick sowie der leicht geöffnete Mund drücken Besorgnis und Leid aus.

e) Die in Dreiviertelansicht einander zugewandten Engel sitzen in annähernd identischen Posen auf den Giebelschrägen. Das innere Bein der Figuren hängt jeweils nach vorn über der Kante, das Äußere liegt in angewinkelter Haltung auf den Giebelsegmenten auf. Die fein geschnittenen Gesichter sind von langem, bis auf die Schultern herabfallendem, lockigem Haar gerahmt. Die Engelfiguren tragen lange, vor der Brust gegürtete Gewänder mit weiten Ärmeln. Ihre Körper werden in lockerem Faltenwurf umspielt. Mit weit ausgebreiteten Armen halten sie

16 a

16 b+c

in den Händen die Passionswerkzeuge als Symbole für die Leiden Christi. Der auf der rechten Seite sitzende Engel hält in seiner Rechten einen langstieligen Schwammstab, in der Linken eine Geißel. Sein Gegenüber hält eine Rute in der Rechten und eine auf dem Boden stehende Lanze in seiner Linken.

Eiselein (1851) erwähnt die Christus-Thomas-Gruppe sowie die Figur der Hl. Helena und die von ihm als Kaiser Konstantin bezeichnete gegenüberstehende Figur des Hl. Heinrich als Arbeiten der »geschickten Bildhauer Philipp und Simon Schenk von Konstanz«. Laut Schober (1881), der sich auf eine Rechnungsurkunde von 1680/81 beruft[1], stammen die Figuren des Christus und Thomas, der Hl. Konrad, die zwei Engel, die Hl. Helena und der Hl. Heinrich dagegen von Christoph Daniel Schenck. Feuchtmayr (1936 I) nimmt an, daß es sich bei der letztgenannten Figur um den Hl. Konstantin handele, der üblicherweise das Gegenstück zur Hl. Helena bildet. Er geht

davon aus, daß die Bezeichnung als Hl. Heinrich, unter der die Figur in der Rechnungsurkunde aufgeführt wird, auf einem Irrtum beruht. Reiners (1953) revidierte diese Annahme mit dem Nachweis, daß die Figur früher in ihrer Linken ein Buch und ein Holzmodell des Münsters hielt, was anhand eines Photos von 1901 nachzuweisen sei. Da das Kirchenmodell gewöhnlich ein Attribut des Stifters ist, ist davon auszugehen, daß es sich bei der Figur tatsächlich um den Kaiser Heinrich handelt. Lohse (1955) nahm erstmals eine stilistische Einordnung der Figuren in das Werk Schencks vor. Ihrer Auffassung nach zeigen sich besonders in der Gestaltung der Christusfigur, in der sie die »einzige völlig gelungene Umsetzung der einfachen und gelöste Gestaltung des Stuttgarter Sebastian-Figürchens [Kat.Nr. 1] in eine gut lebensgroße Gestalt« sieht, typische Schenck-Merkmale, wie beispielsweise »die feinen Schnitzkerben an Knien und rechter Hüfte, das Herüberzie-

hen des Brustmuskels beim Erheben des rechten Armes, die eiförmigen Daumenballen der Hände und die flach aufgesetzten Füße«. Während sie den Christus-Akt als »meisterlich durchgebildet« bezeichnet, beurteilt sie die übrigen Altarfiguren als »steif und pathetisch« und zieht daraus den Schluß, daß die restlichen Figuren vermutlich aus der Werkstatt stammen und im Unterschied zur Christusfigur keine eigenhändigen Arbeiten Schencks seien.

Zur Rekonstruktion des ursprünglichen Zustandes des Thomas-Altares siehe den Beitrag von Ulrich Knapp.

1 Konstanz, Münsterarchiv: Fabric Rechnung Hocher Thumb Stifft 1680/81, S. 74, Nr. 58.

Literatur:
Eiselein 1851, S. 190–191; Konstanz Dom 1853, S. 16; Schober 1881, S. 54 u. 56; Kraus 1887, S. 162; Gröber 1914, S. 161–162 (mit Abb. 38); Feuchtmayr 1936 I, S. 26; Rott 1933, S. 95, Anm. 6; Gröber 1948, S. 190 (mit Abb. 38); Boeck 1953, S. 70–71 (mit Abb. 8); Reiners 1953, S. 17; Eschweiler 1953, S. 298; Lohse (Foerster) 1955, S. 131–137; Reiners 1955, S. 312–316 (mit Abb. 275–280); Reiners-Ernst 1956, S. 113, Nr. 734, S. 119, Nr. 756, 766, S. 120, Nr. 770, 772; Schahl 1959, S. 53; Lohse 1960, S. 17 u. 83–84, Kat.Nr. 27 (mit Abb. 15, 20–22); Dehio 1964, S. 259; Noack-Heuck 1970, S. 31; Ricke 1973, S. 16 u. 165; Mesenzeva/Lohse 1982, S. 212; Lohse 1982, S. 75; Brunner/Reitzenstein 1985, S. 332; Konstanzer Münster 1989, S. 75–76 (mit Abb. 75); Lohse 1994, S. 463; Hitzel 1985, S. 12.

A.T.

16 d

16 e

17
Tabernakel

Christoph Daniel Schenck
1680/81

Konstanz, Münster Unserer Lieben Frau

Diese Arbeit ist nur noch archivalisch greifbar[1].

1 Konstanz, Münsterarchiv, Fabric Rechnung Hocher Thumb
Stifft 1680/81, S. 74, Nr. 58. Feuchtmayr 1936 I, S. 26–27.

Literatur:
Feuchtmayr 1936 I, S. 26–27.

18
Maria mit Kind

Christoph Daniel Schenck
1681

Einsiedeln, Kunstsammlungen des Klosters, Inv.Nr. DO 28
(X 96)

Am Wolkensockel hinten bezeichnet *C. D. Schenck / 16.81.*

Buchsbaum
H. 15,5 cm ohne Sockel, H. 23 cm mit Sockel

Die Wangen und der Mund der Maria sowie derjenige des
Kindes sind rot, die Pupillen schwarz bemalt. Zwei Teile des
Gürteltuchs sind angestückt. Das letzte Glied des rechten
Zeigefingers der Madonna fehlt. Untere Hälfte des Wolken-
sockels und rechter Kreuzesbalken ergänzt. Bohrloch für
einen Nimbus am Hinterkopf ausgeflickt. Standsockel aus dem
Biedermeier, holzfarbig marmoriert und schwarz lackiert.

Mit leicht vorgesetztem linken Bein steht Maria auf
einem Wolkensockel. Mit ihrer Rechten stützt sie
den nackten Jesusknaben. Die Linke umgreift den
Fuß eines Kreuzes, das Jesus als Zeichen seiner
künftigen Passion umarmt hat. In der hinter dem
Kreuz durchgestreckten rechten Hand hält er Weintrauben, die auf sein am Kreuz vergossenes Blut hinweisen.
Das von Feuchtmayr (1936) erstmals erwähnte Werk
wurde von Boeck (1953) mit der 1682 datierten
Einsiedler Elfenbeinstatuette einer Madonna (Kat.-
Nr. 23) verglichen, der sie sehr nahe stehe. In beiden
Fällen gehe die Absicht des Schnitzers »auf eine
möglichst bildhafte und zugleich räumliche Erscheinung voll anmutiger Bewegtheit«. Laut Lohse (1955)
ist die Statuette im Gewandstil durch die »engen
Parallelfaltenringe des rechten Oberarms und die
schraubenförmigen Aufdrehungen der Unterärmel«

eng mit der Stuttgarter Kreuzigung aus dem gleichen
Jahr (Kat.Nr. 21) verbunden. Allerdings weise »die
Proportion der Einsiedler Figur nicht jene Längung
wie in Stuttgart auf«. Herzog (1956) schloß die Statuette an die ein Jahr zuvor entstandene Madonna in
Florenz (Kat.Nr. 12) an, der sie in Typus und Stil völlig gleiche; allerdings sei die Florentiner Madonna
»reicher und phantasievoller behandelt«.
Als Funktion dieser Figur wie auch aller anderen
kleinformatigen Werke in Einsiedeln vermutet Kleeb
(1991) diejenige eines Primizgeschenkes.

Literatur:
Feuchtmayr 1936 I, S. 27; Boeck 1953, S. 71–72 (mit Abb. 1);
Lohse (Foerster) 1955, S. 144–145; Herzog 1955; Herzog 1956,
S. 92; Lohse 1960, S. 21 u. S. 76, Kat.Nr. 5; Konstanz 1960,
Kat.Nr. 21; Euw 1969, S. 203, Nr. 28 (mit Abb.); Kleeb 1991,
S. 43, Nr. 53; Vasseur 1992, S. 501.

18

19
Hl. Antonius von Padua mit Jesuskind

Christoph Daniel Schenck
1681

Einsiedeln, Kunstsammlungen des Klosters, Inv.Nr. X 114

An der Vorderkante des Betsockels bezeichnet *C. D. S. i68i*

Buchsbaum.
H. 15,3 cm, B. 8 cm

Gewachst. Vollflächig auf schwarz lackiertes, ca. 0,5 cm starkes Nadelholzbrett aufgeleimt, das allseitig 0,7 cm übersteht. Oben in der Mitte ein mit Wachs gefülltes Loch von 3 mm Durchmesser. Am vorgezogenen Sockel links unter dem Buch ca. 2,5 cm langer Ausbruch.

19   **(s. auch Farbtafel 5)**

Der Hl. Antonius von Padua kniet neben einem altarartigen Podest, auf dem das Jesuskind steht. Die Rechte hat er behutsam um dessen Leib gelegt; mit der Linken berührt er den rechten Arm Christi, in dem dieser einen Lilienzweig als Zeichen des reinen Lebens des Heiligen hält. Vertrauensvoll zu Antonius aufblickend hat das Jesuskind seinen linken Arm auf die Schulter des Heiligen gelegt, der seinerseits seinen Kopf innig zu Christus herabgewandt hat. Antonius ist in die einfache, mit einem groben Strick gegürtete Kutte der Franziskaner gekleidet. Von seiner Hüfte hängt ein Rosenkranz mit einem kleinen Kreuz und einem geschnitzten Totenkopf herab. Vor dem Podest liegt ein aufgeschlagenes Buch mit den Worten *S. Anto / ni. Bitt / Für / vns.* Der Hintergrund zeigt rechts ein Pult mit Büchern als Zeichen der Gelehrsamkeit des Heiligen, darüber ein Fenster mit Butzenscheiben und oben vier geflügelte Puttenköpfe, die aus den Wolken herabsehen.

Das von Birchler (1927) als Arbeit Christoph Daniel Schencks publizierte Stück wurde von Lohse (1955) mit den von 1679 datierenden Reliefs in Ittendorf (Kat.Nr. 11), Einsiedeln (Kat.Nr. 9) und Ulm (Kat.Nr. 10) sowie mit dem Stuttgarter Kreuzigungsrelief von 1681 (Kat.Nr. 21) verglichen, mit denen es den »malerisch-illusionistischen Reliefstil« teile. Die »stille Verklärtheit jedoch« sei ohne die »Vergeistigung des Thomas-Christus« am Konstanzer Thomas-Altar (Kat.Nr. 16) nicht zu denken und stehe »in krassem Gegensatz zu der naturalistischen Darstellung der Werke vor 1680«. Insofern finde die Arbeit »im Schaffen des Meisters wenig Vergleichspunkte«. Später (1960) sah Lohse im Antoniusrelief auch ein besonders schönes Beispiel für die »volkstümlich-religiöse Note seiner Kunst«.

Wenn auch Bilder des Hl. Antonius mit dem Jesusknaben zu den beliebtesten Themen in der volkstümlichen Druckgraphik des sogenannten Kleinen Andachtsbildes zählen, so entbehrt das Einsiedler Relief im Gegensatz zur Ansicht Lohses schon aufgrund der virtuosen Schnitztechnik und der sehr feinen Differenzierung in der Oberflächenstruktur jeglichen volkstümlichen Charakters. Es gehört vielmehr zu der im kleinplastischen Werk Schencks dominierenden Gattung des religiösen Sammlungsstückes bzw. des Andachtsbildes, das sich ungeachtet seiner religiösen Funktion auf hohem, einem Kunstkammerstück ebenbürtigem künstlerischen Niveau bewegt.

Die Darstellung eines Franziskanerheiligen spricht nicht gegen eine ursprüngliche Fertigung für das Benediktinerkloster Einsiedeln, da der Hl. Antonius seit der Zeit der Gegenreformation nicht nur generell einer der wichtigsten Heiligen war, sondern durch seine glühende Verehrung der Jungfrau Maria und durch seine Gelehrsamkeit durchaus in den Kontext der Marienwallfahrtsstätte Einsiedeln gehört, die seit jeher auch als Zentrum benediktinischer Gelehrsamkeit gelten kann.

Literatur:
Birchler 1927, S. 212; Feuchtmayr 1936 I, S. 27; Braun 1950, S. 229; Boeck 1953, S. 74; Lohse (Foerster) 1955, S. 142–144; Lohse 1960, S. 20 u. 76, Nr. 4 (mit Abb. 28); Konstanz 1960, Kat.Nr. 20; Philippovich 1962, S. 199; Bregenz 1964, S. 41, Nr. 135; Euw 1969, S. 199, Nr. 22 (mit Abb.); Felder 1988, S. 32 (mit Abb. 280); Kleeb 1991, S. 41, Nr. 47.

20
Hl. Meinrad und Mondsichelmadonna

Christoph Daniel Schenck
1681

Prag, Museum für Kunst und Gewerbe, Inv.Nr. 85924

Auf dem Rand unterhalb Mariae bezeichnet *C. D. S. 1681*

Elfenbein
H. 5,1 cm, B. 4,1 cm, T. 0,6 cm (ohne Rahmen), H. 5,5 cm, B. 4,6 cm (mit Rahmen)

Beidseitig beschnitzt. In Messingrahmen des 19. Jh.

1977 aus Privatbesitz erworben.

Der als Halbfigur wiedergegebene Hl. Meinrad trägt die Ordenskleidung der Benediktiner, eine weit-ärmelige, reichgefältelte Flocke mit Kapuze. Mit himmelwärts gerichtetem Blick und leidensvoll geöffnetem Mund hat er die Arme im Demutsgestus über der Brust verschränkt. In seiner Rechten hält er einen Weinbecher, auf dem ein Laib Brot liegt. Die Linke umgreift eine Keule und eine Rute. Am Rand des Medaillons sind außerdem zwei Raben zu se-hen. Die Attribute nehmen Bezug auf die Vita des Eremiten, der im Jahre 861 im Finsternwald, dem heutigen Einsiedeln, von zwei Räubern, die er zuvor mit Wein und Brot verköstigt hatte, mit einer Keule erschlagen wurde. Die beiden Raben, die Meinrad aufgezogen hatte, verfolgten die Mörder und ver-rieten sie.

Die andere Seite des Medaillons zeigt die Madon-na auf der Mondsichel. Maria als Apokalyptisches Weib ist den Visionen des Johannes (Offb. 12,1–6) folgend von einem Sternenkranz bekrönt und steht – nur durch das Aufsetzen des rechten Fußes angedeutet – auf dem Mond. Mit geschlossenen Augen hat sie die Arme ausgebreitet. Von ihrem weit ausschwingenden, vielfach verschlungenen Mantel wird Maria – der Dramatik des apokalypti-schen Geschehens entsprechend – regelrecht »um-wirbelt«.

Das von Philippovich (1982) publizierte Medaillon trägt heute einen Messingrahmen aus dem 19. Jahr-hundert, dürfte aber auch schon im ursprünglichen Zustand eine Metallfassung gehabt haben. Wahr-scheinlich diente es als Anhänger, eventuell für

20

einen Rosenkranz, wie auch bei vergleichbaren Werken Schencks zu beobachten (Kat.Nr. 30) bzw. zu vermuten ist (Kat.Nr. 4, 60 u. 61).

Wahrscheinlich stammt das Medaillon aus dem Kloster Einsiedeln. Dahin könnte schon deuten, daß die beiden anderen, aus dem Jahr 1681 datierenden kleinplastischen Werke Schencks, das Relief des Hl. Antonius von Padua (Kat.Nr. 19) und die Madonnenstatuette aus Buchsbaum (Kat.Nr. 18) sich ebendort befinden. Vor allem aber legt das Thema des Medaillons einen Zusammenhang mit Einsiedeln nahe. So gehörten der Hl. Meinrad als Gründer des Klosters, kaum weniger aber auch Maria, zu den am meisten verehrten Heiligen der Marienwallfahrtsstätte Einsiedeln.

Literatur:
Philippovich 1982, S. 174.

21
Kreuzigung

Christoph Daniel Schenck
1681

Stuttgart, Württembergisches Landesmuseum,
Inv.Nr. 1928–81

Unten links auf einem Stein bezeichnet *C. D. S. 1681*

Buchsbaum
H. 14,8 cm, B. 9,1 cm, T. 1,3 cm

Braun lasiert. Brustwarzen und Nägel eingesetzt. Die Rückseite mit Papier beklebt, das jedoch zum größten Teil abgerissen ist. Auf der Rückseite und an den Rändern Reste schwarzer Farbe. Der Hintergrund im oberen Teil etwas abgegriffen.

1929 aus dem Kunsthandel erworben[1]

Maria und Johannes trauern und beten am Kreuz des toten Christus. In welche religiöse Zusammenhänge der Kreuzestod Christi eingebettet ist, wird dem Betrachter durch eine Reihe von Einzelheiten vergegenwärtigt. Die am Boden umherliegenden Knochen kennzeichnen den Berg Golgatha als Schädelstätte. Der Totenkopf insbesondere verweist auf das leere Grab Adams, des Alten Menschen, dessen Gegenbild der Neue Mensch Christus ist. Um den Kreuzstamm – wie um den Lebensbaum im Paradies – ringelt sich die Schlange der Versuchung. Sie ist kopfüber dargestellt, denn durch den Kreuzestod ist die Erbsünde überwunden. Den Himmel verdunkeln Wolken, doch bricht Gottes Gnade als Lichtstrahl hinter dem Kreuz durch. Mit Maria und Johannes trauern Sonne und Mond. Sie stehen für das Weltganze.

Das Relief gehört zu den früh bekannt gewordenen Werken Schencks. 1917 tauchte es im Berliner

Kunsthandel Lepke auf und wurde im Auktionskatalog unter Hinweis auf das ebenso monogrammierte Relief der Sammlung Heinlein (Kat.Nr. 48) als Werk des Meisters »CDS von 1681« angeboten. Nachdem er das Monogramm aufgelöst hatte, konnte Feuchtmayer (1936 I) das Stuttgarter Relief in die Gruppe der gesicherten Werke Christoph Daniel Schenck aufnehmen. Die erste kunsthistorische Einordnung stammt von Boeck (1953). Er führt die Figur des Johannes motivisch auf einen Stich des Meisters ES zurück, der seinerseits Nicolaus Gerhaerts Kreuzigungsgruppe widerspiegelt, die dieser 1465/67 für das Konstanzer Münster geschaffen habe[2]. Stilistisch sieht Boeck das Relief »im Banne der Traditionen des volkstümlichen Manierismus des Bodenseegebietes« (Feuchtmayr). Lohse (1960) übernimmt Boecks Einordnung. Die motivische Übernahme deutet sie auch inhaltlich. Gerade das Zurückgreifen auf ein spätgotisches Motiv beleuchte die religiöse Empfindungskraft des Bildhauers, die ihn aufs engste mit der Tradition der oberschwäbischen Landschaft verbinde. Auch für Zoege von Manteuffel (1985) ist der Stil des Reliefs scheinbar altertümlich, »im Kern

21

noch mittelalterlich-gotisch«, denn alle Bewegung gehe von den Gewändern aus. Neu und barock sei indes der Ausdruck der inneren Bewegung durch die Sprache der Gewänder. Das Relief sei ein »mittelalterliches Symbolbild«, denn es sei keine szenische Wiedergabe des Geschehens auf Golgatha, »sondern dessen symbolhafte Zusammenstellung«. Es gebe dem stürmischen Empfinden eines Gläubigen Ausdruck, der Christi Opfertod gedenke.

Schencks Relief ist in der Tat altertümlich. Die Fülle der ikonografischen Details und auch der wenn auch lockere Bezug zur alten Kunst macht dies deutlich. Könnte es ein bewußter Bezug sein, daß das Relief gerade auf ein in der Reformation zerstörtes Kunstwerk des Konstanzer Münster Bezug nimmt?

1 Laut Inventareintrag damals noch in einem »schwarz gebeiztem Rahmen mit Vergoldung auf Kreidegrund« vermutlich des 19. Jhs., der in den 50er Jahren im Museum abhanden kam.
2 Lehrs 31.

Literatur:
Auktionskatalog Lepke (Berlin), 15.5.1917, Nr. 162, Taf. 42; Auktionskatalog Lepke (Berlin), 5.3.1929, Nr. 403, Taf. 33; Feuchtmayr 1936 I, S. 26; Boeck 1953, S. 70 (mit Abb. 11); Lohse (Foerster) 1955, S. 19–26; Lohse 1960, S. 20 u. 93–94, Nr. 48 (mit Abb. 26); Konstanz 1960, Nr. 19; Mesenzeva/Lohse 1982, S. 210; Christus im Leiden 1985, S. 126, Nr. 24 (mit Abb.) (bearb. von Claus Zoege von Manteuffel)

F.F.

22
Hl. Sebastian

Christoph Daniel Schenck
1681/82

Hagnau am Bodensee, kath. Pfarrkirche St. Johannes Baptist

Linden(?)holz
H. ca. 170 cm

Alte Fassung, in neuerer Zeit überarbeitet (Haare und Baum braun, Lippen und Wangen rot, Pupillen blau, Pfeile silbern; das Inkarnat retuschiert und gefirnißt; unter dem roten Bolus des Lendentuchs ist stellenweise eine blaue Untermalung sichtbar, evtl. ein blauer Bolus für eine teilweise Versilberung des Tuches). Je ein Pfeil im rechten Unterschenkel und im linken Oberschenkel fehlen. Der Sockel ist eine Ergänzung des 19. Jhs. Schnüre neu. 1749/50 restauriert und neu gefasst (freundliche Mitteilung von Werner Dobras, Lindau); zuletzt 1980/83 gereinigt.

Der Hl. Sebastian steht vor einem Baum, an den er mit beiden Armen gefesselt ist. Die Rechte ist gesenkt, die Linke hoch über den Kopf erhoben. Sein Lendentuch ist in engen, parallelen Falten um die Hüften geschlungen und dann zwischen den Beinen nach hinten geschlagen. Trotz der sieben in seinem

Körper steckenden Pfeile hat der Märtyrer seine aufrechte Haltung mit den durchgedrückten Knien und den fest auf dem Boden stehenden Füßen noch nicht eingebüßt. Lediglich der leicht gesenkte Kopf mit dem nach unten gehenden Blick zeugt von den erlittenen Schmerzen.

Die Figur wurde von Lohse (1955) zugeschrieben. Sie verglich insbesondere mit dem Stuttgarter Hl. Sebastian von 1675 (Kat.Nr. 1), an dem sie eine übereinstimmende Detailbehandlung feststellt: »Nicht nur die dort als typisch beschriebenen Knie mit den feinen, der Rundung der Scheibe nachgehenden Schnitzkerben, auch die kleinen Striche unter der rechten Brust und die Kerben, die das Zusammenziehen der Hüfte verdeutlichen, sowie die ganz ähnliche Darstellung der linken, durch den erhobenen Arm gestrafften Achselhöhle oder das flache Aufliegen der linken Fußsohle auf dem Boden« weisen ihr zufolge auf den gleichen Ursprung. Des weiteren vergleicht Lohse mit dem Kopf des ebenfalls von 1675 datierenden Johannes in Sonderbuch (Kat.-

22

Nr. 3), bei dem sie die gleiche »etwas herbe Sprache der frühen Werke, ja auch die Weichheit der Haarbehandlung« feststellt. Aufgrund dieser beiden Vergleiche kam Lohse zu einer Datierung des Hagnauer Sebastian in die Zeit vor 1675. Später (1960) sah Lohse in ihm außerdem eine »fast spiegelbildliche Übersetzung der kleinen Augsburger Statuette [Kat.-Nr. 87] gleichen Themas ins Großformat«. Zuletzt (1968) verglich sie auch mit der Kreuzigungsgruppe im Konstanzer Kloster Zoffingen (Kat.Nr. 64). Dobras (1983) identifizierte die Statue als Stiftung der im Jahre 1514 nach einer Pestepidemie in Hagnau gegründeten Sebastiansbruderschaft. Dobras zufolge gab die Bruderschaft die Figur im Jahre 1674 bei Schenck in Auftrag.

Anhand neuer, jedoch unpublizierter Quellenfunde konnte Dobras diese Datierung selbst korrigieren: Im Rechnungsbuch der Sebastiansbruderschaft ist für das Jahr 1681/82 eingetragen, daß an *Herrn Schenckhen Bildhauer in Costanz* zunächst 5 Gulden *in abschlag seiner Arbeit* gezahlt worden seien, und später nochmals 38 Kronen *item mit Herrn Schenckhen Bidhauern in Costannz verbraucht*[1]. Im Jahr 1681/82 war die Figur also noch in Arbeit.

Damit ist der Hagnauer Sebastian zeitlich von der frühen Stuttgarter Statuette weggerückt. Sie steht nun zwischen den 1680/81 entstandenen Figuren des Thomas-Altars im Konstanzer Münster (Kat.-Nr. 16) und den Figuren des Einsiedler Magdalenen-Altars aus der Zeit ab 1684 (Kat.Nr. 32). Tatsächlich zeigt sie in der Durchbildung des Aktes mit der relativ schmalen Brust, den wulstigen Knien und der feinen Ausarbeitung von anatomischen Details wie Adern oder Rippenbögen sowie in der etwas steifen Haltung mit den durchgedrückten Knien und den ganz auf dem Boden aufstehenden Fußsohlen durchaus Anklänge an eine Figur wie etwa den Guten Hirten vom Magdalenen-Altar (Kat.Nr. 32c). Auch dessen hinten relativ weit herabhängender Lendenschurz, der an den Hüften in kleinen Gewandbäuschen endet, zeigt Verwandtschaft mit der Bekleidung des Hagnauer Sebastian.

1 Briefliche Mitteilung vom 12.5.1996.

Literatur:
Staiger 1861, S.170; Lohse (Foerster) 1955, S.48–51; Schahl 1959, S.109; Lohse 1960, S.12 u. S.79, Kat.Nr. 14. Konstanz 1960, Kat.Nr. 9; Dehio 1964, S.180. Lohse 1968, S.121 (mit Abb. 3); Noack-Heuck 1970, S.35; Krins 1980 (Überblick), S.197; Müller 1983, S.147; Dobras 1983, S.8 (mit Abb.); Brunner/Reitzenstein 1985, S.234; Vasseur 1992, S.500.

23
Maria mit Kind

Christoph Daniel Schenck
1682

Einsiedeln, Kunstsammlungen des Klosters, Inv.Nr. DO 29 (P II 221)

Auf der Rückseite der Wolke bezeichnet *C. D. S. 1682*.

Elfenbein
H. 15,8 cm (mit Sockel)

Der Metallnimbus der Madonnna fehlt, ebenso der rechte Kreuzesarm. Im Hinterkopf der Madonna zwei Bohrlöcher. Mehrere dünne Vertikalrisse. Zugehöriger Sockel aus Eiche und Nußbaum, schwarz lackiert mit Silberbeschlägen. In der Front ein ovales Reliquienfenster. Ein Silberbeschlag an der Rückseite verloren, mehrere Nägel ergänzt. Geringfügige Verluste bei den Beschlägen. Holzteile vielfach verklebt.

23

Das rechte Bein auf einen Wolkensockel gestützt, zertritt Maria mit ihrem linken Fuß die Schlange, die sich auf der Mondsichel windet. Mit der Rechten umgreift sie das Gesäß des Jesuskindes, während sie mit der Linken seinen Fuß stützt. Den Kopf hat sie zum Jesusknaben gewandt, der mit beiden Armen ein Kreuz als Zeichen seines künftigen Kreuzestodes umklammert hält.

Laut Boeck (1953) steht die Statuette, »von einer gewissen materialbedingten Weichheit der Behandlung abgesehen«, der Einsiedler Buchsbaummadonna von 1681 (Kat.Nr. 18) »sehr nahe und kompliziert den Reichtum der Gewandmotive weiter«. In beiden Fällen gehe die Absicht des Schnitzers »auf eine möglichst bildhafte und zugleich räumliche Erscheinung voll anmutiger Bewegtheit, wobei an der späteren Figur durch die großen vertikalen Faltenzüge eine Tendenz zur Beruhigung« hervortrete. Laut Lohse (1955) ist die Haltung Mariae bei beiden Figuren völlig gleich; auch in der »weichen, schnitzerischen Behandlung« entsprächen sie sich. Die Elfenbeinfigur erscheint ihr jedoch als die anmutigere, die auch eine »größere Geschlossenheit« habe. Später (1982) stellte Lohse außerdem Verwandtschaft mit dem Gesicht der »Armen Seele im Fegefeuer« in Donaueschingen (Kat.Nr. 6) fest, die sich in dem »spitzen Kinn, der langen Nase, den wie Halbmonde gezeichneten Augenbrauen und dem Haaransatz« zeige. Auch die »etwas manierierte Haltung der rechten Hand mit dem Zusammenlegen von Mittel- und Ringfinger« finde sich bei beiden Figuren.

Das Thema der Statuette ist die Maria victrix, die »Maria vom Siege«. Maria tritt auf die Schlange und ist damit als die von ihrem Sohn legitimierte neue Eva gekennzeichnet (Gen 3,15); außerdem steht sie auf der Mondsichel und kann somit – wie seit dem Spätmittelalter geläufig – mit dem apokalyptischen Weib (Offb 12,1–6) gleichgesetzt werden. Seit dem 16. Jahrhundert wurde das Thema der »Maria vom Siege« von den Jesuiten, den Franziskanern und den Rosenkranzbruderschaften gefördert und seit dem Seesieg der Päpstlichen Liga über die heidnischen Flotten im Jahre 1577 bei Lepanto unter anderem auch als Symbol für den Sieg der Kirche über ihre Feinde gewertet. Bei Schenck wird die Darstellung bereichert durch das von Jesus gehaltene Kreuz. Im Kontext des Themas der Maria victrix könnte das Kreuz Christi ebenfalls als Siegeszeichen aufzufassen sein. Dahin deutet auch, daß Christus hier im Gegensatz zu den meisten anderen Marien- und Josephsstatuetten Schencks, bei denen der Jesusknabe auf dem Kreuz schläft oder das Kreuz im Schlaf umarmt hält, die Augen nicht geschlossen hat und somit auch nicht das Thema der Überwindung des Todes durch den Todesschlaf Christi gemeint sein kann.

Laut Lohse (1960) diente die Statuette in Einsiedeln ehemals als Prozessionsmadonna.

Literatur:
Boeck 1953, S.72 (mit Abb. 2); Lohse (Foerster) 1955, S.146–147; Herzog 1956, S.92; Lohse 1960, S.21 u. 76, Nr. 6; Konstanz 1960, Nr. 24; Euw 1969, S.204, Nr. 29 (mit Abb.); Lohse 1982, S.76–78 (mit Abb. 2); Kleeb 1991, S.44, Nr. 54.

24
Hl. Joseph mit dem Jesuskind

Christoph Daniel Schenck
1682

Köln, Schnütgenmuseum, Inv.Nr. A 1076

Am Wolkensockel hinten bezeichnet *C. D. S. 1682*

Buchsbaum
H. 16 cm

Erworben 1985 aus dem Schussenrieder Kunsthandel (Georg Britsch).

Mit zurückgelegtem Kopf und himmelwärts gerichtetem Blick steht Joseph auf einem Wolkensockel. In seinem rechten Arm liegt das schlafende Jesuskind, das sich auf einem Kreuz als Zeichen seines künftigen Kreuzestodes ausgestreckt hat.

Die Figur wurde erstmals im Auktionskatalog (1984) publiziert.

Das Thema des auf einem Kreuz schlafenden Jesusknabens, das von Schenck in Gestalt eines kleinen, in Privatbesitz befindlichen Reliefs auch als Einzeldarstellung bekannt ist (Kat.Nr. 15), bedeutet die Überwindung des Todes durch den Todesschlaf Christi. Ebenso wie Einzeldarstellungen Josephs ist dieses Thema erst seit dem frühen 17. Jahrhundert weiter verbreitet. Joseph wurde seit der Zeit der Gegenreformation gezielt popularisiert und im Jahre 1621 auch in den römischen Festkalender aufgenommen. Für die Folgezeit ist festzustellen, daß man für den bislang nur in szenischem Zusammenhang dargestellten Heiligen nun »durch Parallelisierung, Deduktion und mit Hilfe der Typologie einen eigenen Josephscharakter konstruierte, der nur in seinem geringsten Teil biblisch belegt war. Man stellte ihn der Madonna – dem gegenreformatorischen Siegeszeichen – zur Seite und betonte, um diese hervorragende Position zu rechtfertigen, seine besondere Bedeutung als »Nährvater Jesu«[1]. Schenck vereinigt in der Kölner Figur somit zwei charakteristische Themen spezifisch katholischer Frömmigkeit der Zeit nach der Gegenreformation.

Eine mit großer Wahrscheinlichkeit ursprünglich zugehörige Figur einer Maria mit Kind befindet sich im Rosgartenmuseum in Konstanz (Kat.Nr. 25).

1 Erlemann 1993, S.198.

Literatur:
Auktionskatalog Peege (Freiburg), 19.10.1984, S. 23, Nr. 368.

25   24

25
Maria mit Kind

Christoph Daniel Schenck
1682?

Konstanz, Rosgartenmuseum, Inv.Nr. 1984/55

Buchsbaum
H. 16 cm

Rechter Arm angesetzt. Am Hinterkopf ein Loch für einen
Nimbus. Schaden im rechten Oberschenkel.

Den rechten Fuß auf eine Mondsichel gestellt,
steht Maria auf einem Wolkensockel. In der Linken hält sie den Jesusknaben, der seinerseits mit
beiden Händen ein Kreuz als Zeichen seines künftigen Kreuzestodes umfaßt. Maria blickt unter fast
geschlossenen Lidern und mit geöffnetem Mund
auf ihre angewinkelte Rechte, deren Gestus anzu-
deuten scheint, daß sie spricht. Der Jesusknabe
dagegen hat die Augen geschlossen und schläft
wohl.

Im Auktionskatalog (1984) wurde die Statuette als
Werk Christoph Daniel Schencks publiziert und in
die Zeit »um 1680« datiert. Die Autorschaft und
Datierung der Statuette ist gesichert durch die Bezeichnung *C. D. S. 1682* auf dem Sockel der sicherlich zugehörigen Figur eines Joseph im Kölner
Schnütgenmuseum (Kat.Nr. 24), mit dem zusammen
die Marienfigur versteigert wurde.
Das Motiv des schlafenden Jesuskindes verbindet
die Konstanzer Statuette nicht nur mit ihrer ehemaligen Pendantfigur des Hl. Joseph in Köln, sondern
ebenso mit der Florentiner Madonnenstatuette von
1680 (Kat.Nr. 12) sowie mit der späteren Einsiedler
Madonnenfigur aus der Zeit um 1685 (Kat.Nr. 33).
Auch eine Einzeldarstellung des schlafenden Jesusknaben ist von Schenck bekannt (Kat.Nr. 15). Diese
auf den Erlösungstod Christi bezugnehmende Darstellung gehört somit zu den häufigsten Themen im
Werk Schencks.

Literatur:
Auktionskatalog Peege (Freiburg), 18.10.1984, S. 23, Nr. 367.

26
Die büßende Magdalena

Christoph Daniel Schenck
1682

Hamburg, Museum für Kunst und Gewerbe, Inv.Nr. 1952.115

In der linken unteren Ecke bezeichnet *C. D. S. 1682*

Elfenbein
H. 11,1 cm, B. 7,5 cm

Die linke obere Ecke abgebrochen.

Bis 1931 in der Sammlung August Wolff, Heidelberg. Im Oktober 1931 im Münchner Kunsthandel (Helbing) an Unbekannt versteigert. 1950 in Konstanz durch den Hamburger Kunsthandel (Huelsmann) erneut aus einer Privatsammlung angeboten. 1952 vom Museum für Kunst und Gewerbe erworben.

Gezeichnet von Reue und innerem Aufruhr geißelt sich die tränenüberströmte Hl. Maria Magdalena. In ihrer Linken hält sie ein Kruzifix. Mit der Rechten, in der sie eine sternenbewehrte Geißel hält, schlägt sie sich auf den Rücken. Das einfache und zottelige, nur mit einem Strick gegürtete Fellgewand kennzeichnet sie als Büßerin. Betrübt dreinblickende geflügelte Putti begleiten das Geschehen. Auf der mit einer Bastmatte bedeckten Fläche im Vordergrund liegt links ein Totenkopf; rechts steht die Salbbüchse, die Magdalena am Ostermorgen zum Grab Christi mit sich führte, um dessen Leichnam zu salben. In einem aufgeschlagenen Buch stehen die Worte *Tibi / Soli / Pec / cavi* (Gegen dich allein habe ich gesündigt, Psalm 50,6). Im Hintergrund ist eine brennende Öllampe erkennbar.
Eschweiler (1954) hielt das Relief für »einseitig komponiert«, weshalb er ein spiegelbildlich angelegtes Gegenstück vermutete und dafür eine Darstellung des büßenden Hieronymus in Erwägung zog. Lohse (1955) zufolge kann das Relief in der »Feinheit der Ausführung nur mit dem Stuttgarter Sebastian verglichen werden« (Kat.Nr. 1). Die Komposition stelle es allerdings eng neben die anderen Reliefs aus den früheren Jahren, wie diejenigen mit den Hll. Benno von 1679 (Kat.Nr. 9) und Antonius von 1681 (Kat.Nr. 19) in Einsiedeln, »mit denen es auch die räumlich-illusionistische Auffassung des Reliefs« teile. Vergleiche man das idealisierte Gesicht der Magdalena mit dem naturalistisch wiedergegebenen Leiden des Hl. Benno, zeige sich jedoch auch die Wandlung, die das Werk Schencks seit dem Konstanzer Thomas-Altar (Kat.Nr. 16) erfahren habe. »Der nach innen gekehrte stille Ausdruck des Magdalenenantlitzes« finde sich dagegen wieder bei der aus demselben Jahr datierenden Einsiedler Elfenbeinstatuette der Maria (Kat.Nr. 23). Rasmussen (1975) stellte fest, daß das Thema, das oft nicht viel

mehr als ein Anlaß zur Entblößung eines schönen weiblichen Körpers sei, in diesem Relief »ganz im Sinne frommer Devotion interpretiert« sei. Als Vergleichsstück nennt er die Stuttgarter Sebastiansstatuette (Kat.Nr. 1). Bezeichnend seien »die übersteigert expressive Darstellungsweise und die bewegte Modellierung in Form strähniger Parallelzüge«, die Rasmussen sich als Anknüpfung »an den vor allem in Oberschwaben verbreiteten Parallelfalten-Stil der Spätgotik« erklärt. Kobler (1986), der ein in Padua befindliches weiteres Relief Schencks mit der büßenden Magdalena (Kat.Nr. 44) veröffentlichte, bemerkte, daß »die einzelnen Bestandteile« identisch seien, doch sei die Szene bei dem Hamburger Relief eine andere: »nicht gefühlbewegt in die Betrachtung des Gekreuzigten versunken, sondern als Büßende sich selbst geißelnd, fixiert die Heilige das Kreuz, das sie fest mit der Linken faßt, als hielte sie eine Waffe.«

Literatur:
Auktionskatalog Helbing (München), Oktober 1931, S. 29 (mit Abb. Taf. XIV, Nr. 404); Eschweiler 1954, S. 6; Lohse (Foerster) 1955, S. 151–153; Lohse 1960, S. 22 u. 79, Nr. 15 (mit Abb. 27); Konstanz 1960, Nr. 26; Philippovich 1961, S. 145 (mit Abb. 111); Tardy 1966, Taf. 46; Deutsche Elfenbeinkunst 1970, S. 15. Nr. 84; Rasmussen 1975, S. 110, Nr. 40 (mit Abb. 40); Philippovich 1982, S. 168 (mit Abb. 142); Kobler 1986, S. 329 (mit Abb. 2).

26   (s. auch Farbtafel 6)

27
Mater dolorosa

Christoph Daniel Schenck
1682

Einsiedeln, Kunstsammlungen des Klosters, Inv.Nr. X 109

Auf der Brüstung bezeichnet *MATER DOLO / C. D. S. ROSA 1682*

Ahorn(?)holz
H. 20,7 , B. 12,7 cm

Vollflächig auf eine ca. 0,8 cm starke Ahornplatte aufgeleimt, linke und rechte Kante der Platte samt die Kante des Reliefs in neuerer Zeit abgehobelt (wohl um das Relief in einen Rahmen einzupassen). Die Fälze waren links und rechts ursprünglich daher tiefer als heute. An den Rändern Reste von schwarzer Farbe. Rückseitig Reste eines aufgeklebten schwarzen Papiers. An den Händen und im Gesicht berieben. Kleinere Ausbrüche an den Gewandsäumen. Vertikalrisse.

27

Hinter dem als »Brüstung« wirkenden Inschriftfeld mit den Worten MATER DOLO / ROSA erscheint die Halbfigur Mariae. Mit leidvoll zur rechten Schulter gesunkenem Kopf hat sie die Arme vor der Brust verschränkt, aus der ein langer Dolch als Zeichen ihres Schmerzes ragt. Ihr Gewand, das Tränentuch und der Schleier füllen mit ihren heftig hin- und herschlingernden Faltenzügen fast das gesamte Bildfeld und unterstreichen so die Bewegtheit Mariae.

Das von Birchler (1927) publizierte Relief wurde von Boeck (1953) mit dem Ittendorfer Ölbergrelief (Kat.Nr. 11) verglichen. Das Einsiedler Relief besitze mit diesem eine Verwandtschaft »mit dem schlafenden Jünger Johannes, seiner Kopfhaltung und der Linienkomposition der zwischen dem betenden Christus und dem Felsen eingebetteten Gruppe«. Lohse (1955) sah noch engere Gemeinsamkeiten mit dem Hamburger Magdalenenrelief (Kat.Nr. 26), mit dem es die »gleiche, höchst persönliche Aussage des Schmerzes« teile.

Das Bildthema der Mater dolorosa geht zurück auf eine Weissagung des greisen Simeon, der angesichts des Jesusknabens und in Voraussicht dessen künftigen Todes zu Maria sagte: »Auch deine Seele wird das Schwert durchdringen« (Lk 2,35).

Das Stück gehört zu den wenigen kleinplastischen Holzreliefs im Werk Schencks, die nicht aus Buchsbaum bestehen, etwas größer im Format als die übrigen sind und auch in der Feinheit der schnitzerischen Ausführung hinter jenen zurückbleiben. Analog zum Seedorfer Relief von 1683 (Kat.Nr. 29), das noch eine vollständige Fassung zeigt, und zum Donaueschinger Relief von 1677 (Kat.Nr. 6), das wenigstens noch Reste einer Bemalung aufweist, ist zu vermuten, daß auch die Einsiedler Mater dolorosa ehemals gefaßt war.

Literatur:
Birchler 1927, S. 212; Feuchtmayr 1936 I, S. 27; Braun 1950, S. 229; Boeck 1953, S. 74; Lohse (Foerster) 1955, S. 153–154; Lohse 1960, S. 22 u. 76, Nr. 7 (mit Abb. 30); Konstanz 1960, Nr. 25; Philippovich 1962, S. 198; Euw 1969, S. 199, Nr. 21 (mit Abb.); Mesenzeva/Lohse 1982, S. 210; Kleeb 1991, S. 40, Nr. 46.

(s. auch Farbtafel 7)

28
Der Erzengel Michael überwindet den Satan

Christoph Daniel Schenck
1683

Frankfurt am Main, Liebieghaus, Inv.Nr. St.P.423

In einer Wolke am oberen Rand des Reliefs signiert *C. D. S.*,
auf dem Holzrahmen unten datiert *1683*.

Elfenbein
mit Rahmen H. 20,8 cm, B. 14,6 cm, T. 3,5 cm

Im originalen Buchsbaumrahmen

1991 aus dem Londoner Kunsthandel erworben.

28
(s. auch Farbtafel 8)

Bewehrt mit Rüstung, Helm und Schild holt der Erzengel Michael mit dem Flammenschwert zum entscheidenden Schlag gegen den Teufel aus. Trotz der dynamischen Vorwärtsbewegung des Erzengels und seines entschlossenen Gesichtsausdrucks besteht kein Zweifel daran, daß Satan bereits besiegt ist. Mit schmerzverzerrtem Gesicht und qualvoll sich windendem Körper stürzt dieser rücklings in die Tiefe, aus der schon Flammen emporzüngeln, die ihn gleich verschlingen werden. Im oberen Teil des Reliefs sind dagegen Wolken sichtbar, aus den Sonnenstrahlen hervorbrechen. Demonstrativ für den Sieg des Erzengels über den Teufel sind in das Schild die Worte *QUIS UT DEUS* – wer ist wie Gott – geschnitzt, die in hebräischer Sprache den Namen Michael bedeuten. Der ebenfalls reich beschnitzte Rahmen zeigt oben eine Anzahl geflügelter Puttenköpfe, während unten und an den Seiten geflügelte Teufel und Teufelsfratzen inmitten von hell lodernden Flammen zu sehen sind.

Bückling (o.J. u. 1995) sieht im Frankfurter Relief »ein die Spanne Schencks künstlerischen Vermögens voll ausschöpfendes, meisterhaft verfeinertes Kabinettstück«. Sie vermutet, daß es sich nicht um ein Andachtsbild, sondern um ein Kunstkammerstück gehandelt habe.

Das Thema der Überwindung Satans durch den Erzengel hat Schenck mehrfach dargestellt: vor dem Frankfurter Stück auf einem verschollenen Relief aus dem Jahr 1675 (Kat.Nr. 2) und danach auf dem von 1687 datierenden Anhängekreuz der Edelstettener Äbtissin Maria Carolina von Westernach (Kat.Nr. 40). Neben dem aus dem gleichen Jahr datierten Seedorfer Relief mit den Hll. Benedikt und Scholastika (Kat.Nr. 29) ist das Frankfurter Relief das einzige überkommene Werk Schencks, das den originalen Rahmen in vollständiger Erhaltung zeigt. Lediglich eines der Petrus-Reliefs (Kat.Nr. 13) weist wenigstens noch Teile der ursprünglichen Rahmung auf. Mit dem Seedorfer Stück ist der Rahmen des Frankfurter Elfenbeins jedoch durch die reichen Schnitzereien ebenso verbunden wie durch die gleiche Fertigungsweise. So ist auch der Frankfurter Rahmen aus einem einzigen Holzstück geschnitzt, in dessen Mitte eine Fläche ausgearbeitet wurde, in die das Relief eingelassen ist. Eine weitere Gemeinsamkeit des Frankfurter Rahmens mit dem Seedorfer ist ein rückseitiges Loch, das wohl dazu dienen sollte, den Sitz des Reliefs im Rahmen korrigieren oder es bei Bedarf durch Einführung eines spitzen Gegenstandes leicht wieder aus dem Rahmen drücken zu können. Ein Unterschied zum Seedorfer Stück liegt jedoch darin, daß das Frankfurter auch an der Unterkante des Rahmens beschnitzt ist. Ob es sich – wie Bückling vermutet – deshalb nicht um ein Andachtsbild handeln könne, sondern um ein »frei bewegliches Kunstkammerstück«, ist fraglich. Eben-

so denkbar ist, daß das Frankfurter Werk ein frei bewegliches Andachtsbild war, das nicht für eine Aufhängung an der Wand oder für eine permanente Aufstellung gedacht war, sondern gewissermaßen nur bei Bedarf hervorgeholt oder während der Andacht in der Hand gehalten wurde. Auch eine kurzzeitige Aufstellung ist denkbar, da das Stück trotz der beschnitzten Unterseite durchaus über einen sicheren Stand verfügt. Ungeachtet seiner schnitzerischen Qualität spricht demnach nichts dagegen, im Frankfurter Relief wie in den übrigen kleinplastischen Werken Schencks vor allem ein Andachtsbild zu sehen.

Literatur:
Bückling o.J. [1992], o.P.; Bückling 1995, S. 305–307 (mit Abb. 15).

29
Hl. Benedikt und Hl. Scholastika

Christoph Daniel Schenck
1683

Seedorf (Uri), Frauenkloster St. Lazarus OSB

Am unteren Rand bezeichnet links *C. D. S.*, rechts *1683*

Lindenholz

H. 21,5 cm, B. 15 cm (ohne Rahmen), H. 27 cm, B. 20 cm (mit Rahmen)

Alte, wohl ursprüngliche Fassung (Tisch, Rabe, Flocken, Kapuze und Schleier schwarz, Wimpel und Taube weiß, Wand rot, Fensteröffnungen und Schrifttafel türkisblau). Auf den ungefaßten Büchern Reste alter Schrift, wohl Auszüge aus der Benediktinerregel. Originaler Rahmen aus Nußbaum, aus einem Stück geschnitzt. In der Rückseite des Rahmens ein Loch, in dem ein Zapfen des Reliefs sitzt. Auf dem oberen Rand des Rahmens mittig ein Bohrloch, das evtl. für die Befestigung einer Aufhängeöse diente. Fassung an Schrifttafel und Faltenstegen zum Teil berieben. Die Fuge zwischen Relief und Rahmen stellenweise modern ausgekittet.

Wohl aus dem Benediktinerkloster Einsiedeln stammend.

Der heilige Benedikt von Nursia und seine Schwester Scholastika sitzen in einem von mehreren Fenstern belichteten Raum an einem runden Tisch, auf dem vor jedem ein aufgeschlagenes Buch – wohl das Regelbuch des Benediktinerordens – liegt. Beide sind in schwarzer benediktinischer Ordenstracht, er in Flocke mit Kapuze, sie mit Flocke, Wimpel, Weihel und Schleier, gekleidet. Während Benedikt mit erklärender Geste zu reden scheint, hat Scholastika angesichts der Worte ihres Bruders ergriffen die Hände gefaltet. Ein zwischen den Geschwistern auftauchender Vogelkopf dürfte eines der Attribute des Hl. Benedikt darstellen, einen Raben, den er nach einem fehlgeschlagenen Ermordungsversuch durch unzufriedene Mönche das vergiftete Brot im Schnabel forttragen ließ. Über dem Nimbus der Hl. Scholastika schwebt deren individuelles Attribut, die Taube, die Benedikt zum Zeitpunkt des Todes seiner Schwester in seiner Zelle auffliegen sah. Am oberen Rand des Reliefs hängt eine brennende Öllampe von der Decke herab. Auf dem breiten Inschriftfeld sind unter den Heiligen jeweils deren Namen *S.BENODICHT.* und *S.COLASTICA* eingeschnitten.

Lohse (1955) vermutete bereits eine Herkunft aus dem Benediktinerkloster Einsiedeln, das bis heute das Nonnenkloster Seedorf betreut. Laut Lohse komme im Seedorfer Relief »die malerische Reliefgestaltung des Meisters (...) noch einmal besonders gut zum Ausdruck«. Außerdem entbehre das Relief »doch trotz des tiefen Ernstes (...) nicht einer volkstümlichen Unbefangenheit.«

Bei dem Seedorfer Relief handelt es sich um das einzige bisher bekannte kleinformatige Werk Schencks mit originaler Fassung. Eine weitere Besonderheit liegt im originalen Rahmen, wie er sonst nur noch bei dem aus dem gleichen Jahr datierenden Frankfurter Elfenbeinrelief mit dem Erzengel Michael (Kat.Nr. 28) sowie in Teilen an einem der Petrus-Reliefs (Kat.Nr. 13) erhalten ist. Insbesondere auch das Seedorfer Stück läßt dabei vermuten, daß die kleinformatigen Reliefs Schencks im Unterschied zur heute üblichen Rahmenart nie in einen von vier getrennt gearbeiteten Profilleisten gebildeten Rahmen mit Falz von hinten eingelegt waren, sondern daß sie stets von vorne in einen Rahmen eingepasst wurden, entweder wie das Petrusrelief in einen aus mehreren Teilen zusammengesetzten Kasten oder wie das Seedorfer Relief in einen aus einem Stück geschnitzten Rahmen. So besteht der Seedorfer Rahmen aus einem massiven, rückseitig durchgehenden Nußbaumblock, dessen Kanten beschnitzt sind und in den vorderseitig eine ebene Fläche eingetieft wurde, die zur Aufnahme des Reliefs dient. Ein rückseitiges Loch, in das ein an das Relief angearbeiteter Zapfen eingreift, sollte wohl dazu dienen, das Relief nötigenfalls leichter wieder aus dem Rahmen herausnehmen zu können.

Über die ursprüngliche Aufstellungsart läßt der Rahmen jedoch keine Schlüsse zu. Wohl findet sich in der oberen Kante ein Bohrloch älteren Datums, das durchaus von einem eingedrehten Haken herrühren könnte, doch muß dies nicht ursprünglich sein. Denkbar wäre auch, daß das Relief ehemals gar keine Vorrichtung zum Aufhängen oder Aufstellen hatte, sondern für eine freie Handhabung konzipiert war und nicht zuletzt deshalb einen aus einem Stück bestehenden, stabilen Rahmen erhielt.

Literatur:
Lohse (Foerster) 1955, S. 154–156; Lohse 1960, S. 22 u. 92, Nr. 45 (mit Abb. 31); Konstanz 1960, Nr. 27; Gasser 1986, S. 252 (mit Abb. 251).

29   **(s. auch Farbtafel 9)**

30
Die büßende Magdalena und der reuige Petrus

Christoph Daniel Schenck
1683

Standort unbekannt

Bezeichnet *C. D. S. [1]683*

Elfenbein
Lange mit Kette: 36,8 cm

Beidseitig beschnitzt

Im Dezember 1991 im Londoner Kunsthandel (Christie's) versteigert.

Mit der Rechten umarmt die Hl. Magdalena einen Totenschädel, zu dem sie ihren Kopf gewandt hat. In der Linken hält sie ein Kreuz, das mit einer Schnur aus zwei Ästen zusammengebunden ist. Auf einem Tisch im Vordergrund liegt ein aufgeschlagenes Buch oder ein Zettel mit der nicht vollständig lesbaren Aufschrift *Tibi soli peccavi*. Hinter ihrer rechten Schulter steht die Salbbüchse, mit der sie am Ostermorgen zum Grab Christi ging, um dessen Leichnam zu salben.

Die andere Seite des Medaillons zeigt laut Auktionskatalog eine Darstellung des reuigen Petrus, von der
jedoch keine fotografische Aufnahme vorhanden ist.
Das kleine Relief ist das einzige Medaillon
Schencks, das wohl noch seine ursprüngliche Metallfassung besitzt. Auch der Rosenkranz aus elf Gra-
natkugeln mit einem Ring aus dem gleichen Material dürfte original zugehörig sein. Somit ist das Relief
nicht nur das einzige im ursprünglichen Zusammenhang erhaltene, sondern auch das wichtigste Indiz dafür, daß die anderen, beidseitig beschnitzten
Elfenbeinmedaillons Schencks (Kat.Nr. 4, 60 u. 61)
ehemals ebenfalls als Rosenkranzanhänger gedient
haben dürften.

Literatur:
Auktionskatalog Christie's (London), 10.12.1991, S. 23, Nr. 28
(mit Abb.).

30

31
Vesperbild
Christoph Daniel Schenck
1684

Konstanz, St. Katharina, Dominikanerinnenkloster Zoffingen

Unter den aufgestützten Knien Christi am Sockel bezeichnet
C. D. Schenck inv. et scul. 1684.

Linden(?)holz
H. 103 cm (mit Sockel)

Hinten gehöhlt. Fassung 1952 freigelegt (Mantel der Maria
helles Blau mit dunkleren Farbresten, Untergewand Mariae
und Lendentuch Christi weiß mit Resten von Goldfassung,
Schuhe Mariae rot, Inkarnat Christi fast grau, Mariens Hautton wärmer).

Mit beiden Händen stützt Maria den leblosen Körper
ihres Sohnes, der dicht vor ihr kniet. Sein Kopf ist
zur rechten Schulter gefallen und auch Maria hat
den Kopf nach rechts geneigt. Die Knie nach links
gedreht, greift ihn Maria unter der linken Achsel-
beuge, damit er nicht nach unten wegsackt. Mit der
Rechten zieht sie seinen schlaffen Arm zu sich hin.
Maria umarmt den Leichnam in inniger Verbunden-
heit und erfüllt von tiefer Trauer. Trotz der Intimität
der Szene wird der Körper Christi jedoch auch dem
Betrachter präsentiert.
Von Kraus (1887) noch in das 17.–18. Jahrhundert
datiert und als »von großer Empfindung, aber zu
heftig« charakterisiert, wurde die Pietà erstmals von
Eschweiler (Konstanz 1952) als Werk Christoph Daniel Schencks erkannt. Boeck (1953) stellte fest, daß
Schenck zwar insofern wieder auf den Niederzeller
Typus (Kat.Nr. 66) zurückgegriffen habe, als er den
toten Christus seitlich an die Mutter gelehnt knien
läßt, im einzelnen jedoch sei alles sehr verschieden.
Als singulär im großplastischen Werk Schencks hob
Boeck vor allem hervor, daß die Zoffinger Pietà aus
einem einzigen, rückseitig ausgehöhlten Stück geschnitzt ist. Stilistische Verbindungen knüpfte
Boeck insbesondere zu den Heiligen der Magdalenenkapelle in Einsiedeln (Kat.Nr. 32). Hier wie dort
finde sich die gleiche »übertriebene Längung der
Proportionen, die lineare Artikulation der Falten
und Adern, die mit scharfen Graten in den Raum
greifenden Faltenschwünge, der sich anbahnende
expressive Manierismus«. Im »Sinn für komplizierte Gruppierung« komme der Zoffinger Pietà auch
die Buchsholzgruppe der Dornenkrönung von 1685
im Kölner Schnütgenmuseum (Kat.Nr. 34) nahe.
Lohse (1955) verglich den Faltenstil mit den Paral-
lelfaltenringen und den auf den Schuhen aufliegenden Rocksäumen mit demjenigen beim Stuttgarter
Kreuzigungsrelief von 1681 (Kat.Nr. 21). Hinsichtlich der Faltengrate bemerkt sie gegenüber dem drei

31

Jahre älteren Relief jedoch eine »Tendenz zur Verschärfung des Schnittes«. Ähnliches stellte Lohse (1960) dann auch hinsichtlich der Aktbehandlung fest, die im Vergleich mit der »weichen Behandlung des Christus vom Thomas-Altar [Kat.Nr. 16] (...) die lineare Verhärtung des Stils« zeige. Weiter verglich Lohse mit der Niederzeller Pietà, deren »noch unausgeglichene Komposition (...) hier in dem steilen, sich mehrfach überschneidenden Aufbau der Gruppe großartig zusammengefaßt« sei.

Den Darstellungstypus der Zoffinger Pietà bezeichnete Finke (1985) als »Präsentationstyp mit knieender Beinstellung«, wobei sie die beiden entsprechenden Werke Schencks in Niederzell und im Kloster Zoffingen zu den früheren Ausbildungen dieses Typs rechnet. Die beiden Arbeiten Schencks waren laut Finke offensichtlich vorbildlich für alle nachfolgenden Werke dieses Typs, der sich später außer im Bodenseeraum auch in Niederbayern finde. Diese Form erinnert Finke aufgrund »ihrer Schmalheit« an frühe italienische Beispiele der Imago Pietatis, bei der der Schmerzensmann von Maria gehalten wird. »Gedankliche Verbindungslinien« zu Michelangelos Pietà Rondanini sowie zu seiner Pietà von Palestrina erscheinen Finke »ebenfalls zulässig, da in beiden Werken die steile Kompositionsform zugrundeliegt«. Typologisch sieht Finke in den Vesperbildern des »Präsentationstypus« eine Verwandtschaft mit dem Thema des Gnadenstuhls, bei dem seit dem 15. Jahrhundert auch von der ursprünglich symmetrischen Form abgewichen und der Corpus Christi leicht zur Seite verschoben worden sei. In dieser Verwandtschaft der Motive zeige sich die gegenseitige Beeinflussung der beiden Bildthemen, die auch dem »Wechselverhältnis von Gottvater und Maria in der Compassio Christi« entspreche. Das nach dem Tridentinum verstärkt in das Kunstschaffen eingeführte Dreifaltigkeitselement mache es »verständlich, daß das Gnadenstuhl-Haltemotiv auf das Vesperbild-Schaffen der Barockzeit Einfluß nahm«. Finke erklärt den in Süddeutschland offenbar von Schenck eingeführten »Präsentationstypus« der Pietà also mit einer Beeinflussung durch Gnadenstuhl-Darstellungen.

Die Zoffinger Pietà ist die einzige datierte und signierte Großplastik Christoph Daniel Schencks.

Literatur:
Kraus 1887, S. 223; Konstanz 1952, S. 36, Nr. 132; Boeck 1953, S. 74; Eschweiler 1953, S. 300 (mit Abb.); Lohse (Foerster) 1955, S. 26–32; Lohse 1960, S. 24 u. 85, Nr.32 (mit Abb. 23); Konstanz 1960, Nr. 29; Bregenz 1964, S. 40, Nr. 133 (mit Abb. 33); Lohse 1968, S. 123; Thöne 1968, S. 473; Noack-Heuck 1970, S. 29; Thöne 1975, S. 15; Müller/Thöne 1979, S. 476; Brunner/Reitzenstein 1985, S. 339; Finke 1985, S. 53–55 u. 142; Lohse 1994, S. 463.

32
Magdalenenaltar
a) Zwei weibliche Heilige
b) König David und König Manasse
c) Guter Hirte
d) Maria Magdalena
e) Drei Putti und ein Puttenkopf

Christoph Daniel Schenck und Werkstatt
1684/85

32 a

Einsiedeln, Kunstsammlungen des Klosters

Linden(?)holz
Weibliche Heilige (Inv.Nr. GS 1 u. GS 2): H. 170 cm und
165 cm, David: H. 190 cm, Manasse: H. 194 cm, Guter Hirte:
H. 154 cm, Maria Magdalena: H. 51 cm, schwebender Putto:
H. 98 cm, sitzende Putti: H. 85 cm und 89 cm, Puttenkopf
(Inv.Nr. DO 11): H. 20 cm.

a) Alte Bleiweißfassungen auf Kreidegrundierungen. GS 1:
Kopf, Arme und linker Fuß angestückt. Rechte Hand und
zwei Finger der Linken fehlen. Risse im rechten Fuß und vom
Scheitel an abwärts. GS 2: Arme und rechter Fuß angestückt.
Fast die ganze linke Hand und ein Finger der Rechten fehlen.
Beschädigungen im Gesicht.

32 a

b) Alte Bleiweißfassungen auf Kreidegrundierungen, stark beschädigt. Finger der linken Hand Davids fehlen. Kleine Bestoßungen.

c) Alte Vergoldung auf rotem Bolus; Pupillen und Augenbrau-
en dunkelbraun, Lippen und Wundmale rot. Arme und Teile
des Lammes verloren. Die rechte Hand mit einem Lammfuß
ist einzeln erhalten. Zwei Zehen des rechten und linken
Fußes, eine Haarlocke und ein Teil des Sockels fehlen. Risse
und Bestoßungen.

d) Ehemals ganzfigurige Skulptur, zu einer Büste umgearbei-
tet. Fassung weiße Ölfarbe. Stellenweise Abplatzungen.

e) Der schwebende Putto trägt eine alte Vergoldung auf rotem
Bolus (obere Zahnreihe weiß gefaßt, die Zungen und die Lippen rot, Augenbrauen, Lider und Pupillen braun). Der große
Zeh am linken Fuß fehlt. Die beiden sitzenden Putti tragen
ebenfalls alte Goldfassungen (stark berieben; zahlreiche Fehlstellen). Köpfe und Arme angestückt. Bei dem einen Putto
fehlen die Nase, sämtliche Zehen, der linke Arm ab Mitte
Oberarm und an der rechten Hand die vorderen Glieder von
Zeige-, Mittel- und Ringfinger sowie kleinem Finger. Bei dem
anderen Putto fehlen die Fassung des Kopfes (vollständig abgelaugt), alle Zehen des linken Fußes, der rechte Arm ab Ellenbogen und die vorderen Glieder von Zeige-, Mittel- und
Ringfinger sowie kleinem Finger der linken Hand. Der Puttenkopf hat eine alte, aber wohl nicht ursprüngliche Fassung (Inkarnat rosa, Zähne und Augäpfel weiß, Lippen und Lider rot,
Pupillen, Augenbrauen und Haare braun).

Ehemals am Altar der Beichtkapelle

a) Die beiden weiblichen Figuren sind in etwa ge-
gengleich gearbeitet. Die Köpfe waren in der ur-
sprünglichen Aufstellung wohl einander zugewandt.
In diesem Fall ist jeweils das äußere Bein vorgesetzt
und die Gesten weisen nach außen. Von der inneren
Bewegtheit der beiden Heiligen zeugen ihre gen
Himmel gerichteten Blicke und die flatternden
Mäntel.

b) Der König David trägt über einer Tunika einen
Brustpanzer. Quer über den Oberkörper hat er einen
Riemen gelegt, der seinen von den Schultern gerutschten Mantel am Herabfallen hindert. Mit der linken Hand hielt er die Harfe, die neben ihm auf dem
Boden stand. Manasse ist ähnlich gekleidet, doch hat
er den um die Schultern gelegten Mantel mit einer Fi-
bel am Halsansatz geschlossen. In seinen gefalteten
Händen hält er ein Tuch. Die Blicke der beiden bärtigen Könige gehen zum Himmel. Ihre Haltung mit
dem vorgesetzten Bein ist in etwa gegengleich.

c) Der nur mit einem Lendenschurz bekleidete Christus hat das Schaf geschultert. Sein Kopf ist zur
rechten Seite geneigt, wo ehemals auch der Kopf des
Schafes gelegen haben wird. Der schmerzliche Blick
Christi zeugt von der Schwere der Last.

d) Die Hl. Magdalena, die in ein härenes Gewand gekleidet ist, wendet den Kopf nach oben und blickt
voll innerer Bewegtheit zum Himmel.

e) Die beiden sitzenden Putti sind ebenfalls nahezu
gegengleich gearbeitet. Die Köpfe waren ehemals
wohl einander zugewandt und die Beine nach außen
weggestreckt. Der schwebende Putto hat das linke

32 b

Bein angewinkelt und die Arme weit ausgestreckt. Birchler (1927) sah in der Büste der Hl. Magdalena ein Werk von Diego Carlone. Erst von Euw (1969) identifizierte sie als Arbeit Christoph Daniel Schencks. Die Figuren der beiden weiblichen Heili-

gen wurden von Boeck (1953) Schenck zugeschrieben. Laut Boeck zeigen sie eine »Neigung zum Feinen und Eleganten, zur Schraubenbewegung« und damit zu einer »räumlichen Auflockerung der Gewandfigur«. Außerdem bezeichnen die beiden Sta-

32 c

32 d

zen« habe. Lohse (1955) vermutete eine Aufstellung der Figuren links und rechts des Altars. Den Zeitraum der Entstehung sieht sie durch die Erbauung der Magdalenen-Kapelle vorgegeben und datiert daher in die Jahre zwischen 1680 und 1682. Lohse zufolge ist »die von 1680 an allmählich einsetzende Längung der Proportionen, die mit einer immer stärkeren Abstrahierung der Gewandung« zusammengehe, in diesen beiden Figuren voll ausgebildet. Als Vergleichsstück hinsichtlich dieser Entwicklung im kleinplastischen Werk nennt sie die Maria des Stutt-

garter Kreuzigungsreliefs (Kat.Nr. 21). Außerdem weise die Faltengebung der beiden Figuren bereits auf die Zoffinger Pietà von 1684 hin (Kat.Nr. 31), bei der jedoch die »Schärfe des Schnitzmessers noch weiter ausgeprägt« sei. Lohse (1960) vermutete hinsichtlich der Figuren der beiden Könige und der drei Putten, die »in ihrer Steifheit den etwas schematisch erscheinenden Nebenfiguren des Thomas-Altars« (Kat.Nr. 16) ähneln würden, eine Beteiligung der Werkstatt. In der Figur des Guten Hirten dagegen erkannte Lohse die Hand des Meisters, jedoch hielt

tuen Boeck zufolge »in gewisser Weise den Höhepunkt von Schencks Entwicklung, insofern sich hier die Zierlichkeit der Kleinbildwerke mit der monumentalen Form im Sinne jenes seltsamen ›Protorokoko‹ vom Ende des 17. Jahrhunderts verschmol-

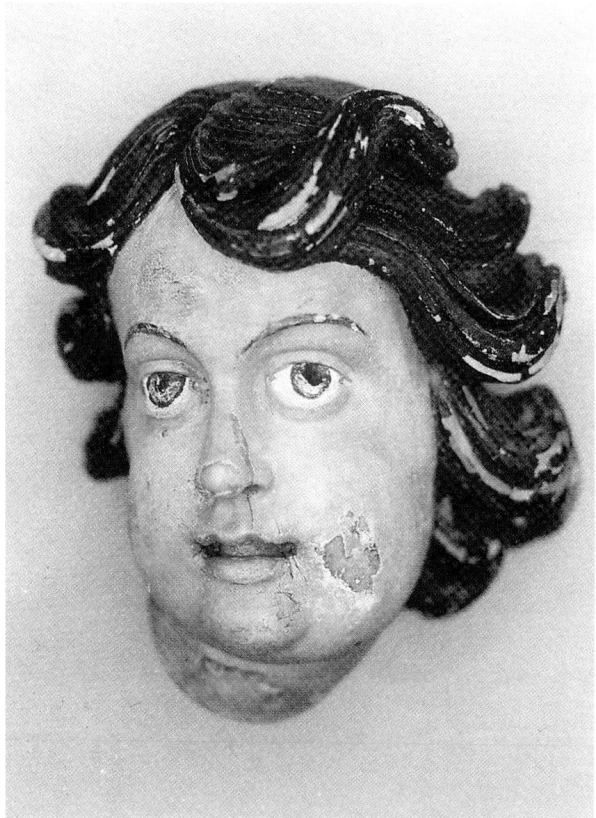

32 e

sie diese Statue für nicht zum Magdalenenaltar zugehörig. Die neben David zweite Königsfigur sah Lohse als nicht identifizierbar an. Kleeb (1991) bezeichnete sie als Darstellung des Königs Sigismund. Der zweite König wurde jedoch bereits von Doyen (1701) als Manasse bezeichnet. Diese Idenifikation mit dem König von Juda (696/95–642/41 v. Chr.) ist durchaus plausibel, denn Manasse gilt als Prototyp des sündigen Königs (2. Kön. 24,3f.), was seine Darstellung am Altar der Beichtkapelle durchaus wahrscheinlich macht.

Die zehn erhaltenen Figuren bzw. Fragmente vom 1901 abgebrochenen Magdalenenaltar der gleichnamigen Kapelle können aufgrund einer Einsiedler Quelle mit Christoph Daniel Schenck in Verbindung gebracht werden. Im Memoriale des Einsiedler Conventualen Joseph Dietrich heißt es in einem Eintrag vom 6. Oktober 1684: *Herr Schenck von Constantz/ forderet für alle bilder auf dem Chor-/althar zumachen (in allem 10 Stük)/ 220.Kr. hab ihm paar geben 4. Kr./ soll alles in Constantz machen. Ist aber nichts accor-/diert. Und die 4 Kr. à Kron conto geben worden*[1]. Allerdings ist auch zu berücksichtigen, daß im Memoriale betont wird, daß noch nichts »accordiert« sei. Es handelt sich

also weder um eine Abrechnung noch um eine Verdingung, sondern lediglich um eine noch unverbindliche Vereinbarung.

Zum Programm des Altars sowie zur Rekonstruktion des ursprünglichen Zustands siehe den Beitrag von Anja Buschow-Oechslin, die im Unterschied zur bisherigen Ansicht lediglich die Figuren der beiden weiblichen Heiligen, der beiden Könige sowie der Maria Magdalena der Ausstattung der Beichtkapelle zuordnet, während sie die Putti auf den Choraltar der Klosterkirche bezieht und den ehemaligen Aufstellungsort der Figur des Guten Hirten offenläßt).

1 Die Übermittlung des Eintrages ist dem freundlichen Entgegenkommen von Pater Joachim Salzgeber und Pater Gabriel Kleeb, Einsiedeln zu verdanken.

Literatur:
Doyen 1701, S. 95; Birchler 1927, S. 108 u. 207; Boeck 1953, S. 67 u. 72 (mit Abb. 4–5); Lohse (Foerster) 1955, S. 157–160; Lohse 1960, S. 23 u. S. 77–78, Nr. 11a–12 (mit Abb. 6 u. 24); Konstanz 1960, Nr. 23; Bregenz 1964, S. 39–40, Nr. 127–129 (mit Abb.); Lohse 1968, S. 122 u. 124; Euw 1969, S. 192–196, Nr. 9–16. (mit Abb.); Noack-Heuck 1970, S. 31; Kleeb 1991, S. 39–40, Nr. 43–45; Euw 1991, S. 430; Lohse 1994, S. 463.

33   (s. auch Farbtafel 10)

33
Thronende Maria mit Kind

Christoph Daniel Schenck
1685

Einsiedeln, Kunstsammlungen des Klosters, Inv.Nr. DO 24

Am unteren Rand bezeichnet *C. D. S. 16.85.*

Elfenbein
H. 8,5 cm, B. oben 5,5 cm, unten 5,8 cm, T. 0,9 cm

Mit dazwischengelegtem Papier auf Trägerplatte aus Laubholz aufgeleimt. Die Haarlocken Christi und der beiden Engel sind teilweise gebohrt. Die rechte Kante im oberen Drittel ist geringfügig abgearbeitet bzw. abgeschrägt. Rückseitig unten eine alte Beschriftung in Tusche *1685.*

Auf einem runden steinernen Podest mit vorkragendem, profiliertem Rand thront Maria, den Jesusknaben auf dem Schoß haltend. In seinen weit zurückgebogenen Armen hält Christus das Kreuz als Zeichen seines vorausgeahnten Todes. Zu Seiten des Thrones knien Putti, die im Angesicht der zukünftigen Passion Christi die Hände ringen. Das Ergreifende der Situation unterstreicht auch der bewegte Mantel Mariae, der bis an beide seitliche Kanten des Reliefs aufliegt.

Das von Boeck (1953) bekannt gemachte Relief, dessen »raumhaltigen Stil« er hervorhob, wurde von Lohse (1955) mit der gleichzeitigen Kölner Dornenkrönung (Kat.Nr. 34) und der ein Jahr früher entstandenen Zoffinger Pietà (Kat.Nr. 31) verglichen. Laut Lohse werden diese Arbeiten durch die »äußerst zusammengeballte und durch vielfache Überschneidungen verspannte Komposition« sowie durch »den raumhaltigen und vielansichtigen Stil dieser allerletzten Schaffensjahre« verbunden.

Darstellungen des Jesusknaben, der von seinen Leidenswerkzeugen umgeben ist, begegnen zwar spätestens seit dem 15. Jahrhundert, doch entstand der Gedanke, daß das Kreuz den Christusknaben bereits seit seiner frühesten Kindheit durch das Leben begleitet habe, erst in der Zeit der Gegenreformation. Diese Idee wurde insbesonders durch die 1648 in Antwerpen, einem Zentrum gegenreformatorischer Publikationstätigkeit, veröffentlichte Schrift »Perpetua Crux«, das »immerwährende Kreuz«, des Jesuiten Judacus Andries verbreitet. Eine von Christoph Jeghers stammende Holzschnittillustration aus diesem Werk zeigt Maria und Joseph an der Krippe des Jesuskindes[1]. Während Maria angstvoll zum Himmel blickt, wo zwei Engel ein großes Kreuz halten, reckt der Jesusknabe sehnsüchtig die Arme nach oben, um sein späteres Leidensinstrument zu empfangen. Eine solche freudige Entgegennahme des Kreuzes durch das Jesuskind scheint auch beim Einsiedler Relief vorzuliegen.

1 Abb. bei Knipping 1974, S. 112, Pl. III.

Literatur:
Boeck 1953, S. 74 (mit Abb. 9); Lohse (Foerster) 1955, S. 162–163; Lohse 1960, S. 26–27 u. 77, Nr. 9 (mit Abb. 34); Konstanz 1960, Nr. 31; Lohse 1968, S. 124; Bregenz 1964, S. 41, Nr. 136; Euw 1969, S. 200, Nr. 24 (mit Abb.); Kleeb 1991, S. 42, Nr. 49.

34
Dornenkrönung Christi

Christoph Daniel Schenck
1685

Köln, Schnütgenmuseum, Inv.Nr. A 743

Auf der Standplatte bezeichnet *C.D.S. 1685*

Buchsbaum
H. 14,2 cm

Die rechte Schulter Christi ist alt, wohl original, angestückt bzw. ausgeflickt. Am rechten Fuß Christi sind Zehen und Mittelfuß ergänzt. Der linke Daumen Christi und das letzte Glied am linken großen Zeh fehlen. Beim Schergen ist der rechte Arm ab Mitte Oberarm angestückt, ebenso an der rechten Hand der Daumen. Der kleine Finger fehlt, ebenso die vorderen Glieder der übrigen Finger der rechten Hand sowie Ferse und Knöchel des rechten Fußes. Vermutlich fehlt beim Schergen außerdem ein Stock bzw. eine Rute als Attribut. Der linke Arm des Schergen ist direkt nach dem Handschuh gekittet, wohl aufgrund eines Bruchs. Am Rand der Mütze des Schergen kleinere Bestoßungen; im pelzbesetzten, umgeschlagenen Rand der Mütze hinten ein Loch, ehemals wohl für eine eingesteckte Feder. Dornen der Dornenkrone aus Metallstiften, von denen einige fehlen. Rückseitig ein breiter Riß am unteren Ende.

Erworben am 24.4.1929 aus dem Kölner Kunsthandel (Malmedé und Geissendörfer).

Christus, der lediglich mit einem Lendentuch und einem um die Schultern gelegten Mantel bekleidet ist, sitzt auf einem Stein, der aus einem Erdhügel herauszuragen scheint. Hinter ihm kniet ein Scherge, der sich mit seinem Unterleib und seinem linken Knie auf Christus abgestützt hat, um diesem mit seiner eisenbewehrten Linken die Dornenkrone kraftvoll auf das Haupt drücken zu können. In der emporgehaltenen Rechten schwang der Scherge ehemals wohl ein Rutenbündel, mit dem er zum Schlag gegen Christus ausholte. Unter der brutalen Gewalt des Schergen sind der Kopf und der Oberkörper Christi nach vorne gesunken. Der linke Arm ist über den rechten Oberschenkel gerutscht. Mit der anderen Hand umgreift Christus haltsuchend den Ellbogen. Triumphierend hat der Scherge den Kopf zurückgeworfen, die Augen weit aufgerissen und die Zunge herausgestreckt.

Von Feuchtmayr (1936) bereits als Werk von Christoph Daniel Schenck identifiziert, wurde die Gruppe von Witte (1936) und in den »Meisterwerken kirchlicher Kunst« (o. J.) noch als Arbeit eines Monogrammisten C. D. S. bezeichnet. Boeck (1953) würdigte den in der Kölner Dornenkrönung zu Tage tretenden »Sinn für komplizierte Gruppierung«, wobei der »karikierte Scherge (...) Schenck wiederum als einen heimlichen Spätgotiker« erweise. Für Lohse (1955) dagegen hat die »Deutlichkeit der Sprache, die der Künstler hier anwendet, ... etwas Volkstümliches an sich, eine Eigentümlichkeit, die wir als typisch für Schenck bezeichnen können«. Als Vergleichsstück nennt sie die Stuttgarter Sebastiansstatuette von 1675 (Kat.Nr. 1), die »in der Glätte und Straffheit der Hautbehandlung, in dem spitzen Ellenbogen, den runden Knien und den flachen Fußsohlen« Verwandtschaft zeige. Herzog (1956) leitet die Armhaltung Christi, der mit der rechten Hand nach dem linken Ellbogen greift, »aus dem alten Motiv der Überkreuzung der Unterarme oder Hände für die Fessel« ab. Lohse (1960) verglich dann auch mit der Zoffinger Pietà von 1684 (Kat.Nr. 31), mit der das Kölner Werk »den raumhaltigen und vielansichtigen Stil dieser Jahre« teile. Weiter sieht Lohse Verbindungen zur Londoner Verspottung Christi von 1685

34

(Kat.Nr. 35), denn »die Figuren sind sich im einzelnen so ähnlich, daß nur durch die Verschiedenheit des Materials jeweils eine etwas andere Wirkung erzielt wird«. Außerdem stellte Lohse fest, daß »die Karikatur des Schergen (...) Christoph Daniel wieder als einen heimlichen Spätgotiker« erweise. Theuerkauff (1984) verglich mit dem Christus an der Geißelsäule der Sammlung Winkler in Wiesbaden (Kat.Nr. 100). Laut Eberhardt (1996) beschränkt sich Schencks »Ausdruckswillen (...) auf die Darstellung eines abstrakten Begriffs, dem sich die anatomischen Strukturen gänzlich unterordnen«.

Literatur:
Feuchtmayr 1936 I, S. 26; Witte 1936, Abb. 69; Meisterwerke kirchlicher Kunst, S. 64 (mit Abb.); Boeck 1953, S. 74; Lohse (Foerster) 1955, S. 32–35; Herzog 1956, S. 92–93 (mit Abb.); Schnütgen-Museum 1958, S. 55, Nr. 144 (mit Abb.); Lohse 1960, S. 25 u. 81, Nr. 21 (mit Abb. 38); Schnütgen-Museum 1968, Nr. 183 (mit Abb.); Zimmermann 1981, S. 228–229, Nr. B 68; Theuerkauff 1984, S. 123; Götz–Mohr 1989, S. 13; Eberhardt 1996, S. 26 (mit Abb.).

ihre reich verzierte Kleidung und ihre groben Gesichtszüge charakterisieren sie als gottlos, lasterhaft und brutal.

Einem Hinweis Erich Herzogs folgend wurde das Stück von Lohse (1960) publiziert[1]. Sie sieht – besonders in den Figuren – enge Übereinstimmungen mit der aus dem gleichen Jahr datierenden Dornenkrönung in Köln (Kat.Nr. 34). Zimmermann (1981) sieht außerdem Parallelen in der großen Zahl an Überschneidungen, die das Londoner Relief mit der Kölner Dornenkrönung und der Karlsruher Geißelung Christi von 1688 (Kat.Nr. 41) verbänden.

Das 1685 zweimal und 1688 dann nochmals (Kat.-Nr. 34 u. 41) bei Schenck begegnende Motiv der Dornenkrönung bzw. Verspottung Christi durch orientalisch gekleidete Schergen spiegelt möglicherweise ein zeitgenössisches Geschehen wider, nämlich die Belagerung Wiens durch die Türken im Jahr 1683. Die aktuelle Bedrohung des Abendlandes durch die Orientalen könnte für die Auftraggeber Schencks ein

35

35
Verspottung Christi

Christoph Daniel Schenck
1685

London, Victoria and Albert-Museum, Inv.Nr. A 26-1933

Am unteren Rand auf dem Terrainstreifen bezeichnet
C. D. S. 1685.

Elfenbein
H. 9,2 cm, B. 5,5 cm

1933 als Schenkung aus Privatbesitz erworben

Vor einer gemauerten Wand mit einem Rundfenster sitzt Christus mit gefesselten Händen auf einem tonnenförmigen Stein oder Baumstumpf. In der Rechten hält er ein Schilfrohr, das »Szepter« des als König der Juden Verspotteten. Um die Schultern hat man dem ansonsten nackten oder nur mit einem Lendenschurz Bekleideten den Mantel gelegt und vor der Brust geknotet. Ein hinter Christus stehender Scherge drückt ihm mit seinen Eisenhandschuhen die Dornenkrone so kräftig auf das Haupt, daß der Oberkörper Christi und vor allem sein Kopf nach hinten gebogen werden. Das angehobene rechte Bein des Schergen und sein über Christus gebeugter Oberkörper unterstreichen den Krafteinsatz. Ein weiterer Scherge, der sich dahinter über eine Mauerbrüstung nach vorne beugt, zieht sich mit beiden Zeigefingern die Mundwinkel auseinander und streckt die Zunge heraus. Die Turbane der Schergen,

Anlaß gewesen sein, Darstellungen zu bevorzugen, welche die Bedrängung Christi, d.h. der christlichen Welt, durch Schergen in orientalischer Tracht zeigen. Vielleicht hatte auch Christoph Daniel Schenck aufgrund seines vermuteten mehrjährigen Aufenthalts in Wien selbst ein besonderes Interesse an Darstellungen, die Bezug nahmen auf die Türkengefahr.

1 Der Erwerbsbericht des Victoria and Albert-Museums von 1933, in dem das Stück laut Herzog erwähnt sein soll, war dem Verfasser nicht zugänglich.

Literatur:
Lohse 1960, S. 26 u. 88, Nr. 36 (mit Abb. 39); Konstanz 1960, Nr. 30; Bregenz 1964, S. 41, Nr. 137; Zimmermann 1981, S. 229–230; Theuerkauff 1984, S. 123; Götz-Mohr 1989, S. 13; Lohse 1994, S. 463.

36
a) Der reuige Petrus
b) Die Bekehrung des Paulus

Christoph Daniel Schenck
1685

Malibu, Getty-Museum

Jeweils am unteren Rand bezeichnet *C. D. S. 1685.*

Lindenholz
Jeweils H. 36,5 cm, B. 26,2 cm

Bis 1995 im Besitz der Markgrafen von Baden. 1854 erstmals im Inventarium der Großherzoglichen Kunsthalle Karlsruhe erwähnt.

36 a+b   **(s. auch Farbtafel 12+13)**

Die Markgrafen von Baden unterhielten besonders enge Beziehungen zum Kloster Einsiedeln. Sie zählten zu den größten Wohltätern des Klosters und genossen dort besondere Privilegien[1]. Insofern ist es denkbar, daß die Markgrafen von Baden die beiden Reliefs in Einsiedeln erwarben oder von dort geschenkt erhielten. In der fraglichen Zeit engagierte sich besonders die Markgräfin Maria Magdalena von Baden-Baden (geb. Oettingen-Katzenstein, 1619–1688) für das Kloster. 1678 ließ sie zusammen mit der Markgräfin Maria Franziska von Baden-Baden (geb. Fürstenberg-Heiligenberg, 1633–1702) im Kloster Lichtenthal eine Nachbildung der Einsiedler Gnadenkapelle erbauen[2]. 1671, 1678, 1684 und 1685, in dem Jahr, in dem Schenck die Reliefs signierte, pilgerte sie nach Einsiedeln[3]. Möglicherweise kamen die Stücke durch sie nach Baden-Baden.
Die Reliefs sind als Pendants gedacht und komponiert. Dargestellt sind der Sturz des Christenverfolgers Saulus (Apostelgeschichte 9, 1 ff., 22, 6 ff.) und der tiefe Fall des Apostelfürsten Petrus (Lukas 22, 31–34; 22, 54–63). Die dargestellten Ereignisse be-

deuten für beide Sünder einen Neuanfang. Geläutert, gelingt es sowohl Saulus als auch Petrus, ein heiliges Leben zu führen, an dessen Ende der Märtyrertod steht.

Soeben hat Petrus seinen Herrn zum dritten Mal verleugnet und der Hahn kräht; ganz so, wie es Christus vorhergesagt hatte (Matth. 26, 34). Mit einem Schlag erkennt Petrus seine Sünde. Er flieht den Ort der Schmach, schließt die Augen und betet. Neben dem Verzweifelten erscheinen simultan die Szenen des Geschehens wie die Bilder eines Alptraumes: links oben der Anfang des Dramas, die Gefangennahme Christi; gegenüber, rechts oben, der Schluß, der Schrei des Hahns. Rechts unten neben Petrus sieht man den Sünder im vom Feuer beleuchteten Palasthof des Hohenpriesters. Bedrängt von der umstehenden Soldateska, leugnet Petrus dreimal, Jesus zu gekannt zu haben. Seine drei gespreizten Finger machen unmißverständlich klar, welcher Moment dargestellt ist.

Die Inszenierung holt den Protagonisten, der tiefe Reue und die Bitte um Vergebung der Schuld zu verkörpern hat, ganz nah an den Betrachter heran[4]. Die Szenen, die zur Erläuterung beitragen, werden simultan im Hintergrund vorgestellt. Der effektvolle Bildaufbau entspricht der damaligen Aufführungspraxis von Passionsspielen, wie sie auch vor der Fassade des Einsiedler Klosters stattfanden[5].

Als ob ihn ein Blitz getroffen hätte, ist Saulus von seinem scheuenden Pferd gestürzt. Helm und Schild verloren, liegt der Kämpfer ohnmächtig auf dem Rücken. Vom Himmel aus fährt ihn Christus, der sein Kreuz wie eine Waffe hält, an: Saule, *Saule quid me percequeris* (Saul, was verfolgst Du mich?).

Für die Komposition hat Schenck eine offenbar weit verbreitete druckgraphische Vorlage verwendet[6]. Schenck hat sie jedoch im Sinne einer dramatischeren Wirkung abgewandelt, indem er auch hier die Hauptfigur unmittelbar am vorderen Bildrand plaziert.

Lohse (1968) folgend werden in der Literatur die außerordentliche Größe und eindringliche Wirkung der beiden Reliefs hervorgehoben, die zu den Hauptwerken des Bildhauers zu zählen sind. Die Reliefs sind schnitzerisch von höchster Qualität. Zudem sind sie inhaltlich bis ins Detail durchdacht und aufeinander abgestimmt: Die Köpfe der beiden Heiligen werden nicht von Nimben hinterfangen, sondern von einer runden Form, von einem Oculus beziehungsweise einem Helm. Beide Heilige machen den gleichen Handgestus, haben die Augen geschlossen und schauen Gott.

1 Ringholz 1896, S. 180, 184.
2 Ringholz 1896, S. 169.
3 Ringholz 1896, S. 96.
4 Die Komposition erinnert hinsichtlich der Figur des Petrus an eine Zeichnung Ludovico Carraccis, die Wittkower mit einem von Malvasia (I, S. 286) erwähnten, heute verschollenen Gemälde in Verbindung bringt, das sich im Besitz eines deut-

schen Grafen befand und Petrus am Ausgang des Palasthofes zeigte. Bodmer, S. 155, Nr. 202, Abb. 140. Wittkower 1952, S. 104, Nr. 36.
5 Zur Szene der Verleugnung Petri im Passionsspiel s. Hahn 1977, S. 100ff. Zu den lebenden Bildern in Einsiedeln s. Ringholz 1896, S. 54.
6 Die gleiche Vorlage verwendet auch Thomas Schwanthaler. S. Salzburg 1982, S. 398, Kat.Nr. 563 mit Abb. Zur Körperhaltung des Paulus siehe Ludovico Carraccis Bild in der Pinacoteca Nazionale in Bologna. Bologna 1993, S. 42, Nr. 19 mit Abb.

Literatur:
Karlsruhe 1854, Nr. 135.30; Koelitz 1883, Nr. 2910; Richter 1919ff., Nr. 184; Bregenz 1967, S. 72, Nr. 117, Abb. 103 (Paulus); Lohse 1968, S. 123f. (mit Abb. 11f.); Noack-Heuck 1970, S. 29; Mesenzeva/Lohse 1982, S. 210; Auktionskatalog Sotheby's (Baden-Baden), Bd. II, Kunstkammer, 5.10.1995, Nr. 439 (mit Abb.).

F.F.

37
Cruzifixus

Christoph Daniel Schenck
1685/87

Mariaberg bei Gammertingen, ehem. Benediktinerinnenkloster

Lindenholz
Kreuz H. 202 cm, Christus H. 106 cm

Originale Fassung mit zahlreichen Abplatzungen (Außenseite des Lendentuchs und Strahlen vergoldet; Innenseite des Lendentuchs blau). Klaffender Vertikalriß durch die linke Hälfte des Oberkörpers und das Lendentuch. Kleinere Ausbrüche im Lendentuch. Die drei Strahlenbündel in den Haaren bestanden ursprünglich aus jeweils fünf Strahlen. Die Dornenkrone vermutlich später hinzugefügt. Kreuz und Wolkenbrett aus dem 19. Jh.

Christus ist mit vier Nägeln an das Kreuz geschlagen. Die Arme sind durchgestreckt; der Körper steht fast gerade, eine leichte Durchbiegung nach links ist kaum wahrnehmbar. Den Kopf hat Christus leicht zur Seite geneigt. Die halb geöffneten Augen zeigen an, daß er noch lebt. Die zusammengezogenen Augenbrauen und der geöffnete Mund unterstreichen das tiefe Leiden Christi.

Laut Zoege von Manteuffel (1985) »zeigt das Werk den fünfzigjährigen Meister auf dem Gipfel seines reifen Könnens. Die für Schenck typischen Parallelfalten und -haarsträhnen sind differenziert. Die sehr naturalistische Körperbildung ist in eine zarte Körperschwingung eingebunden, die der Darstellung mehr innere als äußere Lebendigkeit gibt«.

Burkarth (1972) ist der Fund einer Handschrift zu verdanken, die von einer Nonne des Klosters verfaßt wurde und eine Chronik des Neubaus sowie eine Beschreibung des Klosters umfaßt[1]. Demnach wurden unter der Priorin M. Anna Fischer seit 1682 die

37
(s. auch Farbtafel 11)

alten Klostergebäude abgerissen und am 23. September diesen Jahres der Grundstein zu einem Neubau gelegt. Bis 1685 waren die Bauarbeiten an der Kirche abgeschlossen, 1687 wurde die Endabrechnung aufgestellt, wobei vermerkt wird, daß sich zahlreiche Wohltäter mit Spenden an den Kosten beteiligt hätten. Laut der Handschrift tat sich dabei besonders der Konstanzer Canonicus Dr. Franz Leopold Gessler hervor, der neben den Schreinerarbeiten und Gemälden für die Altäre der Kirche auch *das grose cruzifix sambt den beystehenden 2 bilderen Maria undt Joannis* (Kat.Nr. 38) gestiftet habe. Die Chronistin hebt dabei hervor, daß es sich um Arbeiten des

berühmten Schenck aus Konstanz handle. Die betreffenden Werke können daher als gesicherte Arbeiten Schencks gelten. Ihre Entstehung muß für die Jahre zwischen 1685, dem Abschluß der Bauarbeiten an der Kirche, und 1687, dem Jahr der Endabrechnung, angenommen werden.

1 Württembergische Landesbibliothek Stuttgart, Handschriftenabteilung, Cod. hist. 4° 387.

Literatur:
Burkarth 1972, S. 33 u. 38; Burkarth 1983, S. 135; Christus im Leiden 1985, S. 128–131, Kat.Nr. 25 (mit Abb)(bearb. von Claus Zoege von Manteuffel); Kolb 1989, S. 320.

38
Maria und Johannes
Christoph Daniel Schenck
1685/87

Berlin, Staatliche Museen zu Berlin – Preußischer Kulturbesitz, Skulpturensammlung, Inv.Nr. 16/62a (Maria) und 16/62b (Johannes)

Linden(?)holz
Maria: H. 150 cm, Johannes: H. 153,5 cm

Alte (originale?) Lüsterfassungen auf Gold und Silber. In der Fassung viele Fehlstellen, eine größere an der rechten Schulter des Johannes. Es fehlen bei Maria die letzten Fingerglieder der linken Hand, das letzte Glied des kleinen Fingers der rechten Hand und ein Stück des Tuches. Zahlreiche Bestoßungen an den Faltengraten. Bei Johannes sind die letzten Fingerglieder der linken Hand ergänzt.

1962 aus dem bayerischen Kunsthandel erworben.

Aus der Kirche des ehemaligen Benediktinerinnenklosters Mariaberg bei Gammertingen. Wahrscheinlich wurden die Figuren in den Jahren zwischen 1837 und 1846, als das Kloster leerstand, aus der Kirche entfernt.

Maria steht zur Rechten des Gekreuzigten, zu dem sie mit zurückgelegtem Kopf und emporgerichteten Augen aufblickt. Die leicht angewinkelte Linke hält sie ihrem Sohn in einer Geste ratloser Trauer entgegen. Die Rechte mit dem Tränentuch hat sie nach rechts unten ausgestreckt, so daß der gerade gehaltene Arm, ihr über ihre rechte Schulter ausgespanntes Kopftuch und ihr leicht zur Linken geneigter Kopf eine durchgehende, auf den Gekreuzigten weisende Linie bilden.
Auch der zur Linken des Gekreuzigten stehende Johannes blickt mit trauervoller Miene zu diesem auf. Die Rechte hat er voller Schmerz auf die Brust gelegt. Die Linke ist, im Ellbogen leicht abgewinkelt, vom Körper weggestreckt. Gegengleich zu Maria hat Johannes sein linkes Bein vorgesetzt, so daß sich die Gruppe weitgehend symmetrisch um das zentrale Motiv des Gekreuzigten fügt.
Metz (1966) schrieb die beiden Figuren Christoph Daniel Schenck zu und verglich sie mit den Skulpturen des Magdalenenaltars in Einsiedeln (Kat.Nr. 32) sowie des Thomasaltars im Konstanzer Münster (Kat.Nr. 16). Lohse (1968) erschien die Figur der Maria wie »eine übersteigerte Replik der überlebensgroßen Schmerzensmutter des Überlinger Münsters«. Als Voraussetzung für die Berliner Gruppe erkannte sie den »manieriert eleganten Stil der beiden weiblichen Heiligen aus der Magdalenen-Kapelle in Einsiedeln« (Kat.Nr. 32). Die für die Datierung und Lokalisierung maßgebliche Quelle publizierte Burkarth (1972). Sie läßt den Schluß zu, daß die Marien- und die Johannesfigur sowie der zugehörige Kruzifix zwischen 1685 und 1687 von Christoph Daniel

38

Schenck gefertigt wurden (vgl. Kat.Nr. 37). Burkarth ging allerdings noch davon aus, daß die beiden Statuen im Gegensatz zu dem noch in Mariaberg vorhandenen Kruzifix verloren seien. Erst Saskia Esser identifizierte die Berliner Stücke mit den in den Quellen genannten Marien- und Johannesfiguren und stellte diese Erkenntnis Zoege von Manteuffel (1985) zur Verfügung.

Literatur:
Metz 1966, S. 130, Nr. 779/780; Lohse 1968, S. 121–122 (mit Abb. 5–6).– Noack-Heuck 1970, S. 31; Burkarth 1972, S. 33 u. 38; Mesenzeva/Lohse 1982, S. 210; Christus im Leiden 1985, S. 128 (mit Abb.)(bearb. von Claus Zoege von Manteuffel).

38

Mit zur Seite gefallenem Kopf und himmelwärts gerichtetem Blick ist der Hl. Sebastian an einen Baum gebunden. Seine hinter dem Rücken gehaltenen Hände sind in einer Höhe an den Baum gefesselt, die Sebastian leicht in die Knie zwingt. Angesichts der Pfeile, die in seinem Körper stecken, scheint er nur noch um Erlösung von seinen Qualen zu bitten. Von ihm offenbar unbemerkt ist denn auch schon ein geflügelter Putto an seine rechte Seite getreten, der die baldige Erfüllung seiner Wünsche anzeigt.

Die Figur wurde erst vor kurzem von Lohse (1994) publiziert und dabei als »ausgesprochenes Kabinettstück« bezeichnet.

Im Vergleich zu der älteren Stuttgarter Sebastiansstatuette von 1675 (Kat.Nr. 1) ist das Friedrichshafener Stück jedoch etwas weniger fein ausgearbeitet und in manchen Teilen auch summarischer behandelt. Darin kann man sicherlich einen Qualitätsabfall gegenüber der älteren Darstellung sehen, doch ist dabei auch zu berücksichtigen, daß das Friedrichshafener Stück generell einen ganz anderen Charakter hat als das Stuttgarter. Das Martyrium des

39

39
Hl. Sebastian

Christoph Daniel Schenck
1686

Friedrichshafen, Zeppelin-Museum, Inv.Nr. ZN 1970/11/5
(alte Inv.Nr. C/27)

Am vorderen Rand des Rasensockels bezeichnet *C. D. S. 16.86*

Elfenbein
H. 11, 5 cm (ohne Sockel), 23,5 cm (mit Sockel)

In der Plinthe mittig ein Bohrloch für einen Zapfen. Am Hinterkopf des Sebastian ein weiteres Bohrloch (ehem. für einen Nimbus). Der Baum modern ergänzt. Sockel ebenfalls später (Nußbaum, schwarz gebeizt, wohl Mitte 18. Jh.). Bei Sebastian fehlen die Nase, der große Zeh am rechten Fuß und mehrere Pfeile, außerdem eine ehemals wohl vorhandene Schnur, mit der er am Baum festgebunden war. Alte Reparaturstellen am linken Mittelfuß und oberhalb des rechten Knöchels. Das Ende des Lendentuchs war abgebrochen und wurde wieder angesetzt. Beim Putto fehlt der rechte, ehemals angestückte Flügel und ein Gegenstand (wohl ein Pfeil) in der rechten Hand. Der rechte Fuß des Putto war am Knöchel abgebrochen und wurde wieder angesetzt, ebenso der linke Fuß an den Zehen. Die gesamte Oberfläche wurde wohl durch eine Bleichung beschädigt.

Heiligen ist nun auch in den Motiven und der Komposition viel verhaltener dargestellt. Während der Körper des Heiligen bei dem älteren Stück nicht nur durch den Beschuß mit den Pfeilen, sondern alleine schon durch die Art der Fesselung an den Baum zu einer qualvollen Überdehnung und Durchbiegung gezwungen wird, hat Schenck bei dem Friedrichshafener Sebastian darauf verzichtet. Lediglich die Pfeile als eigentliche Werkzeuge des Martyriums sind die Ursache für das Leiden des Heiligen. In der späteren Fassung konzentriert sich Schenck also stärker auf den Kern des Geschehens. Nicht zuletzt machte er es dadurch wohl auch dem zeitgenössischen Betrachter leichter, sich auf die Andacht als dem eigentlichen Zweck des Stückes zu konzentrieren und sich nicht in einem Studium des fast grotesk gewundenen Körpers Sebastians zu verlieren. Möglicherweise ist damit auch die etwas gröbere Ausführung

der Figur zu erklären, die so natürlich auch weniger mit anatomischen Details ablenkt. Ähnliche Intentionen könnten schließlich auch zur Hinzufügung des Putto geführt haben: vielleicht sah man nun in der Darstellung eines eher stillen Leidens des Heiligen und der durch den Putto angedeuteten baldigen Erlösung bessere Mittel zu einer echten Versenkung des Betrachters in die fromme Andacht als sie die spektakuläre Konzeption und die schnitzerische Virtuosität des älteren Sebastiansfigürchens waren. In der Zurücknahme drastischer Elemente und im Verzicht auf eine übertriebene Herausstellung anatomischer Details erweist sich der Friedrichshafener Sebastian somit als charakteristischer Vertreter des Spätwerks.

Literatur:
Lohse 1994, S. 463.

40

40
Anhängekreuz

Christoph Daniel Schenck
1687

Schloß Kronburg bei Memmingen, Sammlung Franz Freiherr von Vequel-Westernach

Auf der Vorderseite unten signiert *C. D. S.*, auf der Rückseite datiert *1687*

Buchsbaum
H. 16,9 cm, B. 9 cm, Schaftbreite 2,8 cm

Beidseitig beschnitzt; mit silberbeschlagenem Rand. Auf dem umlaufenden Beschlag eingraviert: *Maria Carolina Äbtissin Gebohrne Freyin von Westernach.*

Die eine Seite des Anhängekreuzes zeigt im Zentrum den Gekreuzigten im Viernageltypus. Mit steil emporgerichteten Armen ist er an ein imaginäres Kreuz geschlagen, an dessen Querbalken ein langes Band mit dem Titulus I.N.R.I. geheftet ist. Über dem Schriftband taucht hinter einer Wolke der Hl. Joseph auf, der mit dem rechten Arm das Christuskind umfaßt, während er in seiner Linken den Lilienzweig als Symbol für Christus und dessen Auferstehung hält. Zur Linken des Gekreuzigten erscheint im Querbalken die Halbfigur des Hl. Johannes, mit einer Feder im Evangelienbuch schreibend und begleitet von seinem Symbol, dem Adler. Auf dem gegenüberliegenden Ende des Querbalkens ist Johannes der Täufer dargestellt. In ein Fellgewand gehüllt und begleitet vom Lamm Gottes, hält er in seiner Linken den Kreuzstab, um den sich ein Schriftband mit den Buchstaben ECCE AG[nus dei]. d.h. »Du bist das Lamm Gottes«, windet. Zu Füßen des Gekreuzigten ist unter einer Andeutung des Golgathahügels die Mater dolorosa in Halbfigur und mit dem Dolch in der Brust als Zeichen ihres Schmerzes dargestellt. Die Hauptfigur der anderen Seite des Anhängekreuzes ist der Erzengel Michael, der mit einer langen, beidhändig geführten Lanze den Hals Satans durchsticht. Gekleidet in eine Rüstung, auf dem Kopf einen federgeschmückten Helm, hat der Erzengel den Kampf scheinbar ohne Anstrengung siegreich für sich entschieden: der Teufel ist im Begriff, rücklings in die Tiefe zu stürzen. Von ihm getrennt durch einen vielleicht das Himmelsgewölbe andeutenden Bogen ist am unteren Ende des Kreuzesstammes eine Halbfigur der Hl. Anna Selbdritt sichtbar. Während Maria auf ihrem Schoß sitzt, wird das stehende Christuskind von beiden gehalten. Über dem Erzengel Michael erscheint auf einer Wolke ein Schutzengel mit einem Kind. Im linken Ende des Querbalkens ist der Hl. Franziskus in Halbfigur dargestellt. Mit der Linken hält er ein Kreuz, an das er seinen

Kopf schmiegt, während er in die Betrachtung des Totenkopfes zu seiner Rechten versunken ist. Das andere Ende des Querbalkens zeigt den Hl. Antonius von Padua, der auf seinem Schoß das Christuskind hat und in der Linken den Lilienzweig als Zeichen seines reinen Lebens hält.

Boeck (1953) bemerkte, daß hier »auf kleinstem Raume (...) die beliebtesten Bilder der Verehrung gehäuft« seien. Lohse (1955) sah sich angesichts der Figur des Erzengels Michael an diejenige des verschollenen Ulmer Christophorus (Kat.Nr. 10) erinnert, während der »volkstümlich bildhaft« wiedergegebene, schreibende Johannes Ähnlichkeit mit dem Seedorfer Relief (Kat.Nr. 29) besitze. Stilistisch rechnet Lohse das Kreuz zu den spätesten Werken Schencks, da »der äußerst stilisierte Akt des Christuskörpers (...) ebenso wenig wie die räumlich abstrahierte Faltengebung bei Michael und der Schmerzensmutter noch wesentlich gesteigert werden« könne. Kobler (1986) stellte fest, daß Schenck bei »Arbeiten aus der Zeit vor und nach 1689 zwar für die Durcharbeitung der Oberfläche immer wieder Punzen und Stelzelungen eingesetzt« habe, doch bei dem Kronburger Kreuz »beispielsweise tritt die durch Nadelpunzenstiche gebrochene Fläche des Hintergrunds zurück und läßt die figuralen Teile isoliert wie vollrund gearbeitet erscheinen«.

Die in der Gravur des Silberbeschlags genannte Maria Carolina von Westernach muß nicht unbedingt die erste Besitzerin des Anhängekreuzes sein. Aus dem schwäbischem Freiherrengeschlecht Westernach stammend, war sie von 1691 bis zu ihrem Tod im Jahr 1726 Äbtissin des weltlichen, adeligen Damenstifts Edelstetten. Entweder hat sie das 1687 datierte Kreuz bereits vier Jahre vor ihrer Wahl zur Äbtissin anfertigen lassen, oder sie hat es von ihrer Vorgängerin, der aus der selben Familie stammenden Katharina Franziska von Westernach (Äbtissin 1681–1691) geerbt. In jedem Falle aber muß die Inschrift bzw. der Silberbeschlag erst nach 1691 entstanden sein, da die Besitzerin dort bereits als *Äbtissin* bezeichnet wird.

Literatur:
Boeck 1953, S. 67–68; Lohse (Foerster) 1955, S. 164–165; Lohse 1960, S. 27 u. 87, Nr. 34 (mit Abb. 36–37); Konstanz 1960, Nr. 34; Lohse 1982, S. 78; Mesenzewa/Lohse 1982, S. 214; Kobler 1986, S. 330; Lohse 1994, S. 463.

41

41
Geißelung Christi

Christoph Daniel Schenck
1688

Karlsruhe, Badisches Landesmuseum, Inv.Nr.64/111

Auf der Bodenplatte links unten die geschwärzte Signatur
C. D. S. 1688

Elfenbein
H. 12,3 cm, B. 8 cm

1964 erworben

Im Zentrum des Geschehens steht Christus, der mit beiden Händen an die Geißelsäule links hinter ihm gefesselt ist. Von beiden Seiten schlagen zwei Schergen auf ihn ein. Der linke holt mit einem Rutenbündel in seiner linken Hand weit zum Schlag aus, während er in der Rechten eine Geißel mit eisernen Sternen führt. Mit einer ebensolchen mehrschwänzigen Geißel holt auch der rechte Scherge weit aus, um sie Christus vor die Brust zu schlagen. Mit der Linken hält er währenddessen die Enden des Strickes, mit denen Christus an einen Ring an der Säule gebunden ist. Die Schnurrbärte, die Kopfbedeckungen, die geschlitzten Pluderhosen des einen Schergen und der Krummdolch des anderen kennzeichnen die Peiniger Christi als Orientalen. Hinter diesen drei fast vollplastisch geschnitzten Hauptfiguren erscheinen in flacherem Relief mehrere Zuschauer und ein Hund. Im Hintergrund ist eine Mauer zu sehen, aus der mittig ein rundbogiges Tor mit eisernem Fallgitter ausgespart ist. Am Bogenansatz hängt eine stark qualmende Fackel. Eine weitere Fackel trägt einer der Zuschauer auf einer Stange. In einem Fenster rechts vom Torbogen erscheint der bärtige Pilatus mit einem Turban und einem Szepter. Laut Zimmermann (1966) reiht sich das Relief stilistisch »zwanglos in die bisher bekannten Werke der achtziger Jahre ein«. Thematisch stünden ihr zwei 1685 datierte Arbeiten nahe: die Kölner Dornenkrönung (Kat.Nr. 34) und die Londoner Verspottung Christi (Kat.Nr. 35), denn auch dort seien die »Henkersknechte durch grotesken Aufputz und wild ausfahrende Bewegungen charakterisiert, die Komposition reich an Überschneidungen«. Die Karlsruher Geißelung wirke jedoch »klarer durch den schichtenförmigen Aufbau« und die »höher hinaufgezogene Hintergrundsmauer«. Den »eigenartig hageren Christustyp« vergleicht Zimmermann mit demjenigen am Konstanzer Thomas-Altar (Kat.Nr. 16), das verzerrte Gesicht der Frau hinter Pilatus mit demjenigen des Hl. Benno auf dem Einsiedler Relief (Kat.Nr. 9). Von Euw (1969) rechnete das Relief zu den »teils manieristischen Kompositionen«

Schencks. Zimmermann (1981) verglich es dagegen mit spätgotischen Hochreliefs, denn es sei ähnlich »dicht mit Figuren gefüllt, die sich auf mehrere Bildebenen verteilen. Ähnlich wie in der Spätgotik wird auch der Gegensatz zwischen der ergreifenden edlen Gestalt Christi und den von grotesker Wildheit getriebenen Schergen mit allen künstlerischen Mitteln hervorgehoben«. Die »bildhafte Abrundung der Kompositionen von Peinigern und Gepeinigtem« sei jedoch ganz unmittelalterlich. Theuerkauff (1984) verglich die Christusfigur mit dem Wiesbadener Christus an der Geißelsäule (Kat.Nr. 100), dessen schnitztechnische Behandlung ihm »z. T. nahe verwandt scheint«, wobei die Karlsruher Figur jedoch »bei stärkerer Typisierung im ganzen zartgliedriger und feiner, tänzerisch lockerer in der Bewegung, im Detail (Haar, Falten) ornamental flüssiger« wirke.

Literatur:
Badisches Landesmuseum 1966, Nr.140 (mit Abb.)(bearb. von Eva Zimmermann); Badisches Landesmuseum 1968, Nr. G 198 (mit Abb.); Lohse 1968, S. 124–127 (mit Abb. 14); Euw 1969, S. 192; Badisches Landesmuseum Karlsruhe 1976, Nr. 260 (mit Abb.); Zimmermann 1981, S. 229–230, Nr. B 69; Mesenzewa/Lohse 1982, S. 210; Theuerkauff 1984, S. 123; Götz-Mohr 1989, S. 13; Lohse 1994, S. 463.

42
Der Gute Hirte

Christoph Daniel Schenck
1689

Frankfurt a. M., Liebieghaus, Inv.Nr.1534

Auf einer Steinplatte am unteren Rand bezeichnet
C. D. S. 1689.

Buchsbaum
H. 17,3 cm, B. 6,9 cm

Gewachst. Das rechte Ohr des Lamms fehlt. Am Lendentuch Christi leichte Bestoßungen. An den Beinen dunkle Verfärbungen, entweder Wuchsfehler oder Flecken von Tusche o.ä. Im Hintergrund oben mittig ein kreisrundes ausgekittetes Astloch, rechts daneben ein teilweise ausgespanter Vertikalriß. Rückseitig oben eine alte, evtl. originale Abarbeitung. Die gesamte Rückseite »abscharriert«. Das Relief war ehemals mit einer dunklen Lasur versehen, diese wurde später entfernt und durch eine helle Lasur ersetzt, wobei jedoch Teile der älteren Lasur stehenblieben. Rahmen neu.

Aus der im Zweiten Weltkrieg aufgelösten Sammlung Gustav Schütz, Wien. 1971 im Münchner Kunsthandel (Mehringer) erworben.

Der als Schmerzensmann dargestellte Christus hält mit beiden Händen das wiedergefundene Schaf, das er auf seine Schultern genommen hat. Mit unter der Last eingeknickten Beinen scheint er mitten im Voranschreiten innezuhalten. Sein erstaunt wirkender

42

Monogramms in »Carlone Diego skulspit«. Erst Philippovich (1982) gelang die richtige Identifizierung. Laut Götz-Mohr (1989) zeigt das Relief »zwar in der Figur Christi die manierierten, gelängten Körperproportionen, kaum jedoch die Tendenz zu immer stärkerer Abstrahierung und linearer Verschärfung der Gewandung«, die Lohse als Charkteristikum der Werke Schencks nach 1680 herausgearbeitet habe.

Seit dem späteren 15. Jahrhundert begegnet die Gestalt des »Guten Hirten« mitunter mit Wundmalen; aus dem Thema des Pastor bonus wurde so ein »eigenes Erbauungsbild zu den Wundmalen des Herrn, durch die er die verlorene Menschheit rettete«[1]. Mit Beginn der Gegenreformation spielte der Themenkreis der Caritas Christi dann eine immer größere Rolle. Im 17. Jahrhundert wurden nach dem Vorbild der 1615 in Rom konstituierten Kongregation der Schwestern des Conservatorio del buon Pastore auch eine ganze Reihe von Büßerinnen-Kommunitäten gegründet, deren Anliegen die Rückführung der ›verlorenen Schäflein‹ in den Schoß der Kirche war.

43

Gesichtsausdruck und das flatternde Lendentuch deuten an, daß ein Gedanke oder ein Ereignis Christus in Bann gezogen haben. Unterstützt wird dieser Eindruck von den aus den Wolken herabblickenden, geflügelten Puttenköpfen. Auch die vom Wind gebogenen Zweige oder Ähren im Vordergrund zeugen von der Dramatik des Augenblicks.

Das Relief wurde bereits von Kieslinger (1937) publiziert, jedoch als »österreichische Arbeit« bezeichnet, die vielleicht verwandt sei mit dem verschollenen Relief aus der Nürnberger Sammlung Heinlein (Kat.Nr. 48). Kieslinger erwog eine Auflösung des

Gleichzeitig erfuhr das Thema auch eine Aufwertung im Zusammenhang mit der eucharistischen Bewegung und der Herz-Jesu-Frömmigkeit, etwa in Darstellungen des »Guten Hirten«, aus dessen Herz das Blut in den Meßkelch strömt. Mit der Verbindung von Themen wie Buße und Erlösungstod Christi gliedert sich der als Schmerzensmann dargestellte »Gute Hirte« des Frankfurter Reliefs somit in den Themenkreis der kleinformatigen Werke Schencks ein.

1 Zur Ikonographie s. Legner 1959, hier bes. S. 31.

Literatur:
Kieslinger 1937, S. 26, Nr. LXXIX (mit Abb. 71); Euw 1969, S. 192; Beck 1971, S. 253–255 (mit Abb.); Mehringer 1980, S. 58–59; Mesenzewa/Lohse 1982, S. 217; Philippovich 1982, S. 174; Götz-Mohr 1989, S. 13–15.

43
Der reuige Petrus

Christoph Daniel Schenck
1689

Garmisch-Partenkirchen, Privatbesitz

Links unten bezeichnet *C. D. S. 16.89*

Buchsbaum
H. 13 cm, B. 9 cm

Am rechten Rand mittig ein Durchbruch. Rückseitig ein vollflächig aufgeleimtes Kleisterpapier, das an mehreren Stellen berieben ist bzw. sich ablöst. Oben in der Mitte in Tusche die Inschrift *C D [S] 1689*, darunter die nur teilweise lesbare Zahl *445*[?], evtl. eine alte Inventarnummer.

Mit zum Gebet gefalteten Händen, zur Seite geneigtem Kopf und vom Schmerz gezeichnetem Gesichtsausdruck bereut der Hl. Petrus seine Verleugnung der Jüngerschaft Christi vor den Mägden des Hohepriesters. Vor dem Heiligen liegt auf der Brüstung ein aufgeschlagenes Buch mit den Worten *FLE / VIT / AMA / RE* (Mt. 26,75; Lc 22,62) sowie eine mehrschwänzige Geißel und eine brennende Öllampe. Hinter ihm ist rechts der Hahn zu erkennen, der Petrus an die Worte Christi erinnerte, mit denen dieser ihm seine Verleugnung vorausgesagt hatte: »ehe der Hahn kräht, wirst du mich dreimal verleugnen« (Mt. 26,34). In der anderen oberen Ecke schwebt ein Putto herab, der in seinen Händen je einen Schlüssel – die von Christus verhießenen »Schlüssel des Himmelreiches« – hält.
Seit dem 17. Jahrhundert ist die Reue Petri eine der häufigsten Sünderdarstellungen[1]. Zurückzuführen ist dies wohl auf den in der Zeit der Gegenreformation entfachten Streit um die sakramentale Beicht-

pflicht, die auf dem Konzil von Trient vehement gegen Reformbestrebungen verteidigt wurde. In der Folgezeit wurde die Reue Petri dann geradezu zu einem Symbol des Beichtsakraments. Seit den 1585 veröffentlichten »Lacrimae di San Pietro« Luigi Tansillos wurden die Tränen Petri auch Gegenstand einer großen Zahl religiöser Gedichte. Die von Schenck auffällig oft dargestellte Reue Petri (vgl. auch Kat.Nr. 13, 30, 36 u. 45) kann aufgrund seiner Themen Reue, Buße und Beichte sicherlich als besonders charakteristisch für dessen Werk gelten.
In Kopftypus, Gestik und Körperhaltung sowie in den Faltenbahnen des Mantels, die den Körper Petri nahezu horizontal »umkreisen«, ist das Garmisch-Partenkirchener Relief dem vier Jahre zuvor entstandenen Petrusrelief aus der Sammlung der Markgrafen von Baden (Kat.Nr. 36) engstens verwandt. Lediglich der gewählte Bildausschnitt ist kleiner. Das spätere Relief kann daher kaum als neue Erfindung, sondern eher als Variante gelten. Damit bestätigt sich das Urteil Koblers (1986), der bereits anhand eines Vergleiches der beiden anderen halbfigurigen Petrusreliefs in Münchner Privatbesitz von 1680 (Kat.Nr. 13) und im Benediktinerkloster St. Stephan in Augsburg von 1689 (Kat.Nr. 45) auf das »Variationsverfahren« und die »Arbeitsökonomie« Christoph Daniel Schencks hingewiesen hatte[2].

1 Zur Ikonographie s. Hahn 1977.
2 Kobler 1986, S. 332.

Literatur:
unpubliziert

44
Die büßende Magdalena

Christoph Daniel Schenck
1689

Padua, Musei Civici di Padova e Capella degli Scrovegni, Inv.Nr. 1071

Links unter der Salbbüchse bezeichnet *C. D. S. 1689*

Buchsbaum
H. 13,6 cm, B. 8,7 cm

Das Ende des linken Kreuzarmes fehlt; ebenso die linke Hand Christi und ein Teil des Unterarmes.

Maria Magdalena hat sich mit geschlossenen Augen tief über das Kruzifix gebeugt, das auf ihrem rechten Oberarm aufliegt und das sie mit ihrer Linken umgreift. Die Rechte ruht auf einem Totenschädel und hält ein Rutenbündel. In der Armbeuge liegt eine Geißel mit eisernen Sternen. Neben dem Schädel

44

zeigt der Vordergrund ein aufgeschlagenes Buch mit den Worten *Tibi soli pecaui* (Gegen dich allein habe ich gesündigt, Psalm 50,6) sowie die Salbbüchse, die Magdalena am Ostermorgen erwarb, um damit den Leichnam Christi zu salben. Im Hintergrund ist eine Höhle sichtbar, in der eine brennende Öllampe an die Wand montiert ist. Links oben sehen drei geflügelte Puttenköpfe aus den Wolken herab.

Das erst vor wenigen Jahren von Kobler (1986) publizierte Relief erinnerte diesen hinsichtlich der Gesichtszüge der Büßerin »an die Physiognomien der Schreinfiguren im Retabel der Kirche von Niederrotweil am Kaiserstuhl, Werken des Meisters H.L. um 1520/30«. Weiter bemerkte Kobler, daß »die einzelnen Bestandteile des Bildes identisch« seien mit dem Hamburger Magdalenenrelief von 1682 (Kat.-Nr. 26). Die Szene jedoch sei dort eine andere: »nicht gefühlsbewegt in die Betrachtung des Gekreuzigten versunken, sondern als Büßende sich selbst geißelnd, fixiert die Heilige das Kreuz, das sie fest mit der Linken faßt, als hielte sie eine Waffe«. Gemeinsamkeiten stellte Kobler dagegen mit dem aus dem gleichen Jahr datierenden Augsburger Pe-

trusrelief in St. Stephan (Kat.Nr. 45) fest, das in seiner Anlage mit der Halbfigur hinter der Brüstung und dem offenen Buch sowie in der Ausbildung der Höhlennische mit der brennenden Öllampe weitgehend dem etwa gleichgroßen Paduaner Relief entspräche. Außerdem zeige es »dasselbe dichte Belegen fast des gesamten Reliefs mit Nadelpunkten und Stelzelungen«, wie sie Schenck bei Arbeiten aus der Zeit vor und nach 1689 zwar für die Durcharbeitung der Oberfläche immer wieder eingesetzt habe, doch nicht im selben Maße wie hier. Da die »Zusammenstellung der beiden exemplarischen Büßergestalten des Neuen Testaments zu einem Bildpaar (...) im 18. Jahrhundert im deutschen Sprachgebiet durchaus geläufig« geworden sei, fragt er, ob die beiden Reliefs in Padua und Augsburg einst ein Paar bildeten. Als Funktion nimmt Kobler diejenige eines »kleinen Andachtsbildes« an, wie es im frühen 17. Jahrhundert in Augsburg begegnet in Gestalt kleiner Reliefs, die in mit Glasscheiben abgedeckte Rahmenkassetten aus Ebenholz eingelassen waren[1]. Weiter erkennt Kobler in den besprochenen Reliefs auch eine ausgesprochene »Betonung des Gemütslebens« und eine Fähigkeit zur »Emotionalisierung, die einerseits den Reliefs Schencks eigen ist und die andererseits im Betrachter ausgelöst wird«.

Der Feststellung Koblers, daß in den Paduaner und Hamburger Magdalenenreliefs zwar identische Bestandteile, aber eine völlig andere Szene dargestellt sei, ist zuzustimmen. Auch bei diesen beiden Reliefs zeigt sich die Entwicklung Schencks, der in seinen letzten Schaffensjahren immer mehr von ›effekthaschender‹ Dramatik Abstand nahm und sich um eine subtilere, aber kaum weniger Emotionen weckende Darstellungsweise bemühte. Die in den älteren Werken offensichtlich werdende Intention, den Betrachter mit der Zurschaustellung von vehementen Aktionen und brutalen Szenen betroffen zu machen und auf diese Weise zur Andacht bzw. zur Buße anzuregen, scheint in den Spätwerken zunehmend ersetzt durch das Bemühen, den andächtigen Beter mit einer weniger spektakulären, dafür aber umso eindringlicher und somit auch glaubhafter wirkenden Darstellung des Gefühlslebens der Heiligen in den Zustand echter Buße und Reue zu versetzen. Die Darstellung von Aktionismus ist durch die Darstellung von Innerlichkeit ersetzt.

1 S. Müller 1965, S. 257–262.

Literatur:
Kobler 1986, S. 328–329 (mit Abb. 1); Lohse 1994, S. 463.

45
Der reuige Petrus

Christoph Daniel Schenck
1689

Augsburg, Benediktinerabtei St. Stephan

Am unteren Rand bezeichnet *C. D. S. 1689.*

Buchsbaum
H. 13,8 cm, B. 8,3 cm

An den Rändern umlaufend Spuren von Vergoldung. An der unteren Kante Leimreste. Die Rückseite vollflächig mit einem Kleisterpapier (wohl aus dem 18. Jh.) überklebt. Am oberen Rand außerdem eine aufgeklebte Lederlasche zum Aufhängen des Reliefs.

Hinter einer Brüstung erscheint die Halbfigur des Hl. Petrus, der im inbrünstigen Gebet seine Verleugnung der Jüngerschaft Christi bereut. Der verzweifelt zur Seite geneigte Kopf mit der von tiefen Falten zerfurchten Stirn, den zusammengezogenen Augenbrauen und dem schmerzvoll geöffneten Mund zeugt von der tiefen Betroffenheit des Heiligen. Hinter ihm ist die Höhle zu erkennen, in die er sich zurückgezogen hat und in der eine brennende Öllampe hängt. Der Hahn in der rechten oberen Ecke erinnert an die Worte, mit denen Christus die Verleugnung Petri vorausgesagt hatte: »ehe der Hahn kräht, wirst du mich dreimal verleugnen« (Mt. 26,34). Auf der Brüstung liegt ein aufgeschlagenes Buch mit den Worten *FLE / VIT / AMA / RE* (Mt. 26,75; Lc 22,62) sowie mehrere nicht identifizierte Gegenstände.
Einem Hinweis Sigrid von Blanckenhagens folgend wurde das Petrus-Relief zuerst von Lohse (1968) publiziert, jedoch in seiner Qualität nur als gering eingestuft: »Die Wiederholung des Motivs birgt die Gefahr der Verflachung in sich, der auch Schenck nicht entgangen ist. Der Hintergrund des Augsburger Reliefs zeigt eine etwas vage Darstellung, auf der nur der Hahn als Symbol noch zu bestimmen ist. Die Gestalt des Petrus selbst erscheint wie eine stilisierte, seitenverkehrte Variante ihres prachtvollen Baden-Badener Vorbilds [Kat.Nr. 36]. Gegen Ende seiner künstlerischen Laufbahn gelingt es dem Meister nicht mehr, in all seinen Werken jenes tiefe, religiöse Empfinden auszudrücken, das sonst seine Darstellungen beseelte und auszeichnete. Mit der immer brillianter werdenden Schnitztechnik geht eine allgemeine Verhärtung des Stils überein, die gerade in einigen Spätwerken deutlich macht, daß technische Vollkommenheit allein keine gültige Aussage eines Kunstwerks schaffen kann«. Kobler (1986) stellte fest, daß das Relief in seiner Anlage mit der Halbfigur hinter der Brüstung und dem offenen Buch sowie in der Ausbildung der Höhlennische

mit der brennenden Öllampe weitgehend dem etwa gleichgroßen Paduaner Relief mit Maria Magdalena (Kat.Nr. 44) entspräche. Außerdem zeige es »dasselbe dichte Belegen fast des gesamten Reliefs mit Nadelpunkten und Stelzelungen«, wie sie Schenck bei Arbeiten aus der Zeit vor und nach 1689 zwar für die Durcharbeitung der Oberfläche immer wieder eingesetzt habe, doch nicht im selben Maße wie hier. Zur von Kobler aufgeworfenen Frage einer ursprünglichen Zusammengehörigkeit mit dem Paduaner Magdalenenrelief sowie zur Funktionsbestimmung vgl. Kat.Nr. 44.

45

Der Beurteilung Koblers ist sicher zuzustimmen. Der Ansicht Lohses, derzufolge es Schenck hier nicht mehr gelungen sei, »jenes tiefe, religiöse Empfinden auszudrücken, das sonst seine Darstellungen beseelt« hätte, muß dagegen widersprochen werden. Im Gegenteil entbehren die späten Werke Schencks zwar zweifellos jener Drastik der Aktionen und Dramatik der Gebärdensprache wie sie das Frühwerk auszeichnete, doch sind m.E. solch vordergründige Mittel zur Emotionalisierung des Betrachters nun eben durch weitaus subtilere ersetzt. Die ›äußere Erscheinung‹ wird nun nicht mehr in so starkem Maße ›benötigt‹, um den Betrachter zu bewegen. Dies gelingt Schenck im Spätwerk dafür umso eindringlicher durch eine glaubhafte Vermittlung des ›Gemütslebens‹ der Dargestellten.

Die im Hintergrund erkennbare Höhle kommt sicherlich der Vorstellung von Buße und Reue in der Einsamkeit entgegen. Darüber hinaus ist sie aber auch literarisch belegt. Vor allem ist hier eine Passage in der Legenda Aurea anzuführen, wo es zur Erscheinung Christi vor Petrus heißt: »man liest in derselben Geschichte, daß Petrus, da er Christus verleugnet hatte, in die Grotte floh, welche jetzt Gallicantus heißt«. Die Legenda Aurea bezieht sich dabei wiederum auf die Historia Scholastica des Petrus Comestor. Insbesondere Predigten und Passionsspiele belegen die Verbreitung des Höhlenmotivs seit dem 15. Jahrhundert. Auch Luigi Tansillo erwähnt in seiner weit verbreiteten Schrift »Lacrimae di San Pietro« von 1585 die Höhle als Ort der Reue.

Möglicherweise stellt die ganz links auf der Brüstung liegende Frucht einen Kürbis dar, der sich ebenfalls auf das Thema der Reue beziehen lassen könnte: Als Jonas unter der Kürbislaube ruhte, schickte Gottvater einen Wurm, der durch seinen Biß die Kürbisstaude verdorren ließ. Jonas war nun der gleißenden Sonne ausgesetzt und geriet darüber in Verzweiflung. Gottvater belehrte ihn daraufhin, daß ein Kürbis nichts sei im Vergleich mit der Stadt Ninive, deren Bewohner Jonas in große Gefahr gebracht hatte, indem er sich zunächst dem Auftrag Gottes entzog, dort zu predigen. Nachdem er dies nach seiner Rettung durch den Wal dann doch getan hatte, taten die sündigen Bewohner Ninives Buße und wurden dadurch vor dem Zorn Gottes gerettet. Als Jonas einsah, daß er ungerecht gehandelt hatte, bereute er sein Tun zutiefst.

Die Abtei St. Stephan ist eine zu junge Gründung, als daß sich das Petrus-Relief ursprünglich dort befunden haben könnte. Erst am 5. November des Jahres 1835 wurde sie konstituiert[1]. Möglicherweise gelangte das Relief jedoch eben in diesem Jahr mit einem der Mönche nach Augsburg, die zur Besetzung der neugegründeten Abtei aus anderen Benediktinerklöstern »abgeworben« wurden. Zu diesem Zweck unternahmen der Augsburger Bischof Riegg und der am 24. April 1834 eingesetzte Abt Barnabas Huber eine Reise zunächst durch Österreich und im Sommer 1835 dann durch die Schweiz. Von dort konnte jedoch nur ein einziger Mönch für Augsburg abgezogen werden, nämlich P. Meinrad Kälin aus Einsiedeln, dessen Überstellung nach Augsburg im Oktober 1835 durch den Einsiedler Abt Zölestin angekündigt wurde[2]. In Augsburg wurde P. Meinrad

dann der erste Subprior des neugegründeten Klosters. Demnach ist es durchaus wahrscheinlich, daß das Petrus-Relief im Jahre 1835 mit P. Meinrad aus Einsiedeln nach Augsburg gelangte.

Diese Vermutung wird auch durch das Thema der Reue Petri glaubhaft, die seit der Zeit der Gegenreformation, in der die Verteidigung der sakramentalen Beichtpflicht zu einem zentralen Anliegen der Katholiken geworden war, geradezu als Symbol des Beichtsakraments angesehen wurde[3]. Aufgrund der besonders regen Einsiedler Beichttätigkeit, für die sogar eine eigene Beichtkapelle errichtet worden war, um die große Zahl der beichtenden Pilger aufnehmen zu können, ist die Reue Petri ein in Einsiedeln sicherlich besonders naheliegendes Thema gewesen.

1 Zur Gründungsgeschichte der Abtei St. Stephan s. Rolle 1985.
2 Laut Rolle 1985, S. 95, geht dies aus der Materialsammlung von P. Placidius Sattler im Klosterarchiv von St. Stephan (Sattler 317, 16.10.35) hervor.
3 Zur Ikonographie s. Hahn 1977.

Literatur:
Lohse 1968, S. 124–125 (mit Abb. 13); Kobler 1986, S. 329–330 (mit Abb. 3); Lohse 1994, S. 463.

46
Andachtskreuz

Christoph Daniel Schenck
1691

Einsiedeln, Kunstsammlungen des Klosters, Inv.Nr. DO 33 (X 103)

Am Felsen unten bezeichnet *C. D. S. 1691*

Linden(?)holz
Gruppe: H. 16,7 cm, Gehäuse: H. 18 cm

Totenkopf, Knochen und Salbgefäß sind separat geschnitzt und aufgeleimt; ebenso die Haarbinde Magdalenas, diese jedoch angenagelt. Kreuzesnägel und Brustwarzen Christi sind aus Metall eingesetzt. Eine Bohrung in der Standfläche des Golgathahügels. Kreuzesquerbalken in Nadelholz ergänzt. Magdalenas Nase beschädigt. Ihre linke Fußsohle und das Ende der Haarbinde fehlen, ebenso die Handflächen Christi samt den Fingern. Gehäuse aus Eiche, innen rot bemalt. Oben zwei Ösen für Verschlußplatte.

Mit emporgestreckten Armen ist Christus an das Kreuz geschlagen. Seine Füße, die mit zwei Nägeln an das Kreuz geheftet sind, stützen sich auf einem Suppedaneum ab. Maria Magdalena umfaßt mit beiden Armen den Kreuzesstamm. Ihr spiralförmig gedrehter Mantel, der sie und den Kreuzesstamm fast schützend umhüllt, zeugt von der Tiefe ihrer Trauer. Vor ihren Knien liegen ein Oberschenkelknochen

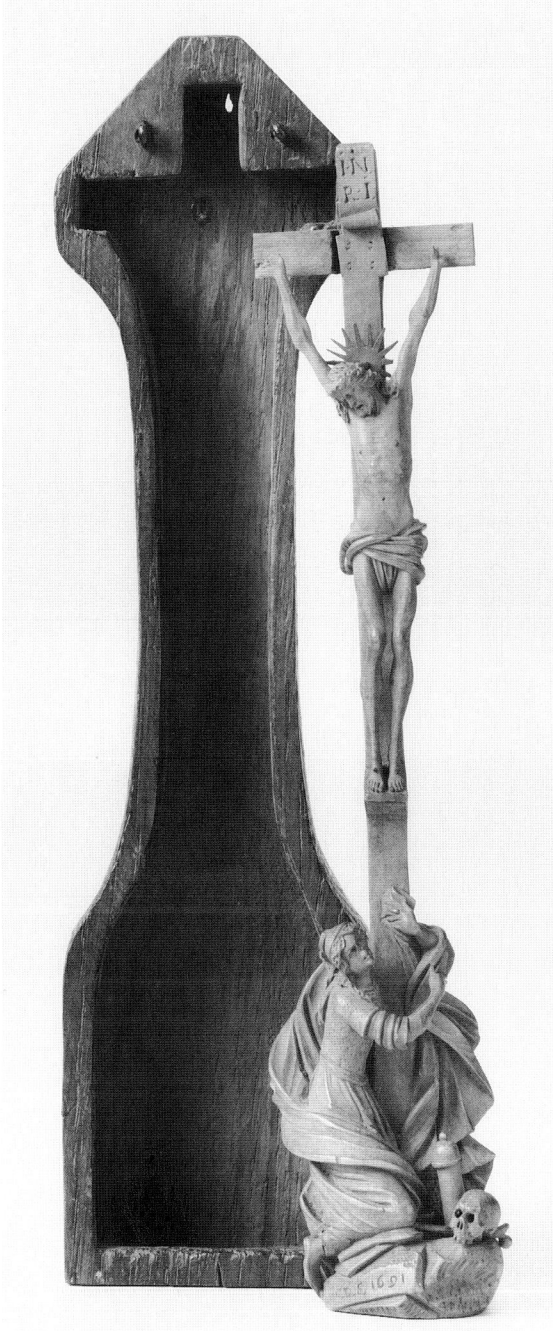

46

und ein Totenkopf, welche die Gebeine Adams im Golgathahügel darstellen, sowie die Salbbüchse, die sie am Ostermorgen erstand, um den Leichnam Christi zu salben.

In dem von Feuchtmayr (1936) publizierten Stück sah Boeck (1953) ein gutes Beispiel für den Abschluß der künstlerischen Entwicklung Schencks: Die »eigentümliche Überschlankeit ist nun aufs äußerste gesteigert und steht in schärfstem Gegensatz zu der weiten Raumhöhlung des Mantels«. Auch stehe die motivische Vereinfachung »ganz im Dienste der Ausdruckssteigerung«. Lohse (1955) vermutete, daß das kleine Stück »ein persönliches Anliegen des Künstlers war, das er ohne Auftraggeber ausführte. Jene tiefe Religiosität, die die vielen volkstümlichen Bilder der Verehrung, die er schnitzte, manchmal wie Schöpfungen eines heimlichen Gotikers erscheinen läßt, hat auch über dieser letzten Aussage seines Schaffens Pate gestanden«.

Die ehemalige Funktion des minutiös geschnitzten, äußerst fragilen Stücks ist unklar. Aufgrund des stabilen Eichenholzgehäuses, das eine gefahrlose Handhabung ermögliche, vermutete Kleeb (1991) eine Verwendung als Sterbekreuz. Dies dürfte jedoch eher unwahrscheinlich sein, denn das Gehäuse bietet zwar einen gewissen Schutz, doch kann das nur lose eingelegte Stück bei unachtsamer Handhabung dennoch durch Fingerdruck beschädigt werden oder sogar herausfallen. Auch finden sich keine Hinweise auf eine ehemalige feste Verankerung im Gehäuse. Im Gegenteil spricht die Bohrung in der Standfläche des Golgathahügels eher dafür, daß die Gruppe zum Zweck der Betrachtung oder der Andacht jedesmal aus dem Eichenholzgehäuse herausgenommen und auf einen vorbereiteten Dorn gesteckt wurde. Allerdings könnte sie ursprünglich jedoch auch ständig auf einem Sockel mit angearbeitetem Zapfen aufgestellt gewesen sein, wie es auch bei anderen kleinplastischen Werken Schencks wohl der Fall war. Das ohnehin etwas grob geschnitzte Eichenholzgehäuse wäre in diesem Fall eine spätere Ergänzung.

Literatur:
Feuchtmayr 1936 I, S. 27; Boeck 1953, S. 72 (mit Abb. 7); Lohse (Foerster) 1955, S. 178–180; Lohse 1960, S. 30 u. 77, Nr. 10 (mit Abb. 40); Konstanz 1960, Nr. 39; Bregenz 1964, Nr. 139; Euw 1969, S. 207, Nr. 33 (mit Abb.); Lohse 1982, S. 79 (mit Abb. 3); Kleeb 1991, S. 46, Nr. 58; Vasseur 1992, S. 501.

47
Martyrium des Hl. Ernst von Zwiefalten

Christoph Daniel Schenck
1691

München, Bayerisches Nationalmuseum, Inv.Nr.24/67
(als Leihgabe im Rosgartenmuseum Konstanz)

Am Boden rechts neben dem Fuß des Türken bezeichnet
C. D. S. i69i

Elfenbein, Sockel Ebenholz
H. 22,5 (mit Sockel), 17 cm (ohne Sockel)

Die Flügel des Putto sind teilweise abgebrochen; ebenso die vordere Hälfte des Lorbeerkranzes, den der Putto in den Händen hält. Das Seitengewehr des Türken ist ergänzt.

Erworben am 5./6. Juni 1924 aus dem Münchner Kunsthandel (H. Helbing).

Aus dem Benediktinerkloster Zwiefalten.

47

In den Knien leicht eingeknickt und mit gen Himmel gerichtetem Blick ist der Hl. Ernst von Zwiefalten an einen hinter ihm aufragenden Baum gelehnt. Auf dem Boden liegt das Ornat des Zwiefaltener Abtes: Mitra, Pedum, Brustkreuz und Pluviale. Ein orientalisch gekleideter Scherge mit Schnauzbart, geschlitzten Pluderhosen, Turban und Krummdolch zieht ihm den Darm aus dem Leib. Sein Gesichtsausdruck mit dem ebenfalls himmelwärts gerichteten Blick verrät nichts von seiner Anstrengung, sein energisch nach vorne gestemmtes rechtes Bein und sein auf einem Baumstumpf aufgestütztes Knie zeugen jedoch von der Vehemenz seines verabscheuungswürdigen Tuns. In der Rechten hält er den Darm des Heiligen, der sich zweimal um den Baumstamm schlingt, bevor er vom Schergen auf einer Winde aufgewickelt wird, die dieser an den Baumstamm montiert hat und außerdem mit seiner Linken hält. Ein geflügelter Putto, der mit dem Märtyrerzweig in der Rechten und einem Lorbeerkranz in der Linken an der Spitze des Baumstammes erscheint, kündigt von der baldigen Erlösung des Heiligen und seiner unmittelbar bevorstehenden Aufnahme in den Himmel. Am Sockel ist eine tabula ansata mit der Inschrift *S. ERNESTVS. M. ABBAS / ZVVIFALT.* angebracht. Zu deren Linken steht unter einer Mitra das in zwei Schilden gegebene Zwiefaltener Abtswappen mit den Schrägrechtsbalken begleitet von sieben Sternen und mit dem steigenden Löwen mit Garbe. Rechts von der Inschrifttafel zeigt eine weitere Kartusche eine Darstellung des Pelikan, der sich seine Brust aufreißt, um mit seinem Blut seine Jungen zu tränken.
Berliner (1926) führte die Gruppe noch als Werk des »Monogrammisten C. D. S.«. Die Auflösung in Christoph Daniel Schenck gelang erst Feuchtmayr (1936).

Braun (1950) bezeichnete die Arbeit als im Vergleich zur Stuttgarter Sebastiansstatuette (Kat.-Nr. 1) »weniger wichtiges Elfenbeinwerk«. Auch Lohse (1955) befand es trotz einer vollendeten Schnitztechnik als die unter allen Schöpfungen Schencks am wenigsten ansprechende: »Die mit dieser technischen Vollkommenheit Hand in Hand gehende äußerste Stilisierung und abstrakte Verhärtung des Stiles kennzeichnet hier das eine Extrem seiner Entwicklungsmöglichkeit, jene Gefahr des Absinkens in eine wohl technisch brillante, aber ausdrucksleere Darstellung, bei der auch die Tiefe des religiösen Empfindens, die sonst die Werke des Meisters auszeichnet, seine manierierte Härte nicht mehr zu überbrücken vermag«. Ähnlich urteilte auch Sandner (Bregenz 1964), der im Werk Schencks noch in der Zeit um 1680 »einen wohllautenden Ausgleich zwischen Körperlichkeit und linear-abstraktem Gewand« findet, während Schenck dann mit verschiedenen Ergebnissen »die Ausdrucksfähigkeiten« gesteigert habe. Die Gruppe mit dem Hl. Ernst nennt er dabei als Negativbeispiel, da in diesem schnitzerischen Bravourstück »die ergreifende Drastik ... in Ausdrucksleere« umgeschlagen sei.

Die negative Beurteilung in der Forschung muß m.E. relativiert werden. Wohl sind eine gewisse Steifheit der Komposition und ein verhaltenerer Ausdruck der Figuren zu beobachten, doch ist dies wohl weniger Ergebnis mangelnder Fähigkeiten Schencks, sondern seiner in den letzten Lebensjahren wiederholt spürbaren Neigung, die Drastik und Dramatik seiner früheren Werke zurückzunehmen und dafür die Subtilität zu steigern, ohne sich dabei mit einem geringeren Grad an Emotionalisierung des Betrachters zufrieden zu geben. Aus diesem Bestreben dürfte sich auch die fehlende »Ausdruckskraft« der Elfenbeingruppe erklären. Ein zeitgenössischer Betrachter könnte dies jedoch anders gesehen haben.

Der Hl. Ernst, Edler von Steißlingen, war von 1141 bis 1146 Abt von Zwiefalten. Sein Wunsch, das Evangelium im Morgenland zu verkünden und dabei den Märtyrertod zu erleiden, bewog ihn dazu, im Jahre 1146 die Abtswürde niederzulegen und und sich im Gefolge des Bischofs Otto von Freising dem zweiten großen Kreuzzug anzuschließen[1]. Der Überlieferung zufolgen wurden die Kreuzfahrer dann zwischen Nizäa und Jerusalem von 14000 Sarazenen überfallen. Zusammen mit 400 weiteren christlichen Gefangenen soll Ernst in Fesseln durch die Wüste nach Mekka geschleppt und dort aufgrund seines standhaften Glaubens durch Häutung und Herauswinden der Eingeweide am 7. November 1148 getötet worden sein.

Spricht allein das Thema schon für eine Herkunft des Stückes aus Zwiefalten, so wird dies vollends belegt durch das auf dem Sockel angebrachte Wappen des Zwiefaltener Abtes Johann Martin Gleuz (Abt von 1675–1692), der einige Jahre zuvor vielleicht auch schon der Auftraggeber des verschollenen Anhängekreuzes mit einer Darstellung des Christophorus (Kat.Nr. 10) gewesen war.

1 Zur Vita des Hl. Ernst s. Holzherr 1887, S. 37.

Literatur:
Auktionskatalog H. Helbing (München), 5./6.6.1924, Nr. 456 (mit Abb. Taf. 146); Berliner 1926, S. 66, Nr. 231 (mit Abb. auf. Taf. 146); Feuchtmayr 1936 I, S. 26; Braun 1950, S. 227; Boeck 1953, S. 67; Lohse (Foerster) 1955, S. 176–178; Lohse 1960, S. 30 u. 89, Nr. 39 (mit Abb. 29); Konstanz 1960, Nr. 38; Bregenz 1964, S. XXXI u. S. 41, Nr. 138; Vasseur 1992, S. 501.

48
Himmelfahrt Mariae

Christoph Daniel Schenck
1691

Standort unbekannt

Bezeichnet *C. D. S. 1691*

Relief, Buchsbaum
H. ca. 15,0/15,2 cm, B. ca. 8,1/8,3 cm

Bis 1832 in der Sammlung Anton Paul Heinlein, Nürnberg. Im April 1832 durch Johann Andreas Boerner, Nürnberg, versteigert. Laut Feuchtmayr später in der Sammlung Teuffel.

Dargestellt war die Himmelfahrt und Krönung Mariae sowie die Heiligen Dominikus, Franziskus, Ulrich und Afra.

Boerner (1832) beschrieb das Relief im Auktionskatalog mit den Worten: »Die Himmelfahrt der Maria. Oben die heil. Dreieinigkeit, Christus Pfeile in beyden Händen haltend; unten d. heil. Dominicus, mit dem d. Fackel in der Schnauze tragenden Hunde, und der heil. Franciscus, knieend; hinter demselben der heil. Ulrich, stehend, und eine den Flammentod erleidende Heilige. Basrelief, mit obenangegebener Bezeichnung, von sehr vollendeter Ausführung. Hoch 6 Z. breit 3¼ Z. In goldner Rahme.« Nagler (1858) ergänzte diese Beschreibung um den Hinweis, daß »die Heiligen Dominicus und Franziskus vor einem Erdglobus« knien würden. Die Heilige identifiziert er als die Hl. Afra. Nagler wollte die Jahreszahl als »1601« lesen und den Autor des Reliefs »der Schule von Augsburg« zuordnen.

Literatur:
Boerner 1832, S. 85, Kat.Nr. 383; Brulliot 1833, S. 47, Nr. 383; Nagler 1858, S. 1025, Nr. 2470; Graesse 1871, S. 4; Berliner 1926, S. 66, Nr. 231; Feuchtmayr 1936 I, S. 27; Lohse (Foerster) 1955, S. 176; Lohse 1960, S. 91, Nr. 42; Mesenzewa/Lohse 1982, S. 217.

CHRISTOPH DANIEL SCHENCK UND SEINER WERKSTATT ZUGESCHRIEBENE WERKE

49
Maria und Johannes

Christoph Daniel Schenck zugeschrieben
um 1675

Kassel, Staatliche Museen

Linden(?)holz
Maria: H. 33 cm, Johannes: H. 31,5 cm

Reste alter Fassung. Gesichter stark übermalt. Linker Arm
Mariae falsch angesetzt, Daumen und Zeigefinger der rechten
Hand fehlen. Beschädigungen im Gesicht. Linker Unterarm
von Johannes fehlt, ebenso Daumen und Zeigefinger der rechten Hand und das Vorderteil des linken Fußes.

1964 erworben

In ihrer Linken hält Maria ein Tränentuch. Leidvoll
und hilfesuchend hält sie es Johannes entgegen,
während ihre Rechte resignierend nach unten zeigt.
Ihre sichere Haltung im Kontrapost scheint von Ruhe zu zeugen, doch verraten ihr Blick und ihre bewegte Kleidung ihren Schmerz.
Johannes blickt zu Maria. Mit seiner ausgestreckten
Rechten scheint er ihr Tränentuch entgegennehmen
zu wollen. Seine wehenden Haare, seine angedeute-
te Schrittstellung und sein Mantel, der ihn umweht,
zeigen seine innere Bewegtheit.
Die beiden sicherlich aus einer Kreuzigungsgruppe
stammenden Figuren wurden bisher lediglich von
Lohse (1968) erwähnt.
Die Zuschreibung an Christoph Daniel Schenck
steht außer Frage. Anknüpfungspunkte an gesicherte Werke finden sich vor allem in den beiden Figuren der Maria und des Johannes aus der Kreuzigungsgruppe in Sonderbuch von 1675 (Kat.Nr. 3).
Enge Übereinstimmungen zeigen sich sowohl in den
Proportionen, der Durchbiegung der Körper, den
Kopftypen, den raumgreifenden Gesten als auch in

49

den Gewändern mit den eng anliegenden Untergewändern und den voluminösen Mänteln, deren
schwere Falten sich weitausschwingend vom Körper entfernt haben. Zudem hat Schenck bei den Kas-
seler Figuren ganz ähnliche Motive verwendet: bei
Johannes etwa den vor dem Bauch über den Mantel
geschlagenen Gewandzipfel und den aufgrund des
scheinbaren Ausschreitens auffliegenden, den Unterschenkel freigebenden Mantelsaum. Die enge Verwandtschaft mit den Sonderbucher Figuren läßt eine ungefähr zeitgleiche Entstehung um das Jahr
1675 annehmen.

Literatur:
Lohse 1968, S. 121 und Anm. 6.

50
Maria

Christoph Daniel Schenck und Werkstatt zugeschrieben
um 1675

Konstanz, Marienhaus (Altersheim), Kapelle

Linden(?)holz
H. 34,5 cm

Fassung größtenteils alt (Mantel innen rot, außen golden,
Gürtel grün), teilweise abgesplittert, retuschiert und überfaßt.
Sockel wohl zugehörig (Holz, dunkelbraun lackiert). Linker
Arm mit Hand ab Ellbogen und rechte Fußspitze ergänzt. An
der rechten Hand fehlen der Daumen und das vordere Glied
des Zeigefingers. Am Hinterkopf Ansatzstelle für ehem. Nimbus.

Laut Lohse (1960) stammt die Ausstattung der Kapelle zum
großen Teil aus der ehemaligen Franziskanerkirche in Konstanz.

50

Während Maria ihre rechte Hand nach unten an das
Gewand gelegt hält, hat sie ihre Linke nach vorne
ausgestreckt. Ehemals hielt sie darin ein Attribut, zu
dem auch ihr ernster und sorgenvoller Blick geht.
Lohse (1960) schrieb die Figur zusammen mit denjenigen eines Joseph (Kat.Nr. 91) und zweier weiterer
weiblicher Heiliger (Kat.Nr. 106), die sich ebenfalls
im Marienhaus befinden, Christoph Daniel Schenck
zu. In »Größe und Struktur« schloß sie die Statuette
an die Ittendorfer Figuren einer Maria mit Kind, einer Hl. Barbara sowie der Hll. Benedikt, Meinrad
und Mauritius (Kat.Nr. 57) an, die sie in die Zeit um
oder nach 1685 datierte.
Eine solch späte Entstehung wie von Lohse angenommen dürfte jedoch unwahrscheinlich sein. Die
gesicherten kleinplastischen Marienfiguren der späteren Jahre, so die Florentiner Elfenbein-Madonna
von 1680 (Kat.Nr. 12), die Einsiedler Buchsbaum-

statuette von 1681 (Kat.Nr. 18), die Konstanzer
Buchsbaum-Madonna von 1682 (Kat.Nr. 25) sowie
die Einsiedler Elfenbeinstatuette aus demselben Jahr
(Kat.Nr. 23), zeigen eine wesentlich geringere Durchbiegung des Körpers und eine durch die flatternden
Mäntel in stärkerem Maße »aufgerissene« Kontur.
Auch lassen die faltenreichen, die Figuren umwe-
henden Mäntel die darunterliegenden Körper kaum
noch erkennen. Bei der Figur des Marienhauses dagegen ist das Gewand vergleichsweise eng anliegend
und herabhängend, so daß sich die Kontur des Körpers abzeichnet. Die dennoch vorhandene Bewegtheit der Figur ist weniger durch das Gewand als
durch den Körper selbst bedingt, der in der Hüfte
stark zur Seite hin ausgebogen ist. Diese Merkmale

verbinden die Konstanzer Statuette mit dem gesicherten kleinplastischen Frühwerk Schencks, beispielsweise mit der Statuette des Guten Hirten aus dem Jahr 1677 (Kat.Nr. 5). Auch frühe Großplastiken, vor allem die Sonderbucher Figuren von Maria und Johannes aus dem Jahr 1675 (Kat.Nr. 3), zeigen eine starke seitliche Ausbiegung des Körpers, wie sie im Spätwerk nicht mehr begegnet. Eine frühere Datierung als bisher erscheint daher möglich.

Die etwas grobe Ausführung, vor allem im Beinbereich, in dem zudem das »Werkstattzeichen« der kurzen Querkerben überdeutlich vorgeführt wird, sowie das unstimmig wirkende Motiv des seitlichen Griffs in den Mantel lassen bei der Figur des Marienhauses eine Beteiligung der Werkstatt bzw. Ausführung durch einen Gesellen möglich erscheinen.

Literatur:
Lohse 1960, S. 29 u. 86, Nr. 32 a–b; Konstanz 1960, Nr. 33.

51
Cruzifixus

Christoph Daniel Schenck zugeschrieben
um 1675

St. Trudpert im Münstertal, ehem. Benediktinerabteikirche

Nadelholz
H. ca. 300 cm

Rumpf rückseitig ausgehöhlt. Fassung wohl original. Arme und seitliche Teile des Lendentuchs angestückt. Rückseitig Vertikalrisse. Der linke Querbalken und das untere Ende des Stammes gekürzt. Das Suppedaneum fehlt. Strahlenbündel und Dornenkrone erneuert. Das Kreuz und der Titulus mit der Kreuzinschrift überfaßt.

Mit nebeneinander gestellten Füßen und schräg nach oben ausgestreckten Armen ist Christus mit vier Nägeln an das Kreuz geheftet. Seine Hüfte ist leicht nach rechts verschoben, doch ist dies kein Anzeichen einer beginnenden Erschlaffung des Sterbenden, da dessen Körper auf dem Kreuz geradezu ausgespannt erscheint. Lediglich der kraftlos zur rechten Schulter gefallene Kopf mit dem geöffneten Mund, den schweren Lidern, den zusammengezogenen Augenbrauen und der in Falten gelegten Stirn zeugt vom Todeskampf.

Die Zuschreibung erfolgte durch Noack-Heuck (1970) anhand eines Vergleiches mit dem Christus der 1675 entstandenen Kreuzigungsgruppe in Sonderbuch (Kat.Nr. 3). Der St. Trudperter Gekreuzigte ist laut Noack-Heuck jedoch »kräftiger und breiter gebaut«, während bei dem Sonderbucher »die Kenntnisse der Anatomie nicht mehr so in den Vordergrund« träten, da sie »selbstverständlicher geworden« seien. Sie nimmt daher an, daß der St. Trudperter Kruzifix von derselben Hand, jedoch früher als der Sonderbucher, geschaffen worden sei. Da er dem Heyderschen Epitaph in Lindau (Kat.-Nr. 94), das in das Jahr 1665 zu datieren ist, sowie der Niederzeller Pietà (Kat.Nr. 66) noch näher stehe, könnte er laut Noack-Heuck in den Jahren um 1670 entstanden sein. Als Auftraggeber identifiziert sie den Abt Roman Edel (Abt 1665–1694), dem Schenck wohl aus Konstanz empfohlen worden sei, da das Kloster mit dem Bistum enge Beziehungen unterhalten hätte.

Noack-Heuck (1970) vermutet, daß der heute an der Nordwand des Mittelschiffs befindliche Kruzifix zunächst an der Nordwand des gotischen Chores aufgehängt gewesen sein könnte. In diesem Zusammenhang nennt sie die Renovierung des 1632 abgebrannten Chores, die unter Abt Roman Edel gegen Ende der sechziger Jahre durchgeführt und in deren Verlauf in den Jahren 1667–69 auch ein neuer Hochaltar aufgestellt wurde. Nachdem im 18. Jahrhundert das ebenfalls 1632 abgebrannte Langhaus wiederhergestellt worden war, sei er dann vielleicht als Triumphkreuz am Chorbogen aufgehängt worden.

Die von Noack-Heuck vorgeschlagene frühe Datierung ist schon wegen fehlender gesicherter Werke Schencks aus den Jahren vor 1675 unwahrscheinlich. Die mit dem Sonderbucher Kruzifix nahezu übereinstimmende Haltung Christi, der ebenfalls fast identische Typus von Kopf, Haaren und Bart sowie die ähnlich detaillierte Wiedergabe der Anatomie legen vielmehr eine Entstehung in der Zeit um 1675 nahe.

Bevor Roman Edel, der vermutliche Auftraggeber des Kruzifixes, im Jahr 1665 Abt in St. Trudpert wurde, gehörte er als Conventuale dem Kloster Zwiefalten an[1]. Möglicherweise wurde ihm also von dort Christoph Daniel Schenck empfohlen, nachdem dieser im Jahre 1675 die Kreuzigungsgruppe der zu Zwiefalten gehörenden Loreto-Kapelle in Sonderbuch (Kat.Nr. 3) geschaffen hatte. Im Falle einer zeitlichen Priorität des Trudperter Werkes wäre umgekehrt natürlich auch ein Empfehlung Schencks durch Roman Edel an den Zwiefalter Abt denkbar.

1 Holzherr 1887, S. 129, Anm. 1.

Literatur:
Noack-Heuck 1970, S. 28–29 (mit Abb. 1–2); Kurrus 1976, S. 8 (mit Abb.); Brunner/Reitzenstein 1985, S. 447.

51

52
Altarkreuz

Christoph Daniel Schenck zugeschrieben
um 1675–80

Konstanz, Münster Unserer Lieben Frau, Nikolauskapelle
(obere Sakristei)

Linden(?)holz
Kreuz: H. 102 cm, Sockel: H. 26 cm, Maria: H. 23,5 cm,
Christus: H. 32,5 cm

Wohl alte Lüsterfassungen. Linker Fuß Mariae abgebrochen,
ebenso der rechte Fuß Christi und beide Hände.

Die Füße nebeneinander auf das Suppedaneum gestützt, ist Christus mit ausgestreckten, steil nach
oben gerichteten Armen an das Kreuz geschlagen.
Die geschlossenen Augen und der auf die rechte
Schulter gefallene Kopf zeigen an, daß der Tod bereits eingetreten ist. Die Nagelung der Hände weit
über seinem Kopf verhindert jedoch ein Zusammen-
sinken des Leichnams. So ist er in den Knien nur
kaum merklich eingeknickt und die Hüfte ist nur
leicht zur linken Seite ausgewichen. Am Fuß des
Kreuzes steht Maria, die händeringend vor Schmerz
und mit zurückgefallenem Kopf den Blick zu ihrem
toten Sohn emporgerichtet hat. Das Altarkreuz ist
auf einem von zwei Voluten geschmückten, annähernd würfelförmigen Postament montiert. In diesem befanden sich ehemals Reliquien, die durch ein
Fenster in der Vorderseite sichtbar waren. Auf einem weiteren, kleineren Vierkantsockel steht das
Wappen des Konstanzer Bischofs Franz Johann von
Sumerau und Praßberg (Bischof 1645–1689).
Die Zuschreibung erfolgte durch Feuchtmayr (1936).
Boeck (1953) betont anläßlich dieses Werkes, daß
Schenck in seinen Kleinplastiken, durch ältere Vorbilder angeregt, »gewissermaßen natürlicher zu der
ihm vielfach eigenen manieristischen Liniensprache« gefunden hätte. Lohse (1955) vermutete, daß
eine Hans Schenck zugeschriebene, aus dem Kloster
Petershausen stammende Marienfigur in der Kirche
von Mimmenhausen als Vorbild für die Maria des
Altarkreuzes gedient habe. Den Gekreuzigten verglich Lohse aufgrund der »wunderbaren Weichheit
der Linienführung« mit dem Christus aus der Thomas-Christus-Gruppe vom Konstanzer Thomas-Altar (Kat.Nr. 16). Lohse datiert das Altarkreuz »in die
Zeit um 1680, eher jedoch etwas vorher, (...) da es in
seiner noch wenig stilisierten Art enger an die Werke vor dem Thomas-Altar anzuschließen ist, wie beispielsweise an die 1681 datierte Stuttgarter Kreuzigung [Kat.Nr. 21], in der die gelängte Gestalt der
Maria mit der abstrahierten Gewandung schon wesentlich stärker den reifen Stil des Meisters verkör-
pert als die Konstanzer Arbeit«.

52

Weitere Anhaltspunkte für die von Lohse vorgeschlagene Datierung ergeben sich vor allem durch einen
Vergleich mit den Figuren der Maria und des Johannes
aus der Kreuzigungsgruppe in Sonderbuch von 1675
(Kat.Nr. 3). So ist die Maria vom Konstanzer Altarkreuz
der Sonderbucher durch die gedrungene Proportionierung, den schweren, weit ausschwingenden Mantel
mit den voluminösen Falten und den ganz ähnlichen
Gesichtstypus verbunden. Mit der Johannesfigur hat
sie zudem das Motiv des umgeschlagenen Mantelzip-
fels gemeinsam. Das Altarkreuz könnte demnach sogar
noch etwas früher als von Lohse angenommen in der
Zeit um 1675 oder kurz danach entstanden sein.

Literatur:
Feuchtmayr 1936 I, S. 26; Konstanz 1952, S. 36, Nr. 131; Boeck
1953, S. 69; Lohse (Foerster) 1955, S. 173–175; Lohse 1960,
S. 19–20 u. 83, Nr. 25; Konstanz 1960, Nr. 18.

53

53
Schmerzensmann

Christoph Daniel Schenck zugeschrieben
um 1675–80

Überlingen, St. Jodokus-Kapelle

Linden(?)holz
H. ca. 180 cm

Alle Zehen des linken Fußes abgebrochen. Attribut (Rohr?)
fehlt. Mehrere Risse.

Der dornengekrönte Christus ist lediglich mit einem
Lendenschurz und einem um die Schultern gelegten
Mantel bekleidet. Seine vor den Körper gezogene
Linke ist am Handgelenk gefesselt. Möglicherweise
hielt sie ehemals ein Rohrszepter. Auch die andere,
ebenfalls nach vorne gestreckte Hand dürfte dieses
umgriffen haben.
Die Figur wurde von Noack-Heuck (1970) Christoph
Daniel Schenck zugeschrieben und in die Zeit zwischen 1675 und 1680 datiert: »Sein Lendentuch steht
dem des St. Trudperter Kruzifixus [Kat.Nr. 51] und
dem Brusttuch des rechten Engels vom Thomasaltar
in Konstanz [Kat.Nr. 16] nahe. Im Standmotiv dem
Christus des Thomasaltars ähnlich, die Arme jedoch
nicht ausgebreitet, vom Mantel stärker umfaßt, wirkt
er geschlossener. Sein Haupt, dem Gekreuzigten in
St. Trudpert ähnlich, ist beidseitig von Locken umrahmt. (...) Die Hände zeigen die gleiche künstlerische Kraft wie die Hände des Leichnams der Bewei-
nung in St. Trudpert [Kat.Nr. 114] (...) Diese Figur ist
nur denkbar als Schöpfung des Meisters«.

Literatur:
Noack-Heuck 1970, S. 31 (mit Abb. 15).

54
Der Erzengel Michael überwindet den Satan

Christoph Daniel Schenck und Werkstatt zugeschrieben
um 1675–80

Konstanz, Rosgartenmuseum, Inv.Nr. 1967/21

Linden(?)holz
H. 77 cm

Fassung verloren. Kopf und linker Arm des Teufels ab Mitte
Oberarm angestückt; ebenso bei Michael der rechte Arm ab
Ellenbogen und das Vorderstück des linken Fußes. Die Pteryges an seiner Rüstung sind separat geschnitzt und angedübelt;
Daumen und kleiner Finger am rechten Arm sind ergänzt. Im
Hinterkopf zwei Bohrlöcher. Bei Michael fehlen Teile des
Mantels, die Flügel (ehem. angedübelt), die Lanze sowie das
obere Stück des linken Schuppenstreifens. Bei dem Teufel
fehlen am linken Arm Zeige- und Ringfinger, kleiner Finger
sowie die Fingerkuppe des Mittelfingers. Bruchkante am Unterleib des Teufels. Kittstellen.

Am 23.5.1967 aus dem Münchner Kunsthandel (Adolf Weinmüller) erworben.

In langärmeliger, knielanger Tunika mit Brustpanzer
und daran angesetzten Pteryges triumphiert der Erzengel Michael über den bereits besiegten Satan.
Rücklings liegt dieser mit schmerzverzerrtem Gesicht und zum Schrei weit geöffnetem Mund auf
dem Boden. Lässig hat ihm Michael den linken Fuß
auf den Oberarm gesetzt; nur die verzweifelt erhobene Rechte bleibt dem Teufel noch frei. Ursprünglich
hielt der Erzengel in seiner vor den Körper gezogenen Linken wohl eine Lanze, die er dem Teufel auf
den Hals gesetzt hatte. Auch die weit erhobene
Rechte hielt ehemals wohl einen Gegenstand, vielleicht ein Schwert, das er drohend über dem Kopf
schwang. Das heutige Erscheinungsbild wird außerdem durch das Fehlen der Flügel beeinträchtigt.
Mehringer (1966) schrieb die Figur Christoph Daniel
Schenck zu und datierte sie in die achtziger Jahre.
Hinsichtlich des Darstellungstypus verwies Mehringer auf den Michael auf dem 1687 datierten Anhängekreuz auf Schloß Kronburg bei Memmingen
(Kat.Nr. 40). Lohse (1968) verglich mit den Figuren
der Maria und des Johannes im Kloster Zoffingen in
Konstanz (Kat.Nr. 64), der Sonderbucher Kreuzigungsgruppe von 1675 (Kat.Nr. 3) sowie dem Hagnauer Sebastian (Kat.Nr. 22). Auch die »präzise Modellierung des Körpers und die natürlichen Proportionen« lassen Lohse an eine Entstehung vor 1675
denken.
Bei der Konstanzer Figur des Erzengels Michael
dürfte es sich im Unterschied zur bisherigen Einschätzung wohl kaum um ein eigenhändiges Werk
handeln. Generell ist bei allen Arbeiten Schencks,

die im Format über die Kleinplastik hinausgehen,
mit einer Beteiligung von Werkstattmitgliedern zu
rechnen. Hierbei treten jedoch erhebliche Unterschiede in der Qualität auf. Arbeiten wie etwa die
Christus-Figur aus der Thomas-Christus-Gruppe des
Thomas-Altares im Konstanzer Münster (Kat.Nr. 16)
sind in der Aktbehandlung hinsichtlich der Wiedergabe von Haut und Muskeln reich ausgearbeitet und
fein differenziert sowie in den Bewegungsmotiven
und in den Proportionen stimmig. Werke wie die
Pietà des Klosters Zoffingen in Konstanz (Kat.Nr. 31)
zeigen außerdem, daß Schenck auch im großen Format eine Unterscheidung verschiedener Stoffqua-
litäten bei den Gewändern gelang. Alle diese Merkmale fehlen jedoch bei der Michaelsfigur. Zwar erschwert der Verlust der Fassung eine Beurteilung
der ursprünglichen Oberfläche, doch kann man davon ausgehen, daß beispielsweise das Gesicht selbst
im gefaßten Zustand wesentlich weniger fein ausgearbeitet war als bei der Zoffinger Gruppe oder bei
anderen, wohl in größerem Maße eigenhändigen
Werken, wie etwa dem Gekreuzigten in Sonderbuch
(Kat.Nr. 3). Auch die im Gegensatz zur Ansicht Lohses keineswegs natürlichen Proportionen – man be-
achte nur den extrem schmalen Schultergürtel – und
die unglaubwürdige Haltung des Erzengels, die im
Unterschied zu den eigenhändigen Michaelsdarstel-
lungen auf dem Frankfurter Relief (Kat.Nr. 28) und
auf dem Anhängekreuz in Kronburg (Kat.Nr. 40)
auch jeglicher Dynamik oder überzeugender Darstellung eines Krafteinsatzes entbehrt, lassen in der
Konstanzer Figur ein Produkt der Werkstatt vermuten, das ohne intensivere Beteiligung des Meisters
entstanden sein dürfte.
Die Datierung Lohses in die Zeit vor 1675 ist ebenfalls zu überdenken, zumal aus diesen Jahren kein
gesichertes Werk Christoph Daniel Schencks erhalten ist. Eine enge Verwandtschaft hinsichtlich der
Ausbildung der Rüstung und des Gewandes sowie
im Kopftypus, in der Proportionierung mit den langen, dünnen Extremitäten, den schmalen Schultern
und dem vorgewölbten Bauch und schließlich in der
Haltung mit der seitlich ausgeschobenen Hüfte zeigt
die Konstanzer Figur dagegen mit derjenigen des
Erzengels Michael in Münsterlingen, die wohl 1678
entstanden ist (Kat.Nr. 56). Für den Konstanzer
Michael wird demnach ebenfalls eine Entstehung in
dieser Zeit anzunehmen sein.

Literatur:
Weinmüller 1966, Nr. 40 (mit Abb.)(bearb. von A. Mehringer);
Lohse 1968, S.122 (mit Abb. 4); Mesenzeva/Lohse 1982,
S.210.

54

55
Epitaph des Pappus von Tratzberg

Christoph Daniel Schenck zugeschrieben
1677

Konstanz, Münster Unserer Lieben Frau, nördliche Seitenschiffswand

Bronze
H. 96 cm, B. 89 cm

Leonhard Pappus von Tratzberg, geboren am 27. Januar 1607 in Feldkirch (Vorarlberg), wurde nach dem Studium der Jurisprudenz 1632 Propst des Kollegiatsstiftes St. Johann in Konstanz. 1634 wurde er Domherr in Augsburg. Von 1645 bis zu seinem Tod war er Domdekan in Konstanz. Ab 1646 bis 1668 war er außerdem Präsident des Geistlichen Rats des Bistums Konstanz und in den Jahren 1670/71 Dom-

dekan in Augsburg. Neben seinen geistlichen Ämtern war er Kaiserlicher Rat und als Diplomat in kaiserlichem Dienst tätig. Tratzberg starb am 6. Juni 1677 und wurde im Konstanzer Münster begraben.

In rühmenden Worten nimmt die Inschrift seines Epitaphs nicht nur auf seinen beruflichen Lebensweg, sondern auch auf seine wohltätigen Stiftungen Bezug: *PIIS MANIBVS / Rever*[mi] *DD. / LEONARDI PAPPVS / A TRAZBERG. V.I.D. / Eccl. hui*[9] *Cathedr. per An XXXII Decanus / Qui / Veldkirchii in Rhaetia XXVII Ian. MDCVII natus / Publicisq*[9] *rebus inter ARAS Arma et Aulas admod*[9] *S.C.M. Consiliarius / Ad Pontifices Max: ad Sermos Archiduces / Aliosq9 S.R.I. Principes / Legatus. / Arcanorum Consci9 & Tenax / Nil dicendum siluit & nihil silendum edixit / Principû fidus Achates. / Sibi dum viueret Parcus, Moriens vero / In Pauperes Munificus. / Pientissime defunct9 est Constantiae VI die Iun: / Ipsa Dom: Pentecost: / Ann. MDCLXXVII / Aetatis LXX.*

Die ovale Inschrifttafel wird gerahmt von knorpelbesetzten Volutenornamenten sowie von Motiven, die auf den Tod bezugnehmen: Zu Seiten des bekrönenden Bildnismedaillons sitzen zwei trauernde Engel mit nach unten gehaltenen, erloschenen Fackeln, seitlich sind zwei Totenköpfe und darunter jeweils eine brennende Öllampe angebracht. Am unteren Rand der Tafel steht das Wappen Tratzbergs. Die vier kleinen Wappenkartuschen zeigen heraldisch oben rechts das Wappen des Vaters, Othmar Pappus von Tratzberg; oben links das der Mutter, Barbara von Furtenbach; heraldisch unten rechts das der Großmutter väterlicherseits, einer Hummelberger, und links unten das der Großmutter mütterlicherseits, einer Gienger von Wolfseck. Diese vier Wappen sind separat gegossen und mit eigenen Klammern an die Wand montiert. Da sie zudem flacher als das Hauptstück sind und auch eine andersfarbige Patina als dieses zeigen, ist anzunehmen, daß sie nicht in einem Zuge mit dem Epitaph hergestellt und wahrscheinlich erst später hinzugefügt wurden.

Die Zuschreibung geht auf Reiners und Lohse (1955) zurück. Lohse sieht in den parallelen Falten der Lendenschurze der beiden Putti sowie in deren lockeren Haaren und den kleinen Schnitzkerben unter der Brust des linken Putto bezeichnende Merkmale des Schenckschen Stils. Auch das Porträt Tratzbergs mit den »kleinen senkrechten Nasenwurzelfalten unter der breitgefurchten Stirn, die durch die weit auseinanderfallenden strähnigen Haare freigelassen wird«, zeuge von der Hand Schencks.

Literatur:
Kraus 1887, S. 195 u. S. 200; Gröber 1914, S. 107; Reiners 1955, S. 456–457 (mit Abb. 406–407); Lohse (Foerster) 1955, S. 109–110; Schahl 1959, S. 52; Lohse 1960, S. 14 u. 85, Nr. 30 (mit Abb. 18); Beck 1962, S. 206; Philippovich 1962, S. 198; Thöne 1968, S. 473; Müller/Thöne 1979, S. 471; Mesenzewa/Lohse 1982, S. 216; Wieland 1988, S. 71 (mit Abb.).

55

56

20 Altarfiguren und ein Relief

a) **Hll. Petrus, Paulus, Johannes der Täufer, Sebastian, zwei Engel und sechs Putti**

b) **Hll. Joachim und Anna Selbdritt**

c) **Erzengel Michael und Hl. Antonius**

d) **Hll. Joseph und Johannes der Evangelist**

e) **Hll. Walburga und Scholastika**

f) **Hl. Verena**

Christoph Daniel Schenck und seiner Werkstatt zugeschrieben
1678?

Münsterlingen (Thurgau), Klosterkirche des ehem. Benediktinerinnenkonvents

Linden(?)holz
a) Hll. Petrus, Paulus, Johannes der Täufer und Sebastian: H. überlebensgroß; zwei Engel: H. ca. 100 cm; sechs Putti: H. ca. 70 cm
b) Hll. Joachim und Anna Selbdritt: H. ca. 100 cm
c) Erzengel Michael: H. ca. 130 cm; Hl. Antonius nicht mehr erhalten
d) Hll. Joseph und Johannes der Evangelist: H. lebensgroß
e) Hll. Walburga und Hl. Scholastika: H. lebensgroß
f) Kartusche mit Hl. Verena: H. ca. 80 cm

Fassungen neu. Bei Walburga und Scholastika einige Finger ergänzt; ebenso die Lilie des Johannes.

Die fünf Münsterlinger Altäre setzen sich aus dem Hochaltar, den beiden Chornebenaltären und den Seitenaltären im Schiff zusammen. Die beiden Hauptfiguren des Hochaltars, der Hl. Petrus und der Hl. Paulus, stehen auf Konsolen zu Seiten der Säulen des 1733 bis 1738 errichteten Altars. Auf dem darüberliegenden Gebälk stehen die Figuren Johannes des Täufers und des Hl. Sebastian. Auf den Gebälkecken sitzen die beiden Engel. Von den sechs Putti befinden sich zwei über Johannes und Sebastian, zwei flankieren das Wappen der Äbtissin von Roost, der Stifterin der Altarbauten, und weitere zwei sitzen auf den Türrahmungen neben dem Altarsockel. Auf dem rechten Chornebenaltar steht links die Figur des Erzengels Michael. Rechts stand laut der am Altar vorhandenen Weihetafel ehemals eine Figur des hl. Antonius[1]. Diese verlorene Arbeit wurde im 19. Jahrhundert durch die heute noch vorhandene Figur des Erzengels Gabriel ersetzt. Auf dem linken Chornebenaltar stehen Joachim mit der kleinen Maria und auf der gegenüberliegenden Seite die Hl. Anna Selbdritt. Die Figuren des Hl. Joseph und des Hl. Johannes Evangelista stehen auf dem linken Seitenaltar, auf dem gegenüberliegenden Seitenaltar stehen die Hl. Scholastika und die Hl. Walburga.

a) Die Figuren der Apostelfürsten Petrus und Paulus sind streng symmetrisch ausgerichtet. Sie tragen den typischen Apostelhabit, bestehend aus einer langen gegürteten Tunika und einem reich gefälteten Pallium. Das Pallium bedeckt bei beiden Figuren nur eine Schulter und fällt in einem weiten, bogenförmigen Schwung über die Hüfte. Beide Figuren sind barfüßig, haben langes, gelocktes Haar und tragen einen ebenfalls lockigen Vollbart. Ihre Köpfe werden von strahlenförmigen Nimben hinterfangen. Petrus hält in seiner vorgestreckten linken Hand das gekreuzte Schlüsselpaar; sein individuelles Attribut, das ihn als Inhaber der nur ihm in Christi Kirche eigenen höchsten Binde- und Lösegewalt kennzeichnet. In der Rechten trägt er einen Kreuzstab. Der Hl. Paulus hält in der Rechten ein aufgeschlagenes Buch, Sinnbild des Evangeliums, das er verkündet. In der vorgestreckten Linken hält er das Schwert. Die Figuren der Hll. Johannes und Sebastian stehen sich ebenfalls in gegengleich ausgerichteter, symme-

56

56 a

trischer Haltung gegenüber. Johannes der Täufer ist als Prophet und Büßer dargestellt und trägt diesem Typus entsprechend ein mit einem Ledergürtel zusammengehaltenes Fellgewand und langes Haupt- und Barthaar. In der Rechten hält er ein mit einer Schriftbanderole umwundenes Kreuz, welche die Aufschrift *Ecce Agnus Dei* trägt. Mit der Linken hält er das Buch mit dem daraufliegenden Lamm. Der Hl. Sebastian ist mit dem erhobenen rechten Arm an einen Ast des hinter ihm stehenden Baumes gefesselt. Sein linker Arm, ebenfalls am Handgelenk mit einer Fessel verschen, hängt erschlafft seitlich am Körper herunter. Mit dem rechten Bein ist er ebenfalls an den Baum gefesselt, sein linkes Bein wirkt entspannt nach vorn gesetzt. Sein von Pfeilen durchbohrter Körper wird nur durch einen Lendenschurz bedeckt, der in ringförmigen Falten seine Hüften umspielt. Mit leidvoll gesenktem Blick hat er den Kopf nach rechts geneigt. Auch die auf den Gebälkecken sitzenden Engel sind in gegengleich ausgerichteter Haltung komponiert. Mit leicht zur Seite

gedrehtem Kopf ist der Blick des rechts sitzenden Engels gen Himmel gerichtet. Der links sitzende hingegen blickt mit ebenfalls seitlich geneigtem Haupt andächtig nach unten. Beide Figuren tragen langes, in spiralförmigen Locken gedrehtes Haar, das bis auf den Nacken herunterfällt und sind in lange, reich gefältelte, in der Hüfte gegürtete Gewänder gekleidet. In den weit ausgebreiteten Armen halten sie die Leidenswerkzeuge, in der inneren Hand die Dornenkrone, in der äußeren Hand hält der linke einen Palmzweig; das Leidenswerkzeug des rechten Engels fehlt.

b) Auf ihrem linken Arm hält Anna das in Windeln gehüllte Jesuskind. Mit der Rechten umfaßt sie den ausgestreckten Arm der kleinen Maria, die eng an sie gepreßt vor ihr steht. Maria blickt mit flehentlichem Blick zum über ihr sitzenden Jesuskind empor und streckt ihm seine ausgebreiteten Arme entgegen. Anna hält ihr von einem Schleier bedecktes Haupt nach unten geneigt. Die Köpfe aller drei Figuren sind von strahlenförmigen Nimben hinterfan-

56 a

56 b

56 c

gen. Der bärtige Joachim hat mit gesenktem Haupt
seinen Blick fürsorglich auf die kleine Maria gerichtet. In der hocherhobenen Rechten hält er einen langen Pilgerstab, mit der Linken umfaßt er den Nacken
der kleinen Maria. Maria greift sich in emphatischer
Gebärde mit der rechten Hand an die Brust und
blickt mit andächtigem Gesichtsausdruck gen Himmel. Ihr mit einem Schleier bedecktes Haupt wird
ebenso wie das des Joachim von einem Strahlennimbus hinterfangen.

c) Der als Soldat gekleidete Erzengel Michael trägt
einen kurzen Rock mit Schuppenketten, Stulpenstiefel und als Kopfbedeckung einen Helm mit Federbusch. Ein langer, bis auf den Boden reichender,
kantig gefältelter Mantelumhang hinterfängt die Figur im Rücken. Die Arme weit ausgebreitet, hält er
in der linken Hand das Flammenschwert und in der
Rechten die Waage.

d) Joseph, in aufrechter Haltung stehend, hält das
sich spreizende nackte Jesuskind im linken Arm
und in der vorgestreckten Rechten den Stab mit der
Lilie, der laut der Legende wunderbar erblühte und
auf Josef als den Bräutigam der Gottesmutter hin-

56 d

wies. Auf der gegenüberliegenden Seite steht Johannes der Evangelist, in der linken Hand den Kelch mit der Schlange haltend, die Rechte dem Betrachter in segnendem Gestus entgegenstreckend.

e) Die Hll. Walburga und Scholastika sind ebenfalls streng symmetrisch komponiert und stehen mit weit nach vorn gesetztem Spielbein in kontrapostischer Haltung. Sie sind im schwarzen Habit der Benediktinerinnen gekleidet und tragen lange, bis zu den Füßen reichende Flocken mit weiten Ärmeln und als Kopfbedeckung Weihel und Schleier. Ihre Köpfe umgibt ein vergoldeter Strahlenkranz.

Die Hl. Walburga hält in der Rechten ein Buch, auf dem eine Krone mit dem Ölfläschchen steht, das ihr individuelles Attribut darstellt. In der Rechten hält sie den Äbtissinnenstab. Mit leicht nach links geneigtem Haupt blickt sie mit flehentlichem Blick himmelwärts. Die Hl. Scholastika hält in der Linken den Äbtissinnenstab, in der Rechten ein Buch mit einer Taube.

f) Das Relief mit der Hl. Verena befindet sich am Chorgestühl in der Mittelachse des nördlichen Dorsals in einer hochovalen Kartusche, die von zwei knorpelbesetzten Voluten gerahmt und von einem Engelskopf bekrönt wird. Im Reliefgrund seitlich des Medaillons steht die Jahreszahl 1678.

Die Figuren in Münsterlingen wurden zuerst von Lohse (1955) in das Werk Schencks eingeordnet. Lohse (1960) beurteilt die Figuren als Arbeiten »von unzweifelhaft Schenck'scher Prägung«. Typische Gestaltungsmerkmale sieht Lohse in »der überall gleichen, etwas steif betonten Kontraposthaltung und der ähnlichen symmetrischen Anordnung von jeweils zwei Figuren auf einem Altar. Stilistische Erkennungsmerkmale sind laut Lohse ferner »die großen, um die Leiber kreisenden Faltenringe der Mäntel, wie sie besonders bei Petrus und Paulus vom Hochaltar und bei Johannes Evangelist am linken Seitenaltar zu sehen sind, ferner die lockere, strähnige Haarbehandlung oder die Durchbildung des Sebastian-Aktes.« Die von

56 e

Lohse vorgenommene Datierung der Figuren in das Jahr 1678 basiert auf mehreren Argumenten. Zum einen sieht sie in der Datierung des Chorgestühls einen Anhaltspunkt für das Entstehungsjahr der Figuren. Sie geht davon aus, daß die 1676 zur Äbtissin gewählte Maria Getrudis Schenck aufgrund ihrer verwandtschaftlichen Verhältnisse zu Christoph Daniel diesem den Auftrag erteilt hat. Ferner fußt Lohses Datierung darauf, daß die Münsterlinger Figuren vor 1680 fertiggestellt gewesen sein müssen, da Schenck ab 1680 bereits an den Figuren für den Thomas-Altar gearbeitet hat. Auch aufgrund stilistischer Vergleiche datiert Lohse die Münsterlinger Figuren in die Stilphase zwischen 1670 und 1680.

Lohses Annahme, daß Christoph Daniel Schenck mit der Äbtissin Maria Gertrudis Schenck verwandt war, dürfte jedoch nicht zutreffen. Die Äbtissin stammte zwar ebenfalls aus Konstanz, jedoch nicht aus der Bildhauerfamilie, sondern aus der ratsfähigen Kaufmannsfamilie gleichen Namens. Die Zuschreibung der Altarausstattung an Christoph Daniel Schenck steht dennoch außer Zweifel. Allein der Umfang des Auftrages mit 20 teils großformatigen Vollplastiken und einem Relief läßt dabei jedoch eine intensive Beteiligung der Werkstatt vermuten. Insbesondere die Figuren der Hll. Joachim und Anna Selbdritt sowie diejenige des Erzengels Michael fallen beispielsweise gegenüber den Figuren der Hll. Petrus und Paulus, die qualitativ durchaus hochstehen, so weit ab, daß eine weitgehend selbständige Ausführung durch Mitarbeiter angenommen werden muß.

1 Staatsarchiv Frauenfeld, Akte Münsterlingen, 7 45 1.

Literatur:
Ganz/Seeger 1946, S. 104–105 (mit Abb. 93); Lohse (Foerster) 1955, S. 113–123; Lohse 1960, S. 15 u. 89–91, Kat.Nr. 40a–d (mit Abb. 11); Konstanz 1960, Nr. 12, 13; Noack-Heuck 1970, S. 35; Kunstführer 1971, S. 659–660 (mit Abb. 205); Lohse 1982, S. 75; Felder 1988, S. 289; Ganz 1977, S. 12–14.

A.T.

56 f

zeichnet. Auf dem Haupt trägt sie eine Krone. Auf ihrem linken Arm hält sie das Jesuskind. In der um das Gesäß des Kindes gelegten linken Hand hält sie ein weißes gefälteltes Tuch. Das Jesuskind sitzt mit angewinkelten Beinen und weit ausgebreiteten Armen in thronender Haltung auf dem Arm der Mutter. Sein von Locken gerahmtes Gesicht wird von einem vergoldeten Strahlenkranz hinterfangen. Maria hält in der rechten Hand ein Szepter. Mit leicht gesenktem Haupt blickt die Jungfrau mit halbgeschlossenen Augenlidern nach unten. Ihr Haupt ist seitlich geneigt und berührt das gleichfalls geneigte Haupt des Kindes. Maria ist in ein langes, bis zu den Füßen reichendes Kleid gewandet, das an der hohen Taille durch einen Gürtel gehalten wird. Das Kleid wird in Hüfthöhe von einem reich gefältelten Mantelumhang, der die Figur im Rücken überfängt, überdeckt.

b) Die kleinen Figuren des Hl. Mauritius und der Hl. Barbara stehen je rechts und links vom Tabernakel in kleinen Muschelnischen. Der in der linken Nische stehende Hl. Mauritius, Offizier der Thebäischen Legion, der zwischen 280 und 300 das Marty-

57
Fünf Altarfiguren

a) Maria mit Kind
b) Hl. Mauritius
c) Hl. Barbara
d) Hl. Benedikt
e) Hl. Meinrad

Christoph Daniel Schenck und seiner Werkstatt
zugeschrieben
1679?

Ittendorf, kath. Pfarrkirche St. Martin

Linden(?)holz
Maria mit Kind. H. 145 cm, Hl. Mauritius. H. 37 cm, Hl. Barbara: H. 36 cm; Hl. Benedikt: H. 61 cm; Hl. Meinrad: H. 62 cm

Bei Maria Absplitterungen an der Vergoldung. Mittel- und Ringfinger des Christuskindes fehlen. Sockel der Mönche ergänzt.

a) Die Figur der Muttergottes mit Jesuskind steht heute in der großen Muschelnische des 1710 errichteten Hochaltars. Die frontal ausgerichtete Figur steht auf einem Wolkensockel. Ihr vorgesetzter linker Fuß ruht auf einer vergoldeten Mondsichel, das Symbol, das sie als apokalyptisches Weib kenn-

57 a

57 b+c

rium erlitt, ist als Soldat gekleidet und trägt ein Brustpanzerhemd und einen bis zu den Knien reichenden Waffenrock. Die Figur wird im Rücken von einem langen, reich gefälteten Mantelumhang hinterfangen. In der seitlich nach vorn ausgestreckten rechten Hand hält er ein Schwert, mit der angewinkelten Linken umfaßt er den Schaft einer kurzen Fahnenstange, die er senkrecht hochhält.

c) Die als Gegenstück zum Mauritius gearbeitete Figur der Hl. Barbara steht in kontrapostischer Haltung in der rechten Nische. Sie ist in ein enganliegendes Kleid gewandet, dessen Hüftpartie von einem im Bogen geführten Mantel, der den Rücken hinterfängt, umspielt wird. Als Kopfbedeckung trägt sie ein an den Seiten geknotetes haubenartiges Tuch, dessen Enden auf den Schultern aufliegen. Ihr rechter Arm ist nach vorn gestreckt und in der Hand hält sie den Kelch mit der Hostie, ihr individuelles Attribut, das sie als Sterbepatronin kennzeichnet. In der Linken hält sie eine Feder, die ihr vom Jesusknaben überreicht wurde und als Symbol

ihrer Jungfräulichkeit gilt. Den Kopf leicht nach links geneigt, blickt sie mit gesenkten Augenlidern nach unten.

d/e) Die beiden Figuren des Hl. Meinrad und des Hl. Benedikt befinden sich an der Nordwand der Kirche, wo sie rechts und links neben der Kanzel auf ovalen Sockeln stehen. Die beiden Patronatsheiligen von Einsiedeln sind als Pendantfiguren in symmetrischer Ausrichtung und kontrapostischer Haltung gearbeitet. Beide Figuren sind im traditionellen Habit der Benediktinermönche gekleidet. Sie tragen schwarze, bis zu den Füßen reichende Flocken mit weiten Ärmeln und auf dem Rücken aufliegenden Kapuzen. Die in gleichmäßigen Parallelfalten herunterfallenden Gewänder verhüllen die Figurenkörper; lediglich das jeweils vorgesetzte Spielbein zeichnet sich in Kniehöhe unter der schweren Gewandfaltung ab. Beide Figuren tragen als Zeichen der Übereignung an Gott Tonsuren, die sie gleichzeitig als Mönche kennzeichnen. Der auf der linken Seite stehende Hl. Benedikt blickt mit nach links gewende-

hende Hl. Benedikt blickt mit nach links gewendetem, leicht geneigtem Haupt nach unten; sein leicht geöffneter Mund ist von einem Vollbart gerahmt. In der rechten hält er den Abtstab und in der ausgestreckten Linken einen Buckelbecher, der sein individuelles Attribut darstellt und auf den Vergiftungsversuch in Vicovaro verweist, wo die Mönche versuchten, Benedikt wegen seiner Strenge umzubringen. Der Blick des bartlos dargestellten Hl. Meinrad schweift in die Ferne, in der ausgestreckten Rechten hält er einen Teller mit Brot und in der Linken eine Keule, beides individuelle Attribute, die auf seine Vita anspielen, laut der er 861 von zwei Räubern erschlagen wurde, die er vorher noch mit Brot bewirtet hatte.

Feuchtmayr (1936) schreibt ausschließlich die Madonnenfigur Christoph Daniel Schenck zu, die er einem Hinweis von Paul Motz folgend auf 1690 datiert. Laut Feuchtmayr befand sich die Muttergottes ehemals an der Südwand des Kirchenschiffes. Bei den übrigen Bildwerken, die er ebenfalls auf 1690 datiert, handelt es sich seiner Auffassung nach um »etwas derbe u. handwerkliche Werkstattarbeiten.« Lohse (1955) schloß sich dieser Ansicht an. Sie sieht jedoch auch in der Mondsichelmadonna eine Werk

stattarbeit, die allerdings unter Mitwirkung Christoph Daniel Schencks gefertigt worden sei. Was ihre Datierung auf das Jahr 1686 betrifft, bezieht sich Lohse neben stilistischen Argumenten auf eine mündliche Überlieferung, laut der bei der jüngsten Restaurierung am Glockenstuhl eine Inschrift entdeckt wurde, die neben der Jahreszahl 1686 und mehreren Namen auch den von Christoph Daniel Schenck beinhaltet haben soll. Da die Inschrift nicht mehr nachweisbar ist, scheint eine darauf fußende Datierung jedoch fraglich. In der nachfolgenden Literatur wird die Muttergottes mit Jesuskind ohne nähere Datierung und stilistische Einordnung Christoph Daniel Schenck zugeschrieben, wie von Dobras (1989), der sie als »eine meisterliche Figur des Konstanzer Künstlers Christoph Daniel Schenck« bezeichnet.

Der von Boeck abweichenden Auffassung Lohses, daß nicht nur die vier kleineren Figuren Werkstattarbeiten seien, sondern auch die Madonna, ist sicherlich zuzustimmen. In der Frage der Datierung soll hier jedoch eine etwas frühere als die bisherige vorgeschlagen werden. Insbesondere die vier kleinen Figuren haben weniger Anknüpfungspunkte an Werke aus der Zeit um 1686, etwa die Figuren des Einsiedler

57 d

57 e

ten aus den Jahren um 1678 oder früher. So scheint die Figur der Hl. Barbara im Gewandstil durchaus derjenigen der Maria aus der Sonderbucher Kreuzigungsgruppe (Kat.Nr. 3) verwandt. Auch die beiden Figuren der heiligen Mönche zeigen in Gewandstil und Kopftypus enge Verbindungen zu früheren Arbeiten, etwa den beiden Figuren der Hll. Walburga und Scholastika in Münsterlingen, die wohl aus dem Jahr 1678 stammen (Kat.Nr. 56e). Da Christoph Daniel Schenck gerade in dieser Zeit mit dem von 1679 datierenden Ölbergrelief (Kat.Nr. 11) ein weiteres Werk für die Pfarrei Ittendorf fertigte spricht wohl nichts gegen die Annahme, daß die Altarfiguren ebenfalls im Jahr 1679 entstanden sind.

Die Vermutung, daß die Bildwerke aus der Werkstatt Christoph Daniel Schencks stammen, wird ferner dadurch gestützt, daß Ittendorf von 1650 bis 1693 im Besitz der Benediktinerabtei Einsiedeln war, für die Schenck nachweislich mehrere Arbeiten ausgeführt hat, unter anderem auch das in Ittendorf befindliche signierte und auf das Jahr 1679 datierte Ölbergrelief. (Kat.Nr. 11). Die Annahme, daß die Arbeiten im Auftrag des Klosters entstanden sind, wird auch dadurch bekräftigt, daß die beiden Patronatsheiligen von Einsiedeln, der Hl. Meinrad und der Hl. Benedikt, dargestellt sind.

Literatur:
Staiger 1861, S. 324; Feuchtmayr 1930, S. 26; Lohse (Foerster) 1955, S. 168–173; Lohse 1960, S. 28 u. 80–81, Kat. Nr. 17, 18, 20 (mit Abb. 35); Dehio 1964, S. 234; Krins 1980, S. 203; Brunner/Reitzenstein 1985, S. 410; Barth 1986, o.P; Dobras 1989, S. 6 (mit Abb.).

A.T.

58
Hl. Konrad

Christoph Daniel Schenck zugeschrieben
1680?

Konstanz, Münster Unserer lieben Frau, Kanzeldeckel

Linden(?)holz
H. 187 cmm

Ungefaßt. Kelch vermutlich nachträglich ergänzt und goldfarben gefaßt. Beide Unterarme an den Ellenbogen angestückt, linker Arm auf Höhe der Schulter nochmals angesetzt.

Die Figur des Hl. Konrad krönt den Schalldeckel der Kanzel, die bei der barocken Umgestaltung des Münsters 1680 angefertigt wurde. Die lebensgroße Figur steht in kontrapostischer Haltung auf einem laternenartigen Sockel. Der Heilige trägt pontifikale Meßkleidung, bestehend aus Albe, Rochett und Plu-

viale. Die in schmale parallele Falten gelegte und in der Taille gegürtete Albe bedeckt um die Schultern ein Mantel, der in großzügigem Schwung umgeschlagen über der linken Hüfte und dem linken Bein liegt. Das rechte Standbein ist fast gänzlich unter der in Falten herabfallenden Albe verborgen, das Spielbein zeichnet sich unter dem im Bogen drapierten Manteltuch ab. Als Kopfbedeckung trägt Konrad die Mitra, die ihn ebenso wie das vor der Brust hängende Kreuz als Bischof kennzeichnet. Die Augen des Heiligen sind halbgeschlossen und sein von einem lockigen Bart gerahmtes Gesicht ist leicht nach unten geneigt. In der ausgestreckten Rechten hält er den Kelch mit einer auf dem Rand sitzenden Spinne. Sie ist das individuelle Attribut des Hl. Konrad, Symbol für die Ehrfurcht vor dem Blut Christi, da der Heilige eine in den Meßbecher gefallene giftige Spinne mittrank, ohne Schaden zu nehmen. Der linke Arm ist nach vorn ausgestreckt, Daumen und Zeigefinger sind zu einem deutenden Gestus ausgestreckt.

Laut Marmor (1860) wurde im Deckel der Kanzel eine Inschrift mit dem Vermerk des Entstehungsjahres gefunden. Diese Datierung wird in der gesamten Literatur übernommen. Bis heute wurden keine weiteren Untersuchungen an der Kanzel vorgenommen, anhand derer diese Datierung hätte überprüft werden können. Die Zuschreibung geht auf Feuchtmayr (1936) zurück. Lohse (1955) stellt die Vermutung an, daß sich der Kelch mit der Spinne ursprünglich in der anderen Hand befunden habe und daß es sich bei dem heute in der Rechten befindlichen Kelch um eine spätere Ergänzung handele. Während wir Lohses Vermutung hinsichtlich einer späteren Ergänzung des Kelches folgen, erscheint ihre Argumentation, daß sich der Kelch ursprünglich in der Linken befunden habe, in Anbetracht der Fingerhaltung nicht überzeugend. Im Unterschied zu allen übrigen lebensgroßen hölzernen Kirchenbildwerken Christoph Daniel Schencks ist diese Figur, mit Ausnahme des goldfarbenen Kelches, ungefaßt. Entgegen der Behauptung Eschweilers (1953), der davon ausgeht, daß die Figur ihre farbige Fassung verloren habe, ist anzunehmen, daß die Figur auch im ursprünglichen Zustand ungefaßt war, da einzelne Details plastisch sehr differenziert gearbeitet sind, wie beispielweise die erhaben aufgesetzten diamantquaderförmigen und runden Zierknöpfe des Gewands. Des weiteren ist zu vermuten, daß die Figur des Hl. Konrad speziell für die hölzerne Kanzel angefertigt worden ist, was von Eschweiler angezweifelt wird, jedoch eine weitere Erklärung für den ursprünglich ungefaßten Zustand liefert, da eine farbliche Homogenität von Kanzelarchitektur und figürlicher Plastik beabsichtigt war.

Die seit Marmor gängige Datierung in das Jahr 1680 wird auch dadurch gestützt, daß Schenck in diesem

Jahr noch weitere Aufträge für die 1679 begonnene Umgestaltung des Konstanzer Münsters ausführte. Neben den Figuren des Thomas-Altars (Kat.Nr. 16) ist hier das Tabernakel (Kat.Nr. 17) zu nennen, das allerdings nur archivalisch als Werk Christoph Daniel Schencks überliefert ist.

Literatur:
Eiselein 1851, S. 196; Marmor 1860, S. 329; Kraus 1887, S. 147; Gröber 1914, S. 95; Feuchtmayr 1930, S. 26; Gröber 1948, S. 113 (mit Abb. 47); Eschweiler 1953, S. 300–301 (mit Abb.); Reiners 1953, S. 10; Lohse (Foerster) 1955, S. 137–139; Reiners 1955, S. 372 (mit Abb.); Schahl 1959, S. 52; Lohse 1960, S. 19 u. 84, Kat.Nr. 28; Dehio 1964, S. 259; Konstanzer Münster 1989, S. 69 (mit Abb.).

A.T.

58

59
Wappen des Bischofs Johann Franz von Praßberg

Christoph Daniel Schenck zugeschrieben
1680

Konstanz, Münster Unserer Lieben Frau, Vierungsbogen

Linden(?)holz
H. ca. 150 cm

Fassung neu. Bei dem rechten Putto fehlt der Palmzweig.

Das Wappen des Konstanzer Bischofs wird gerahmt von Knorpel- und Akanthuswerk, das seitlich in je eine Standfläche für einen Putto auskragt. Die mit einem Lendenschurz bekleideten Putti halten in der dem Wappen zugewandten Hand jeweils einen Lorbeerkranz als Zeichen für den Ruhm des Wappenträgers. In der anderen halten bzw. hielten sie einen – im Falle des rechten Puttos verlorenen – Palmzweig. Das Wappen wird bekrönt von einem Puttenkopf, der eine Mitra trägt und dem seitlich ein Pedum als Zeichen der geistlichen und ein Schwert als Zeichen der weltlichen Macht des Fürstbischofs beigeordnet sind.

Die Zuschreibung des Wappens geht auf Reiners (1955) zurück. Lohse (1960) brachte es mit der um 1680 durchgeführten Erneuerung des Münsters in Verbindung und datierte das Wappen in eben dieses Jahr. Der Auftraggeber des Wappens, Johannes Franz Vogt von Altensumerau und Praßberg, war von 1645 bis zu seinem Tod am 7. März 1689 Fürstbischof von Konstanz. Die zu Seiten des Wappens auf dem Vierungsbogen aufgemalte Jahreszahl 1680 dürfte sich auf die 1679 begonnene und ein Jahr später abgeschlossene Einwölbung des bis dahin flach gedeckten Mittelschiffs beziehen. Es ist daher wahrscheinlich, daß das Wappen aus Anlaß der Fertigstellung dieser Umgestaltung des Münsters angebracht wurde.

59

Die Körperbildung der Putti sowie die Physiognomi-
en lassen keinen Zweifel an einer Autorschaft
Schencks, der zudem im Jahre 1680 noch zwei weitere Arbeiten für das Konstanzer Münster lieferte:
den nur noch archivalisch überlieferten Tabernakel
(Kat.Nr. 17) und die Kanzelfigur des Hl. Konrad
(Kat.Nr. 58).

Literatur:
Gröber 1914, S. 90; Gröber 1948, S. 107; Reiners 1955,
S. 170–171 (mit Abb. 154); Lohse 1960, S. 19 u. 85, Nr. 29; Thö-
ne 1968, S. 473; Konstanzer Münster 1989, S. 11 (Abb.).

60
Dornenkrönung und
Geißelung Christi

Christoph Daniel Schenck zugeschrieben
um 1680

Dijon, Musée des Beaux Arts, Inv.Nr. C.A.T. 359

Elfenbein
H. 6,8 cm, B. 4,5 cm

Beidseitig beschnitzt. In späterem Messingrahmen. Elfenbein
stellenweise durchscheinend dünn geschnitzt, stark vergilbt.

Aus der Sammlung Trimolet.

60

Die eine Seite des Medaillons zeigt vor einer gemauerten Wand mit einem Rundfenster den fast nackten
Christus, der in qualvoller Krümmung des Körpers
mit seinen Händen an die Geißelsäule gebunden ist.
Sein Lendenschurz wird nur durch einen Strick am
Wegrutschen gehindert. Von beiden Seiten empfängt
er kraftvolle Hiebe seiner Peiniger; der linke holt mit
einem Rutenbündel zum Schlag aus, während der
rechte ihn nicht nur mit einer sternenbewehrten
Geißel traktiert, sondern ihn auch noch so kräftig an
den Haaren zieht, daß ihm der Kopf weit zur Seite
gebogen wird.
Auf der anderen Seite sitzt Christus, der bis auf ein
Halstuch völlig nackt ist, wohl vor derselben Wand
auf einem steinernen Podest mit einem Schilfrohr
als Szepter in der rechten Hand. Hinter ihm steht einer seiner drei Schergen und drückt ihm mit von
Kraftanstrengung gezeichneter Miene und mit eisenbewehrten Handschuhen unter Zuhilfenahme eines
Stabes die Dornenkrone mit solcher Vehemenz auf
das Haupt, daß der gesamte Oberkörper Christi und
sein Kopf stark zurückgebogen werden. Die Rüstung
und der federgeschmückte Helm kennzeichnen ihn
als Soldaten. Zur Linken Christi steht ein Peiniger,
der durch seinen weit geöffneten Mund, seine aufgerissenen Augen und seinen gegen den Hals Christi

gestemmten Ellbogen kaum weniger brutal erscheint. Um den Hals Christi hat er zudem eine Kette geschlungen, die er mit beiden Händen festhält.
Der dritte Scherge, der an seiner Brille als Schriftge-
lehrter zu erkennen ist, zieht nicht nur am Halstuch
Christi und unterstutzt damit im Rahmen seiner be-
scheidenen Kräfte die brutale Rohheit des Soldaten,
sondern scheint Christus angesichts seines geöffneten Mundes und seiner bedeutungsvoll um den Bart
gelegten rechten Hand darüber hinaus mit Worten
zu verhöhnen. Die drei Peiniger bilden so einen
Christus umringenden Kranz.
Im Ausstellungskatalog »Le gout du gothique«
(Dijon 1961), in dem das Medaillon zuerst publiziert
wurde, ist es als »Travail allemand, XVIe siècle« geführt. Auch Maurice (1983) bezeichnet es mit »l'art
allemand du XVIe siècle«. Einem Hinweis Christian
Theuerkauffs folgend wurde das Medaillon von
Lohse (unpubliziertes Manuskript) als Werk Christoph Daniel Schencks identifiziert. Lohse hält »es
für spät, jedenfalls nicht vor 1685«[1].
Entgegen dieser Einschätzung ist anzunehmen, daß
das Medaillon etwas früher entstanden sein dürfte.
Dahin weisen weniger einzelne Motive oder Eigen-

60

trachter die Eindringlichkeit der Szene vor Augen zu führen. Die Unmittelbarkeit der äußeren Aktionen ist ersetzt durch eine subtile Vermittlung der inneren Qualen Christi. Das Dijoner Relief dürfte daher eher in der Zeit um 1680 als nach 1685 entstanden sein.

Die heutige Messingfassung ist sicher nicht ursprünglich. Ob das Medaillon ehemals überhaupt gefaßt war, ist wohl ebensowenig zu klären wie die ursprüngliche Funktion. Lohse bezweifelt aufgrund der Größe jedenfalls eine Verwendung als Rosenkranzanhänger. Zwar ist das Medaillon tatsächlich etwa zwei Zentimeter größer als die übrigen Medaillons Schencks, doch dürfte eine solche Funktion deshalb nicht auszuschließen sein.

1 Briefliche Mitteilung vom 20.4.1995.

Literatur:
Catalogue Trimolet 1883, Nr. 350; Dijon 1961, S. 41, Nr. 176; Maurice 1983, S. 48, Nr. 29.

61
Tod des Hl. Benedikt und Maria mit Kind

Christoph Daniel Schenck zugeschrieben
um 1680

Einsiedeln, Kunstsammlungen des Klosters (ohne Inv.Nr.)

Elfenbein
H. 4,4 cm, B. 3,1 cm, T. 0,6 cm

Beidseitig beschnitzt. An mehreren Stellen kleine Durchbrüche. Am Rand grünliche Verfärbungen, evtl. von kupferhaltiger Silberlegierung einer ehem. Metallfassung stammend.

Der todkranke Hl. Benedikt hat sich von seinen Mönchen in die Kirche seines Klosters auf dem Monte Cassino führen lassen. Gestützt von einem hinter ihm stehenden Mitbruder, der ihm den Arm um die Schulter gelegt hat, stirbt Benedikt stehend und mit vor der Brust verschränkten Armen. Dem bärtigen, kahlköpfigen Greisenhaupt entweicht durch den geöffneten Mund die Seele. Auf einem Tisch vor dem Heiligen steht sein Attribut, der Weinbecher, in dem sich eine Schlange windet. Er spielt auf den fehlgeschlagenen Versuch der Mönche von Vicovaro an, den wegen seiner Strenge unbeliebten Abt zu vergiften.

Die andere Seite des Medaillons zeigt Maria als Halbfigur. Mit ihrer Rechten hat sie den nackten Jesusknaben umfangen, während sie mit der anderen Hand seinen rechten Fuß stützt. Christus blickt schmerzerfüllt zu seiner Mutter auf, die ihrerseits

heiten der schnitzerischen Ausführung, als vielmehr der Charakter des Werkes. Dieser wird vor allem bestimmt durch die große Brutalität der Aktionen, durch die unmittelbare Anschaulichkeit der Gewalt sowie durch die offensichtliche Bedrängung Christi, die durch eine besonders dicht gedrängte, Christus gleichsam »umzingelnde« Komposition noch betont wird. Dies verbindet das Dijoner Medaillon mit mehreren frühen Arbeiten Schencks, etwa dem Stuttgarter Meinradsrelief von 1678 (Kat.Nr. 7), das in der Drastik der Gewaltdarstellung und der unmittelbaren Bedrängung des Märtyrers durchaus vergleichbar ist. Eine ähnliche Drastik zeigen auch weitere Werke Schencks bis hin zu den beiden Kölner und Londoner Dornenkrönungen aus dem Jahr 1685 (Kat.Nr. 34 u. 35). Während Schenck in diesen frühen Arbeiten die Dramatik des Geschehens offenbar durch besonders augenfällige Aktionen auszudrücken versuchte, war seine Darstellungsweise im Spätwerk subtiler. Vergleichbare Werke wie etwa die Karlsruher Geißelung Christi von 1688 (Kat.Nr. 41) zeigen, daß es in späteren Arbeiten nur kaum noch einer direkten körperlichen Bedrängung Christi mehr bedurfte, um dem Be-

61

mit sorgenvoller Miene die Augen niedergeschlagen hat. Von ihrem Leid zeugt auch der hinter ihrem Kopf auffflatternde Schleier.

Das bislang unpublizierte Stück ist mit dem Prager Medaillon aus dem Jahr 1681 (Kat.Nr. 20) verbunden durch einen ähnlich flachen Reliefstil, die relativ breiten Köpfe und die kleinteilige Fältelung der Gewänder mit den teilweise auffliegenden Gewandstücken. Das Einsiedler Medaillon könnte demnach ebenfalls in den Jahren um 1680 entstanden sein.

Das Verweisen des Jesusknaben auf die Stelle seiner zukünftigen Seitenwunde und der bei beiden gleichermaßen schmerzerfüllte Gesichtsausdruck erklärt sich möglicherweise aus den 1492 im Druck erschienenen Visionen der Hl. Brigitta von Schweden. Dort heißt es: *Als ich nun seine Schönheit erblickt und betrachtete, träufte in meine Seele gleichsam ein Freudentau, in dem Bewußtsein, daß ich eines solches Sohnes nicht wert sei. Als ich aber die Nägelstellen an Händen und Füßen erblickte, welche, wie ich aus den Propheten vernommen, die Kreuzigung zu erleiden haben sollten, füllten sich meine Augen mit Tränen und mein Herz war zerissen durch Trauer. Und als mein Sohn die Tränen in meinen Augen erblickte, ward er betrübt bis zum Tode* (I. Buch, Cap. X)[1].

In gewisser Weise würde das Einsiedler Relief damit ein Pendant bilden zu den übrigen Madonnendarstellungen Schencks, bei denen dem Christusknaben meist ein Kreuz beigegeben ist, das von seiner Vorahnung des Kreuzestodes zeugt. Während es in diesen Darstellungen jedoch Christus selbst ist, der seine Passion vorausahnt, ist es beim Einsiedler Relief Maria.

Die Vorausahnung des Todes als Thema dieser Seite des Medaillons wird auch durch das Thema der anderen Seite, den Tod des Hl. Benedikt, wahrscheinlich: Eines Tages hatte Benedikt seinen Mitbrüdern verkündet, daß er in sechs Tagen sterben werde und sich daraufhin in seine Zelle zurückgezogen. Am vorausgesagten Tag ließ er sich dann in die Kirche führen, wo er gestützt von zwei Mitbrüdern im Stehen starb.

Hält man das Relief gegen das Licht, wirkt es wie eine Lithophanie, da es hinter den beiden Köpfen Mariae und Christi bzw. Benedikts und des Mönches so dünn ausgeschnitzt ist, daß das Licht durchscheint. Die für eine solche Wirkung erforderliche gegengleiche Kompostion machte es offenbar notwendig, als Pendant zur ausgehauchten Seele des Benedikt hinter dem Kopf Mariae den Schleier auffliegen zu lassen, der auf den ersten Blick unmotiviert erscheint.

Aufgrund der grünlichen Verfärbungen am Rand, die auf eine ehemalige kupferhaltige Metallfassung schließen lassen, könnte es sich um einen Rosenkranzanhänger handeln, wie er von Schenck zumindest in einem weiteren Stück belegt ist (Kat.Nr. 30). Das Thema »Tod des Hl. Benedikt« legt nahe, daß sich das Medaillon bereits ursprünglich im Benediktinerkloster Einsiedeln befunden hat.

1 Clarus 1856, S. 20–21.

Literatur:
Unpubliziert.

62
a) Joseph mit Kind
b) Maria mit Kind

Christoph Daniel Schenck zugeschrieben
um 1680

Einsiedeln, Kunstsammlungen des Klosters, Inv.Nr. DO 30 (X 184) und DO 31 (X 202)

Buchsbaum

Joseph: H. 19,5 cm (ohne Sockel), H. 21,5 (mit Sockel)

Joseph: Zunge rot. Bohrloch im Hinterkopf (ehem. für Nimbus). Die große Zehe des linken Fußes fehlt, ebenso der rechte Fuß des Kindes sowie mehrere Faltenstege. Das Attribut ist größtenteils abgebrochen. Rückseitig ein eingeleimter Metallhaken. Sockel modern. Oberfläche beschädigt (wohl seit der Freilegung 1960).
Maria: Brustwarzen Christi aus Metall eingesetzt. Bohrloch im Hinterkopf (ehem. für Nimbus). Ein großes Bohrloch rückseitig sowie ein weiteres kleines an der rechten Hüfte Mariae. Mehrere Ausbrüche an Gewandsäumen. Die Anstückung des rechten Armes hatte sich gelöst und wurde falsch wieder angesetzt. Maria fehlen der große Zeh des rechten Fußes und an der rechten Hand der Mittel- und der Ringfinger sowie der kleine Finger. Vertikalrisse. Hinter dem linken Ellbogen Mariae ist ein großes Stück des Mantels abgebrochen (evtl. war es alt angestückt). Der linke Fuß Christi ist ab dem Mittelfuß angestückt. Alte Anstückungen an beiden Enden der Mondsichel fehlen. Oberfläche beschädigt (wohl seit der Freilegung 1960).

Mit leicht vorgesetztem linken Bein steht Joseph auf einem Wolkensockel. Mit der Rechten hält er das agile Jesuskind, das sich mit aufgerichtetem Oberkörper, ausgestreckten Armen und gespreizten Beinen von Joseph abgewandt hat. Ungeachtet der Lebhaftigkeit Christi blickt Joseph versonnen nach unten in Richtung seiner angewinkelten Linken, in der er den unteren Teil eines Zweiges oder Stabes hält. Mit dem linken Fuß tritt Maria auf eine Mondsichel, die auf dem Wolkensockel liegt; sie ist demnach als apokalyptisches Weib gekennzeichnet (Offb, 12, 1–6). In ihrer Linken hält sie den Jesusknaben, der in

seiner ausgestreckten Rechten ehemals einen Gegenstand hielt, der ebenso verloren ist wie das Attribut in der ausgestreckten Rechten Mariae.

Lohse (1955) schrieb die beiden Statuetten einem Schüler Christoph Daniel Schencks zu, der später außerdem die Figuren einer Schmerzensmutter und eines Ecce Homo in der Pfarrkirche von Sipplingen (Kat.Nr. 160) gefertigt habe. Zwar wiesen »die Kontraposthaltung beider Gestalten, die Oberarmringe der Mäntel, die aufgezackte Silhouette von Josephs Mantel« auf Christoph Daniel Schenck hin und auch die typischen Schnitzkerben fänden sich wieder, aber die »sehr viel flüssigere und weichere Behandlung der Falten und Haare, vor allen Dingen aber die zartere Struktur« verbände die Arbeiten mit den Sipplinger Figuren. Der bei den Einsiedler Statuetten erkennbare engere Anschluß an das Werk des Meisters lasse dabei darauf schließen, daß sie noch unter dessen persönlichem Einfluß und daher vor den von Lohse in die Zeit nach 1690 datierten Sipplinger Werken entstanden seien. Blanckenhagen (Konstanz 1960) führte die beiden Statuetten dagegen unter den eigenhändigen Werken Schencks und datierte sie um 1680. Nach der 1960 vorgenommenen Restaurierung schrieb dann auch Lohse (1968) die Figuren dem Meister selbst zu. Die Josephsfigur verglich sie mit der Florentiner Madonna von 1680 (Kat.Nr. 12), mit der sie durch eine »ähnlich aufgelockerte Silhouette« verbunden sei. Die »Binnenzeichnung« des Antlitzes des Heiligen entspräche derjenigen des Berliner Kruzifix (Kat.Nr. 70); auch die Scheitelung und der Ansatz der Haare sei gleich. Lohse datierte aufgrund dessen nun ebenfalls in die Zeit um 1680.

Laut von Euw (1969) könnte es sich bei dem nur noch teilweise erhaltenen Attribut des Joseph um den Stab gehandelt haben, der nach der Legende in seiner Hand erblühte und ihn damit als den Bräutigam Mariae auswies. Als Attribut der Madonna vermutet er einen Rosenkranz, dessen Ende Maria in ihrer ausgestreckten Rechten hielt und dessen Schnur das Jesuskind mit der rechten Hand ergriffen hatte. Zimmermann (1981) zufolge war wohl eine Rosenkranzspende dargestellt. Sie vermutete weiter, daß ursprünglich noch ein oder zwei weitere Figuren dazugehört hätten. Kleeb (1991) schlug in diesem Zusammenhang einen knienden Hl. Dominikus vor.

Literatur:
Lohse (Foerster) 1955, S. 185–186; Konstanz 1960, Nr. 40–41; Bregenz 1964, S. 41, Nr. 133–134 (mit Abb. 35); Lohse 1968, S. 123 (mit Abb. 8–9); Euw 1969, S. 204, Nr. 30–31 (mit Abb.); Noack-Heuck 1970, S. 31; Zimmermann 1981, S. 226–228, Nr. B. 66–67 (mit Abb.); Kleeb 1991, S. 44–45, Nr. 55–56 (mit Abb.).

62 a+b

(s. auch Farbtafel 14)

63
Cruzifixus

Christoph Daniel Schenck zugeschrieben
um 1680

Wil (St. Gallen), Kapuzinerkloster

Linden(?)holz
H. ca. 130 cm

Arme angestückt. Nägel, Vergoldung und Fassung neu. Strahlenbündel, Dornenkrone und Kreuz ergänzt. Rechter großer Zeh abgebrochen und wieder angenagelt. Rückseitig tiefer Vertikalriß.

Mit steil nach oben ausgestreckten Armen und übereinander genagelten Füßen ist Christus an das Kreuz geschlagen. Der vorne stehende rechte Fuß hat offenbar bewirkt, daß Christus die rechte Hüfte vorschiebt. Der Körper folgt dieser Drehbewegung und präsentiert dem Betrachter so die Seitenwunde. Das zwischen den Beinen nach hinten durchgezogene Lendentuch schwingt aufgrund der Wendung des Körpers ebenfalls zur rechten Seite aus. Auch der Kopf Christi ist nach rechts auf die Schulter gefallen. Die geschlossenen Lider und der geöffnete Mund deuten an, daß der Tod bereits eingetreten ist. Die Zuschreibung stammt von Fischer (1970), demzufolge »die Torsion der Gesamtbewegung, die Anatomie des Körpers mit den charakteristischen Falten in der Leistengegend, die parallelen Wülste und tiefeingeschnittenen Kehlen des geknoteten Lendentuches und die Bildung des Haupthaares (...) mindestens in den Umkreis« Christoph Daniel Schencks weisen. Entscheidend für die Eigenhändigkeit spreche »das tiefe Nachempfinden des Leidens, wie es sich vor allem im Dulderausdruck des asymmetrisch gebildeten Antlitzes mit der schmalen Nase, den tiefliegenden, leicht schräg gestellten Augen und dem schmerzhaft geöffneten Mund« zeige. Als Vergleichsbeispiele nennt er die Vesperbilder in Markdorf (Kat.Nr. 93), in Niederzell (Kat.Nr. 66) und im Kloster Zoffingen in Konstanz (Kat.Nr. 31) sowie die Sebastiansstatue in Hagnau (Kat.Nr. 22). Das »starke Interesse am menschlichen Körper, dessen Struktur und Bewegung und die rhythmische, spiralige Faltengebung« bewegen Fischer zu einer Datierung in die Frühzeit Schencks vor 1680. Aufgrund einer Notiz im Archiv des Klosters, derzufolge der Wiler Stadtpfarrer Ludwig Gerschwiler das Refektorium des im Jahre 1657 bezogenen Klosterneubaus auf seine Kosten erstellen ließ, nimmt Fischer »als wahrscheinlichste Entstehungszeit« des Kruzifix das Jahr 1657 an.

Gegen eine solch frühe Datierung sprechen jedoch enge Beziehungen zu gesicherten späteren Arbeiten, während aus der Zeit um 1657 kein einziges für

63

Christoph Daniel Schenck verbürgtes Werk vorhanden ist. So zeigt der Wiler Gekreuzigte in der genauen Herausarbeitung einer Vielzahl anatomischer Details Verwandtschaft mit dem Kruzifix der Kreuzigungsgruppe in Sonderbuch (Kat.Nr. 3) wie auch zu den frühen Aktdarstellungen im kleinplastischen Werk Schencks, etwa der Stuttgarter Sebastiansstatuette von 1675 (Kat.Nr. 1) oder dem Konstanzer Christus an der Geißelsäule von 1679 (Kat.Nr. 8). Die späteren Akte dagegen sind summarischer behandelt. Unter der vergleichbaren Großplastik ist hier als Beispiel vor allem der Kruzifix in Mariaberg bei Gammertingen aus den Jahren 1685/87 (Kat.Nr. 37) zu nennen. Mit späteren Werken wie dem Mariaberger Kruzifix ist der Wiler Gekreuzigte hingegen durch den schmalen Körperbau und die stark gestreckten Proportionen verbunden, während die Frühwerke, wie etwa der Sonderbucher Kruzifix, vergleichsweise kräftig und breit gebaut sind. Der Wiler Kruzifix könnte demnach zwischen dem Sonderbucher und dem Mariaberger, also etwa um 1680, entstanden sein. Im kleinplastischen Werk finden sich in dieser Zeit auch Beispiele, die dem Wiler Gekreuzigten nicht nur im Körper- sondern zudem in Kopftypus sowie in der Haar- und Bartbehandlung ähnlich sind, so vor allem der Konstanzer Geißelsäulenchristus von 1679 (Kat.Nr. 8) und der Gekreuzigte auf der Stuttgarter Relieftafel von 1681 (Kat.Nr. 21).

Auch die von Fischer angenommene ursprüngliche Fertigung für das Refektorium erscheint keineswegs sicher. So lassen die kurzen Arme und das bei einer Betrachtung aus gleicher Höhe verzerrt erscheinende Gesicht mit den unterschiedlich hoch angesetzten Augen und dem schiefen Mund darauf schließen, daß das Kruzifix für eine Betrachtung aus relativ steiler Untersicht bzw. für eine Aufhängung in größerer Höhe als heute konzipiert wurde. Da das Refektorium dafür zu niedrig ist, wird das Kruzifix ursprünglich für einen anderen Raum, eventuell die Kirche, gedacht gewesen sein. Gleichzeitig sind damit wohl auch die äußeren Beweggründe für die Frühdatierung Fischers hinfällig.

Literatur:
Fischer 1970, S. 155–157 (mit Abb.); Felder 1988, S. 280.

64
Maria und Johannes

Christoph Daniel Schenck zugeschrieben
um 1680

Konstanz, St. Katharina, Dominikanerinnenklosters Zoffingen

Linden(?)holz
Maria: H. 83 cm, Johannes: H. 88 cm

Fassung neu. Heiligenscheine ergänzt. Vorderer Teil des
rechten Fußes Mariae fehlt.

Mit verzweifelt vor der Brust verschränkten Armen
stand Maria ursprünglich zur Rechten der verlorenen Figur des Gekreuzigten. Ihr leicht nach links zu
ihrem Sohn hin geneigter Kopf mit der trauervollen
Miene zeugt von ihrem Schmerz.

Ehemals auf der anderen Seite des Gekreuzigten
stand Johannes, der betrübt nach unten blickt und in
einer Geste der Verzweiflung die rechte Hand auf die
Brust gelegt hat. Mit der Linken greift er in seinen
Mantel, der in weitem Schwung seinen Körper um-
fängt.

Lohse (1968) brachte die beiden sicherlich aus einer
Kreuzigungsgruppe stammenden Figuren stilistisch
mit der Kreuzigungsgruppe in Sonderbuch von 1675
(Kat.Nr. 3) und dem Hagnauer Sebastian (Kat.Nr. 22)
in Verbindung, wobei insbesondere der Kopf des Johannes »in Haltung und Ausdruck, sowie in der für
Schenck typischen Haarbehandlung und dem kleinen Grübchen am Halsansatz« demjenigen des Sebastian entspreche. Lohse zufolge gehören die beiden
Figuren »der kraftvollen, in den Proportionen noch
naturalistischen Stilphase Schencks vor 1675 an«.
Ein Vergleich des Kopfes des Johannes mit demjenigen des Hagnauer Sebastian ist durchaus überzeu-

64

gend. Dessen archivalisch gesicherte, neue Datierung in die Jahre 1681/82 lassen damit auch Zweifel an einer Frühdatierung der Zoffinger Johannesfigur aufkommen. Zudem unterscheiden sich die beiden Konstanzer Arbeiten erheblich von den von Lohse als Vergleichsstücke genannten Figuren in Sonderbuch, deren ungelenke Gesten und additive Zusammensetzung aus einzelnen Elementen zugunsten einer in sich stimmigen Komposition gewichen ist, ohne allerdings den durchgehenden Schwung und die Eleganz von späteren Arbeiten zu erreichen, wie etwa den beiden weiblichen Heiligen vom Einsiedler Magdalenenaltar der Jahre ab 1684 (Kat.Nr. 32a), der wohl von 1684 datierenden Überlinger Mater dolorosa (Kat.Nr. 69) oder der Marienfigur aus Mariaberg von 1685/87 (Kat. Nr. 38). Die etwas steife Haltung der beiden Zoffinger Figuren mit den langen vertikalen Faltenbahnen der Untergewänder und die teilweise auch hart wirkende Faltenbildung verbinden sie dagegen mit Arbeiten wie den Heiligen vom Konstanzer Thomas-Altar der Jahre 1680–81 (Kat.Nr. 16).

Literatur:
Lohse 1968, S. 121–122 (mit Abb. 1–2); Mesenzeva/Lohse 1982, S. 210; Vasseur 1992, S. 500.

65
Hl. Sebastian

Christoph Daniel Schenck zugeschrieben
um 1680

65

St. Gallen, Historisches Museum, Stiftung St. Galler Museen, Inv.Nr. 6747

Linden(?)holz
H. 118 cm (ohne Sockel)

Arme angestückt. Die originale (?) Fassung stark abgeblättert. Es fehlen der Ast zum rechten Arm, der große Zeh des rechten Fußes, der Ringfinger und der kleine Finger der linken Hand sowie mehrere Pfeile. In neuerer Zeit ergänzt wurden der linke Mittelfinger sowie die Schnur um die linke Hand.

1905 erworben. Laut Museuminventar stammt die Figur aus der Kirche in Hemberg (St. Gallen).

Mit dem erhobenen linken Arm ist Sebastian an einen Ast des hinter ihm aufragenden Baumes gebunden. Die nach unten zeigende, jedoch leicht vom Körper weggestreckte Rechte war ursprünglich ebenfalls an einen Ast gefesselt. Die Pfeilwunden in seinem Körper scheinen Sebastian kaum zu beeinträchtigen. Das rechte, durchgestreckte Bein steht sicher auf der Standplatte, das linke hat er geradezu elegant nach hinten gesetzt, wo es seitlich des Baumes mit der Fußspitze den Boden berührt. Auch der

nach rechts geneigte Kopf scheint noch nicht vom Todeskampf gezeichnet zu sein. Wohl sind die Augenbrauen etwas zusammengezogen und der Mund leicht geöffnet, doch wirkt der Gesichtsausdruck eher von Gleichmut als von Schmerz geprägt.
Noack-Heuck (1970) stellte dieses Werk neben die Sebastiansfiguren in Stuttgart (Kat.Nr. 1), St. Paul im Lavanttal (Kat.Nr. 95), Hagnau (Kat.Nr. 22), Augsburg (Kat.Nr. 87) und Münsterlingen (Kat.Nr. 56). Die St. Gallener Arbeit sah sie dabei als »bestimmt die späteste der besprochenen Sebastiansfiguren« an, denn der Körper sei »mager und knochig geworden« und »die stark ausgebogenen Hüften« mit ihren statischen Problemen seien »zugunsten einer tänzerischen Haltung gewichen«. Vieles habe der St. Gallener Sebastian mit dem Hagnauer gemein, doch während dieser »fest auf der Standfläche« aufstehe, träte in jenem »eine unbegründete Unruhe zu Tage«. Laut Noack-Heuck ist das »Lebensvolle« der älteren Sebastiansfiguren nun »einem manieristisch-eleganten Stil gewichen«.

Die Feststellung Noack-Heucks, der St. Gallener Sebastian habe vieles gemeinsam mit dem Hagnauer, ist sicherlich zutreffend. Dessen archivalisch gesicherte Umdatierung von der Zeit um 1675 in die Jahre 1681/82 hat daher auch für das St. Gallener Stück eine entsprechende Umdatierung in die Zeit um 1680 zur Folge. Damit würde der St. Gallener Sebastian auch näher als bisher an den Münsterlinger gerückt, der wahrscheinlich im Jahr 1678 entstanden ist, und mit dem das St. Gallener Werk enge Übereinstimmungen in der Bildung des Aktes und des Kopfes sowie in den Proportionen zeigt.

Literatur:
Noack-Heuck 1970, S. 35 (mit Abb. 19).

66
Vesperbild

Christoph Daniel Schenck und Werkstatt zugeschrieben
um 1680

Reichenau-Niederzell, Stiftskirche St. Peter und St. Paul

Linden(?)holz
H. 77 cm

Hinten abgeflacht. Fassung und Strahlenkranz neu. Rückseitig mit einem (modernen?) Brett geschlossen. Bei Christus Ring- und Mittelfinger der rechten Hand ergänzt, Zehennagel am großen Zeh des linken Fußes abgebrochen. Bei Maria mehrere Fingerglieder der rechten Hand ergänzt.

Mit leidvoll ausgebreiteten Armen und gen Himmel gewandtem Blick betrauert Maria ihren Sohn. Auf die Knie gesunken, mit herabhängenden Armen und weit zurückgebogenem Kopf ruht der Leichnam auf ihrem linken Oberschenkel. Ohne ihn zu halten oder ihm auch nur Aufmerksamkeit zu schenken, präsentiert Maria ihn dem Betrachter.
Von Gröber (1938) als Arbeit aus dem 16. Jahrhundert eingeschätzt, wurde die Pietà zuerst von Schürenberg (1951) mit Christoph Daniel Schenck in Verbindung gebracht, dessen Stil sie »außerordentlich nahe steht, wenn es nicht gar ein spätes Werk seiner Hand ist.« Auch für Boeck (1953) zeigte die Pietà »im Typus der Maria und in Einzelzügen, wie dem Schweißtuch in ihrer Hand«, so nahe Beziehungen zu anderen Werken Schencks, daß für ihn kein Zweifel an dessen Autorschaft bestand. »Die fülligen Formen« erinnerten Boeck vor allem an die Überlinger Mater dolorosa (Kat.Nr. 69), während er im ausgeprägten Parallelfaltenstil des Lendenschurzes Christi und des Kopftuches Mariae Übereinstimmungen mit dem Ulmer Christophorus von 1679

(Kat.Nr. 10) sah. Laut Boeck gebe es aber auch »Stellen wie die Faltenpartie unter der linken Schulter oder das Gehänge am linken Knie, die sich schwer anderen Werken zuordnen lassen. Ihr geringes Charakteristisches kommt wahrscheinlich auf Rechnung einer noch nicht ausgereiften, alle Teile gleichmäßig durchdringenden Vorstellungskraft, wie auch die eigenartige Gruppierung des auf die Knie gesunkenen Leichnams Christi zu der seitlich sitzenden Mutter ein hohes Wollen verrät, dem das Können noch nicht voll entspricht«. Demzufolge datierte Boeck die Gruppe bereits in die Mitte der siebziger Jahre. Lohse (1955) sah Übereinstimmungen der Niederzeller Maria mit derjenigen der Kreuzigungsgruppe in Sonderbuch (Kat.Nr. 3). Im Vergleich mit der Zoffinger Pietà von 1684 (Kat.Nr. 31) sei der Aufbau der Niederzeller Gruppe zwar ähnlich, aber noch nicht so ausgewogen. Auch beim Leichnam Christi zeige sich »hier eine Entwicklung von der weniger scharf ausgeprägten Einzeldarstellung des Frühwerks zu einer realistischen Verdeutlichung der Dinge im Spätwerk«. Später sah Lohse (1960) in der »ganz ähnlichen Geste der Arme« Mariae vor allem Verbindungen zu der Überlinger Schmerzensmutter (Kat.Nr. 69), die sie in die Zeit um 1670 datierte. Piel (Dehio 1964) setzte die Gruppe dagegen in die Jahre um 1675, während Thöne (1975) dann eine Datierung um 1664 annahm.
Die strittige Datierungsfrage kann nicht sicher beantwortet werden, da Kirchenrechnungen in Niederzell erst ab dem Jahr 1687 erhalten sind und Bauakten und Stiftungsratsprotokolle keinen Hinweis zur Pietà geben[1]. Unzweifelhaft erscheint lediglich eine zeitliche Priorität vor der signierten und datierten Zoffinger Pietà von 1684. Während die Niederzeller Maria mit ihrem gen Himmel gerichteten Blick und den trauernd ausgebreiteten Armen von »äußerem« Pathos des Frühwerks gekennzeichnet ist, repräsentiert die Zoffinger Gruppe mit ihrer stillen »Verinnerlichung« das Spätwerk, in dem es Schenck gelang, die Gefühle des Betrachters mit weit subtileren Mitteln als zuvor zu wecken. Alleine das Motiv der raumgreifenden Geste Mariae ist im Gegensatz zur Ansicht Lohses jedoch kein Kriterium für die Datierung, zumal sie nicht nur im Frühwerk, etwa bei der Sonderbucher Maria von 1675 (Kat.Nr. 3), sondern ebenso bei späten Arbeiten wie der Berliner Marienfigur aus Mariaberg aus den Jahren zwischen 1685 und 1687 (Kat.Nr. 38) begegnet. Vergleichsmomente mit dem übrigen Werk ergeben sich jedoch aus dem Stil der Niederzeller Pietà: So weist der Akt Christi weder die summarische Behandlung und Streckung der Proportionen des Spätwerks – etwa des Kruzifixus in Mariaberg von 1685/87 (Kat.Nr. 37) – auf, noch die sehr differenzierte und kleinteilige Ausarbeitung, wie sie am frühen Sonderbucher Kruzifix von 1675 (Kat.Nr. 3) zu beobachten ist, sondern in

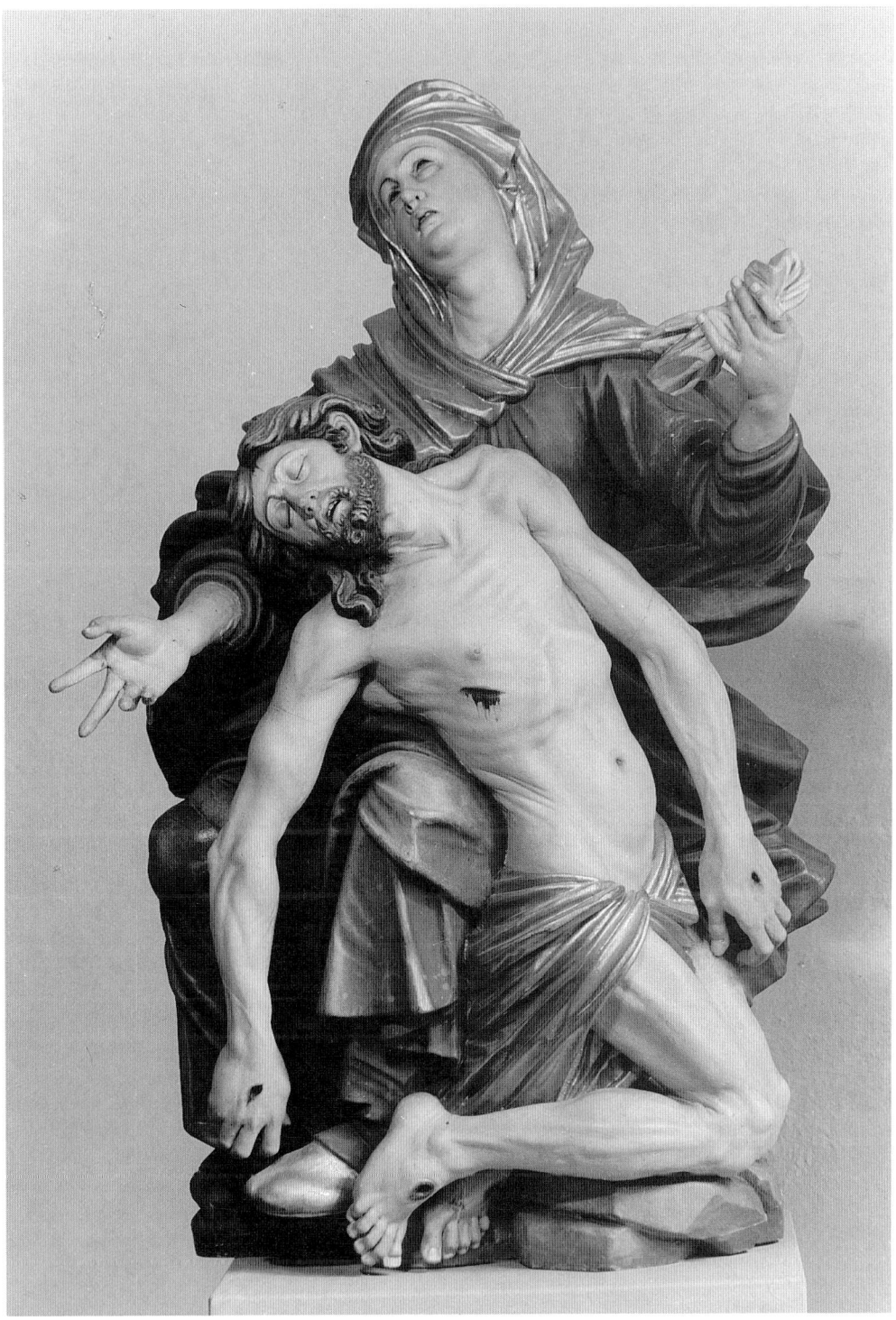

66

etwa einen Grad an Detailierung, wie ihn auch die Christusfigur aus der Thomas-Christus-Gruppe des Konstanzer Münsters aus den Jahren 1680–81 (Kat.Nr. 16) zeigt. Mit den Figuren des Thomas-Altars ist die Niederzeller Gruppe zudem durch die großzügigen, teils hart und brüchig wirkenden Gewandfalten verbunden. Demnach wäre eine Datierung der Pietà in die Jahre um 1680 zu erwägen.

Die bereits von Boeck bemerkten Mängel der Niederzeller Gruppe, etwa die unorganisch »angesetzt« wirkende Mantelpartie hinter dem linken Arm Mariae oder die nicht glaubwürdige Haltung des Leichnams, der von Maria in keiner Weise gestützt wird, gehen einher mit einer ausgeprägten Einansichtigkeit direkt von vorn. Bereits in leichten Seitenansichten wirkte die Komposition unstimmig. Auch

67

67
Männlicher Heiliger (Hl. Joseph?)

Christoph Daniel Schenck zugeschrieben
um 1680

Bernrain (Thurgau), Kapelle St. Konrad

Linden(?)holz
H. 135 cm (mit Wolkensockel)

Fassung modern. Lilie ergänzt.

Das linke Bein leicht vorgesetzt, steht der Heilige auf einem Wolkensockel. Mit zurückgeneigtem Kopf blickt er zum Himmel. In der vor den Körper gezogenen Rechten hält er ein Tuch. Die zur Seite abgeknickte Linke umgreift heute einen auf dem Wolkensockel abgestützten Stab, aus dessen oberem Ende Lilienblüten wachsen.

Die Figur wurde von Lohse (1955) als letztes großplastisches Werk Christoph Daniel Schencks in die Forschung eingeführt. Die »Oberarmringe und die tiefen, engen Falten des kreisenden Leibringes« sowie die »Halsbildung« verglich Lohse mit der 1684 datierten Pietà im Kloster Zoffingen in Konstanz (Kat.Nr. 31). Laut Lohse verraten vor allem die »wunderbar durchgebildeten, fast zarten Hände des Bernrainer Joseph« und das »aufwärts blickende Gesicht mit den lockeren Haaren« die Meisterhand. In der Frage der Datierung meint sie, daß die Figur in der Gewandgestaltung zwar die Einsiedler Figuren der Magdalenenkapelle (Kat.Nr. 32) voraussetzen würde, andererseits jedoch dürfe man »wegen der im Vergleich mit Zoffingen wenig stilisierten Haare und Hände« aber auch nicht über dieses Werk hinausgehen. Lohse kommt daher zu dem Schluß, daß eine »genauere Datierung (...) somit etwa zwischen 1682 und 1684 gegeben« sei. Später (1960) datierte Lohse die Figur in die Jahre »wohl zwischen 1680/84«.

Die Bernrainer Figur unterscheidet sich sowohl von frühen Werken wie der Kreuzigungsgruppe in Sonderbuch von 1675 (Kat.Nr. 3), die durch etwas ungelenke Haltungen und Gesten sowie durch eine additive Zusammensetzung aus einzelnen Elementen gekennzeichnet sind, als auch von späteren Arbeiten wie etwa den beiden weiblichen Heiligen vom Einsiedler Magdalenenaltar der Jahre ab 1684 (Kat.-Nr. 32a), der wohl ebenfalls von 1684 datierenden Überlinger Mater dolorosa (Kat.Nr. 69) und der Marienfigur aus Mariaberg von 1685/87 (Kat. Nr. 38), deren durchgehenden Schwung und deren Eleganz sie nicht erreicht. Die etwas steife Haltung mit den langen vertikalen Faltenbahnen des Untergewandes verbindet die Figur dagegen mit den Heiligen vom Konstanzer Thomas-Altar der Jahre 1680-81 (Kat.-Nr. 16).

wird dann das Motiv des Aufstützens Christi auf den linken Oberschenkel Mariae so stark verunklärt, daß es kaum noch als solches zu erkennen ist. Falls diese kompositionellen Schwächen nicht auf die Verwendung einer graphischen oder malerischen Vorlage zurückzuführen sind, was für das übrige Werk jedoch in keinem einzigen Fall bekannt ist, lassen sie ein hohes Maß an Beteiligung der Werkstatt vermuten. Möglicherweise wurde die Gruppe von einem Mitarbeiter nach einer Entwurfszeichnung des Meisters weitgehend selbständig ausgeführt, was einerseits die durchaus bemerkenswerte Konzeption der Gruppe und andererseits die Einansichtigkeit und die Mängel im Detail erklären könnte[2].

1 Freundliche Mitteilung von Franz Hundsnurscher, Erzbischöfliches Archiv Freiburg.
2 Zum von Finke (1985) als »Präsentationstyp mit kniender Beinstellung« bezeichneten Darstellungstypus der Niederzeller Pietà vgl. Kat.Nr. 31.

Literatur:
Gröber 1938, S.70 (mit Abb. 60); Schürenberg 1951, S.19; Boeck 1953, S.72–74 (mit Abb. 13); Eschweiler 1953, S.300; Lohse (Foerster) 1955, S.46–48; Lohse 1960, S.12 u. 91, Nr. 41 (mit Abb. 13); Konstanz 1960, Nr. 6; Dehio 1964, S.390; Thöne 18, S.473 (mit Abb. 110); Thöne 1975, S.23; Brunner/Reitzenstein 1985, S.540; Finke 1985, S.150; Fehrenbach 1992, S.22; Vasseur 1992, S.500.

Die Figur wurde von Lohse (1955 u. 1960) als Darstellung des Hl. Joseph, von Blanckenhagen (Konstanz 1960) dagegen als eine des Hl. Jakobus bezeichnet. Die Identfikation als Joseph setzt voraus, daß die Lilien als Zeichen der Keuschheit bzw. der erblühende Stab, der Joseph als den Bräutigam Mariae auswies, dem ursprünglichen Zustand entsprechen, was jedoch keineswegs gesichert ist. Für die Deutung als Jakobus finden sich ebenfalls keine Indizien, da entsprechende Attribute fehlen. Das originale Tränentuch in der rechten Hand der Figur und der leidvoll zum Himmel erhobene Blick dürften jedenfalls sowohl gegen eine Darstellung Josephs wie auch Jakobus' sprechen.

Literatur:
Lohse (Foerster) 1955, S. 161–162; Lohse 1960, S. 24 u. 75, Nr. 2 (mit Abb. 5); Konstanz 1960, Nr. 28; Kunstführer 1971, S. 665 (bearb. von Albert Knoepfli).

der Darstellung, die nicht auf ein intimes Zueinander von Mutter und Kind ausgerichtet ist, sondern den Kleinen jedes Mal ein anderes Blickfeld suchen läßt« verbunden sei. Auch die Gewandbehandlung sei hier wie dort fast gleich, wobei sie den Aufschlag am Mantel auf das Vorbild der Sonderbucher Johannesfigur (Kat.Nr. 3) und das Motiv des mit einem Band hochgebundenen Mantels auf die weibliche Heilige in Kölner Privatbesitz (Kat.Nr. 89) zurückführt. Aufgrund der im Vergleich zur Einsiedler Statuette von 1681 größeren »Schlankheit« und der »noch abstrakteren Gewandung« datierte Lohse die Ittendorfer Figur in die Zeit »um oder nach 1685«. Herzog (1956) stellte fest, daß die Hal-

68

68
Maria mit Kind

Christoph Daniel Schenck und Werkstatt
zugeschrieben
um 1680–85

Ehemals Ittendorf, Kath. Kirche St. Martin, Pfarrhaus

Linden(?)holz
H. 37,5 (mit Sockel), 25 cm (ohne Sockel)

Fassung neu. Attribut der linken Hand Mariae verloren. Alter Vierkantsockel mit ovaler Kartusche vorne und seitlichen Voluten.

Bis 1956 war die Figur im Pfarrhaus der Kirche St. Martin in Ittendorf nachzuweisen. Bereits 1960 befand sie sich nicht mehr dort. Laut Mann (1961) wurde sie von der Pfarrei Ittendorf dem Konsul Wolfgang Böttger, Berlin, geschenkt.

Mit leicht vorgesetztem linken Bein steht Maria auf einem Wolkensockel. Mit ihrer Rechten stützt sie den nackten Jesusknaben, der seinerseits den linken Arm um den Hals Mariae gelegt hat. In der ausgestreckten Linken hielt Maria ehemals ein Attribut, vielleicht einen Lilienzweig oder ein Szepter.
Feuchtmayr (1936) bezeichnete die Statuette als um 1690 zu datierende, »etwas derbe und handwerkliche« Arbeit aus der Werkstatt Christoph Daniel Schencks. Lohse (1955) widersprach dieser Einschätzung unter Hinweis auf »die gelöste Haltung Marias« und die »reizende Geste des Kleinen«, die ihrer Ansicht nach keine Werkstatterfindungen sein können. Als Vorbild macht sie die Einsiedler Madonnenstatuette von 1681 (Kat.Nr. 18) aus, mit der das Ittendorfer Werk durch die »beschwingte Art

tung des Jesuskindes spiegelbildlich von derjenigen des Münchner Hausaltares (Kat.Nr. 98) übernommen sei.

Der Vergleich Lohses mit der Einsiedler Statuette von 1681 hinsichtlich der Gewandbehandlung ist durchaus angebracht. Daher erscheint eine Datierung in dieselbe Zeit wahrscheinlich. In Übereinstimmung mit Feuchtmayr wird hier die Einschätzung Lohses, daß die Figur aufgrund ihrer Qualität keine Werkstattarbeit sein könne, jedoch nicht geteilt. Die von Lohse angeführte »gelöste Haltung Marias« und die »reizende Geste des Kleinen« mögen auf einen Entwurf des Meisters zurückgehen, die Ausführung dagegen dürfte eher durch ein Werkstattmitglied erfolgt sein. Eine Beurteilung der Figur ist zwar nur unter Vorbehalt möglich, da sie nur noch anhand eines Fotos erfolgen kann, doch scheint die Einschätzung Feuchtmayrs als »etwas derbe und handwerkliche« Arbeit glaubhaft. Die im Vergleich zu den übrigen gesicherten kleinformatigen Marienfiguren Schencks (Kat.Nr. 12, 18, 23 u. 25) etwas steife Haltung des Jesusknaben und die kaum ausgeprägten Bezüge zwischen Maria und ihrem Sohn lassen zudem auch Schwächen erkennen, die auf eine mangelnde Umsetzung des Entwurfs oder auf einen wenig geglückten Versuch einer Variation von Arbeiten des Meisters zurückgehen könnten. Eine eigenhändige Ausführung durch Christoph Daniel Schenck erscheint jedenfalls zweifelhaft.

Literatur:
Feuchtmayr 1936 I, S. 26; Lohse (Foerster) 1955, S. 147–150; Herzog 1956, S. 93–94; Lohse 1960, S. 28 u. 81, Nr. 20 (mit Abb. 35); Mann 1961, S. 70 (mit Abb.).

69
Mater dolorosa

Christoph Daniel Schenck zugeschrieben
1684

Überlingen, Münster St. Nikolaus

Linden(?)holz
H. 165 cm

Figurenblock ausgehöhlt und rückseitig mit einem Verschlußbrett versehen. Neue Fassung (Mantel innen blau, außen rot, Kopftuch und Handtuch weiß). Unter der Inkarnatfassung drei ältere Fassungen; unter der Fassung der Mantelinnenseite eine ältere blaue Fassung; unter der Fassung der Mantelaußenseite zwei ältere rote Lüsterfassungen. Arme und seitliche Gewandstücke original angestückt. Drei Jahreszahlen auf dem INRI-Schild des Kreuzes *1805*, *1899* und *1923* bezeichnen vermutlich Restaurierungen, im Verlaufe derer die späteren drei Fassungsschichten im Inkarnat und die späteren Fassungen im Gewandbereich aufgebracht wurden.

Mit weit ausgebreiteten Armen und himmelwärts gerichtetem, leidvollem Blick betrauert Maria ihren gekreuzigten Sohn. Als Zeichen ihres Schmerzes steckt ein geflammtes Schwert in ihrer Brust. In ihrer Linken hält sie ein Tuch, um damit ihre Tränen zu trocknen.

Die Zuschreibung geht auf Boeck (1953) zurück, der die Figur in die siebziger Jahre datierte. Boeck verglich mit der Maria in Sonderbuch (Kat.Nr. 3), mit der die Überlinger Figur »die – gegenüber den späteren Werken – größere körperliche Fülle, etwa auch des Gesichts« teile. Auch sei sie »bei allem Reichtum der Gewandung noch frei von der strengen manieristischen Systematisierung der Faltengebilde«. Nach Lohse (1955) kann die Überlinger Figur als »Urbild der Schenckschen Mariengestalten gelten«. Ihre Gesichtsbildung sei derjenigen der Pietà in Niederzell (Kat.Nr. 66) zum Verwechseln ähnlich; auch das Kopftuch sei in dieser Form bereis in Niederzell sowie in Sonderbuch (Kat.Nr. 3) begegnet. Überhaupt seien diese drei Marienfiguren durch »die kräftige Statur, die noch nichts von der späteren Längung der Proportionen aufweist und die breitere, etwas unregelmäßige Faltengebung« verbunden. Von den drei Marien sei die Überlinger »die barockeste Schöpfung des Meisters« und nach Lohses Ansicht das Vorbild für die »schwächeren Wiederholungen« in Sonderbuch und Niederzell. Lohse datiert daher in die Zeit um 1670.

Schon aufgrund ihrer Größe und der auffälligen Wendung des Kopfes nach oben kann man davon ausgehen, daß die Überlinger Mater dolorosa von Anfang an für die heutige Aufstellung unter einem spätgotischen Kruzifix konzipiert wurde. Auf dessen INRI-Schild stehen die Jahreszahl 1684 sowie drei weitere Jahreszahlen, die vermutlich anläßlich späterer Restaurierungen bzw. Neufassungen angebracht wurden. Wenn sich das Datum 1684 nicht ebenfalls auf eine spatere Veranderung bezieht, was aufgrund der geringen Zeitspanne zwischen der bisher angenommenen Entstehungszeit um 1670 und dem Jahr 1684 allerdings unwahrscheinlich ist, dürfte es demnach das Jahr der Fertigung der Figur bezeichnen. Das Argument Lohses, daß die Überlinger Statue noch nicht die spätere Längung der Proportionen aufwiese und deshalb ein Frühwerk sein müsse, ist insofern wenig brauchbar, als daß die Längung von Figuren bei der Großplastik in den meisten Fällen eher auf eine Konzeption für eine erhöhte Aufstellung zurückzuführen sein dürfte als auf eine stilistische Entwicklung. Auch die von Lohse als Indiz für eine frühe Entstehung angesehene breite, unregelmäßige Faltengebung, wie sie sich sowohl bei der Sonderbucher Maria (Kat.Nr. 3) als auch bei der Überlinger zeige, findet sich ebenso bei späteren Arbeiten, so beispielsweise bei der zwischen 1685 und 1687 entstandenen Marienfigur aus

Mariaberg (Kat.Nr. 38). Mit der letzteren ist die Überlinger Figur m.E. auch durch einen ganz ähnlichen Gesichtstypus verbunden. Die frühe Sonderbucher Marienfigur dagegen weist einen vergleichsweise kantigeren Gesichtsschnitt auf. Auch in der etwas ungelenken Haltung und Gestik unterscheidet sich die Sonderbucher Figur sowohl von der Überlinger wie auch von der Mariaberger sowie anderen Arbeiten der Zeit um 1685, beispielsweise den Einsiedler weiblichen Heiligen (Kat.Nr. 32a). Alle diese Werke zeichnen sich durch eine fast elegant wirkende Stimmigkeit der Komposition und Bewegungen aus. Es spricht daher nichts dagegen, die Inschrift *1684* auf das Entstehungsjahr der Überlinger Figur zu beziehen.

Literatur:
Boeck 1953, S.68, Abb. 12; Lohse (Foerster) 1955, S.51–54; Lohse 1960, S.11 u. 94, Nr. 49 (mit Abb. 10); Konstanz 1960, Nr. 5; Philippovich 1962, S.198; Lohse 1968, S.122; Krins 1980 (Topographie), S.216; Hecht 1993, S.16.

70
Cruzifixus

Christoph Daniel Schenck zugeschrieben
um 1685

Berlin, Staatliche Museen zu Berlin – Preußischer Kulturbesitz, Skulpturensammlung, Inv.Nr.7739

Buchsbaum
H. 30,8 cm, B. 18 cm.

Vollrund ausgearbeitete Buchsbaumstatuette. Die Arme sind angestückt, die Brustwarzen eingesetzt. Am Kopf stehen Reste von Zapfen, die zur Befestigung einer Dornenkrone gedient haben könnten. Mehrere offenstehende Risse durchziehen den Oberkorper. Vom rechten kleinen Finger und vom linken großen Zeh fehlt jeweils das letzte Glied. Lendentuch und Haare weisen Fehlstellen und kleinere Bestoßungen auf. Ergänzt wurden in neuerer Zeit der rechte große Zeh sowie ein Stück des linken Unterschenkels. Das Kreuz sowie die Nägel und Schrauben sind modern.

Die Füße nebeneinander, die Arme steil nach oben, ist Christus ans Kreuz geschlagen worden. Kraftlos weicht der Körper zur Seite aus, sinkt der Kopf zur Schulter. Dargestellt ist der Moment des Todes: Zwar ist der Blick schon gebrochen und der Mund geöffnet, doch die Augenbrauen sind noch nicht entspannt, sondern zur Mitte hin zusammengezogen.
Das Mitleid mit den Qualen des Gekreuzigten wird beim Betrachter durch die den Schmerz widerspiegelnde Mimik und – sehr subtil – auch durch die Körperbewegung erweckt: Durch das seitliche Ausweichen des Oberkörpers zur Seite hin gerät die klaffende Seitenwunde auf die Mittelachse der

Komposition. Dort erfährt sie besondere Aufmerksamkeit.
Einem Hinweis Zoege von Manteuffels folgend, haben Metz (1966) und Lohse (1968) das Stück, das Bange (1930) als »süddeutsch, 17. Jahrhundert« bestimmt hatte, Christoph Daniel Schenck zugeschrieben. Lohse untermauert ihre Zuweisung und Datierung »um 1685« mit dem Hinweis auf Ähnlichkeiten mit dem Christus der signierten und 1684 datierten Zoffinger Pietà (Nr. 31).
An der Zuschreibung an Schenk ist nicht zu zweifeln. Die Wiedergabe von Körper, Gesicht und Gewand zeigt alle für Schencks Handschrift typischen Merkmale: die Grübchen an der Innenseite der Ellenbogengelenke, die Augenbrauen, die wie ein Ornament wirken, weil kein Haar sondern nur Grate angegeben sind, die Stelzelungen in mehreren Reihen, mit denen Falten an den Knien und Fersen angegeben sind, etc.
Wegen der höchst differenziert wiedergegebenen Bewegung des Körpers und der minutiösen Ausarbeitung der Details kann der Berliner Cruzifixus zu den qualitätvollsten kleinplastischen Werken Schencks gezählt werden. Neben der Qualität macht auch das für eine Kleinplastik große Format das Stück zu etwas Besonderem. Ähnlich anspruchsvolle Stücke hat Schenck normalerweise signiert. Gut möglich, daß auch das Berliner Werk den Namen des Meisters trug: vielleicht am Kreuz?.
Um über Aufstellungsort oder Auftraggeber Vermutungen anstellen zu können, reicht Banges Angabe »aus dem Freiburger Kunsthandel« leider nicht aus.

Literatur:
Bange 1930, Kat.Nr. 7739, S.101 (mit Abb.); Metz 1966, S.137, Kat.Nr. 837; Lohse 1968, S.122f. (mit Abb.7)..

F.F.

71
Hl. Anna Selbdritt

Christoph Daniel Schenck zugeschrieben
um 1685

Einsiedeln, Kunstsammlungen des Klosters, Inv.Nr. DO 32
(X 95)

Buchsbaum

H. 18,7 cm (ohne Sockel), 28,7 cm (mit Sockel)

Anna hat ein ausgekittetes Bohrloch im Hinterkopf (ehem. für
Nimbus). Mehrere Ausbrüche und Bestoßungen an den Gewandsäumen. Eine Bohrung zwischen Daumen und Zeigefinger der linken Hand Christi (ehem. vielleicht für einen Teil
des wohl zerbrochenen Stabes). Der schwarz gebeizte Standsockel mit Kugelfüßen aus Elfenbein ist ergänzt.

In ihrem rechten Arm hält Anna das zu ihr auf-
blickende Jesuskind. Die Linke hat sie um die Schulter der jugendlichen Maria gelegt, die dicht an sie
gedrängt auf dem Erdsockel steht. Gekleidet in ein
langes Untergewand, eine kurze Tunika und ein in
der Taille gegürtetes Hemd hält Maria in ihrer erhobenen Rechten einen Stab, den auch der Jesusknabe
umgreift.
Die Zuschreibung erfolgte durch Lohse (1955). Die
Hände Annas verglich sie mit denjenigen des Hl.
Benno auf dem Einsiedler Relief von 1679 (Kat.Nr.
9). Weitere Gemeinsamkeiten mit den Werken von
1679 sieht sie in der »naturalistischen Darstellung
des Ganzen« und in der »normalen Proportion der
Gestalt«. Die Faltenbildung weise dagegen bereits
auf die Abstrahierung des Stuttgarter Kreuzigungsreliefs von 1681 (Kat.Nr. 21) hin und das Kopftuch
Annas finde sich schließlich wieder bei der Pietà
des Klosters Zoffingen in Konstanz (Kat.Nr. 31).
Lohse datiert die Einsiedler Anna Selbdritt demzufolge in die Zeit »gegen 1680«, zumal sie in der Faltenbildung auch mit den beiden weiblichen Heiligen vom Einsiedler Magdalenenaltar (Kat.Nr. 32)
eng verwandt sei. Später (1960) befand Lohse, daß
die »kräftige Statur und die naturalistisch durchgebildeten Hände (...) das Werk am engsten an die Arbeiten von 1680« anschließe. Von Euw (1969) datiert
in die Zeit um 1680–85.
Einer solchen, etwas späteren Datierung als der von
Lohse vorgeschlagenen ist wohl zuzustimmen. Vor
allem findet sich der Gewandstil mit den die Figur
nahezu horizontal umkreisenden Faltenbahnen des
Mantels bei mehreren Arbeiten der Zeit um 1685, so
bei einer der beiden weiblichen Heiligen vom Einsiedler Magdalenenaltar aus der Zeit nach 1684
(Kat.Nr. 32a) und bei dem von 1685 datierenden Petrus-Relief aus der Sammlung der Markgrafen von
Baden (Kat.Nr. 36). Mit dem letzteren Werk ist die
Statuette der Hl. Anna zudem durch die Großzügig-

keit und Flächigkeit des übrigen Gewandes verbunden, wie sie sich auch bei einer weiteren Arbeit aus
diesem Jahr zeigt, dem Einsiedler Relief mit der
thronenden Maria (Kat.Nr. 33). Demnach wird für
die Figur der Hl. Anna Selbdritt ebenfalls eine Entstehung um das Jahr 1685 anzunehmen sein.
Kleeb (1991) deutete den Stab als Symbol für die
Weitergabe des Lebens, wobei er den Umstand, daß
Jesus ihn zu zerbrechen scheint, als Hinweis auf den
Opfertod Christi interpretiert. Das Greifen Annas

71

nach der stilisierten Blüte auf der Brust Mariae sieht Kleeb als einen Hinweis auf die Immaculata Conceptio, während die zweite Blüte über dem Schoß die gebenedeite Frucht des Marienleibes anzeigen könnte.

Literatur:
Lohse (Foerster) 1955, S. 156–157; Lohse 1960, S. 17 u. 77, Nr. 8 (Abb.Nr. 32); Konstanz 1960, Nr. 17; Euw 1969, S. 207, Nr. 32 (mit Abb.); Kleeb 1991, S. 45, Nr. 57.

72
Christus im Elend

Christoph Daniel Schenck zugeschrieben
um 1685

London, Wallace Collection, Inv.Nr. S 257

Elfenbein
H. 7,6 cm, B. 5,4 cm

In modernem Holzrahmen

Christus sitzt auf einem Baumstumpf vor einer gemauerten Wand mit einer rundbogigen Fensteröffnung. Den Kopf in die auf dem Knie aufgestützte Linke gelegt, scheint er mit geschlossenen Augen über sein Schicksal nachzudenken. Mit der anderen Hand stützt er sich auf das rechte Knie. Das Schilfrohr, das ihm seine Schergen als Szepter des Königs der Juden gegeben haben, liegt lose auf seinen Oberschenkeln und in der linken Armbeuge. In der Fensteröffnung erscheint das Gesicht eines Juden mit Spitzhut.

Das Relief wurde von Mann (1931) als deutsche Arbeit aus dem 16. Jahrhundert publiziert. Die Zuschreibung an Christoph Daniel Schenck geht auf Herzog (1956) zurück, der es aufgrund der mit der Kölner Dornenkrönung (Kat.Nr. 34) übereinstimmenden »mageren, knotigen Körperformen, Haar- und Bartbehandlung« sowie der »Binnenzeichnung des Antlitzes« Christi als eigenhändige Arbeit identifizierte. Laut Lohse (1960) schließt sich das Relief »thematisch und stilistisch aufs engste« sowohl an die Kölner Dornenkrönung von 1685 als auch an die aus demselben Jahr datierende Verspottung Christi im Victoria & Albert-Museum (Kat.Nr. 35) an. Dieses Relief zeige die »gleiche Gestalt Christi auf einem Baumstumpf sitzend ... denselben Rohrstab wie auf dem anderen Elfenbeinrelief auf den Knien«. Außerdem würden die beiden Londoner Reliefs auch durch die »gleichen überschlanken Proportionen des Erlösers und die gleiche sorgfältige schnitzerische Behandlung des Ganzen« zusammengeschlossen.

Das Thema des Reliefs begegnet bei Schenck zwar nur in diesem einen Fall, doch fügt es sich gut in sein Werk ein. Wenn es auch in den im 17. Jahrhundert kanonisierten Kreuzwegstationen fehlt, gehört es doch in den Zusammenhang der Kreuzweganddacht und damit zur Gattung des Andachtsbildes, wie es für das kleinplastische Werk Schencks charakteristisch ist. Beim Bildtyp des Christus im Elend übernahm dabei der Betrachter die Funktion der Klagenden oder auch der Peiniger[1]. Schon auf dem Titelblatt der Kleinen Passion Dürers mit der Darstellung eines Christus in der Rast heißt es: »Du bist oh Mensch, die Ursache meiner großen Schmerzen, die grausame Ursache meines Kreuzes und Todes. Oh Mensch, laß es genug sein, daß ich dies einmal um deinetwegen ertragen habe. Laß ab, mich mit neuen Sünden zu kreuzigen«. Auch in den Improprien, den Heilandsklagen des katholischen Meßbuches, die in der Karfreitagsliturgie gesungen wurden, wird Christus im Elend beschrieben, allerdings nicht auf einem Stein, sondern auf dem Kreuz sitzend: »Und sie zogen ihm die Kleider aus und während er auf dem Kreuze saß, sagte er: Oh Mensch, was habe ich Dir getan, oder wodurch habe ich dich betrübt, antworte mir«. Insbesondere seit der Zeit der Gegenreformation konnte darin ein Aufruf an den Betrachter gesehen werden, wieder zu Gehorsam und zum rechten Glauben zurückzufinden. In seinem Charakter als von spezifisch nachreformatorischer Frömmigkeit geprägtem Andachtsbild entspricht das Londoner Relief also der Mehrzahl der kleinfigurigen Arbeiten Schencks.

Im gewählten Darstellungstypus scheint sich Schenck dabei nicht an zeitgenössischen Ausformungen dieses Themas, sondern an wesentlich älteren orientiert zu haben. Zu nennen wären Figuren wie etwa der Christus im Elend im Frankfurter Liebieghaus aus der Zeit um 1500[2]. Mit diesen verbindet ihn das charakteristische Stützmotiv der das Knie umgreifenden Hand, die Beinstellung und der relativ gerade, nach vorne geneigte Oberkörper. Bei Schenck sind diese Motive lediglich seitenverkehrt ausgeführt. Im Unterschied etwa zum Christus im Elend von Hans Leinberger ist das Aufstützen des Kopfes bei Schenck auch weniger als Stützgestus aufgefaßt, sondern erinnert in seiner nur zaghaften Berührung des Kopfes eher an den ursprünglichen, rein ikonographisch bedingten Melancholiegestus der älteren Beispiele dieses Themas.

1 Kimpel 1977, S. 27–30.
2 Surmann 1991.

Literatur:
Mann 1931, S. 95, Nr. S 257 u. Pl. 62; Herzog 1956, S. 93 (mit Abb.); Lohse 1960, S. 26 u. 88, Nr. 37; Kimpel 1977, S. 27 (mit Abb. 12); Mann 19812, Supplement Nr. S 257; Fehlemann 1990, S. 79–80; Surmann 1991, S. 63, Anm. 105.

73
Zwei Engel

Christoph Daniel Schenck zugeschrieben
um 1685

72

Freiburg, Augustinermuseum, Inv.Nr. 5824 und 5825

Laubholz
Inv.Nr. 5824: H. 36 cm, Inv.Nr. 5825: H. 36,5 cm

Rückseitig vereinfacht ausgeführt. Die Flügel jeweils mit zwei handgeschmiedeten Eisennägeln befestigt. An der Unterseite jeweils zwei Einspannlöcher einer Bildhauerbank, desgleichen je eines am Hinterkopf. Fassung alt (Inkarnat rosig, Haare ölvergoldet, Bekleidung blattvergoldet). Bei 5824 (rechter Engel) fehlen von der rechten Hand der Zeigefinger und der kleine Finger, vom Mittel- und vom Ringfinger mehrere Glieder sowie alle Finger der linken Hand; außerdem fehlt der rechte Flügel. Die Handfläche der linken Hand ist eine neuere Ergänzung. Beide Unterarme sind original angestuckt. Bei 5825 fehlen beide Unterarme ab der Anstückung bei den Ärmelsäumen, außerdem der rechte Flügel, zwei Haarlocken sowie Teile des aufstehenden Untergewandes. Teile des Untergewandes und der Rückseite sind original angestückt. Bei einer Restaurierung 1961 wurden die Figuren gereinigt, lose Teile der Grundierung und Vergoldung gefestigt, Fehlstellen mit Goldwachskitt geschlossen und retuschiert sowie ein Oberflächenschutz mit stark verdünntem Schellack aufgebracht. Bei einer Restaurierung 1968 wurden die Blasen und lose Teile der Vergoldung gefestigt, Fehlstellen mit Hartwachs ausgekittet und mit Pudergold nachvergoldet.

1901 aus dem Kunsthandel (Friedrich Faller, Straßburg-Neudorf) erworben.

Der eine der beiden Engel blickt nach rechts. Er hat die Arme angewinkelt und mit offenen Handflächen nach vorne gestreckt. Die schräg über den Oberkörper verlaufenden Faltenzüge unterstreichen seine Drehung zur rechten Seite. Der andere Engel blickt nach links. Die Haltung der verlorenen Unterarme

73

dürfte derjenigen des anderen Engels entsprochen haben. Die Faltenzüge am Oberkörper sind gegengleich zum anderen Engel gearbeitet.

Die Zuschreibung stammt von Noack-Heuck (1970), die die beiden Figuren aufgrund ihres Gewandstiles der »Werkstatt-Tradition um das Jahr 1680« zuordnet. Den Kopftypus der Engel bringt sie in Zusammenhang mit denjenigen der Sonderbucher Johannesfigur (Kat.Nr. 3) und des rechten Engels am Thomasaltar im Konstanzer Münster (Kat.Nr. 16).

Möglicherweise könnten die beiden Engel noch etwas später zu datieren sein. Die engsten Übereinstimmungen sowohl im Kopftypus, der Frisur und dem Gewandstil als auch in den ausgesprochen elegant wirkenden Bewegungsmotiven zeigen sie m. E. mit den nach 1684 entstandenen Figuren zweier weiblicher Heiliger vom Magdalenenaltar in Einsiedeln (Kat.Nr. 32a). Für die beiden Freiburger Engel dürfte demnach ebenfalls eine Entstehung in der Zeit um 1685 anzunehmen sein.

Die Ausführung der beiden Engel als Halb- bzw. Dreiviertelfiguren und die nahezu gegengleiche Anlage machen wahrscheinlich, daß die Figuren von einem Altar stammen. Aufgrund der original fehlenden Beine dürften sie in größerer Höhe, eventuell auf dem Gebälk eines Altarretabels, aufgestellt gewesen sein.

Literatur:
Noack-Heuck 1970, S. 31 (mit Abb. 13–14).

74
Maria mit Kind

Christoph Daniel Schenck zugeschrieben
um 1685/90

Einsiedeln, Kunstsammlungen des Klosters (ohne Inv.Nr.)

Buchsbaum
H. 17,5 cm (mit Wolkensockel)

Bräunliche Lasur. Wolkensockel ergänzt. Standsockel von ca. 1780. Bohrung am Hinterkopf Mariae (ehem. für Nimbus). Es fehlen der linke große Zeh Mariae, vier Zehen am rechten Fuß und der linke Kreuzesbalken. Ausbruch am Mantelsaum.

Früher im Schloß Pfäffikon (Schwyz)

Maria hat den Kopf zum Jesusknaben geneigt, der in ihrer Rechten ruht und dessen Fuß sie mit der Linken umgriffen hält. Mit vor der Brust verschränkten Armen ist der Jesusknabe auf dem Kreuz als Symbol seiner zukünftigen Passion eingeschlafen.

Birchler bezeichnete die Figur noch vorsichtig als »Ende 17. Jh., vielleicht von Christoph Daniel Schenk«. Die Zuschreibung wurde von Lohse (1960) bestätigt, die in der Statuette »ohne Zweifel eine eigenhändige Arbeit des Meisters« sieht. Laut Lohse ist die Figur »schnitztechnisch eine ausgezeichnete Arbeit«, doch fehle ihr die »warme Lebendigkeit«.

Literatur:
Birchler 1927, S. 305; Lohse (Foerster) 1955, S. 149–150; Lohse 1960, S. 29 u. 92, Nr. 44 (mit Abb. 33); Konstanz 1960, Nr. 35; Euw 1969, S. 208, Nr. 34 (mit Abb.).

75
Altarkreuz

Christoph Daniel Schenck zugeschrieben
um 1685–90

Weissenau bei Ravensburg, Kath. Pfarrkirche St. Peter und St. Paul, ehemalige Prämonstratenser-Abteikirche, Sakristei

Linden(?)holz
Christus: H. 38 cm, Maria: H. 33 cm

Fassung neu. Standsockel und Kreuz ergänzt. Alle Fingerspitzen der linken Hand Mariae abgebrochen.

Mit nebeneinander genagelten Füßen und weit nach oben ausgestreckten Armen ist Christus an das Kreuz geschlagen. Die Hüfte ist leicht zur linken Seite hin ausgewichen. Der Kopf ist auf die rechte Schulter gefallen. Am Fuß des Kreuzes steht Maria mit weit geöffneten Armen, in der rechten Hand ein Tränentuch haltend. Ihr Gesicht mit den zusammengezogenen Augenbrauen und dem geöffneten Mund ist vom Schmerz gezeichnet.

Laut Boeck (1953) ist in der Schmerzensmutter »die für den reifen Stil des Meisters bezeichnende abstrakt-lineare Verhärtung der (...) Faltensysteme eingetreten, wodurch ihre Ausdruckskraft aber eine beträchtliche Steigerung erfährt«. Boeck sieht eine enge Verwandtschaft mit der Maria vom Altarkreuz in der oberen Sakristei des Konstanzer Münsters (Kat.Nr. 52). Lohse (1955) zufolge ist der Christus des Weissenauer Alterkreuzes »eine genaue Umsetzung des Zoffinger Christus ins Kleinformat« (Kat.Nr. 31), womit »auch bereits ein Anhaltspunkt für die Datierung gegeben« wäre. Die »Längung der Proportionen und die restlose Abstrahierung des Gewandes von Maria, das übrigens an der linken Schulter eine ähnliche Bildung zeigt wie der Mantel der thronenden Elfenbeinmaria aus Einsiedeln [Kat.-Nr. 33], setzen diese Schöpfung in die Zeit nach 1685«. Später (1960) datierte Lohse »nicht vor 1687«.

Literatur:
Boeck, 1953, S. 69; Lohse (Foerster) 1955, S. 175–176; Lohse 1960, S. 29 u. 94, Nr. 51; Konstanz 1960, Nr. 36; Schnell 1973 (Weissenau), S. 13.

74

Durch das »Überwiegen der brilliant technischen Seite gegenüber der Intimität des Ausdrucks«, die im Spätwerk »einer immer stärkeren Manieriertheit und Stilisierung« weiche, kommt Lohse zu dem Schluß, daß die Statuette »in diesem sehr ausgeprägten Spätstil erst nach 1687 entstanden sein kann«. Von Euw übernahm die Einschätzung Lohses und datierte »um 1685–90«.

76
Johannes der Täufer

Christoph Daniel Schenck und Werkstatt
zugeschrieben
um 1685–90

Münchner Kunsthandel (Neumeister)

Lindenholz, H. 118 cm
Rückseite flach und ungefaßt. Ausbruch am Mantelsaum neben der linken Wade. Eine Locke über dem linken Ohr fehlt.
Die Zehen des linken Fußes ergänzt. Sockelplatte neu. Das
Lamm ist eine spätere Hinzufügung. Die Fassung und Vergoldung zum größeren Teil erneuert (Mantel außen golden, innen
rot). Einem alten Foto ist zu entnehmen, daß der rechte Arm
falsch ergänzt wurde. Ursprünglich war er gesenkt und hielt
einen Kreuzstab. Der Prophet hielt ein Buch in der linken
Hand, auf dem ein Lamm stand. Auf der Rückseite eine alte
Aufschrift: »Altar Rechts«.

Aus der 1908/12 abgebrochenen Pfarrkirche St. Peter und
Paul in Orsingen (Kreis Stockach)

Über einem in der Taille gegürteten härenen Untergewand, das die rechte Schulter freiläßt, hat sich der
bärtige Johannes einen Umhang über die linke
Schulter geworfen. In der Handfläche der nach vorne gestreckten Linken hielt er nach Ausweis eines
alten Fotos ursprünglich ein Buch, auf dem ein
Lamm stand. Das heutige Lamm dagegen ist eine
spätere Ergänzung. Den anderen Arm hielt Johannes
ehemals gesenkt; in der Hand hielt er einen schräg
vor seinen Füßen aufgestützten Kreuzstab.
Die Zuschreibung stammt von Zoege von Manteuffel
(1969), der die damals noch verschollene Figur anhand eines Fotos aus der Zeit vor dem Abbruch der
Kirche in den Jahren 1908/12 der Werkstatt von
Christoph Daniel Schenck zuordnete.
Die ausgesprochen gelängten Proportionen trotz einer ehemaligen Aufstellung in relativ geringer Höhe
verbinden die Figur mit dem Spätwerk Schencks
aus dessen letzten Lebensjahren.

Literatur:
Zoege von Manteuffel 1969, Bd. 2, S. 477 (mit Abb. 139).

76

77
Apostelfolge

a) Petrus
b) Paulus
c) Matthäus
d) Thomas
e) Philippus
f) Bartholomäus
g) Simon Zelotes
h) Jakobus d. J.
i) Johannes
j) Matthias
k) Andreas
l) Jakobus d. Ä.
m) Judas Thaddäus

Christoph Daniel Schenck und Werkstatt
zugeschrieben
um 1685–90

Immenstaad, Kath. Pfarrkirche St. Jodokus.

Linden(?)holz
H. lebensgroß

Größtenteils alte Lüsterfassungen (silberne, teils mit Orna-
menten versehene Untergewänder; Mäntel außen golden, innen grün bzw. blau). Es fehlen bei Paulus der linke große Zeh,
bei Simon Zelotes die vorderen Glieder an Zeige-, Mittel- und
Ringfinger der rechten Hand sowie bei Phillippus die vorderen Glieder an Mittel- und Ringfinger sowie kleinem Finger
der linken Hand. Ergänzt sind bei Matthäus und Thomas die
Lanze, bei Petrus der Schlüssel, bei Jakobus die Walkerstange,
bei Phillippus das Kreuz, bei Bartholomäus das Buch, bei
Simon die Säge und bei Matthias die Hellebarde. 1949 restauriert.

Die 13 Apostelfiguren befanden sich bis 1980 im
Langhaus der 1487 vollendeten Pfarrkirche. Nach
der Ersetzung des Langhauses durch einen Neubau
wurden sie 1982 im erhalten gebliebenen Chor der
alten Kirche aufgestellt. Petrus und Paulus fanden
an der Nordseite des Triumphbogens Platz, die übrigen elf Apostel und eine nicht zugehörige Salvatorfi-
gur wurden auf erhöht angebrachte Konsolen an den
Chorwänden gestellt.
Die Apostelfolge wurde von Lohse (1955) in Zusammenhang mit Christoph Daniel Schenck gebracht.
Lohse erkannte zwei verschiedene Hände. Die sieben
(sic!) Figuren des Petrus, Thomas, Jakobus d. Ä., Bartholomäus, Matthäus und vor allem des Paulus weisen Lohse zufolge »unzweifelhaft noch typische Züge Schencks auf«, allerdings seien selbst diese Figuren auf keinen Fall eigenhändig, da sie »in den
Proportionen übermäßig gelängt« seien und »sehr

77 a, b, c, d, e, g

schematisch behandelte Gesichter« hätten. Auch die Faltengebung sei »etwas unruhiger und nicht so scharf« wie beim Meister selbst. Dennoch bezeichnet Lohse diese Figuren als die einzig bekannten Arbeiten, die »wirklich als direkte Nachfolge bezeichnet werden können«. Die fünf (sic!) anderen Apostel zeigen laut Lohse eine andere Hand. Die Figuren seien »in ihrer Haltung etwas variiert und in den Bewegungen locker«, während die »Schenck-Gruppe« durchweg steif sei. Auch die Falten seien bei der zuletzt genannten Gruppe »wesentlich weicher und flüssiger gegeben«. Lohse zieht für die Entstehungsumstände der Apostelfiguren zwei Möglichkeiten in Betracht: »Entweder sind sie noch zu des Meisters Lebzeiten unter Hauptbeteiligung der Werkstatt ausgeführt und es sind deutlich zwei Werkstatthände zu unterscheiden oder der Auftrag wurde unter Schencks Einfluß begonnen und dann ohne ihn weitergeführt«. Der letzteren Möglichkeit gibt Lohse den Vorzug, da die übrigen großen Aufträge Schencks »trotz der Werkstattbeteiligung aus einem Guß sind«. Lohse zieht den Schluß, daß es sich sicher um Arbeiten handle, »die noch unmittelbar von der Werkstatt des Meisters in Angriff genommen wurden, denn die Längung der Proportionen und die Schematisierung der Gestalten spricht für eine späte Entstehung, die wohl um oder gleich nach 1690 anzusetzen ist, die dann aber ohne den direkten Einfluß des Meisters,

77 h, i, j, k, l, m

also sicher nach seinem Tode vollendet wurden«. Weßbecher (1988) datierte die ihm zufolge von einem unbekannten Blidhauer stammenden Figuren in die Mitte des 18. Jahrhunderts. Laut Knapp (1995) wurde die gesamte Apostelfolge »in der zweiten Hälfte des 17. Jahrhunderts wohl in der Werkstatt von Christoph Daniel Schenck geschaffen«. Als Vergleichsstücke nennt er den Hl. Joseph aus Bernrain (Kat.Nr. 67), den männlichen Heiligen in der oberen Sakristei des Konstanzer Münsters (Kat.Nr. 90) und den Hl. Nikolaus (sic!) auf der dortigen Kanzel (Kat.Nr. 58) aus der Zeit um 1680/90.

Die Zuschreibung sämtlicher Apostel an die Werkstatt Christoph Daniel Schencks ist jedoch nicht haltbar. Während die Apostel Petrus, Paulus, Matthäus, Thomas, Philippus, Bartholomäus, Simon Zelotes, Jakobus d. J., Johannes und Matthias durchaus Stilmerkmale Christoph Daniel Schencks zeigen und somit aus seiner Werkstatt stammen dürften, weichen die drei übrigen Figuren deutlich davon ab. So unterscheiden sich Andreas und Jakobus d. Ä. durch wesentlich flachere, jedoch stärker geschwungene Körper, durch kürzere Füße und dickere, kürzere Finger, weiter durch schmalere Gesichter mit spitzen Bärten und dickere Plinthen, über die im Gegensatz zu den anderen Aposteln keine Fußspitze hinausragt. Diese beiden Figuren dürften daher wohl vom selben Meister geschaffen sein. Ob dieser aufgrund der genannten Unterschiede jedoch der Schenck-Werkstatt angehörte, scheint zumindest zweifelhaft. Für Judas Thaddäus schließlich ist ein Zusammenhang mit der Schenck-Werkstatt gänzlich auszuschließen. Dafür spricht schon die abweichende Fassung mit silber-

ner Ornamentik auf grünem Grund. Vor allem aber deuten die raumgreifende Gestik und Schrittstellung sowie der Gesichtstypus darauf hin, daß die Figur später als die übrigen – wohl im frühen 18. Jahrhundert – entstanden sein dürfte.

Literatur:
Lohse (Foerster) 1955, S. 182–184; Weßbecher 1988, S. 11; Knapp 1995, S. 316.

78

78
Christus und die vier Evangelisten

Christoph Daniel Schenck zugeschrieben
um 1687

Solothurn, Jesuitenkirche, Kanzelkorb.

Linden(?)holz
Christus: H. 73 cm, Lukas: H. 74 cm, Markus: H. 75 cm, Matthäus: H. 75 cm, Johannes: H. 74 cm

Alte Fassung (Gewänder vergoldet). Bei Lukas fehlt der Zeigefinger der linken Hand, bei Markus das Attribut in der rechten Hand, bei Christus die ganze linke Hand sowie an der Rechten der Zeigefinger und der kleine Finger; bei Matthäus an der rechten Hand der kleine Finger und die vorderen Glieder von Zeige-, Mittel- und Ringfinger; weiter fehlen an der Linken der Daumen und alle vorderen Glieder der übrigen Finger sowie der linke Flügel des Engels. Bei Johannes fehlen an der rechten Hand der kleine Finger sowie an der Linken die vorderen Glieder von Zeige-, Mittel und Ringfinger und der ganze kleine Finger; dem Adler fehlt das linke Bein.

Die Figuren Christi sowie der Evangelisten Lukas, Markus, Matthäus und Johannes stehen mit ausgebreiteten Armen in den Nischen des Kanzelkorbes. Teilweise ragen die Hände über den Rand der Nische hinaus. Auch die Füße des jeweils vorgesetzten Beines stehen über den Rand der Standplatten hervor. Jeweils neben dem vorgesetzten Bein sitzt das zugehörige Evangelistensymbol Löwe, Stier, Mensch oder Adler.
Die Figuren wurden von Erni (1977) zugeschrieben: »Ihre überschlanken, geschraubten Körper, expressiven Gebärden und die in kräftigen, abstrakten Faltenschwüngen um die Hüften gewundenen Mäntel weisen (...) in den Umkreis des Konstanzer Meisters Christoph Daniel Schenck, wenn nicht sogar auf ihn selbst«. Erni schreibt Schenck mit Vorbehalt auch die Engelsköpfe und -büsten am Schalldeckel zu. Felder (1981) bekräftigte die Zuschreibung der fünf Figuren und sieht in ihnen unbedingt eigenhändige Werke.
Die von Erni publizierten Quellen nennen zwar weder die Figuren noch einen möglichen Autor, sichern jedoch immerhin die Datierung der Kanzel, für die 1687 eine Summe von über 400 Gulden aufgewendet wurde[1]. Für die Figuren ist daher eben-

79 a–e

1 *Cathedra magni impendij, summam 400 fl. superantis, ac laboris opus finem quoque spectavit suum.* Historia Collegii Solodorensis 1646–1768, S. 129 (Zentralbibliothek Solothurn). Schubiger 1987, S. 67, vermutet, daß die Kanzelarchitektur auf Br. Christoph Brack zurückgeht.
2 Freundliche Mitteilung von Herrn Markus Hochstrasser, Denkmalpflege Zürich. Leider wurden bei den entsprechenden Untersuchungen die Numerierungen im einzelnen nicht festgehalten.

Literatur:
Erni 1977, S. 77 (mit Abb. 51); Loertscher 1981, S. 116, Nr. 76; Felder 1981, S. 323; Schubiger 1985, S. 19 (mit Abb.); Schubiger 1987, S. 67–69 (mit Abb. 63); Felder 1988, S. 289.

79
Epitaph des Franz Johann von Sumerau und Praßberg

Entwurf Christoph Daniel Schenck zugeschrieben
Ausführung durch die Bronzegießerei Rosenlecher
1689

Konstanz, Münster Unserer Lieben Frau, Maria-End-Kapelle, Ostwand

Bronze
H. 175 cm, B. 130 cm.

Hinter einer kissenartig vorgewölbten, lorbeergerahmten Inschrifttafel ist eine Draperie ausgespannt. Davor erheben sich auf Konsolen, die von knorpelbesetzten Voluten getragen werden, zur rechten Seite der Tafel ein Kruzifix und links ein Bildnis des

falls eine Datierung um 1687 anzunehmen, wie sie auch von Felder (1988) vertreten wurde.
Die heutige Aufstellung in der Reihenfolge Lukas, Markus, Christus, Matthäus und Johannes ist wohl nicht mehr die ursprüngliche, da die Figuren offenbar mehrmals herausgenommen und dabei umgestellt wurden, wie alte Numerierungen auf den Rückseiten vermuten lassen[2]. Die letzte Veränderung datiert erst aus jüngerer Zeit. Ältere Fotos lassen erkennen, daß die Reihenfolge bis in die 1920er Jahre von links nach rechts folgende war: Matthäus, Johannes, Christus, Lukas und Markus. Aus diesen Fotos geht auch hervor, daß Christus ehemals eine Weltkugel in seiner linken Hand hielt und damit als Salvator mundi gekennzeichnet war.

Verstorbenen, der kniend und mit gefalteten Händen den Gekreuzigten anbetet. Über der Inschrifttafel steht das ebenfalls lorbeergerahmte Wappen Franz Johann von Praßbergs. Bekrönt wird dieses von einem Puttenkopf mit Mitra, dem ein Pedum und ein Schwert als Zeichen der geistlichen und der weltlichen Macht des Fürstbischofs beigegeben sind. Seitlich des Wappens stehen auf rollwerkgetragenen Konsolen je ein vollplastisch gearbeiteter Engel. Der linke hält ein Stundenglas als Symbol für die abgelaufene Lebenszeit in der rechten Hand; der ehemals wohl in der Linken gehaltene Gegenstand ist verloren. Der rechte Engel zeigt eine Fackel und eine Sichel als Zeichen der Trauer und des Todes. Dieselbe Symbolik liegt den zu Seiten der Engel brennenden Öllampen zugrunde. Seitlich unter dem Kruzifix sind Weintrauben als Symbol für das Blut und den Erlösungstod Christi zu sehen; auf der anderen Seite unter dem knienden Bischof ein Granatapfel als Symbol für die Unsterblichkeit seiner Taten und seines Nachruhms. Nach unten wird das Epitaph abgeschlossen von einer Muschel mit Totenkopf und gekreuzten Knochen als Hinweise auf die Vergänglichkeit des irdischen Lebens. Zu Seiten des Praßberg-Wappens und an den Ecken der Inschrifttafel stehen in knorpelwerkgerahmten Kartuschen außerdem die Wappen der Mitglieder des Domkapitels. Links sind dies von oben nach unten: Schinen, Klingenberg, Kronheim und Sumerau-Praßberg; rechts Pappenheim, Schellenberg-Randegg, Schellenberg und Sirgenstein.

Die Inschrift nennt zunächst Titel und Verdienste Praßbergs, bevor es den Betrachter zu einem Gebet für das Seelenheil des Verstorbenen auffordert: *VIATOR SISTE: / Vt rectâ viâ discas progredi ad beata aeternitate / Hac te praeivit / Reuerndissim9 et Celsissimus S.R.I. Princeps ac D D. / FRANCISCVS IOANNES EPISCOPVS CONSTANtiensis / D. Augiae maioris & Oeningae & c.L.B. a Prassberg / Cui Stema Nobilitatem dedit virtus Principatum, / Vtrumq. digno. / Vixit annis ultra LXXVII in Sacerdotio DEO LIV / In Episcopatu DIOECESI XLVII. / In Principatu SVBDITIS XLIV. / Constanti fama / optime. / Magnus Benefactor in hanc sumam Aedê & praesertim / In Sacellû SSS. TRIADOS creatae IESV MARIAE IOSEPH / Beneficia insignia semper contulit / Donec se vltimum daret. / Itaq9 plenus dierû, & magis meritorum hic quiescit: post- / quam pulchram vitae periodum, quam Anno MDCXI / Incepit Pijssimè Anno MDCLXXXVIIII / Absolvit. / Te docens / In morte moriendi necessitate, in vita vivendi Exemplû /.SEQVERE IN VTROQUE DVCEM.* Darunter findet sich in vergoldeten Lettern die Signatur: *IO: LENHARTH ROSENLECHER M.F. in Constantz.*

Die Zuschreibung des Wappens bzw. des Entwurfs und des Modells (Kat.Nr. 80) erfolgte durch Lohse (1955), die vor allem im Bildnis Praßbergs die Hand

Christoph Daniel Schencks erkannte. Sie verglich mit dem Portrait des Pappus von Tratzberg von 1677 (Kat.Nr. 55), demgegenüber das Praßberg-Portrait jedoch »sehr idealisiert« sei; »die kräftige Sprache jenes Antlitzes« sei einer »gewissen Stilisierung gewichen«. Weiter vergleicht Lohse den ornamentalen Zierrat beider Epitaphien, der sich sehr ähnlich sei. Die »kräftigen, prallen Putten« des Tratzberg-Epitaphs seien hier »allerdings zu etwas mageren, manieriert bewegten Kindern geworden«. Der Gekreuzigte schließlich fände seine Entsprechung im Kruzifix des Kronburger Anhängekreuzes (Kat.Nr. 40). Später (1960) nannte Lohse in diesem Zusammenhang außerdem den Gekreuzigten vom Weissenauer Altarkreuz (Kat.Nr. 75). Fromm (1988) bezeichnete das Epitaph als »typischen Vertreter des profanisierten barocken Ruhmesdenkmals, das dem Betrachter Tugend und Glanz des Toten zum Vorbild macht«.

Literatur:
Kraus 1887, S. 200–201; Gröber 1914., S. 129; Lohse (Foerster) 1955, S. 166–168; Reiners 1955, S. 487–488 (mit Abb. 431–432); Lohse 1960, S. 29–30 u. 85, Nr. 31 (mit Abb. 18); Thöne 1968, S. 473; Fromm 1988, S. 111–113 (mit Abb. des Modells); Glanz der Kathedrale 1989, S. 200–201 (bearb. von Elisabeth von Gleichenstein und Björn R. Kommer).

80
Modell zum Epitaph des Franz Johann von Sumerau und Praßberg

Christoph Daniel Schenck zugeschrieben
1689

Konstanz, Rosgartenmuseum, Inv.Nr. S 231

Lärchen– und Lindenholz
H. 183 cm, B. 135 cm.

Ungefaßt. Unterlage und Inskriptionstafel aus Lärche, die applizierten Schnitzereien aus Linde. Die Unterlage ist aus fünf Brettern zusammengeleimt, deren Fugen teilweise aufgegangen sind. An den Seiten ist das Holzoval teilweise begradigt. Die Buchstaben auf der Inschrifttafel sind z.T. beschädigt.

Erworben 1882 als Geschenk der Konstanzer Bronzegießerei Rosenlecher; von Otto Leiner mit Schreiben vom 7.5.1901 quittiert. Erscheint im Museumsinventar von 1902 unter der Nummer 31.

Das auf einer ovalen Holztafel aufgebrachte Modell unterscheidet sich vor allem dadurch vom ausgeführten Bronzeguß, daß alle freiplastisch gearbeiteten Teile weggelassen sind: So fehlen das Kruzifix, die Hände des Verstorbenen und die beiden Putti mit Stundenglas, Sichel und Fackel. Außerdem ist die am unteren Rand angebrachte Muschel nur teilweise vorhanden.

80

Die Inschrift des Modells lautet: VIATOR SISTE: / Vt rectà vià discas progredi ad beata aeternitate, / Hac te praeivit / Reuerendissimus et celsissim S.R.I. Princeps ac D D. / FRANCISCVS IOANNES EPISCOPVS CONSTANTIensis / D. Augiae maioris & Oeningae & c.L.B. à Prassberg. / Cui Stema Nobilitatem dedit virtus Principatum, / Vtrúmq. digno. / Vixit annis ultra LXXVII in Sacerdotio DEO LIV / In Episcopatu DIOECESI XLVII. / In Principatu SVBDITIS XLIV. / Constanti fama / (optime) / Magnus Benefactor in hanc suam Aedem et praesertim. / In Sacellu SSS. TRIADOS Creatae IESV MARIAE IOSEPH / Beneficia insignia semper contulit Donec se vltimum daret. / Itàq, plenus dierum, et magis meritorum hic quiescit: / Postquam pulchram vitae periodum, quam Anno MDCXI. / Incepit. Pivssimè Anno MDCLXXXVIIII / Absoluit. / Te docens / In morte moriendi necessitatem, in vita viuendi exemplum SEQVERE IN VTROQUE DVCEM.

Laut Kommer und von Gleichenstein (1989) ist das Modell gegenüber der gegossenen Ausführung »freier und großzügiger gestaltet«. Stilistische Vergleiche mit gesicherten Werken, z.B. mit dem Ölbergrelief in Ittendorf (Kat.Nr. 11) lassen ihnen Christoph Daniel Schenck, »mindestens aber seine Werkstatt als Urheber des Epitaphs als sehr wahrscheinlich erscheinen«.

Der Umstand, daß alle freiplastischen Teile im Modell weggelassen wurden, läßt den Schluß zu, daß alle diese fehlenden Teile getrennt gearbeitet und gegossen wurden.

Literatur:
Reiners 1955, S. 488 (mit Abb. 431–432); Lohse (Foerster) 1955, S. 166–167; Lohse 1960, S. 29–30 u. 85, Nr. 31a; Konstanz 1960, Kat.Nr. 37; Thöne 1968, S. 473; Fromm 1988, S. 111–113 (mit Abb.); Glanz der Kathedrale 1989, S. 200–201 (bearb. von Elisabeth von Gleichenstein und Björn R. Kommer).

81
Weibliche Heilige
Christoph Daniel Schenck zugeschrieben

Standort unbekannt

Büste
Linden(?)holz, farbig gefaßt und versilbert.

H. 58 cm

Im Auktionskatalog geführt als »Christoph Daniel Schenck zugeschrieben. ... Offenes Haar, Mantel auf der linken Schulter durch eine Spange gehalten«. Da das Stück im Auktionskatalog nicht abgebildet ist und sein Verbleib nicht in Erfahrung gebracht werden konnte, ist die Zuschreibung gegenwärtig nicht zu überprüfen.

Literatur:
Auktionskatalog Weinmüller (München), 14./15.3.1962, S. 57, Nr. 742.

DEM UMKREIS DES CHRISTOPH DANIEL SCHENCK ZUGESCHRIEBENE WERKE

82
Cruzifixus
Dem Umkreis des Christoph Daniel Schenck zugeschrieben

Privatbesitz Konstanz

Linden(?)holz
H. des Corpus 30 cm.

Kreuz ergänzt.

Christus ist mit vier Nägeln an das Kreuz geschlagen. Der herabgefallene Unterkiefer und die geschlossenen Augen lassen vermuten, daß der Tod bereits eingetreten ist. Im Widerspruch dazu sind die Arme noch nicht ganz durchgestreckt, der Körper ist noch nicht ganz in sich zusammengesunken. Noch scheint er die Kraft zu haben, sich an den Nägeln in seinen Füßen aufstützen zu können. Im Auktionskatalog (1987) unter Hinweis auf den Thomasaltar im Konstanzer Münster (Kat.Nr. 16) Christoph Daniel Schenck zugeschrieben. Der hagere, in der Hüfte leicht nach rechts ausgewichene Körper Christi, der zur rechten Seite gefallene Kopf mit der einzelnen, zur Achselhöhle herabfallenden Haarlocke, die wahrscheinlich separat gearbeiteten und eingesetzten Brustwarzen, der Viernageltypus sowie das in parallelen Falten nur knapp um die Hüften geschwungene Lendentuch verbinden den Cruzifixus mit der für Christoph Daniel Schenck gesicherten Figur des Gekreuzigten in Sonderbuch (Kat.Nr. 3) sowie mit den zugeschriebenen Werken in St. Trudpert (Kat.Nr. 51), in Berlin (Kat.Nr. 70) und in der Sakristei des Konstanzer Münsters (Kat.Nr. 52). Es zeigen sich jedoch sowohl motivische Unterschiede in den nicht ganz nebeneinander gestellten, sondern leicht übereinandergeschobenen Füßen und in den nicht völlig durchgestreckten Armen sowie stilistische Differenzen in der Bildung des Gesichtes mit dem weiter als sonst geöffneten Mund, dem kurzen, nur kaum gekräuselten Bart und dem abweichenden Schnitt der Augen und Augenbrauen. Das qualitätvolle Werk dürfte demnach wohl von der Kenntnis Schenckscher Kruzifixe profitiert haben, aber kaum aus seiner Werkstatt stammen.

Literatur:
Auktionskatalog Neumeister (München), 11.3.1987, Nr. 276 (mit Abb.).

das rechte nach hinten gesetzt. Die Hüfte ist leicht nach rechts geschoben. Die Figur wurde von Meyer (1978) Christoph Daniel Schenck zugeschrieben und in die Zeit um 1680 datiert. Die Körperhaltung entspricht spiegelbildlich weitgehend derjenigen des St. Gallener Sebastian (Kat.Nr. 65). Lediglich der freie Arm hängt dort gerade nach unten, während er hier im Gelenk abknickt und nach vorne weist. Da bei beiden Figuren die Arme ab den Ellenbogen angestückt sind, kann die Armhaltung in beiden Fällen aber auch auf spätere Veränderungen zurückgehen. Im hageren Körpertypus entspricht der Schwyzer Sebastian den für Christoph Daniel Schenck gesicherten Werken in Hagnau (Kat.Nr. 22), Stuttgart (Kat.Nr. 1) und Friedrichshafen (Kat.Nr. 39). Die ausgesprochen

82

83

83

83
Hl. Sebastian

Dem Umkreis des Christoph Daniel Schenck zugeschrieben

Schwyz, Turmmuseum

Linden(?)holz

Fassung verloren (abgelaugt). Arme ab Ellenbogen angestückt. Es fehlen mehrere Pfeile.

Aus dem alten Schützenhaus auf dem Eigenwies in Ibach.

Sebastian ist mit dem rechten Arm an einen steil hinter ihm aufragenden Ast eines Baumes gebunden; die freie Linke hält er ähnlich einem Friedensgestus nach vorne. Das linke Bein ist durchgestreckt,

harten und scharfgratigen Falten des Lendenschurzes sowie der Schnitt der Augen bilden jedoch markante Unterschiede. Eine weitere wesentliche Differenz liegt im Darstellungsmodus: Während die übrigen Sebastiansfiguren Schencks das Leiden des Heiligen herausstellen und ihn mit nach hinten oder zur Seite gefallenem Kopf, schmerzvoll geöffnetem Mund oder gebrochenem bzw. himmelwärtsstrebendem Blick zeigen, scheint der Schwyzer Sebastian mit seinem gerade gehaltenen Kopf und seinen kaum von Schmerz gezeichneten Gesichtszügen von seinem Martyrium unbeeindruckt. Sollte die Haltung des linken Armes die ursprüngliche sein, scheint er sogar noch die Ruhe zu finden, seine Peiniger mit einem Friedensgestus zur Versöhnung aufzurufen. Demnach dürfte die Figur trotz einiger Ähnlichkeiten mit Arbeiten Schencks nicht in dessen Werkstatt entstanden sein.

Die Figur stammt aus dem ehemaligen Schützenhaus, dem Sitz der örtlichen Sebastiansbruderschaft, die 1571 aus der älteren Schützengesellschaft hervorgegangen war.

Literatur:
Meyer 1978, S. 447 (mit Abb. 458); Felder 1988, S. 289.

84
a) Hl. Petrus
b) Hl. Paulus

Dem Umkreis des Christoph Daniel Schenck
zugeschrieben

Konstanz-Wollmatingen, kath. Pfarrkirche St. Martin

Linden(?)holz
Lebensgroß

Fassungen neu (bei Petrus grünes Untergewand, Mantel
außen rot, innen weiß; bei Paulus rotes Untergewand, Mantel
außen blau, innen weiß). Bei Petrus sind der Schlüssel und
der Strahlenkranz ergänzt, bei Paulus das Schwert, der Strahlenkranz und das Buch.

a) In der vorgestreckten Linken hält Petrus seine Attribute, die Schlüssel. Das ehemals in der anderen Hand gehaltene Attribut, wahrscheinlich ein Buch, ist verloren.

b) Paulus blickt über das Buch in seiner Rechten hinweg. Die Linke hält den Knauf des ergänzten Schwertes.

Die beiden Figuren wurden von Thöne (1975) Christoph Daniel Schenck zugeschrieben und in die Zeit um 1640 (sic!) datiert.

Die Statuen zeigen im Gewandstil mit den Mänteln, die in weitem Schwung um den Leib geführt sind, sowie den Untergewändern, die aufgrund der Drehung des Körpers schräg über den Oberkörper gezogen sind und an den Beinen eng anliegen, durchaus Anklänge an Werke Christoph Daniel Schencks. Auch Details wie die kurzen, quer zu den Faltenzügen verlaufenden Kerben und die ausgeprägten Augenbögen verraten eine Kenntnis von Arbeiten der Bildhauerfamilie. Vor allem die im Vergleich zu gesicherten Werken Christoph Daniel Schencks erheblich flächigere und weichere Charakterisierung der Gewänder macht eine Entstehung in dessen Werkstatt jedoch unwahrscheinlich.

Literatur:
Thöne 1975, S. 17.

84 a

85
Maria mit Kind

Dem Umkreis des Christoph Daniel Schenck
zugeschrieben

Schussenried, Privatbesitz

Linden(?)holz
H. 79 cm

Fassung weitgehend neu. Reste einer oxydierten Versilberung.
Rechte Hand Mariae und Weltkugel ergänzt.

Das linke Bein hat Maria nach vorne gesetzt, als ob sie
im Ausschreiten begriffen sei. Der linke Arm weist
zur Seite, wahrscheinlich hielt sie darin ehemals ein
Attribut, vielleicht eine Lilie. Mit versonnen ins Leere gehendem Blick trägt sie den Jesusknaben auf dem
rechten Arm. Der von Maria kaum gestützte Knabe

84 b

85

hat die Beine verschränkt und blickt mit ausgebreiteten Armen in Richtung des Betrachters.

Das eng anliegende und hoch gegürtete Untergewand, das schräg über den Oberkörper gezogen ist,
der über der Brust verschlungene, flach aufliegende Schleier, der scharfgratige und voluminöse Fal-
tenring um den linken Oberarm sowie der in weitem Schwung um den Leib geführte Mantel mit seinen parallel verlaufenden, tiefen Falten bedingen
hinsichtlich des Gewandstils eine enge Verwandtschaft mit Werken Christoph Daniel Schencks.
Körper und Kopf des Christuskindes sowie vor
allem der Kopftypus der Madonna mit den stark
gerundeten Wangen unterscheiden sich jedoch so
stark vom Stil Christoph Daniels, daß die Madonna
wohl kaum in dessen Werkstatt entstanden sein
dürfte.

Literatur:
unpubliziert

86
Auferstandener

Dem Umkreis des Christoph Daniel Schenck
zugeschrieben

Appenzell, Pfarrkirche St. Mauritius, Pfarrhaus

Holz gefaßt
H. 92,5 cm

Die Figur wurde von Fischer (1984) dem Umkreis
des Christoph Daniel Schenck zugeschrieben und in
die Zeit um 1680 datiert.
Da die Statue dem Verfasser nicht zugänglich war,
konnte die Zuschreibung nicht überprüft werden.

Literatur:
Fischer 1984, S. 217.

ANDEREN MITGLIEDERN
DER FAMILIE SCHENCK
ZUGESCHRIEBENE WERKE

87
Hl. Sebastian

Hans Christoph Schenck zugeschrieben
um 1640/50

Augsburg, Städtische Kunstsammlungen, Maximilianmuseum,
Inv.Nr. 6332

Linden(?)holz
H. 30 cm

Lackiert. In Schwarz aufgemalte Falten an den Fersen, entlang
der Achillessehne und um die Knie. Arme angestückt. Die
letzten Fingerglieder der linken Hand, die Vorderteile beider
Füße und die Nase alt ergänzt. Sockel, Baum und Schnüre
modern ergänzt, ebenso der Zeigefinger der rechten Hand und
fünf der sechs Pfeile.

Angeblich aus dem Augsburger Katharinenkloster.

Der kaiserliche Leibgardist Sebastian, der seinem
christlichen Glauben nicht abschwören wollte, wurde auf Befehl des Kaisers Diocletian bis auf einen
Lendenschurz ausgezogen, mit beiden Armen an
einen Baum gebunden und mit Pfeilen beschossen.
Sein zur Seite gefallener Kopf mit dem geöffneten
Mund und den geschlossenen Augen ist vom
Schmerz gezeichnet. Dennoch hat der Heilige seinen
sicheren Stand noch nicht eingebüßt.
Laut Lohse (1955), auf die die bisherige Zuschreibung an Christoph Daniel Schenck zurückgeht, fällt
die Sebastiansfigur in dessen kleinplastischen Œuvre »etwas aus dem Rahmen, da sie nicht jene unbedingt sichere Hand seiner Kleinbildwerke ver-
spüren« lasse. Dennoch betont Lohse hinsichtlich
der Beinstellung und Armhaltung eindeutige Beziehungen zu der Hagnauer Sebastiansfigur Christoph
Daniels (Kat.Nr. 22) sowie in der Durchbildung des
Kopfes zu der Stuttgarter Statuette von 1675 (Kat.-
Nr. 1). Lohse zufolge stellt die Augsburger Figur »gewissermaßen eine Synthese aus Stuttgart und
Hagnau dar«. Daher setzte sie die Augsburger Statuette in die Zeit nach der Stuttgarter Figur von 1675.
Der Darstellungstypus mit einem über dem Kopf
hochgebundenen Arm, während der andere an einen tiefer liegenden Ast gefesselt ist, kann jedoch
nicht als Kriterium für eine Zuschreibung an Christoph Daniel Schenck gelten, da er in der gesamten
süddeutschen Skulptur des 17. Jahrhunderts verbreitet ist[1]. Er geht zurück auf ein durch mehrere Stiche bekannt gewordenes Gemälde aus dem Jahr
1588/89 von Hans von Aachen in der Michaels-

kirche in München[2]. Auch ist der Kopf der Augsburger Figur mit seinen dicken Lidern und der wohl schon im originalen Zustand sehr großen Nase kaum mit demjenigen des Stuttgarter Sebastian zu vergleichen. Ein weiterer wesentlicher Unterschied liegt im völligen Fehlen des kruden Naturalismus, der sich bei der Stuttgarter Figur in großen Füßen, einem vorgewölbten Bauch, breiten Hüften und anderen Motiven äußert, die dem klassischen Formenkanon zuwiderlaufen. Die Augsburger Figur dagegen entspricht diesem. Ihr wohlproportionierter Körper scheint eher etwas geschönt zu sein angesichts der brutalen Gewalt des Martyriums.

87

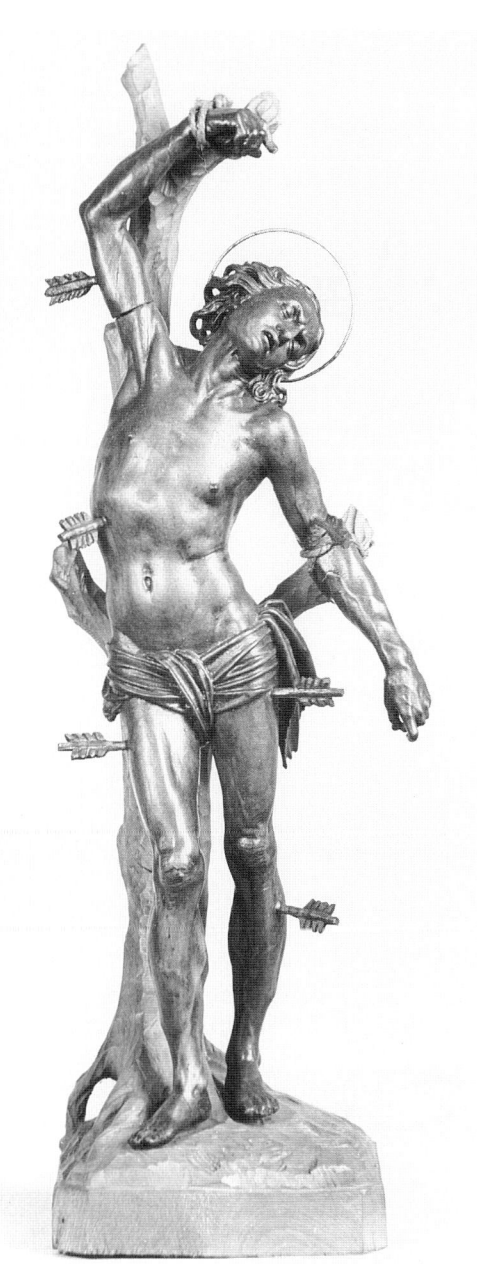

Allein die Orientierung am klassischen Schönheitskanon, wie ihn in der süddeutschen Skulptur beispielsweise die Sebastiansfigur Georg Petels aus der Zeit von 1629/30 in der Sebastianskapelle in Aislingen vertritt[3], legen eine Datierung der Augsburger Statuette nicht in die Schaffenszeit Christoph Daniel Schencks, sondern in die erste Hälfte des 17. Jahrhunderts nahe. Die dennoch vorhandenen Ähnlichkeiten mit dessen Stil lassen an eine Fertigung durch ein älteres Familienmitglied denken. So zeigt insbesondere der Kopftypus mit der niedrigen Stirn, den stark ausgeprägten Augenbögen, den schweren Lidern und der großen Nase enge Verwandtschaft mit Werken Hans Christoph Schencks, etwa dem Kruzifix am Thomas-Altar des Konstanzer Münsters aus den Jahren 1637/38. Weitere Übereinstimmungen liegen in der Aktdarstellung, etwa in der Ausbildung der normal proportionierten Füße oder den runden, mit feinen Gravierungen versehenen Knien, sowie auch im Gewandstil mit den eng anliegenden, flachen und etwas knittrigen Falten. Die Augsburger Sebastiansstatuette dürfte demnach von Hans Christoph Schenck stammen und wohl in die Entstehungszeit des Konstanzer Gekreuzigten gegen 1640, möglicherweise auch etwas später, zu datieren sein[4].

1 Z.B. mehrere Figuren der Bildhauerfamilie Zürn aus den Jahren 1613/16, 1624 und 1645/49. Zoege von Manteuffel 1969, Bd. 2, Abb. 26–27, 36 u. 101.
2 Z.B. die Stiche von Jan Muller und Jacob Laurus. Hollstein 1954, S. 2, Nr. 63–64.
3 Schädler 1973, Kat.Nr. 25, Abb. 99.
4 Eine mögliche, in Elfenbein ausgeführte Kopie der Augsburger Figur befindet sich im Bayerischen Nationalmuseum in München. Berliner datiert dieses Werk in den Beginn des 18. Jhs. Berliner 1926, S. 97, Kat.Nr. 455, Taf. 112. Eine zweite Elfenbeinskulptur, die zumindest auf dieselbe Vorlage zurückgeht und die Berliner in das zweite Viertel des 18. Jhs. datiert, wird ebenfalls dort aufbewahrt. Berliner 1926, S. 109, Kat.-Nr. 522, Taf. 248.

Literatur:
Lohse (Foerster) 1955, S. 108–109; Lohse 1960, S. 14 u. 75, Nr. 1 (mit Abb. 17); Konstanz 1960, Kat.Nr. 11; Philippovich 1962, S. 196; Lohse 1968, S. 127; Noack-Heuck 1970, S. 35; St. Blasien 1991, Bd. 1, S. 338 (bearb. von Detlef Zinke u. Hans H. Hofstätter).

88

88
Hl. Ulrich und Hl. Afra

Hans Christoph Schenck zugeschrieben
zwischen 1650 und 1668

Kreuzlingen (Thurgau), kath. Pfarrkirche St. Ulrich und
St. Afra

Linden(?)holz

H. ca. 300 cm

Nach einem Brand in der Kirche im Jahr 1963 ist nur noch
die Figur des Hl. Ulrich im Original erhalten. Diejenige der
Hl. Afra wurde durch eine rekonstruierende Kopie ersetzt.

Hinten abgeflacht. Weiß gefaßt. Beim Hl. Ulrich sind die
Gewandsäume und das Brustkreuz vergoldet, die Mitra teil-

vergoldet und das Pedum sowie der Fisch versilbert. Bei der
Hl. Afra waren die Gewandsäume und der Saum des Schlei-
ers sowie die aus dem Boden züngelnde Flamme vergoldet
und die Kette versilbert.

Der Hl. Ulrich, von 924 bis 973 Bischof von Augsburg, ist in Pontifikalkleidung mit Albe, Rochett und
Pluviale gewandet. Das Brustkreuz und die Mitra
kennzeichnen ihn als Bischof. Hinter dem Kopf ist
ein Strahlenkranz angebracht. In der Rechten hält er
das Pedum als Abzeichen der oberhirtlichen Be-
fehls- und Weihegewalt, links als individuelles
Attribut den Fisch, in den sich ein Gänsebein ver-
wandelt hatte, mit dem der Bischof von seinen Feinden des unerlaubten Fleischessens am Freitag über-
führt werden sollte. Ungewöhnlicherweise fehlt das

Evangelienbuch, das Bischöfe sonst als Verkünder der christlichen Lehre ausweist und das bei Darstellungen des Hl. Ulrich gemeinhin als Unterlage für den Fisch dient. In Kreuzlingen hält der Heilige den Fisch dagegen in der bloßen Hand.

Die Hl. Afra war in ein langes, gegürtetes Gewand gekleidet, als Kopfbedeckung trug sie einen Schleier. Der Heiligen fehlten generelle Attribute, die sie als Märtyrerin auswiesen. Als individuelles Attribut züngelte neben ihrem linken Fuß eine Flamme als Zeichen des Feuertodes aus dem Boden, den die zum Christentum bekehrte Augsburger Dirne bei der Christenverfolgung des Jahres 304 auf dem Lechfeld erlitt. Ein weiteres Attribut war der hinter der Heiligen aufragende Baumstamm, an den sie ungewöhnlicherweise nicht mit einem Strick, sondern mit einer groben Rundgliederkette gefesselt war.

Lohse (1955) publizierte einen Eintrag in einem »Verzeichnis aller Ohnkosten der New Erbauten Kirchen in Kreuzlingen«. Dort heißt es: *Beede Bildhauer / Christoph Schenckh unnd Johannes Bin wegen zwayer gemachten Altär sambt dem linden holtz, 501 Gulden, 14 Pfennig, 2 Schilling / Joh. Stöcklin, Maler zu Konstanz für die Altär zu fassen, Engel und anderes zu vergulden, 618 Gulden*[1]. Lohse bezog diesen Vermerk auf Hans Christoph Schenck, den Vater Christoph Daniels, und datierte die Arbeiten in die Zeit vor 1653, dem Jahr, in dem die neuerbaute Kirche geweiht wurde. Dennoch erschien es Lohse als »unmöglich, diese beiden Figuren in eine enge Beziehung zu dem einzigen, von Hans Christoph überlieferten Werk, dem Hochaltar von Bischofszell zu setzen«. Demgegenüber sah sie durchaus enge Übereinstimmungen mit Werken, die sie Christoph Daniel Schenck zuschrieb, nämlich mit der Niederzeller (Kat.Nr. 66) sowie der Markdorfer Pietà (Kat.Nr. 93), mit der weiblichen Heiligen in Kölner Privatbesitz (Kat.Nr. 89) und mit dem Heyder-Epitaph in Lindau (Kat.Nr. 94). Sie kommt daher zu dem Schluß, daß die Kreuzlinger Figuren dem Werk Christoph Daniels zuzurechnen seien. Auch nach Lohse (1960) muß man zwar den »Ursprung in der älteren Schenck-Werkstatt suchen, wobei allerdings die Ausführung wesentlich in der Hand des jüngeren Christoph Daniel lag. Die kräftigen, eng zusammengeschobenen Falten des Bischofsgewandes über der Brust des Hl. Ulrich mit dem locker aufliegenden Kreuz, die sorgfältig gearbeiteten Handschuhe, unter denen sich die Knöchel der Finger genau abzeichnen, vor allem aber der prachtvolle Kopf mit den buschigen Brauen und der eigenwilligen kleinen Locke in der Stirn und dem wallenden Bart zeugen von einer subtileren Arbeit, als sie der weitaus handwerklichen Art des Vaters eigen ist. Auch das in gesteigerter Unruhe gegebene Gewand der Hl. Afra mit dem eigenartig auf dem Kopf verschobenen Tuch ist ein Versuch, die steife Gewandgestaltung

des Vaters zu überwinden. (...) Da die Kreuzlinger Kirche in den Jahren 1650/53 neu erbaut wurde, sind die Figuren wahrscheinlich um diese Zeit von dem Vater Hans Christoph Schenck konzipiert und von Christoph Daniel vollendet worden.«

Die Datierung Lohses erscheint jedoch keineswegs sicher, zumal die Rechnungsvermerke keine Jahreszahl tragen. Lediglich die von Lohse angenommene Entstehung der Figuren im Zusammenhang mit dem Wiederaufbau der im Dreißigjährigen Krieg zerstörten damaligen Augustinerchorherrenstiftskirche dürfte unstrittig sein. Am 4. Juli 1650 erfolgte die Grundsteinlegung zum Neubau unter Abt Jakob I. Denkinger von Schönberg[2]. Am 25. Oktober 1653 wurde die Kirche vom Konstanzer Bischof Franz Johann von Praßberg geweiht, der später vielfach als Auftraggeber Christoph Daniel Schencks in Erscheinung treten sollte. Der Hochaltar wurde dabei dem Augsburger Bistumsheiligen Ulrich geweiht. Es läge nun nahe, Lohse folgend die undatierten Abrechnungen auf die beiden Figuren zu beziehen und deren Entstehung in die Zeit vor 1653 zu setzen. Es muß jedoch auch damit gerechnet werden, daß die Figuren zum Weihedatum des Hochaltares im Jahre 1653 noch gar nicht gefertigt waren, da Kirchen- und Altarweihen oftmals bereits im Rohbauzustand vorgenommen wurden. Dahin deutet auch die geringe Zeitspanne zwischen Grundsteinlegung und Kirchenweihe sowie ein Hinweis von Lohse (1960), daß der Chor der Kirche bis 1668, dem Jahr der Einweihung der neuen Klostergebäude, noch nicht voll in Benutzung gewesen sei. Eine weitere Unsicherheit in der Datierung ergibt sich dadurch, daß der ursprüngliche Hochaltar in den Jahren 1702/04 unter Abt Lechner von Mindelheim durch einen neuen ersetzt wurde. Ein in *1668* aufzulösendes Chronostichon in einer Kartusche am neuen Altar könnte sich dabei sowohl auf die Fertigstellung des gesamten Klosterkomplexes als auch auf die Weihe des vorhergehenden Altars beziehen. Möglicherweise wurden die Figuren daher erst bis zum Jahr 1668 vollendet.

Auch der von Lohse postulierte entscheidende Anteil Christoph Daniel Schencks an den beiden Figuren erscheint fraglich. Sicherlich ist mit einer Mitarbeit Christoph Daniel Schencks an den beiden Figuren zu rechnen. Der 1633 geborene Christoph Daniel dürfte selbst bei der frühestmöglichen Entstehung bis 1653 bereits im Gesellenalter gewesen sein und somit durchaus Anteil am Schaffen des Vaters gehabt haben. Demgegenüber zeigen die Figuren sowohl in der Konzeption wie in der Ausführung jedoch durchaus enge Übereinstimmungen mit den überlieferten Werken von Hans Christoph Schenck in Neu St. Johann, Bischofszell und anderen Orten (vgl. den Beitrag von Ulrich Knapp). Anklänge an die zudem erst ab 1675 gesicherten Werke Christoph Daniels zeigen sich jedoch nur kaum und sind mit der Werkstatt-Tradition, also der Weitergabe bestimmter Eigenheiten vom Vater an den Sohn, hinlänglich zu begründen. Es spricht also nichts dagegen, die Kreuzlinger Figuren in vollem Umfang dem Œuvre Hans Christoph Schencks zuzuordnen.

1 Staatsarchiv Thurgau, 7 ' 32 ' 19, I 18 Nr. 3, Kreuzlingen. Diese Eintragung wird bestätigt von einem weiteren Verzeichnis mit dem Rückvermerk »Was die Newe Kirche kostet« und dem Titel »Designation aller Ussgaben, so zue Ufferbawung der Neuen Kirchen uffgeloffen und bezahlt worden«. Dort steht: »Den baiden bildhaueren Christoph Schenckk und Johannes Bünn für 3 [sic!] Altär mit ihrer Arbeit sambt erkaufften Linden holtz ohne speiss und tranckh: 538 Gulden 6 Schilling 2 Pfennig. Dem Johannes Stöckhle Maaler zue Constantz wegen fassung der beeden altären verdingt 600 Gulden davon bezahlt 459 Gulden«. Staatsarchiv Thurgau, 7 ' 32 ' 19, I 18 Nr. 3, Kreuzlingen. Die Kenntnis dieser Quelle sowie die von Lohse abweichende, korrigierte Transkription des zuerst genannten Eintrages ist einer Mitteilung von Stefanie Uhler, Staatsarchiv Thurgau, zu verdanken.
2 S. Kuhn 1869, S. 298 u. Gaudy 1923, S. 107.

Literatur:
Lohse (Foerster) 1955, S. 99–107; Lohse 1960, S. 7–8 u. 87, Nr. 33 (mit Abb. 4); Thöne 1975, S. 139.

89
Weibliche Heilige

Einem älteren Mitglied der Familie Schenck
zugeschrieben
um 1650

Köln, Privatbesitz

Linden(?)holz
H. 95 cm

Alte Fassung (Mantel innen silbern, außen golden). Bodensockel aufgedoppelt. Attribut fehlt. Vertikalriß durch das Gesicht. Rückseitig in halber Höhe ein Loch.

Aus der ehemaligen Slg. Schnell, Ravensburg. 1939 bei Lempertz (Köln) versteigert.

In ein langes, in der Taille gegürtetes Gewand und einen Mantel gekleidet, scheint die Heilige verhalten voranzuschreiten. In der angewinkelten Rechten hielt sie ursprünglich einen Gegenstand; auch die vom Körper weggestreckte Linke scheint ehemals etwas umfaßt zu haben. Nach links wendet sie auch ihren Kopf mit den zusammengezogenen Augenbrauen und dem sorgenvollen Blick.
Im Auktionskatalog noch klassifiziert als »Meister vom Bodensee, erste Hälfte des 17. Jahrhunderts«, wurde die Figur erstmals von Lohse (1955) Christoph Daniel Schenck zugeschrieben. Lohse verglich sie vor allem mit der Markdorfer Pietà (Kat.Nr. 93), mit der sie durch »die ernste Strenge des Gesichts mit dem eng-

anliegenden Tuch« sowie durch »die aufgeschobenen Faltenringe des Oberschenkels und die Ärmel« verbunden sei. Die linke Hand zeige »ebenfalls typische Schenck-Formen, vergleicht man sie mit den Händen der Überlinger [Kat.Nr. 69] oder Niederzeller Maria« (Kat.Nr. 66). »In der Struktur« erscheint Lohse die Kölner Heilige jedoch enger mit der Lindauer Aeternitas vom Heyder-Epitaph (Kat.Nr. 94) vergleichbar, mit der sie vor allem die »rundere Gesichtsbildung« teile. »In der ganzen Anlage der Gestalt« sah Lohse außer-

89

dem Verbindungen mit den drei Hll. Martin, Georg und Eligius im Konstanzer Münster (Kat.Nr. 96). Später (1960) stellte sie jedoch fest, daß die Kölner Heilige sich von diesen drei Figuren »durch die wesentlich gelöstere Haltung und die etwas kräftigere Struktur« unterscheide. Das Gewandmotiv des hochgebundenen Mantels verglich sie nun mit demjenigen der Hl. Afra in Kreuzlingen (Kat.Nr. 88).

Eine Fertigung der Kölner Figur durch ein Mitglied der Bildhauerfamilie Schenck steht außer Zweifel. Christoph Daniel Schenck jedoch dürfte nicht als Autor in Frage kommen. Allein schon im Gewandstil mit den größtenteils gerade nach unten fallenden, schweren Stoffen, die den Körper lediglich hinterfangen, aber nicht weiträumig »verhüllen«, liegt ein wesentlicher Unterschied zu Arbeiten Christoph Daniels mit ihren aufliegenden, die Figur geradezu »umkreisenden« und in Parallelfalten quer über den Leib gezogenen Mänteln, die den darunterliegenden Körper kaum noch erahnen lassen. Weitere erhebliche Differenzen liegen in der geschlossenen Kontur im Gegensatz zu der »aufgerissenen« Silhouette der Figuren Christoph Daniels sowie in der etwas steifen Haltung der Kölner Figur mit dem leicht zurückgebogenen Oberkörper, der seitlich herausgeschobenen Hüfte und dem unorganisch »angesetzten«, vorgestellten Bein mit dem nach innen gedrehten Knie und dem nach außen zeigenden Fuß. Die Figuren Christoph Daniels scheinen dagegen weniger »additiv« aus einzelnen Elementen zusammengesetzt, sondern von einem durchgehenden, in sich stimmigen Bewegungsfluß gekennzeichnet. Während bei Christoph Daniel das geradezu selbständig »agierende« Gewand und die raumgreifenden Gesten die wesentlichen Ausdrucksträger sind, ist es bei der Kölner Figur die Mimik. So erweist sich die Kölner Figur zweifellos als Arbeit einer älteren Bildhauergeneration.

Die Haltung, das den Körper hinterfangende, mit einem Gürtel stellenweise hochgebundene Gewand und das kantige, dabei jedoch volle Gesicht mit seiner ausdrucksstarken Mimik zeigen durchaus Ähnlichkeiten mit Arbeiten von Hans und Hans Christoph Schenck, beispielsweise der Kreuzlinger Figur der Hl. Afra (Kat.Nr. 88). Eine Fertigung durch ein älteres Mitglied der Bildhauerfamilie ist daher anzunehmen. Eine Identifikation der Heiligen ist wegen der verlorengegangenen Attribute bisher nicht geglückt. In der Rechten mag sie einen Stab, eine Märtyrerpalme, Lilie oder dergleichen gehalten haben, die Stellung der linken Hand macht das Halten eines Gegenstandes jedoch unwahrscheinlich. Eher scheint sie mit ihrer Linken, zu der auch ihr Blick gerichtet ist, jemanden geführt zu haben. Die Vermutung liegt daher nahe, daß es sich um den Jesusknaben gehandelt haben könnte. Die Figur wäre demnach Maria aus einer Gruppe des Hl. Wandels. Der Jesusknabe ist zwar verloren, die zugehörige Figur des Hl. Joseph könnte sich jedoch im männlichen Heiligen in der Sakristei des Konstanzer Münsters erhalten haben (Kat.Nr. 90). Dahin deuten jedenfalls dessen nahezu übereinstimmende Größe, dessen gegengleiches, ebenso verhaltenes Voranschreiten sowie der nach rechts unten gehende Blick, der durchaus dem in der Mitte zwischen seinen Eltern schreitenden Jesusknaben gegolten haben könnte.

90

Literatur:
Auktionskatalog Lempertz (Köln), 21.4.1939, S. 19, Nr. 78,
Tf. 2; Schnitzler 1939, S. 5; Lohse (Foerster) 1955, S. 65–67;
Lohse 1960, S. 10 u. 81–82, Nr. 22; Konstanz 1960, Kat.Nr. 22.

90
Männlicher Heiliger

Einem älteren Mitglied der Familie Schenck
zugeschrieben
um 1650

Konstanz, Münster Unserer Lieben Frau, Nikolauskapelle
(obere Sakristei)

Lindenholz
H. 101 cm

Original angestückt sind die linke Seite von der Schulter bis
zu den unteren Mantelfalten, der rechte Oberarm, beide Unterarme und der linke Fuß. Alte, teilweise abgeblätterte und
retuschierte Fassung (Untergewand versilbert mit aufgemal-
ten krapproten Blumen, Mantel außen vergoldet, innen versilbert mit grüner Lüsterfassung); Blattsilber oxidiert. Der rechte
Arm war abgebrochen und wurde wieder angeleimt, ebenso
der linke Daumen. Attribute fehlen. An der linken Hand fehlen die vorderen Glieder von Zeige- und Mittelfinger, die
Rechte fehlt ganz; ebenso der rechte Fuß sowie das vordere
Stück des linken Fußes. Nimbus fehlt (Dübelloch). Rückseitig
breiter Schwundriß; mehrere Radialrisse. In der Standfläche
mehrere Einspannlöcher; entsprechend ein Loch an der Kopf-
oberseite. Ausgespanter Schwundriß an der rechten Schulter.
1990 restauriert (Fassung gereinigt und gefestigt).

Mit scheinbar vom Wind zerzausten Haaren und wehendem Bart hat der Heilige ernsten Blickes den Kopf
in Richtung seines angewinkelten rechten Armes
gewandt, dessen heute fehlende Hand ehemals wohl
etwas umfaßte. Auch in der vom Körper weggestreckten Linken hielt er ursprünglich wahrscheinlich
einen Gegenstand. Gekleidet in ein langes, in der Taille gegürtetes Gewand und einen von den Schultern
gerutschten Mantel hat er sein linkes Bein vorgestellt,
als ob er im behutsamen Voranschreiten begriffen sei.
Die bisherige Zuschreibung an Christoph Daniel
Schenck geht auf Feuchtmayr (1936) zurück, der die
Figur mit Fragezeichen als Hl. Paulus identifizierte.
Boeck (1953) erkannte, daß sie aus einem anderen
Zusammenhang als die Hll. Martin, Georg und Eligius (Kat.Nr. 96) stammen müsse, mit denen zusammen sie früher auf dem Altar des Kongregations-
saales stand. Der Kopftypus erinnerte Boeck an den
Ulmer Christophorus von 1679 (Kat.Nr. 10). Auch
aufgrund des Gewandfaltenmotivs am Mantel im
Bereich des linken Oberarms datierte Boeck den
männlichen Heiligen ebenfalls in die Zeit um 1679.
Lohse (1955) verglich den Kopf des Heiligen mit
dem Bildnis des Pappus von Tratzberg auf dessen
Schenck zugeschriebenem Epitaph (Kat.Nr. 55) von

1677. Die »einfache Gewandbehandlung« erinnerte
Lohse noch an Werke vor 1675; dennoch stellte sie
fest, daß die Falten am Oberschenkel die Überlinger
Maria (Kat.Nr. 69) voraussetzten, während »die
Mantelringe wie der Gesamthabitus« auf den Ulmer
Christophorus hinwiesen. Lohse datierte daher in
die Jahre zwischen 1677 und 1679.
Für den männlichen Heiligen im Konstanzer Mün-
ster gilt ähnliches wie für die weibliche Heilige in

91

Kölner Privatbesitz (Kat.Nr. 89). Die Figur zeigt eine ebenso geschlossene Kontur, eine ganz ähnliche Haltung und einen nahezu übereinstimmenden Gewandstil. Auch hier ist im Gegensatz zu den Figuren Christoph Daniel Schencks die Mimik der wesentliche Ausdrucksträger und nicht die Gestik oder das Gewand. Der männliche Heilige dürfte demnach ebenfalls von einem Vertreter einer älteren Bildhauergeneration, wohl von einem Mitglied der Familie Schenck, gefertigt sein.

Die bisherige Identifikation des Heiligen als Paulus scheint nicht sicher. Zum einen fehlt das Schwert als das ihm zukommende Attribut und zum anderen läßt auch das volle Haar statt der bei Paulus üblichen Stirnglatze Zweifel aufkommen. Das ehemals in der Linken gehaltene Attribut eines Stabes, einer Lilie oder dergleichen sowie der nach rechts unten gehende Blick lassen dagegen die Vermutung zu, daß die Figur einen Hl. Joseph aus einer Gruppe des Hl. Wandels darstellt. Zwar ist der Jesusknabe verloren, doch die zur weiblichen Heiligen in Kölner Privatbesitz (Kat.Nr. 89) gegengleiche Schrittstellung und Komposition sowie die fast übereinstimmende Größe erlauben den Schluß, daß die beiden Figuren ehemals das den Jesusknaben führende Elternpaar gebildet haben könnten.

Literatur:
Feuchtmayr 1936 I, S. 26; Boeck 1953, S. 71 (mit Abb. 3); Reiners 1955, S. 401 (mit Abb. 364); Lohse (Foerster) 1955, S. 111–113; Lohse 1960, S. 14–15 u. S. 82, Kat.Nr. 24 sowie Abb. 7; Konstanz 1960, Kat.Nr. 14.

In seiner Rechten hält Joseph den Jesusknaben, der zum Betrachter blickt und beide Hände erhoben hat. In ein langes, in der Taille gegürtetes Gewand gekleidet, hielt Joseph in der ausgestreckten Linken ehemals ein Attribut, vielleicht eine Lilie als Christussymbol. Wie in Vorahnung der künftigen Passion Christi hat Joseph denn auch den Blick gen Himmel gerichtet.

Lohse (1960) schrieb die Figur zusammen mit denjenigen einer Maria (Kat.Nr. 50) und zweier weiterer weiblicher Heiliger (Kat.Nr. 106), die sich ebenfalls im Marienhaus befinden, Christoph Daniel Schenck zu. In »Größe und Struktur« schloß sie die Statuette an die Ittendorfer Figuren – eine Maria mit Kind, eine Hl. Barbara sowie die Hll. Benedikt, Meinrad und Mauritius (Kat.Nr. 57) – an, die sie in die Zeit um oder nach 1685 datierte.

Die Statuette zeigt die gleichen Stilmerkmale wie die Figuren einer weiblichen Heiligen in Kölner Privatbesitz (Kat.Nr. 89) und eines männlichen Heiligen im Konstanzer Münster (Kat.Nr. 90). Demnach dürfte auch diese Arbeit aus dem Werk Christoph Daniel Schencks auszugliedern sein. Sie wird vielmehr ebenfalls einem älteren Mitglied der Bildhauerfamilie Schenck zuzuschreiben und etwa in die Mitte des 17. Jahrhunderts zu datieren sein.

Literatur:
Lohse 1960, S. 29 u. 86, Nr. 32 a–b; Konstanz 1960, Nr. 32.

91
Hl. Joseph

Einem älteren Mitglied der Familie Schenck zugeschrieben
um 1650

Konstanz, Marienhaus (Altersheim), Kapelle.

Linden(?)holz
H. 32,2 cm

Fassung größtenteils alt (Mantel innen rot, außen golden, Gürtel grün), teilweise abgesplittert, retuschiert und überfasst. Sockel wohl zugehörig (Holz, dunkelbraun lackiert). Bei Joseph linker Unterarm, beide Fußspitzen mit dazugehöriger Standfläche und Gewandsaum angestückt, abgebrochen und wieder angeleimt. Ergänzt sind außerdem beide Arme des Kindes sowie der Mantelzipfel unter dem rechten Ellbogen Josephs. Daumen und Kuppen der Finger an der linken Hand Josephs fehlen, ebenso das Attribut. Am Hinterkopf beider Figuren eine Ansatzstelle für ehem. Nimbus.

Laut Lohse (1960) stammt die Ausstattung der Kapelle zum großen Teil aus der ehemaligen Franziskanerkirche in Konstanz.

92
a) Pastor Bonus
b) Hl. Anna Selbdritt

Einem älteren Mitglied der Familie Schenck
zugeschrieben
um 1650

Ehemals Meersburg, Privatbesitz

Linden(?)holz
H. jeweils 01 cm (mit Sockel)

Fassung der Christusfigur neu; die der Hl. Anna restauriert.

a) Christus hält in der vom Körper weggestreckten Rechten eine Hirtenschippe. Der verlorene linke Unterarm wies ehemals nach vorne. Besonnen blickt Christus nach unten.

b) Die Hl. Anna hat die gesenkte Rechte auf die Schulter der jugendlichen Maria gelegt, die dicht vor ihr auf dem Erdsockel steht. Maria hat ihrerseits die Linke zum Jesuskind erhoben, das auf dem lin-

92 a+b

ken Arm Annas sitzt und eine Kugel oder einen
Apfel in der Linken hält.

Lohse (1968), die die beiden Figuren einem Hinweis
Wilhelm Boecks folgend publizierte, setzt sie »als
Werkstattarbeiten zeitlich und stilistisch in die
Nähe der Münsterlinger Altarfiguren, die 1678 ent-
standen sind« (Kat.Nr. 56).

Die Figuren des Pastor bonus und der Hl. Anna Selbdritt sind denjenigen einer weiblichen Heiligen in
Kölner Privatbesitz (Kat.Nr. 89), eines männlichen
Heiligen im Konstanzer Münster (Kat.Nr. 90) und
des Hl. Joseph im Konstanzer Marienhaus (Kat.Nr.
91) stilistisch verwandt. Auch für sie ist daher eine
Fertigung durch ein älteres Mitglied der Familie
Schenck anzunehmen. Allerdings erscheinen die
beiden Figuren, die nur anhand von Fotos beurteilt
werden konnten, in der Ausführung weniger diffe-

renziert, wobei dies zum Teil jedoch auch Beein-
trächtigungen durch spätere Fassungen zuzuschreiben sein könnte. Dennoch kann wohl davon ausgegangen werden, daß es sich um Werkstattarbeiten
handelt.

Literatur:
Lohse 1968, S. 127, Anm. 29.

93
Vesperbild

Johann Caspar Schenck zugeschrieben
1659?

Markdorf, Kath. Pfarrkirche St. Nikolaus, Ostwand des linken
Seitenschiffes

Linden(?)holz
H. 81 cm

Hinten gehöhlt, neue Lüsterfassung von 1959 (lt. Brief des
Konservators der Kunstdenkmäler der kath. Kirche, Ginter, an
Prof. Boeck vom 10.6.1959). Boeck (1953), der die alte Fassung noch kannte, beschrieb diese so: »Das warme Karnat der
Hände Mariä kontrastiert mit dem grünlichen Hautton Christi, ihre weiße, nur an den Säumen vergoldete Gewandung
mit dem braunen Haar und dem vergoldeten Schurz des Sohnes; dessen Wunden und die rotgeweinten Augen der Mutter
sind farblich besonders akzentuiert«. Sockelplatte ergänzt.
Rückseitig eine eingeschnitzte Jahreszahl *1672*.

Mit beiden Händen hält Maria den Leichnam ihres
Sohnes; mit der Rechten faßt sie unter seine Achsel,
mit der Linken umgreift sie seine Hüfte. Der Körper
Christi scheint bereits in die Leichenstarre gefallen
zu sein; steif und gerade stehen die Beine ab, auch
die herabhängenden Arme wirken starr. In der Frontalansicht zeigt die Gruppe einen auffällig pyrami-
dalen Umriß, der links vom Mantel Mariae und
rechts von deren linkem Arm und den Beinen Christi begrenzt wird.

Einem Hinweis von Paul Motz folgend, wurde die
Gruppe erstmals von Feuchtmayr (1936) Christoph
Daniel Schenck zugeschrieben. Laut Boeck (1953)
verbindet die »Fülle der Motive etwa unter der linken Hand Christi, der um seinen rechten Arm durch
den Mantel gebildete Hohlraum, die Beruhigung,
die die Vertikale dieses Armes und der ihm folgende Mantelsaum in die Vielfalt der Schrägen bringen« die Markdorfer Pietà engstens mit der Einsied-

93

ler Elfenbeinstatuette einer Maria (Kat.Nr. 23). Lohse (1955) erkannte vor allem Verbindungen mit dem Lindauer Epitaph des Valentin Heyder (Kat.Nr. 94). So sei das Kopftuch der Maria hier wie dort »haubenartig eng um den Kopf gelegt«. Vor allem sei der Akt Christi »in der Genauigkeit der Darstellung, die noch keinerlei Schematisierung oder Stilisierung kennt, nur mit dem Chronos« in Lindau zu vergleichen; ebenso zeige sich »die gleiche Armbildung mit dem spitzen Handknöchel und dem etwas breiten Ansatz der Hand. Auch die Bildung des Thorax, der über der Hand Marias bei Christus sichtbar wird, entspricht sich, ebenso wie die Darstellung der Wangen und des von den Haaren unbedeckten Ohres«. Schahl (1959) datierte die Gruppe in die Zeit um 1700. Laut Lohse (1960) gelang Christoph Daniel Schenck in diesem Werk »die endgültige Loslösung aus der befangeneren und steiferen Art seiner Lehrer«.

Die bereits von Lohse betonten engen Übereinstimmungen mit den Halbfiguren des Chronos und der Aeternitas am Epitaph des Valentin Heyder in Lindau sind sicherlich zutreffend. Die hier vorgenommene Zuschreibung des wohl 1665 entstandenen Lindauer Werkes an Johann Caspar Schenck statt an den von Lohse vorgeschlagenen Christoph Daniel hat demnach auch Konsequenzen für die Markdorfer Arbeit. Außer den von Lohse genannten Anknüpfungspunkten an das Lindauer Epitaph und damit letztlich wohl an das Werk Johann Caspar Schencks zeigt die Markdorfer Pietà sowohl bei Maria als auch bei Christus den bei Johann Caspar vorkommenden schmalen Kopftypus mit der breiten, vorgewölbten Stirn, der langen Nase und dem schmalen Mund, wie er in den ab 1675 erhaltenen, gesicherten Arbeiten Christoph Daniels in dieser Ausprägung nicht erscheint. Auch die Gewandung mit der relativ scharfgratigen Reihung von flachen Faltentälern begegnet bei Johann Caspar in ganz ähnlicher Ausbildung, während die Gewänder bei Christoph Daniel teils zwar ebenfalls scharfgratig, dabei jedoch kantiger und voluminöser geschnitzt sind (ausführlich zur stilistischen Beurteilung s. den Beitrag von Fritz Fischer).

Sollte die Markdorfer Pietà demnach nicht von Christoph Daniel stammen, wäre auch ihre bisherige Datierung aufgrund einer laut Literatur in die Rückseite eingeschnitzten Jahreszahl 1672 – die hier nicht überprüft werden konnte – zu überdenken. Die Markdorfer Pietà müßte einige Jahre früher, spätestens jedoch 1664, dem Jahr der Berufung Johann Caspars als Elfenbeinschnitzer an den Innsbrucker Hof, entstanden sein. Ein weiteres allgemeines Argument für eine frühere Datierung als bisher ist der von Finke (1985) sog. »Ruhelagetypus« der Markdorfer Pietà, der noch dem mittelalterlichen Vesperbildtypus entspricht und der laut Finke dann im Ba-

rock abgewandelt wurde durch eine »konsequente Wendung des Christuskörpers in die Frontalität«. Dies sei besonders im Markdorfer Beispiel erkennbar, wo ein spezielles Griffmotiv Mariens notwendig wurde, um den Körper Christi zu halten. Während Johann Caspar Schenck als mutmaßlicher Autor des Werkes und als Vertreter einer älteren Generation offenbar also einen traditionellen Typus verwendete und diesen lediglich an neuere Vorstellungen anpaßte, bediente sich Christoph Daniel Schenck in seinen beiden späteren Vesperbildern in Konstanz (Kat.Nr. 31) und Niederzell (Kat.Nr. 66) dann konsequent des modernen, erst im Barock entwickelten und von Finke sog. »vertikalen Präsentationstyp mit kniender Beinstellung«[1]. Auch hierin erweist sich Christoph Daniel als der modernere Bildhauer, was ebenfalls für die vermutete Autorschaft Johann Caspars an der traditionell konzipierten Markdorfer Gruppe spricht.

Laut Wetzel (1910) befand sich die Pietà ursprünglich in der ehemaligen Kapuzinerkirche S. Mariae bei Markdorf, einer vormaligen Wallfahrtskirche. Auf Betreiben des Bischofs wurde die Kirche mit Beschluß vom 1. März 1652 von der Stadt vier Kapuzinern überlassen, die aus Ravensburg vertrieben worden waren. Deren Einzug in die Kirche und das neu errichtete kleine Kloster fand am 22. Juli 1659 in Gegenwart des Fürstbischofs Franz Johann Vogt von Altensommerau und Praßberg (1645–89) statt, der in Markdorf auch ein Jahrtagsamt stiftete. Bis zur Säkularisation 1803 wurde das Kloster von den Kapuzinern genutzt. Möglicherweise wurde die Figur aus Anlaß der Klosterneugründung gefertigt, eventuell sogar im Auftrag des Konstanzer Bischofs von Praßberg. Die Verdingung könnte demnach frühestens 1652 erfolgt sein; als Datum der Fertigstellung der Gruppe ist die Zeit um 1659 anzunehmen. Die rückseitig eingeschnitzte Jahreszahl 1672 geht möglicherweise also auf eine spätere Standortveränderung, eventuell auch auf die zu einem unbekannten Zeitpunkt erfolgte Überführung der Pietà von der Klosterkirche in die Stadtpfarrkirche zurück.

1 Finke 1985, S. 53.

Literatur:
Wetzel 1910, S. 156 (mit Abb.); Feuchtmayr 1936 I, S. 26; Boeck 1953, S. 74 (mit Abb. 14); Eschweiler 1953, S. 300; Lohse (Foerster) 1955, S. 61–65; Schahl 1959, S. 114; Lohse 1960, S. 8–10 u. 88, Nr. 38 (mit Abb. 2–3); Konstanz 1960, Nr. 7; Dehio 1964, S. 304; Fischer 1970, S. 157; Krins 1980 (Überblick), S. 188; Krins 1980 (Topographie), S. 202 (mit Abb. 86); Lohse 1982, S. 75; Brunner/Reitzenstein 1985, S. 410; Finke 1985, S. 37 u. 143; Freyas 1991, S. 18 (mit Abb.); Vasseur 1992, S. 500; Lohse 1994, S. 463.

94   **(s. auch Farbtafel 15)**

94
Epitaph des Dr. Valentin Heyder

Johann Caspar Schenck zugeschrieben
1665

Lindau, evang. Pfarrkirche St. Stephan

Linden(?)holz
Epitaph: H. ca. 375 cm; B ca. 225 cm
Figuren: H. ca. 70 cm

Fassung großenteils alt. Von der Schlange der Aeternitas, die
ursprünglich wohl einen Kreis bildete, ist der hintere Teil abgebrochen.

Valentin Heyder wurde am 24. März 1605 in Lindau
geboren; nach dem Studium der Jurisprudenz an der
Universität Straßburg unternahm er ab 1626 Reisen
nach Paris und Wien. Seit 1631 war er Syndikus in
Lindau; 1646 war er Gesandter seiner Heimatstadt
auf dem Friedenskongreß in Osnabrück, auf dem der
Westfälische Frieden ausgehandelt wurde. Dem Einsatz Heyders hatte es Lindau dabei zu verdanken,
daß es am 4. Juni 1649 von den Reichskomissären
wieder in seine alten Rechte als reichsfreie Stadt
eingesetzt wurde. Hochverehrt starb Heyder 1664 in
Lindau und wurde am Sonntag, den 4. Dezember
1664, in der Stephanskirche beigesetzt.

Mit rühmenden Worten streicht die Inschrift die
Bedeutung Heyders heraus: *D.O.M.S. / RARAE
ERVDITIONIS, VITAEQ PROBITATE MAXIME
CONSPICVO VIRO, DN. VALEN / TINO HEIDERO,
IVRIS CONSVLTO CELEBERRIMO, REIP. PATRIAE,
LINDAVIENSIS / CONSILIARIO ET SYNDICO
FIDELISSIMO, EIVSDEMQ NEC NON ALIORVM
EVANGELICORVM / STATVVM ET RERVM
PVBLICARVM IN VNIVERSALIS GERMANIAE
PACIS TRACTATIBVS LEGA / TO, DESINGGVLIS
OPTIME MERITO, PATERNARVM VIRTVTVM,
FIDEI ET AMORIS IN / PATRIAM MAXIME
AEMVLO, PROSINGVLARI CONSTANTIQ IN PIE
DEFVNCTVM AD / FECTIONE, CONTESTANDA.
MONVMENTVM HOCCE PONI CVRAVIT EIVSDEM
/ VIDVA MARGARETA ELISABETHA REIP:
LVBECENSIS P.T. CONSVLIS DOCT: / DAVIDIS
GLOXINI FILIA.*

Aus der Inschrift geht auch hervor, daß das Epitaph
von der Witwe Heyders, der aus Lübeck stammenden Margareta Elisabetha Heyder, geb. Gloxin (gest.
1671), gestiftet wurde. Damit ist der zeitliche Rahmen für die Entstehung des Epitaphs auf die Jahre
zwischen 1664 und 1671 einzugrenzen.

Die Rahmenarchitektur in Gestalt einer Ädikula um-
fängt ein hochformatiges Leinwandgemälde mit
der Auferstehung Christi. Unter der kymatienge-
schmückten Sohlbank hängt eine queroblonge Inschrifttafel mit zwei Fruchtgirlanden und seitlichen

Voluten mit Knorpelwerk. Auf der Sohlbank erheben sich seitlich des Gemäldes zwei hermenartige Stützglieder mit volutenförmigem Schaft, der sich nach oben jeweils in einer menschlichen Halbfigur – links einer Personifikation des Chronos, rechts der Aeternitas – fortsetzt. Auf dem von Voluten und sich einrollendem Akanthuswerk begleiteten Schaft sind links das Wappen des Verstorbenen und rechts dasjenige seiner Frau, jeweils in einer voluten- und knorpelwerkgerahmten Kartusche, angebracht. Die als Vorlagen ausgebildeten Hermen tragen je einen vorgekröpften Gebälkkopf, auf dem ein gesprengter Giebel ansetzt. Im Giebelfeld sitzt ein Leinwandtondo mit einem von Voluten und Fruchtgirlanden begleiteten Portrait des Verstorbenen, das von einem segmentbogenförmigen Giebel überfangen wird. Chronos, der lediglich mit einem um die Hüften und den rechten Arm geschlungenen Tuch bekleidet ist, scheint von innerer Anspannung gekennzeichnet. Sein Körper vollzieht eine Drehbewegung, die seine Funktion als Gebälkträger negiert. Der rechte Arm weist nach oben und berührt fast den Architrav des Gebälkkopfes, trägt ihn jedoch nicht. In der ungerührt von der Last des Gebälkes vor den Körper gezogenen Linken hält er sein Attribut, die Sense. Auch Aeternitas zeigt sich von der Bürde der Architektur völlig unbeeindruckt. Zwar legt auch sie – nahezu gegengleich zu Chronos – eine Hand an das Gebälk, doch berührt sie es kaum. Vielmehr scheint sie völlig auf ihre Funktion als Personifikation der Ewigkeit konzentriert. Geradezu gedankenversunken hält sie in ihrer rechten Hand ihr Attribut, die Schlange.

Kasper (1951) vermutete, daß der Memminger Bildhauer Hans Christoph Dittmar (1672–1739) zwar nicht Autor des Epitaphs sei, aber in den Jahren um 1717 zumindest Ausbesserungs- und Ergänzungsarbeiten daran vorgenommen hätte: »Unter der Schrifttafel DOMS finden wir wieder Fruchtgehänge mit Birnen, Kürbisse, Tannenzapfen, hornartiges Wurzelwerk, Rosetten, Trauben, die Dittmar wie eine Musterschablone von der Kanzel in Memmingen übernahm.« Lohse (1955) schrieb das Epitaph dann erstmals Christoph Daniel Schenck zu, obgleich sie bemerkte, daß es auf den ersten Blick schwer falle, die Figuren in das Œuvre Schencks einzureihen, zumal es auch dessen einzige profane Darstellungen sind. Was sie mit Schenck verbinde, sei die »Ähnlichkeit der Typen und die Behandlung einzelner Teile«, nicht aber »ihre markante und kräftige Gestaltung«. Dennoch reiht sie (1960) die Lindauer Figuren in das Frühwerk Schencks ein, das sich durch »die rein naturalistisch wiedergegebenen Akte, die den Bewegungen der Körper locker angepaßte Gewandgestaltung, deren Faltengebung kräftig und markant ist, sowie die natürliche Proportion und die kräftige Struktur« auszeichne. Als Vergleichsstücke

nennt sie die Hll. Georg, Eligius und Martin in der Konstanzer Münstersakristei (Kat.Nr. 96), die Markdorfer Pietà (Kat.Nr. 93) und die weibliche Heilige in Kölner Privatbesitz (Kat.Nr. 89).

Die von Kasper vermutete Beteiligung des Bildhauers Dittmar ist sicherlich nicht haltbar. Die gesamte Rahmenarchitektur mit ihren Motiven des späten Manierismus, etwa die Fruchtgirlanden, die knorpelbesetzten Voluten und Kartuschen und die schweifwerkartigen Ornamente zu Seiten des Epitaphs speist sich aus den architektonischen Vorlagenbüchern der ersten Hälfte des 17. Jahrhunderts, z. B. aus der 1609 erschienenen »Architectura« des Frankfurter Malers Daniel Meyer. Da solche Motive allgemein verbreitet und über lange Zeit hin allerorten in fast identischer Ausbildung verwendet wurden, ist die Zuschreibung der Ornamentik an Dittmar abzulehnen. Sie dürfte vielmehr in einem Zuge mit den Figuren gefertigt und in der selben Werkstatt entstanden sein.

Die Zuschreibung an Christoph Daniel Schenck ist jedoch ebenfalls fraglich, denn im Unterschied zur bisherigen Ansicht zeigen die Lindauer Figuren m.E. enge stilistische Verbindungen mit gesicherten Werken Johann Caspar Schencks. Insbesondere finden sich solche bei Chronos, dessen ungewöhnlich »muskulöse und kräftige Genauigkeit« Lohse (1955) sich nur mit der thematischen Ausnahmestellung im Werk Christoph Daniels erklären konnte. Verwiesen sei hier etwa auf eine allegorische Darstellung des Sommers, die Johann Caspar sicher zugeschrieben werden kann und die in die Zeit vor 1666 datiert wird[1]. Gerade in der übertrieben erscheinenden Herausstellung von Sehnen und Muskulatur, aber auch in der Physiognomie und in den dicken, verschlungenen Haarsträhnen, die den Kopf gleichsam umkreisen, zeigt sich enge Verwandtschaft. Auch die Gewandbildung der Lindauer Figuren, die Lohse (1955) als den Körperformen nachgebend charakterisierte und die nicht »jene Abstraktion und Stilisierung« zeigten, wie sie sonst für Christoph Daniel Schenck typisch sei, weist durchaus enge Parallelen zu Arbeiten Johann Caspar Schencks auf.

Gegen eine Fertigung durch Johann Caspar Schenck schienen bislang jedoch schon dessen Lebensdaten zu sprechen. So ging die Literatur davon aus, daß er 1664 von Konstanz nach Innsbruck gezogen sei, wo er als Elfenbeinschnitzer am Hof des Erzherzogs Karl Joseph arbeitete. Von dort soll er direkt nach Wien gegangen sein, wo er seit seiner vom 28. April 1666 datierenden Ernennung zum *Hof-Painstecher* bis zu seinem Tod im Jahre 1674 nachweisbar ist. Eine Fertigung des Epitaphs des erst im Dezember 1664 verstorbenen Valentin Heyder wäre unter diesen Umständen unwahrscheinlich. Neue Archivalien erlauben jedoch eine Korrektur: Am 11. April 1665 wurde Johann Caspar Schenck in Konstanz das

Bürgerrecht verliehen[2]. Zwar wird er im betreffenden Eintrag im Konstanzer Bürgerbuch nach wie vor als *Erzfürstl. Bainstecher* bezeichnet; auch wurde sein Sohn Christian noch am 7. Mai 1665 in Innsbruck getauft[3]. Die Verleihung des Bürgerrechts in Konstanz und die Bemerkung, daß das Bürgerrecht seiner Frau, einer gebürtigen Konstanzer Bürgerin, für eine gewisse Zeit ausgesetzt gewesen wäre, lassen es dennoch möglich erscheinen, daß Johann Caspar Schenck nach einem Aufenthalt in Innsbruck im Jahre 1665 mit seiner Frau wieder nach Konstanz zurückkehrte oder sich mit dem Erwerb des Bürgerrechts zumindest die Möglichkeit verschaffte, dort eine Werkstatt zu führen. Dies ist auch deshalb wahrscheinlich, weil Erzherzog Sigismund Franz 1665 gestorben war und das Erlöschen der Tiroler Nebenlinie der Habsburger eine Auflösung des Innsbrucker Hofes nach sich gezogen hatte. Vielleicht erst nach einiger Zeit, spätestens jedoch im Frühjahr 1666, scheint Johann Caspar Schenck dann dem Ruf an den Kaiserhof nach Wien gefolgt zu sein. Während des Jahres 1665 könnte er also durchaus in Konstanz das Epitaph Heyders gefertigt haben. Lohse (1955) bezeichnete die Figur der Aeternitas zunächst als Personifikation der Veritas. Eine unzutreffende Identifikation als Prudentia trafen auch Kugler (1985) und Puchta (1994). Die korrekte Bezeichnung ist Lohse (1960) zu verdanken, die – sich selbst korrigierend – erkannte, daß die ewig im Kreis sich windende Schlange als Attribut der Aeternitas zu gelten hat. Chronos als Personifikation der Zeit und Aeternitas als Personifikation der Ewigkeit verweisen somit einerseits auf die Vergänglichkeit des irdischen Daseins und andererseits auf die Beständigkeit der im Leben vollbrachten Taten.

1 Elfenbeinrelief, Sammlung Reiner Winkler, Wiesbaden. S. Theuerkauff 1984, S. 121–122.
2 Stadtarchiv Konstanz, Bürgerbücher, A IV 17, S. 135.
3 Freundliche Mitteilung von Franz-Heinz Hye, Stadtarchiv Innsbruck.

Literatur:
Loewe 1909, S. 103 (Abb.); Kasper 1951, S. 116; Lohse (Foorster) 1955, S. 54–61; Lohse 1960, S. 10 u. 87, Nr. 35 (mit Abb. 8); Konstanz 1960, Kat.Nr. 4; Beck 1962, S. 206; Lohse 1982, S. 75; Kugler 1985, S. 8 (mit Abb.); Puchta 1994, S. 10–11; Appuhn-Radtke 1996, S. 58, Anm. 51.

95
Hl. Sebastian

Johann Caspar Schenck (?) zugeschrieben
um 1665

St. Paul im Lavanttal (Kärnten), Stiftspfarrkirche St. Paul, Kunstsammlungen des Klosters.

Buchsbaum
H. ohne Sockel 23,5 cm

Arme ab Mitte der Oberarme angestückt. Es fehlen der rechte große Zeh, die vorderen Glieder beider kleiner Finger sowie fünf der ursprünglich sieben Pfeile.

Sebastian ist mit dem hoch über seinem Kopf erhobenen Arm an einen imaginären Baum gebunden. Bereits von sieben Pfeilen getroffen, scheint die Lebenskraft langsam aus ihm zu weichen. Noch ist das rechte Bein durchgestreckt, die Augen sind noch nicht ganz geschlossen und der linke Arm mit den vor Schmerz und Verzweiflung gespreizten Fingern hängt noch nicht schlaff herab. Das Ausweichen in der Hüfte, das eingeknickte rechte Bein und der zurückgesunkene Kopf mit den schweren Lidern und dem schmerzvoll geöffneten Mund deuten jedoch die bald eintretende Bewußtlosigkeit an. Lediglich die flatternden Haare und der aufliegende Zipfel des Lendentuches sind voller Bewegung, so als ob sie die zunehmende Erschlaffung des Körpers konterkarieren und damit noch deutlicher sichtbar machen wollten.

Lohse (1968), die die Figur nach einem Hinweis Alfred Schädlers (München) zuerst publizierte, hielt das Stück für eine Arbeit aus der älteren Schenck-Generation. Ihr erschien der »meisterlich und äußerst realistisch wiedergegebene Akt des Heiligen zu muskulös und kräftig« für Christoph Daniel Schenck. Ginhart (1969) bezeichnete die Statuette als »vermutlich süddeutsch, drittes Drittel des 17. Jh.«. Noack-Heuck (1970) schrieb die Arbeit unter Hinweis auf das Epitaph Valentin Heyders in Lindau (Kat.Nr. 94) Christoph Daniel Schenck zu. Aufgrund eines Vergleiches mit dem Stuttgarter Sebastian (Kat.Nr. 1), der die gleichen Details zeige wie derjenige in St. Paul und der gleichfalls kräftig und breit gebaut sei, datiert Noack-Heuck die Buchsbaumfigur in die »Frühzeit, wohl kurz vor dem Stuttgarter Werk«. Zinke und Hofstätter (1983) halten die Urheberschaft Schencks für stilkritisch gesichert und nehmen eine Entstehung kurz vor dem Stuttgarter Sebastian an. Als Zeugnis »handwerklicher Virtuosität« sehen sie in der Statuette ein »ausgesprochenes Liebhaber- und Sammlerstück«. Auch Wild (1991) nimmt an, daß das Stück nie zur Andacht bestimmt, sondern von Anfang an als Liebhaberstück konzipiert gewesen sei.

95

dest für ein Mitglied der Familie Schenck. Andererseits ist aber auch das Argument Lohses, daß der Heilige für Christoph Daniel Schenck zu muskulös und kräftig sei, nicht von der Hand zu weisen. Tatsächlich zeigt er eine Körperauffassung, die trotz einer teilweise ›unklassischen‹ Bildung von Details wie etwa den Knien und den Zehen am Vorbild der Antike orientiert scheint. Der St. Pauler Sebastian ist durchaus im Sinne klassischer Skulptur proportioniert. Darin zeigt sich ein wesentlicher Unterschied zu Arbeiten wie etwa dem Stuttgarter Sebastian, der nicht nur in Details von einem schonungslosen Naturalismus geprägt ist, sondern mit seinen schiefen Beinen, den langen Füßen, dem vorgewölbten Bauch, den schmalen Schultern und den breiten Hüften auch generell dem ›klassischen‹ Formenkanon und Schönheitsideal zuwiderläuft.

Die von Lohse vorgeschlagene Zuweisung der Figur an die ältere Schenck-Generation scheint daher im Ansatz durchaus richtig. M.E. wäre dabei jedoch weniger an Hans oder Hans Christoph zu denken als vielmehr an Johann Caspar Schenck, in dessen Werkstatt Christoph Daniel vielleicht einige Zeit tätig war. Zwar ist das Geburtsjahr Johann Caspars nicht bekannt, doch hat er spätestens ab seiner Berufung an den Innsbrucker Hof im Jahr 1664 als selbständiger Meister gearbeitet, während von Christoph Daniel erst von 1675 an gesicherte eigene Werke vorhanden sind. Johann Caspar kann also duchaus als Vertreter der älteren Generation gelten, die noch eher an der frühbarocken, vom Vorbild des Rubens geprägten Skulptur orientiert war. Die Akte der für Johann Caspar gesicherten Werke zeigen denn auch stets eine eher untersetzte, breite Statur und eine kräftige Ausbildung der Muskulatur. Die teilweise bei Johann Caspar zu beobachtende übertriebene Herausstellung von Muskeln und Sehnen ist dabei ein ähnliches Phänomen wie die bei der St. Pauler Statuette auftretende Verknüpfung ›klassischer‹ Formen und Proportionen mit ›unklassischen‹ Details.

Die St. Pauler Figur zeigt in dieser Beziehung jedoch noch mehr als mit den gesicherten Werken Johann Caspar Schencks auffällige Übereinstimmungen mit den beiden 1655 und 1657 datierten, in Wien und Linz befindlichen Sebastiansdarstellungen des Meisters der Sebastiansmartyrien[1]. Diese beiden Figuren des Heiligen sind ähnlich untersetzt und kräftig gebaut wie diejenige in St. Paul. Die Kopftypen mit dem eher vollen Gesicht, dem kleinen, leicht geöffneten Mund und den wild gelockten Haaren entsprechen sich ebenfalls. Zudem werden die Figuren auch durch eine nahezu gleiche Ausbildung von Details wie den Falten in der Hüfte und am Hals, dem charakteristischen Einschnitt unterhalb der Kehle, den hervortretenden Adern an den Armen, der Bildung der kräftigen, aber von gravierten Falten überzogenen Knie und dergleichen verbunden. Auch mit

In der ohnehin umstrittenen Frage der Zuschreibung soll hier eine weitere Möglichkeit in Betracht gezogen werden. Einerseits ist der Feststellung Noack-Heucks sicherlich zuzustimmen, daß die Sebastiansfiguren in St. Paul und Stuttgart die gleichen Details zeigen. So scheinen etwa die Falten in der Taille, am Hals und unter den Brustwarzen nahezu identisch zu sein. Die übereinstimmenden Motive sprechen daher durchaus für Christoph Daniel oder zumin-

anderen, dem Meister der Sebastiansmartyrien zugeschriebenen Werken zeigt sich in der Aktdarstellung durchaus Verwandtschaft[2]. Sollten diese Beobachtungen zutreffen, stellt sich damit natürlich erneut die bereits des öfteren kontrovers diskutierte Frage nach der Identität des Meisters der Sebastiansmartyrien. Philippovich (1973) folgend wurde dieser von Birke (1974 und 1981) und vorsichtig auch von Krenn (1988) mit Johann Caspar Schenck identifiziert, während Theuerkauff (1973 und 1984), Draper (1984), Hecht (1985 und 1987), Fischer (1991) und Haag (1991) von zwei Meistern ausgehen, die bestenfalls einmal zeitweise in derselben Werkstatt gearbeitet hätten[3].

Die frühe Entstehung der beiden Wiener und Linzer Sebastiansdarstellungen in den Jahren 1655 und 1657 könnte so auch Konsequenzen für die Datierung der St. Pauler Statuette haben, die man bislang kurz vor den Stuttgarter Sebastian setzte. Aufgrund des noch ›klassischen‹, am antiken Vorbild bzw. an Rubens geschulten Formenkanons, wie es die Werke des Meisters der Sebastiansmartyrien, also möglicherweise das Frühwerk Johann Caspar Schencks, auszeichnet, könnte die Statuette wesentlich früher als bislang angenommen gefertigt worden sein.

Mit einer möglichen Zuschreibung an den Meister der Sebastiansmartyrien bzw. Johann Caspar Schenck stellt sich weiter auch die Frage nach der Funktion der Kleinplastik. Ihr ausgesprochen artifizieller Charakter, der sie sowohl mit den beiden Wiener und Linzer Reliefs als auch mit dem zum überwiegenden Teil ohnehin profanen Werk Johann Caspars verbindet, stützt die bereits von Zinke und Hofstätter ausgesprochene Vermutung, daß die Statuette ein »ausgesprochenes Liebhaber- und Sammlerstück« sei. Ob das Stück deshalb, wie Wild annimmt, nie zur Andacht bestimmt gewesen sein muß, sei dahingestellt. Gerade im klösterlichen Bereich sind wohl durchaus Funktionsüberschneidungen denkbar. Die Funktionen eines Andachtsbildes und eines künstlerisch hochwertigen Sammelobjektes müssen sich hier nicht gegenseitig ausschließen. Wahrscheinlich stammt die Figur aus dem in der Säkularisation aufgehobenen Benediktinerkloster St. Blasien im Schwarzwald, wo sie unter Abt Romanus Vogler (1672–1695) entstanden sein dürfte. Die 1806 aus St. Blasien vertriebenen Mönche zogen drei Jahre später mit ihrem gesamten Hab und Gut nach St. Paul, um das dortige verlassene Kloster wieder zu bevölkern. St. Paul war bereits 1782 aufgelöst worden; auf Wunsch der Landstände erlaubte Kaiser Franz I. jedoch 1809 die Reaktivierung des Klosters durch die Mönche aus St. Blasien. Die Umstände, daß St. Paul über längere Zeit völlig verwaist war und daß die meisten der übrigen Kunstgegenstände in der Klostersammlung aus St. Blasien stammen, lassen auch für die Sebastiansfigur eine ursprüngliche Fertigung für das Schwarzwälder Kloster annehmen. Dafür spricht auch, daß St. Blasien sich im Besitz einer Sebastiansreliquie wähnte[4] und weiter, daß bereits im Jahr 1664 ein Mitglied der Familie Schenck einen Auftrag für das Kloster ausgeführt hatte (vgl. auch den Beitrag von Sybille Appuhn-Radtke, die das betreffende Familienmitglied als Christoph Daniel Schenck identifizieren möchte).

Dies könnte auch einen Anhaltspunkt für die Datierung der St. Pauler Statuette geben: Das Kloster hatte laut Appuhn-Radtke ursprünglich einen Schweizer Bildhauer für die Anfertigung der gewünschten Modelle für Goldschmiedearbeiten vorgesehen. Erst der Konstanzer Maler Storer brachte stattdessen ein Mitglied der Familie Schenck ins Spiel, das die Figuren dann 1664 lieferte. Demnach ist anzunehmen, daß das Kloster bis dahin keinen Kontakt zur Familie Schenck gehabt hatte. Möglicherweise hat in Folge des Auftrages von 1664 dann Johann Caspar Schenck für das Kloster die Sebastiansstatuette gearbeitet, eventuell auch als noch nicht selbständiger Mitarbeiter in der Werkstatt des älteren Hans Christoph. Die Statuette könnte also noch im Jahr 1664 entstanden sein, in dem Johann Caspar dann einen Ruf an den Innsbrucker Hof erhielt.

1 Elfenbein, Samt, H. 54,3 cm, B. 80,4 cm, Wien, Kunsthistorisches Museum, Kunstkammer, Inv.Nr. 3654 und Elfenbein, Gipsergänzungen, H. 52 cm, B. 80,5 cm, Linz, Oberösterreichisches Landesmuseum, Inv.Nr. S 49.
2 Z.B. das Urteil Salomons, Elfenbein, H. 14,6 cm, B. 20,9 cm, Darmstadt, Hessisches Landesmuseum, Inv.Nr. Pl 23:14.
3 Philippovich, 1973; Birke 1974, S. 171; Birke 1981, S. 26; Krenn 1988; Theuerkauff 1973, S. 276, Theuerkauff 1984, S. 122; Draper 1984, S. 175–176; Hecht 1985, S. 98–100; Hecht 1987, S. 179–181; Fischer 1991, S. 88; Haag 1991, S. 138.
4 Schmieder 1929, S. 86.

Literatur:
Lohse 1968, S. 127 (mit Abb. 16); Ginhart 1969, S. 202–203 (mit Abb. 279); Noack-Heuck 1970, S. 33–35 (mit Abb. 18); St. Blasien 1983, Bd. 1, S. 336–338, Nr. 291 (mit Abb. 291) (bearb. von Detlef Zinke u. Hans H. Hofstätter); Klagenfurt 1991, Bd. 1, S. 404–405 (bearb. von Waltraut Hauk); Wild 1991, S. 662 (mit Abb. 96).

96
Hl. Martin, Hl. Georg und Hl. Eligius

Johann Caspar Schenck (?) zugeschrieben
vor 1666

Konstanz, Münster Unserer Lieben Frau, Nikolauskapelle
(obere Sakristei)

Lindenholz

Hl. Martin: H. 106 cm. Hl. Georg: H. 104 cm. Hl. Eligius:
H. 96 cm.

Hl. Martin: Figurenblock aus mehreren Teilen zusammengesetzt. Befestigung der Federn am Helm repariert. Messergriff
beschädigt. Rechter Unterarm unstimmig montiert.

Hl. Georg: Figurenblock aus mehreren Teilen zusammengesetzt; original angestückt sind der Mantel links und rechts,
die beiden Helmfedern, die Arme, drei Schuppenstreifen am
Harnisch, der linke Stiefel und die Spitze des linken Fußes;
ebenso Vorder- und Hinterteil des Drachens sowie dessen

Zunge und Schwanz. Alte, teilweise abgeblätterte und retuschierte Fassung (alle Gewandteile vergoldet, Drachen grün
und rosafarben gefasst). An beiden Händen Georgs sind Mit-
tel- und Ringfinger sowie der kleine Finger ergänzt; ebenso
die oberste Schuppe des rechten Harnischstreifens sowie die
Ohren des Drachen. Der Hals des Drachens war abgebrochen
und wurde wieder angeleimt. Das Attribut in der linken Hand
(vermutlich ein Schwert) fehlt, ebenso der Zeigefinger der
rechten Hand, die dritte Hutfeder und am Drachen die
Schwanzspitze sowie eine Kralle am linken Vorderfuß. Rückseitig mehrere Bohrlöcher. In der Standfläche mehrere Einspannlöcher. Radialrisse. Zahlreiche Kittungen und
Retuschen. Zuletzt 1990 restauriert (Fassung gereinigt und
gefestigt).

Hl. Eligius: Figurenblock aus mehreren Teilen zusammengesetzt. Nimbus modern ergänzt. Am linken Daumen und an
vier Fingern der rechten Hand fehlt jeweils das letzte Finger-
glied, ebenso eine Schuppenkette an der Tunika.

Die drei Heiligen standen früher zusammen mit dem ebenfalls
in der Sakristei des Konstanzer Münsters befindlichen, jedoch ursprünglich nicht zugehörigen männlichen Heiligen
(Kat.Nr. 90) auf dem Altar des Kongregationssaales.

96

Der Hl. Martin ist in Rüstung mit Brustplatte, Arm- und Beinröhren, Eisenschuhen und knielangen Schößen sowie umgehängter Stola gekleidet; der Helm mit Federbusch kennzeichnet ihn als römischen Offizier. Mit dem Schwert in seiner Linken schickt er sich an, ein Tuch – der Heiligenvita nach seinen Mantel – zu teilen. Unter ihm kauert der Bettler, der nur mit einer Kappe und einem um die Hüften geschlungenen Tuch bekleidet ist. Zu Martin aufblickend und die Rechte sehnsüchtig ausstreckend, wartet er auf den Empfang des wärmenden Mantels.

Der Hl. Georg schreitet über den am Boden kauernden Drachen hinweg. Beide Arme hält er zu seiner Linken ausgestreckt, ehemals führte er in seinen Händen wohl eine Lanze, die er dem Drachen in das aufgerissene Maul stieß. Der mit Federn geschmückte Helm, der Brustpanzer mit angehängten Pteryges, der Mantel, die Tunika und die Stulpenstiefel kennzeichnen ihn als römischen Soldaten. Sein wehendes Haar, die zur Seite gerutschten Pteryges und der bewegte Mantel signalisieren die Heftigkeit der Aktion. Die fast tänzerisch anmutende Pose des Heiligen und die Leichtigkeit, mit der er den kleinen Drachen überwunden hat, lassen die Handlung jedoch nur wenig dramatisch erscheinen.

Der Hl. Eligius ist in die Rüstung eines römischen Soldaten gekleidet; er trägt eine kurze Tunika, einen Brustpanzer mit angehängten Pteryges, Stulpenstiefel und einen langen, hinter seinem Rücken weit herabfallenden Mantel. Seinen Kopf hat er in Richtung seiner weitausgestreckten Rechten gedreht, in der er einen Hammer hält. In der dicht am Körper geführten Linken trägt er den Pferdehuf, den er der Legende zufolge einem tobenden Pferd ausgerissen und nach dem Beschlagen wiederangesetzt haben soll.

Die bisherige Zuschreibung an Christoph Daniel Schenck geht auf Feuchtmayr (1936) zurück, wobei er den Hl. Georg irrtümlich als Michael bezeichnete. Boeck (1953) wies darauf hin, daß der ebenfalls im Konstanzer Münster befindliche männliche Heilige (Kat.Nr. 90) nicht zu demselben Altar gehört habe, an dem die Ritterheiligen ursprünglich gestanden hätten. Boeck wollte die drei Figuren an den »Anfang der erhaltenen Werke des Meisters« stellen. Lohse (1955) sah Übereinstimmungen mit der Kölner Heiligen (Kat.Nr. 89), mit der sie neben der »gleichen Größe die einfache frontale Haltung« teile, wenngleich die drei männlichen Heiligen etwas steifer wirkten. »Die schulmäßige Befangenheit« der Figuren erklärt sich Lohse in Anlehnung an Boeck damit, daß es sich um die frühesten Arbeiten Christoph Daniel Schencks handle, wodurch sie zu einer Datierung vor 1660 kommt.

Für die drei Figuren, die zweifellos von einer Hand stammen, finden sich im gesicherten Werk Christoph Daniel Schencks, das zudem erst 1675 ein-

setzt, keine vergleichbaren Stücke. Die kräftigen Beine und die Arme mit der ausgeprägten Herausstellung von Muskeln und Sehnen sowie die schmalen Köpfe mit der vorgewölbten Stirn und den hohen Wangenknochen finden sich dagegen in gesicherten Werken Johann Caspar Schencks. Zum Vergleich sei hier ein Relief mit einer allegorischen Darstellung des Sommers genannt, das von Theuerkauff (1984) in die Zeit vor 1666 datiert wird[1]. Als Vergleichsstück für die Physiognomie des zu Füßen des Hl. Martin knienden Bettlers sei zudem auf ein von Johann Caspar Schenck signiertes Relief mit einer »Christenverfolgung« verwiesen, auf dem mehrere ähnliche Gesichter mit stark nach unten gezogenen Augenbögen, zum Himmel blickenden Augen und geöffneten Mündern zu erkennen sind[2]. Für die Entstehung der drei Konstanzer Figuren wäre die Zeit vor der Berufung Johann Caspar Schencks nach Innsbruck im Jahre 1664, spätestens jedoch diejenige vor dem endgültigen Weggang nach Wien im Jahre 1666 anzunehmen.

Ikonographisch ungewöhnlich ist die Rüstung des Hl. Eligius. Gegen Ende des 6. Jahrhunderts geboren, war er zunächst Goldschmied (einer späteren Legende nach Hufschmied), Münzmeister und Ratgeber

96

am Hof der fränkischen Könige Chlothar II. und Dagobert I. Nach dem Tod Dagoberts wurde Eligius Priester und im Jahre 641 Bischof von Noyon und Tournai, von wo aus er die Missionierung Flanderns betrieb und zahlreiche Kirchen und Klöster gründete. Eligius wird dementprechend im Bischofsornat oder als Schmied gezeigt. Die Rüstung läßt sich daher nur aus dem Kontext der beiden ebenfalls in Rüstung gekleideten Soldatenheiligen Georg und Martin erklären.

1 Elfenbein, H. 9,6 cm, B. 23,5 cm, Wiesbaden, Sammlung Reiner Winkler, Inv.Nr. W 165. Theuerkauff 1984, S. 121–122.
2 Elfenbein, Wien, Kunsthistorisches Museum, Geistliche Schatzkammer, Inv.Nr. D 199.

Literatur:
Feuchtmayr 1936 I, S. 26; Konstanz 1952, S. 35–36, Nr. 128–130; Boeck 1953, S. 76; Reiners 1955, S. 401 (mit Abb. 365–367); Lohse (Foerster) 1955, S. 67–70; Lohse 1960, S. 8 u. 82, Nr. 23; Konstanzer Münster 1989, S. 58 (Abb.).

97
Männlicher Heiliger

Johann Caspar Schenck (?) zugeschrieben
vor 1666

Freiburg, Augustinermuseum
(Leihgabe des Diözesanmuseums), Inv.Nr. S/84/D

Tannen- und Lindenholz
H. 204 cm

Rückseitig nach unten hin flacher ausgearbeitet. Tannenholzkern mit angesetzten Lindenholzteilen (beide Arme, rechts ohne Ärmel, links mit Teil des Ärmelaufschlags; Vorderteil des linken Fußes; Umhang links außen; Strumpfumschlag am Unterschenkel des linken Beines). An Schädeldecke und Standfläche Einspannspuren von einer Bildhauerbank. Seitlich hinter dem Haarkranz auf der rechten Seite zwei Löcher von einer früheren Befestigung. 1961 Abnahme einer zweifachen Ölfarbenübermalung, außerdem Ergänzung von Teilen einer Schulter. 1993 gefestigt (Gewand weiß, Bänder und Saumkanten golden). An der rechten Hand fehlen der Daumen sowie die letzten Glieder der übrigen Finger, an der linken Hand die vorderen Glieder von Zeige-, Mittel- und Ringfinger sowie des kleinen Fingers (ursprünglich angedübelt und geleimt). In der rechten Handfläche zwei Bohrlöcher. Linkes Drittel der Plinthe einschließlich einiger Gewandstücke fehlt, außerdem mehrere Zierknöpfe an der Rüstung und kleinere Faltenpartien. Zahlreiche Fehlstellen, Kittungen und Retuschen in der Fassung.

Aus der Kirche St. Peter in Neukirch/Schwarzwald?

Der Heilige ist durch den Brustpanzer, den Mantel, die kurze Tunika und die Stulpenstiefel als römischer Soldat ausgewiesen. Die vom Körper weggestreckte Rechte hielt ehemals einen Gegenstand; auch die über den Kopf erhobene, leicht abgewinkelte Linke scheint etwas gehalten zu haben. Der Kopf mit vollem Haar und Bart blickt nach links unten.

Hermann (1968) schrieb die Figur aufgrund einer Nachricht aus dem Jahr 1682, derzufolge ein »Bildhauer im Fallengrund« für die Pfarrkirche von Neukirch einen Altar für die Summe von 32 fl. 6 bz. geliefert habe, dem Bildhauer Adam Faller zu, der sich sonst nur noch anhand eines zerstörten Hochaltars nachweisen läßt, den er 1693 für das Kloster Friedenweiler gefertigt hatte. Als Funktion der Figur nahm Hermann diejenige eines Kanzelträgers an. Noack-Heuck (1970) schrieb die Figur aufgrund der »zahlreichen Kerben, wie wir sie in sparsamer Form bei vielen Werken des Christoph Daniel Schenck kennen« diesem zu. Diese Kerben nehmen Noack-Heuck zufolge »mit den Jahren zu, um hier beim Kanzelträger, beim Bennorelief aus Einsiedeln von 1679 [Kat.Nr. 9] und der Zoffinger Pietà von 1684 [Kat.Nr. 31] ihre intensivste Ausprägung zu finden«. Aufgrund dieses Gewandstils datiert Noack-Heuck die Figur in die erste Hälfte der achtziger Jahre.

Die von Noack-Heuck als Zuschreibungskriterium genannten, quer zu den Faltenzügen verlaufenden Kerben begegnen jedoch nicht nur bei Christoph Daniel Schenck, sondern auch bei Werken Hans und Hans Christoph Schencks sowie auch bei Johann Caspar Schenck. Sie sind demnach eher ein »Markenzeichen« der Bildhauerfamilie denn ein individuelles Charakteristikum Christoph Daniels. Für Johann Caspar Schenck spricht der schmale Kopftypus mit der vorgewölbten Stirn und den hohen Wangenknochen, wie er z.B. an einem Relief mit einer allegorischen Darstellung des Sommers zu beobachten ist[1]. In diesem von Theuerkauff (1984) in die Zeit vor 1666 datierten Relief[2] finden sich auch Vergleichsbeispiele für die ausgeprägte Herausstellung der Armmuskulatur und die in flachen, jedoch scharfgratigen Falten eng dem Körper verhaftete Gewandung. In diesen beiden Punkten zeigen sich darüber hinaus auch enge Übereinstimmungen mit zwei in Wien und Linz befindlichen Reliefs des sogenannten Meisters der Sebastiansmartyrien[3]. Ähnlich wie bei der Sebastiansfigur in St. Paul (Kat.Nr. 95) ist damit wiederum die Frage nach der Identität des Meisters der Sebastiansmartyrien aufgeworfen. Philippovich (1973) folgend wurde dieser von Birke (1974) und vorsichtig auch von Krenn (1988) mit Johann Caspar Schenck identifiziert, während Theuerkauff (1973, 1983 und 1987), Leitner (1984), Draper (1984), Hecht (1985 und 1987) und Fischer (1991) von zwei Meistern ausgehen[4]. Sollte sich die vorgeschlagene Zuschreibung an Johann Caspar Schenck bzw. den Meister der Sebastiansmartyrien als zutreffend erweisen, müßte die Freiburger Figur im Zeitraum vor der Berufung Johann Caspars Schencks 1664 nach Innsbruck, spätestens jedoch vor seinem

97

endgültigen Weggang nach Wien im Jahre 1666 entstanden sein.

Auch die bisherige Identifikation der Figur als Simson in der Funktion eines Kanzelträgers scheint nicht überzeugend. Weder finden sich am Kopf und in der erhobenen Linken Befestigungsspuren eines Kanzelkorbes, noch zeigt die Figur in ihrer gesamten Haltung Hinweise auf eine Funktion als Trägerfigur.

Auch die Rüstung eines römischen Soldaten wäre für Simson ungewöhnlich. Aufgrund der verlorengegangenen Attribute ist eine sichere Identifikation nicht möglich; zu überlegen wäre jedoch, ob die Figur in ihrer Rechten ehemals eine Lanze hielt, die sie auf der Standplatte aufgestützt hatte. Ein römischer Soldat mit Lanze läßt an den Centurio Longinus von Caesarea denken, der den gekreuzigten

98

4 Philippovich, 1973; Birke 1974, S. 171; Birke 1981, S. 26; Krenn 1988; Theuerkauff 1973, S. 276, Theuerkauff 1984, S. 122; Draper 1984, S. 175–176; Hecht 1985, S. 98–100; Hecht 1987, S. 179–181; Fischer 1991, S. 88; Haag 1991, S. 138.

Literatur:
Hermann 1968, S. 56; Noack-Heuck 1970, S. 31–32 (mit Abb. 16).

98

Hausaltar mit Madonna, Flucht nach Ägypten und Anbetung der Hirten

Johann Caspar Schenck zugeschrieben
zwischen 1666 und 1674

München, Bayerisches Nationalmuseum, Inv.Nr. R 2106

Elfenbein, Holz
Gesamthöhe des Altars 36,6 cm, oberes Relief: H. 5,1 cm, B. 4,2 cm; mittleres Relief: H. 16,5 cm, B. 8,4 cm; unteres Relief: H. 4,5 cm, B. 9 cm

Das Stück stammt aus der kurfürstlichen Kunstkammer, in der es seit 1778 nachweisbar ist. 1812 wurde es an das königliche Kunstkabinett abgegeben und 1857 an die Zentral-Gemäldegalerie-Direktion

Im Hauptrelief des Hausaltars tritt die bekrönte Madonna mit dem linken Fuß auf die Mondsichel und die Schlange. Mit beiden Händen hält sie das agile Jesuskind, das seinerseits den rechten Arm um den Hals seiner Mutter geschlungen hat, während es in der anderen Hand das Szepter hält. Im Hintergrund tummeln sich mehrere Putti. Am oberen Rand des rundbogig geschlossenen Reliefs tauchen lediglich zwei Puttenköpfe aus den Wolken auf, seitlich der Beine Mariae jedoch scheinen zwei übermütige Putti mit deren Mantel zu spielen. Der linke stürzt sich unter dem wehenden Gewand kopfüber in die Tiefe, während der rechte hinter Maria auftaucht und einen Mantelzipfel nach oben schiebt.

Im runden oberen Relief ist die Anbetung der Hirten in einem offenen Stall mit Pultdach dargestellt. Das untere querovale Relief zeigt Maria mit dem Jesusknaben auf einem Esel reitend, neben dem Joseph einherläuft. Seitlich am Rand stehen ein Baum bzw. eine Palme.

Das Altärchen wurde von Berliner (1926) als süddeutsche, nach München oder Freising zu lokalisierende Arbeit aus dem letzten Viertel des 17. Jahrhunderts publiziert. Herzog (1956) erinnerte »der zurückgelegte Kopf und das flächig auf dem Grund ausgebreitete Gewand« der Madonna an das Einsiedler Relief mit der Mater dolorosa (Kat.Nr. 27). Auch die »breiten flachen Kinderköpfe mit den betont kleinen Binnenformen« seien von gesicherten Arbeiten Christoph Daniel Schencks bekannt; zu-

Christus mit seiner Lanze in die Seite stach und der Legende zufolge dessen Blut in einem Kelch auffing. Möglicherweise hielt die Freiburger Figur demnach einen Kelch in der erhobenen Linken. Einzeldarstellungen des Longinus, der nach der späteren Überlieferung Bischof von Kappadokien wurde, sind zwar selten, doch dürfte allein das prominente Beispiel der Figur des Longinus von Gianlorenzo Bernini in St. Peter in Rom genügt haben, die Darstellungswürdigkeit zu gewährleisten.

1 Elfenbein, H. 9,6 cm, B. 23,5 cm, Wiesbaden, Sammlung Reiner Winkler, Inv.Nr. W 165.
2 Theuerkauff 1984, S. 121.
3 Elfenbein, Samt, H. 54,3 cm, B. 80,4 cm, Wien, Kunsthistorisches Museum, Kunstkammer, Inv.Nr. 3654 und Elfenbein, Gipsergänzungen, H. 52 cm, B. 80,5 cm, Linz, Oberösterreichisches Landesmuseum, Inv.Nr. S 49.

dem kehre auch die Bewegung des Jesuskindes spiegelbildlich bei der kleinen Madonnenstatue aus dem Pfarrhaus in Ittendorf (Kat.Nr. 68) wieder. Trotz dieser zahlreichen motivischen Übereinstimmungen ist das Münchner Relief laut Herzog jedoch keine Arbeit Christoph Daniels. Vor allem besäßen die »ineinander gedrehten Parallelfalten (...) nicht den Grad abstrakter Linearität« wie dessen sichere Arbeiten. Die Gewänder des Münchner Reliefs wirken Herzog zufolge stofflicher, Empfindung und Ausdruck pathetischer und leerer. Auch der schmerzliche Aufblick der Gottesmutter erreiche nicht die Verinnerlichung der Einsiedler Mater Dolorosa. Herzog schrieb das Relief daher Johann Caspar Schenck zu. Philippovich (1961) dagegen meinte, das Relief »ohne weiteres« auf Christoph Daniel beziehen zu können. So trete der »für Schenck typische Parallelfaltenstil (...) im wehenden Gewande der Madonna und der merkwürdig strähnigen Andeutung der Haare klar zutage«. Als Vergleichsstück nennt er das Stuttgarter Kreuzigungsrelief von 1681 (Kat.Nr. 21). Später (1962) differenzierte Philippovich, indem er die beiden kleinen Reliefs mit der Flucht nach Ägypten und der Anbetung der Hirten einer anderen Hand zuwies. Das Hauptrelief mit der Madonna zeige jedoch ohne Zweifel, daß »wir es hier mit einer bedeutenden Arbeit von Christoph Daniel Schenck zu tun haben«. So sei bei der Madonna »der typische Jochbogen an der Nasenwurzel absolut überzeugend«, auch das Haar des Jesuskindes sei »ein vielfach vorkommendes Exempel«, ebenso wie »das vollrunde Gesicht der Engel« gleichfalls bei zahlreichen Arbeiten begegne. Als Vergleichsstück zur Madonna nennt Philippovich den Kopf der Mater dolorosa aus Einsiedeln (Kat.Nr. 27). Ziemlich nahe stehe auch die Überlinger Schmerzensmutter (Kat.Nr. 69). Das Madonnenrelief sei daher »absolut eigenhändig«.

Entgegen Phillippovich sollen die Reliefs des Altärchens hier wieder Johann Caspar Schenck zugeschrieben werden. Die von Phillippovich genannten Charakteristika begegnen gleichermaßen bei Christoph Daniel wie bei Johann Caspar. Für letzteren sprechen hinsichtlich des Hauptreliefs jedoch die gedrungenen Körper Christi und der beiden Putti, weiter der Gewandstil mit den sehr eng nebeneinandergesetzten, scharfgratigen, sich kaum vom darunterliegenden Körper abhebenden Parallelfalten sowie die Gesichter sowohl Christi als auch Mariae. Als Vergleichsstück mit eng übereinstimmendem Gewandstil sowie ganz ähnlicher Modellierung der Akte und der Gesichter sei hier das in Wien befindliche, mit ICS, also Johann Caspar Schenck signierte Relief mit einer Christenverfolgung genannt[1]. Analog zu diesem kann als Entstehungszeitraum demnach der Wiener Aufenthalt Johann Caspar Schencks von 1666–1674 angenommen werden.

1 Wien, Kunsthistorisches Museum, Geistliche Schatzkammer, Inv.Nr. D 199.

Literatur:
Rittershausen 1788, S. 63; Berliner 1926, S. 60, Nr. 218 (mit Abb. 218); Herzog 1956, S. 93–94 (mit Abb.); Philippovich 1961, S. 146; Philippovich 1962, S. 197–199 (mit Abb. 40).

99
Heiliger Wandel

Johann Caspar Schenck zugeschrieben
zwischen 1666 und 1674

Wiesbaden, Sammlung Reiner Winkler, Inv.Nr. W. 174

Elfenbein
H. 10 cm, B. 6,9–7,1 cm

Stock oder Zweig in der Rechten Christi fehlt, ebenso der linke Zeigefinger Mariae und ein Zweig der von Joseph geschulterten Lilie. Am Ärmel des linken Armes Christi ein Riß. In modernem Holzrahmen mit Schildpattimitation fest einmontiert, so daß die Rückseite nicht zugänglich ist.

Am 8.3.1985 aus dem Münchner Kunsthandel erworben.

In der Mitte des Vordergrunds steht der in eine Tunika gekleidete und sich zurückwendende Jesusknabe, der scheinbar hilfesuchend den linken Arm um die rechte Hand Josephs gelegt hat. An seiner Rechten hält ihn seine Mutter, die mit gen Himmel zurückgeworfenem Kopf und vor den Leib gehaltenem rechten Arm ebenfalls für einen Moment im Schreiten innezuhalten scheint. Nur Joseph, der auf den Jesusknaben herabblickt und diesen mit seiner Rechten an der Schulter faßt, schreitet beherzt voran. Mit seiner Linken hat er das Christussymbol des Lilienzweigs geschultert. Über der Dreiergruppe schweben – von ihr offenbar unbemerkt – die Heilig-Geist-Taube und am oberen Bildrand Gottvater mit verschränkten Armen. Zu seiner Rechten wird dieser begleitet von zwei Putti, die mit seinem Umhang beschäftigt sind. Zu Gottvaters Linken sind über seinen Beinen zwei weitere Putti erkennbar, von denen der eine ebenfalls die Arme verschränkt hält, während der andere, von dem nur noch Kopf und Flügel erkennbar sind, gleichsam im Reliefgrund versunken ist.

Die bisherige Zuschreibung an Christoph Daniel Schenck stammt von Theuerkauff (1994). Ihm zufolge sind »die so markanten, die Körper umschlingenden, zum großen Teil gratig scharfen Faltenbildungen wie auch die Gesichtstypen, besonders auch der Engelputten, und schnitztechnische Behandlung der kreisenden Wolkenmotive (...) charakteristisch für Werke der Schenck am Bodensee, und zwar in diesem Falle (...) ziemlich eindeutig« für solche des

Christoph Daniel Schenck. Theuerkauff nennt als Vergleichsstücke »für den Jesusknaben die 1677 datierte Elfenbeinstatuette des Guten Hirten als Kind in Privatbesitz in Barcelona [Kat.Nr. 5], sodann das 1685 entstandene Elfenbeinrelief der Thronenden Muttergottes in Einsiedeln [Kat.Nr. 33], das Stuttgarter Kreuzigungsrelief von 1681 [Kat.Nr. 21] oder – besonders für den physiognomischen Typus bzw. die manieristischen Beinmotive des Hl. Joseph – die elfenbeinerne Verspottung Christi im Victoria and Albert Museum, London, die 1685 datiert ist [Kat.-Nr. 35]. Speziell für den eindrucksvollen Kopf Gottvaters mit wehendem Bart und sichelförmigen Haarsträhnen sei auf den um 1680 entstandenen Heiligen der Konstanzer Münstersakristei verwiesen [Kat.Nr. 90]. Angesichts der Tatsache, daß bei unserem Relief die gewisse barocke Schwere (...) auf ein noch unbekanntes Vorbild zurückgehen könnte (...) und daß Christoph Daniel Schenck in ein und derselben Zeit in technisch unterschiedlicher Weise seine Arbeiten – z.B. im Reliefgrund, glatt oder vielfach punzend aufgelockert – behandelt« fällt Theuerkauff eine genauere zeitliche Einordnung jedoch schwer. »In der vielgestaltigen Fülle der Gewandformen, nicht so sehr in ihrem Verhältnis zum Körper«, scheinen ihm »u.a. die um 1680 angesetzten Buchsbaumholzstatuetten der Stehenden Maria mit Kind und des Hl. Joseph mit Kind, beide im Kloster Einsiedeln [Kat.Nr. 62], zeitlich nahe, wobei allerdings das Gewand der Marienfigur unseres Reliefs in besonderer, barocker Weise die einheitlich bewegte Gestalt zu umhüllen scheint«. Die engsten Übereinstimmungen sieht Theuerkauff in der »Immaculata von der einen Seite eines hochovalen Medaillons in späterer Messingfassung im Kunstgewerbemuseum, Prag« von 1681 (Kat.Nr. 20). Theuerkauff zufolge wird man daher »über einen Datierungsvorschlag um 1680 (...) vorerst nicht hinauskommen«.

Während von Christoph Daniel Schenck jedoch keine vergleichbaren Elfenbeinreliefs bekannt sind, hat sein Verwandter Johann Caspar Schenck mehrere solcher Arbeiten hinterlassen. Anknüpfungspunkte zu Johann Caspar bietet auch die Reliefauffassung des Wiesbadener Stücks mit seiner vorkragenden ›Bühne‹, auf der teilweise nahezu freiplastisch geschnitzte Figuren agieren, während sich der Hintergrund zunächst in feinster Abstufung ›verliert‹ und erst die Figuren am oberen Rand des Reliefs wieder an Plastizität gewinnen. Als Vergleichsstücke wären zwei mit ICS, also Johann Caspar Schenck, signierte Stücke in der Wiener Schatzkammer, eine ›Christenverfolgung‹ und eine ›Kreuztragung‹ zu nennen[1]. Für Johann Caspar Schenck charakteristische Merkmale wie etwa die übertrieben erscheinende Herausstellung der Armmuskulatur oder die Köpfe mit der vorgewölbten Stirn und den ausgeprägten Augenbögen, die gedrungenen Körper der Putti sowie auch De-

tails wie der sehr lange und zudem an den Zehen hakenartig umgebogene Fuß Gottvaters lassen den Schluß zu, daß auch der Wiesbadener Heilige Wandel auf Johann Caspar Schenck zurückzuführen und wahrscheinlich in der Zeit seines Wiener Aufenthalts in den Jahren von 1666 bis 1674 entstanden sein dürfte.

1 Wien, Kunsthistorisches Museum, Geistliche Schatzkammer, Inv.Nr. D 199 und D 200.

Literatur:
Theuerkauff 1994, S. 80–82, Nr. 31 (mit Farbabb.).

99   (s. auch Farbtafel 16)

ABGESCHRIEBENE WERKE

100
Christus an der Geißelsäule

Wiesbaden, Sammlung Reiner Winkler, Inv.Nr. W 78.

Elfenbein
H. ohne Sockel 19,6 cm, mit Sockel 25,3 cm

Elfenbein weißlich matt, auf der Rückseite gegilbt; Ohren und Mund gebohrt; Die Säule mit den beiden Händen gesondert gearbeitet (Klebestellen). Holzsockel neueren Datums. Zum Teil starke Risse, an der Säule bis zu den Fingern der Linken, an Stirn, Schultern und der linken Seite. Der linke Unterarm und der linke Fuß abgebrochen und wieder angesetzt. Die rechte Ferse ergänzt.

Am 23.3.1971 aus dem Londoner Kunsthandel (Sotheby's) erworben.

Im Auktionskatalog wurde das Werk noch Adam Lenckhardt zugeschrieben und in die Mitte des 17. Jahrhunderts datiert. Theuerkauff (1984) bezeichnete es als aus dem »Kreis des Christoph Daniel Schenck« stammend und datierte in das 3. Viertel des 17. Jahrhunderts. Theuerkauff erschien das Stück in der »bewußten Expressivität und in manchen Einzelheiten wie z.B. den gratig scharfen Falten vorn, der gezielten Verwendung von Gravierung (z.B. Knie) und der etwas hölzernen Bewegung der Glieder« vergleichbar mit dem Konstanzer Christus an der Geißelsäule von 1679 (Kat.Nr. 8). Im Vergleich zu den Werken Lenckhardts, dem die Figur bis dahin zugeschrieben war, erschien das Wiesbadener Stück Theuerkauff »weniger kompakt, ungelenk und zierlicher zugleich in der Bewegung und graphische Elemente betonend«. Damit stehe es wiederum den kleinplastischen Arbeiten Schencks, den Verspottungsdarstellungen von 1685 in Köln (Kat.-Nr. 34) und London (Kat.Nr. 35) sowie dem 1675 datierten Hl. Sebastian in Stuttgart (Kat.Nr. 1) näher. Darüberhinaus verglich Theuerkauff auch mit der großformatigen Figur eines Auferstandenen im Rosgartenmuseum Konstanz (Kat.Nr. 105). Dabei seien »handschriftliche Unterschiede – z.B. an Hals, Falten« zum Teil erheblich. Wenngleich Theuerkauff deshalb auch andere Mitglieder der Schenck-Familie als Autoren in Betracht zieht, scheint ihm der Stil der Statuette demjenigen Christoph Daniels am nächsten zu kommen. In der Datierungsfrage vergleicht er mit dem Christus auf dem Karlsruher Relief (Kat.Nr. 41), der in der »schnitztechnischen Ausführung z.T. nahe verwandt scheint, (...) jedoch bei stärkerer Typisierung im ganzen zartgliedriger und feiner, tänzerisch lockerer in der Bewegung, im Detail (Haar, Falten) ornamental flüssiger« sei. Dies spreche für eine »etwas frühere Entstehung der vorliegenden, im Habitus kräftigeren Statuette«.

Wenngleich motivische Ähnlichkeiten mit dem Konstanzer Christus an der Geißelsäule von 1679 (Kat.Nr. 8) durchaus vorhanden sind, machen der von Werken Christoph Daniel Schencks abweichende Kopftypus, die kräftigere Statur und der Lendenschurz mit seinen unterschnittenen, scharfkantigen Falten, der auch nicht so eng anliegend wiedergegeben ist wie bei Christoph Daniel Schenck, eine Fertigung durch den Konstanzer Bildhauer unwahrscheinlich.

Literatur:
Auktionskatalog Sotheby's (London), 23.3.1971, S. 50, Nr. 123 (mit Abb.); Theuerkauff 1984, S. 122–124; Eberhardt 1996, S. 25–26 (mit Abb.).

100

101
Vesperbild

Düsseldorf, Kunstmuseum, Inv.Nr. 18629

Buchsbaum
H. 9,5 cm

Bei Christus ist der Kopf angestückt; die linke Hand, der
ganze rechte Arm ab der Schulter und die Zehen am rechten
Fuß sind modern ergänzt. Bei Maria ist der Kopf ebenfalls angestückt, außerdem zeigt er Fehlstellen und Reparaturschä-
den. Beide Arme Mariae, jeweils etwa ab Mitte Unterarm,
sind modern ergänzt. In den Faltentälern Reste von Fassung
oder Schmutz.

Am 19.1.1910 aus der Sammlung des Bildhauers Henri
Kautsch, Paris, erworben

Laut Theuerkauff (1966) »im Vergleich mit zahlreichen groß- zumeist jedoch kleinformatigen Bildwerken in Holz und Elfenbein von dem in Konstanz tätigen Christoph Daniel Schenck (1633–1691), zu dessen religiösen Hauptthemen neben der Kreuzigung
und der Madonna die Darstellung der Pietà gehörte.
Wahrscheinlich spät, um 1680–1690 entstanden.
Der Parallelfaltenstil und die Steigerung im Ausdruck durch den Reichtum der Bewegungsachsen
kennzeichnend für die schwäbische, bis in die Spätgotik reichende Schnitzertradition«.
Die bewegte Gruppe mag aufgrund ihrer »aufgerissenen« Kontur und ihrer Gegenläufigkeit der Bewe-

gungsachsen zwar entfernt an die Kölner Dornenkrönung (Kat.Nr. 34) erinnnern, doch zeigen sich
weder im Gewandstil noch in der Körperbildung
Anknüpfungspunkte an gesicherte Werke Schencks.

Literatur:
Theuerkauff 1966, S. 6 u. 53, Nr. 9 (mit Abb. 9).

102
Schutzengelgruppe

Goldach, kath. Pfarrkirche St. Mauritius, linker Abseitenaltar

Linden(?)holz gefaßt
Leicht unterlebensgroß

102

101

Die 1721 (neu?) gefaßte, ehemals wohl auf dem Unser-Lieben-Frauen-Bruderschaftsaltar angebrachte und seit 1929 am linken Abseitenaltar aufgestellte Schutzengelgruppe wurde von Anderes (1980) in die Zeit kurz nach 1670 datiert und als eigenhändiges Werk Christoph Daniel Schencks bestimmt: »Die stilistische Übereinstimmung in Kopftyp, Haartracht und Gestik, beispielsweise mit den Figuren am Thomas-Altar im Konstanzer Münster [Kat.Nr. 16] oder zum Hl. Johannes einer Kreuzigungsgruppe in Sonderbuch bei Zwiefalten [Kat.Nr. 3], sind zu frappant, um die spontane Zuschreibung nicht wagen zu können«. Die Zuschreibung wurde von Felder (1981) und von Huber (1993) ohne Einschränkung übernommen; lediglich die Datierung wurde von Huber auf »um 1680« korrigiert.

Der kantige Kopf des Engels mit seiner langen geraden Nase und seinem relativ schmalen Mund weckt zwar Erinnerungen an gesicherte Werke Schencks, wie etwa die Zoffinger Pietà (Kat.Nr. 31) oder die Engel vom Konstanzer Thomas-Altar (Kat.Nr. 16), doch schließen die vollkommen andere Behandlung des Aktes und des Gewandes eine Fertigung in der Werkstatt Schencks oder in dessen Umkreis aus.

Literatur:
Anderes 1980, S. 56–57 (mit Abb.); Felder 1981, S. 323; Anderes 1985, S. 139; Huber 1993, S. 23–24 (mit Abb.).

103

103
Epitaph des Rudolf Hannibal Graf von Raitenau

1677

Orsingen (Gemeinde Wahlwies), kath. Pfarrkirche St. Petrus und St. Paulus

Sandstein
H. ca. 320 cm

Das Epitaph wurde 1677 von Guidobald Anastasius, Carl Ulrich Hannibal und Sigmund Wolf Dietrich, Freiherrn von Welsperg und Primör, Herren zu Langenstein und Rosegg, für ihren am 19. Januar 1671 auf Schloß Langenstein verstorbenen und in der Kirche von Orsingen begrabenen Onkel Rudolf Hannibal Graf von Raitenau gestiftet. Aus den Handwerker-Rechnungen des Gräfl. Douglas'schen Archivs auf Schloß Langenstein im Hegau geht hervor, daß es 1677 von dem Steinmetz Andreas Holzmann aus Konstanz gefertigt wurde[1].

Laut Beck (1962) zeigen die Putten des Raitenau-Epitaphs »in Haltung und Gewändern Anklänge an die des Bronze-Epitaphs des Leonhard Pappus von Tratzberg im Münster zu Konstanz« (Kat.Nr. 55). Auch Mesenzewa/Lohse (1982) zufolge weisen »der plastische Dekor dieses Epitaphs, vor allem die Putten der Bekrönung« Ähnlichkeit mit dem Christoph Daniel Schenck zugeschriebenen und aus dem gleichen Jahr datierenden Epitaph des Pappus von Tratzberg auf. Mesenzewa/Lohse nehmen an, daß »der Steinmetz in Orsingen ebenfalls einen Entwurf Schencks zur Hand hatte oder seine Figuren den Werken des zu der Zeit schon bekannten Künstlers abgeschaut hat«. Sie bezeichnen es daher als »Werk aus dem Umkreis des Künstlers«,
Entfernte Ähnlichkeiten im plastischen und figürlichen Dekor können jedoch weder eine Beteiligung, noch eine Vorbildlichkeit Schencks begründen. Sie sind vielmehr motivischer Art und erklären sich hinlänglich durch die allgemeine Verbreitung zeitgenössischer ornamentaler Vorlagenbücher.

1 Rechnungsband 1677–78, S. 81–84, Beck 1962.

Literatur:
Kraus 1887, S. 473; Schahl 1961, S. 220; Beck 1962, S. 205–206; Götz/Beck 1972, S. 135; Thöne 1975, S. 74; Mesenzewa/Lohse 1982, S. 216 (mit Abb. 13).

104
Auferstandener

Konstanz, Münster Unserer Lieben Frau, Nikolauskapelle
(Obere Sakristei)

Linden(?)holz
H. 74 cm

Wohl alte Fassung (Inkarnat gelblich, Lendentuch innen röt-
lich, außen golden, Haare dunkelbraun), retuschiert. Rückseitig ausgearbeitet. Fahne und Nimbus neu. Zeigefinger und
Vorderteil des rechten Fußes abgebrochen. Fingerglieder der
linken Hand ergänzt.

Die zuerst von Eschweiler (Konstanz 1952) als Werk
Christoph Daniel Schencks erwähnte Figur brachten
Boeck (1953) und Lohse (1955 und 1960) ohne Angabe von Gründen mit einem verlorenen Tabernakel des
Konstanzer Münsters in Verbindung, das Schenck
laut Rechnungsvermerk des Münsterarchivs in den
Jahren 1680/81 lieferte (Kat.Nr. 17). Lohse (1955)
stellte fest, daß »der Arbeit in der Aktgestaltung die
typischen Kennzeichen des Meisters« fehlten, doch
dafür sprächen »die ganze Anlage der Figur und die
Gewandung (...) für den Stil unseres Meisters«. Später
vermutete Lohse (1960), daß »es sich bei dieser Arbeit
um eine von Schenck konzipierte Figur handelt, die
dann von einem Gehilfen durchgeführt wurde«.
Die von Lohse festgestellten Anklänge an den Gewandstil Schencks sind zwar durchaus gegeben,

104

doch unterscheidet sich die Figur in der gesamten
Körperauffassung und Durchbildung der Muskulatur ebenso wie im Kopftypus mit den gedrehten
Locken deutlich von gesicherten Werken Schencks
bzw. dessen Werkstatt.

Literatur:
Konstanz 1952, S. 36, Nr. 127; Boeck 1953, S. 70; Eschweiler
1953, S. 298–299 (mit Abb.); Reiners 1955, S. 401 (mit Abb.
368); Lohse (Foerster) 1955, S. 140–141; Lohse 1960, S. 19 u.
83, Nr. 26.

105
Auferstandener

Konstanz, Rosgartenmuseum, Inv.Nr. S 1972/23 (Dauerleihgabe des Ministeriums für Kunst und Wissenschaft des
Landes Baden-Württemberg)

Lindenholz
H. 98,5 cm

Fassung 19. Jh. (Mantel innen rot, außen golden, Lendentuch
golden, Sockel grün). Teile des Mantels angestückt. Der rechte
Arm ab Ellenbogen, der linke ab Gewandansatz angestückt;
ebenso der linke Daumen. Ring- und Zeigefinger der rechten
Hand waren abgebrochen und wurden wieder angesetzt. Fahne und Nimbus fehlen; ebenso an der rechten Hand der kleine
Finger sowie das vordere Glied des Mittelfingers und an der
linken Hand der kleine Finger. Risse. Fassung und Vergoldung teilweise abgesplittert.

1972 aus dem Freiburger Kunsthandel (Simmermacher) erworben

Von Mesenzewa/Lohse (1982) wurde die Figur als
Werkstattarbeit bezeichnet, die jedoch »ohne die
Konzeption Schencks und die Mitwirkung seiner
Hand nicht zu denken« sei. »Das fast schwerelose
Stehen und die gelockerte Haltung« erinnern Me-
senzewa/Lohse an die Christusfigur am Thomas-Altar des Konstanzer Münsters (vgl. Kat.Nr. 16). »Stilistisch und damit auch zeitlich« setzen sie den Auf-
erstehungschristus daher in die Nähe dieses 1680
entstandenen Werkes.
Vor allem in der Durchbildung des Aktes zeigt die Figur jedoch keinerlei Anklänge an Werke Schencks.
Sie ist vielmehr vom Vorbild der Aktdarstellungen in
der Art des Peter Paul Rubens geprägt und steht daher eher in der Nachfolge Georg Petels. Dahin deutet
auch die Ausbildung des Mantels mit ihren für den
Stil Petels charakteristischen, ineinander verdreh-
ten, vom Körper schräg nach unten wegstrebenden
Gewandzipfeln. Aus dem Œuvre Schencks ist die Figur daher mit großer Sicherheit auszuscheiden.

Literatur:
Mesenzeva/Lohse 1982, S. 215–216 (mit Abb. 12).

105

106
Zwei weibliche Heilige

Konstanz, Marienhaus (Altersheim), Kapelle

Linden(?)holz
H. 43 cm u. 44,3 cm

Fassung größtenteils alt (Mäntel innen rot, außen golden, Gürtel grün), teilweise abgesplittert, retuschiert und überfaßt. Sockel wohl zugehörig (Holz, dunkelbraun lackiert).

a) Beide Daumen sowie drei Finger der linken Hand ergänzt, linker Zeigefinger und kleiner Mantelzipfel links abgebrochen; Ansatzstelle für fehlenden Nimbus.

b) Rechter und linker Unterarm geleimt, beide Daumen und zwei Finger der rechten Hand ergänzt, ebenso drei Fingerspitzen und der Daumen der linken Hand, kleiner Finger der linken Hand abgebrochen, Mantelsaum links beschädigt, Ansatzstelle für Nimbus.

Die beiden Figuren wurden von Lohse (1960) als Werkstattarbeiten bezeichnet. In der Datierung möchte Lohse sie an die Ittendorfer Arbeiten anschließen (Kat.-Nr. 57), die sie in die Zeit um oder nach 1685 setzt.

In der Körperhaltung und im Gewandstil mögen sich zwar entfernte Ähnlichkeiten mit Werken Schencks zeigen, doch schließen Kopftypen und die Gesichter einen Zusammenhang aus.

Literatur:
Lohse 1960, S. 29 u. 86, Nr. 32 c–d; Konstanz 1960, Nr. 42–43.

107
Heiliger Wandel

1698

Orsingen (Gemeinde Wahlwies), kath. Pfarrkirche St. Petrus und St. Paulus

Linden(?)holz
Maria und Joseph: H. je ca. 100 cm, Jesus: H. ca. 60 cm

Neue Lüsterfassung

Laut den Handwerker-Rechnungen des Hauses Langenstein wurde die Gruppe mit der Hl. Familie von einem unbekannten Bildhauer im Jahre 1698 im Auftrag des Grafen Guidobald von Welsperg und seiner Gemahlin Ursula, geb. Gräfin von Spaur, geschaffen und auf Kosten der Witwe Johanna Dorsin von einem unbekannten Maler gefasst[1]. Ursprünglich stand die heute im Chor auf der Epistelseite aufgestellte Gruppe am Seitenaltar der Evangelienseite, der der Hl. Familie geweiht war. Der Anlaß für die Stiftung der Gruppe war die am 20. Mai 1698 in Orsingen erfolgte Gründung einer Bruderschaft des Hl. Wandels, für deren Errichtung in Rom und Konstanz Graf Guidobald von Welsperg und seine Gemahlin ebenfalls die Kosten übernommen hatten[2].
Mesenzewa/Lohse (1982) rechneten die Gruppe der Nachfolge Schencks zu: »Besonders die Figur der Maria ist ohne Kenntnis der Markdorfer Pietà nicht zu denken. Die neue Lüsterfassung erschwert die genaue Bestimmung, doch muß für die Ausführung der Gruppe ein Nachfolger Schencks angenommen werden«.
Entgegen dieser Annahme sind m.E. weder in den Gewändern noch in der Ausbildung von Gesichtern und Händen nähere Verbindungen mit dem Werk Christoph Daniel Schencks zu erkennen.

1 Beck 1962, S. 94.
2 Zur Geschichte der Bruderschaft s. Stemmer 1977, S. 238–241.

Literatur:
Mesenzewa/Lohse 1982, S. 216.

106

108
Maria mit Kind

Standort unbekannt

Holz gefaßt
H. 60 cm

Die Zuschreibung erfolgte durch Lohse (unpubliziertes Manuskript), die die Maria mit Kind als eine
der »eindringlichsten und besten frühen Arbeiten
des Meisters« bezeichnete und in die Zeit um 1660
datierte. »Die natürliche Proportion, die kräftigen
Faltenringe der Gewandung und die exakte, aber
nicht kleinliche Wiedergabe der Anatomie des Kin-
derkörpers und der gut geformten Hände Marias heben das kleine Werk in dieser frühen Gruppe des
Œuvres besonders hervor«.

Literatur:
Auktionskatalog Sotheby's (London), 7.7.1988, S. 73, Nr. 251
(mit Abb. 251).

109
Madonna mit Kind, umgeben von
Rosenkranzmedaillons

1669

Mahlspüren im Tal bei Stockach, Pfarrkirche St. Verena

Laut Müller (1984) stammt das Werk »von 1669 und
könnte von Chr. D. Schenck geschaffen worden
sein«.

Literatur:
Müller 1984, S. 423.

107
(s. auch Farbtafel 9)

108

110
Hl. Sebastian

München, Auktionshaus Neumeister

Lindenholz

Alte, z.T. übergangene, beschädigte Fassung und Vergoldung. Einige Finger und Zehen fehlen

Im Auktionskatalog »als frühes Werk von C.D. Schenck« bezeichnet, wofür ein Vergleich mit der Chronosfigur am Lindauer Heyder-Epitaph (Kat.Nr. 94) spräche, die »im Physiognomischen, in der Art der Körperbehandlung und in der Drapierung des Lendentuches nächst vergleichbar« sei. Die Figur wurde daher in die Zeit um 1670 datiert.

Literatur:
Auktionskatalog Neumeister (München), vom 26.6.1996, Auktion 292, S. 9, Nr. 30 (mit Abb.).

110

Christoph Daniel Schenck«. Laut Mesenzewa/Lohse (1982) handelt es sich um Gegenstücke zu den beiden St. Petersburger Reliefs (Kat.Nr. 139), wobei sie »noch drastischer als die St.Petersburger Arbeiten und auf keinen Fall von derselben Hand« seien. »Alle diese Reliefs haben stilistische Verbindungen zum Œuvre Christoph Daniel Schencks, sind aber keine eigenhändigen Arbeiten«. Mesenzewa/Lohse erschienen die beiden Reliefs in Kremsmünster früher als die St.Petersburger. Sie ordneten sie einer Werkstattgruppe zu, die »vor 1675 gearbeitet hat und der neben den Reliefs in Kremsmünster einige Figuren in St. Trudpert im Schwarzwald [Kat.Nr. 114–117] zugerechnet werden können«.

Literatur:
Neumann 1977, S.42, Nr. 144/145 (mit Abb. 51–52); Kremsmünster 1977, S.175 (bearb. von Rudolf Distelberger); Mesenzewa/Lohse 1982, S.215.

112
Hl. Katharina

Goldach, Kath. Pfarrkirche St. Mauritius, linker Seitenaltar.

Statue, Linden(?)holz gefaßt
Leicht unterlebensgroß

Die 1721 (neu?) gefaßte, ehemals wohl auf dem Altar der Bruderschaft Unserer-Lieben-Frau angebrachte und seit 1929 am linken Seitenaltar aufgestellte Figur wurde von Anderes (1980) in die Zeit kurz nach 1670 datiert und als eigenhändiges Werk Christoph Daniel Schencks bestimmt. Felder (1981) übernahm die Zuschreibung vorbehaltlos, Huber (1993) schränkte sie ein.

Literatur:
Anderes 1980, S.57; Felder 1981, S.323; Huber 1993, S.23.

111
a) Der reuige Petrus
b) Die büßende Magdalena

Kremsmünster, Stiftskirche zum Göttlichen Heiland und Hl. Agapitus, Kunstkammer

Buchsbaum
H. 18,5 cm, B. 12,5 cm

Am 15.7.1879 durch Prälat Coelestin Ganglbauer vom Maler Anton Zell aus Salzburg erworben.

Von Neumann (1977) als »sehr wuchtige, drastische Arbeiten, die dem Stile des Christoph Daniel Schenck einigermaßen nahestehen«, bezeichnet und als »süddeutsch oder österreichisch (Bodenseegebiet?), 17. Jh.« lokalisiert und datiert. Distelberger (1977) charakterisierte sie als »drastische Arbeiten im Stile des

113
Erzengel Michael

Goldach, kath. Pfarrkirche St. Mauritius, Kanzeldeckel

Statue, Linden(?)holz gefaßt

Die 1721 (neu?) gefaßte, ehemals wohl auf dem Altar der Bruderschaft Unserer-Lieben-Frau angebrachte und seit 1929 auf dem Kanzeldeckel aufgestellte Figur wurde von Anderes (1980) in die Zeit kurz nach 1670 datiert und ohne Vorbehalt als Arbeit aus der Werkstatt Christoph Daniel Schencks bestimmt, laut Huber (1993) stammt sie »wohl« aus der Werkstatt Schencks.

Literatur:
Anderes 1980, S.57; Huber 1993, S.23.

111 a

111 b

114
Beweinung Christi

St. Trudpert im Münstertal, ehem. Benediktinerabteikirche

Linden(?)holz gefaßt

Christuskörper: H. 23 cm, B. 33 cm, L. 116 cm. Maria:
H. 80 cm, B. 97 cm, T. 36 cm. Johannes: H. 80 cm, B. 70 cm,
T. 45 cm. Magdalena: H. 75 cm, B 54 cm, T. 54 cm.

Die Gruppe wurde von Noack-Heuck (1970) als »eigenhändige Arbeit« angesehen und mit dem Cruzifixus in St. Trudpert (Kat.Nr. 51), der Sonderbucher
Johannesfigur von 1675 (Kat.Nr. 3), der von 1684 datierenden Pietà im Kloster Zoffingen in Konstanz
(Kat.Nr. 31) sowie dem Petrus-Relief in Malibu
(Kat.Nr. 36) verglichen. Laut Noack-Heuck fügt sich
die Gruppe »in Schencks Arbeiten um die siebziger
Jahre ein«.

Literatur:
Noack-Heuck 1970, S. 29 u. 31 (mit Abb. 4–5).

115
Zwei Engel

St. Trudpert im Münstertal, ehem. Benediktinerabteikirche

Linden(?)holz gefaßt
Linker Engel: H. 46,5 cm. Rechter Engel: H. 44 cm

Die beiden Engel wurden von Noack-Heuck (1970)
als »stilistisch und wahrscheinlich auch thematisch« zur Beweinungsgruppe aus St. Trudpert (Kat.-
Nr. 114) zugehörig bezeichnet. Laut Noack-Heuck
fügen sich die beiden Engel »in Schencks Arbeiten
um die siebziger Jahre ein«.

Literatur:
Noack-Heuck 1970, S. 29–31 (mit Abb. 6–7).

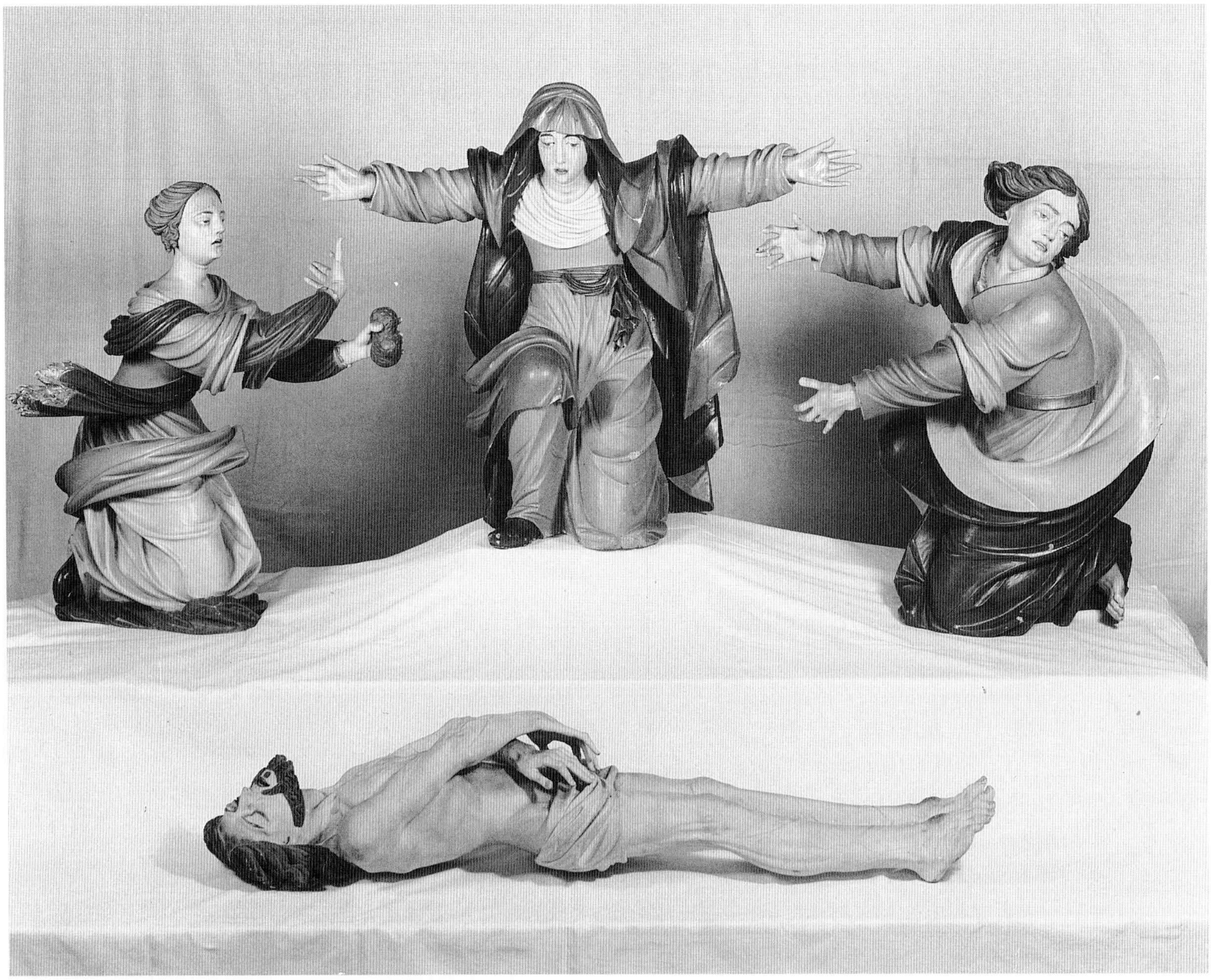

114

115

116
Christus im Elend(?)

St. Trudpert im Münstertal, ehem. Benediktinerabteikirche

Linden(?)holz gefaßt
H. 86 cm, B. 60 cm, T. 65 cm
Sockel nicht zugehörig

Noack-Heuck (1970) ist bei dieser Arbeit, die sie möglicherweise auch als Teil einer Pietà deuten möchte, »versucht, an Werkstattmithilfe zu denken«. Laut Noack-Heuck fügt sich die Figur »in Schencks Arbeiten um die siebziger Jahre ein«.

Literatur:
Noack-Heuck 1970, S. 30–31 (mit Abb. 8–9).

117
Gottvater mit Engeln

St. Trudpert im Münstertal, ehem. Benediktinerabtei

Linden(?)holz gefaßt
H. 76 cm, B. 85 cm, T. 40 cm

Laut Noack-Heuck (1970) sprechen »Gottvater selbst, sein Gesicht, seine Hände mit den für Schenck so auffallend dicken Daumenballen (...) für den Meister. Die Engel dagegen fallen qualitativ ab und sind wohl nicht von ihm persönlich«. Laut Noack-Heuck fügt sich die Gruppe »in Schencks Arbeiten um die siebziger Jahre ein«.

Literatur:
Noack-Heuck 1970, S. 30–31 (mit Abb. 10).

117

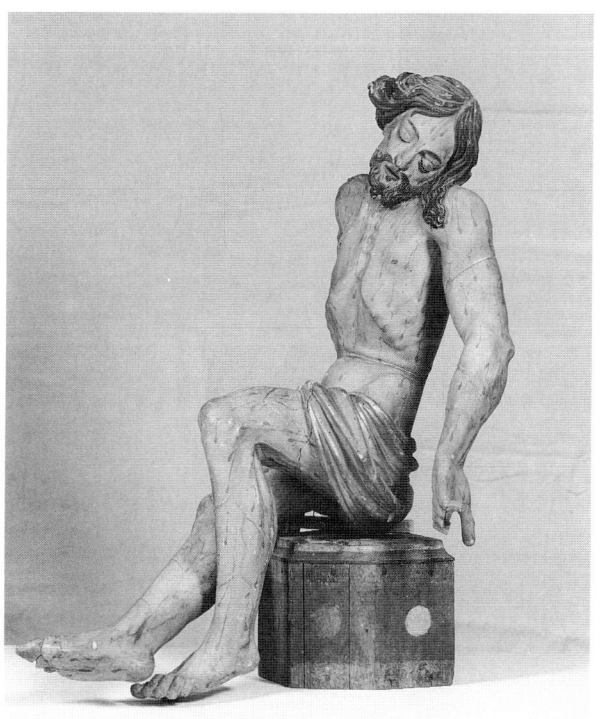

116

118
Auferstandener

Standort unbekannt

Linden(?)holz ehem. gefaßt
H. 66 cm.

Im Auktionskatalog wurde die Figur unter Hinweis auf den Stuttgarter Sebastian von 1675 (Kat.Nr. 1) und das Ittendorfer Ölbergrelief von 1679 (Kat.-Nr. 11) Christoph Daniel Schenck zugeschrieben und in die Zeit um 1670/80 datiert.

Literatur:
Auktionskatalog Neumeister (München) vom 16./17.3.1983, Nr. 499 (mit Abb.)

118

119
Cruzifixus

Eschenz (Thurgau), Schloß Freudenfels

Vollplastik, Lindenholz ehem. gefaßt
H. des Korpus 61,5 cm

Von Felder (1981) als Werkstattarbeit Christoph Daniel Schencks bezeichnet und um 1670/80 datiert.

Literatur:
Felder 1981, S. 323–324 (mit Abb. 12); Felder 1988, S. 289.

120
Christus an der Geißelsäule

München, Bayerisches Nationalmuseum, Inv.Nr. 68/49

Buchsbaum u. Ahorn
H. 21,6 cm

Sockel um 1730 (Obstholz, Nußbaum- und Ahornwurzelmaser)

Erworben als Geschenk der Firma Julius Böhler, München.

Schädler (1969), der die Figur zuerst publizierte, bezeichnete sie als »Süddeutsch, um 1670/80 (...) In
ihrer härteren Modellierung weist sie auf einen
deutschen Meister. Ohne eine Stilabhängigkeit annehmen zu müssen, vertreten einige Arbeiten des
Christoph Daniel Schenck eine parallele Stilstufe.«
Später (1975) rechnete Schädler sie zum »Kreis der
Bildhauerfamilie Schenck, Konstanz, Mitte des
17. Jahrhunderts«, jedoch vertrete »die Statuette gegenüber den in manchen Zügen verwandten Arbei-

120

ten des Christoph Daniel Schenck, (...), offenkundig eine ältere, manieristische Stilstufe, die sich in der spröden, sperrigen Ponderation und Bewegung, in der Härte der Einzelformen bekundet. Ob es sich um Arbeiten Hans Christoph Schencks, dem Vater Christoph Daniels handeln könnte, bleibt noch zu klären«. Theuerkauff (1984) verglich mit dem Christus an der Geißelsäule in der Sammlung Reiner Winkler (Kat.Nr. 100) und stellte fest, daß diese »den kleinplastischen Arbeiten Christoph Daniel Schencks« näherstehe, darüber hinaus wären auch »großformatige Holzbildwerke und Kleinbildwerke in Holz [die Münchner Figur] heranzuziehen«.

Literatur:
Schädler 1969, S. 252; Schädler 1975, S. 46; Theuerkauff 1984, S. 123.

121

121
Hl. Sebastian

München, Bayerisches Nationalmuseum, Inv.Nr. 71/423

Statuette, Buchsbaum u. Ahorn

Sockel um 1730 (Obstholz, Nußbaum- und Ahornwurzelmaser)

Ehemals Pariser Privatbesitz.

Von Schädler (1975) als Gegenstück zum Christus an der Geißelsäule im Bayerischen Nationalmuseum in München (Kat.Nr. 120) bezeichnet.

Literatur:
Schädler 1975, S. 46.

122
Hausaltar mit der Madonna, dem Hl. Korbinian und dem Hl. Sigismund

München, Bayerisches Nationalmuseum, Inv.Nr. R 2101

Elfenbein, Holz
Gesamthöhe des Altars 37,3 cm, Relief: H 15,7 cm, B 8,8 cm

Bei Korbinian fehlen Szepter und Kreuz des Reichsapfels, ebenso der Reichsapfel über der Krone am Wappen im Fries.

Aus dem Besitz Albrecht Sigmunds von Wittelsbach (geb. 1623, 1652 Bischof von Freising, 1668 Bischof von Regensburg, gest. 1685). 1846 in den Vereinigten Sammlungen. 1866 an das Bayerische Nationalmuseum abgegeben.

Laut Katalog des Bayerischen Nationalmuseums (1909) zwischen 1668 und 1685 entstanden. Berliner (1926) lokalisiert und datiert das Altärchen mit »Süddeutschland (München oder Freising). Um 1675«. Es stamme aus einer »rückständigen Werkstatt, die sich an Chr. Angermair anlehnte«. Philippovich (1962) verwies vor allem auf »die Köpfe an den Säulen, die eine deutliche Verbindung zum Porträt des Pappus von Trazberg erkennen lassen, womit vom Freisinger Altärchen ein Bezug zu dieser gesicherten Arbeit von Christoph Daniel gewonnen werden kann«. Die Münchner Altärchen (vgl. auch Kat.Nr. 98) ergeben für Philippovich »jedenfalls den klaren Beweis, daß sie ohne die Teilnahme Christoph Daniel Schencks nicht denkbar sind«, wobei er jedoch eine »allfällige Mitarbeit von Johann Caspar, eventuell weiterer Familienmitglieder« nicht ausschließt.

Literatur:
Kataloge des Bayerischen Nationalmuseums 1909, S. 45, Nr. 482; Berliner 1926, S. 59–60, Nr. 216 (mit Abb. 216); Philippovich 1962, S. 197–199.

122

Laut Auktionskatalog »Werkstatt Christoph Daniel Schenck, um 1680. (...) Nahe verwandt den Sebastiansfiguren in Stuttgart [Kat.Nr. 1] und Augsburg [Kat.Nr. 87], der Dornenkrönung in Köln [Kat.Nr. 34]«.

Literatur:
Auktionskatalog Nagel (Stuttgart), 346. Auktion, 4./5.12.1992, S. 114, Nr. 1013 (mit Farbabb. 64).

124

123
Kreuzigungsgruppe
Stockach, Lorettokapelle

Vollplastiken, Linden(?)holz gefaßt

Von Thöne (1975) Christoph Daniel Schenck zugeschrieben und in die Zeit um 1680 datiert.

Literatur:
Thöne 1975, S. 71 (mit Abb.).

124
Christus an der Geißelsäule
Standort unbekannt

Linden(?)holz abgelaugt
H. 29 cm

125
Apostel Jakobus

Rosenegg, Schloßkapelle

Statue, Holz

Von Thöne als »Christoph Daniel Schenck, (...), um 1680« bezeichnet.

Literatur:
Thöne 1968, S. 473 (mit Abb. 109).

126
Die büßende Magdalena

Standort unbekannt

Buchsbaum
H. 19 cm, B. 16,5 cm

1988 im Londoner Kunsthandel (Sotheby's) versteigert.

Im Auktionskatalog bezeichnet als »ca. 1680, in the manner of the Schenck Family«.

Literatur:
Auktionskatalog Sotheby's (London), 8./9.12.1988, Nr. 287 (mit Abb.).

126

127
Weibliche Heilige

Einsiedeln, Kunstsammlungen des Klosters (ohne Inv.Nr.)

Linden(?)holz
H. 95 cm

Lüsterfassung (Gold und Silber, Mantel innen blau, Haare dunkelbraun). Am Hinterkopf Bohrloch für Nimbus. Rechter Fuß fehlt, ebenso der linke Arm ab Ellenbogen sowie die Finger der rechten Hand. Nase beschädigt.

Laut Lohse (1960) gehört die Figur der Schenck-Werkstatt an, ist aber nicht näher zu bestimmen. Von Euw (1969) zufolge »handelt es sich um gute Leistungen der Werkstatt« aus der Zeit zwischen 1680 und 1684. Laut von Euw stammt die Figur zusammen mit einem Gegenstück (Kat.Nr. 128) »entweder von einem kleineren Altar oder vom Choraltar der Magdalenenkapelle, dessen Figuren sodann die gleiche Lüsterfassung gehabt haben müßten«.

Literatur:
Lohse 1960, S. 78; Euw 1969, S. 196, Nr. 17 (mit Abb.).

128
Weibliche Heilige

Einsiedeln, Kunstsammlungen des Klosters (ohne Inv.Nr.)

Linden(?)holz
H. 100 cm

Lüsterfassung. Linke Fußspitze, Finger der rechten Hand sowie Teile des Strahlennimbus am Hinterkopf fehlen.

Laut Lohse (1960) gehört die Figur der Schenck-Werkstatt an, ist aber nicht näher zu bestimmen. Von Euw (1969) ordnete sie der Werkstatt des Christoph Daniel Schenck zu und datierte sie in die Zeit zwischen 1680 und 1684.

Literatur:
Lohse 1960, S. 78; Euw 1969, S. 196, Nr. 18 (mit Abb.).

127

128

129
Heiliger Krieger

Einsiedeln, Kunstsammlungen des Klosters (ohne Inv.Nr.)

Linden(?)holz

H. 85 cm

Fassung (Schwarz, rot, grün) stark beschädigt. Pteryges des
Panzers aufgenagelt. Arme fehlen.

Laut von Euw (1969) stammt die Figur aus der Werkstatt des Christoph Daniel Schenck und ist in die
Zeit zwischen 1680 und 1684 zu datieren. Von Euw
hält eine ursprüngliche Zugehörigkeit zum Choraltar der Magdalenenkapelle für möglich.

Literatur:
Euw 1969, S. 197, Nr. 19 (mit Abb.).

130
Zwei kniende Engel

St. Trudpert im Münstertal, ehemalige Benediktinerabtei,
Bibliothek

Linden(?)holz gefaßt
Linker Engel: H. 65 cm, rechter Engel: H. 67 cm

Laut Noack-Heuck (1970) zeigen die beiden knienden Engel Christoph Daniel Schencks Stil der »achtziger Jahre (...), wie er sich etwa in den Figuren von
Maria und Johannes in Berlin [Kat.Nr. 38], den kleinen Buchsbaumfiguren von Joseph und Maria
[Kat.Nr. 62] und dem guten Hirten [Kat.Nr. 32] in
den Kunstsammlungen des Klosters Einsiedeln«
zeige.

Literatur:
Noack-Heuck 1970, S. 31 (mit Abb. 11-12).

131
Auferstandener

Neu St. Johann (St. Gallen), ehem. Benediktinerabteikirche, Sakramentsaltar

Linden(?)holz
Unterlebensgroß

Fassung neu, Fahne und Strahlenglorie ergänzt.

Von Anderes (1985) als »ganz deutlich die Handschrift Christoph Daniel Schencks« zeigend beschrieben und (1988) auf um 1680/90 datiert.

Literatur:
Anderes 1985, S. 139; Anderes 1988, S. 15 (mit Abb.); Felder 1988, S. 289.

129

130

131

132

Das von Birchler (1927) zuerst als Werk Christoph Daniel Schencks publizierte Relief wurde von Boeck (1953) und Lohse (1955) wieder abgeschrieben, bevor es von Euw (1969) als Produkt der Werkstatt oder eines Nachahmers Christoph Daniels erneut in die Diskussion einbrachte und in die Zeit um 1680–90 datierte. Laut von Euw stammt es »möglicherweise von derselben Hand wie die Reliefs mit dem Martyrium des hl. Meinrad [Kat.Nr. 134 u. 135], jedoch wohl nach einer außerhalb des Schenckkreises liegenden Vorlage«. Zuletzt wurde es auch von Kleeb (1991) als aus der »Werkstatt des C.D. Schenck, um 1680–90« stammend bezeichnet.

Literatur:
Birchler 1927, S. 212; Boeck 1953, S. 73, Anm. 11; Lohse (Foerster) 1955, S. 187; Euw 1969, S. 203, Nr. 27 (mit Abb.); Kleeb 1991, S. 43, Nr. 52.

132
Hl. Benedikt

Einsiedeln, Kunstsammlungen des Klosters, Inv.Nr. DO 27 (X 110)

Lindenholz
H. 13,7 cm, B. 10 cm

Dünn ausgeschnitztes Relief, das auf eine ca. 0,5 cm dicke Trägerplatte aus Nadelholz aufgeleimt ist. In der rechten oberen Ecke ein nahezu kreisrunder, leicht vertiefter Brandfleck. Oben in der Mitte ein kleines Loch (ehem. wohl zum Aufhängen des Reliefs). Zwei senkrechte Vertikalrisse vom oberen Rand her und ein weiterer entlang der linken Hüfte des Heiligen. Kleinere Ausbrüche an der Verzierung des Pedums, am Bart des Heiligen und an dem oberen Rand des Bechers. In der linken oberen Ecke und am rechten Rand Reste eines aufgeklebten schwarzen Papiers. Rückseitig ein aufkaschiertes blaues Papier (teilweise entfernt). Untere Kante wahrscheinlich nicht mehr original (falzartige Abarbeitung im Gewandbereich, Pedum wohl gekürzt, grobe Schnitzmesserspuren an der gesamten unteren Kante).

134
Martyrium des Hl. Meinrad

Einsiedeln, Kunstsammlungen des Klosters

Birnbaum(?)
H. 15,5 cm, B. 10,7 cm

Stark glänzende Lasur. Sehr dünn ausgeschnitzt, auf ca. 0,5 cm starke Trägerplatte aus Nadelholz aufgeleimt. Mehrere kleine Vertikalrisse. Ecke links oben ausgebrochen, ebenso rechts unten. Am linken Rand ein erst nach dem Aufkaschieren auf die Nadelholzplatte, jedoch wohl ursprünglich eingesetzter Streifen mit dem Ellenbogen und einem Gewandstück des linken Räubers.

Laut Herzog (1956), der das Relief zuerst publizierte, stimmt es »in einzelnen Motiven und im Stil so sehr« mit dem von ihm als Arbeit aus dem Umkreis des Christoph Daniel Schenck bezeichneten Wiener Relief [Kat.Nr. 164] überein, daß die Werke »auf ein und denselben Bildhauer zurückgehen müssen«. Blanckenhagen (Konstanz 1960) führte das Relief unter den Arbeiten aus »Werkstatt und Umkreis«. Von Euw (1969) hielt es für ein Produkt von »Werkstatt oder Nachahmer des Christoph Daniel Schenck, um 1680–90«. Kleeb (1991) bezeichnete es zuletzt als aus der Werkstatt Schencks stammend.

133

133
Hl. Anna mit dem Jesuskind

Einsiedeln, Kunstsammlungen des Klosters, Inv.Nr. X 97

Buchsbaum
H. 11 cm

Laut von Euw (1969) »vielleicht ein verworfenes Probestück des Christoph Daniel Schenck, um 1680–90«.

Literatur:
Euw 1969, S. 208, Nr. 35 (mit Abb.).

134

Literatur:
Herzog 1956, S. 93; Konstanz 1960, Nr. 44; Euw 1969, S. 201, Nr. 25 (mit Abb); Kleeb, 1991, S. 42, Nr. 50.

135

135
Martyrium des hl. Meinrad

Einsiedeln, Kunstsammlungen des Klosters, Inv.Nr: DO 26 (X 112)

Birnbaum
H. 15,5 cm, B. 11 cm

Sehr dünn ausgeschnitzt, auf ca. 0,8 cm starke Trägerplatte aus Nadelholz aufgeleimt. Mehrere Vertikalrisse, oben links leichter Ausbruch. Am rechten Arm des rechten Räubers eine Wachskittung. Das Ende der Keule fehlt.

Braun (1950), der das Relief zuerst publizierte, stellte im Vergleich mit der Einsiedler Mater dolorosa (Kat.Nr. 27) und dem Hl. Antonius (Kat.Nr. 19) »auch hier die eindringliche Charakteristik der Physiognomien, die Beherrschung der Körperformen und die Herausarbeitung der Muskulatur« fest, so daß er »auch dieses kraftvolle Schnitzwerk als eine

Arbeit des Schenck betrachten« zu dürfen meinte. Lohse (1955) schrieb das Stück Schenck ab, während Herzog (1956) feststellte, daß es »in einzelnen Motiven und im Stil so sehr« mit dem von ihm als Arbeit aus dem Umkreis des Christoph Daniel Schenck bezeichneten Wiener Relief (Kat.Nr. 164) übereinstimme, daß die Werke »auf ein und denselben Bildhauer zurückgehen müssen«. Blanckenhagen (Konstanz 1960) führte es unter den Arbeiten aus »Werkstatt und Umkreis«. Von Euw (1969) hielt das Relief für ein Produkt von »Werkstatt oder Nachahmer des Christoph Daniel Schenck, um 1680–90«. Kleeb (1991) bezeichnete es zuletzt als aus der Werkstatt Schencks stammend.

Literatur:
Braun 1950, S. 229 (mit Abb.); Lohse (Foerster) 1955, S. 187–188; Herzog 1956, S. 93 (mit Abb.); Konstanz 1960, Nr. 45; Euw 1969, S. 202, Nr. 26 (mit Abb.); Kälin 1983, S. 11 (Abb.); Kleeb 1991, S. 42–43, Nr. 51 (mit Abb.).

136

136
Hl. Benedikt

Seedorf (Uri), Frauenkloster St. Lazarus OSB

Nußbaum gefaßt
H. 16 cm, B. 11,5 cm

Das Relief wurde von Gasser (1984) in die Zeit um
1683 datiert und Christoph Daniel Schenck zugeschrieben.

Literatur:
Gasser 1986, S. 252.

137
Hl. Scholastika

Seedorf (Uri), Frauenkloster St. Lazarus OSB

Nußbaum gefaßt
H. 16,0 cm, B. 11,5 cm

Das Relief wurde von Gasser (1984) in die Zeit um
1683 datiert und Christoph Daniel Schenck zugeschrieben.

Literatur:
Gasser 1986, S. 252.

137

138
Die büßende Magdalena

Neu-Ulm, Privatbesitz

Lindenholz
H. 18,7 cm, B. 14 cm, T. 3 cm

Modern gewachst. Stark gekrümmt. Anobienbefall. Nagel
in der oberen Kante. Wurzelwerk oben und rechts unten zum
größten Teil verloren. Rechter Querbalken des Kreuzes fehlt,
Ausbruch am Buch und an der linken unteren Ecke, Schwundrisse. Rückseitig grob abgearbeitet.

Erworben 1994 im Münchner Kunsthandel (Neumeister).

Im Auktionskatalog (1994) als »Gegenstück zu einem Hl. Petrus in den Stiftischen Sammlungen von
Kremsmünster« (Kat.Nr. 111) sowie zu einem »ebenso weitgehend übereinstimmenden, jedoch seiten-
verkehrten Exemplar, wiederum mit Hl. Petrus als
Gegenstück, in der Eremitage zu St. Petersburg«
(Kat.Nr. 139) bezeichnet. Lohse zufolge sind das
Neu-Ulmer Relief sowie diejenigen in Kremsmünster (Kat.Nr. 111), St. Petersburg und in amerikani-
schem Privatbesitz (Kat.Nr. 156) »auf keinen Fall eigenhändige Arbeiten Schencks, hängen jedoch ganz
eng mit seinem Werk und seiner Werkstatt zusam-

138

139 a+b

men. (...) Alle diese Reliefs mit den etwas ›triefen-
den Bäumen‹, die an die Bilder der Donauschule erinnern, müssen noch direkt in der Werkstatt oder in
nächster Nähe von C. D. Schenck entstanden sein
und sind nach meiner Ansicht um oder nach 1690
zu datieren«[1].

1 Briefl. Mitteilung vom 8.6.1995.

Literatur:
Auktionskatalog Neumeister (München), Auktion 285,
7.12.1994, S. 12, Nr. 39 (mit Abb. 39).

139
a) Der reuige Petrus
b) Die büßende Magdalena

St. Petersburg, Eremitage, Inv.Nr. H.ck.2215 und 2216

Hagedorn- oder Korbelkirschholz
H. 19,3 cm, B. 12 cm

1932 von der Eremitage aus dem ehem. Baron-Alexander-
Stieglitz-Museum, St. Petersburg, übernommen

Laut Mesenzewa/Lohse (1982) handelt es sich bei
den Reliefs zweifellos »um Gegenstücke, die ein zu-
sammenlegbares Diptychon bildeten«. Die Gewandbildung an den Ärmeln finden Mesenzewa/Lohse bei
der Karlsruher Geißelung (Kat.Nr. 41) wieder, die
Bäume mit den unbelaubten Ästen bei dem Ittendorfer Ölbergrelief (Kat.Nr. 11), die Gesten und Gesichtszüge bei den Einsiedler Reliefs mit dem Hl. Benno
(Kat.Nr. 9) und der Mater dolorosa (Kat.Nr. 27). Aufgrund solcher Analogien sehen sie in den Petersburger Reliefs »eigenhändige Bildwerke C. D. Schencks«,
doch habe er auch »Nachfolger gehabt, die in ihren
Werken denen des Meisters nahe kamen«. Mesenze-
wa/Lohse datieren die beiden Reliefs »am ehesten
zwischen 1680–1690 (...), in einer Zeit also, da der
Künstler sich mehr als vorher dem Relief zuwandte.
(...) Von hier aus gesehen erscheinen bei einem Vergleich die Leningrader Reliefs sicher nicht eigenhändig. Sie lassen sich am besten den beiden Wiener Reliefs [Kat.Nr. 164] zuordnen, denn die eigenartige Gewandung der Magdalena, bei der das Bußhemd mit
einem festen Band, das um die Schulter liegt, zusammengehalten wird, findet sich an keiner Figur
Schencks. Nur die Schergen auf dem Wiener Relief
tragen die gleichen Paspel am Gewand«. Diese Zweifel an der Eigenhändigkeit der Leningrader Arbeiten

sehen Mesenzewa/Lohse »durch weitere stilistische Vergleiche bestätigt (...) So lassen sich die bäuerlich-derben Gestalten schwerlich in die Reihe der Schenck'schen Heiligen einordnen, die auch in der expressiv-manieristischen Spätphase des Künstlers nicht ihre durchgeistigte Charakterisierung verlieren«. Mesenzewa/Lohse zufolge haben die Reliefs in Kremsmünster (Kat.Nr. 111) und St. Petersburg »stilistische Verbindungen zum Œuvre Christoph Daniel Schencks, sind aber keine eigenhändigen Arbeiten«. Sie ordnen sie einer »Werkstattgruppe eines Nachfolgers zu, von dessen Hand die Leningrader und Wiener Reliefs, sowie die Figur des ›Wandelnden Jesusknaben‹ in Einsiedeln [Kat.Nr. 149] sein dürften.«

Literatur:
Mesenzewa/Lohse 1982, S. 209–210 (mit Abb. 1–2).

140
Der reuige Petrus

Konstanz, Rosgartenmuseum, Inv.Nr. 1989/166 (Dauerleihgabe der Gesellschaft der Freunde des Rosgartenmuseums)

Buchsbaum
H. 20,3 cm, B. 13,6 cm

Im Oktober 1989 aus dem Münchner Kunsthandel
(S. Mehringer) erworben

Neben der rechten Schulter Petri fehlt ein Stück Wurzel. Schwundrisse. An den äußeren Rändern Reste eines Rahmens aus Nadelholz, der in neuerer Zeit abgespalten wurde. Rückseitig Reste eines runden Klebezettels.

Im Informationsblatt des Rosgartenmuseums als »um 1685« entstanden bezeichnet.

Literatur:
Informationsblatt Christoph Daniel Schenck. Rosgartenmuseum Konstanz, o.O., o.P.

141
Der reuige Petrus

Gallery Blumka, New York

Lindenholz
H. 27,5 cm, B. 20,0 cm

In einem Vitrinenrahmen des 18. Jhs. Seitlich beschnitten und eingepaßt.

Aus dem Besitz von S. H. Carl Hochbrand Graf Sandizell, Schloss Sandizell (Bayern).

Im Auktionskatalog als »circa 1685, Christoph Daniel Schenck (...) zuzuschreiben« geführt.

Literatur:
Auktionskatalog Sotheby's (Zürich), 29./30.11.1995, S. 9, Nr. 4 (mit Farbabb.)

140

141

142

143
Kalvarienberg

Florenz, Museo degli Argenti, Inv.Nr. 1897,7

Elfenbein
H. 9,9 cm, B. 8,4 cm

1879 erstmals archivalisch in Florenz (Bestand des Bargello) nachweisbar.

Aschengreen-Piacenti (1968) ordnete das Relief dem Umkreis Christoph Daniel Schencks zu und datierte es in die Mitte des 17. Jahrhunderts. Von der gleichen Hand stamme auch das zweite Relief im Museo degli Argenti (Kat.Nr. 142).

Literatur:
Aschengreeen-Piacenti 1968, S. 150, Nr. 382.

142
Kreuzigung

Florenz, Museo degli Argenti, Inv.Nr. 1879,6

Elfenbein
H. 12 cm, B. 10 cm

1879 erstmals archivalisch in Florenz (Bestand des Bargello) nachweisbar.

Aschengreen-Piacenti (1968) ordnete das Relief dem Umkreis Christoph Daniel Schencks zu und datierte es in die Mitte des 17. Jahrhunderts. Von der gleichen Hand stamme auch das zweite Relief im Museo degli Argenti (Kat.Nr. 143).

Literatur:
Aschengreen-Piacenti 1968, S. 150, Nr. 381.

144
Cruzifixus

Appenzell, Kapuzinerkloster

Buchsbaum
H. 32 cm

Laut Fischer (1984), der die Figur in die zweite Hälfte des 17. Jahrhunderts datiert, verraten »die Bildung des Hüfteinschnittes und des Lendentuchs sowie der fein geschnitzte Kopf (...) die Art des Christoph Daniel Schenck«.

Literatur:
Fischer 1984, S. 65 u. 245.

145
Hl. Ottilia

Einsiedeln, Kunstsammlungen des Klosters (ohne Inv.Nr.)

Linden(?)holz gefaßt
H. 43,5 cm

Laut von Euw (1969) »weiterer Umkreis des Christoph Daniel Schenck, 3. Drittel des 17. Jahrhunderts«. Von Euw vergleicht die »Gesichtszüge und die Modellierung des längsovalen Kopfes« mit dem Hl. Antonius (Kat.Nr. 19) und dem Hl. Benno (Kat.Nr. 9) in Einsiedeln, die »welligen Säume« beobachtet er ebenso an den Mänteln der Könige David und Manasse (Kat.Nr. 32b).

Literatur:
Euw 1969, S. 198, Nr. 20 (mit Abb).

146
Hl. Hieronymus

Konstanz, Rosgartenmuseum, Inv.Nr.1992/36

Buchsbaum
H. 14 cm, B. 11 cm.

An den Rändern schwarze Verfärbung. Rückseitig Reste eines zerflossenen Wachssiegels. Links oben in Tusche alte, durchgestrichene Nummer *6421*.

Erworben am 30.6.1992 aus dem Münchner Kunsthandel (Neumeister)

Im Auktionskatalog als »süddeutsch, spätes 17. Jh.« geführt. Von Lohse (1994) als Werk Christoph Daniel Schencks bezeichnet.

Literatur:
Auktionskatalog Neumeister (München), 30.6.1992, S. 46, Nr. 54 (mit Abb. 54); Lohse 1994, S. 463 (mit Abb.).

145   146

147

147
Christus an der Geißelsäule

Standort unbekannt

Fruchtholz
H. 15,3 cm

Im Auktionskatalog unter Hinweis auf Ähnlichkeiten mit dem Guten Hirten im Frankfurter Liebieghaus (Kat.Nr. 42) Christoph Daniel Schenck zugeschrieben und in das späte 17. Jahrhundert datiert.

Literatur:
Auktionskatalog Christie's (London), 2.7.1991, Nr. 25 (mit Abb.).

148
Putto

Standort unbekannt

Vollplastik, Holz
H. 58 cm

Fassung übermalt

Im Auktionskatalog als »wohl Konstanz, Ende 17. Jh., Christoph Daniel Schenck« bezeichnet.

Literatur:
Auktionskatalog Nagel (Stuttgart), 17./19.9.1991, 339. Auktion, S. 49, Nr. 589 (mit Abb.).

149
Wandel Jesu

Einsiedeln, Kunstsammlungen des Klosters (ohne Inv.Nr.)

Buchsbaumholz
H. 16,3 cm

Hinten abgearbeitet. Plinthe neu. Figur mit Holzdübel (zwischen den Füßen Christi) auf Plinthe montiert. Beide Arme angestückt. An der Linken Christi alle Finger und Teile des Handrückens ergänzt, an der Rechten alle Finger. Augen geschwärzt. Am Hinterkopf Bohrung (für Nimbus). Am rechten Fuß eine Absplitterung, der Vorderteil des linken Fußes abgebrochen und wiederangesetzt. Vertikalsprünge.

Die Statuette stammt wahrscheinlich aus einer Gruppe des Hl. Wandels. An der rechten Hand dürfte der Zwölfjährige von Maria und links von Joseph geführt worden sein (vgl. Kat.Nr. 99). Laut von Euw (1969), der die Figur zuerst publizierte, zeigt der Stil deutliche Anlehnung an Schenck, doch würden unter anderem die Hände den Nachahmer verraten. Von Euw vermutet daher eine Kopie nach Schenck, wie sie »fleißige Laienbrüder« hergestellt haben mögen, und datiert in die Zeit vor 1700. Auch Mesenzewa und Lohse (1982) schreiben die Figur einem Nachfolger Christoph Daniel Schencks zu, der »nicht direkt« in dessen Hauptschaffenszeit vor 1691 gearbeitet habe und dem neben dem Hl. Wandel u.a. auch die beiden St. Petersburger Reliefs mit Petrus und Magdalena (Kat.Nr. 139) zuzuschreiben seien.

Literatur:
Euw 1969, S. 183 u. 209, Nr. 36 (mit Abb.); Mesenzewa/Lohse 1982, S. 215.

149

150

150
Muttergottes im Strahlenkranz

Einsiedeln, Kunstsammlungen des Klosters (ohne Inv.Nr.)

Buchsbaum
H. ohne Sockel 23 cm, mit Sockel 32,5 cm

Hände angesetzt, Krone, Nimbus des Kindes sowie Strahlenkranz und Szepter vergoldet.

Von Euw (1969) bezeichnete die Figur als aus der »Werkstatt des Christoph Daniel Schenck, vor 1700« stammend.

Literatur:
Euw 1969, S. 209, Nr. 37 (mit Abb.).

151
Maria mit Kind

Pfarr- und Wallfahrtskirche St. Peter im Schwarzwald, ehem. Benediktinerabteikirche

Holz gefaßt

Ginter (1968) bezeichnete die Figur als »süddeutsch, um 1700«. Noack-Heuck (1970) leitete sie von Hubert Gerhards Patrona Bavariae auf der Mariensäule in München (vor 1613), weiter von Hans Krumpers Madonna an der Residenzfassade in München (1615) sowie von der Madonna auf der Mariensäule von Kaspar Gras im Münsterhof in Konstanz ab. Laut Noack-Heuck machen die beiden knienden Engel von St. Trudpert [Kat.Nr. 115] »für die Madonna in St. Peter der Stilkritik den Weg frei, um sie in engstem Zusammenhang mit dem Werk des Christoph Daniel Schenck zu sehen«.

Literatur:
Ginter 1968, S. 11 (mit Abb.); Noack-Heuck 1970, S. 35 (mit Abb. 20).

151

152
Marienkrönung

Frittlingen, neue kath. Pfarrkirche, ehem. Filialkirche des Klosters Rottenmünster

Linden(?)holz gefaßt
H. ca. 100 cm

Von Schahl (1966) um 1700 datiert und mit Fragezeichen Christoph Daniel Schenck zugeschrieben.

Literatur:
Schahl 1966, S. 39.

153
Erbärmdechristus (Ecce homo)

Lindenberg, neue kath. Stiftskirche St. Peter und St. Paul

Linden(?)holz
H. 163 cm

Alte Fassung teilweise erhalten; Gesicht und Haare neu gefaßt, Lendentuch neu vergoldet. Seit jüngerer Zeit mit Mantel und Rohr bekleidet.

Lohse (1968) zufolge zeigt der Kopf »die für Schenck typische Haar- und Bartform und die ausgezeichnete Anatomie des Körpers spricht für die Hand des Meisters«. Laut Schnell (1973) stammt die Figur aus der alten Pfarrkirche; sie sei erst »neuerdings mit Mantel und Rohr bekleidet«.

Literatur:
Lohse 1968, S. 127; Schnell 1973 (Lindenberg), S. 16–17 (mit Abb.).

152

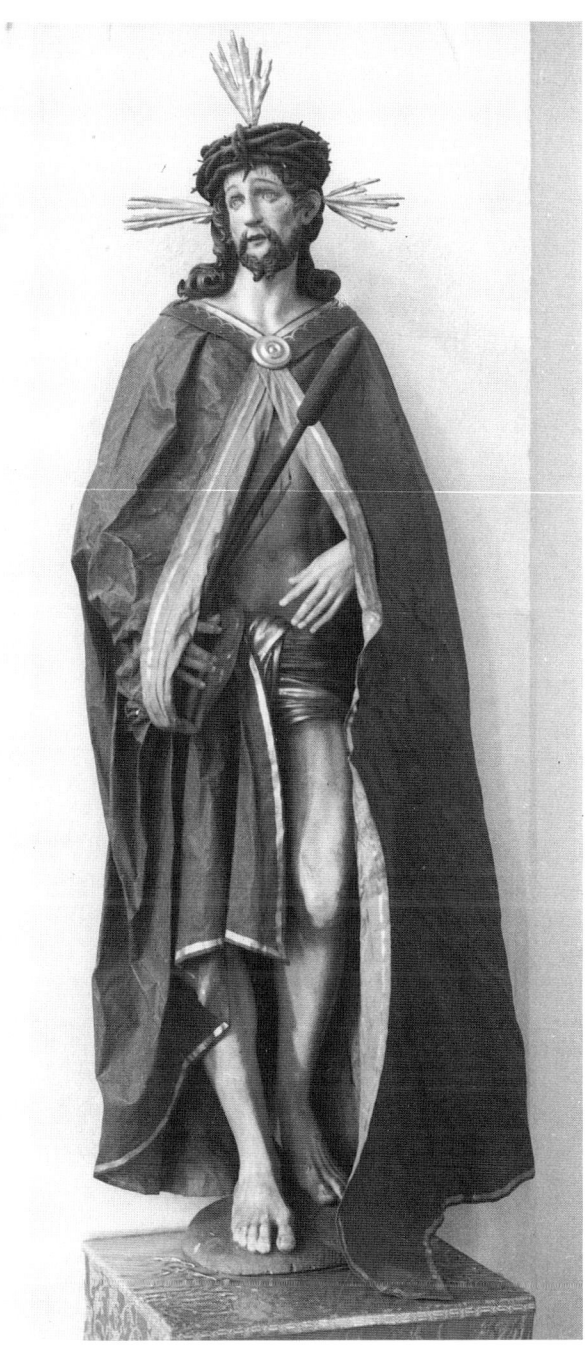

153

154
Maria mit Kind

Kloster Magdenau (St. Gallen)

Holz u.a.
H. 62 cm

Lediglich der Kopf und die Hände Mariae sowie der Jesusknabe sind geschnitzt. Die übrigen Teile bestehen aus Kleidung, Perücken, Kronen und Schmuck.

Aus dem in der Aufklärungszeit aufgehobenen Augustinerchorherrenstift in Konstanz. 1786 von Johann Joseph Hungerbühler, Chorherr in Bischofszell, gekauft und dem Kloster Magdenau geschenkt.

Laut Anderes (1977) spricht »die hohe künstlerische Qualität (...) eindeutig für ein Werk des großen Konstanzer Bildhauers Christoph Daniel Schenck«.

Literatur:
Anderes 1977, S. 23 (mit Abb. 23); Felder 1988, S. 289.

154

155
Hl. Sebastian

Goldach, kath. Pfarrkirche St. Mauritius, südlicher Langhauspfeiler

Statue, Linden(?)holz gefaßt
Lebensgroß

Von Huber (1993) mit Vorbehalt »der Hand Schencks« zugeschrieben.

Literatur:
Huber 1993, S. 24.

156
Die büßende Magdalena

Bennington/Vermont, U.S.A., Privatbesitz

Relief, Buchsbaum
H. 20,7 cm, B. oben 14 cm, unten 13,7 cm

Unten links etwas beschnitten.

Von Lohse (Manuskript) nach einem Hinweis von Christian Theuerkauff der Werkstatt bzw. einem Nachfolger Schencks zugeschrieben. Lohse sieht das Relief als das Gegenstück zu dem Konstanzer Petrus (Kat.Nr. 140) an. Den Hintergrund mit den vollplastischen Astenden und der Sonne möchte sie jedoch nicht für Schenck in Anspruch nehmen; sein Einfluß mache sich nur bei der Darstellung der Figuren geltend.

Literatur:
unpubliziert

157
Zwei Apostel

Konstanz, St. Stephan, Chor.

Statuen, Linden(?)holz gefaßt
Lebensgroß

Von Müller und Thöne (1979) dem »Kreis des Christoph Daniel Schenck« zugeschrieben.

Literatur:
Müller/Thöne 1979, S. 475.

158
Mater dolorosa

Konstanz, Rosgartenmuseum, Inv.Nr. 1957/38

Relief, Zirbelholz
H. 47 cm, B. 32,5 cm

Von Blanckenhagen (Konstanz 1960) unter den Arbeiten aus »Werkstatt oder Umkreis« Christoph Daniel Schencks geführt.

Literatur:
Konstanz 1960, Nr. 46.

159
Ecce homo

Konstanz, Rosgartenmuseum, Inv.Nr. 1957/39

Relief, Zirbelholz
H. 46,6 cm, B. 32,1 cm

Von Blanckenhagen (Konstanz 1960) unter den Arbeiten aus »Werkstatt oder Umkreis« Christoph Daniel Schencks geführt.

Literatur:
Konstanz 1960, Nr. 47.

160
Mater dolorosa und Ecce Homo

Sipplingen, kath. Pfarrkirche St. Martin und Georg

Statuen, Linden(?)holz
Christus H. 172 cm, Maria H. 168 cm

Fassung neu. Christus ist in einen gipsgetränkten Mantel gehüllt.

Von Lohse (1955) einem Schüler Christoph Daniel Schencks zugeschrieben und in die Zeit nach 1690 datiert.

Literatur:
Lohse (Foerster) 1955, S. 184–185.

161
Der reuige Petrus

München, Privatbesitz

Relief, Terrakotta
Mit Rahmen: H. 39 cm, B. 29 cm. Ohne Rahmen: H. 33,5 cm, B. 25,5 cm

Spuren von Grundierung und Vergoldung. Patiniert.

Im Auktionskatalog als Arbeit aus der Werkstatt Christoph Daniel Schencks und als »alte Replik des Buchsholzreliefs im Zähringer-Museum Baden-Baden« (heute Malibu, Kat.Nr. 36) bezeichnet. Mesenzewa/Lohse (1982) zufolge fehlt im Vergleich zum Holzrelief lediglich die Signatur. Außerdem würden kleine Veränderungen auffallen, die durch das Material bedingt seien.

Literatur:
Auktionskatalog Weinmüller (München), 24./25.6.1970, Nr. 624; Mesenzeva/Lohse 1982, S. 216.

162
Männlicher Heiliger (Hl. Andreas?)

Konstanz, Rosgartenmuseum, Inv.Nr. 1987/39

Statue, Linden(?)holz
H. 80 cm

Hinten abgeflacht. Nicht ursprüngliche Goldfassung, beschädigt. Einstecksloch und Kerbe von Attribut. Rechter Unterarm und Attribut sowie Zehen des rechten Fußes fehlen.

Am 1.6.1987 als Geschenk aus Konstanzer Privatbesitz erworben. Stammt laut Überlieferung aus der Dreifaltigkeitskirche in Konstanz.

Von Lohse (Manuskript) der Werkstatt Christoph Daniel Schencks zugeschrieben.

Literatur:
unpubliziert

163
Maria mit Kind

Neu St. Johann (St. Gallen), ehem. Benediktinerabteikirche

Statue, Linden(?)holz gefaßt
Unterlebensgroß

Laut Anderes (1985) gemahnt »deren weibliche Grazie, ausgeprägter Kontrapost und wallendes Gewand leise an Christoph Daniel Schenck«.

Literatur:
Anderes 1985, S. 139.

164
Geißelung Christi

Wien, Kunsthistorisches Museum, Inv.Nr. 9902

Relief, Birnholz
H. 19,5 cm, B. 18,5 cm

Das Relief wurde von Berliner (1930) in die erste Hälfte des 18. Jahrhunderts datiert und mit Vorbehalt dem Münchner Bildhauer Matthias Loth (1675–1738) zugewiesen. Dingelstedt (1952) bezweifelte diese Zuschreibung und datierte das Relief in das 17. Jahrhundert. Herzog (1956) meinte das Stück »zumindest dem Umkreis Christoph Daniel Schencks« zuweisen zu können. Er verglich mit den beiden Meinrads-Reliefs in Einsiedeln (Kat.Nr. 134 u. 135), die er ebenfalls dem Umkreis Schencks zuschrieb und die »in einzelnen Motiven und im Stil so sehr mit dem Wiener Relief überein[stimmen], daß die drei Werke auf ein und denselben Bildhauer zurückgehen müssen«. Mesenzewa/Lohse (1982) verglichen hinsichtlich der nackten Körperteile mit dem St. Petersburger Petrus-Relief (Kat.Nr. 139).

Literatur:
Berliner 1930, S. 107 (mit Taf. 75, 1 u. 2); Dingelstedt 1952, S. 90–91; Herzog 1956, S. 93 (mit Abb.); Mesenzewa/Lohse 1982, S. 210.

164

165
Geißelung Christi

Berlin, Staatliche Museen zu Berlin – Preußischer Kulturbesitz, Skulpturensammlung, Inv.Nr. 8422

Relief, Lindenholz
H. 17,5, B. 15,2 cm

Mehrfach senkrecht gerissen. Die rechte Hand des linken Schergen ist angeleimt, der Stock abgebrochen.

Bange (1930) publizierte das Relief als »süddeutsch, 17. Jh.«. Herzog (1956) bezeichnete das Stück als »Wiederholung« des Wiener Reliefs (Kat.Nr. 164) und wies es dem »Kreis des Christoph Daniel Schenck« zu.

Literatur:
Bange 1930, S. 101–102 (mit Abb.); Herzog 1956, S. 93 (mit Abb.); Mesenzewa/Lohse 1982, S. 210.

165

166
Auferstandener

Standort unbekannt

Weichholz
H. 44,8 cm

Alte Fassung und Lüsterfassung. Rechter Arm und linke Hand fehlen.

Im Auktionskatalog als »Umkreis des Christoph Daniel Schenck« bezeichnet.

Literatur:
Auktionskatalog Lempertz (Köln), Juni 1973, Kat. 533, Nr. 1554 (mit Abb.).

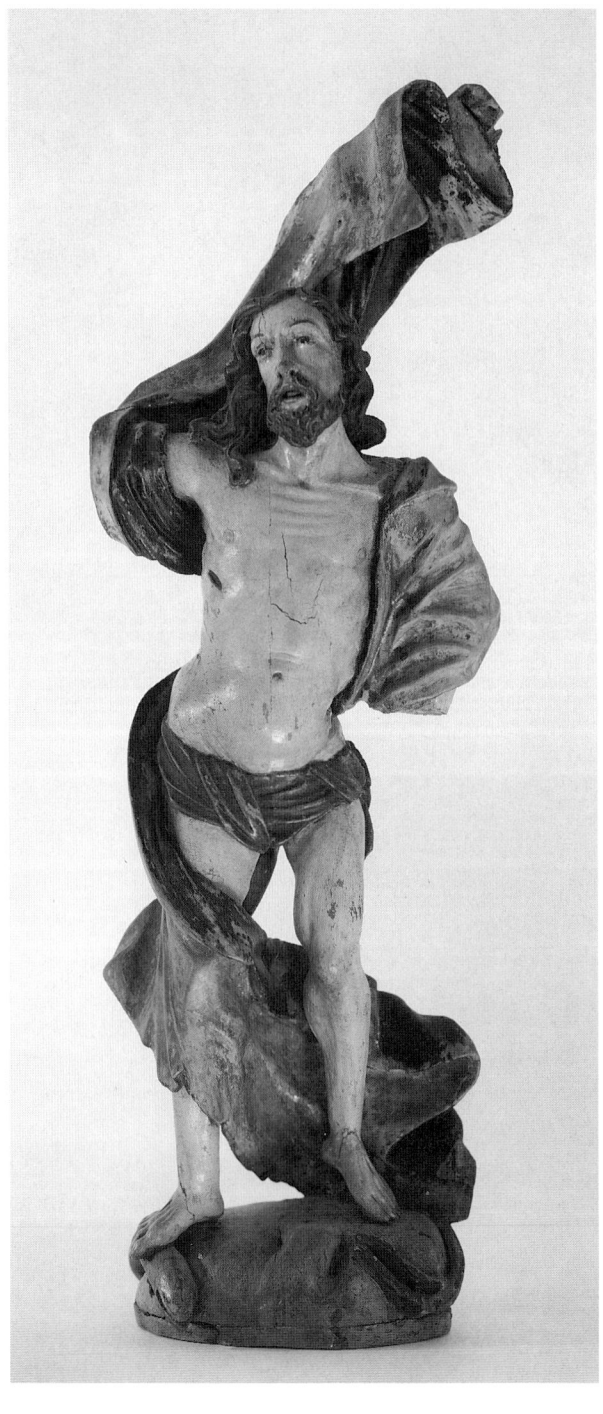

166

Bildnachweis des Kataloges

Foto Mas, Barcelona (Kat.Nr. 5); Staatliche Museen zu Berlin – Preußischer Kulturbesitz, Skulpturengalerie, Berlin (Kat.Nr. 38, 70, 165); Musée des Beaux-Arts, Dijon (Kat.Nr. 60); Georg Goerlipp, Donaueschingen (Kat.Nr. 6); Landesbildstelle Rheinland, Düsseldorf (Kat.Nr. 101); Markus Heberle, Eigeltingen (Kat.Nr. 90, 96); W. Marthaler, Einsiedeln (Kat.-Nr. 32a); Gabinetto Fotografico, Firenze (Kat.Nr. 12); Fany W. Brühlmann, Flüelen (Kat.Nr. 136, 137); Ursula Edelmann, Frankfurt am Main (Kat.-Nr. 42); Frank Kunert, Frankfurt am Main (Kat.Nr. 28); Ellen-Lore Noack-Heuck, Freiburg (Kat.Nr. 114–117, 130); Hildegard Weber, Freiburg (Kat.Nr. 73, 97); Städtisches Bodenseemuseum, Friedrichshafen (Kat.Nr. 39); Museum für Kunst und Gewerbe, Hamburg (Kat.-Nr. 26); Staatliche Kunstsammlungen, Kassel (Kat.-Nr. 49); Lempertz, Köln (Kat.Nr. 166); Rheinisches Bildarchiv, Köln (Kat.Nr. 24, 34, 89); Jeannine Le Brun, Konstanz (Kat.Nr. 11, 16, 31, 55, 58, 64, 67–69, 79, 88, 93, 94); Müller, Konstanz (Kat.Nr. 22, 35, 40, 50, 75, 87, 91, 106); Rettich, Konstanz (Kat.Nr. 16); Rosgartenmuseum, Konstanz (Kat.-Nr. 105); Tilgner, Rosgartenmuseum, Konstanz (Kat.Nr. 25, 52, 96, 104); P. Amand Kraml, Kremsmünster (Kat.Nr. 111); Ernst Zappa, Langendorf (Kat.Nr. 78); Foto Scherbaum, Lindau (Kat.Nr. 94); Eugen Prinz, Lindenberg (Kat.Nr. 153); Christie's, London (Kat.Nr. 30); Sotheby's, London (Kat.Nr. 126); Foto Marburg (Kat.-Nr. 80); Auktionshau Neumeister, München (Kat.-Nr. 76, 82, 138); Bayerisches Nationalmuseum, München (Kat.Nr. 98, 120, 121); Sotheby's, München (Kat.Nr. 36); Zentralinstitut für Kunstgeschichte, München (Kat.Nr. 13); Gallery Blumka, New York (Kat.Nr. 141); Musei Civici, Padova (Kat.Nr. 44); Kunstgewerbemuseum, Prag (Kat.Nr. 20); Bernhard Anderes, Rapperswil (Kat.Nr. 131); Foto Gross, St. Gallen (Kat.Nr. 56); Fritz Fischer, Stuttgart (Kat.Nr. 63); Landesbildstelle Württemberg, Stuttgart (Kat.Nr. 21); Peter Frankenstein, Hendrik Zwietasch, Württembergisches Landesmuseum, Stuttgart (Kat.Nr. 1, 3, 4, 7, 9, 18, 19, 23, 27, 32d, 33, 37, 46, 61, 62, 71, 74, 132–135, 149); Ulrich Knapp, Tübingen (Kat.Nr. 77a–g, 77m); Hofgalerie Hofstätter, Wien (Kat.Nr. 8); Kunsthistorisches Museum, Wien (Kat.Nr. 164).

Verzeichnis der abgekürzt zitierten Literatur

Ammann 1964
Gert Amman: Rez. von Barock am Bodensee. In: Speculum Artis, 16, 1964, S. 35–40.

Anderes 1969
Bernhard Anderes: Der Bildhauer Jakob Hunger und sein Werk. In: Zeitschrift für Schweizerische Archäologie und Kunstgeschichte, 26, 1969, S. 202–216.

Anderes 1977
Bernhard Anderes: Magdenau (=Schweizerische Kunstführer, hrsg. von der Gesellschaft für Schweizerische Kunstgeschichte), Basel 1977.

Anderes 1980
Bernhard Anderes: Die barocke Ausstattung. In: Zur Erinnerung an die Renovation 1979/80 St. Mauritiuskirche Goldach, Goldach 1980, S. 52–59.

Anderes 1985
Bernhard Anderes: Stilstufen des Barocks. Zur Ausstattung in Neu St. Johann. In: Werner Vogler (Hrsg.): Das Kloster St. Johann im Thurtal, St. Gallen 1985, S. 126–143.

Anderes 1988
Bernhard Anderes: Kloster Neu St. Johann SG (=Schweizerische Kunstführer, hrsg. von der Gesellschaft für Schweizerische Kunstgeschichte, Serie 45, Nr. 441/442), Bern 1988.

Appuhn 1978
Horst Appuhn: Das private Andachtsbild. Ein Vorschlag zur kunstgeschichtlichen und volkskundlichen Terminologie. In: Museum und Kulturgeschichte. Festschrift für Wilhelm Hansen, Münster 1978, S. 289–292.

Appuhn 1988
Sibylle Appuhn: Christoph Storer. In: La pittura in Italia in seicento, Bd. 2, Milano 1988, S. 892–93.

Appuhn 1991
Sibylle Appuhn, »Ad augendam devotionem« Johann Christoph Storers Altarbilder für die Luzerner Jesuitenkirche. In: Arte lombarda, 98/99, 1991, S. 41–49.

Appuhn-Radtke 1992
Sibylle Appuhn-Radtke: Sakrale Bildwelt nach dem Dreißigjährigen Krieg. Johann Christoph Storer als Maler der Katholischen Reform in Süddeutschland, 2 Bde, masch.-schr. Habil. München 1992.

Appuhn-Radtke 1996
Zum Kreuzigungsbild des Johann Christoph Storer aus dem Hochaltar der Klosterkirche St. Gregor in Petershausen. In: Zeitschrift für Schweizerische Archäologie und Kunstgeschichte, 53, 1996, S. 47–58.

Appuhn-Radtke/Bora 1991
Sibylle Appuhn-Radtke und Giulio Bora: The Drawings of Christoph Storer. In: Master Drawings, 13, 1991, S. 1–8.

Arnold 1983
Ulli Arnold: Der Lutherbecher im Grünen Gewölbe und seine Medaillen. In: Dresdener Kunstblätter, 27, 1983, S. 183–189 [Hans S.].

Asche 1978
Sigfried Asche: Balthasar Permoser. Leben und Werk, Berlin 1978.

Aschengreen-Piacenti 1963/64
Kirsten Aschengreen-Piacenti: La collezione Medicea di sculture in avorio. In: Antichità viva, 2, 1963/64, S. 26–37.

Aschengreen-Piacenti 1967
Kirsten Aschengreen-Piacenti: Il Museo degli Argenti a Firenze, Florenz 1967.

Aschengreen-Piacenti 1968
Kirsten Aschengreen-Piacenti: Il Museo degli Argenti a Firenze, Mailand 1968.

Augsburg 1980
Welt im Umbruch, Ausstellung Augsburg 1980.

Badisches Landesmuseum 1966
Badisches Landesmuseum. Neuerwerbungen 1952–1965. Eine Auswahl, Karlsruhe 1966.

Badisches Landesmuseum 1968
Badisches Landesmuseum. Bildkatalog. Eine Auswahl aus den Sammlungen, Karlsruhe 1968.

Badisches Landesmuseum 1976
Badisches Landesmuseum Karlsruhe. Bildkatalog. 400 ausgewählte Werke aus den Schausammlungen. Zusammengestellt und erläutert von Ernst Petrasch, Karlsruhe 1976.

Bange 1930
Ernst Friedrich Bange: Die Bildwerke in Holz, Stein und Ton. Kleinplastik (=Staatliche Museen zu Berlin. – Die Bildwerke des Deutschen Museums 4), Berlin/Leipzig 1930.

Barner 1970
Wilfried Barner: Barockrhetorik. Untersuchungen zu ihren geschichtlichen Grundlagen, Tübingen 1970.

Barth 1986
P. Konrad Barth: Eine Führung durch die Kirche St. Martin zu Ittendorf. In: P. Konrad Barth u. Hermann Zitzlsperger: St. Martinskirche Ittendorf, Tettnang 1986, o.P.

Beck 1962
Alois Beck: Künstler und Kunsthandwerker in Langenstein und Orsingen, 2. Teil. In: Hegau. Zeitschrift für Geschichte, Volkskunde und Naturgeschichte des Gebietes zwischen Rhein, Donau und Bodensee, 7, 1962, S. 193–232.

Beck 1971
Herbert Beck: Christoph Daniel Schenck. Der Gute Hirte, 1689. In: Städel-Jahrbuch, N.F. 3, 1971, S. 253–255.

Beissel 1910
Stephan Beissel: Geschichte der Verehrung Marias im 16. und 17. Jahrhundert. Ein Beitrag zur Religionswissenschaft und Kunstgeschichte, Freiburg i.Br. 1910.

Belting 1990
Hans Belting: Bild und Kult. Eine Geschichte des Bildes vor dem Zeitalter der Kunst, München 1990.

Benedict 1985
Philip Benedict: Towards the Comparative Study of the Popular Market for Art: The Ownership of Paintings in Seventeenth-Century Metz. In: Past & Present, 109, 1985, S. 100–117.

Benedict 1991
Philip Benedict: Rouen during the Wars of Religion, Cambridge 1991.

Benzinger 1912
Carl J. Benzinger: Geschichte des Buchgewerbes im fürstlichen Benediktinerstifte U.L.F. von Einsiedeln, Einsiedeln, 1912.

Berliner 1926
Rudolf Berliner: Die Bildwerke des Bayerischen Nationalmuseums. 4. Abteilung: Die Bildwerke in Elfenbein, Knochen, Hirsch- und Steinbockhorn (=Kataloge des Bayerischen Nationalmuseums 13), Augsburg 1926.

Berliner 1952/53
Rudolf Berliner: Johann Adolf Gaap. Fragmente zur Biographie eines deutsch-italienischen Metallkünstlers. In: Münchner Jahrbuch für Bildende Kunst, 3/4, 1952/53, S. 233–252.

Beyerle 1900
Konrad Beyerle: Konstanz im Dreißigjährigen Kriege. Schicksale der Stadt bis zur Aufhebung der Belagerung durch die Schweden 1628–1633 (=Neujahrsblätter der Badischen Historischen Kommission, N.F., Heft 3), Heidelberg 1900.

Beyerle 1905
Konrad Beyerle: Das ehemalige Augustinerkloster zu Konstanz, Konstanz 1905.

Beyerle 1908
Konrad Beyerle: Die Geschichte des Chorstifts und der Pfarrei St. Johann zu Konstanz, Freiburg i.Br. 1908.

Beyerle/Maurer 1908
Konrad Beyerle und Anton Maurer: Konstanzer Häuserbuch. Festschrift zur Jahrhundertfeier der Vereinigung der Stadt Konstanz mit dem Hause Baden, Bd. 2, Heidelberg 1908.

Bicheler 1957
D. Bicheler: Die ehemalige vorderösterreichische Donaustadt Mengen in Krieg und Frieden, Mengen 1957.

Birchler 1927
Die Kunstdenkmäler des Kantons Schwyz, Bd. I. Die Bezirke Einsiedeln, Höfe und March, bearb. von Linus Birchler (=Die Kunstdenkmäler der Schweiz), Basel 1927.

Birke 1981
Veronika Birke: Matthias Rauchmiller. Leben und Werk, Wien/Freiburg/Basel 1981.

Blanckenhagen 1960
Sigrid von Blanckenhagen: Christoph Daniel Schenck, ein Konstanzer Barockbildhauer, Konstanz 1960.

Boberski 1973
Heiner Boberski: Das Theater der Benediktiner an der alten Universität Salzburg 1617–1778 (=Theatergeschichte Österreichs, Bd. IV: Niederösterreich, Heft 1), Wien 1973.

Böck 1989
Hanna Böck: Einsiedeln. Das Kloster und seine Geschichte. Mit einem Beitrag von Georg Holzherr, Zürich 1989.

Bodmer 1939
Heinrich Bodmer: Ludovico Carracci, Burg bei Magdeburg 1939.

Boeck 1953
Wilhelm Boeck: Das unbekannte Werk des Konstanzer Bildschnitzers Christoph Daniel Schenck. In: Das Münster, 6, 1953, S. 66–74.

Boeheim 1887
W. Boeheim: Über einige Jagdwaffen und Geräthe, II. In: Jahrbuch der kunsthistorischen Sammlungen des Allerhöchsten Kaiserhauses, 5, 1887, S. 97–109.

Boerner 1832
Verzeichnis des Anton Paul Heinlein'schen ausgezeichneten Kunstcabinetts, welches vom 9. April 1832 an ... durch Auctionator J.A. Boerner versteigert wird, Nürnberg 1832.

Bologna 1993
Ludovico Carracci. Bologna, Ausstellung Bologna und Fort Worth (Texas) 1993, Bologna 1993.

Bonaventura von Mehr 1945
Bonaventura von Mehr: Das Predigtwesen in der kölnischen und rheinischen Kapuzinerprovinz im 17. und 18. Jahrhundert (=Bibliotheca Seraphico-Capuccina, Sectio Historica, Tom. 6), Rom 1945.

Bora 1991
Giulio Bora: Note sull'attività milanese di Gian Cristforo Storer. In: Arte lombarda, 98/99, 1991, S. 29–40.

Bormastino 1715
A. Bormastino: Relazione Storica della Città Imperiale di Vienna / Historische Erzehlung von der Kayserlichen Residentz-Stadt Wien, Wien 1715.

Born 1936
W. Born: A newly discovered masterpiece of Adam Lenckhardt. In: Apollo, 23, 1936, S. 41ff.

Börner 1978
Lore Börner: Renesancni portretni medaile ze sbirek Mincovniho kabinetu statnich muzei v Berline/NDR, Brno 1978 [Hans S.].

Borromeo 1577
Carlo Borromeo: Instructionum fabricae et suppellectilis ecclesiasticae libri duo, Mailand 1577.

Borromeo 1624
Federico Borromeo: De pictura sacra, Mailand 1624.

Braun 1950
Edmund Wilhelm Braun: Eine signierte und datierte Elfenbeinfigur des Konstanzer Barockbildhauers Christoph Daniel Schenk. In: Münchner Jahrbuch der Bildenden Kunst, 3.F., 1, 1950, S. 226–230.

Braun 1964
Heinrich Suso Braun: Bühnenkünste des Einsiedler Baocktheaters. In: Corolla Heremitana, Neue Beiträge zur Kunst und Geschichte Einsiedelns und der Innerschweiz. Aus Anlaß des 70. Geburtstages von Herrn Prof. Dr. Linus Birchler, Olten/Freiburg im Breisgau 1964, S. 243–289.

Bregenz 1964
Barock am Bodensee. Plastik, bearb. von Oscar Sandner, Wilhelm Boeck, Gerhard Woeckel und Claus Zoege von Manteuffel, Ausstellung Bregenz 1964.

Bregenz 1967
Meisterwerke der Plastik aus Privatsammlungen im Bodenseegebiet, Ausstellung Bregenz 1967.

Breuer 1969
Dieter Breuer: Der »Philotheus« des Laurentius von Schnüffis. Zum Typus des geistlichen Romans im 17. Jahrhundert (=Deutsche Studien, Bd. 10), Meisenheim am Glan 1969.

Breuer 1979
Dieter Breuer: Oberdeutsche Literatur 1565–1650. Deutsche Literaturgeschichte und Territorialgeschichte in frühabsolutistischer Zeit (=Zeitschrift für bayerische Landesgeschichte, Beiheft 11), München 1979.

Brischar 1867
Johann Nepomuk Brischar: Die katholischen Kanzelredner Deutschlands, 2 Bde., Schaffhausen 1867.

Bruhns 1923
Leo Bruhns: Würzburger Bildhauer der Renaissance und des werdenden Barock, 1540–1650, München 1923.

Brulliot 1833
François Brulliot: Dictionnaire des monogrammes, marques figurées, lettres initiales, noms abrégés etc., Tome 2, München 1833.

Brunner/Reitzenstein 1985
Herbert Brunner u. Alexander von Reitzenstein: Baden-Württemberg. Kunstdenkmäler und Museen (=Reclams Kunstführer, Deutschland 2), 8. Aufl. Stuttgart 1985.

Bucelin 1667
Gabriel Bucelin: Constantia Rhenana, Frankfurt a. M. 1667.

Bückling 1992
Maraike Bückling: Kampf des Erzengels Michael mit dem Teufel. Christoph Daniel Schenck (Konstanz 1633 – 1691), Frankfurt a. M. o. J. [1992].

Bückling 1995
Maraike Bückling: Christoph Daniel Schenck. Kampf des Erzengels Michael mit dem Teufel, 1683. In: Städel-Jahrbuch, N.F. 15, 1995, S. 305–307 (mit Abb. 15).

Bugmann 1971
Kuno Bugmann: Einsiedeln, München/Zürich 1971.

Burkarth 1972
Herbert Burkarth: Die Baugeschichte von Mariaberg. In: Hohenzollerische Heimat, 22, 1972, Nr. 3, S. 33–39.

Burkarth 1978
Herbert Burkarth: Klosterkirche in Mariaberg, Mariaberg/Gammertingen 1978.

Burkarth 1983
Herbert Burkarth: Geschichte der Herrschaft Gammertin-gen-Hettingen, Sigmaringen 1983.

Büse 1956
Kunigunde Büse: Das Marienbild in der deutschen Barock-dichtung, Düsseldorf 1956.

Bushart 1969
Bruno Bushart: Die Barockisierung des Augsburger Domes. In: Jahrbuch des Vereins für Augsburger Bistumsgeschich-te, 3, 1969, S. 109–29.

Carlen 1972
Louis Carlen: Straf- und Sühnewallfahrten nach Einsie-deln. In: Festschrift Iso Müller, Bd. 2, Stans 1972.

Carlen 1977
Georg Carlen: Der Zuger Barockbaumeister Johannes Bran-denberg 1661–1729, Zug 1977.

Catalogue Trimolet 1883
Catalogue A. et E. Trimolet, 1883.

Catalogus 1968
Catalogus Generalis Provinciae Germanicae Superioris et Bavaricae Societatis Iesu, München 1968.

Cattaneo 1983
Enrico Cattaneo: Riflessi della riforma cattolica nella pittu-ra di Francesco Cairo. In: Francesco Cairo 1607–1665. Aus-stellung Varese 1983.

Chattelier 1987
Louis Chattelier: L'Europe des dévots, Paris 1987.

Coppa 1989
Simonetta Coppa: La pittura lombarda del Seicento e del Settecento nella Pinacoteca di Brera, Florenz 1989.

Coreth 1982
Anna Coreth: Pietas Austriaca. Österreichische Frömmig-keit im Barock, 2. Aufl. Wien 1982.

Davis 1986
Natalie Zemon Davis: Das Heilige und der gesellschaftliche Körper. Wie widerstreitende Glaubensformen den städti-schen Raum im Lyon des sechzehnten Jahrhunderts präg-ten (1981). In: Dies.: Frauen und Gesellschaft am Beginn der Neuzeit. Studien über Familie, Religion und die Wand-lungsfähigkeit des sozialen Körpers, Berlin 1986, S. 64–92.

De Luca Savelli 1981
Maddalena De Luca Savelli: Le opere del Mocchi. In: Fran-cesco Mochi, 1580–1654, In occasione delle mostre per il quarto centenario della nascita, Ausstellung Florenz 1981.

Decker 1949
Heinrich Decker: Meinrad Guggenbichler, Wien 1949.

Dehio 1964
Georg Dehio (Hrsg.): Handbuch der Deutschen Kunstdenk-mäler: Baden Württemberg, bearb. von Friedrich Piel, Mün-chen/Berlin 1964.

Delumeau 1983
Jean Delumeau: Le péché et la peur. La culpilisation en Oc-cident XIIIᵉ – XVIIIᵉ siècles, Paris 1983.

Delumeau 1985
Jean Delumeau: Angst im Abendland. Die Geschichte kol-lektiver Ängste im Europa des 14. bis 18. Jahrhunderts, Reinbek bei Hamburg 1985.

Deutsche Elfenbeinkunst 1970
Deutsche Elfenbeinkunst des 17. und 18. Jahrhunderts aus deutschen Museen und Sammlungen im Erbacher Elfen-beinmuseum, Erbach im Odenwald 1970.

Dijon 1961
Le gout du gothique chez les collectionneurs du XVIIIIᵉ siècle, Ausstellung Dijon 1961.

Dobras 1983
Werner Dobras: Kath. Pfarrkirche St. Johannes Baptist, Ha-gnau am Bodensee (=Schnell & Steiner-Kunstführer 1403), München/Zürich 1983.

Dobras 1989
Werner Dobras: Kath. Pfarrkirche St. Martin Ittendorf (=Schnell & Steiner-Kunstführer 1798), München/Zürich 1989.

Dörrer 1989
Fridolin Dörrer: Die für Vorderösterreich zuständigen Behörden in Innsbruck und die Quellen zur Geschichte Vorderösterreichs im Tiroler Landesarchiv. In: Volker Press und Hans Maier (Hrsg.): Vorderösterreich in der frühen Neuzeit, Sigmaringen 1989, S.367–393.

Doyen 1701
L'histoire de Notre Dame des Ermites. Divisée en deux Par-ties et composée en Vers françois par Messire Claude François Doyen, Prêtre Curé de Trevillers au Comté de Bourgougne, Einsiedeln 1701.

Draper 1984
James David Draper: Sculpture. In: Metropolitan Museum of Art. The Jack and Belle Linsky Collection in The Metro-politan Museum of Art, New York 1984.

Dülberg 1990
Angelica Dülberg: Privatportraits, Geschichte und Ikonolo-gie einer Gattung im 15. und 16. Jahrhundert, Berlin 1990.

Dünninger 1981
Hans Dünninger: Zur Geschichte der barocken Wallfahrt im deutschen Südwesten. In: Barock in Baden-Württemberg. Vom Ende des Dreißigjährigen Krieges bis zur Franzö-sischen Revolution, Ausstellung des Badischen Landes-museums Karlsruhe in Bruchsal, Karlsruhe 1981, Bd. 2, S. 409–416.

Eberhardt 1996
Silke Eberhardt: Magie des kleinen Formats. In: Kölner Museums-Bulletin. Berichte und Forschungen aus den Museen der Stadt Köln, 1, 1996, S. 23–26.

Eger 1932
Eugen Eger: Matthäus Zehender, ein religiöser schwäbi-scher Maler des 17. Jhs., Diss. Stuttgart 1932. Erschienen in: Alemania 6, 1932, H. 3/4.

Ehmer 1992
A. Ehmer: Die Maucher. Eine Kunsthandwerkerfamilie des 17. Jahrhunderts aus Schwäbisch Gmünd, Schwäbisch Gmünd 1992.

Einsiedeln 1973
Die Vorarlberger Barockbaumeister. Ausstellungskatalog Einsiedeln/Bregenz 1973, Hrsg. Werner Oechslin, bearb. von Hans Martin Gubler, Friedrich Naab, Werner Oechslin, Oscar Sandner und Heinz Jürgen Sauermost, Einsiedeln 1973.

Einsiedeln 1991
Cimelia Einsidlensia. Kunstwerke im Kloster Einsiedeln, Ausstellung Einsiedeln 1991.

Eiselen 1851
Josua Eiselen: Geschichte und Beschreibung der Stadt Kon-stanz und ihrer nächsten Umgebung, Konstanz 1851.

Emmenegger
Oskar Emmenegger: Erfahrungen bei der Restaurierung von barocken Altären in der Schweiz. In: Der Altar des 18. Jahr-hunderts. Das Kunstwerk in seiner Bedeutung und als denkmalpflegerische Aufgabe. Forschungen und Berichte der Bau- und Kunstdenkmalpflege in Baden-Württemberg, Bd. 5, o. O., o. J., S. 270–290.

Erlemann 1993
Hildegard Erlemann: Die Heilige Familie. Ein Tugendvor-bild der Gegenreformation im Wandel der Zeit, Kult und Ideologie (=Schriftenreihe zur religiösen Kultur 1), Mün-ster 1993.

Erni 1977
Erika Erni: Johann Peter Fröhlicher (1662–1723). Ein Solo-thurner Barockbildhauer. In: Jahrbuch für solothurnische Geschichte, 50, 1977, S. 5–150.

Eschweiler 1953
Jakob Eschweiler: Christoph Daniel Schenck. Aus der Ar-beit des Konstanzer Bildschnitzers (Ende 17. Jh.). In: Bo-densee-Hefte, 4, 1953, S. 298–301.

Eschweiler 1954
Jakob Eschweiler: Elfenbeinrelief der büßenden Magdalena. Ein Werk des Konstanzer Bildschnitzers Christoph Daniel Schenck. In: Südkurier. Unabhängige Heimatzeitung für Oberbaden und das Bodenseegebiet, 85, 10. April 1954, S. 6.

Eschweiler 1961
Jakob Eschweiler: Rez. von Lohse/Schenk 1960. In: Erbe und Auftrag, 37, 1961, S. 252.

Estella 1973
Margarita Estella, Algunas esculturas en marfil italianas en Espagna. In: Archivo espanol de arte, 46, 1973, S. 33ff. El Nifie Jesus de marfil de Christoph Daniel Schenck.

Euw 1969
Anton von Euw: Meisterwerke des 17. bis 19. Jahrhunderts in den Sammlungen des Stiftes Einsiedeln. In: Aachener Kunstblätter, 39, 1969, S. 181–232.

Euw 1991
Anton von Euw: Cimelia Einsidlensia. Kunstwerke im Kloster Einsiedeln. In: Studien und Mitteilungen zur Geschichte des Benediktinerordens und seiner Zweige, hrsg. von der bayerischen Benediktinerakademie, 102, 1991, S. 427–432.

Eybl 1992
Franz M. Eybl: Abraham a Sancta Clara. Vom Prediger zum Schriftsteller (=Frühe Neuzeit. Studien und Dokumente zur deutschen Literatur im europäischen Kontext, Bd. 6), Tübingen 1992.

Fäh 1928
Adolf Fäh: Die Schicksale der Kathedrale St. Gallen seit ihrer Erbauung, Einsiedeln 1928.

Fehlemann 1990
Sabine Fehlemann: Christus im Elend. Vom Andachtsbild zum realistischen Bilddokument. In: Ikonographia. Anleitung zum Lesen von Bildern (=Festschrift Donat de Chapeaurouge), hrsg. von Bazon Brock und Achim Preiß, München 1990, S. 78–96.

Fehrenbach 1992
Theodor Fehrenbach: Die Reichenau und ihre drei Kirchen, 10. Aufl. Reichenau-Mittelzell 1992.

Felder 1981
Peter Felder: Notizen und Nachträge zur schweizerischen Barockplastik. In: Unsere Kunstdenkmäler, 32, 1981, S. 315–330.

Felder 1988
Peter Felder: Barockplastik der Schweiz. (=Beiträge zur Kunstgeschichte der Schweiz 6, hrsg. von der Gesellschaft für Schweizerische Kunstgeschichte), Bern 1988.

Feuchtmayr 1936 I
Karl Feuchtmayr: Christoph Daniel Schenck. In: Thieme/Becker, Bd. 30, Leipzig 1936, S. 26–28.

Feuchtmayr 1936 II
Karl Feuchtmayr: Hans Schenck. In: Thieme/Becker, Bd. 30, Leipzig 1936, S. 27–28.

Feuchtmayr 1936 III
Karl Feuchtmayr: Philipp Schenck. In: Thieme-Becker, Bd 30, Leipzig 1936, S. 29–30.

Feuchtmayr 1936 IV
Karl Feuchtmayr: Johann Caspar Schenck. In: Thieme-Becker, Bd. 30, Leipzig 1936, S. 28.

Feuchtmayr 1936 V
Karl Feuchtmayr: Christoph (Hans Christoph) Schenck. In: Thieme-Becker, Bd. 30, Leipzig 1936, S. 26.

Feuchtmayr/Schädler 1973
Karl Feuchtmayr und Alfred Schädler: Georg Petel, 1601/2 – 1634. Mit Beiträgen von Norbert Lieb und Theodor Müller, Berlin 1973.

Feulner 1926
Adolf Feulner: Die deutsche Plastik des 17. Jahrhunderts, München 1926.

Fiebing 1974
Hans Fiebing: Konstanzer Druck- und Verlagswesen früherer Jahrhunderte. Beiträge zu seiner Geschichte von den Anfängen bis zum Beginn des 19. Jahrhunderts, Konstanz 1974.

Fiechter/Baum 1926
Ernst Fiechter und Julius Baum: Die Kunst- und Altertumsdenkmäler in Württemberg, Donaukreis, Oberamt Münsingen, Eßlingen 1926.

Finke 1985
Jutta Finke: Das Vesperbild in der süddeutschen Plastik des 17. und 18. Jahrhunderts, Diss. München 1985.

Fischer 1970
P. Rainald Fischer: Ein Kruzifix von Christoph Daniel Schenck im Kapuzinerkloster Wil. In: Unsere Kunstdenkmäler, 21, 1970, S. 155–157.

Fischer 1984
Die Kunstdenkmäler des Kantons Appenzell Innerrhoden, bearb. von Rainald Fischer (=Die Kunstdenkmäler der Schweiz), Basel 1984.

Fischer 1988
Fritz Fischer: Der Meister des Buxheimer Hochaltars. Ein Beitrag zur Süddeutschen Skulptur der ersten Hälfte des 17. Jahrhunderts, (=Jahresgabe des Deutschen Vereins für Kunstwissenschaft 1986), Berlin 1988.

Fischer 1991
Fritz Fischer: Bildwerke des 17. und 18. Jahrhunderts, (=Kataloge des Hessischen Landesmuseums 17), Darmstadt 1991.

Forster 1992
Marc Forster: The Counter-Reformation in the Villages. Religion and Reform in the Bishopric of Speyer, 1560–1720, Ithaca 1992.

François 1991
Etienne François: Die unsichtbare Grenze. Protestanten und Katholiken in Augsburg 1648–1806 (=Abhandlungen zur Geschichte der Stadt Augsburg, Bd. 33), Sigmaringen 1991.

Freyas 1991
Hubert Freyas: Kath. Pfarrkirche St. Nikolaus Markdorf (=Schnell & Steiner-Kunstführer 1080), 2. neubearb. Aufl. Regensburg 1991.

Fromm 1988
Iris Fromm: Die Grabmäler. In: Die Bischöfe von Konstanz, Bd. 2: Kultur, hrsg. von Elmar L. Kuhn, Eva Moser, Rudolf Reinhardt und Petra Sachs, Friedrichshafen 1988, S. 104–119.

Früh 1988
Margit Früh: Die Vorzeichnungen von Hans Asper (d.J.) zu Heinrich Murers »Helvetica Sancta« in der Kantonsbibliothek Frauenfeld. In: Zeistschrift für schweizerische Archäologie und Kunstgeschichte, 45, 1988, S. 179–206.

Ganz 1977
J. Ganz: Münsterlingen (=Schweizerische Kunstführer, hrsg. von der Gesellschaft für Schweizerische Kunstgeschichte), Basel 1977.

Ganz/Seeger 1946
Paul Leonhard Ganz und Theodor Seeger (Fotos): Das Chorgestühl in der Schweiz, Frauenfeld 1946.

Gasser 1986
Die Kunstdenkmäler des Kantons Uri, Bd. II, Die Seegemeinden, bearb. von Helmi Gasser (=Die Kunstdenkmäler der Schweiz), Basel 1986.

Geese 1984
Uwe Geese: Nachantike großplastische Bildwerke, Bd. IV: Italien, Niederlande, Deutschland, Österreich, Schweiz, Frankreich, 1540/50–1780, Melsungen 1984.

Gemert 1984
Guillaume van Gemert: Zum Verhältnis von Reformbestrebungen und Individualfrömmigkeit bei Tympius und Al-
bertinus. In: Dieter Breuer (Hrsg.): Frömmigkeit in der frühen Neuzeit. Studien zur religiösen Literatur des 17. Jahrhunderts in Deutschland (=Chloe, Bd. 2), Amsterdam 1984,
S. 108–126.

Gesterkamp 1972
Desiderius Gesterkamp: Die Verstorbenen der rheinisch-
schwäbischen Augustinerprovinz und der neuen deutschen Ordensprovinz 1650–1950 (=Cassiacum, Bd. 25),
Würzburg 1972.

Gilgen 1712
P. Christoph zur Gilgen: La Cella di S. Meinrado, Einsiedeln
1712.

Ginhart 1969
Karl Ginhart: Die Kunstdenkmäler des Benediktinerstiftes
St. Paul im Lavanttal und seiner Filialkirchen (=Österr-
reichische Kunsttopographie 37), Wien 1969.

Ginter 1968
Hermann Ginter: St. Peter im Schwarzwald (=Schnell &
Steiner Kunstführer 561), 8. Aufl. München/Zürich 1968.

Glanz der Kathedrale 1989
Glanz der Kathedrale. 900 Jahre Konstanzer Münster, Konstanz 1989.

Glück 1931
Gustav Glück: Van Dyck. Des Meisters Gemälde, Stuttgart/
Berlin 1931.

Gold und Silber 1985
Gold und Silber aus Konstanz. Meisterwerke der Gold-
schmiedekunst des 13.–18. Jahrhunderts, bearbeitet von
Elisabeth von Gleichenstein und Christoph A. Graf Douglas, Konstanz 1985.

Götz-Mohr 1988
Brita von Götz-Mohr: Nachantike kleinplastische Bildwerke, Bd. III: Die deutschsprachigen Länder, 1500–1800, Melsungen 1988.

Götz-Mohr 1989
Brita von Götz-Mohr: Liebieghaus – Museum alter Plastik.
Nachantike kleinplastische Bildwerke, Bd. III, Die deutsch-
sprachigen Länder. 1500–1800, Melsungen 1989.

Götz/Beck 1972
Franz Götz u. Alois Beck: Schloß und Herrschaft Langenstein im Hegau, (=Hegau-Bibliothek 22), Singen 1972

Gradmann 1912
Eugen Gradmann: Zwiefalten, Bau- und Kunstgeschichte.
In: Beschreibung des Oberamts Münsingen, Zweite Bearb.,
Stuttgart 1912.

Graesse 1871
J. G. Théodore Graesse: Guide de l'amateur d'objets d'art et
de curiosité ou Collection des monogrammes, Dresden
1871.

Greindl-Wagner 1992
Gabriele Greindl-Wagner: Engen/Hegau, Pfarrkirche Mariä
Himmelfahrt, Passau 1992.

Gröber 1904
Konrad Gröber: Geschichte des Jesuitenkollegs und Gym-
nasiums in Konstanz, Konstanz 1904.

Gröber 1914
Konrad Gröber: Die Kunst am Bodensee, Bd. 1, Das Konstanzer Münster, Lindau o. J. [1914].

Gröber 1938
Konrad Gröber: Die Reichenau, Karlsruhe 1938.

Gröber 1948
Konrad Gröber: Das Konstanzer Münster. Seine Geschichte
und Beschreibung, 3. Aufl., Konstanz 1948.

Grünenfelder 1967
Josef Grünenfelder: Beiträge zum Bau der St. Galler Landkirchen unter dem Offizial P. Iso Walser 1759–1785. In:
Schriften des Vereins für Geschichte des Bodensees und
seiner Umgebung, 85, 1967, S. 1–334.

Grünwald 1975
M. Grünwald: Christoph Angermair, München 1975.

Gugitz
G. Gugitz: Archiv der Stadt Wien, Handschrift B 323/7a.
S. 127 Totenprotokolle.

Haag 1991
Sabine Haag: Die beiden großen Elfenbeinreliefs mit dem
Martyrium des hl. Sebastian von 1655 und 1657 in Wien
und Linz. In: Zu Gast in der Kunstkammer, Ausstellung
Wien 1991, S. 125–139.

Haag 1992
Norbert Haag: Predigt und Gesellschaft. Die lutherische Or-
thodoxie in Ulm 1640–1740 (=Veröffentlichungen des Instituts für europäische Geschichte Mainz. Abteilung Religi-
onsgeschichte, Bd. 145), Mainz 1992.

Haag 1994
Sabine Haag: Studien zur Elfenbeinkunst des 17. Jahrhunderts. Vorarbeiten für einen systematischen Katalog der Elfenbeinarbeiten des Kunsthistorischen Museums Wien,
Diss. Wien 1994.

Habel 1971
Landkreis Mindelheim (=Bayerische Kunstdenkmale
XXXI, Kurzinventar, hrsg. von Torsten Gebhard und Anton
Ress), München 1971.

Hahn 1977
Sylvia Hahn: Die Darstellung der Verleugnung und Reue
Petri. Ikonographische Studie, Diss. München 1977.

Hardegger 1922
August Hardegger, Salomon Schlatter und Traugott
Schiess: Die Baudenkmäler der Stadt St. Gallen, St. Gallen
1922.

Haupt 1983
H. Haupt: Archivalien zur Kulturgeschichte des Wiener
Hofes. III. Teil: Kaiser Leopold I.: Die Jahre 1661–1670. In:
Jahrbuch der kunsthistorischen Sammlungen in Wien, 79,
1983, S. I– CXXXV.

Haupt 1989/90
H. Haupt: Kammer-, Hof- und Hofbefreites Handwerk. Der
Versuch einer inhaltlichen Abgrenzung. In: Jahrbuch der
kunsthistorischen Sammlungen in Wien, 85/85, 1989/90,
S. 89–93.

Hecht 1985
Johanna Hecht: In: Liechtenstein. The Princeley Collections, New York 1985, S. 98ff.

Hecht 1987
Johanna Hecht: Bodies by Rubens: Reflections of Flemish
Painting in the Work of South German Ivory Carvers. In:
Metropolitan Museum of Art Journal, 22, 1987, S. 79–188.

Hecht 1993
Josef Hecht: Das Münster zu Überlingen (=Schnell & Steiner-Kunstführer 540), München/Regensburg 1993 [1. Aufl.
1951].

Helbling 1911
Magnus Helbling: Auszug aus dem Tagebuch des Einsiedler Conventuals P. Joseph Dietrich 1670 bis 1680. In: Mitteilungen des Historischen Vereins des Kantons Schwyz, 22,
1911, S. 1–150.

Helbling 1913
Magnus Helbling: Diarium des Einsiedler Conventuals
P. Josef Dietrich 1681 bis 1692 unter Fürstabt Augustin Reding. In: Mitteilungen des Historischen Vereins des Kantons Schwyz, 23, 1913, S. 71–207.

Helg 1988
Lukas Helg: Das Einsiedler Salve, eine musikgeschichtliche
Studie, Einsiedeln 1988.

Hell
Hellmut Hell: Forschungen zur schwäbischen Plastik der
Zeit der Gegenreformation, masch.schr. Diss. Tübingen
1948.

Hempel 1965
Eberhard Hempel: Baroque Art and Architecture in Central
Europe, (=The Pelican History of Art), Harmondsworth 1965.

Henggeler 1933
P. Rudolf Henggeler: Profeßbuch der fürstlichen Benediktinerabtei Unserer Lieben Frau von Einsiedeln (=Monasticon-Benedictinum Helvetiae 3), Einsiedeln 1933.

Henggeler 1948
R. Henggeler: Schweizerische Thesenblätter. In: Zeitschrift für Schweizerische Archäologie und Kunstgeschichte 10, 1948, S. 77–86.

Henggeler 1948/49
P. Rudolf Henggeler: Aus dem Einsiedler Stiftsarchiv. In: Zeitschrift für Schweizer Archäologie und Kunstgeschichte, 10, 1948/49, S. 194–202.

Hering-Mitgau 1973
Mane Hering-Mitgau: Barocke Silberplastik in Südwestdeutschland, Weißenhorn 1973.

Hermann 1968
Manfred Hermann: Die Klosterkirche zu St. Märgen im 18. Jh. In: St. Märgen. Hochschwarzwald. Festschrift anläßlich der 850-Jahr-Feier 1968, bearb. von Wolfgang Müller u.a., St. Märgen 1968, S. 54–100

Herzog 1955
Erich Herzog: Christoph Daniel Schenck. Elfenbeinmadonna im Palazzo Pitti zu Florenz. In: Kunsthistorisches Institut in Florenz. Jahresbericht 1953/1954 und 1954/55, München 1955.

Herzog 1956
Erich Herzog: Kabinettstücke Christoph Daniel Schencks und seines Kreises. In: Das Münster, 9, 1956, S. 91–96.

Herzog/Ress 1962
Erich Herzog und Anton Ress: Der Frankfurter Barockbildhauer Justus Glesker. In: Schriften des Historischen Museums Frankfurt a. M., 10, Frankfurt a. M. 1962, S. 92ff.

Héyret 1931
Maria Héyret: P. Markus von Aviano O.M.Cap. Apostolischer Missionär und päpstlicher Legat beim christlichen Heere, München 1931.

Héyret 1940
Maria Héyret: Die gedruckten Schriften des ehrw. P. Marcus von Aviano, O.F.M.Cap., und deren Verbreitung. In: Collectanea Franciscana, 10, 1940, S. 29–65.

Hilberling 1957
Brigitta Hilberling: 700 Jahre Kloster Zoffingen 1257–1957, Konstanz 1957.

Hilberling 1969
Brigitta Hilberling: Das Dominikanerkloster St. Nikolaus auf der Insel vor Konstanz, Sigmaringen 1969.

Himmelein 1983
Volker Himmelein: De ornamentis ecclesiae – Zur Ausstattung von Kirche und Kloster. In: 1000 Jahre Petershausen. Beiträge zu Kunst und Geschichte der Benediktinerabtei Petershausen in Konstanz, Konstanz 1983, S. 103–128.

Hitzel 1995
Franz Hitzel: Münster Unserer Lieben Frau zu Konstanz (=Schnell & Steiner-Kunstführer 581), 17. ver. Aufl. Regensburg 1995.

Hoffman 1961
E. W. Hoffman: Some Engravings executed by the Master E.S. for the Benedictine Monastry at Einsiedeln. In: The Art Bulletin, 43, 1961, S. 231–237.

Hohenstein 1956
S. Hohenstein: Die Ikonografie der Bekehrung Pauli, Frankfurt a. M. 1956.

Hollstein 1954ff.
F: W: H: Hollstein: German Engravings, Etchings and Woodcuts ca. 1400–1700, Amsterdam 1954ff.

Holzherr 1887
Karl Holzherr: Geschichte der ehemaligen Benediktiner- und Reichsabtei Zwiefalten in Oberschwaben, Stuttgart 1887.

Horn/Meyer 1954
Adam Horn und Werner Meyer: Stadt und Landkreis Lindau (=Die Kunstdenkmäler von Schwaben IV), München 1954.

Hosch 1988
Hubert Hosch: Hofkünstler. In: Die Bischöfe von Konstanz, Bd. II: Kultur, Konstanz 1988, S. 89–103.

Huber 1993
Johannes Huber: St. Mauritiuskirche Goldach (=Schweizerische Kunstführer GSK, Serie 54, Nr. 533), Bern 1993.

Humpert o.J.
Theodor Humpert: Loretto bei Konstanz. Ein Marienheiligtum am Bodensee, Konstanz o.J.

Huszár 1963
Lajos Huszár: A Budai és Pesti vonatkozású reneszánsz emlékérmek. In: Budapest régiségei, 20, 1963, S.451–463 [Hans S.].

Ilg 1897
A. Ilg: Matthias Steinle. In: Jahrbuch der kunsthistorischen Sammlungen des Allerhöchsten Kaiserhauses, 18, 1897, S. 109–134.

Jones 1993
Pamela M. Jones: Federico Borromeo and the Ambrosiana, Cambridge 1993.

Kälin 1983
Wernerkarl Kälin: Die Waldstatt Einsiedeln. Ein Führer durch Geschichte und Kultur, Einsiedeln 1983.

Karlsruhe 1854
Großherzogliche Kunsthalle Karlsruhe, Inventarium der Elfenbeinsammlung. Inventarium über die in dem Atelier des Galeriedirektors Frommel befindliche Elfenbeinsammlung aufgestellt im Jahr 1854, geführt von 1854 bis ... durch den Galeriedirektor Frommel (Manuskript im Badischen Landesmuseum Karlsruhe), Karlsruhe 1854.

Karlsruhe 1996
Für Baden gerettet. Ausstellungskatalog Karlsruhe, bearb. von B. Herrbach-Schmidt, Karlsruhe 1996.

Kasper 1951
Alfons Kasper: Christoph Heinrich Dittmar in Memmingen und Ignaz Waibel, der Meister des Buxheimer Chorgestühls. In: Das Münster, 4, 1951, S. 115–122.

Kataloge des Bayerischen Nationalmuseums 1909
Kataloge des Bayerischen Nationalmuseums, Bd. XI: Denkmale und Erinnerungen des Hauses Wittelsbach im Bayerischen Nationalmuseum, München 1909.

Kiefer 1911
Karl Kiefer: Die Familie Haider, Frankfurt a. M. 1911.

Kieslinger 1937
Franz Kieslinger: Mittelalterliche Skulpturen einer Wiener Sammlung, Wien/Leipzig 1937.

Kimpel 1977
Sabine Kimpel: Christus im Elend, Hans Leinberger, Landshut um 1525. In: Der Mensch um 1500. Werke aus Kirchen und Kunstkammern, Berlin 1977, S. 25–31.

Klagenfurt 1991
Schatzhaus Kärntens. Landesausstellung St. Paul. 900 Jahre Benediktinerstift, 2 Bde., Klagenfurt 1991.

Klauner 1977
Friederike Klauner: Über die Kunstsammlungen des Stiftes Kremsmünster. In: Kremsmünster. 1200 Jahre Benediktinerstift, Linz 1977, S. 233–248.

Kleeb 1991
P. Gabriel Kleeb: Aus den Sammlungen des Stiftes. In: Cimelia Einsidlensia. Kunstwerke im Kloster Einsiedeln, Einsiedeln 1991, S. 31–58.

Knapp 1993
Ulrich Knapp: Salem. Die Gebäude der ehemaligen Zisterzienserabtei und ihre Ausstattungen, masch.schr. Diss Tübingen 1993 [erscheint 1996/97 in der Reihe Forschungen und Berichte der Bau- und Kunstdenkmalpflege des Landesdenkmalamtes Baden-Württemberg].

Knapp 1995
Ulrich Knapp: Kirchen und Schlösser. In: Immenstaad. Geschichte einer Seegemeinde, hrsg. von Eveline Schulz, Elmar L. Kuhn u. Wolfgang Trogus, Konstanz 1995, S. 315–327.

Knipping 1974
John B. Knipping: Iconography of the Counter Reformation in the Netherlands, 2 Bde., Leiden 1974.

Knobloch 1974
Stefan Knobloch: Prediger des Barock: Franz Joseph von Rodt (=Schriften zur Religionspädagogik und Kerygmatik, Bd. 11), Würzburg 1974.

Knoepfli 1962
Albert Knoepfli: Die Kunstdenkmäler des Kantons Thurgau, Bd. III, Der Bezirk Bischofszell (=Die Kunstdenkmäler der Schweiz), Basel 1962.

Kobler 1986
Friedrich Kobler: Maria Magdalena und Petrus, Reliefs von Christoph Daniel Schenck. In: Jahrbuch des Zentralinstituts für Kunstgeschichte, 2, 1986, S. 328–333.

Koelitz 1883
Karl Koelitz: Beschreibendes Inventar der Allerhöchsten Privatsammlung kunstgewerblicher Gegenstände, Aufgestellt in den Räumen des ehemaligen Großherzoglichen Naturalienkabinetts, Karlsruhe 1883.

Kolb 1989
Günter Kolb: Barockbauten im Gebiet der Abtei Zwiefalten. In: 900 Jahre Benediktinerabtei Zwiefalten, hrsg. von Hermann Josef Pretsch, Ulm 1989, S. 311–389.

König-Nordhoff 1982
U. König-Nordhoff: Ignatius von Loyola, Studien zur Entwicklung einer neuen Heiligen-Ikonographie, Berlin, 1982.

Konstanz 1952
Handzeichnungen aus dem Besitz der Stadt Konstanz, Ausstellung Konstanz 1952.

Konstanz 1960
Christoph Daniel Schenck, Ein Konstanzer Barockbildhauer, Ausstellung Konstanz 1960.

Konstanz 1989
Glanz der Kathedrale. 900 Jahre Konstanzer Münster, Ausstellung Konstanz 1989.

Konstanz Dom 1853
Führer durch den Dom oder die Münsterkirche in Constanz, Konstanz 1853.

Konstanzer Münster 1989
Konstanz. Das Münster Unserer lieben Frau (=Schnell & Steiner »Grosse Kunstführer« 163), München/Zürich 1989.

Köpf 1990
Hans Peter Köpf: Die Besitzungen des Klosters Einsiedeln. In: Hans Peter Köpf, Illertissen. Eine schwäbische Residenz. Geschichte des einstigen Herrschaftsitzes und alten Zentralorts im Illertal, Weißenhorn 1990, S. 65–67.

Kraus 1887
Franz Xaver Kraus: Die Kunstdenkmäler des Kreises Konstanz. Beschreibende Statistik (=Die Kunstdenkmäler des Grossherzogthums Baden 1), Freiburg i. B. 1887.

Kremsmünster 1977
1200 Jahre Kremsmünster. Stiftsführer. Geschichte, Kunstsammlungen, Sternwarte, 5. Aufl. Linz 1977.

Krenn 1988
Stefan Krenn: Martyrium des Hl. Sebastian. In: Kunsthistorisches Museum Wien. Führer durch die Schausammlungen, Wien 1988, S. 214.

Krins 1980 (Topographie)
Hubert Krins: Topographie der kunsthistorischen Sehenswürdigkeiten. In: Der Bodenseekreis, hrsg. von Bernd Wiedmann, Stuttgart 1980, S. 191–220.

Krins 1980 (Überblick)
Hubert Krins: Kunsthistorischer Überblick. In: Der Bodenseekreis, hrsg. von Bernd Wiedmann, Stuttgart 1980, S. 185–190.

Kugler 1985
Georg Kugler: Ev. Stadtpfarrkirche St. Stephan, Lindau im Bodensee (=Schnell & Steiner-Kunstführer 1528), München/Zürich 1985.

Kuhn 1869
Karl Kuhn: Thurgovia Sacra. Geschichte der katholischen kirchlichen Stiftungen des Kantons Thurgau, Bd. 2, 1869.

Kuhn 1883
P. Albert Kuhn: Der jetzige Stiftsbau Maria Einsiedeln, Einsiedeln 1883.

Kunstführer 1971
Kunstführer durch die Schweiz, hrsg. von der Gesellschaft für Schweizerische Kunstgeschichte, Bd. 1, Bern 1971.

Kurrus 1976
Theodor Kurrus: St. Trudpert/Münstertal (=Schnell & Steiner-Kunstführer 1081), München/Zürich 1976.

Larsen 1980
Erik Larsen: L'opera completa di Van Dijk, 1599–1641, Mailand 1980.

Lavin 1969
Irving Lavin: Bernini and the Crossing of Saint Peters, New York 1969.

Legner 1959
Anton Legner: Der Gute Hirte, Düsseldorf 1959.

Lehmann 1980
Hartmut Lehmann: Das Zeitalter des Absolutismus. Gottesgnadentum und Kriegsnot (=Christentum und Gesellschaft, Bd. 9), Stuttgart 1980.

Lehmann 1984
Hartmut Lehmann: The Cultural Importance of the Pious Middle Classes in Seventeenth-Century Protestant Society. In: Kaspar von Greyerz (Hrsg.): Religion and Society in Early Modern Europe 1500–1800, London 1984, S. 33–41.

Lehmann 1992
Hartmut Lehmann: Zur Erforschung der Religiosität im 17. Jahrhundert. In: Monika Hagenmaier und Sabine Holtz (Hrsg.): Krisenbewußtsein und Krisenbewältigung in der Frühen Neuzeit – Crisis in Early Modern Europe. Festschrift für Hans-Christoph Rublack, Frankfurt a. M. 1992, S. 3–12.

Lehmann 1995
Hartmut Lehmann: Zur Bedeutung von Religion und Religiosität im Barockzeitalter. In: Dieter Breuer (Hrsg.): Religion und Religiosität im Zeitalter des Barock. (=Wolfenbütteler Arbeiten zur Barockforschung, Bd. 25), Wiesbaden 1995, Bd. 1, S. 3–22.

Leiner 1898
Otto Leiner: Die Mitglieder des Konstanzer Rates von 1550 bis 1800. In: Schriften des Vereins für Geschichte des Bodensees und seiner Umgebung, 27, 1898, S. 148–160.

Lhotsky 1941–45
A. Lhotsky: Die Geschichte der Sammlungen, II. Teil, Wien 1941–45.

Lieb 1973
Lebensgeschichte Georg Petels. In: Karl Feuchtmayr und Alfred Schädler: Georg Petel, 1601/2 – 1634. Mit Beiträgen von Norbert Lieb und Theodor Müller, Berlin 1973.

Liedke 1980
Volker Liedke: Die Lehrjungen der Münchner Maler und Bildhauer des 17. und der 1. Hälfte des 18. Jahrhunderts. In: Ars Bavarica, 19/20, 1980, 119–142.

Lindner 1902
Pirmin Lindner: »Album Augiae Brigantinae«. Album von Mehrerau bei Bregenz enthaltend die Äbte und Mönche der ehemaligen Benediktiner-Abtei Mehrerau vom Jahre 1097 bis zu ihrem Aussterben (1856) und deren literarischen Nachlaß. In: Jahresbericht des Vorarlberger Museum-Vereines, 41, 1902/03, S. 31–107.

Lindner 1910
Pirmin Lindner: Fünf Professbücher süddeutscher Benediktiner-Abteien, Kempten/München 1910.

List 1902
C. List: Johann Caspar Schenk. In: Monatsblatt des Alter-thums-Vereines zu Wien, 6, 1902, S. 1–2.

Loertscher 1981
Gottlieb Loertscher: Hochbarock und Régence 1650–1750. In: Kunst im Kanton Solothurn vom Mittelalter bis Ende 19. Jahrhundert, Solothurn 1981, S. 113–134.

Loewe 1909
Hans Loewe: Lindau während des 17. Jahrhunderts. In: Geschichte der Stadt Lindau im Bodensee, hrsg. von R. Wolfart, Bd. 1, 2. Abt., Lindau 1909, S. 1–110.

Lohse (Foerster) 1955
Brigitte Foerster: Christoph Daniel Schenck. Ein Beitrag zur süddeutschen Plastik des siebzehnten Jahrhunderts, masch.schr. Diss. Tübingen 1955.

Lohse 1960
Brigitte Lohse: Christoph Daniel Schenck. Ein Konstanzer Meister des Barock, Konstanz 1960.

Lohse 1960 (Rez.)
Brigitte Lohse: Rez. zu Lohse/Schenck/1960. In: Schriften des Vereins für Geschichte des Bodensees und seiner Umgebung, 78, 1960, S. 166.

Lohse 1968
Brigitte Lohse: Nachträge zum Werk von Christoph Daniel Schenck. In: Das Münster, 21, 1968, S. 121–128.

Lohse 1982
Brigitte Lohse: Ein Relief des Konstanzer Bildschnitzers Christoph Daniel Schenck. In: Schriften des Vereins für Geschichte und Naturgeschichte der Baar, 34, 1982, S. 73–80.

Lohse 1994
Brigitte Lohse: Schenck, Christoph Daniel. In: Lexikon der Kunst, Bd. 4, Leipzig 1994, S. 463–464.

Ludig 1969
Günther Ludig: Studien zu einer Monographie über den Barockbildhauer Michael Zürn d. J., Diss. Frankfurt a. M. 1969, Frankfurt a. M./New York/Hänsel-Hohenhausen 1993.

Maier 1988
Konstantin Maier: Zum Amt des Weihbischofs. In: Die Bischöfe von Konstanz, Bd. 1, Geschichte, Konstanz 1988, S. 76–83.

Mailand 1973
Il Seicento lombardo, Bd. 1 und 3, Ausstellung Mailand 1973.

Mailand 1982
La città rituale, la città e lo stato di Milano nell'età dei Borromeo, Ausstellung Mailand 1982.

Mâle 1932
Emile Mâle: L' art religieux après le concile de trente. Etude sur l'iconographie de la fin du XVIe siècle, du XVIIe, du XVIIIe siècle. Italie, France, Espagne, Flandres, Paris 1932.

Mann 1931
J. G. Mann: Wallace Collection Catalogues. Sculpture, London 1931 [2. Aufl. mit Supplement 1981].

Mann 1961
Herbert Mann: Alte Schlösser – neue Herren: Ittendorf. In: Bodenseehefte, 2. Heft, Februar 1961, S. 66–71.

Maravall 1980
Jose Antonio Maravalls: Cultura del Barroco, Análisis de una estructura histt, Februar 1961, S. 66–71.

Marco d'Aviano 1986–1991
Marco d'Aviano: Corrispondenza epistolare. Bd. 1–5, Abano Terme 1986–1991.

Maurer 1981
Helmut Maurer: Das Stift St. Stephan in Konstanz (=Germania Sacra N. F., Bd. 15, Bistum Konstanz, Bd. 1), Berlin/New York 1981.

Maurice 1983
Brigitte Maurice: Quelques recherches sur les ivoires du Museé des Beaux-Arts de Dijon. Memoire de Maitrise, 2 Bde., Université de Dijon 1983 [masch.-schr.].

Maurice 1985
K. Maurice: Der drechselnde Souverän. Materialien zu einer fürstlichen Maschinenkunst, o. O. 1985.

Mayer-Himmelheber 1984
Susanne Mayer-Himmelheber: Bischöfliche Kunstpolitik nach dem Tridentinum. Der Secunda Roma-Anspruch Carlo Borromeos und die mailändischen Verordnungen zu Bau und Ausstattung von Kirchen, München 1984.

Mehringer 1980
A. Mehringer: Bedeutende Skulpturen. 10 Jahre Kunsthandel Pahl-Mehringer, München 1980.

Meisel 1957
Peter Meisel: Die Verfassung und Verwaltung der Stadt Konstanz im 16. Jahrhundert (=Konstanzer Geschichts- und Rechtsquellen 8), Konstanz 1957.

Meisterwerke kirchlicher Kunst
Meisterwerke kirchlicher Kunst aus dem Schnütgen-Museum in Köln, Köln o.J.

Menze 1953
Menze: Studien zur spätbarocken Kapuzinerdichtung. Ein Beitrag zur Geschichte des süddeutschen Literaturbarock, masch.schr. Diss. Köln 1953.

Mesenzeva 1981
Charmian A. Mesenzeva [Mezenceva]: Reléfy masterkoj Kristofa Danielja Senka v scbranii Ermitaza. In: Zapdnoevropejskoe Iskusstvo XVII veka. Publikacii i iss ledovanija, Leningrad 1981.

Mesenzeva/Lohse 1982
Charmian Mesenzeva u. Brigitte Lohse: Unbekannte Arbeiten Christoph Daniel Schencks und seines Kreises. In: Das Münster, 35, 1982, S. 209–217.

Metz 1966
Peter Metz: Bildwerke der christlichen Epochen. Aus den Beständen der Skulpturenabteilung der Staatlichen Museen, Stiftung Preußischer Kulturbesitz in Berlin-Dahlem, München 1966.

Meyer 1978
Die Kunstdenkmäler des Kantons Schwyz, Neue Ausgabe Bd. I, Der Bezirk Schwyz, I, Der Flecken Schwyz und das übrige Gemeindegebiet, bearb. von André Meyer (=Die Kunstdenkmäler der Schweiz), Basel 1978.

Meyer-Marthaler 1986
Elisabeth Meyer-Marthaler: Artikel »Münsterlingen«. In: Helvetia Sacra, Abt. III, Bd. I/3: Frühe Klöster. Die Benediktiner und Benediktinerinnen in der Schweiz, Basel 1986, S. 1873–1881.

Moser 1981
Dietz-Rüdiger Moser: Verkündigung durch Volksgesang. Studien zur Liedpropaganda und -katechese der Gegenreformation, Berlin 1981.

Moser-Rath 1964
Elfriede Moser-Rath: Predigtmärlein der Barockzeit (=Fabula, Suppl. A 5), Berlin 1964.

Müller 1965
Theodor Müller: Das kleine Andachtsbild in der Augsburger Plastik um 1600. In: Miscellanea Pro Arte. Hermann Schnitzler zur Vollendung des 60. Lebensjahres am 13. Januar 1965, Düsseldorf 1965, S. 257–262.

Müller 1969
Iso Müller: Die Schweizerische Benediktinerkongregation und ihr geistesgeschichtlicher Standort. In: Studien und Mitteilungen zur Geschichte des Benediktinerordens und seiner Zweige, 80, 1969, S. 203–214.

Müller 1983
Hermann Müller: Chronik der Pfarrgemeinde St. Johannes Baptist zu Hagnau am Bodensee, Regensburg 1983.

Müller 1984
Anneliese Müller u.a.: Der Landkreis Konstanz (=Amtliche Kreisbeschreibung 4), Sigmaringen 1984.

Müller/Thöne 1979
Anneliese Müller und Friedrich Thöne: Kunstgeschichte. In: Der Landkreis Konstanz (=Amtliche Kreisbeschreibung 3), Sigmaringen 1979, S. 469–483.

München 1984
Wallfahrt kennt keine Grenzen, Ausstellung München 1984.

Nägele 1917
Anton Nägele: Die Waldkapelle von Ensmad. In: Archiv für christliche Kunst, 35, 1917, S. 1–10.

Nagler 1858
Georg Kaspar Nagler: Die Monogrammisten, Bd. 1, München/Leipzig 1858 [Neudruck München 1919].

Neumann 1977
Erwin Neumann: Die Kunstkammer. In: Österreichische Kunsttopographie XLIII, Die Kunstdenkmäler des Benediktinerstiftes Kremsmünster, Teil 2: Die stiftlichen Sammlungen und die Bibliothek, Wien 1977, S. 25–57.

New York 1985
Liechtenstein. The Princely Collections, Ausstellung New York 1985.

Noack-Heuck 1970
Ellen-Lore Noack-Heuck: Zum Werk des Konstanzer Bildschnitzers Christoph Daniel Schenck und seiner Werkstatt. In: Das Münster, 23, 1970, S. 28–40.

Oberwalder 1974
Waltrude Oberwalder: Thomas Schwanthaler als Bildhauer. In: Thomas Schwanthaler. 1634–1707, Ausstellung Wien 1974.

Obser 1916
Karl Obser: Zur Geschichte des Klosters Salem im 17. Jahrhundert. In: Zeitschrift für die Geschichte des Oberrheins, N. F. 31, 1916, S. 65–85.

Ochsner 1989
B. Ochsner: Die Einsiedler Kleinplastiker des 18. und 19. Jahrhunderts, Einsiedeln 1989.

Onken 1972
Thomas Onken: Der Konstanzer Barockmaler Jacob Carl Stauder (1694–1756). Ein Beitrag zur Geschichte der süddeutschen Barockmalerei (=Bodensee-Bibliothek 17), Sigmaringen 1972.

Österreichische Kunsttopographie 1988
Österreichische Kunsttopographie XLVIII, Die Kunstsammlungen des Augustiner-Chorherrenstifts St. Florian, Wien 1988, S. 125, Nr. 8, Abb. 466.

Ottnad 1993
Bernd Ottnad: Die Generalvikare. In: Helvetia Sacra, Abt. I, Bd. II/2: Das Bistum Konstanz – Das Erzbistum Mainz – Das Bistum St. Gallen, Basel 1993, S. 525–579.

Pammer 1994
Michael Pammer: Glaubensabfall und Wahre Andacht. Barockreligiosität, Reformkatholizismus und Laizismus in Oberösterreich 1700–1820 (=Sozial- und wirtschaftshistorische Studien 21), Wien/München 1994.

Petzet 1959
Michael Petzet: Stadt- und Landkreis Kempten (=Bayerische Kunstdenkmale, Kurzinventar), München 1959.

Pfaff-Stöhr 1980
Anette Pfaff-Stöhr. In: Kath. Städtisches Museum Haus zum Cavazzen, Lindau/München/Zürich 1980, S. 12.

Philippovich 1961
Elfenbein. Ein Handbuch für Sammler und Liebhaber Braunschweig 1961.

Philippovich 1962
Eugen von Philippovich: Zum Werk des Elfenbeinschnitzers Johann Caspar Schenck. In: Jahrbuch des Stiftes Klosterneuburg, 2, 1962, S. 193–199.

Philippovich 1973
Eugen von Philippovich: Hauptwerke des Elfenbeinkünstlers Johann Caspar Schenck. In: Kunst in Hessen und am Mittelrhein, 13, 1973, S. 47–51.

Philippovich 1982
Eugen von Philippovich: Elfenbein. Ein Handbuch für Sammler und Liebhaber (=Bibliothek für Kunst- und Antiquitätenfreunde 7), 2. neubearb. Aufl. München 1982.

Pillich 1995
W. Pillich: Kunstregesten aus den Hofparteienprotokollen des Obersthofmeisteramtes von 1638 – 1780, 1. Teil. In: Mitteilungen des Österreichischen Staatsarchivs, 12, 1959, S. 448–539.

Pinder 1933
Wilhelm Pinder: Deutsche Barockplastik, Königstein i. T./Leipzig 1933.

Poeschel 1961
Die Kunstdenkmäler des Kantons St. Gallen, Bd. III. Die Stadt St. Gallen, 2. Teil: Das Stift, bearb. von Erwin Poeschel (=Die Kunstdenkmäler der Schweiz), Basel 1961.

Pötzl 1988
Walter Pötzl: Artikel »Augenwende«. In: Marienlexikon, Bd. 1, 1988, S. 286f.

Preimesberger 1989
Rudolf Preimesberger: Berninis Statue des Longinus in St. Peter. In: Antikenrezeption im Hochbarock, (=Schriften des Liebieghauses, Museum alter Plastik, Frankfurt a. M.), Berlin 1989.

Press 1989
Volker Press: Vorderösterreich in der habsburgischen Reichspolitik des späten Mittelalters und der frühen Neuzeit. In: Volker Press und Hans Maier (Hrsg.): Vorderösterreich in der frühen Neuzeit, Sigmaringen 1989, S. 1–41.

Pretsch 1989
Hermann Joseph Pretsch: Die Baugeschichte des Klosters Zwiefalten in der Zeit von 1659 bis 1716. In : 900 Jahre Benediktinerabtei Zwiefalten, Ulm 1989, S. 217–228.

Puchta 1994
Erich Puchta: Evang. Stadtpfarrkirche St. Stephan, Lindau im Bodensee, 2. neubearb. Aufl. Regensburg 1994.

Pühringer-Zwanowetz 1966
L. Pühringer-Zwanowetz: Matthias Steinl, Wien 1966.

Rasmussen 1966
Jörg Rasmussen: Deutsche Kleinplastik der Renaissance und des Barock (=Bilderhefte des Museums für Kunst und Gewerbe Hamburg 12), Hamburg 1975.

Reiners 1953
Heribert Reiners: Das Münster zu Konstanz (=Schnell & Steiner Kunstführer 581), München 1953.

Reiners 1955
Das Münster Unserer lieben Frau zu Konstanz, bearb. von Heribert Reiners (=Die Kunstdenkmäler Südbadens 1), Lindau/Konstanz 1955.

Reiners-Ernst 1956
Elisabeth Reiners-Ernst: Regesten zur Bau- und Kunstgeschichte des Münsters zu Konstanz, (=Schriften des Vereins für Geschichte des Bodensees und seiner Umgebung, Sonderheft), Lindau/Konstanz 1956.

Reinhard 1983
Wolfgang Reinhard: Zwang zur Konfessionalisierung. Prolegomena zu einer Theorie des konfessionellen Zeitalters. In: Zeitschrift für historische Forschung, 10, 1983, S. 257–276.

Reinhardt 1960
Rudolf Reinhardt: Restauration, Visitation, Inspiration, Die Reformbestrebungen in der Benediktinerabtei Weingarten von 1567 bis 1627 (=Veröffentlichungen der Kommission für geschichtliche Landeskunde in Baden-Württemberg, Reihe B 11), Stuttgart 1960.

Reinle 1956
Adolf Reinle: Barocke Kunst in der Schweiz, Ausstellung Luzern 1956.

Renaissancemalerei 1986
Renaissancemalerei in Luzern 1560–1650, Luzern 1986.

Richter 1919
    Richter: Inventar des Zähringer Museums, Aufgestellt in den Räumen des Kavalierbaues des Großherzoglichen Schlosses in Baden-Baden, Baden-Baden 1919ff.
Ricke 1973
    Helmut Ricke: Hans Morinck. Ein Wegbereiter der Barockskulptur am Bodensee, (=Bodensee-Bibliothek 18), Sigmaringen 1973.
Ringholz 1910
    P. Odilo Ringholz: Die Verehrung der heiligen Maria Magdalena im Stifte Einsiedeln und in seinen Filialen. In: Mitteilungen des Historischen Vereins des Kantons Schwyz, 21, 1910, S. 119–132.
Rittershausen 1788
    Rittershausen: Die vornehmsten Merwürdigkeiten der Residenzstadt München, München 1788.
Roediger 1938
    Martha Roediger: Die Stiftskirche St. Lorenz in Kempten, ein Beitrag zur Geschichte der süddeutschen Barockarchitektur, Burg b. M. 1938.
Rom 1986
    Annibale Carracci e i suoi incisori, Ausstellung Rom 1986.
Rosgartenmuseum 1988
    Rosgartenmuseum Konstanz, hrsg. von den Städtischen Museen Konstanz, Konstanz o.J. [1988].
Rotermund 1968
    Erwin Rotermund: Der Affekt als literarischer Gegenstand. Zur Theorie und Darstellung der Passiones im 17. Jahhundert. In: Die nicht mehr schönen Künste, München 1968, S. 239–270.
Rothenhäusler 1900
    E. Rothenhäusler: Verding des Hochaltares zu Neu St. Johann im Thurtal. In: Anzeiger für Schweizerische Altertumskunde, N.F. 2, 1900, S. 274.
Rott 1933
    Hans Rott: Quellen und Forschungen zur südwestdeutschen und schweizerischen Kunstgeschichte im 15. und 16. Jahrhundert, Bd. 1, Bodenseegebiet, Stuttgart 1933.
Rzepkowski 1993
    Horst Rzepkowski: Artikel »Rosenkranz«. In: Marienlexikon Bd. 5, 1993, Sp. 553–559.
Salzburg 1982
    St. Peter in Salzburg. Das älteste Kloster im deutschen Raum. Schätze europäischer Kunst und Kultur, Ausstellung Salzburg 1982.
Salzgeber 1986
    Joachim Salzgeber: Einsiedeln. In: Helvetia sacra. Abteilung III, Die Orden mit Benediktinerregel, Bd. I, 1. Teil, Frühe Klöster. Die Benediktiner und Benediktinerinnen in der Schweiz, Bern 1986, S. 517–594.
Salzgeber 1991 (Bedeutung)
    Joachim Salzgeber: Die kulturelle Bedeutung des Klosters Einsiedeln. In: Das Kloster Einsiedeln: Großgrundbesitzer außerhalb wirtschaftlicher Zwänge. Von Ulrich Kurtmann (=Schweizer Zeitschrift für Forstwesen 142, 1991, S. 595–605).
Salzgeber 1991 (Rettung)
    Joachim Salzgeber: Die Rettung des Klosters Einsiedeln zur Zeit der Französischen Revolution. In: Maria Einsiedeln 96, 1991, S. 151–154, 286–289.
San Carlo Borromeo 1988
    San Carlo Borromeo. Catholic Reform and Ecclesiastical Politics in the Second Half of the Sixteenth Century, Ausstellung Washington/London/Toronto 1988.
Sandner 1962
    Oscar Sandner: Die Kuen, Bregenzer Baumeister des Barock, Konstanz 1962.
Sandner 1964
    Oscar Sandner, Zur Geschichte der Barockplastik am Bodensee. In: Barock am Bodensee. Plastik, Ausstellung Bregenz 1964, S. XX–XLII.

Schädler 1969
    Alfred Schädler: Christus an der Geißelsäule. In: Münchner Jahrbuch der bildenden Kunst, 3. Folge, 20, 1969, S. 252 (mit Abb. 3 auf S. 250).
Schädler 1972
    Alfred Schädler: Kleinbildwerke von David Degler. In: Zeitschrift für Bayerische Landesgeschichte, 35, 1972, (=Zwischen Donau und Alpen. Festschrift für Nobert Lieb zum 65. Geburtstag), S. 78–85.
Schädler 1973
    Alfred Schädler: Das Werk Georg Petels. Kritischer Katalog. In: Georg Petel 1601/2–1634, Berlin 1973, S. 83–222.
Schädler 1975
    Christus an der Geißelsäule. In: Bayerisches Nationalmuseum. Bildführer 2: Kostbarkeiten, München 1975, S. 46.
Schahl 1959
    Adolf Schahl: Kunstbrevier für das Bodenseegebiet, Stuttgart 1959.
Schahl 1961
    Adolf Schahl: Kunstbrevier Oberschwaben, Stuttgart 1961.
Schahl 1966
    Adolf Schahl: Kunstbrevier Neckarschwaben, Stuttgart 1966.
Scherer 1903
    Christian Scherer: Elfenbeinplastik seit der Renaissance (=Monographien des Kunstgewerbes, VIII), Leipzig 1903.
Scherp 1993
    Astrid Scherp: Johann Christoph Storer, Leben und Werk unter besonderer Berücksichtigung des malerischen Oeuvres zwischen 1655 und 1671 in Süddeutschland, masch.-schr. Magisterarbeit Stuttgart 1993.
Schestag 1872
    F. Schestag, Katalog der Kunstsammlung Freiherr Anselm von Rothschild, 2 Bde., Wien 1872.
Schilling 1988
    Heinz Schilling: Die Konfessionalisierung im Reich. Religiöser und gesellschaftlicher Wandel in Deutschland zwischen 1555 und 1620. In: Historische Zeitschrift, 246, 1988, S. 1–45.
Schlägl 1975
    Johann Worath (1609–1680), Bildhauer zwischen Renaissance und Barock, Ausstellung Stift Schlägl 1975.
Schlegel 1978
    Ursula Schlegel: Die italienischen Bildwerke des 17. und 18. Jahrhunderts in Stein, Holz, Ton, Wachs und Bronze mit Ausnahme der Plaketten und Medaillen (=Die Bildwerke der Skulpturengalerie Berlin, Bd. I), Berlin 1978.
Schmid 1959
    Richard Schmid: Einsiedeln, Königstein i. T., 1959.
Schmieder 1929
    Ludwig Schmieder: Das Benediktinerkloster St. Blasien, Augsburg 1929.
Schneider 1987
    Erich Schneider: Geistliche Lieder des 17. Jahrhunderts auf Flugblattdrucken des Bodenseeraumes. In: Schriften des Vereins für Geschichte des Bodensees und seiner Umgebung, 105, 1987.
Schneider 1994
    Bernhard Schneider: Wandel und Beharrung. Bruderschaften und Frömmigkeit in Spätmittelalter und Früher Neuzeit. In: Hansgeorg Molitor und Heribert Smolinsky (Hrsg.): Volksfrömmigkeit in der Frühen Neuzeit (=Katholisches Leben und Kirchenreform im Zeitalter der Glaubensspaltung, Heft 54), Münster i.W. 1994, S. 65–88.
Schnell 1973 (Lindenberg)
    Hugo Schnell: Die katholischen Kirchen in Lindenberg/Allgäu (=Schnell & Steiner Kunstführer 442), 3. neubearb. Aufl. München/Zürich 1973.
Schnell 1973 (Weissenau)
    Hugo Schnell: Weissenau, Pfarrkirche (=Schnell & Steiner Kunstführer 151), 4. neubearb. Aufl. München/Zürich 1973.

Schnitzler 1939
Hermann Schnitzler: Die Plastiken der Sammlung Schnell. In: Kunstrundschau, 47, 1939, S. 5.

Schnürer 1937
Gustav Schnürer: Katholische Kirche und Kultur in der Barockzeit, Paderborn/Wien/Zürich 1937.

Schnütgen-Museum 1958
Das Schnütgen-Museum. Eine Auswahl, Köln 1958.

Schnütgen-Museum 1968
Das Schnütgen-Museum. Eine Auswahl, 4. erw. Aufl. Köln 1968.

Schober 1881
F. Schober: Das alte Konstanz Bd. 4, o. O. 1881.

Schreiber 1951
Georg Schreiber: Der Barock und das Tridentinum. In: Das Weltkonzil von Trient, Bd. 1, Freiburg 1951, S. 381–425.

Schreiner 1975
Klaus Schreiner: Benediktinisches Mönchtum in der Geschichte Südwestdeutschlands. In: Die Benediktinerklöster in Baden-Württemberg, Germania Benedictina, Bd. 5, Augsburg 1975, S. 23–114.

Schubiger 1984
Benno Schubiger: Die Ausstattung der Stanislaus-Kostka-Kapelle in der Jesuitenkirche Solothurn (=Festgabe Gottlieb Loertscher, Separatdruck aus Jurablätter, 46, 1984, S. 38–51).

Schubiger 1985
Benno Schubiger: Jesuitenkirche Solothurn (=Schweizerische Kunstführer, Serie 37, Nr. 366), Basel 1985 .

Schubiger 1987
Benno Schubiger: Die Jesuitenkirche in Solothurn. Geschichte, Bau und Ausstattung der ehemaligen Kollegkirche und des Jesuitenkollegiums, Solothurn 1987.

Schürenberg 1951
Lisa Schürenberg: Die Reichenau (=Große Baudenkmäler 106), 2. Aufl. München/Berlin 1951.

Schurr 1910
Bernardus Schurr: Das alte und das neue Münster in Zwiefalten, Ulm 1910.

Schwäbisch Hall 1989
Leonhard Kern (1588–1662). Meisterwerke der Bildhauerei für die Kunstkammern Europas, Ausstellung Schwäbisch Hall 1988, Sigmaringen 1989.

Schwager 1955
Klaus Schwager: Bildhauerwerkstätten des achtzehnten Jahrhunderts im schwäbischen Voralpengebiet, Teil 1: Die Werkstätten der Bildhauer Johann Ruez, Johann Georg Reusch, Franz Anton Kälin und Jakob Ruez (=Tübinger Forschungen zur Kunstgeschichte 11), Tübingen 1955.

Segneri 1739
Pauolo Segneri: Practica delle Missioni…, Venezia 1739.

Sennhauser 1993
Hans Rudolf Sennhauser: Die älteren Einsiedler Klosterbauten. Beobachtungen und Überlegungen aus heutiger Sicht. In: Einsidlensia. Gnadenbild, Restaurierung der Stiftskirche, Ältere Klosterbauten. Gedenkschrift zum 100. Geburtstag von Linus Birchler 1893–1967, Bd. 2 (=Veröffentlichungen des Instituts für Denkmalpflege an der Eidgenössischen Technischen Hochschule Zürich, Bd. 13,2) Zürich 1993, S. 49–134.

Sieber 1996
Christian Sieber: »Ein gantze Eydgenosschaft hat gelück und heil darvon«.: Die Bedeutung Einsiedelns für die werdende Eidgenossenschaft (1350–1525). Adelskloster – Wallfahrtsort – Gerichtshof und Gesprächsforum – Landesheiligtum, masch.schr. Lizentiatsarbeit Zürich 1994, erscheint voraussichtlich 1996.

Solothurn 1981
Kunst im Kanton Solothurn vom Mittelalter bis Ende 19. Jahrhundert, Ausstellung Solothurn 1981.

Spahr 1972
Gebhard Spahr: Die schwäbische Benediktinerkongregation vom heiligen Joseph. Geschichte und Gestalt. In: Studien und Mitteilungen zur Geschichte des Benediktiner-Ordens und seiner Zweige, 823, 1972, S. 291–337.

Spahr 1983
Gebhard Spahr: Zur Geschichte der Benediktinerabtei Petershausen 983–1802. In: 1000 Jahre Petershausen. Beiträge zu Kunst und Geschichte der Benediktinerabtei Petershausen in Konstanz, Ausstellung in Konstanz 1983 und in Karlsruhe 1984, Konstanz 1983, S. 9–40.

Spuler/Dobras 1984
Christoph Spuler und Werner Dobras: Lindauer Stadt- und Kunstführer, Konstanz 1984.

St. Blasien 1983
Das tausendjährige St. Blasien, Ausstellung St. Blasien 1983.

St. Blasien 1984
Das tausendjährige St. Blasien. 200jähriges Domjubiläum, 2 Bde., 2. erg. Aufl. Karlsruhe 1984.

Stahlknecht 1978
Marita Stahlknecht: Ehrgott Bernhard Bendl (1660–1738). Ein Augsburger Bildhauer des Spätbarock, Diss. München 1978.

Staiger 1861
Franz Xaver Conrad Staiger: Meersburg am Bodensee, ehemalige fürstbischöfliche konstanzische Residenz-Stadt, dann die Stadt Markdorf, ferner …, Konstanz 1861.

Strobel 1976
Ferdinand Strobel: Die Gesellschaft Jesu in der Schweiz. In: Helvetia sacra, 7, 1976, S. 1–609.

Stuttgart 1985
Christus im Leiden. Kruzifixe, Passionsdarstellungen aus 800 Jahren, Ausstellung Stuttgart, Ulm 1985.

Sulger 1698
Annales imperialis M. Zwifaltensis O.S.B. ordina temporis et abbatum serie distincti autore P. Arsenio Sulger, eiusdem M. religioso sacerdote. P.I. et II. Aug. Vind. 1698, S. 310f.

Surmann 1991
Ulrike Surmann: Christus in der Rast (=Liebieghaus Monographie 13), Frankfurt a. M. 1991.

Szilagyi 1982
András Szilágyi: Zum Oeuvre des Meisters ICL. In: Ars decorativa, 7, 1982.

Tanner 1981
Paul Tanner: Das Marienleben von Hans Bock und seinen Söhnen im Kloster Einsiedeln. In: Zeitschrift für schweizerische Archäologie und Kunstgeschichte, 38, 1981, S. 75–93.

Tardy 1966
P. Tardy: Les Ivoires. Evolution Décorative du 1er Siècle à nos Jours, Paris 1966.

Theuerkauff 1962
Christian Theuerkauff: Elfenbein in Klosterneuburg (=Klosterneuburger Kunstschätze, Bd. 2) Klosterneuburg 1962.

Theuerkauff 1966
Christian Theuerkauff: Bildwerke des Barock (=Bildhefte des Kunstmuseums Düsseldorf 2), Düsseldorf 1966.

Theuerkauff 1973
Christian Theuerkauff: Zum Werk des Monogrammisten B.G. (vor 1662 bis nach 1680). In: Aachener Kunstblätter, 44, 1973, S. 245–286.

Theuerkauff 1983 (Auer)
Christian Theuerkauff: Jakob Auer – »Bildhauer in Gins«. In: Pantheon, 41, 1983, S. 194–208.

Theuerkauff 1983 (Ulm)
Christian Theuerkauff: Fragen zur Ulmer Kleinplastik im 17./18. Jahrundert, I. David Heschler und sein Kreis. In: Alte und Moderne Kunst, 190/191, 1983, S. 23ff.

Theuerkauff 1984
Christian Theuerkauff: Elfenbein. Sammlung Reiner Winkler, Bd. I, Wiesbaden 1984.

Theuerkauff 1987
　　Christian Theuerkauff: In: J. Pierpont Morgan, Collector. European Decorative Arts from the Wadsworth Athenum, New York 1987, S.107ff.

Theuerkauff 1990
　　Christian Theuerkauff: Michael Zürn d.J. (1654–1698) und Italien – zu einem Kleinrelief aus der Berliner Kunstkammer. In: Festschrift für Peter Bloch, hrsg. von Hartmut Krohm und Christian Theuerkauff, Mainz 1990, S.193–203.

Theuerkauff 1994
　　Christian Theuerkauff: Elfenbein. Sammlung Reiner Winkler, Bd.2, Wiesbaden 1994.

Thöne 1968
　　Friedrich Thöne: Kunstgeschichte. In: Der Landkreis Konstanz (=Amtliche Kreisbeschreibung 1), Konstanz 1968, S.423–488.

Thöne 1975
　　Friedrich Thöne: Vom Bodensee zum Rheinfall. Kunst- und Geschichtsstätten im Landkreis Konstanz und den Schweizer Kantonen Schaffhausen, Zürich, Thurgau, 3. neubearb. Aufl. Sigmaringen 1975.

Tietze-Conrat 1920/21
　　Erika Tietze-Conrat: Die Erfindung im Relief, ein Beitrag zur Geschichte der Kleinkunst. In: Jahrbuch der kunsthistorischen Sammlungen des Allerhöchsten Kaiserhauses, 35, 1920/21, S.99–176.

Tipton 1995
　　Susan Tipton: »Super aspidem et basiliscum ambulabis ...«. Zur Entstehung der Mariensäulen im 17. Jahrhundert. In: Dieter Breuer (Hrsg.): Religion und Religiosität im Zeitalter des Barock (=Wolfenbütteler Arbeiten zur Barockforschung, Bd. 25), Wiesbaden 1995, Bd. 1, S.375–398.

Tobler 1991
　　Mathilde Tobler: »Wahre Abbildung«. Marianische Gnadenbildkopien in der schweizerischen Quart des Bistums Konstanz (=Der Geschichtsfreund 144), Stans 1991.

Tüchle 1981
　　Hermann Tüchle: Von der Reformation bis zur Säkularisation. Geschichte der katholischen Kirche im Raum des späteren Bistums Rottenburg-Stuttgart, Stuttgart 1981.

Vasseur 1992
　　Anna Vasseur: Schenk ou Schenck Christophe Daniel. In: Dictionnaire de la sculpture. La sculpture occidentale du moyen Age à nos jours, Paris 1992, S.500–501.

Veit 1956
　　Andreas Veit: Volksfrommes Brauchtum und Kirche im deutschen Mittelalter. Ein Durchblick, Freiburg i.Br. 1956.

Veit/Lenhart 1956
　　Ludwig Andreas Veit und Ludwig Lenhart: Kirche und Volksfrömmigkeit im Zeitalter des Barock, Freiburg i.Br. 1956.

Vetter 1960
　　E. M. Vetter: Der verlorene Sohn und die Sünde im Jahrhundert des Konzils von Trient. In: Spanische Forschungen, Görresgesellschaft 1, 15, 1960, S.175–248.

Volbach 1923
　　Wolfgang Fritz Volbach: Staatliche Museen zu Berlin, Die Bildwerke des Deutschen Museums, 1. Die Elfenbeinbildwerke, Berlin 1923.

Volk 1960
　　Paulus Volk: Biographische Notizen des P. Benedictus Gebel von St. Blasien (gest. 1676). In: Freiburger Diözesan–Archiv, 80, 1960, S.228–61.

Wagner 1938
　　A. Wagner: Zur Bau- und Kunstgeschichte der Pfarr- und Wallfahrtskirche Maria-Rain bei Nesselwang. In: Münchner Jahrbuch der Bildenden Kunst, N.F. 12, 1937/38, S.XLIX–LV.

Wagner 1967
　　Georg Wagner: Barockzeitlicher Passionskult in Westfalen. In: Forschungen zur Volkskunde, 42/43, 1967.

Wagner 1990
　　F. Wagner: Die Hornschneider und Dosenmacher. In: Geschnitztes Steinbockhorn. Ausstellungskatalog Salzburg 1990.

Wagner 1994 (Grießmann)
　　F. Wagner: Balthasar Grießmann – Überlegungen zu einer Identifizierung des Monogrammisten B.G. In: Barockberichte, 8/9, 1994, S.334–341.

Wagner 1994 (Kunsthandwerk)
　　F. Wagner: Kunsthandwerk. In: Die Kunst des Barock in Österreich, hrsg. von G. Brucher, Salzburg 1994, S.375–409.

Wagner-Rieger 1970
　　Renate Wagner-Rieger: Architektur und Plastik in Zentraleuropa. In: Erich Hubala: Die Kunst des 17. Jahrhunderts, (=Propyläen Kunstgeschichte 9), Frankfurt a.M./Berlin/Wien 1970, S.279ff.

Walzer 1967
　　Bildwerke aus dem Württembergischen Landesmuseum, bearb. von Albert Walzer, Stuttgart 1967.

Weber 1989
　　Franz-Xaver von Weber: Die Schwyzer Landeswallfahrten nach staatlichen Quellen. In : Festschrift für Louis Carlen zum 60. Geburtstag. hrsg. von Louis C. Morsak und Markus Escher, Zürich, 1989, S.473–489.

Weber-Hug 1978
　　Christine Weber-Hug: Barockes Zeremoniell bei Benediktionsfeiern und Burgrechtserneuerungen in Einsiedeln und St. Urban zur Zeit der Aufklärung. In: Zeitschrift für schweizerische Archäologie und Kunstgeschichte, 35, 1978, S.132–144.

Weinmüller 1966
　　Ausstellung anläßlich der 100. Auktion des Münchner Kunstversteigerungshauses Weinmüller. Plastik, Gemälde, Kunsthandwerk des 17. und 18. Jahrhunderts, bearb. von A. Mehringer und E. Pichelkastner, München 1966.

Weise/Otto 1938
　　Georg Weise und Gertrud Otto: Die religiösen Ausdrucksgebärden des Barock und ihre Verbreitung durch die italienische Kunst der Renaissance, Stuttgart 1938.

Welzel 1996
　　Barbara Welzel: Die Engelweihe in Einsiedeln und die Kupferstiche vom Meister E.S. In: Städel-Jahrbuch, 15, 1995, S.121–144.

Welzig 1984
　　Werner Welzig (Hrsg.): Katalog gedruckter deutschsprachiger katholischer Predigtsammlungen, Bd.1 (=Österreichische Akademie der Wissenschaften, Phil.–hist. Klasse, Bd.430), Wien 1984 .

Weßbecher 1988
　　Wilhelm Weßbecher: St. Jodokus. Immenstaad am Bodensee, Ottobeuren 1988.

Wetzel 1910
　　Max Wetzel: Markdorf in Wort und Bild, Konstanz 1910.

Wien 1987
　　Kunsthistorisches Museum Wien. Weltliche und Geistliche Schatzkammer. Bildführer, Wien 1987.

Wild 1991
　　Barbara Wild: Kirchenschatz und Kunstgewerbe. In: Schatzhaus Kärntens. Landesausstellung St. Paul 1991. 900 Jahre Benediktinerstift, Bd. 2, Klagenfurt 1991, S.657–664.

Witte 1936
　　Fritz Witte: Führer durch das Schnütgen-Museum der Hansestadt Köln, Köln 1936.

Wittkower 1952
　　Rudolph Wittkower: The Drawings of the Carracci in the Collection of her Majesty the Queen at Windsor Castle, London 1952.

Woeckel 1964
　　Gerhard Woeckel: Zur Ausstellung im Künstlerhaus Bregenz vom 16.7. bis 30.9.1964. In: Pantheon, 22, 1964, S.351–354.

Zeeden 1965
Ernst Walter Zeeden: Aspekte der katholischen Frömmigkeit im 16. Jahrhundert. In: Reformata Reformanda. Festschrift f. Hubert Jedin, Bd. 2, Münster 1965, S. 1–18.

Zelewitz 1979
Klaus Zelewitz: Propaganda fides benedictina. Salzburger Ordenstheater im Hochbarock. In: Daphnis, 8, 1979, S. 201–215.

Zimerman 1889
H. Zimerman: Inventare, Acten und Regesten aus der Schatzkammer des Allerhöchsten Kaiserhauses. In: Jahrbuch der kunsthistorischen Sammlungen des Allerhöchsten Kaiserhauses, 10, 1889, Reg. Nr. 6253, S. CCLI–CCCXXIV.

Zimmermann 1981
Eva Zimmermann: Skulpturen. In: Barock in Baden-Württemberg. Vom Ende des Dreißigjährigen Krieges bis zur Französischen Revolution. Ausst. des Badischen Landesmuseums Karlsruhe in Schloß Bruchsal, Bd. I, Karlsruhe 1981, S. 155–257.

Zimmermann 1994
Wolfgang Zimmermann: Rekatholisierung, Konfessionalisierung und Ratsregiment. Der Prozeß des politischen und religiösen Wandels in der österreichischen Stadt Konstanz 1548–1637 (=Konstanzer Geschichts- und Rechtsquellen, Bd. 34), Sigmaringen 1994.

Zimmermann 1995
Wolfgang Zimmermann: »Vom guten Hirten und vom schlechten Mietling« – Der Konstanzer Pfarrklerus im Zeitalter der Konfessionalisierung (=Arbeitsgemeinschaft für geschichtliche Landeskunde am Oberrhein. 343. Protokoll der Sitzung am 10.2.1995).

Zimmermann 1996
Wolfgang Zimmermann: Hie Osterrich grund unnd boden. Zur Geschichte der Stadt Konstanz nach ihrem vermeintlichen Ende 1548. In: Die verdrängten Jahrhunderte. Konstanz als österreichische Stadt 1548–1806 (=Konstanzer Museumsjournal), Konstanz 1996, S. 7–42.

Zoege von Manteuffel 1969
Claus Zoege von Manteuffel: Die Bildhauerfamilie Zürn, 1606–1666, 2 Bde., Weißenhorn 1969.

Zoege von Manteuffel 1981
Claus Zoege von Manteuffel: Zwei Rosenkranzanhänger (?) mit Heiligen (=Skulpturen. Neuerwerbungen). In: Jahrbuch der Staatlichen Kunstsammlungen in Baden Württemberg, 18, 1981, S. 196, Abb. 6–9.

Zoepfl 1948
Friedrich Zoepfl: Geschichte der Stadt Mindelheim, München 1948.

Zückert 1988
Hartmut Zückert: Die sozialen Grundlagen der Barockkultur in Süddeutschland (=Quellen und Forschungen zur Agrargeschichte, 33), Stuttgart/New York 1988.

Zumsteg 1983
Elsbet Zumsteg: Franz Anton Kraus, 1705–1752. Ein vergessener Maler des Spätbarock aus Ulm (=Forschungen zur Geschichte der Stadt Ulm, Reihe Dokumentation, 5), Ulm/Stuttgart 1983.